东湖年鉴

DONG HU NIAN JIAN

（2014）

《东湖年鉴》编纂委员会 编

方志出版社
Publishing House of Local Records

图书在版编目（CIP）数据

东湖年鉴．2014/《东湖年鉴》编纂委员会编．－－
北京：方志出版社，2016．12
ISBN 978－7－5144－2240－5

Ⅰ．①东…　Ⅱ．①东…　Ⅲ．①区（城市）—南昌—
2014—年鉴　Ⅳ．①Z525．63

中国版本图书馆 CIP 数据核字(2016)第 299760 号

东湖年鉴(2014)

编　　者:	《东湖年鉴》编纂委员会
责任编辑:	章　瑾
出 版 人:	冀祥德
出 版 者:	方 志 出 版 社
	地址　北京市朝阳区潘家园东里 9 号(国家方志馆 4 层)
	邮编　100021
	网址　http://www.fzph.org
发　　行:	方志出版社发行中心
	电话(010)67110500
经　　销:	各地新华书店
印　　刷:	南昌康宇彩色印刷有限公司
开　　本:	889×1194　　1/16
印　　张:	23
字　　数:	616 千字
版　　次:	2016 年 12 月第 1 版　　2016 年 12 月第 1 次印刷
印　　数:	001～500 册

ISBN 978－7－5144－2240－5　　　　定价:228.00 元

《东湖年鉴》编纂委员会

主 任 委 员： 杨文斌

副主任委员： 贺瑞虎　罗毛则

委　　　员： 闵建波　王　玮　喻国泰　黄国农　陈　曙
王志勤　焦玉庄　李中华　唐铭市　童萍如
毛永钢　杨玉章　胡志强　杨　斌　查秋滚
陈耀武　万　勇　万里涛　熊丽芳　陈光辉
谭阿莉　陈　峰　万晓荣　周春雷　周　凯
郭小玲　胡　薇　钟　华　谢国泉　陈明华
李青峰　付振海　刘小玲　熊　敏　万　华
高迪生　熊时钢　章建云

《东湖年鉴（2014）》编辑人员

主　　编： 陈耀武

编　　辑： 陈耀武　周媛媛

图片提供： 裘　洁

《东湖年鉴(2014)》主笔名单

(以姓氏笔画为序)

卜　斌	万诚璐	王炳振	邓小燕	邓建平	叶华康
龙　昆	刘　达	刘　微	刘文勇	刘文荣	刘华明
刘行曦	刘国华	刘郑泰	刘秋燕	江　莹	余效民
吴大鹏	吴佩红	张　前	张　海	张淑华	李　翔
杨文俊	杨爱武	杨璐璐	肖　健	邹　飞	陆丽娜
陈　斌	陈新星	陈璟云	陈耀武	周　凯	周　菁
周　婷	周志辉	尚　伟	罗　峻	罗　涛	罗小华
郁　蕾	姚根林	胡　政	胡海燕	胡皖萍	唐文清
唐芸璞	夏小清	徐名宏	涂　成	涂庆洋	陶　辉
高慧青	梁国荣	黄　承	黄　惠	黄　悦	傅志慧
喻伟文	温　萍	程　昳	舒　捷	谢　宁	裘　洁
熊　瑛	熊光超	熊成锴	熊志红		

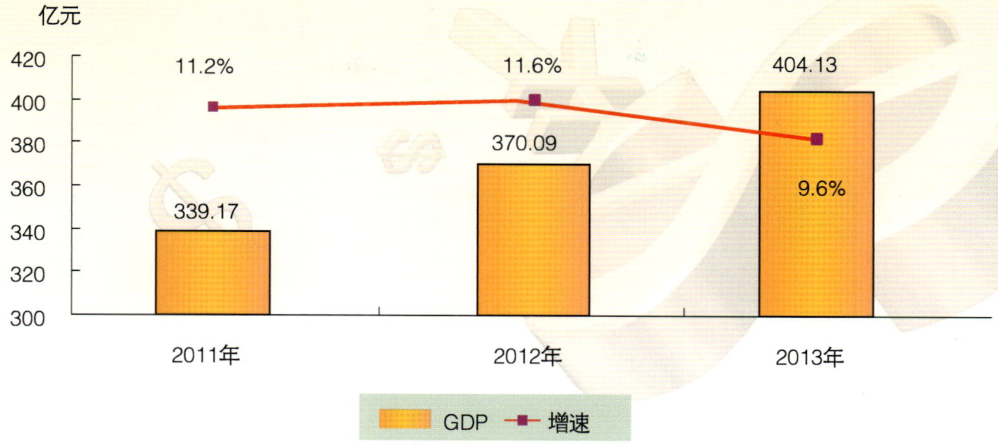

图 1　地区生产总值

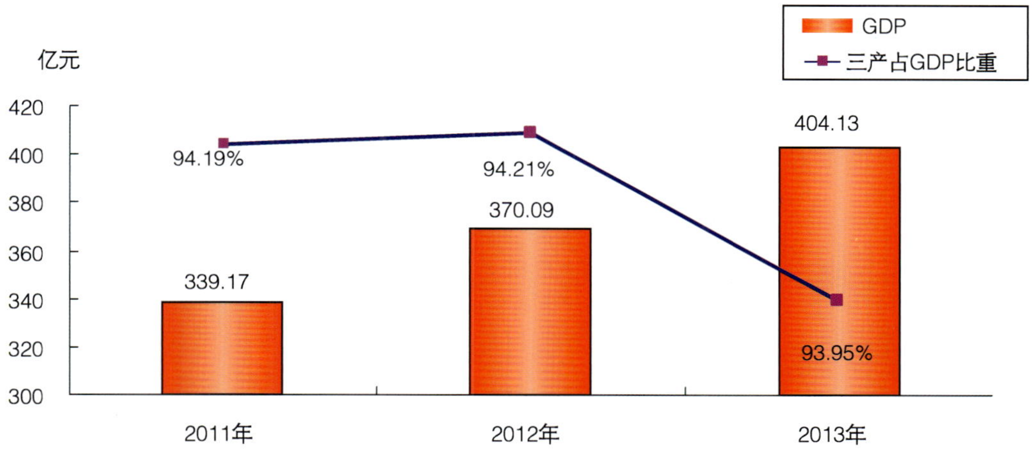

图 2　三次产业占地区生产总值比重

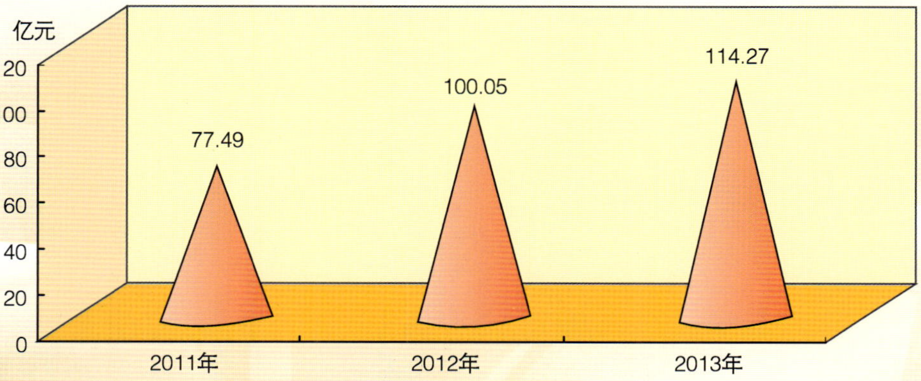

图 3　固定资产投资

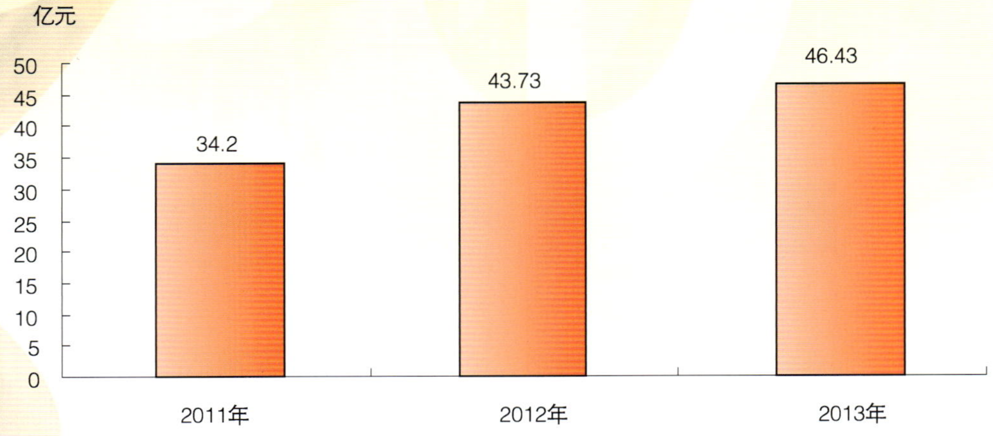

图 4　财政总收入

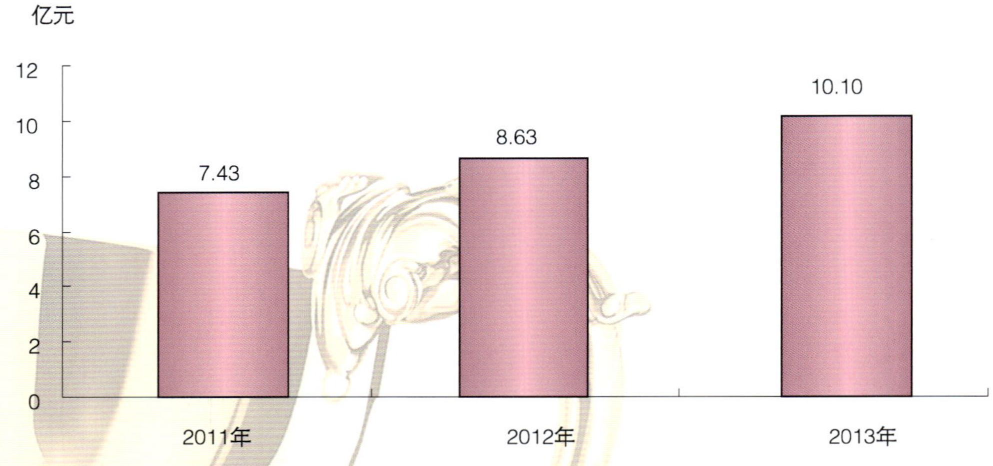

图 5　地方财政收入

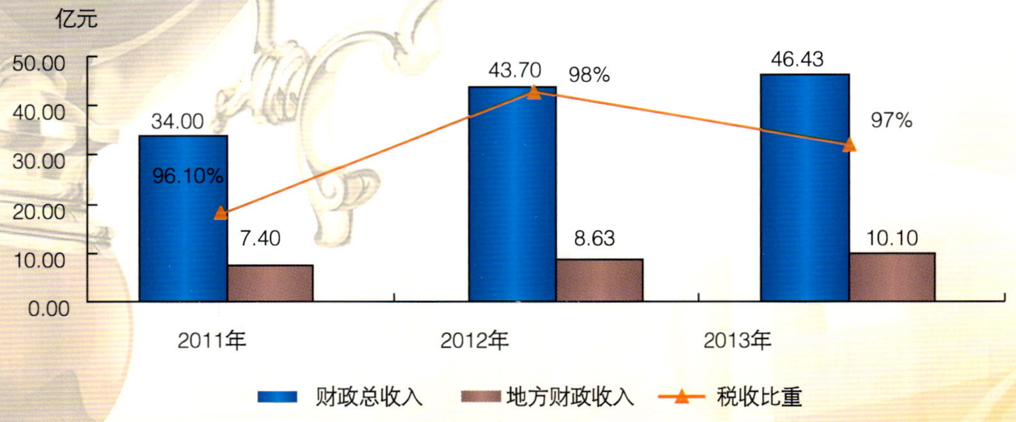

图 6　税收与财政收入比重

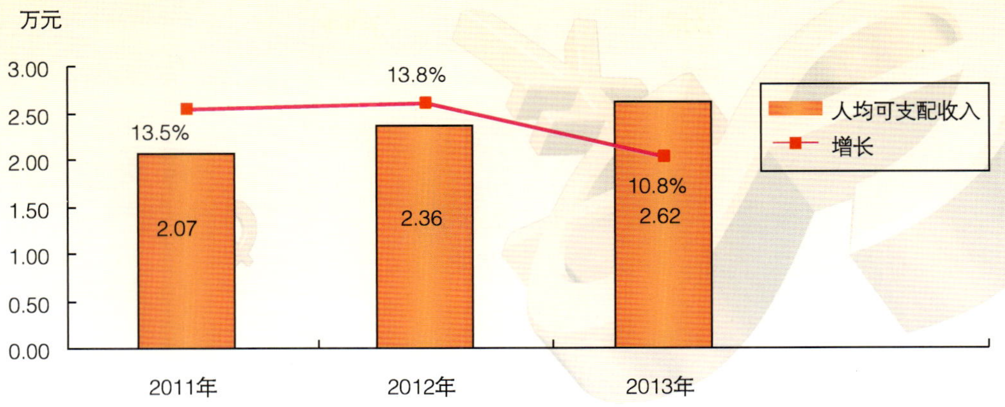

图 7　人均可支配收入及增长

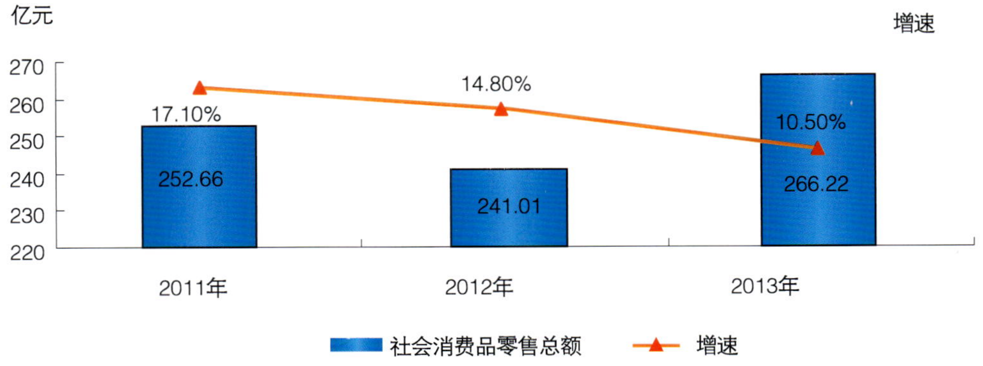

图 8　社会消费品零售总额及增长速度

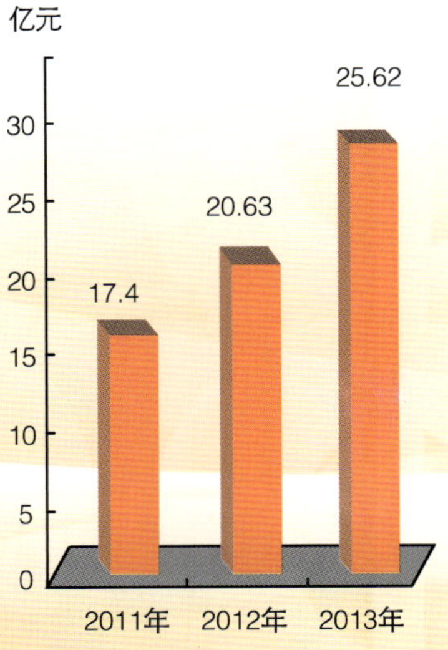

图 9　实际利用内资

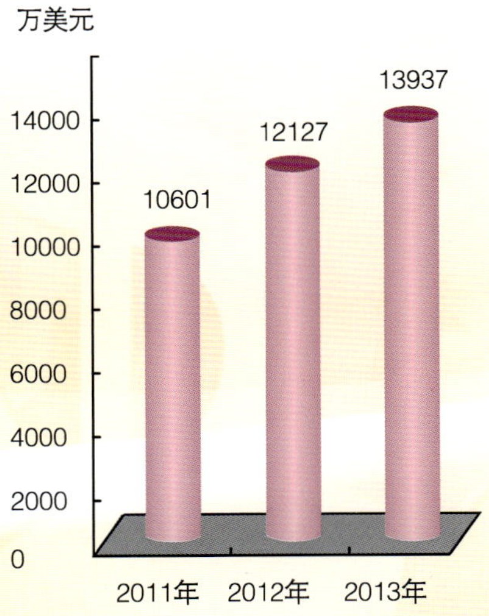

图 10　实际利用外资

2013 年度东湖区获市厅级

获奖单位	奖项名称	颁奖部门
东湖区教科体局	全国第四届中小学生艺术展演活动优秀组织奖	教育部
豫章街道滨江社区	全国综合减灾示范社区	国家减灾委员会、民政部
大院街道大院一社区	全国综合减灾示范社区	国家减灾委员会、民政部
东湖区教科体局	全国群众体育先进单位	国家体育总局
彭家桥街道光明社区	全国群众体育先进单位	国家体育总局
东湖区市容督查队	全国模范职工之家	中华全国总工会
豫章街道洪城社区	全国科普示范社区	中国科协
东湖区	全国“六五”普法中期先进县（市、区）	国家普法办
彭家桥街道光明社区	五好基层关工委先进集体	中国关心下一代工作委员会
南昌市育新学校	第十四届全国中小学电脑制作活动优秀组织奖	中央电化教育馆
东湖区教科体局	第二十二届中国儿童青少年威盛中国芯计算机表演赛最佳组织奖	工信部电子信息司、卫生部科技教育司、全国妇联儿童工作部、中国科协青少年科技中心
南昌市豫章小学	江西省第十三届文明单位	中共江西省委、江西省人民政府
东湖区人民检察院	江西省第十三届文明单位	中共江西省委、江西省人民政府
东湖区工商局	江西省第十三届文明单位	中共江西省委、江西省人民政府
东湖区地方税务局	江西省第十三届文明单位	中共江西省委、江西省人民政府
公园街道办事处	江西省第十三届文明单位	中共江西省委、江西省人民政府
东湖区人民检察院	全省检察机关计划财务装备工作先进集体	江西省人民检察院
中共东湖区委老干部局	全省宣传思想工作先进单位	中共江西省委老干部局

及以上单位表彰一览

获奖单位	奖项名称	颁奖部门
东湖区教研中心	2011—2013 年度全省教研工作优秀教研室	江西省教育厅
东湖区教研中心	江西省首批示范教研室	江西省教育厅
东湖区教科体局	2012—2013 年度家庭教育工作和省家长函授学校、办学工作先进集体	江西省教育厅
东湖幼儿园	江西省中小学（幼儿园）平安校园示范学校	江西省教育厅
东湖区教师进修学校	2012—2013 年度江西省中小学（幼儿园）教师全员远程培训工作先进集体	江西省教育厅
东湖区教科体局	全省“复兴中华”从我做起主题教育活动先进集体	江西省教育厅 江西省关心下一代工作委员会
墩子塘街道马家池社区	江西省科普示范单位	江西省科技厅、江西省科协
东湖区图书馆	2013 年度江西省读好书活动先进单位	江西省文化厅
百花洲街道社区卫生服务中心	群众满意医疗机构	江西省卫生厅
东湖区妇幼保健所	江西省县级妇幼卫生信息工作全省第一	江西省卫生厅
东湖区疾病预防控制中心	2013 年食品安全风险监测先进单位	江西省卫生厅
南昌市东湖小学	2012—2013 年度江西省青少年校园足球活动先进学校	江西省体育局、江西省教育厅
东湖区公证处	江西省公证质量管理先进单位	江西省司法厅
东湖区司法局	全省法律援助知识网上学习和竞赛活动组织奖	江西省司法厅、江西省普法办
八一桥街道大士院北区社区	全省综合减灾示范社区	江西省减灾委、江西省民政厅
公园街道经堂巷社区	全省综合减灾示范社区	江西省减灾委、江西省民政厅
豫章街道洪城社区	全省综合减灾示范社区	江西省减灾委、江西省民政厅

2013年度东湖区获市厅级

获奖单位	奖项名称	颁奖部门
东湖区劳动就业服务管理局	全省“小额担保贷款绿色通道”建设优秀单位	江西省人社厅
东湖区普法办	全省审计法律知识网上学习和竞赛活动组织工作先进单位	江西省审计厅、江西省普法办
东湖区环保局	江西省环境保护重点工作先进集体	江西省环保厅
东湖区环保局	江西省环境监察工作先进集体	江西省环保厅
东湖区	2013年度全省食品药品监管工作先进单位	江西省食品药品监督管理局
东湖区城市管理局	2013年全省住房城乡建设系统先进集体	江西省住建厅
东湖区地方税务局	江西省地方税务局2013年上半年纳税评估优秀模型	江西省地方税务局
东湖区统计局	2013年度全省先进单位	江西省统计局
东湖区统计局	2013年度全省调查队系统服务业调查单项奖	国家统计局江西调查总队
公园街道上营坊社区	江西省“青少年维权岗”	共青团江西省委
东湖区司法局	江西省未成年人保护工作“先进集体”	江西省未成年人保护委员会办公室 共青团江西省委
东湖区人民检察院	全省维护妇女儿童权益先进集体	江西省妇女儿童联合会
大院街道大院一社区	江西省优秀科普示范社区	江西省科学技术协会
百花洲街道办事处	档案工作规范化管理二级单位	江西省档案局
百花洲街道小金台社区	档案工作规范化管理三级单位	江西省档案局
东湖区发改委	省级中小企业公共服务示范平台	江西省中小企业局
东湖区	省级中小企业信用示范区	江西省中小企业局
东湖区发改委	服务中小企业先进单位	江西省中小企业局

及以上单位表彰一览

获奖单位	奖项名称	颁奖部门
东湖区社会保险事业管理局	2013 年度全省社会保险民生工程目标绩效考核先进单位	江西省社会保险管理中心
南昌市邮政路小学	2012—2013 学年度家庭教育工作和家长函授学校、办学工作先进教学点	江西省教育科学研究所 江西省家长函授学校
贤士湖管理处永溪村委会	江西省党员干部现代远程教育优秀终端站点	江西省远程办
南昌市邮政路小学	江西省优秀校园网站	江西省信息化教育专业委员会
东湖区文广局	江西省“扫黄打非”先进集体	江西省“扫黄打非”办公室
豫章街道滨江社区	江西省森林社区	江西省绿化委员会
百花洲街道办事处	五好基层关工委先进集体	江西省关心下一代工作委员会
东湖区	2013 年度全省实际利用外资先进区	江西省开放型经济工作领导小组
东湖区	2013 年度全省外贸出口先进区	江西省开放型经济工作领导小组
东湖区司法局	2011—2013 年全省普法教育工作先进单位	江西省普法教育工作领导小组
东湖区普法办	全省 2013 年度“百万网民学法律”网络知识竞赛活动组织工作先进单位	江西省普法教育工作领导小组
东湖区普法办	2013 年度全省普法教育宣传报道组织工作先进单位	江西省普法教育工作领导小组
公园街道办事处	南昌市第十四届文明单位	中共南昌市委、南昌市人民政府
东湖区地方税务局	南昌市第十四届文明单位	中共南昌市委、南昌市人民政府
东湖区人民检察院公诉科	全市模范基层执法单位	中共南昌市委、南昌市人民政府
东湖区教科体局	南昌市无偿献血先进单位	南昌市人民政府
南昌市百花洲小学	南昌市第四批名校	南昌市人民政府
东湖区安全生产监督管理局	南昌市安全生产工作先进单位	南昌市人民政府

◆ 2013 年 5 月 31 日，中共江西省委书记强卫到东湖区樟树林文化生活公园调研

◆ 2013 年 10 月 22 日，中共江西省委书记强卫到东湖区察看中金项目建设情况

◆ 2013 年 5 月 31 日，中共江西省委书记强卫、副书记尚勇到东湖区阳明学校参加“红领巾相约中国梦”——联合主题中队会活动

◆ 2013 年 9 月 10 日，中共江西省委副书记、省长鹿心社到东湖区育新学校走访慰问教职员工

◆ 2013 年 12 月 31 日，中共江西省委常委、宣传部部长姚亚平参观东湖区樟树林展示馆

◆ 2013 年 9 月 3 日，江西省人大常委会副主任洪礼和到东湖区蓝天碧水地下停车场视察工作

2013 年 2 月 4 日，江西省副省长谢茹到东湖区花园角集贸市场视察春节期间食品安全监管工作

2013 年 12 月 9 日，江西省副省长胡幼桃到东湖区视察新公园集贸市场

2013 年 8 月 13 日，江西省副省长朱虹到东湖区樟树林文化生活公园调研工作

2013 年 12 月 30 日，中共江西省委常委、南昌市委书记王文涛到东湖区看望慰问环卫工人

2013 年 7 月 15 日，中共南昌市委副书记、市长陈俊卿到东湖区视察指导工作

2013 年 9 月 24 日，中共南昌市委书记王文涛、代市长郭安到东湖区开展“三看”活动

2013 年 3 月 28 日，南昌市政协主席卢晓健到东湖区 791 艺术街区视察工作

2013 年 8 月 7 日，中共南昌市委副书记郭安到东湖区光明社区调研网格化服务管理工作

2013 年 10 月 20 日，中共南昌市委副书记、代市长郭安，市委常委、常务副市长张鸿星，市委常委、副市长刘建洋到东湖区视察指导“双拆”工作

2013 年 4 月 25 日，中共南昌市委常委、纪委书记卢作全到东湖区视察指导工作

2013 年 10 月 11 日，中共南昌市委常委、组织部部长陈德寿到东湖区文教路北社区调研工作

“拆违拆临、建绿

◆ 2013 年 10 月 12 日，东湖区委、区政府主要领导在二七北路现场研讨“双拆”工作

◆ 2013 年 10 月 12 日下午，中共江西省委常委、南昌市委书记王文涛到东湖区“双拆”专项行动“第一拆”现场视察

◆ 2013 年 10 月 12 日上午，中共南昌市委副书记、代市长郭安到二七北路现场指导东湖区开展“双拆”专项行动“第一拆”

2013 年 10 月 8 日，南昌市委、市政府召开“拆违拆临、建绿透绿”专项行动会议，在全市范围启动了“双拆”专项行动。东湖区快速反应，以“先革自己的命”的勇气与担当，仅 4 天时间，就拆除了位于二七北路 20 世纪 70 年代建造的沿街店面 17 间，在全市打响了“自拆”专项行动“第一枪”。2013 年，全区共拆除区属违建临建公房 102 处，面积达 2.08 万平方米，对各点位进行还路、建绿施工，完成建绿面积 1.53 万平方米，还路 0.42 平方米。该区二七北路沿线店面、育新学校周边汽配一条街和子固路糖果批发一条街“黄金”店面的成功拆除，为完善城市功能、提升城市品位做出了应有的贡献，得到广大市民的高度认可。

◆ 2013 年 10 月 12 日，东湖区在二七北路开展的“双拆”专项行动“第一拆”

◆二七北路沿线被拆前后

透绿”专项行动

◆ 2013 年 12 月 10 日，中共江西省委常委、南昌市委书记王文涛，代市长郭安，市委常委、副市长刘建洋等到东湖区子固路糖果一条街指导“双拆”工作

◆ 2013 年 11 月 12 日，中共南昌市委副书记、代市长郭安到东湖区指导育新学校的“双拆”工作

◆ 2013 年 11 月 11 日，中共南昌市委常委、纪委书记卢作全到东湖区视察“双拆”工作

◆ 2013 年 10 月 16 日，东湖区在政府三楼西会议室召开“ 双拆”工作调度会

◆ 东湖区子固路糖果批发一条街被拆前后

◆ 南晶市育新学校沿街被拆前后

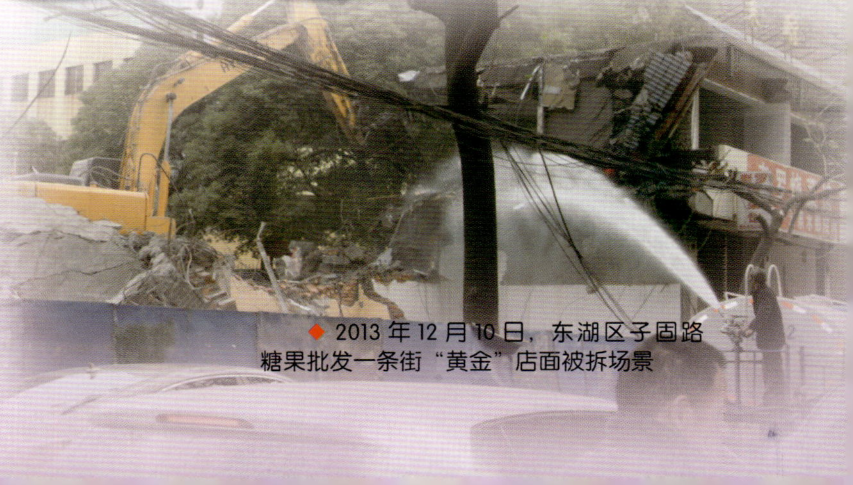

◆ 2013 年 12 月 10 日，东湖区子固路糖果批发一条街“黄金”店面被拆场景

南昌轨道交通 2 号线一期

◆ 2013 年 4 月 1 日，东湖区委、区政府主要领导组织召开房屋征收工作调度会议

2013 年，东湖区按照南昌市委、市政府的工作要求，在市轨道交通 2 号线一期工程房屋征收与补偿工作指挥部的指导下，面对房屋征收总面积占全市的 41.7%、征收户数占全市的 60.7%（全市征收面积第二、涉及户数最多）的工作任务，高效快速地推进辖区内轨道交通 2 号线一期工程房屋征收与补偿工作，成功实施全市轨道交通 2 号线“第一拆”、“第一爆”，完成搬迁户数 872 户，搬迁率达 97.54%，基本完成了各项征收任务。

◆ 2013 年 4 月 21 日，东湖辖区地铁 2 号线房屋征收第一户在大厅办理兑付手续

◆ 2013 年 4 月 24 日，东湖区阳明路地段房屋被征收户正在忙着搬迁

◆南昌轨道交通 2 号线一期工程（东湖段）房屋征收与补偿兑付大厅情景

工程房屋征收与补偿工作

◆ 2013 年 5 月 5 日，中共江西省委常委、南昌市委书记王文涛到东湖区与被征收户亲切交谈

◆ 2013 年 4 月 25 日，南昌市委常委、纪委书记卢作全到东湖区指导地铁 2 号线房屋征收工作

◆ 2013 年 5 月 17 日，被征收房屋的辖区居民排队领取地铁 2 号线提前搬迁楼栋奖

◆ 2013 年 4 月 25 日，南昌市委副书记郭安到东湖区指导工作

◆ 2013 年 4 月 21 日，东湖区地段地铁 2 号线房屋征收第一户接受媒体采访

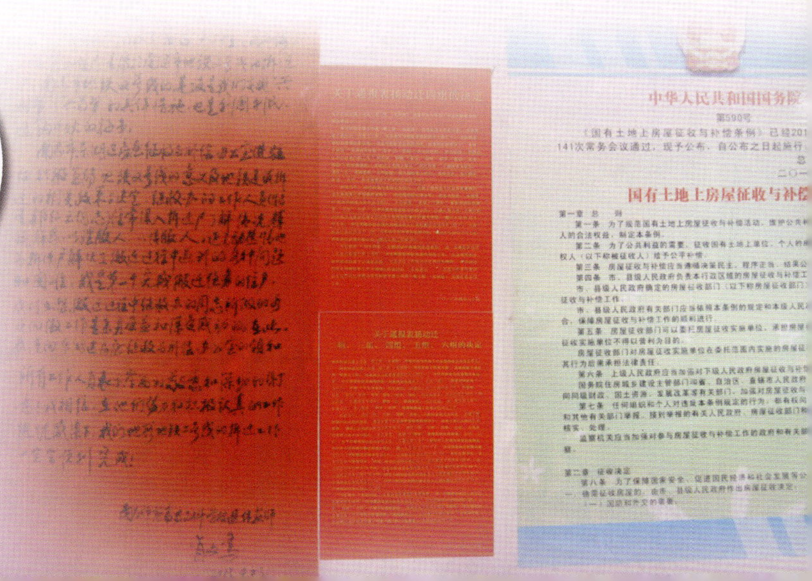

◆ 2013 年 7 月 10 日，东湖区与上海建工集团举行青山湖西岸片区改造建设合作协议签约仪式

◆ 2013 年 4 月 10 日，南昌东湖电子商务协会在东湖区举行成立大会

◆ 2013 年 4 月 28 日，东湖区百花洲购物节开幕式现场

◆ 2013 年 3 月 15 日，东湖区在八一公园开展学习贯彻《南昌市城市管理条例》宣传活动

◆ 2013 年 7 月 28 日，东湖区举办首届“幸福杯”残疾人职业技能大赛

◆ 2013 年 12 月 3 日，东湖区在胜利路步行街开展法制宣传日活动

◆ 2013 年 4 月 28 日，东湖区在财富广场举行大院街道非公有制组织联合党委成立揭牌仪式暨为芦山地震灾区捐赠活动

◆ 2013 年 7 月 29 日，东湖区党政领导班子走访慰问驻区部队

◆ 2013 年 7 月 25 日，东湖区委宣传部开展道德讲堂活动

◆ 2013 年 5 月 30 日，东湖区举办党政主要领导讲党课活动

◆ 2013 年 1 月 11 日，东湖区章金媛爱心奉献团开展捐助残疾人活动

◆ 2013 年 4 月 30 日，章金媛爱心奉献团举行赴雅安参加地震救灾工作仪式

◆ 2013 年 8 月 9 日，东湖区志愿服务团队为环卫工人开展免费体检活动

◆ 2013 年 12 月 5 日，东湖区开展“国际志愿者日”主题志愿服务活动

◆ 2013 年 4 月 9 日，东湖区举行老年大学揭牌仪式暨开学典礼

◆ 2013 年 1 月 15 日，东湖区政协委员观看反映全区工作成就的图片展

◆ 2013 年 1 月 16 日，东湖区人大代表观看反映全区工作成就的图片展

◆ 2013 年 4 月 9 日，江西省吉安市吉州区党政代表团到东湖区开展学习考察活动

◆ 2013 年 10 月 31 日，江西省九江市浔阳区党政代表团到东湖区开展学习考察活动

◆ 2013 年 12 月 19 日，江西省首个非物质文化遗产展示馆在樟树林文化生活公园举行开馆仪式

◆ 2013 年 5 月 31 日，南昌·琴岛之夜在原江西省艺术剧院举行首场精彩演出活动

◆ 2013 年 6 月 9 日，“第八届江西漆画展”在东湖区 791 艺术街区隆重举行

◆ 2013 年 9 月 16 日，东湖区在方志敏广场举行“和谐社区一家亲”活动流动舞台车进社区巡演启动仪式

◆ 2013 年 8 月，东湖区选送的情景舞蹈《别人家的孩子》获得江西省少儿艺术节一等奖

◆ 2013 年 10 月，东湖区选送的农民工街舞《追梦》获江西首届农民工才艺大赛一等奖

◆ 2013 年 2 月 27 日，东湖区第三届头脑奥林匹克竞赛在阳明学校举行

◆ 2013 年，东湖区代表队参加全国健身舞比赛荣获特等奖、一等奖、最佳编排奖、最佳创意奖

◆ 2013 年 6 月 19 日，东湖区举行向居家老人赠送老年人专用手机仪式

◆ 2013 年 7 月 10 日，东湖区举行被征地农民参加养老保险工作宣传活动

◆ 2013 年 8 月，南昌市首个居民健康小屋在东湖区正式投入使用

◆ 2013 年 2 月 25 日，东湖区召开 2012 年度总结表彰暨 2013 年经济工作任务落实会议

◆ 2013 年 12 月 23 日，东湖区召开防范打击“两抢一盗”等侵财型犯罪专项行动总结表彰暨防范打击盗窃、毒品、暴力犯罪专项行动动员部署会

◆ 2013 年 6 月 18 日，东湖区在区政府七楼礼堂召开旧城改造动员大会

◆ 2013 年 8 月 4 日，东湖区召开创建文明城市迎检部署会议

◆ 2013 年 4 月 18 日，东湖区召开南昌轨道交通（东湖段）房屋征收 1 号线总结表彰暨 2 号线一期工程动员大会

◆ 2013 年 5 月 29 日，东湖区在滨江宾馆承办全国二十城区人大工作研讨会第三十二次会议

◆ 2013 年 1 月 16 日，东湖区第十五届人民代表大会第三次会议在区政府七楼礼堂举行

◆ 2013 年 1 月 15 日，政协东湖区八届三次全会在区政府七楼礼堂举行

◆ 2013 年 3 月 28 日，东湖区承办南昌市第二十二次市、县（区）政协主席联席会议

◆ 2013 年 8 月 4 日，东湖区委召开十一届七次全体（扩大）会议

◆ 2013 年 2 月 25 日，东湖区纪委十一届三次全会在区政府七楼礼堂举行

◆ 2013 年 6 月 5 日，东湖区举办全区副科以上领导干部学习法律知识讲座

◆ 2013 年 8 月 19 日，东湖区召开省委十三届七次全会精神宣讲报告会

◆ 2013 年 12 月 17 日，东湖区在区政府七楼礼堂举行“党的十八届三中全会精神”宣讲报告会

◆ 2013 年 12 月 23 日，中共东湖区委召开十一届八次全体（扩大）会议

◆ 2013 年 3 月 8 日，东湖区召开庆祝“三八”妇女节大会

◆ 2013 年 3 月 15 日，东湖区召开全区党群工作会议

◆ 2013 年 4 月 27 日，东湖区召开庆“五一”暨工会工作会议

◆ 2013 年 10 月 18 日，中共东湖区委举行理论中心组学习（扩大）会议

◆ 2013 年 10 月 20 日，东湖区召开领导干部大会学习宣传党的十八届三中全会精神

◆ 2013 年 12 月 17 日，东湖区召开全区组织、宣传工作会议

东湖区人大常委会

◆ 2013 年 4 月 2 日，东湖区人大开展专题询问活动

2013 年，在中共东湖区委的领导下，区人大常委会深入学习贯彻中共十八大、十八届三中全会和习近平总书记系列重要讲话精神，坚持以邓小平理论、三个代表重要思想、科学发展观为指导，紧紧围绕全区中心工作和群众普遍关注的热点、难点问题，综合运用多种监督方法，形成长效机制，较好地履行了人大监督职责，推动了“繁荣精品幸福文明”东湖区的构建进程。

◆ 2013 年 5 月 21 日，东湖区人大组织代表视察该区重点工程项目

◆ 2013 年 7 月 26 日，东湖区人大召开代表行活动部署会

◆ 2013 年 6 月 15 日，东湖区人大到辖区组织人大代表开展述职活动

◆ 2013 年 10 月 30 日，东湖区人大召开十五届人大第十五次常委会议

政协东湖区委员会

2013年，政协东湖区八届委员会在中共东湖区委的正确领导和南昌市政协的指导下，区政协常委会始终把促进发展为履行职能第一要务，坚持以邓小平理论、“三个代表”重要思想和科学发展观为指导，深入学习贯彻中共十八大精神，牢牢把握团结民主两大主题，充分发挥人民政协汇集力量、凝聚智慧的优势，围绕中心，服务大局，切实履行政治协商、民主监督、参政议政职能，各项工作呈献良好局面，为构建“繁荣精品幸福文明”东湖区做出了积极贡献。

◆ 2013年6月6日，东湖区政协召开提案办理协商会

◆ 2013年6月14日，东湖区政协八届十一次常委会听取区人社局、监察局工作情况通报

◆ 2013年6月19日，东湖区政协组织经济、工商联界别委员视察该区楼宇（总部）经济发展情况

◆ 2013年11月7日，东湖区政协领导班子视察该区行政服务中心办事大厅

◆ 2013年12月19日，东湖区政协在八一公园组织开展“群众在心中——委员进社区（乡村）”文艺活动

中共东湖区纪委（监察局）

◆ 2013 年 1 月 21 日，东湖区纪委监察局组织“学习贯彻十八大 创新履职促发展”知识竞赛半决赛

◆ 2013 年 2 月 28 日，东湖区纪委开展中心组学习活动

◆ 2013 年 11 月 21 日，东湖区纪委联合区文广局举行廉政电影流动放映队、廉政文化艺术团授牌仪式

2013 年，东湖区纪委在省、市纪委，区委、区政府的正确领导下，严格落实中央八项规定，狠抓党风廉政建设责任制落实，坚持“抓早抓小、源头治腐”，强化案件查办，严肃监督问责，党风廉政建设和反腐败工作取得了新的明显成效。

◆ 2013 年 5 月 14 日，东湖区纪委开展廉政文化沙龙系列活动

中共东湖区委办公室

2013年，中共东湖区委办公室在区委的正确领导和南昌市委办公厅的精心指导下，围绕全区中心工作，紧扣“岗位即责任、服务即形象、效能即生命”工作目标，积极发挥“参谋决策、运行保障、督查落实”职能，有效提升了办公室的“三服务”水平，确保了党委工作高效有序运转，各项工作迈上了新台阶。

◆ 2013年2月16日，东湖区委办公室干部开展义务植树活动

◆ 2013年5月10日，区委办公室干部深入社区参加义务劳动

◆ 2013年12月31日，区领导戴晓明考察樟树林展示馆

◆ 2013年3月12日，区领导戴晓明、罗毛则参加植树活动

东湖区人民政府办公室

◆ 2013 年 1 月 10 日，区政府办公室对该办工作人员集中开展业务培训

2013 年，区政府办公室在区委、区政府的正确领导和市政府办公厅的关心指导下，紧紧围绕区政府中心工作，坚持“省里创一流、市里争先进、区里树杆竿”的工作标准，重规范、促高效，有效提升办文办会办事工作水平；抓公开、促透明，全面加强政务公开和电子政务建设；抓特色、提质效，有力推动依法行政进程；抓建章、促立制，着力提高应急管理和处置能力；强督查、促落实，持续推进政务督查督办工作；抓协调、重服务，开拓外事侨务民宗工作新局面；抓学习、强管理，扎实推进机关自身建设，较好地完成各项工作任务。

◆ 2013 年 2 月 8 日，区政府领导贺瑞虎、毛永钢走访慰问消防官兵

◆ 2013 年 3 月 12 日，区政府办公室工作人员参加植树节活动

◆ 2013 年 5 月 10 日，区政府办公室干部到挂点社区参加义务劳动

◆ 2013 年 10 月 12 日，区政府领导与办公室工作人员到二七北路组织“双拆“工作

中共东湖区委组织部

◆ 2013 年 4 月 28 日，区领导陈曙参加大院街道举行的全市首个街道非公联合党委成立揭牌仪式

◆ 2013 年 5 月 30 日，中共东湖区委书记戴晓明为全区 300 余名领导干部和广大党员上党课

2013 年，东湖区组织工作在区委的正确领导和市委组织部的具体指导下，按照省、市组织工作会议要求，紧紧围绕全区工作大局，立足全局、把握重点、创新方法、求真务实，认真深入开展了学习贯彻党的十八大精神活动；深化干部人事制度改革，进一步提高选人用人公信度；扎实推进干部教育培训，领导班子和干部队伍整体素质进一步提升；加强对基层党组织的督促指导和对党员的教育工作，有效落实了党建工作责任制，基层党组织的凝聚力进一步增强，为构建“繁荣精品幸福文明”东湖区提供了坚强的政治保证和组织保证。

◆ 2013 年 6 月 26 日，东湖区举办“学党章、作表率”知识竞赛

◆ 2013 年 7 月 1 日，东湖区组织全区新党员到方志敏纪念馆举行入党宣誓仪式

◆ 2013 年 7 月 29 日，区领导陈曙在浙江大学举办的东湖区领导干部“现代化城市和管理”培训班开班仪式上致词

中共东湖区委宣传部

◆ 2013 年 2 月 23 日，东湖区在樟树林文化公园举办猜灯谜、看大戏闹元宵活动

◆ 2013 年 3 月 7 日，区委宣传部在区委三楼多媒体会议室召开全区网络通讯员业务培训会议

2013 年，东湖区宣传思想工作在区委的正确领导和南昌市委宣传部的精心指导下，深入学习贯彻落实党的十八大精神和省、市宣传工作会议精神，紧紧围绕区委、区政府中心工作，深入推进“理论武装工程、舆论引导工程、文明创建工程、网络宣传工程、文化惠民工程”等五项工程，为构建“繁荣精品幸福文明”东湖区提供了强有力的思想保证、精神动力和舆论支持。

◆ 2013 年 5 月 16 日，东湖区在区委三楼多媒体会议室召开区委中心组理论学习（扩大）会

◆ 2013 年 5 月 24 日，东湖区组织开展“保护山川河流，关爱东南北湖”志愿服务活动

◆ 2013 年 10 月 18 日，东湖区举办志愿服务理念宣讲报告会

中共东湖区委统战部

2013 年，中共东湖区委统战部在区委的正确领导和南昌市委统战部的精心指导下，认真学习贯彻中共十八大，十八届二中、三中全会，全国、省、市统战工作会议精神，充分发挥统一战线优势和作用，凝聚人心、汇聚力量，为构建“繁荣精品幸福文明”东湖区做了卓有成效的工作，被中共南昌市委统战部评为“党外干部工作先进单位”。

◆ 2013 年 1 月 9 日，东湖区工商联召开非公经济人士学习中共十八大精神座谈会

◆ 2013 年 1 月 21 日，民进东湖总支开展走访贫困学生活动

◆ 2013 年 5 月 29 日，区领导焦玉庄走访困难群众

◆ 2013 年 7 月 9 日，农工东湖总支在社区开展健康知识讲座

◆ 2013 年 10 月 21 日，民进东湖总支会员、南昌市豫章路小学副校长施虹冰在澳门开展支教活动

中共东湖区委政法委

2013年，东湖区委政法委在区委、区政府的正确领导下，认真贯彻落实党的十八届三中全会和中央、省、市政法工作会议精神，牢固树立“发展是第一要务，稳定是第一责任”的理念，积极学习践行“枫桥经验”，紧紧围绕建设“繁荣精品幸福文明”东湖区的目标，攻坚克难、主动作为，全力推进政法各项工作，较好地实现了“六无”（无有影响的重大恶性刑事案件、无重大群体性事件、无敌对分子滋事捣乱事件、无“法轮功”邪教人员进京和闹事事件、无群死群伤等重大治安灾害事故和无生产安全责任事故）目标。

◆ 2013年3月27日，区领导王志勤（中）在胜利路明秀广场指导全区政法综治集中宣传日活动

◆ 2013年5月29日，东湖区召开防范打击“两抢一盗”专项行动工作大会

◆ 2013年9月24日，江西省综治办领导到东湖区调研综治工作

◆ 2013年10月15日，东湖区委政法委举办政法综治维稳工作培训班

◆ 2013年12月10日，东湖区委政法委组织召开加强和创新群众工作、维护社会和谐稳定、提升公众安全感暨综治委全体会议

编辑说明

一、《东湖年鉴》是中共东湖区委、东湖区人民政府主办的一部集资料、知识、信息为一体的地方综合年鉴，如实记载东湖区经济社会发展情况，由东湖区属各单位、驻区有关单位提供资料，具有权威性、系统性、连续性。

二、《东湖年鉴(2014)》以马克思列宁主义、毛泽东思想、邓小平理论、"三个代表"重要思想和科学发展观为指导，着重记载2013年东湖区自然、政治、经济、社会等方面情况。本卷年鉴中的综合性资料、数据截至2013年底。因统计口径等原因，有关部门所用个别数据与统计部门提供的数据不尽一致，采用时请予注意。凡涉及东湖区国民经济和社会发展的主要数据，概以东湖区统计局公布的数据为准。

三、本卷年鉴采用分类编辑法，以"部类"为单元。"部类"设29个：(1)特载；(2)专记；(3)大事记；(4)东湖概览；(5)中国共产党南昌市东湖区委员会；(6)南昌市东湖区人民代表大会常务委员会；(7)南昌市东湖区人民政府；(8)中国人民政治协商会议南昌市东湖区委员会；(9)群众团体；(10)民主党派·工商联；(11)法治；(12)军事；(13)重大项目建设；(14)商贸流通和服务业；(15)开放型经济；(16)非公有制经济；(17)金融业；(18)财政·税务；(19)经济管理与监督；(20)城市建设和管理；(21)社会管理和服务；(22)教育；(23)科学技术；(24)体育；(25)文化·旅游；(26)卫生；(27)街道办事处(管理处)概况；(28)人物；(29)重要文献。

四、本卷年鉴以类目、分目、条目组成框架结构，以条目为主要载体。部分条目因内容需要对比时，涉及到2013年度之前的情况。所载各部门、各单位文字、彩页、插图等由各有关单位供稿并最后审核确定。

五、本卷年鉴内容层次设置是为了方便分类编辑和读者阅读，并不反映严格的科学分类体系，机关、企事业单位等排序和层次并不表示其地位和规模。

六、本卷年鉴的编辑出版得到全区上下及社会各界的大力支持和帮助，在此谨表谢意。因编辑水平有限，书中难免有疏漏和错误之处，敬请广大读者见谅并予以指正。

目　录

特　载

专　记

大事记

东湖概览

中国共产党南昌市东湖区委员会

南昌市东湖区人民代表大会常务委员会

南昌市东湖区人民政府

中国人民政治协商会议南昌市东湖区委员会

群众团体

民主党派·工商联

法　　治

军　　事

重大项目建设

商贸流通和服务业

开放型经济

非公有制经济

金融业

财政·税务

经济管理与监督

城市建设和管理

社会管理和服务

教　　育

科学技术

体　　育

文化·旅游

卫　　生

街道办事处(管理处)概况

人　　物

重要文献

特　　载

改革创新破难题　凝心聚力促发展
奋力谱写东湖持续全面跨越发展新篇章

——在中共东湖区委第十一届八次全体(扩大)会议上的讲话

中共东湖区委书记　戴晓明

(2013年12月23日)

同志们:

这次会议的主要任务是,深入贯彻落实党的十八届三中全会、中央经济工作会议、全省领导干部大会及市委十届八次全会精神,认真总结我区2013年工作,研究部署2014年任务,动员全区各级党组织和广大党员干部,改革创新破难题,凝心聚力促发展,奋力谱写东湖持续、全面、跨越发展新篇章。

下面,我代表区委常委会,讲三点意见。

一、攻坚克难,主动而为,再创东湖经济社会发展新局面

一年来,在市委、市政府的正确领导下,紧紧围绕建设繁荣精品幸福文明东湖的目标,在南昌打造核心增长极的热潮中,攻坚克难、主动作为,围绕打造"三个高地",破解"三道难题",做到"三个适应",再创了东湖经济社会发展新局面。

1. 坚持转变方式,区域经济平稳增长。2013年,预计全区地区生产总值将达400亿元,同比增长9.5%;固定资产投资达114亿元,同比增长20%;社会消费品零售总额达259亿元,同比增长10.8%;全区实现财政总收入46亿元,同比增长5.19%;实现地方公共财政预算收入10.1亿元,同比增长17%。全力培育新型业态。引进中金财信、海高租赁等10余家非银金融机构入驻,大力发展金融配套服务等特色产业,实现与红谷滩金融中心错位互补、协同发展。成立了全省首家电子商务协会——南昌东湖电子商务协会;全省首个江西地方特色商圈网——"大美江西网"等落户东湖,电子商务进一步发展,全区新增会展、广告、策划、市场营销等商务服务性企业370多家,商务服务集聚效应进一步增强。大力发展文化产业。樟树林文化生活公园成功打造全省首个非遗展示馆,被评为"2012年度江西省文化创意旅游休闲街区"。"南昌琴岛之夜"已正式营业,成为赣鄱文化的"立体展厅"。目前,已在我区工商注册登记的文化产业经营单位1600余个,已初步形成包括新闻出版、文艺演出等行业的综合性文化创意产业体系,文化产业不断迸发出新的活力与生机。扎实推进项目建设。大力开展"项目推进年"活动,青山南路贤士湖棚户区改造项目(中金黄金项目)顺利完成征迁工作,即将进行土地招拍挂程序;南昌壹9二七项目(二七路)已开业运行;青山湖西岸片区改造项目已基本完成李家庄、谌家坊地块征迁工作;区综合服务中心及文化活动中心项目稳步推进,综合服务中心主体已经封顶。

2. 坚持和谐有序,社会环境不断优化。加强城市建管,提升宜居水平。投入5000余万元实施二七北路街景改造和33个社区环境综合整治工程。在全市率先完成轨道交通2号线(东湖段)房屋征收总任务的70%,青山南路贤士湖棚户区改造(中金国际交易中心)项目成为全市旧城改造正式启动以来,第一个落地推进并全面完成房屋征收的旧改项目。启动南昌"拆临拆违"专项行动第一拆,尤其是成功拆除了二七北路及育新学校周边沿街违建汽配黄金店面,市委、市政府主要领导多次现场视察该路"双拆"工作并给予积极肯定。积极探索建立城市管理长效机制,率先在全市推广市容环卫作业市场化运营,涉及全区9个街办所有市政道路,将为全市全面铺开环卫作业市场化探索经验、提供参考样本。创新社会管理,维护社会稳定。完善民主政治建设,在上营坊社区成立全市首个"人大代表工作室";在全区9个街道15个社区建立了政协委员社区联络站。深化积极开展信访积案"大约谈、大调度、大化解"活动,调处化解疑难信访积案32件,使用特殊疑难信访专项资金化解突出信访问题13件。扎实推进文明创建,章金媛获得全国第四届道德模范提名奖。加强社会管理创新,推行综治工作全覆盖,将区人大常委会机关等67个单位新纳入综治责任体系并签订责任书;积极开展平安创建活动,全面推进社区网格化管理,初步实现了"网格划分规范、队伍组建顺利、工作开展有序"的良好局面。

3. 坚持提质扩面,民生事业持续改善。民生工程有力推进。巩固全国民政工作先进区三连冠成果,积极创建全国和谐社区建设示范城区。在全省率先推动家庭服务企业化发展,省内骨干示范单位——江西倍邦家庭服务有限公司已列入2013年江西省服务业发展重点项目并予以扶持。在全省率先创建"三位一体"社会工作园地,荣获"全省社会救助先进区"称号。制定并出台了《东湖区被征地农民参加养老保险实施方案》,在全市率先启动被征地农民参加养老保险工作,成功经验得到国家人社部领导的肯定。社会事业协调发展。全面落实教育改革发展"三个优先"政策,投入资金1.24亿元加快滨江学校、滕王阁保育院等8所学校校园提升及信息化建设,全区教育教学设施和信息化水平位居全省前列,成为全省唯一连续两次荣获省政府教育督导评估全省第一名(5年评一次)的县区。作为全省唯一县区,率先购置专业流动舞台车,真正将文化惠民、文化为民落到实处。南昌清音作品《今日犹闻翰墨香》获得第十六届全国群星奖,豫章绣作品荣获2013年中国工艺美术百花奖金奖。全市首个健康小屋在百花洲街道社区卫生服务中心投入使用;在全市率先尝试将居家养老服务和家庭医生责任制、社区卫生服务等相关服务有机结合,开创了社区契约式服务新模式。计生服务始终走在全省前列,连续六年获得市综合考核一等奖,连续五年获得省综合考核一等奖。

4. 坚持固本强基,政治引领全面加强。思想政治建设不断加强。通过加强和改进党委中心组理论学习,组织集中宣讲、举行专题研讨、开展网络宣传等多种方式,推动党的十八大精神和十八届三中全会精神广泛普及、深入人心。实现理论武装与东湖跨越发展实践切实紧密结合起来。干部队伍建设不断加强。进一步深化干部人事制度改革,做到三个坚持(坚持严格把握拟任干部的条件和资格、坚持和完善干部考核评价制度、坚持干部任免票决制),选人用人公信度进一步提高。一年来,区委常委会对所有干部的任免实行了无记名票决,全部都是高票通过。召开区委全委会对3名街道和区委、区政府工作部门党政正职拟任人选进行票决,进一步扩大了票决主体范围。基层组织建设不断加强。着力提高基层党建工作水平,加大对非公有制经济组织和新社会组织组建党组织的支持力度,在区民政局成立了区社会组织党工委,在大院街道成立了全市首家街道非公经济组织党工委。积极探索流动党员管理新模式,成立了第一个外地驻区流动党员党支部——余干县大塘乡东湖区创新党支部。制定下发了《关于进一步推动全区机关在职党员联系服务居住地社区开展志愿活动的通知》,全区700余名机关在职党员已到居住地社区报到并认领了志愿服务岗位。党风廉政建设不断加强。严格落实中央"八项规定",做好改进作风的"加减乘除法",做好"加法",加强联系服务群众;做好"减法",压缩会议减少文件;做好"乘法",继承传统勤俭节约;

做好"除法",弘扬新风清廉为民。制定并下发了《东湖区民生资金管理使用情况监督检查工作实施方案》,出台了《东湖区廉政文化建设意见》,不断提高党员干部的廉洁自律水平。

回首过去的一年,困难纷繁复杂,成绩来之不易!我们之所以能在经历宏观环境新变化、经受复杂局面新考验中取得令人鼓舞的新成绩,主要归功于市委、市政府的正确领导;归功于全区上下的团结奋斗;归功于历届区委打下的良好基础;归功于老同志的关心帮助和全社会的支持配合。

在总结成绩的同时,更要清醒地认识到我们还面临着一些亟待解决的矛盾和问题:一是经济发展后劲乏力。辖区面积较小,发展空间有限,缺乏大项目承载力;因地铁建设、旧城改造等沿街拆迁施工及其他县区新兴商圈的发展,原本独具优势的传统服务业受到了严峻挑战;楼宇经济、总部经济等由于楼宇硬件平台升级难度大、区外竞争加剧,急需腾笼换鸟、硬件升级、政策扶持;金融业随着全市产业布局的调整,金融企业面临不断流失的局面。二是城市管理难度加大。作为中心城区城市管理历来受到各级领导和市民的高度关注,加之受轨道交通建设、旧城改造等客观因素影响,城市管理难度进一步加大。三是旧城改造速度不快。纵向比较,2013 年是我区房屋征收还是土地的收储最多的一年,但横向比较,我区的旧城改造不管从房屋征收数还是土地的收储量都远不及其他兄弟县区,速度有待进一步加快。四是民生事业尚有欠账。近年来,本着尽力而为、量力而行的原则,我区民生事业得到大力推进,但严格按照标准对照,还有一些没有完全到位,还有欠账。五是信访稳定压力不减。虽然通过强化领导包案,实施"大约谈、大调度、大化解"活动化解了一批信访积案,但历史遗留问题尚未全部解决、因房屋拆迁等引发的新信访问题又有出现,全区信访形势不容乐观,极大地分散了我们很多工作精力。六是发展环境有待改善。部分干部素质和作风不能适应发展需要,不少干部存在畏难情绪,缺乏担当意识,破解工作难题的主动性、积极性、创造性不够;干部队伍中,高级专门人才特别是工程技术类、经济管理类人才不足。针对这些问题,我们一定要高度重视,切实加以解决。

二、突出重点,顺势而为,打造东湖经济社会发展升级版

明年将是深入学习贯彻落实党的十八届三中全会精神、全面深化改革的开局之年,是南昌充分用好先行先试的改革权、试验权、全面打造全省核

心增长极的推进之年,也是我区抢抓旧城改造机遇、扩展发展空间、促进发展转型升级的关键之年。按照市里的总体部署,结合我区实际,2014年,全区经济社会发展的指导思想和基本思路是:全面贯彻党的十八届三中全会精神,高举中国特色社会主义伟大旗帜,紧紧围绕建设繁荣精品幸福文明东湖的战略目标,强化进取意识、机遇意识、责任意识,以全面深化改革为动力,以扎实开展党的群众路线教育实践活动为保障,突出重点,顺势而为,稳中求进,改革创新,做大核心产业,提升核心价值,巩固核心地位,打造东湖经济社会发展升级版。

1. 全力以赴主攻旧城改造。在当前和今后一段时期,旧城改造将是东湖重大重要的民生工程和发展工程。我们将切实把旧城改造作为检验各级干部素质和能力的"主战场",作为一个比干劲、比能力、比贡献的"大赛场",在今年圆满完成旧城改造任务的基础上,将2014年定为"旧城改造年",总结和发扬好的经验和做法,积极启动青山湖西岸二期、下正街电厂地块棚户区、上下沙窝地块棚户区及殷家巷地块棚户区等地块改造,确保明年房屋征收面积完成100万平方米,盘活约1000余亩土地,为东湖区发展腾出黄金空间。通过旧城改造扩展城市空间,完善市政设施,促进城区形象改善、居住环境优化、经济发展转型升级,不断增强区域发展承载力。

2. 优化环境做大楼宇经济。通过改善楼宇服务,加大投入,改造、新建一批楼宇,实现楼宇经济服务软环境和设施硬环境同步优化,提升楼宇平台品质,扩展楼宇平台承载量,通过楼宇平台,加快特色产业发展,做大楼宇经济。以楼宇为载体加快发展电子商务业。依托东湖电子商务协会平台,借助财富广场商务楼宇,集聚"地宝网""圈圈网"等一大批电子商务本地龙头企业,形成"财富广场电子商务楼宇"基地。出台政策支持,紧盯"京东""苏宁易购"等国内知名电商企业,实现龙头企业(项目)引领全区产业发展的带动性和辐射性,促进全区电子商务发展。以楼宇为载体错位发展金融配套产业。积极发展小额贷款、股权投资、融资担保等新型金融服务机构,广泛引入法律、会计、投资与资产管理等配套服务机构,进一步延伸金融集聚产业链条。以楼宇为载体发展总部经济和都市工业。以打造亿元楼宇为目标,将央央春天定位为投资大厦,华远和平里定位为金融商务大厦,打造一批具有强辐射力的总部楼宇;加大对江西财大青山园功能材料都市工业园项目、新闻出版大厦工业设计与创意产业都市楼宇项目等项目的包装,打造一批都市工业楼宇。

3. 突出特色发展都市经济。通过加大招商选资力度,改善硬件设施,实现产业升级、街区升级,突出特色发展都市经济。优化升级传统服务业。全面启动胜利路步行街综合改造和地下空间开发。提升"八一广场"和"青山南路"两大商圈的品质,合理引导传统商贸业向购物中心升级转变,形成一定规模的综合体。积极打造江佑、智通广场等特色餐饮夜市街;以轨道建设为契机,充分整合地下、地上资源,以"站"旺"市"。提升做大文化产业。提升"一园五街区"文化集聚区产业规模,进一步优化樟树林文化生活公园、791文化艺术街区、滕王阁古玩城和福州路时尚娱乐街区等建设,建设全省首个"慢生活"主题文化街区——环湖休闲文化街区,形成全区遍布品味档次高、风味特色浓、配套服务全的特色街区,实现全区街区经济的升级换代。进一步做强文化旅游业、工艺美术业、创意设计业以及演艺娱乐业、广告会展业,提升文化品味。抢抓机遇发展飞地经济。紧抓经开区、高新区、小蓝工业园规划建设"飞地经济工业园"的机遇,大力发展飞地经济,为我区引进工业项目提供新的载体,为东湖的繁荣发展找到新的经济增长点。在发展流向上,在发展飞地工业的同时,积极引导对方来我区建设现代服务业飞地,互补互利,创造飞地经济利益分配的崭新格局。

4. 整合力量强推城市建管。积极推进城市基础社会建设,持续推进滨江规划路网工程,重点推进规划六路后半段及支路建设。通过打通断头路,强化交通微循环。大力实施"森林城乡、花园南昌"工程,积极稳步推进"拆违拆临,建绿透绿"专项行动。全面启动墩子塘、上沙窝等新一轮集贸市场升级改造,硬件先行,软件跟进,管理到位,努力创新市场建设与管理机制。全力破解城市管理难题,要抓实做细临街门前"三包"管理,完善"区、街、社区"三级网络数字城管平台,实行绩效、绩誉、绩位三挂钩,根据考核结果和工作绩效严格奖惩和问责。以实现市容环境卫生长效管理为目标，积极稳妥的推进环卫作业市场化运营走上规范化、制度化管理轨道，逐步实现城市管理社会化、机械化、市场化、标准化、网格化、法治化，使城市管理更加高效。

5. 尽力而为办好民生实事。按照“百姓点菜，政府买单”，“量力而行，尽力而为”的原则，在提升全区“民生三圈”质量和水平的基础上，全面推进优质教育、医疗、就业、养老、公共文化、计生服务、体育健身等民生圈的建设。强化社区便民服务。以创建全国和谐社区建设示范区为契机，在全省率先打造“智慧型社区”。强化社会劳动保障。进一步强化品牌，加快发展家庭服务业水平。创建高校毕业生就业综合服务中心，创新高校毕业生就业服务模式。强化均衡教育发展。全面提升改造及信息化建设工程，改善校园硬件设施。强力推进片区教研共同体建设，实现教育硬件软件均衡发展。强化公共文化圈打造。建立区、街道、社区三级公共文化服务网络，完善设施设备，打造全区“十五分钟公共文化服务圈”。强化全民健身圈打造。实施体育服务惠民工程，不断健全全民健身路径。

6. 警钟长鸣做好信访稳定。通过持续抓渠道畅通，持续抓问题化解，持续抓秩序改善，化解一批重点疑难积案，创新信访工作体制机制，依法依规化解各类信访问题。完善网格化管理，全面铺开“以人为本，网格化管理、信息化支撑、全程化服务”的社会网格员管理新模式，打造好每一个“平安网格”，提升群众安全感。深入开展法治东湖创建活动，不断推进社区矫正、安置帮教工作。整合资源、构建人民调解、司法调解、行政调解衔接配合的“大调解”工作机制，全力化解社会矛盾纠纷，通过抓好信访和社会管理，打牢社会稳定根基。

三、真抓实干，创新而为，力促东湖经济社会发展新跨越

党的十八届三中全会就“五位一体”和党的建设领域的改革进行了总体部署，当前和今后一个时期，将是全面深化改革的关键时期。东湖必须解放思想，抢抓机遇，以深入开展党的群众路线教育实践活动为契机，切实转变工作作风，真抓实干，创新发展，以思想上的大解放，谋划发展上的大跨越，以作风的大转变，实现发展环境上的大跨越，以行动上的大举措，实现经济社会发展的大跨越。

一是要从破解问题入手，切实做到提升素质、转变作风。问题是最好的老师。近年来，在历届区委、区政府的励精图治、艰辛努力下，东湖经济社会得到长足发展，人民群众生活水平不断提高。但是，与周边发展较快的城区相比，我们在招商引资、创新能力以及发展环境等诸多方面，仍然存在不小的差距。这些差距归根到底是解放思想的差距、发展胆识的差距、素质能力的差距。扎实深入开展党的群众路线实践教育活动，以问题为导向，深入查找各级干部在这些方面存在的差距和不足，对于我们把握目前转型发展的关键期、攻坚期和机遇期，解放思想、改革创新，奋力进取、拼搏争先，推动东湖跨越发展、进位赶超，具有重要的现实意义。在教育实践活动中要紧密联系实际，把本单位本部门的工作摆进去、把自己的思想摆进去，用创新的思维和办法应对、解决前进路上出现的新情况、新问题。要着力从五方面查找差距，即查找精神状态方面的差距，做到振奋精神、自我压力；查找工作作风方面的差距，做到敢于负责、勇于担当；查找自身能力方面的差距，做到自我提升、执行有力；查找发展环境方面的差距，做到转变作风，提高效率；查找执政理念方面的差距，做到以人为本、执政为民。

二是要从领导带头做起，切实做到敢于负责、勇于担当。领导干部面对责任能不能担当，面对工作要不要抓落实，面对问题敢不敢突破，往往决定了一个地区、一个单位的干部队伍作风走向。各级领导干部一定要以身作则、率先垂范，区四套班子同志带头做起，区级领导向我看齐。一是带头抓落实。抓落实的能力是领导干部最基本的执政能力。各级领导干部要把抓落实作为工作常态，从自己做起，从具体事抓起，坚决杜绝把以会议贯彻会议作为主要工作方式，把划圈批示作为主要工作手段。二是碰硬抓管理。没有敢于批评落后的碰硬管理，敢于得罪人的问责问效，干部的惰性就会被放大，工作的执行就会被打折扣，作风建设也会流于形式。各级领导干部要坚决克服一团和气的做法，做到敢抓敢管，动真碰硬。三是大胆抓突破。改革必定会触动现实利益，挑战习惯

做法。在改革的风险和责任面前,领导瞻前顾后,干部就不敢担当;领导避实就虚,干部就不敢突破。各级领导干部要深刻领会习近平总书记关于深化改革开放的重要讲话精神,牢记“改革有风险,但不改革就会有危险”的教诲,勇担风险,敢担责任,大胆实践,力破常规。

三是要从重点环节突破,切实推进服务提速、执行有力。审批速度、执行效率、服务质量是影响和制约加快发展的重要因素,必须作为作风建设的重中之重。一是狠抓审批提速。要继续清理和规范行政审批事项,重新开展审批流程再造,选择若干个政府投资项目及企业投资项目进行全程跟踪督查,学习借鉴先行地区行政审批好的做法。要进一步强化行政服务中心管理工作,进驻中心的窗口单位工作人员由行政服务中心负责考核管理,各相关部门要确保职能归并到位、授权到位、人员到位。二是狠抓执行提效。要建立和完善纵向到底、横向到边的抓落实责任体系,对每一项工作都要定人员、定责任、定时间、定进度。要严格追究责任,对区委、区政府重点工作推动不力的,由区纪委及时警示、约谈和问责,查处一批不落实的事和人,对该约谈不约谈、该查处不查处的,追究相关责任人的责任。三是狠抓服务提质。要定期开展审批速度、办事效率、服务效能明察暗访,对速度慢、效率低、效能差的责任单位要限期整改。

四是要从较真动真抓起,切实做到导向鲜明、激励高效。要在干部作风、机关效能、服务环境建设上下工夫,出实招。一是强化用人导向。要用抓落实的成果检验干部,大胆启用想干事、会干事、干成事、不出事的干部。想干事,就是能够清楚掌握基本情况、工作动态和政策规定,立足区情抓发展,积极主动抓落实,而不是对基本情况不熟悉、对工作进展情况不清楚、对法律政策规定不了解;会干事,就是别人想不到的你能想到,别人想到的你能抢先做,别人做不到的你能做到,既善于谋大局,又善于抓细节。干成事,就是发展有实绩、排位有进步、工作有亮点。不出事,就是不该要的不要,不该拿的不拿,不该沾的不沾。二是强化考核激励。在考核督查中注重实绩,在奖惩兑现上严格较真。要进一步完善考核机制和体系,突出抓发展、抓项目、抓落实的考核导向,把勇争全区第一、全市领先乃至全省全国先进作为各级各部门分类考核或单项工作的标杆。坚持把考核结果与干部使用和奖惩挂钩,对成绩突出的要优先提拔重用,对完不成目标任务的坚决给予相应处罚。三是加大查处力度。加大各类投诉的查处力度,动真格推进治庸、治懒、治散、治奢,对于胆敢破坏软环境的人,按照“就高不就低、就严不就宽”严肃处理,力争通过查处一案,整治一线,教育一片。

同志们,目标已经确定、任务已经明确,现在关键是要迅速行动、狠抓落实,让我们在市委、市政府的坚强领导下,团结一心,改革创新,拼搏奋进,努力实现东湖持续全面跨越发展,为将繁荣精品幸福文明东湖建设推向新的高度而做出不愧于东湖人民、不愧于职责使命的新贡献!

(区委办公室)

政府工作报告

(2014 年 1 月 15 日在东湖区第十五届人民代表大会第四次会议上)

东湖区人民政府区长　贺瑞虎

各位代表:

现在,我代表东湖区人民政府,向大会作工作报告,请予审议,并请各位政协委员和其他列席人员提出意见。

一、迎难而上、开拓进取,全力实现 2013 年发展新跨越

2013 年,在市委、市政府和区委的正确领导下,在区人大、区政协的大力支持下,区政府团结

带领全区人民，紧紧围绕繁荣精品幸福文明东湖定位，克服产业转型影响，突破发展空间瓶颈，化解社会管理压力，迎难而上，开拓进取，积极建设全省经济大区、文化强区，实现了全区经济社会发展的新跨越。

——这是经济实力大提升的一年。预计全年实现地区生产总值400亿元、固定资产投资114亿元、社会消费品零售总额259亿元，同比分别增长9.5%、20%、10.8%；财政总收入完成46.43亿元，同比增长6.17%；地方公共财政预算收入达到10.1亿元，同比增长17.02%，全面完成了经区人大常委会调整后的各项目标任务。平均每平方公里产生地区生产总值、社会消费品零售总额、财政总收入将达到21.80亿元、14.11亿元、2.53亿元，单位面积产出率再创全省新高。

——这是城区面貌大变样的一年。全面启动旧城改造，全年共完成房屋征收25万平方米；完成土地收储765亩，超年初计划28%，房屋征收和土地收储面积均创东湖历史之最。强力推进了青山湖西岸改造等5个旧城改造项目，其中青山南路旧城改造项目成为全市旧城改造正式启动以来，第一个落地推进并全面完成房屋征收的项目。大力开展"拆违拆临、建绿透绿"专项行动，成功打响全市自拆"第一枪"，全区共拆除沿街违建公房2.08万平方米；尤其是成功拆除了二七北路、育新学校周边汽配一条街及子固路糖果批发一条街"黄金"店面392间，得到市委、市政府和群众一致好评。

——这是社会事业大发展的一年。2013年，全区民生支出7.18亿元，占地方公共财政预算支出的62.43%。全面落实年初确定的69件民生实事，民生事业在统筹协调中取得新进展。一年来，全区社会事业领域共获得"全国敬老文明号"等全国奖项20个；"全省社会救助先进区"等省级奖项23个，民生质量全市领先。

这些成绩，标志着我区在科学发展的道路上迈出了新的坚实步伐。

在取得上述成绩的征程中，一年来我们主要做了以下工作：

（一）坚持进位赶超不动摇，经济发展加速转型

产业结构更加优化。传统商贸业稳健发展。成功举办"2013南昌·东湖百花洲购物节"，加盟商家超过560家、营业额达4.6亿元，同比分别增

长15%、21%。加快集贸市场升级改造,投入近900万元高标准建成新公园路集贸市场,成为全省集贸市场典范。金融服务业持续发展。成功引进中金财信、海高租赁等10余家非银金融机构入驻,小贷公司、担保公司规模壮大;辖区内共有保险公司省级总部16家、证券公司市级营业部18家,分别占全市49%、35%。文化产业蓬勃发展。扶持樟树林文化生活公园建成全省首个非物质文化遗产展示馆,并加快了创意街区建设,被评为"全省文化创意旅游休闲街区"。做强791艺术街区,入选全省第四批省级文化产业示范基地,并正申报全国特色示范街区。新引进的"南昌琴岛之夜"演艺项目正式营业,成为全市剧场演艺的新坐标、全省文化产业的新名片。目前,全区注册的文化产业经营单位达1600余家。电子商务业快速发展。大力打造全省电子商务基地,成立全省首家电子商务协会,引入全省唯一与淘宝合作的地方特色交易平台——"淘宝江西馆"、全省首家地方特色商圈网——"大美江西网"等特色项目和北京智联招聘等一大批品牌电商,全区新注册电子商务企业370余家,电子商务企业聚焦效应逐步显现。

服务平台更加完善。优化楼宇服务平台。建成西格玛商务大厦、财富广场等25个楼宇服务中心,对江西出版大厦、国力大厦等楼宇进行重点包装推介。全年新增楼宇入驻企业367家,全区税收收入千万元以上楼宇10栋、亿元楼宇2栋,预计全年纳税总额达到4.61亿元,楼宇经济发展良好。建立非公服务平台。成功申报全省县区唯一中小企业公共服务平台和南昌市首个省级中小企业信用示范区,大力扶持中小企业发展壮大,全年新增个私民营企业5010户,荣获全省"服务中小企业先进单位"。组建了东湖区经济大发展顾问团,为东湖产业经济发展出谋划策。

对外开放更加深入。创新招商形式与载体,大力开展协会招商、以商招商、节会招商、专题推介招商,成功引进千万元以上项目60个,引进上海建工、中国黄金等总投资亿元以上重大项目4个。预计全年完成实际利用外资1.4亿美元、内资24.96亿元,出口创汇4.45亿美元,同比分别增长15.53%、20.99%、15.08%。

项目推进更加有力。在轨道交通2号线房屋征收工作中,我区是全市征收户数最多、难度最大的城区。全区上下攻坚克难,率先在全市完成70%的住宅征收任务,成功实施全市轨道2号线"第一拆""第一爆"。顺利完成青山湖西岸改造项目李家庄、谌家坊等地块近7万平方米的房屋征收,启动了省物质储运公司地块房屋征收工作。区综合服务中心建筑主体成功封顶,区文化活动中心建筑主体即将封顶。重新启动胜利路交通银行地块改造项目,并基本完成房屋征收工作。央央春天、华远和平里等一批项目开始主体装修或招商运营,将成为推动东湖发展的新引擎。

(二)坚持以民为本不懈怠,社会建设加速推进

民生保障更加全面。突出老有所养、弱有所助。在全省率先开展信息化养老服务工作,在全市率先实现失地农民养老保险全覆盖,各类社会保险征缴16.36万人次;全年累计发放城乡低保金2413万元,共为10779名80岁以上高龄老人发放生活补贴1100余万元。突出劳有所得、住有所居。实现城镇就业率达94.8%、零就业家庭安置率100%;新增廉租住房补贴和实物配租2501户,完成14处危房维修解危。突出病有所医、食有所安。坚持医疗保险全覆盖,全区城镇基本医疗保险参保12.41万人,持续推进尿毒症困难患者免费血透治疗和贫困家庭重症精神病患者免费救治工作。积极开展城乡医疗救助、临时救助2818人次,发放物价、医疗救助等救助金、补贴近600万元。巩固全省食品药品安全示范区建设成果,全年未发生重大食品安全事故。

公共服务更加均衡。传统"三圈"品牌有新内涵。"10分钟便民服务圈"增设新平台,全力培植江西倍邦家庭服务有限公司成为全省骨干示范单位,充分整合现有家庭服务业企业,利用网络、声讯、实体店等载体全方位为群众提供优质、高效服务。"15分钟卫生服务圈"有新靓点,成功引进注资8000万元的健康服务业项目——中科健康(体检)广场,走在全国前列,全省领先。投入170万元,在全市率先建成10个疾病监测健康小屋。"20分钟优质教育圈"有新提升,投入资金1.24亿元完成滨江学校、滕王阁保育院等校园改扩建;对豫章小学等8所学校校园进行改造提升及信息化建设,全区教育教学设施和信息化水平居全省

前茅。新的“两圈”品牌正在构建。大力打造“15分钟健身圈”,积极构建“15分钟公共文化服务圈”。承办了中国围棋甲级联赛、全国运动会成年男子篮球赛等多项赛事,创立了“和谐社区一家亲”公共文化活动新品牌,率先购置了全省首辆专业流动舞台车,创作的南昌清音《今日犹闻翰墨香》成功摘得全国“群星奖”。

社会事业更加繁荣。多项工作全国争先。章金媛获评全国第四届助人为乐道德模范提名奖。阳明学校学生涂桦获市“十佳美德少年”称号,并作为全省唯一代表成为央视“寻找最美孝心少年”候选人。积极创建全国和谐社区建设示范城区,并顺利通过省检评审验收。多项工作全省率先。与省质量技术监督局、省标准化研究院联合编制《江西省地方标准——和谐社区建设指南》,填补全省空白。在全省率先创建“社工实务创新基地”“民办社工机构孵化园”和“公益创投项目孵化中心”的“三位一体”社会工作基地,开展专业社工服务,荣获全省社会救助先进区。多项工作全市领先。在全市率先将居家养老服务和家庭医生责任制、社区卫生服务等相关服务有机结合,开创社区服务新模式。全市人口计生信息化建设现场会在我区成功召开,计生工作连续六年获得市综合考核一等奖。

(三)坚持改革创新不停步,发展环境加速优化

城区环境更加优质。大力推进环卫作业市场化。积极探索市容环卫体制改革,按照管干分离的原则,在全市首个将辖区所有市政道路的环卫作业任务实行市场化管理,迈出了政府购买公共服务的新步伐。大力推进城市管理社会化。深入推行临街门前管理责任制,加大城市管理条例宣传力度,出台《东湖区城市综合管理工作考核暂行办法》,创新城市管理机制。深入开展“五车”、小餐饮店、集贸市场等10余项专项整治活动,城区形象明显改善。大力推进城区建设品质化。投资3800万元,综合实施八一桥周边39栋房屋平改坡工程。投资5000万元,全面完成33个社区环境综合整治。顺利完成规划一路建设,豫章路打通工程稳步推进,改善城区道路微循环。认真落实“畅通省城”各项工作任务,清理被挪用停车泊位1800个。坚持制度准绳,稳推违章施工专项整治,“四个一律”经验做法得到全市推广。深入开展“蓝天”行动,不断加大和完善环境监测能力,全面完成节能减排任务。

社会环境更加和谐。构筑大综治格局。将全区67个单位新纳入综治责任体系,实现综治全覆盖。积极开展平安创建活动,强力打击“两抢一盗”;投入300余万元新组建直属机动巡逻大队,提高路面见警率。优化大信访机制。坚持区领导包案和信访值班暨视频接访制度,化解信访问题215件;积极开展信访积案“大约谈、大调度、大化解”活动,集中对32件信访疑难积案进行了调处化解。经常性开展了安全生产大检查,消防安全、应急处置演练等工作,全年未发生重特大安全生产责任事故。

政务环境更加高效。行政效能提升明显。建立重大企业、重点项目跟踪服务机制,承接市级下放行政审批项目共73项、取消18项、暂停实施6项,单项审批平均办理时限由5.72个工作日压缩至3.51个工作日,压缩率为38.6%。依法行政成效明显。自觉接受区人大法律监督和区政协民主监督,全年共办理人大建议51件,政协提案101件,办结率和满意率均达100%。加大法制东湖创建力度,创新普法新模式,深入推进“六五”普法工作,成立了全市首家农民工法律援助工作站、全市首个县区级社区矫正监管中心。机关作风转变明显。坚决贯彻落实中央“八项规定”,推进政府信息公开和政务公开,在全省率先公开“三公”经费预算。出台《关于改进工作作风、密切联系群众的若干规定》,全区会议数量和规模平均压缩30%,文件数量压缩20%,“三公”经费同比下降12%。

与此同时,高效完成了人感染H7N9禽流感疫情应对处置工作。协调发展其他各项社会事业,武装、人防、审计、档案、信息化、工商、质监、税务、国土、执法、双拥、老龄、对台、红十字会、爱国卫生、助残、民族宗教、外事侨务等工作均取得新成绩。

各位代表,过去一年的成绩来之不易!这些成绩的取得,离不开市委、市政府和区委的正确领导,离不开区人大、区政协、区工商联、各民主党派和群众团体的监督支持,离不开全区干部群众的艰苦奋斗,离不开广大驻区单位的关心帮助,特别是全体人大代表、政协委员一年来,积极建言献

策、鼎力支持。在此,我谨代表东湖区人民政府,向所有关心、支持和参与东湖建设与发展的领导们、同志们、朋友们表示衷心的感谢,并致以崇高的敬意!

在肯定成绩的同时,我们也清醒地认识到,东湖区当前还面临着不少困难和挑战。一是经济发展后劲乏力。发展空间不足的瓶颈仍未改变,大项目落地仍有困难;支柱产业竞争优势正在减弱,传统商贸业受其他区县许多大型城市商业综合体开业冲击较大,金融等现代服务业发展也面临较大压力,做大经济总量的任务依然艰巨。二是城市管理难度加大。作为中心城区,东湖区的城市管理历来受到各级领导和市民的高度关注,加之受轨道交通1、2号线建设、旧城改造等多个项目同时施工的客观影响,城市管理难度进一步加大。三是少数干部进取意识、责任意识还不够强。工作中存在畏难情绪,缺乏直面问题的勇气、解决问题的能力。对这些问题,我们将进一步创新思路和方法,采取更加积极有效的措施加以解决。

二、拓展空间、发展升级,奋力开创2014年工作新局面

2014年是贯彻党的十八届三中全会精神、全面深化改革的开局之年,也是我区群众路线教育实践活动的开展年,更是我区拓宽发展空间的重要之年。综观国内外发展大势,我们要进一步增强紧迫感、责任感和使命感,立足区情、谋求跨越,全力实现东湖持续健康发展。

今年政府工作的总体要求是:高举中国特色社会主义伟大旗帜,认真贯彻落实党的十八届三中全会精神,主动融入南昌打造全省核心增长极大局,紧紧围绕繁荣精品幸福文明东湖定位,加快建设全省经济大区、文化强区、品质城区,发扬勇于改革、善于攻坚、敢于争先的过硬作风,聚焦旧城改造、产业提升,突出特色打造、品牌塑造,推动东湖发展全面升级!

基于全市目标和东湖实际,今年经济社会发展的主要预期目标是:

地区生产总值增长9%;

财政总收入增长10%;

地方公共财政预算收入增长12%;

社会消费品零售总额增长9%;

全社会固定资产投资增长16%;

实际利用外资增长8%;

实际利用内资增长8%;

出口创汇增长5%;

人口自然增长率控制在5.05‰以内。

做好今年工作,关键是要"贯穿一条主线、树立三种理念、推动五大升级"。

将改革创新贯穿全区经济社会发展全过程。发展永无止境,改革未有穷期。按照十八届三中全会作出的部署,主动对接省、市出台的改革政策,重点配合作好简政放权、社会事业、社会治理等体制方面的改革。充分发挥考核体系的导引作用,进一步完善目标考核办法,激发基层活力,引导各部门形成互补发展、汇聚合力的良性局面。

牢固树立"聚焦、市场、品牌"三种理念。

"聚焦",就是要坚持区域聚焦、产业聚焦、政策聚焦、资源聚焦,聚集人力、物力、财力对重大工程、重点项目、重要工作集中发力。做好产业规划,引导同类产业集聚发展。

"市场",就是要正确处理好政府和市场的关系,使市场在资源配置中起决定性作用,真正做到市场能够做到的交给市场去做。政府主要为市场经济的健康发展提供良好环境。

"品牌",就是要善于在省、市领先的各项工作中总结经验,特别是要在社会事业领域中坚持用品牌的理念打造出叫得响、影响大的社会事业品牌,提升城区知名度、美誉度。

"五大升级"是指强力推动旧城改造、经济转型、文化发展、城市建管、社会民生五大升级。

(一)强力推动旧城改造全面升级,不断增强区域发展承载力

将2014年定为"旧城改造年",集全区之力、聚全民之智将这一"民生工程、发展工程"做成"民心工程、发力工程"。

加大改造力度。按照全区聚焦旧城改造、旧城改造聚焦青山湖西岸项目的原则,将区旧城改造指挥部、青山湖西岸改造指挥部进行整合,确保组织机构高效运转。进一步创新思路、拓宽视野,坚持连线成片原则,积极稳妥推进旧城改造。

坚持重点推进。按照全年改造地块房屋征收面积不少于100万平方米的要求,重点推进青山湖西岸和下正街电厂地块、上下沙窝地块、殷家巷地块棚户区等项目改造,并及时对其他条件成熟

的旧城改造项目实施改造，为全区经济社会发展提供有力支撑。

拓宽融资渠道。建立大开放平台，有效发挥市土地储备中心及相关政府平台融资功能，充分激活民间资本。紧盯重点地区、围绕重点产业，寻找重点企业，积极引导社会资本参与旧城改造，使旧城改造与产业布局同步进行、城区形象改善和区域经济发展同步提升。

（二）强力推动经济转型全面升级，不断增强区域发展带动力

提升产业层次。坚持集聚发展现代服务业和改造提升传统服务业双轮驱动，加快形成以传统商贸服务业、金融服务业、文化旅游产业、电子商务业为主体的服务业发展新格局。提升发展传统商贸服务业。突出抓增量，提前服务旧城改造，主动参与轨道交通沿线站点商业布局，着力打造新的商业热点。突出抓特色，启动胜利路综合改造和地下空间开发，打造集百年老店品牌、民国建筑风貌展示、青春时尚购物等特色于一体的、全省一流的综合商业街；积极打造独具特色的百花洲慢生活休闲文化街区和江佑时鲜街、智通广场等特色餐饮夜市街，形成特色发展。精心谋划“2014南昌·东湖百花洲购物节”，将其打造成为区域性的节会品牌。突出抓提升，注重对街区外景、商业体内部业态进行提升，发展高端商贸服务业，保持产业优势。集聚发展现代服务业。错位发展金融服务业，进一步完善投融资平台，鼓励民营银行、金融租赁、消费金融公司设立，充分发挥昌九金融服务同城化政策优势，引导小额贷款公司茁壮成长。积极引导金融电子商务、网上金融超市等金融衍生机构、中介机构以及后台服务机构等行业龙头企业落户东湖。快速发展电子商务业，依托现有的电子商务协会平台，制订扶持办法，优选知名电商企业，打造财富广场电子商务楼宇电子商务产业基地。积极引进国内知名电商企业，实现龙头引领。创新发展都市工业。紧抓经开区、高新区、小蓝工业园、小微企业园建设“飞地经济工业园”机遇，提前布局，引进一批“飞地工业”项目。整合辖区资源，围绕工业设计、旅游产品、纺织服装、信息服务与软件等行业，着力打造一批品牌特色都市工业楼宇。

做强楼宇经济。不断提高楼宇入驻率、注册率、贡献率，提高楼宇经济效益。培育一批特色楼宇。建立全区楼宇档案，出台楼宇产业优先发展目录。通过政策引导、专项招商、龙头带动等方式，精心包装、全力推介，重点发展央央春天投资大厦、华远和平里金融商务大厦等一批特色楼宇，在引入总部经济、龙头企业上有新突破。改造一批传统楼宇。采取政策扶持、社会力量参与等方式，加快改造一批传统楼宇，完善配套设施，重点解决好停车难问题。提高物业管理水平，提升楼宇品质。建设一批新楼宇。力促阳明宾馆商务楼、长巷商务楼等项目建设顺利推进。结合轨道交通建设及旧城改造等，建设一批高质量的商务楼宇，增强承载能力。

深化对外开放。坚持把招商引资作为经济发展的“生命线”，实施更为主动的开放战略。丰富招商平台。做好协会招商，借助北京、浙江等商会力量，加大项目推介力度；做好以商招商，加强与落户企业沟通联系，引进上下游相关产业；做好节会招商，积极参与泛珠会、赣台会等有针对性地招商活动，结合全区重大重点项目举办金融服务、电子商务等专场招商推介会。突出招商重心。与全区旧城改造工作无缝对接，做好项目包装和策划；与全区产业提升无缝对接，围绕金融服务业、电子商务、文化旅游业等产业，拓宽全球视野，招大商、引龙头，带动产业提升。提升招商成果。努力在引进世界500强、国内500强、央企、行业龙头企业上取得新突破，力争引进央企1～2家，确保引进亿元项目5～6个。

推进重大项目。大力实施项目带动战略。精心谋划项目。在优势资源中找项目，在现有企业中包装项目，在产业集聚中策划项目，积极向上争项目，提高项目操作水平，认真做好项目储备。扎实推进项目。今年确定青山湖西岸改造等全区重大重点项目32个。进一步推动央央春天等一批项目实现对外招商；确保青山南路旧城改造项目等一批项目开工建设；力争区综合服务中心及文化活动中心年底交付使用。强化调度项目。按照“一个项目、一名挂点区领导、一套方案、一抓到底”的推进机制，实行“周督查、月调度、季考评、年评比、不定期走访”的工作方法，挂点区领导一线调度，各职能部门联动共为，及时解决项目推进中的问题。

（三）强力推动文化发展全面升级，不断增强区域发展软实力

进一步壮大文化产业。提升“一园五街区”文化产业规模，进一步优化樟树林文化生活公园、791文化艺术街区、滕王阁古玩城和福州路时尚娱乐街区等建设。重点打造全省首个“慢生活”主题文化街区——百花洲慢生活休闲文化街区，挖掘水文化特色，统筹商贸资源，使其成为特色餐饮、市民娱乐的休闲街区。充分发挥“南昌·琴岛之夜”品牌作用，持续做强演艺娱乐业。大力发展文化旅游业、工艺美术业、创意设计业以及广告会展业，提升文化品味。

进一步发展文化事业。按照公益性、基本性、均等性、便利性的原则，完善全区公共文化服务设施，做精“15分钟公共文化服务圈”品牌。放大“和谐社区一家亲”“百花大舞台”与“流动舞台车”等品牌作用，大力实施“百人同写中国字、百人同颂经典诗；千人共唱爱国曲、千人共跳广场舞；万人同读一本书、万人共赏精彩戏”的全区“写说唱跳读赏百千万”工程，浓厚全区文化氛围。加快打造紫金城公共文化服务体系示范社区，打造江西省赣发绣非遗馆、贵林社老茶馆、全省首个少儿京剧社等“两馆一社”。推动南昌清音、赣发绣冲刺国家级非遗项目。

进一步提升市民文明素养。持之以恒抓好“全国文明城市”创建工作，加强社会主义核心价值体系建设，深化章金媛爱心奉献团品牌效应，加强“道德讲堂”建设，营造“崇德尚善”的浓厚氛围；关注特殊群体，实施“文化关爱”工程，广泛开展“书香东湖”活动，实现全城图书通借通还，提高学习型城区创建水平。

（四）强力推动城市建管全面升级，不断增强区域发展竞争力

加快基础设施建设。持续完善路网建设，完成规划六路后半段及支路建设，全面拉开滨江规划路网框架。力争每年打通1条断头路，确保完成延伸豫章路连通沿江北大道工程，改善城区道路微循环。出台奖励措施，引进社会资本，加快推进立体停车场和地下停车场建设，配合做好老动物园道路及地下停车场建设工程。高品味推进上营坊社区、滨江社区等16个社区综合整治及二七北路街景改造工作。

创新城市管理机制。做响“环卫作业市场化”品牌，制定科学的考核办法，及时总结经验和教训，确保全区环卫工作水平有明显提升。进一步完善临街门前责任制考核办法，重点抓好校园周边卫生及流动滩点整治工作。坚持“日督查、周考核、月排名”，整合资源，严格执法，逐步推动城市管理社会化、市场化，实现长效管理。

加强生态环境建设。大力实施“森林城乡·花园南昌”工程，新建街头园林式休闲广场2处。深入推进“拆违拆临、建绿透绿”工作，对拆除后的空间及时进行美化绿化。继续加大环境监管力度，协助推进降低$PM_{2.5}$浓度工作，持续对接开展“蓝天行动”，切实做好建筑工地扬尘整治工作，防治大气污染。

（五）强力推动社会民生全面升级，不断增强区域发展凝聚力

坚持“量力而行、尽力而为”和“百姓点菜、政府买单”原则，努力使发展成果更多更公平惠及全体人民。

加大投入夯实民生保障。千方百计促进就业。继续实施积极的就业政策，加大重点人群就业援助力度，确保全年新增城镇就业1.01万人，确保“零就业家庭”就业率100%。积极创建高校毕业生就业综合服务中心，创新高校毕业生离校前就业创业服务模式。全面推进养老帮困。在全省率先实施“夕阳红爱心助老”冠名工程等养老服务，大力扶持社会力量举办养老服务机构，全面落实城乡低保、临时救助和医疗救助等各类配套资金，进一步深化医疗救助、基本医疗保险、定点医疗机构三方网上同步结算制度。认真落实民生实事。积极落实公租房建设，加大危旧房改造力度，高起点、高标准把墩子塘、上沙窝等一批集贸市场打造成全省一流的示范市场；进一步加强食品药品安全监管，保障人民群众饮食用药安全。

唱响品牌繁荣社会事业。不断丰富民生服务圈品牌内涵，形成“10分钟便民服务圈、15分钟健身圈、15分钟公共文化服务、15分钟卫生服务圈、20分钟优质教育圈”等“民生5圈”品牌。依托江西倍邦家庭服务中心，充分整合卫生、民政、就业等多项优质资源，做大家庭服务业；积极开展体育服务惠民工程，推动百个社区“同打一场球、同练一支舞”活动；积极建设“东健在线”网站，开

展重点传染病防治知识宣传教育，努力探索家庭医师责任制和居家养老签约服务等契约式服务模式，创新实施慢性病“网络化管理”工作，全面铺开计生信息化建设，全力打造全市首个健康社区；坚持教育优先，积极开展第二批校园提升改造及信息化建设工程；强力推进片区教研共同体建设和学生综合素养提升工程，推出“好课共享”活动，提升学校教育整体水平。

完善机制维护社会稳定。充分发挥群众参与社会管理的基础作用，积极探索社会网格员管理新模式。认真做好第九届社区（村）换届选举工作。深入开展法治东湖创建活动，加强法律援助规范化建设。创新信访工作体制机制，建立健全人民调解、行政调解、司法调解联动的工作体系，依法依规化解各类信访问题。加快治安大防控体系建设，深入开展社会治安专项整治行动。不断完善公共安全体系，大力开展安全生产、消防、食品药品、建筑施工、防震减灾等领域的事故隐患大排查、大整治，加强应急避难场地建设和应急预案演练，坚决遏制重特大安全事故和群体性事件的发生。

同时，认真做好第三次全国经济普查工作，持续做好武装、人防、审计、档案、信息化、工商、质监、税务、国土、执法、双拥、老龄、对台、红十字会、爱国卫生、助残、民族宗教、外事侨务等各项工作。

三、提升效能、实干兴区，全面焕发政府工作新活力

打铁还需自身硬。按照“务实、创新、阳光、高效、服务”理念，以推进政府治理体系和治理能力现代化为目标，以开展党的群众路线实践教育活动为保障，以推动干部“能力大提升、作风大转变”为主抓手，加快转变政府职能，提升政府工作效能，打造人民满意政府。

进一步倡导实在实干的务实作风。在其位、谋其政、尽其责，对认定的事抓住不放、对定下的事持之以恒、对在干的事一抓到底。坚持以工作成果检验工作实效，只为成功找机会，不为失败找理由。始终保持奋发有为、只争朝夕的工作状态，对政府工作各项目标任务细化分解，划定工作时限，步步相连、环环相扣，卓有成效地完成各项目标任务，力争把每一项工作都做成、做好、做到尽善尽美。

进一步弘扬开拓进取的创新精神。大力弘扬敢想敢干、敢为人先的创新精神，把创新贯穿于政府工作的全过程，处处坚持高定位，事事坚持高标准，在体制创新、旧城改造、产业招商、项目建设等重点工作上大胆闯、大胆试。加强学习型机关建设，提升创新能力，以更加宽广的眼界和战略思维谋划工作、推动工作。

进一步营造公正廉洁的阳光环境。对上级部署的工作、区委决定的事项、人大形成的决议、向群众作出的承诺，切实做到言必行、行必果。主动接受人大法律监督和政协民主监督，切实做好人大代表建议和政协委员提案办理工作。自觉接受群众监督和社会舆论监督，坚持依法科学民主决策，保障人民群众的知情权、参与权和监督权。牢固树立正确的权力观、利益观和政绩观，自觉遵守廉政准则，注重用制度管权管事管人。切实增强政务信息透明度，严格落实“三公”经费支出预决算公开制度，让权力在阳光下运行。

进一步树立勤政高效的政府形象。强化首问负责制、限时办结制、责任追究制“三项制度”的落实，对责任主体落实和目标进度进行考核，坚决治庸治懒治散，激励多干事、褒奖干成事，治理不作为、惩戒乱作为，切实转变机关作风，确保政令畅通。坚持开短会、讲短话、发短文，改进考评考核办法，不断提高行政执行力。继续深化行政审批制度改革，简政放权，优化流程，不断提升政府工作效率。

进一步保持亲民为民的服务意识。坚持以服务基层、服务群众、服务社会为宗旨，进一步加快政府职能转变，优化经济发展环境。加强网络问政，办好区长热线，始终与人民群众面对面、心连心，真正把实事办到群众心坎上。坚持工作重心下沉，经常深入到基层群众中去，深入到矛盾多的地方去，认真解决房屋征收、城市管理、民生保障等领域的突出问题，切实做到民有所呼、必有所应，民有所难、必有所助，民有所求、必有所为。

各位代表，梦想孕育奇迹，万事出自艰辛。全面建成小康社会的光明前景鼓舞着我们，全区人民过上更加美好生活的热切期盼激励着我们。让我们紧密团结起来，在市委、市政府和区委的坚强领导下，凝心聚力、善谋善为，在建设繁荣精品幸福文明东湖的道路上阔步前进，不断开创新的辉煌！

（区政府办公室）

专　记

凝聚发展正能量　再攀征收新高峰

——记南昌市轨道交通 2 号线一期工程(东湖段)房屋征收与补偿工作

2013 年,在南昌市委、市政府的正确领导和南昌市轨道交通 2 号线一期工程房屋征收与补偿工作指挥部的有力指挥下,东湖区将高效快速推进辖区内轨道交通 2 号线一期工程房屋征收与补偿工作作为全区的头号民生工程、建设工程来抓,抽调精干力量,全力以赴推进,基本完成了各项征收任务,征收工作取得新成效。

一、基本情况

南昌市轨道交通 2 号线一期工程(东湖段)征收房屋总面积约 8.36 万平方米,被征收户数 894 户,其中住宅 816 户,总面积约 5.2 万平方米,非住宅 78 户,总面积约 3.1 万平方米。征收总面积占全市的 41.7%,征收户数占全市的 60.7%,是全市征收面积第二、涉及户数最多的城区。

南昌市轨道交通 2 号线一期工程(东湖段)房屋征迁工作整体呈现"三多"特点。一是被征收的房屋产权属性和用途多。涉及直管公房、单位用房、单位自管公房、私房、违章建筑等多种属性,涉及到住宅、店面、办公用房、学校、医院等多种用途,利益诉求复杂,动迁难度大;二是涉及企业多、单位多。沿线共涉及 11 家省级单位和 13 家市级单位,分别占全市的 52.3% 和 100%,被征收户抱团现象明显,工作协调难度大;三是涉及困难企业职工较多。涉及南昌市二运公司、南昌市第一建筑公司、南昌市公交公司、江西柴油机厂等困难、破产企业,失业、下岗、内退职工人数众多,这些困难企业职工家庭经济条件差,被征收房屋普遍是 40 ~ 50 平方米的小面积,企业历史遗留问题多,一些单位下岗职工被拖欠医保、社保多年,被征收人有可能将房屋征收与职工历史遗留问题挂钩。

面对困难重重,东湖区广大动迁干部上下一心,攻坚克难,率先在全市完成 70% 的住宅征收任务,成功实施全市轨道二号线"第一拆""第一爆"。到 5 月底,全区共完成搬迁户数 872 户,搬迁率达 97.54%。

二、主要举措

征收工作启动以来,东湖区充分完善、坚持 1 号线征收工作积累的好经验、好举措,积极分析研判 1 号线征收搬迁规律和 2 号线征收对象特点,以"做一流工作、创一流业绩"的理念确保 2 号线征收的超前决策、周密部署、扎实推进。主要举措是抓好三大重点:

(一)始终坚持"一个中心、三项原则"的指导思想

紧紧围绕"和谐有序"这一中心,始终贯彻"不与民争利、阳光征收、用群众工作方法做征收工作"三项原则,细化落实为"依法、按时、有序、稳定、安全、彻底"12 字目标要求,做到阳光征收,和谐征收,文明征收。

注重程序规范,确保"依法"征收,大力实行

房屋征收公示、信访接待、责任承诺、违纪举报、责任追究和依法监管等制度，确保阳光征收落到实处；注重调度，确保“按时”征收，以明晰的责任机制和灵活的竞赛机制确保工作进度和工作效率；注重服务，确保“有序”征收，把服务做为推进有序征收的最大法宝，创新形式，提升水平，真正暖民心、得民心、安民心，确保有序征收；注重联动，确保“稳定”征收，牢固树立“预防为先，谋划在前”的超前意识，及时掌握社会维稳信息动态，依法严厉打击扰乱社会正常秩序的行为，做到应急处置区、街、社区“三级联动”，确保稳定征收；注重细节，确保“安全”征收，充分做好征收的社会稳定风险评估，确保细节严谨、环节阳光、效果可控，充分做好安全生产、旧房拆除的风险防范，不留死角，不留隐患，确保安全征收；注重方法，确保“彻底”征收，坚持原则性与灵活性相结合，注重提前发现问题，分析问题，为最后攻坚难题赢得时间，赢得主动，以扎实的工作确保彻底征收。

(二)突出构建“精干专业”的动迁队伍和“顺畅高效”的运行机制

在组织架构上，严格实行征迁和维稳工作双线运行，同步到位，确保征迁和维稳同步部署、同步研究，同步推进，互通有无，合力征迁。组建了由东湖区区委、区政府主要领导担任总负责和总指挥的动迁总指挥部，下设“一办、两组”(总指挥部办公室、动迁宣讲组、信访维稳组)，同时，更加注重“简洁顺畅”，减少中间环节，提升“决策、指挥、落实、反馈”效能，由区指挥部直接调度指挥各六个动迁工作组，动迁一线的问题第一时间反馈到区指挥部，一般性问题由区指挥部第一时间给予专业解答，需由市指挥部协调解决的问题，由区指挥部第二天提交市指挥部，并在第一时间将市、区指挥部调度会精神传达到动迁宣讲人员和被征收人。

在队伍组建和力量配备上，充分总结1号线动迁经验，立足“精干专业、选优配强”，综合发挥房管干部业务素质高和街道社区干部熟悉被动迁人情况的优势，一方面立足“让专业的人做专业的事”，抽调230多名专业精干、经验丰富一线干部(仅为1号线的21%)参加2号线动迁，这些干部基本都是参加过1号线动迁的精兵强将，成绩突出，进入角色快，使得2号线的动迁迅速步入正轨。另一方面重点将街道、社区干部充实到各动迁小组，使得政策领悟力强、群众基础好、善做群众工作的工作人员站在了动迁一线，使得各小组能尽快摸清底数，理顺关系，找准突破，持续攻坚。

在运行机制上，更加注重“高效快速”。一是高位推动靠前抓。在区级层面，区委区政府主要领导及片区和包干领导靠前指挥，亲自部署，分管领导全力调度、包干领导现场推进，为动迁工作注入了强大动力。区领导带头，全区各级干部坚持直面问题，并主动约见被征收人，直接与被征收人交流交心，听取诉求，协调解决房屋征收中存在的难题，在省市层面，在南昌市领导周关、张鸿星、刘建洋、曾光辉、江晓斌、高伟、姚燕平、朱志群、肖玉文等亲自带领下，东湖区先后走访了江西省省委办公厅等11个省直单位共30余次；与此同时，各动迁组在挂点区领导带领下走访南昌市文化局等13个市直单位共50余次，有力地推动了省市属单位带头搬迁；二是高效对接重点抓。在南昌市市委常委、副市长刘建洋每天一调度的高位推动下，东湖区充分分析研判2号线被征收人和涉及动迁单位特点，将省市区有效对接作为推动动迁的突破口和关键点，细致摸排，无缝对接，并主动梳理出重点问题提交市动迁总指挥部协调调度，有效促动了省市单位的搬迁；三是高频调度全力抓。东湖区区委、区政府主要领导坚持每日一调度，以调度增力度、以调度促进度、以调度提速度，调度会重点总结当天工作推进情况，并就出现的新情况、新问题、新矛盾，及时分析、研究、解决，以榜样的力量带动了全区动迁干部做好动迁工作，如：针对轨道征收不同时间节点被征收人搬迁特点，区指挥部通过数据、表格、曲线图对1、2号线搬迁规律进行技术路线思考，通过会议讨论、专题分析对征收工作程序民主与工作效率等十大关系进行课题性研究，有效确保2号线在不同阶段以清晰明确的思路、细致入微的工作、周全缜密的预案稳步推进。

(三)立足“温故而知新”，充分用好各项行之有效的具体举措

充分发挥“公职率先，干部带头”的示范作用。以东湖区区属公房带头搬迁，区属单位公职人员带头搬迁，愿意配合政府工作的社会人员带头搬迁“三个带头搬迁”为突破口，充分发挥示范

带动作用,突破一批,带动一片;着重梳理“四类人员”(配合工作主动搬迁人员、在本地段有影响力人员、有可能成为重点户人员、生活困难需要帮扶人员)的相关信息,采取“抓两头、带中间”(两头:公职人员和公房、动迁中的困难户,中间:大部分的观望户),以“两头”为突破口,带动整体动迁工作。

充分用好“广泛宣传、友情动迁”的工作方法。充分理解被征收人为城市建设做出的牺牲和贡献,通过扎实细致的工作,全方位多角度的宣传宣讲,用“三讲”换“三心”,赢得了被征收人的理解和支持。要讲耐心,使被征收人放心开门。群众情绪再大,再不理解,都要零距离接触,零隔阂沟通。要讲真诚,和被征收人贴心算账。做“选择货币补偿的被征收人的理财师、选择实物安置的被征收人的导购员”。对持观望心态、犹豫不决的群众,帮他们衡量尽早与延后签订协议带来的收益差,对比以往未搬迁与搬迁被征收人的生活境况,用看得见的实例打动群众。要讲感情,让被征收人舒心搬家。站在被征收人的角度,处处注意细节,事事都花心思,在搬迁之时送祝福,在签约之后送温馨,当被征收人乔迁时,采取动迁工作人员集体欢送、鸣放鞭炮、疏导道路等方式,营造搬迁的吉祥、喜庆氛围。

充分紧抓“真情帮扶、热心解困”的工作关键。充分考虑群众意愿,想群众之所想、急群众之所急、办群众之所需,为群众提供全方位的服务,全力解决被征收人的后顾之忧。积极做好全程的温馨提醒。通过反复上门、张贴公告、打电话、发短信等形式,对拆迁补偿金额计算、时间节点、发放方式等涉及拆迁户切身利益的相关事项提前做好温馨提示,将友情服务贯穿到征收工作的每个环节。努力做好全套的搬迁服务。针对征收工作中每个环节制定预案,组织区城管局、执法局、交警大队等单位,加强拆迁地块交通秩序维护,通过启动发放搬迁序号等工作,为拆迁户搬迁提供良好环境;通过引进多家房屋中介、搬家公司等服务机构开展多种形式的活动为被征收人提供服务。切实做到全天候的贴心解困。对住户房屋存在产权纠纷、法律纠纷、婚姻证明、教育就学等问题,开辟绿色通道,组织房管局、公证所等相关部门主动介入、上门服务;通过购买报纸、邀请房产中介等方式,为被征收人提供房源信息。

充分发挥“作风建设、督查考核”双轮驱动作用。把动迁一线作为锤炼干部作风的“练兵场”,在六个动迁组中继续广泛开展了“四比四看”的主题活动。通过“四比四看”,东湖区宣讲动迁人员发扬“主动作为,敢于争先”的工作作风,不怕5+2、白加黑,真诚上门服务和宣讲征收政策;采取挂图作战方式,通过公示六个动迁组搬迁率、搬迁进度,一日一排名、一日一通报,推动动迁人员互比互看,你追我赶,高效工作,在全市率先突破住宅搬迁率达70%,受到省市高度赞扬;强化督查,出台《房屋征收宣讲工作奖惩办法》,一方面加强动迁督查,由督查组每天到各责任片区现场督查各单位人员上门入户和动迁情况,另一方面加强内部督查,每天通报前一天指挥部部署工作的完成情况,确保各项部署落实到位。

继2012年轨道交通一号线(东湖段)房屋征收工作顺利推进后,东湖区轨道交通2号线一期工程房屋征收工作负重奋进,进一步完善工作方式方法,积极破解征收中遇到的各种难题,再攀高峰,为南昌打造核心增长极作出东湖区应有的贡献。

(高慧青)

大　事　记

一月

4 日

上午，东湖区在区政府三楼西会议室召开全区防范应对低温雨雪天气应急工作调度会。会议就如何做好 4 日凌晨在全市出现的大范围雨雪天气应对防范工作进行紧急部署。区政府办公室（区应急办）、各街办、贤士湖管理处，区委宣传部、区综治办、区城建局、区城管局、区房管局、东湖公安分局、东湖执法分局、东湖工商局、东湖国税局、东湖地税局等单位负责人参加。区领导黄国农出席会议并在会后与毛永钢率领区有关单位深入辖区内各重点路段督查应对低温雨雪天气工作。

上午，区领导黄国农在区政府三楼西会议室主持召开东湖区河道采沙船舶切割暨打击砂霸专项整治及平价砂石进社区活动工作布置会，有关单位负责人出席。

晚，区领导贺瑞虎在区政府三楼西会议室主持召开全区应对冰雪冰冻天气紧急调度会。区领导钟益民、毛永钢，区直相关部门、各街办（贤士湖管理处）的主要负责人参加。会后，贺瑞虎来到大院街道北京西路省政府路段指导铲雪除冰工作。

晚，区领导黄国农、毛永钢带领由区城建局、区城管局等部门 40 余人组成的突击队，连夜对沿江北大道、洪都大桥和八一大桥出入口等地段进行积雪排查和清除工作。

5 日

上午，区领导郝思一到董家窑集贸市场视察棚顶积雪情况，要求相关单位高度重视并认真做好安全隐患消除工作。

6 日

下午，东湖区在区政府三楼西会议室召开 2013 年普通高考技术科目东湖考点工作布置会。会议通报了全区 2013 年普通高考技术科目考试的报名、工作要求等情况，就如何做好考务工作进行研究和分析，并对各有关部门的工作职责予以明确。区政府办主任邓越峰主持会议，有关部门负责人参加。区领导黄国农出席会议。

下午，区领导黄国农在区政府三楼西会议室主持召开东湖区清理整顿无证幼儿园工作布置会，会议传达全市相关会议精神，对清理整顿工作中全区各有关单位的职责、任务和时限予以明确。区有关单位负责人参加会议。

下午，东湖区在区政府三楼西会议室召开东湖幼儿园二部（筹）建设工作调度会，区监察局、区发改委、区财政局、区教科体局、区审计局、区城建局、区房管局、东湖执法分局等单位负责人参加会议。区领导黄国农出席。

下午，领导郝思一在区政府三楼东会议室主持召开迎接江西省家政服务体系建设项目验收工作组到东湖区验收家政服务体系建设项目工作布置会。区民政局、区人保局、区信息中心、区社区服务中心、各街办（贤士湖管理处）等单位主要负责人参加。

7 日

上午，区领导贺瑞虎在区政府三楼东会议室主持召开 2013 年第 1 次区长办公会议。区领导钟益民、黄国农、童萍如、毛永钢出席。会议就近期具体工作事项进行研究部署。

上午，江西省家政服务体系建设项目验收工

作组到东湖区对南昌市家政服务体系建设项目开展验收工作。区领导郝思一陪同。

上午,区领导罗毛则、区法院院长钟瑛、区检察院检察长郭云水出席东湖区在区政府三楼西会议室组织收听收看的全国政法工作电视电话会议。区政法各单位班子成员及区直有关部门负责人参加。

上午,区领导罗毛则在区委区政府信访局三楼会议室对全区一批重点信访事项召开协调会,区领导童萍如出席。会议对一批重点信访事项进行协调,明确具体工作任务,落实责任。区相关单位负责人参加协调会。

8 日

上午,区领导黄国农到南昌市滨江学校施工现场督导施工进展情况;下午,到东湖幼儿园二部(筹)督导施工建设进展情况。区教科体局、区城投公司负责人陪同。

下午,区领导郝思一到区房管局出席该局党政联席(扩大)会议,听取该局2012年工作汇报,并对认真谋划好2013年各项工作提出要求。

下午,区领导钟益民在区政府三楼西会议室主持召开分管口各单位有关工作布置会,区政府办公室、区发改委、区人保局、区编办、区商务局、区统计局、区机关事务管理局、区行政服务中心管委会、区企业资产管理服务中心、区委台办、区重点项目办等单位主要负责人出席。

10 日

下午,区领导毛永钢到福州路197号督查社区环境综合整治工程进展情况。区城管委、董家窑街办相关人员陪同。

11 日

上午,区领导黄国农到规划一、二路现场督导施工进展,区城建局负责人陪同。

上午,江西省商务厅考评组一行到东湖区就2012年"搞活流通扩大消费"工作进行考评。区领导郝思一出席考评活动。

下午,上海鹏欣房地产(集团)有限公司总裁赵维茂一行考察东湖区青山湖西岸地块。南昌市政府秘书长杨文斌,区领导贺瑞虎、钟益民陪同考察。

下午,东湖区在区政府三楼东会议室召开全区文明城市创建模拟检查工作部署会,会上传达全市相关工作会议精神,并就如何做好迎检工作进行了布置。区创建指挥部调度室各专业组组长、区创建办负责人参加会议。区领导毛永钢出席。

14 日

上午,区领导贺瑞虎在区政府三楼西会议室主持召开区政府第15次常务会议。区领导钟益民、黄国农、童萍如、毛永钢,区政府党组成员邓越峰、余坚出席。会上学习人民日报评论员文章《刹住"迎来迎往"之风》,讨论研究区行政服务中心《关于请求印发〈东湖区人民政府关于进一步精简区级行政审批事项的决定〉的请示》等议题。

下午,区领导钟益民走访南昌市东湖区邦信小额贷款公司,区商务局、区环保局、区金融办等单位相关负责人陪同。

15 日

上午,政协东湖区第八届委员会第三次会议在东湖区机关大楼七楼礼堂开幕。此次大会应到委员207人,实到委员182人。区领导戴晓明、贺瑞虎、罗毛则、闵建波、王玮、敖晓焕、胡中平、欧阳桃花、郑洪健,区政协调研员、党组副书记熊凤姝等在主席台前排就座。大会由执行主席王玮主持。大会听取了敖晓焕作的政协东湖区第八届委员会常务委员会工作报告、胡中平作的政协东湖区第八届委员会常务委员会关于八届二次会议以来提案工作情况的报告。

16 日

上午,东湖区十五届人大三次会议在区政府七楼礼堂开幕。此次会议应出席代表220人,实到204人。会上,区领导贺瑞虎作了东湖区2012年政府工作报告。

下午,区领导贺瑞虎分别到区人大大院街道、墩子塘街道、贤士湖管理处代表团及区政协第五小组(八一桥街办)分组审议会场参加讨论,通报了区政府各项工作进展情况,认真听取了各人大代表及政协委员的意见和建议。

下午,区领导戴晓明、贺瑞虎、罗毛则分别到区政协八届三次会议第一小组、第五小组和第八小组讨论点参加讨论,听取委员建议、意见,与委员共商东湖发展大计。

17 日

下午,政协东湖区第八届委员会第三次会议

在东湖区机关大楼七楼礼堂闭幕。此次会议历时4天。会议期间,委员们听取并审议通过《政协南昌市东湖区第八届委员会常务委员会工作报告》和《政协南昌市东湖区第八届委员会常务委员会关于八届二次会议以来提案工作情况的报告》;列席了东湖区第十五届人民代表大会第三次会议,听取和讨论《区政府工作报告》和"两院"报告。闭幕大会上,通过政协东湖区八届三次会议提案审查情况报告和政协东湖区第八届委员会第三次会议决议,对14件优秀提案和3个提案办理先进单位进行了表彰。

18日

上午,东湖区第十五届人民代表大会第三次会议在区政府七楼礼堂闭幕。这次会议历时4天,表决通过《关于东湖区人民政府工作报告的决议》《关于东湖区2012年财政预算执行情况和2013年财政预算报告的决议》《关于东湖区人大常委会工作报告的决议》《关于东湖区人民法院工作报告的决议》《关于东湖区人民检察院工作报告的决议》,完成了各项议程。

下午,区领导钟益民、黄琰、童萍如出席在樟树林文化生活公园召开的关于支持樟树林文化生活公园项目现场办公会,会议主要内容是研究部署下一步如何全面推进樟树林文化生活公园的发展。区发改委、区教科体局、区城建局、区城管局、区商务局、区文广局、区重点项目办、董家窑街办、贤士湖管理处和樟树林文化生活公园等相关单位负责人参加会议。

21日

上午,区领导贺瑞虎在区政府三楼东会议室主持召开2013年第2次区长办公会。区领导钟益民、黄国农、郝思一、毛永钢出席。各位副区长就分管口2013年重点工作安排进行通报,会议并就具体工作事项进行研究部署。

下午,区委十一届第25次常委会议在区委三楼常委会议室召开,区领导戴晓明主持会议。会议集中学习省委关于认真学习贯彻中央八项规定的有关文件精神,审议区委办公室提出的《关于请求审议〈中共东湖区委关于认真学习贯彻中央政治局改进工作作风、密切联系群众八项规定的通知〉的请示》。区领导贺瑞虎、罗毛则、王玮、喻国泰、钟益民、黄国农、黄琰、陈曙、卢琛、焦玉庄出(列)席会议。

下午,区领导钟益民到区商务局开展工作调研,该局领导班子成员和相关负责人参加座谈。

下午,区领导贺瑞虎到八一公园督察游园环境工作,并视察了百花普法生态园。区司法局、八一公园管理处负责人陪同。

下午,区领导王玮到豫章街办走访看望困难群众和优抚对象,为他们送上慰问金和区委、区政府的关心。

22日

上午,区领导喻国泰看望居住在百花洲街办杨家厂社区东湖区养老院的老党员高俊恩,为老人送上春节慰问品。

上午,区领导黄国农先后到困难少数民族对象赵影、归侨林其友和黄世兴家中进行走访慰问。随后,还与区领导彭雅琳一同走访慰问了区人武部。

下午,区领导黄琰、敖晓焕到武警东湖区公安消防大队进行走访慰问。

下午,区领导黄国农到区市政所调研2013年重点工作安排。区城建局、区市政所和区园林所相关负责人参加。

晚上,区领导钟益民到区发改委,围绕如何助推全区打造省级现代服务业集聚区、创新产业规划和项目建设的先行先试工作,以及"规划主导、产业引导、项目推进、企业服务、信息化建设"等方面的工作进行专题调研。区发改委班子成员、各科室科长和部分干部参加调研座谈会。

区委决定:万慧任中共东湖区纪律检查委员会信访室主任;黄超任中共东湖区纪律检查委员会第三工作委员会书记;江婵任中共东湖区委台湾工作办公室副主任;赖春游任中共东湖区委、区政府信访局副局长;黄灿任共青团东湖区委书记;胡朝成任中共南昌市第八医院支部委员会书记。

区委同意:殷南星任东湖区应急管理办公室专职副主任;张盈任东湖区商务局副局长;邹娟任南昌市城北学校副校长;聂华任东湖区八一桥街道办事处综治办专职副主任(副科级);程新排任东湖区墩子塘街道办事处综治办专职副主任(副科级);李伟军任东湖区百花洲街道办事处综治办专职副主任(副科级);闵耀任东湖区公园街道办事处综治办专职副主任(副科级);朱晓磊任东湖区大

院街道劳动和社会保障所所长;王鑫任东湖区大院街道办事处综治办专职副主任(副科级);甘开生任东湖区董家窑街道办事处综治办专职副主任(副科级);易明任东湖区滕王阁街道办事处综治办专职副主任(副科级);刘斯韵任东湖区贤士湖管理处综治办专职副主任(副科级)。

区委决定:免去黄一平的东湖区教育科技体育局主任科员的职务,退休;免去曹海通的中共东湖区委党校主任科员的职务,退休。以上同志退休时间从2012年12月起算。

23日

上午,南昌市委常委、市纪委书记卢作全到东湖区百花洲街道南湖路社区和公园街道经堂巷社区走访慰问残疾人家庭和低保困难户涂友友,送上了新春祝福和慰问金。

上午,区领导黄国农到区教科体局调研2013年重点工作安排。区教科体局班子成员参加。

上午,区领导陈曙走访慰问离休老党员王惠贞,并送上慰问金和新春的祝福与关怀。

上午,区领导毛惟仁到驻区部队总后物资部南昌教导队走访慰问金。随后,又到优抚对象、低保户、困难党员家中走访慰问。

上午,区领导余瑾走访慰问八一桥街道部分困难党员及群众。

上午,区领导彭雅琳先后到老党员和优抚对象家中走访,与他们亲切交谈,并送上春节慰问品。

下午,区领导罗毛则、桂兵、郑洪健先后到公园街道走访慰问少数民族对象和困难群众,向他们致以新春节日问候和祝福,并送上慰问金。

下午,区领导钟益民、余瑾先后到新五湖大酒店、华润万家进行走访。

24日

上午,区领导焦玉庄、郑洪健走访驻区金融企业兴业银行南昌分行,厦门银行南昌分行(筹),与企业负责人进行座谈,并送上新年祝福。

上午,区领导童萍如到南空南昌房管处慰问部队官兵,送去新春祝福和慰问金,随后又到贤士湖管理处走访慰问优抚对象和困难群众。

上午,区领导钟益民到区行政服务中心管委会开展工作调研;下午,到区人社局调研2013年主要工作安排。

下午,区领导桂兵到大院街道二七北路社区走访慰问困难学生、困难党员,并送上慰问金。

25日

上午,区领导毛永钢到区城管局专题调研全区环卫作业市场化工作。区创建办、区城管办、区城管局相关负责人参加调研。

上午,区领导余瑾走访慰问彭家桥街道龙译良、胡湘平、闵水香等困难党员及群众,向他们送上了慰问金以及党和政府的关怀。

上午,区领导胡中平走访慰问墩子塘社区低保户在读学生家庭。

28日

上午,区领导钟益民会见到东湖区投资的湖南琴岛文化娱乐传播有限公司总经理陈士清一行。

上午,区领导童萍如先后走访公园街道戴家巷社区困难计生家庭王颖和墩子塘街道党家巷社区困难计生家庭胡宇。

29日

上午,区领导戴晓明走访慰问上营坊社区干部,并送去慰问金。

上午,区领导戴晓明、焦玉庄走访民生银行南昌分行,与该行行长朱东勇进行座谈,并送去区委区政府的新年祝福。

30日

上午,区领导钟益民、焦玉庄会见到东湖区投资考察的上海鹏欣(集团)有限公司董事长特助朱德宇、投资发展部副总经理张扬等一行。

上午,区领导毛永钢到区城管局专题调研全区环卫作业市场化工作。区创建办、区城管办、区城管局相关负责人参加调研。

31日

上午,区领导闵建波、毛永钢、欧阳桃花到大院街道走访慰问驻区部队南联南昌物质采购办、统战对象及辖区困难党员群众。

上午,区领导贺瑞虎、钟益民先后到墩子塘街道困难居民和南昌柒玖壹文化艺术传播有限公司、南昌邦信小额贷款公司、渣打银行三户企业走访慰问,向他们送上新春的祝福。

江西省副省长胡幼桃到东湖区社会福利院进行走访慰问,为老人送去春节节日问候。省民政厅厅长徐毅、副厅长饶剑民,南昌市副市长刘家富等相关领导陪同。

本月

东湖区荣获“2012年度江西省教育工作目标考核先进县（市、区）”称号，并在全省2012年度新一轮县级人民政府教育工作省级综合督导评估中总分排名第一。

东湖区百花洲街道火神庙社区居民冯华荣获2012年第五届全国敬老爱老助老主题教育活动“中华孝亲敬老楷模提名奖”。

在2013年迎新春江西工艺美术优秀作品大赛中，东湖区非物质文化遗产研究保护中心选送的余正连的赣绣作品《幽兰》荣获金奖、涂苏金的赣绣作品《玉兰》和徐蓉的赣绣作品《荷花仕女图》荣获银奖。

东湖区财政局荣获“全省财政监督工作先进单位”二等奖。

东湖区胜利路步行街、791艺术街区被评为首批“江西省特色商业街”。

东湖区育新学校被教育部中央电教馆批准为首批“全国百所数字校园示范校建设项目学校”。

东湖区统计局被江西省统计局授予“全省统计工作先进单位”荣誉。

东湖区辖区的江西饭店、江西宾馆、江西革命烈士纪念堂、中苏友好馆、戴笠公馆、育新学校老教学楼、江西师大老琴房、江西省航运大楼、亨得利店、南昌二中心远楼等10处近现代建筑入选“江西省第一批优秀近现代建筑”名单。

二月

1日

下午，东湖区2013年重点企业新春座谈会在滨江宾馆召开。区领导戴晓明、贺瑞虎、钟益民、焦玉庄、余瑾、郑洪健出席。

2日

上午，南昌市委政法委副书记梁安国、区领导闵建波到大院街办公园社区参加义务劳动。

上午，南昌市政协主席卢晓健，副主席侯捷、郭曙、熊晓武等到东湖区八一桥街道大士院南社区参加迎新春爱国卫生大清扫活动。

3日

上午，区领导黄国农参加在青山湖扬子洲镇南洲船舶修造厂举行的全市采砂船舶切割启动仪式并到规划一路施工现场督导施工进展情况。

4日

上午，江西省副省长谢茹到东湖区购物商场、餐饮企业、集贸市场等地，调研节日食品安全工作。省政府副秘书长晏驹腾、南昌市副市长姚燕平陪同。

上午，区领导贺瑞虎、钟益民会见到南昌考察的广西赣商联合会会长刘康权一行。

下午，区领导毛永钢在区政府三楼西会议室主持召开城市综合管理调度会。

下午，区领导焦庄玉主持召开春节期间佑民寺及周边安全工作专题会议，区民宗局、区民政局、区卫生局、区安监局、公园街办、东湖公安分局、东湖消防大队、东湖交警大队、东湖执法分局等单位负责人参加。

5日

上午，区领导黄国农到贤士湖管理处调研中金国际交易中心项目进展情况并到中大路督导全区2013年新春植树活动前期准备工作。

上午，区领导贺瑞虎、童萍如到南昌信息化养老服务中心视察全区信息化养老服务工作。

下午，区领导闵建波到大院街道走访慰问二七北路社区的困难未成年人雷珞和体苑社区的贫困居民李武龙。

下午，南昌市副市长张根水到佑民寺视察春节前消防安全工作。

下午，区领导贺瑞虎、黄国农到佑民寺视察佑民寺及周边安全工作。

区领导戴晓明、贺瑞虎、童萍如到东湖区福利院，与老人们共进午餐，迎接即将到来的2013年农历春节。

6日

上午，区领导贺瑞虎、钟益民到区商务局调研指导工作。

上午，区领导郝思一在区政府三楼东会议室主持召开春节期间农产品质量安全部署会，区农产品质量安全监管领导小组成员单位分管负责人参加会议。

下午，东湖区2013年人大建议、政协提案交办会在区政府三楼西会议室召开,区各承办单位主要负责人参加。区领导钟益民、彭雅琳、胡中平出席。

7日

上午,江西省委副书记尚勇到东湖区百花洲街道火神庙社区看望慰问社区干部,南昌市委副书记、政法委书记郭安陪同。

上午,区领导黄国农召集区教科体局有关负责人研究和部署区属各校校舍安全排查工作。

下午,区领导贺瑞虎在区政府三楼西会议室主持召开第16次区政府常务会,区领导钟益民、黄国农、童萍如、郝思一、毛永钢,区政府党组成员邓越峰、余坚出席。会议学习2013年全省民族宗教工作会议精神,部署了2013年春节佑民寺及周边安全保障工作,审议《东湖区妇女发展规划(2011~2020年)(审议稿)》、《东湖区儿童发展规划(2011~2020年)(审议稿)》、《东湖区进一步加强政府督查问责的通知(审议稿)》等议题。

8日

上午,区领导戴晓明、贺瑞虎、罗毛则先后到区城管局、东湖交警大队、东湖消防大队、公园派出所走访慰问春节期间坚守岗位的干部职工,并就春节期间环境卫生、交通秩序、安全生产、社会稳定等工作进行调研。

16日

东湖区四套班子领导到青山湖西岸中大路参加植树造林活动,区直机关干部职工200余人参加。

18日

东湖区开始对辖区74家幼儿园共计753名儿童进行春季入托入园体检,为托幼机构更好地了解和掌握幼儿生长发育的特点以及健康状况提供依据。

19日

下午,东湖区在区政府三楼西会议室组织收听收看全省应急管理工作电视电话会议。区领导黄国农出席。

20日

上午,区领导贺瑞虎在区政府三楼西会议室主持召开第17次区政府常务会,区领导钟益民、黄国农、童萍如、郝思一、毛永钢,区政府党组成员邓越峰、余坚出席。会议学习习近平总书记在十八届中央纪委二次全会上的重要讲话精神,审议《东湖区2013年经济发展工作考核办法(审议稿)》等议题。

上午,南昌市房管局局长王强率领市房管局房屋征收调研组一行到东湖区就房屋征收工作进行调研。区领导郝思一陪同。

下午,区领导黄国农到北湖小学、培智学校、豫章小学、爱国路小学和光明学校等区属学校视察开学情况。

下午,区领导贺瑞虎、黄国农到滨江学校改扩建项目工地视察项目进展情况。

21日

上午,区委十一届第26次常委会议在区委三楼常委会议室召开,区领导戴晓明主持会议。会议审议区政府党组提出的《关于请求审议〈东湖区2013年经济工作考核办法(送审稿)〉的请示》《关于请求审议2012年全区经济发展工作奖励情况的请示》《关于请求审议〈关于明确青山湖西岸片区前期工作有关事项〉的请示》《关于请求审议〈东湖区2013年重点推进重大重点项目表(送审稿)〉的请示》;审议了区考核办提出的《全区2012年度总结表彰暨2013年经济工作任务落实会议方案(送审稿)》,并听取全区2012年度综合目标管理考核情况汇报;审议区纪委提出的《关于召开中共东湖区纪律检查委员会十一届三次全体会议的请示》及有关会议材料、《关于请求审议〈关于进一步加强廉政文化建设的实施意见(送审稿)〉的请示》;审议区委办公室提出的《关于请求审议〈关于改进工作作风、密切联系群众的若干规定(送审稿)〉的请示》;审议区妇联提出的《关于召开全区纪念“三八”国际劳动妇女节103周年暨表彰大会的请示》《关于评选表彰东湖区“三八”红旗手、红旗集体、平安家庭示范户的请示》。区领导贺瑞虎、罗毛则、闵建波、王玮、喻国泰、钟益民、黄国农、黄琰、陈曙、卢琛、王志勤、焦玉庄出(列)席会议。

22日

下午,区领导戴晓明到大院街道二七北路的“1927酒吧”在建工地调研。

23日

下午,由中共东湖区委宣传部、南昌市群众艺术馆、东湖区文化广电旅游出版局主办,东湖区文化馆、樟树林文化生活广场承办的“我们的节日”东湖区与外来务工人员共度元宵享团圆活动在樟树林文化生活公园举行。

下午，东湖区非物质文化遗产进社区活动在东湖区樟树林文化生活广场举行。

25 日

上午，东湖区在区政府七楼礼堂召开2012年度总结表彰暨2013年经济工作任务落实会议。区委、区人大、区政府、区政协班子成员，区人武部政委，区人大、区政协调研员，区法院院长、区检察院检察长、东湖公安分局政委；各街道、贤士湖管理处，区委各部门、区直各单位、区人大、政协机关各委（室、办）、区纪工委副科级以上领导干部；区重点办、区城投公司和各垂管单位主要负责人参加。

东湖区在区政府七楼礼堂举办全区领导干部学习贯彻党的十八大精神培训班，全区副科级以上领导干部300余人参加。

27 日

上午，区领导毛永钢到胜利路步行街视察城市管理工作。

28 日

上午，东湖区经济顾问团见面会在区政府会议室召开。陈石俊、陈强、黄新建、胡援成、王东林、麻智辉、赵海东、柳华、曾少雄等9位专家、学者和商界名流正式成为东湖区新一批经济发展顾问。区领导戴晓明、贺瑞虎、罗毛则、钟益民、焦玉庄出席。

本月

东湖区统计局被江西省统计局授予“全省统计工作先进单位”荣誉称号。

东湖区贤士湖管理处贤湖村农家书屋被江西省农家书屋工程领导小组评为2012年江西省优秀农家书屋。

东湖区荣获2012年度江西省外贸出口进位赶超先进单位。

东湖区财政局被南昌市政府授予“全市就业先进工作单位”称号。

东湖区荣获2012年度南昌市产业项目推进奖、开放型经济目标完成奖、重点产业项目奖等奖项。

2013年2月23日，东湖区在樟树林文化生活广场举办的闹元宵活动。

三月

1 日

上午，国家发展改革委社会发展司副司长郝福庆与人口发展处处长张明、民政部规划财务司规划统计处副处长吴子攀一行到东湖区调研居家养老工作。江西省民政厅副厅长饶剑明、南昌市民政局副局长黄广新陪同调研。

上午，区领导罗毛则、黄国农、桂兵到滨江学校改扩建工程工地督导项目施工情况。

上午，2013年江西省全省教育督导工作会暨县级政府教育工作综合督导评估培训会在东湖区教科体局召开，全省11个设区市教育局分管教育督导工作主要负责人、政府教育督导室主任、2013年接受省级综合督导评估的20个县（市、区）教育局局长及特邀代表约110余人参加。省委教育工委委员、省教育厅总督学杨慧文，省政府教育督导室主任王晓阳，省基础教育质量监测与评估中心主任李江明，区领导黄国农出席会议。

下午，区领导黄国农在区政府三楼西会议室

主持召开区属学校校园提升改造工程调度会。相关单位负责人参加。

2日

南昌市北湖小学作为江西省唯一代表队参加了在上海市晋元高级中学举行的第34届世界头脑奥林匹克中国区决赛暨第26届中国上海头脑奥林匹克创新大赛。北湖小学创新梦之队荣获小学组三等奖，该校也被评为“头脑奥林匹克特色学校”。

4日

上午，区领导贺瑞虎在区政府三楼西会议室主持召开2013年第3次区长办公会。区领导钟益民、黄国农、童萍如、毛永钢出席。会议学习《南昌市城市管理条例》《关于实施市级预算单位公务卡强制结算目录的通知》等规章文件，审议《东湖区行政审批否定报告备案制度(送审稿)》等议题。

上午，区领导戴晓明、黄琰视察东湖区师大科技园、南昌信息化养老服务中心。有关单位主要负责人陪同视察。

下午，区领导童萍如在区政府三楼西会议室主持召开迎接省人大、省计生委人口计生工作联合调研有关工作布置会。相关单位负责人参加。

下午，东湖区图书馆联合南昌市邮政路小学开展了“弘扬雷锋精神·构建书香校园”学雷锋月系列活动。当天，区图书馆为该校送去千余册有关雷锋精神、励志、教育、科学方面的优秀书籍，并向40名缺少文化读物、文化生活贫乏的留守、流入儿童赠送了学习用品、书籍、书包。

东湖区卫生局联合南昌市第三人民医院乳腺科在市第八人民医院共同开展为期5天的庆祝国际“三八”妇女节“关爱女性健康，免费乳腺普查”活动。

5日

上午，以江西省联席办副主任、省信访局副局长徐力为组长的省信访督查组一行3人到东湖区督查维稳信访安保工作，区领导戴晓明、毛永钢陪同。

下午，江西省委常委、南昌市委书记王文涛到东湖区就区域经济社会发展工作进行调研。市委常委、市委秘书长江晓斌陪同调研。

下午，区领导王玮主持召开界别工作座谈会，听取区政协14个委员界别活动小组召集人对区政协工作的建议、意见及小组年度活动的计划安排。区领导熊凤妹、敖晓焕、欧阳桃花、郑洪健参加。

东湖区分两批组织区四套领导班子成员、各单位负责人共95名科级以上领导干部赴省反腐倡廉教育馆接受为期两天的廉政教育。

6日

下午，区领导贺瑞虎在区政府三楼西会议室主持召开胜利路步行街改造设计方案讨论会。区领导戴晓明、黄国农、陈东亮出席。区相关责任单位、设计单位参加。

7日

上午，区领导贺瑞虎、喻国泰到区住房保障和房产管理局就南昌市轨道交通2号线(东湖段)房屋征收工作进行调研。

上午，区领导黄国农在南昌水产批发市场现场调度休闲特色街区建设，彭家桥街办等单位负责人参加。

上午，区领导钟益民、余瑾、胡中平到彭家桥街道调研青山湖西岸开发工作，区直有关单位负责人参加调研。

下午，区领导贺瑞虎在区政府三楼西会议室主持召开全区城市管理工作会议。区领导童萍如、毛永钢出席，相关单位负责人参加。会议通报3月5日区城管办就全区城市管理工作开展抽查以及城管协管员公益性岗位人员上岗情况，并就有关问题进行了研究。

8日

上午，东湖区在区委三楼多媒体会议室召开庆祝“三八”国际劳动妇女节暨表彰三八红旗手、三八红旗集体、平安家庭示范户大会。区领导罗毛则、余瑾、熊凤妹出席。会上表彰2012年度全区三八红旗手、三八红旗集体、平安家庭示范户。区领导罗毛则作了重要讲话。

下午，区领导黄国农在区政府三楼东会议室主持召开中金国际交易中心项目领导小组工作会，听取了中金国际交易中心项目最新进展的汇报，明确了下一阶段的工作安排。有关单位负责人参加会议。

11日

下午，区领导贺瑞虎到百花洲街办辖区的南湖路、百花洲路调研“环湖慢生活休闲区”有关项目情况。

晚，区领导贺瑞虎、黄国农到区财政局调研指导工作，听取了区财政局2013年全区预算安排情况及组织谋划财政收入工作的汇报，并就相关问题进行了研究探讨。

晚，区领导钟益民到东湖城投公司开展工作调研。

12日

下午，区领导黄国农到区城建局就胜利路步行街改造和东方广场及周边改造等区重点项目进行调研。

东湖区四套班子及区直机关党员干部职工200余人到蛟溪岛（东湖区义务植树基地）开展义务植树活动，种植樟树500余株，以实际行动支持生态文明建设。

13日

下午，区委十一届第27次常委会议在区委三楼常委会议室召开，区领导戴晓明同志主持会议。会议审议区委办公室提出的《关于请求审议〈中共东湖区委常委会2013年工作要点（送审稿）〉的请示》《关于召开全区党群工作会议的请示》《中共东湖区委组织部2013年组织工作要点》《中共东湖区委宣传部2013年宣传思想文化工作要点》《中共东湖区委统战部2013年统战工作要点》《中共东湖区委政法委2013年政法工作要点》和群团等单位2013年工作要点等有关会议材料，审议区创建办提出的《关于召开全区创建文明城市指挥部扩大会议的请示》，审议区综治委提出的《关于在全区各单位实行综治责任全覆盖的请示》，审议区委统战部提出的《关于调整区宗教工作领导小组成员的请示》，审议区总工会提出的《请求审议〈关于评选东湖区五一劳动奖章、五一劳动奖状、工人先锋号的办法（送审稿）〉的请示》《关于召开全区庆祝“五一”国际劳动节暨表彰大会的请示》，审议团区委提出的《请求审议〈关于评选东湖区五四红旗团委（团支部）、优秀共青团干部、优秀共青团员的办法（送审稿）〉的请示》《关于召开东湖区庆祝“五四”运动94周年暨表彰大会的请示》，并研究有关干部人事议题。区领导贺瑞虎、罗毛则、闵建波、王玮、喻国泰、钟益民、黄国农、黄琰、陈曙、卢琛、焦玉庄、毛永钢出（列）席会议。

下午，区领导黄国农、毛永钢出席区城建局2012年总结表彰暨2013年工作部署大会。

区委决定：免去胡一辉的东湖区人大内司委主任科员的职务，退休；免去胡满志的东湖区人民法院主任科员的职务，退休；王瑛、涂火云、郑大泉3人退休。胡一辉、王瑛2人退休时间从2013年1月起算。胡满志、涂火云、郑大泉3人退休时间从2013年2月起算。

接中共南昌市委洪干字［2013］9号文件通知，市委提名：杨玉章任南昌市东湖区人民政府副区长。

接中共南昌市委洪干字［2013］9号文件通知，市委提名：杜迎春任南昌市东湖区人民检察院检察长；免去郭云水的南昌市东湖区人民检察院检察长职务。

区委决定：杨玉章任中共东湖区人民政府党组成员；杜迎春任中共东湖区人民检察院党组书记；免去郭云水的中共东湖区人民检察院党组书记职务。

区委决定：安光雨任中共东湖区委员会办公室副主任科员；王鑫任中共东湖区委、区政府信访局副局长；杨俊英任东湖区机构编制委员会办公室主任科员；陈福元任中共东湖区人民检察院党组成员、纪检组长（正科级）；吁坤任中共东湖区司法局党组成员（副科级）；免去赵鹏的中共东湖区劳动就业服务管理局支部委员会书记职务（保留副科级待遇）；卜昌平任中共东湖区审计局党组副书记；胡序宇任中共东湖区审计局党组成员；刘娉娜任中共东湖区委党校副主任科员；史鸿波任东湖区防范和处理邪教问题领导小组办公室副主任科员。

区委同意：刘娟任东湖区民政局主任科员；唐静任东湖区财政局主任科员；梁祖奎任东湖区豫章街道办事处主任科员；熊志玉任东湖区墩子塘街道办事处主任科员；饶敏任东湖区董家窑街道办事处主任科员；徐燕任东湖区彭家桥街道办事处主任科员；楼英军任东湖区滕王阁街道办事处主任科员；刘红林任东湖区机关事务管理局（区委、区政府接待办公室）主任科员；免去肖黎超的东湖区彭家桥街道司法所所长职务；免去吁坤的东湖区贤士湖管理处司法所所长职务；免去王鑫的东湖区大院街道办事处综治办专职副主任（副科级)职务。

区委提名:肖黎超任东湖区人大选举任免联络工作委员会副主任。

14日

上午,区领导黄国农在区政府三楼西会议室主持召开东湖区胜利路步行街综合改造工作领导小组第一次会议。会议通报胜利路步行街综合改造项目的相关情况和工作进展,就做好胜利路步行街改造和提升步行街品质进行了研讨。区胜利路步行街综合改造工作领导小组各成员单位负责人参加,区领导陈东亮出席会议。

上午,南昌市副市长姚燕平,江西省科技厅副厅长王晓鸿等到东湖辖区视察市高新企业——江西东亿集团股份有限公司。

下午,江西省司法厅副厅长邓奕强、南昌市司法局局长涂慧玲以及省直机关普法办、省委教育工委普法办和省国资委普法办负责人等一行参观了东湖区百花普法生态园。

下午,东湖区在区政府三楼西会议室召开全区协税护税工作会。会议通报全区一季度财政收入情况,并对近期协税护税的重点工作进行布置。各街办、贤士湖管理处,区财政局、区监察局、区楼宇办、区协税护税办、东湖公安分局、东湖国税局、东湖地税局负责人参加。区领导黄国农出席会议。

15日

上午,东湖区党群工作会议在区政府七楼礼堂召开,区领导贺瑞虎主持会议。区领导陈曙、黄琰、焦玉庄、罗毛则分别就2012年分管口工作进行总结,并部署2013年相关工作;会上向各相关单位下达综治责任书;区领导戴晓明作了重要讲话。区人武部、法检两院、东湖公安分局的主要领导、分管领导和政工科(政治处)负责人;区四大家办公室主任;各街道、贤士湖管理处党工委书记、专职副书记、党政办主任;各系统党委主要负责人、党政办主任;区委各部门、区直各单位主要负责人;组织部、宣传部、统战部、政法委所有副职;东湖区质监局、市行政执法局东湖分局党组织主要负责人参加会议。

上午,区领导贺瑞虎在区政府七楼礼堂主持召开创建文明城市指挥部扩大会议,区领导戴晓明作重要讲话。相关单位负责人参加。

下午,由中共东湖区委、东湖区人民政府主办,区创建办、区文化广电旅游新闻出版局承办的“美丽南昌 幸福东湖”学习贯彻《南昌市城市管理条例》文艺演出咨询活动在八一公园百花大舞台举行。区领导戴晓明、毛永钢亲临现场,与2000余名观众一起观看演出。

由南昌市政府副秘书长陈武,江西省档案局副巡视员刘平原、科教法规处处长钟海鹰,市档案局局长徐迎晨、副局长赵乐临组成的省、市考察组一行到东湖区考察档案馆建设情况。

17日

下午,南昌市轨道交通2号线青山路站房屋征收动员暨培训大会在墩子塘街道召开,区领导谢蓉出席。

18日

上午,南昌市政府办公厅副主任汪成率市政府消防工作检查组到东湖区,对该区2012年度消防工作目标任务完成情况以及“除火患、保平安”冬春专项行动工作开展情况进行检查考评,区领导毛永钢参加。

上午,区领导贺瑞虎到南昌市育新学校、区高招办、区教研中心、豫章小学、爱国路小学、向荣小学、邮政路小学调研指导工作,区领导黄国农参加调研。

下午,樟树林重点项目提升工作调度会在区政府三楼西会议室召开,区领导黄琰、童萍如出席,区文广局、区发改委、樟树林文化生活公园相关负责人参加。

19日

上午,南昌市委常委、副市长刘建洋,副市长张根水一行到东湖区视察滕王阁东通工程,市旅游集团董事长熊伟、区领导郝思一陪同视察。

上午,区领导贺瑞虎在区政府三楼西会议室主持召开第18次区政府常务会。区领导钟益民、黄国农、童萍如、郝思一、毛永钢,区政府党组成员杨玉章、邓越峰、余坚出席。会议学习了税法及相关知识,审议《东湖区2013年楼宇经济工作考核奖励办法(送审稿)》《东湖区2013年政府投资项目计划(送审稿)》《南昌市轨道交通二号线一期工程(东湖段)房屋征收与补偿工作实施方案(送审稿)》等议题。

下午,江西省人大常委会委员、教科文卫委主任委员李玉英，省人口计生委副主任李晓琼率省人大教科文卫委、省人口计生委联合调研组一行到东湖区调研人口计生工作，区领导余瑾、童萍如参加调研。区有关部门和部分街办、社区主要负责人参加座谈汇报会。

20 日

上午，区领导贺瑞虎率领商业街改造调研组赴杭州市上城区学习考察，区领导黄国农、陈东亮参加。

下午，区领导郝思一在区政府三楼东会议室主持召开东湖区 2013 年商贸流通业统计工作会议。区商务局、各街办、贤士湖管理处等单位负责人参加。

21 日

上午，江西省卫生厅副厅长王金平一行到东湖区百花洲街道社区卫生服务中心视察指导工作。南昌市卫生局副局长雷强、区领导童萍如陪同。

上午，区领导贺瑞虎率队在杭州走访浙江日报集团，与该集团董事长童杰进行交谈。区领导黄国农、陈东亮及区相关部门负责人参加。

上午，东湖区召开“流动人口服务管理、关爱女孩综合治理出生人口性别比暨八部门信息资源共享工作联席会议”，区领导童萍如出席会议并讲话，会议总结 2012 年全区计生工作，对 2013 年的工作进行了部署。区纪委、区委宣传部、区委政法委、区法院、区检察院等 28 个单位、各街办（贤士湖管理处）等负责人参加。

下午，区领导毛永钢在区政府三楼西会议室主持召开全区生态环境创建工作部署调度会，区环保局等 8 个成员单位负责人参加。

下午，区领导贺瑞虎率队在杭州走访了浙江联亿家科技有限公司，并与公司董事长鲍小敏进行交谈。区商务局相关负责人陪同。

区领导黄国农、陈东亮带领区胜利路步行街综合改造领导小组部分成员单位负责人走访了苏州市金螳螂企业（集团）有限公司；带领区教科体局负责人及相关人员就东湖区地震应急避难场所建设事宜考察了苏州市应急避难场所。

22 日

上午，区领导童萍如在区政府四楼东会议室主持召开 2013 年东湖区“和谐一家亲”公共文化服务系列活动方案征求意见会。会议听取区文广局就东湖区 2013 年开展“和谐一家亲”公共文化服务系列活动的指导思想、活动安排、具体要求的介绍。区委、区政府相关部门，各街办、贤士湖管理处相关负责人近 40 人参加会议。

上午，区领导贺瑞虎率队在上海走访了上海建工集团，并与建工集团副总裁朱忠明等公司高层就青山湖西岸地块开发项目进行了座谈。

下午，区领导喻国泰与区房管局、豫章街办等单位主要负责人就有关轨道交通 2 号线房屋征收工作与江西省台湾事务办公室后勤中心有关负责人进行沟通。还拜访了江西省测绘局，并共同召开征收工作协调会议。

下午，东湖区在区政府三楼西会议室召开全区法制环境创建工作调度会，各街办、贤士湖管理处、区直各单位相关人员参加。区领导熊凤姝、毛永钢出席会议。

下午，区领导贺瑞虎率小分队在上海拜会了上海鹏欣（集团）有限公司朱德宇副董事长，并就青山湖西岸地块开发项目进行了座谈。

区领导黄国农、陈东亮带领区教科体局相关负责人就中小学现代化管理等事宜赴上海学习考察。

25 日

上午，区领导贺瑞虎在区政府三楼西会议室主持召开东湖区 2013 年重大重点项目调度会。区领导闵建波、王玮、喻国泰、钟益民、黄国农、陈曙、卢琛、王志勤、陈东亮、余瑾、桂兵、童萍如、郝思一、毛永钢、胡中平、郑洪健出席，东湖区 2013 年 28 个重大重点项目相关责任单位负责人参加。

下午，区领导贺瑞虎到蓝天碧水购物广场就项目进行实地调研。

26 日

上午，南昌市建筑工地扬尘污染防治工作督查组一行到东湖区就建筑工地扬尘污染防治工作进行检查，区领导毛永钢陪同。

下午，区领导贺瑞虎到百花洲路、南湖路、步行街、后墙路、射步亭、李家巷等进行考察调研，区商务局、百花洲街办、滕王阁街办、步行街管委会负责人参加。

27 日

上午，区领导郑洪健带领区商务局、区发改

委、区楼宇办相关负责人就央央春天项目进行考察调研。

上午,区领导贺瑞虎到南昌"一九二七"重点项目视察,并对该项目发展过程中存在的问题进行现场协调。

上午,江西省副省长胡幼桃、省商务厅副厅长李青华、南昌市副市长张根水到东湖区新公园路集贸市场,就市场的重建工程进行实地调研。区领导贺瑞虎、郝思一参加。

下午,区领导戴晓明、贺瑞虎在青山湖西岸片区开发工作推进领导小组办公室临时指挥部会议室召开青山湖西岸片区开发项目推进工作调度会。区领导余瑾、胡中平出席。

下午,东湖区在2013年江西省开放型经济工作会议上荣获全省利用外资先进单位、全省外贸出口先进单位。

下午,南昌市档案局局长徐迎晨、副局长彭青一行到东湖区调研指导工作,区领导郝思一陪同调研。

区委政法委、区综治委连续两天分别在胜利路明秀广场和八一公园组织开展政法、综治集中宣传日活动。区领导王志勤出席活动。

28日

上午,南昌市第22次市、县(区)政协主席联席会议在东湖区召开。市政协秘书长王耀主持座谈会议,市政协主席卢晓健,副主席侯捷、李广振、陈守国、龙国英、郭曙、熊晓武出席。区领导戴晓明、贺瑞虎、王玮、熊凤妹、敖晓焕、欧阳桃花、郑洪健陪同会议的考察活动。

上午,区领导黄国农带领区教科体局、区卫生局相关负责人赴南昌市八一中学巡视高考体检工作。

上午,区领导黄国农在区教科体局会议室主持召开全区校园周边环境整治工作布置会。传达了全市有关会议精神,并对全区校园周边环境整治工作进行部署。区教科体局、区综治办、区文广局、东湖公安分局、东湖工商局、东湖交警大队、东湖执法分局等单位负责人参加。

上午,区领导童萍如在区政府三楼西会议室主持召开南昌琴岛·之夜项目装修工程协调会议,相关单位负责人以及南昌琴岛·之夜项目方代表参加。

下午,区领导黄国农到区教科体局调研区属学校校园提升改造工作。

下午,东湖区召开文化产业调研座谈会,就东湖区文化产业发展问题进行了专题调研。区经济大发展顾问团、省社科院经济研究所所长麻智辉团队与区相关单位和部分街办有关负责人参加。区领导童萍如出席会议。

下午,江西省文化厅副厅长王晓庆一行到东湖区考察樟树林文化生活公园项目,南昌市文化局局长刘国产、区领导童萍如参加。

29日

上午,区领导王玮、敖晓焕到区政协机关挂点街办豫章街办督导工作。

下午,区领导戴晓明、郝思一到公园街道上营坊社区,同干部群众一起参加义务劳动。

下午,区领导毛永钢在区政府三楼东会议室主持召开区创建指挥部调度会。

30日

上午,区领导童萍如到蓝天碧水购物广场对项目进行实地调研。

本月

东湖区医保局被江西省社保中心评为"2012年全省社会保险经办工作绩效考核先进单位"。

东湖区财政局连续两年被江西省财政厅评为"2012年度全省财政部门网站宣传工作先进单位",在全市各县区中信息采用得分名列第一。

东湖区豫章街道滨江社区、彭家桥街道江中花园社区、彭家桥街道光明社区被授予"南昌市首批绿色社区"称号。

四月

1日

上午,区领导贺瑞虎在区政府三楼西会议室主持召开2013年第4次区长办公会。区领导钟益民、黄国农、童萍如、郝思一,区政府党组成员、东湖公安分局局长杨玉章出席。会议审议《2013年东湖区"和谐一家亲"公共文化服务系列活动方案(送审稿)》《关于进一步做好东湖区民生诉求办理工作的通知(送审稿)》等议题。

下午,区领导黄国农在区政府三楼东会议室

主持召开中金国际交易中心项目调度会。会议通报了中金国际交易中心项目最新进展情况，并对如何加快项目落户进行专题研究。相关单位负责人参加。

2日

上午，东湖区第十三届人大常委会第12次会议在区委三楼多媒体会议室召开。区领导闵建波、张伟、毛惟仁、陈东亮、彭雅琳、余瑾、谢蓉、桂兵以及区人大委员共21人出席，区领导钟益民，东湖公安分局局长杨玉章，法院院长钟瑛，检察院检察长郭云水、党组书记杜迎春，区政府办公室主任邓越峰，以及区人大常委会教科文卫委委员列席。会议听取并审议东湖区文化广电旅游新闻出版局关于非物质文化遗产保护工作情况汇报和东湖区计生委关于社会抚养费征收工作情况汇报，进行人事任免，通过《关于提请任命肖黎超同志职务的议案》《关于提请任命杜迎春同志职务的议案》《关于提请任命杨玉章同志职务的议案》，开展教育工作专题询问。

上午，南昌市城管委副主任李跃华到东湖区视察“平改坡”工程进展情况，区领导黄国农陪同。

下午，区领导毛永钢到辖区内的东湖、南湖、北湖调研三湖水污染防治工作。

下午，区领导贺瑞虎到东湖区综合服务中心及文化活动中心项目施工现场察看项目推进情况。区领导罗毛则、桂兵、毛永钢陪同。

3日

上午，区领导贺瑞虎到东湖区图书馆调研该馆免费开放情况及老年大学场所建设情况。区相关部门负责人陪同。

7日

下午，区领导贺瑞虎到墩子塘街道调研经济发展、城市管理、轨道交通2号线房屋征收工作。

8日

上午，区领导罗毛则到公园街道调研“民情家访”工作，公园街办、区创建办、区城建局、区房管局、东湖交警大队等部门的负责人参加。

下午，民政部党组成员、中央纪委驻民政部纪检组组长曲淑辉一行到东湖区豫章街道便民为民服务中心调研社会救助工作。江西省民政厅厅长徐毅、南昌市民政局副局长贺志平等陪同。

9日

上午，东湖区在政府三楼西会议室召开全区市场环境创建工作部的工作部署会议。区领导郝思一、敖晓焕出席。

上午，吉安市吉州区委书记徐明率吉州区代表团到东湖区考察。区领导戴晓明、贺瑞虎、罗毛则、闵建波、王玮、黄国农、黄琰、陈曙、童萍如陪同。

下午，区领导王玮、余瑾考察辖区华远和平里和南昌瑞颐大酒店项目。

晚，江西省司法厅副厅长沙闻麟、法援处处长魏舒燕，省人力资源和社会保障厅农民工服务指导处处长钟天卓、南昌市政府副秘书长程建兵等市相关部门领导到东湖区永溪村出席市司法局、东湖区司法局联合开展的“扬社会正义助民工维权”农民工法律援助维权宣传活动。

上海建工集团董事长徐征一行到东湖区考察青山湖西岸片区开发项目。区领导贺瑞虎、钟益民陪同。

10日

下午，区领导贺瑞虎到青山湖西岸项目指挥部，就工作进展情况进行调研。区领导钟益民、余瑾、胡中平参加。

下午，区领导贺瑞虎在区地铁房屋征迁总指挥部三楼会议室主持召开轨道交通2号线一期工程（东湖段）房屋征收与补偿工作专题调度会。区领导喻国泰、郝思一参加。

下午，东湖区在区政府三楼西会议室主持召开区社会环境创建部工作调度会。社会环境创建工作所涉及的26个成员单位负责人参加会议。区领导王志勤、彭雅琳出席。

下午，东湖区在区政府三楼西会议室召开2013年国家安全工作会议。区领导王志勤主持会议，区国家安全各二级领导小组成员参加。会议传达有关国家安全工作会议精神，总结2102年全区国家安全工作，并就2013年工作进行部署。

11日

上午，南昌东湖电子商务协会成立大会在南昌市滨江宾馆一号楼隆重举行。省市区部分领导和全区120家会员单位代表参加。

上午，南昌市副市长张根水就公园路集贸市场改造事宜拜访了江西省供销社主任吴伏生。市政府副秘书长陈武、市商贸委副主任黄信红陪同拜访。

上午,区领导黄国农在区政府三楼西会议室主持召开东湖区“平价砂石进社区”活动再动员会。各街办、贤士湖管理处,区采砂办,区房管局、东湖工商局、东湖公安分局、部分楼盘物业和所涉派出所负责人参加。

下午,区委十一届第28次常委会议在区委三楼常委会议室召开,区领导戴晓明主持会议。会议审议区政府党组提出的《关于请求审议〈关于表彰2012年度全区社会管理综合治理目标管理先进单位、先进集体及先进工作者的决定(送审稿)〉的请示》《关于请求审议〈关于嘉奖2012年度全区社会管理综合治理目标管理先进单位综治责任人的决定(送审稿)〉的请示》,审议区政府党组提出的《中共东湖区委东湖区人民政府关于表彰全区轨道交通1号线征迁工作先进集体和先进个人的决定(送审稿)〉的请示》《关于请求审议〈南昌轨道交通2号线一期工程(东湖段)房屋征收与补偿工作实施方案(送审稿)〉的请示》,审议区史志办公室提出的《关于召开全区年鉴编纂工作表彰大会的请示》《关于请求审议〈东湖年鉴2013编纂工作方案(送审稿)〉的请示》。区领导贺瑞虎、罗毛则、闵建波、王玮、喻国泰、钟益民、黄国农、黄琰、陈曙、王志勤、焦玉庄、郝思一出(列)席会议。

下午,区领导贺瑞虎在区政府三楼西会议室主持召开第19次区政府常务会议。区领导钟益民、黄国农、郝思一、杨玉章,区政府党组成员邓越峰、余坚出席。会议审议《东湖区建设健康社区实施方案(2013~2015年)(送审稿)》《东湖区2013年推进依法行政工作要点(送审稿)》等议题。

下午,南昌市委常委、副市长高伟到东湖区调研环卫、行政执法工作。市政府副秘书长胡焘,市城管委副主任刘琪珏陪同调研。

下午,东湖区第六届社区民间艺术团队优秀作品比赛在八一公园百花大舞台隆重举行。担任本次比赛评委的是江西省群艺馆馆长徐安详、南昌市群艺馆馆长王薇、南昌市舞蹈家协会副主席欧阳峰等各界艺术专家。

下午,区领导王玮率区政协主席会议成员到青山湖西岸项目指挥部,对项目建设情况进行主席视察。区领导熊凤姝、敖晓焕、欧阳桃花、郑洪健参加。

12日

下午,区领导黄国农在贤士湖水果批发市场中金项目指挥部主持召开中金国际交易中心项目调度会。相关单位负责人参加。

下午,区领导黄琰到百花洲街道办事处调研新时期舆论宣传工作。

下午,东湖区召开轨道交通2号线一期工程(东湖段)房屋征收与补偿工作第一次全体成员会议。会议学习、传达全市轨道交通1号线总结表彰暨2号线动员大会精神,并对全区下步房屋征收工作进行动员部署。区领导戴晓明、贺瑞虎、谢蓉、郝思一、杨玉章、敖晓焕出席,相关单位负责人参加。

13日

上午,由江西省科协、省教育厅、省科技厅、省发改委主办,省青少年科技活动中心、省青少年科技辅导员协会、市教育局、市科协、市科技局共同承办的江西省第二十八届青少年科技创新大赛开幕式在东湖区豫章小学二部举行。省政协副主席、省科协主席李华栋,省科协副主席彭玲华、省教育厅副厅长程样国、省科技厅副厅长罗莹、省发改委副主任熊毅等领导出席开幕式。

15日

上午,区领导贺瑞虎在区委区政府信访局三楼会议室接访、协调有关信访事项。

上午,南昌市文明创建指挥部办公室副主任陈卫东、市司法局副调研员熊义春一行到东湖区督导检查法治环境创建工作。区领导熊凤姝、杨玉章陪同。

下午,区领导郝思一在轨道2号线总指挥部会议室主持召开经济适用房相关工作部署会。有关单位负责人参加。

下午,区领导郝思一主持召开东湖区百花洲购物节工作部署会议。

下午,由中国科协青少年科技中心和江西省科学技术协会主办、南昌市科学技术协会承办、东湖区科协和东湖区教科体局协办的“航天科技连你我——院士(专家)赣鄱行”科普报告巡讲活动在豫章小学举行。北京丰台区东高地科技馆原馆长、北京科普大使之一、“全国教育系统劳动模范”——金声为豫章小学近200位同学作主题为《飞向太空》的科普讲座。

16日

上午,海南省老龄办主任、海南省民政厅巡视员黄国栋一行到东湖区考察居家养老服务工作。江西省民政厅厅长徐毅,省民政厅党组成员、省老龄办专职副主任江建中以及南昌市相关部门领导陪同考察。

上午,区领导黄国农在区城建局会议室主持召开胜利路步行街改造项目调度会。区领导陈东亮出席。

下午,东湖区防汛排涝工作部署会在区政府三楼西会议室召开,会议对2013年全区防汛排涝工作进行了具体部署。区防汛排涝成员单位负责人参加会议。区领导黄国农、毛永钢出席。

17日

上午,南昌市政府副秘书长叶明和率市规划局、市土地储备中心、市重点办等单位负责人,到东湖区协调滨江片区棚户区改造中所涉省手工业合作联社改制用地收储及出让问题。

18日

上午,南昌市市长陈俊卿率有关部门负责人到东湖区部分交通路口、住宅小区、集贸市场等地检查创建全国文明城市工作情况。市领导李小豹、曾光辉、王国强参加。

上午,东湖区在区政府七楼礼堂召开南昌轨道交通房屋征收1号线(东湖段)总结表彰暨2号线一期工程(东湖段)房屋征收动员大会。全区在家的区四套班子成员,区人大、区政协调研员,区人武部政委,区法院院长,区检察院检察长,东湖公安分局政委出席。各单位相关负责人,南昌轨道交通1号线(东湖段)房屋征收与补偿工作先进单位代表和先进个人参加。

下午,东湖区在区政府三楼西会议室组织收听收看第一次全国可移动文物普查电视电话会议,相关单位负责人参加。区领导童萍如出席。

东湖幼儿园二部(筹)改建工程正式开工。

19日

上午,区领导黄国农在贤士湖水果批发市场中金项目指挥部主持召开中金国际交易中心项目调度会。相关单位负责人参加。

下午,区领导贺瑞虎、黄国农到中金项目现场指挥部开展工作调研。

下午,区领导黄琰主持召开创建活动部工作部署会,相关单位负责人参加。

下午,区领导戴晓明到公园街道督查区直机关干部下社区劳动情况。

第十二届全国运动会成年篮球预赛在南昌国际体育中心举行。此次比赛由国家体育总局篮球运动管理中心主办,南昌市人民政府承办,南昌市体育局、东湖区人民政府、南昌市篮球协会、南昌国际体育中心、江南都市报协办。

20日

上午,区领导罗毛则、谢蓉、郝思一、敖晓焕出席全区轨道交通2号线一期工程总指挥部重要会议,针对当日出台评估价格布置相关工作。总指挥部办公室各工作小组负责人参加。

下午,区领导喻国泰走访动迁6组办公点(八一大道442~448号)看望工作人员并指导动迁工作。

21日

下午,东湖区在区政府七楼礼堂召开2013年一季度经济运行分析会,区各经济责任单位行政班子成员,区政府有关部门和各垂管部门主要负责人参加。区政府全体班子成员,区人大、区政协分管经济工作的领导出席会议。

22日

上午,由南昌市安监局纪检组长邓瑞禄率领的市防汛工作督查组一行到东湖区检查防汛排涝工作。区领导毛永钢陪同。

23日

上午,国家卫生和计划生育委员会政策法规调研组到东湖区调研《国家人口计生委关于方便群众办证的通知》的落实情况。江西省人口计生委副主任李晓琼、市人口计生委副主任易海英、区领导童萍如陪同。

上午,区领导黄国农在区信访局三楼会议室分别主持召开了东湖幼儿园二部(筹)建设调度会和中金国际交易中心项目调度会。

上午,娃哈哈商业股份有限公司副总经理宋青青到东湖区考察省府大院地块和轨道交通地块等商业项目。南昌市外经贸委副主任戴琼、区领导钟益民陪同考察。

上午,江西省副省长谢茹出席由江西省爱卫办主办,南昌市爱卫办、东湖区爱卫办协办的全国第25个爱国卫生月活动。省卫生厅厅长李利、副厅长邹国龙,省爱卫办主任邓武刚,南昌市副市长姚燕平参加。

上午,区领导陈曙先后到大院街道院一社区、樟树林文化活动有限公司和豫章街道调研社区党建和非公经济组织党建工作。

晚,第十二届全国运动会“791艺术街区”杯成年男子篮球预赛谢幕。

24日

上午,区领导贺瑞虎到南昌市轨道交通2号线一期工程(东湖段)青山路口站动迁工作现场调研房屋征收工作进展情况。区领导喻国泰参加。

下午,区领导王志勤到彭家桥街道调研楼宇经济工作。

25日

下午,区领导贺瑞虎在区政府三楼西会议室主持召开第20次区政府常务会。区领导钟益民、童萍如、毛永钢,区政府党组成员邓越峰、余坚出席。会议审议《关于举办2013南昌·东湖百花洲购物节活动的请示(送审稿)》《东湖区2013年打击传销专项整治行动工作方案(送审稿)》等议题。

晚,东湖区紧急召开启动南昌市流感大流行应急预案暨防控H7N9禽流感工作部署会,相关单位主要负责人参加。会议传达省、市主要领导就H7N9禽流感疫情作出的重要批示精神,学习了市委常委、常务副市长张鸿星在市政府加强人感染H7N9禽流感疫情防控工作部署会上提出的11条措施,并对全区做好H7N9禽流感防控工作进行部署。区领导贺瑞虎出席。

晚23时,东湖区再次召开全区防控H7N9禽流感工作部署会。会议通报了省、市首例H7N9禽流感病毒感染者的确诊、治疗、流行病调查等情况,对紧急做好全区H7N9禽流感疫情防控工作进行了部署。区政府相关单位主要负责人参加,区领导钟益民、童萍如出席会议。

26日

上午,区领导戴晓明、钟益民、黄国农到贤士湖管理处调研重点项目进展情况。

本月

东湖区报送的南昌清音《今日犹闻翰墨香》节目入围第十届中国艺术节“群星奖”曲艺门类复赛作品名单。

东湖区获“创建中小学数字信息校园先进县区”荣誉称号,育新学校、豫章小学、邮政路小学和百花洲小学被评为“创建中小学数字信息校园先进学校”。

东湖区步行街管委会获全国“青年文明号”称号。

东湖区发改委获“2012年度全省先进中小企业主管部门”称号。

东湖区荣获南昌市人口计生工作一等奖。

东湖区信息中心荣获“2012年度江西省信息技术应用先进单位”称号。

东湖区政府网站荣获“江西省为民服务优秀政务网站”。

东湖区人民政府荣获“南昌市安全生产工作先进单位”光荣称号,并进入全市先进县区前三名。

东湖区教研中心在江西省第六届(2009年度~2011年度)教研工作先进集体的评比中获得示范性教研室荣誉称号,肖贤获得领军教研员称号,黄莺、胡美贵、章明、王雅乐获得优秀教研员称号,陶晓静、徐剑秋获得先进教研工作者称号。

五月

2日

上午,区领导贺瑞虎在区政府三楼西会议室主持召开区长办公会暨重点项目调度会。会议听取了区部分重点项目进展情况的汇报和区城投公司关于青山南路棚户区改造项目进展的汇报。区领导闵建波、钟益民、黄国农、黄琰、陈曙、余瑾、郝思一、毛永钢、杨玉章、胡中平出席。

下午,区领导黄国农在区信访局三楼会议室主持召开中金国际交易中心项目调度会,通报了项目近期以来的进展,并就加快项目进展进行了专题研究。有关单位负责人参加会议。

下午,区领导钟益民会见恒隆地产有限公司项目发展部助理经理冯为德一行,向客人介绍了东湖区经济发展情况，并就青山湖西岸片区改造开发项目的相关事宜进行沟通。

3日

下午，区领导黄国农在区政府三楼会议室主持召开校园提升改造和信息化建设协调会。区政府办、区发改委、区财政局、区教科体局、区监察局区、审计局、区城建局、区城市执法局等单位负责人参加会议。

6日

下午，全国人大常委会委员、教科文卫委员会副主任委员、致公党中央副主席严以新，全国人大常委会委员、教科文卫委员会委员、北京师范大学校务委员会副主任庞丽娟，全国人大教科文卫委员会委员、教育部党组成员、国家教育行政学院院长顾海良，全国人大教科文卫委员会教育室副主任方光伟，全国人大教科文卫委员会教育室副处长吕献海到东湖区豫章路小学二部调研义务教育法贯彻实施情况。江西省人大常委会委员、教科文卫委主任委员李玉英，副主任委员李水弟，省教育厅副厅长程样国，南昌市人大常委会副主任罗慧芬，区领导贺瑞虎、黄国农陪同。

下午，区领导毛永钢在区政府三楼东会议室主持召开2013年度第7次城市综合管理调度会。区城管办就全区数字城管二级平台下派问题和近期省、市、区督查问题的处理情况进行通报；东湖执法分局通报门前管理责任制综合整治安排及违法建设专项整治情况；区城建局通报八一桥周边房屋“平改坡”及2013年社区环境综合整治及路灯维修改造等工作进展情况。

下午，区领导黄国农在区市政所主持召开胜利路步行街改造工作调度会。区城建局、区城管局、区人防办、东湖国土分局、东湖规划分局等单位负责人参加。区领导陈东亮出席。

下午，区领导戴晓明到区综合服务中心及文化活动中心建设工地视察工程进展情况，并在项目部成员座谈会上提出四点要求：一要合理安排施工环节，二要认真履行合同，三要为施工方提供好的施工环境，四要做廉洁工程。区领导罗毛则、桂兵陪同。

区领导王玮参加在安义县举办的全国部分城区（县、市）政协工作研讨会第二十六次会议并作了“突出和发挥职能优势，服务和推动东湖发展”书面工作经验交流。来自全国13个省的25个城区（县、市）政协的150余名代表出席会议。

7日

上午，区领导钟益民、余瑾在青山湖西岸指挥部办公室会议室会见上海建工房产开发公司副总经理陈明等一行，双方就青山湖西岸片区改造开发项目的开发建设等事宜进行交流和探讨。

上午，区领导黄国农到区城建局调研滨江路网建设工作进展情况。

8日

上午，区领导黄琰前往区省级非遗保护项目——赣发绣传习所调研。

上午，区领导贺瑞虎在区政府三楼西会议室主持召开2013年第5次区长办公会。区领导钟益民、黄国农、童萍如、毛永钢、杨玉章出席会议。

下午，区领导贺瑞虎在区政府三楼西会议室会见来东湖区考察的上海建工房产开发公司副总经理李伟忠一行。区领导钟益民参加会见。

下午，南昌市副市长张根水一行到东湖区视察胜利路步行街改造工作进展情况。区领导戴晓明、黄国农、陈东亮陪同。

9日

上午，东湖区第三次全国经济普查清查摸底工作推进会在区政府三楼西会议室召开，区统计局及各街办、贤士湖管理处主要负责人参加会议。区领导钟益民主持会议并讲话。

上午，区领导贺瑞虎在轨道交通2号线房屋征收与补偿工作建设总指挥部主持召开专题调度会，区领导喻国泰、王志勤、郝思一，区房管局班子全体成员出席会议。

下午，区委十一届第29次常委会议在区委三楼常委会议室召开，区领导戴晓明主持会议。会议审议区委办公室提出的《关于请求审议〈中共东湖区委议事决策规则（修订）（送审稿）〉的请示》，审议区人大党组提出的《关于召开全国二十城区人大工作研讨会的请示》，审议区政府党组提出的《关于召开全区人口计生工作会议的请示》。区领导贺瑞虎、罗毛则、闵建波、王玮、喻国泰、钟益民、黄国农、陈曙、卢琛、王志勤、焦玉庄出（列）席会议。

10 日

上午,江西省地震局副局长柴劲松,南昌市委常委、副市长高伟到东湖区胜利路步行街名秀广场出席由省、市、区地震部门共同举办的主题为“今天的准备,为了明天生命的延续”防震减灾宣传教育活动。区领导黄国农参加。

上午,区领导贺瑞虎到青山湖西岸指挥部调研青山湖西岸项目建设情况,并现场研究解决项目推进过程中遇到的困难和问题。区领导钟益民、余瑾、胡中平参加。

下午,文化部公共文化服务司副司长周广莲、王建平,群文处处长朱渤到东湖区外来务工人员文化协会和东湖区外来务工人员青少年培训中心就农民工文化生活情况进行调研。江西省文化厅副厅长王晓庆等省、市相关部门领导以及区领导童萍如陪同。

12 日

晚,区领导贺瑞虎组织相关部门到福州路、展览路、省体育馆院内等地了解相关路段环卫作业、店面出店经营情况,现场调度、协商、解决整治工作中的重点、难点问题。区领导毛永钢参加。

13 日

上午,区领导贺瑞虎在区政府三楼西会议室主持召开2013年第6次区长办公会。区领导钟益民、黄国农、童萍如、郝思一、毛永钢、杨玉章出席。

下午,区领导童萍如到南昌·琴岛之夜项目工地察看项目进展情况。

下午,区领导贺瑞虎在区政府三楼西会议室主持召开招商引资优惠政策推进“五人小组”工作会议。区领导钟益民、黄国农、焦玉庄出席会议。

下午,区领导毛永钢在大院街办会议室主持召开广场北路无证经营店面整治工作协调会。区创建办、区卫生局、区安监局、区环保局、东湖工商局等相关单位负责人,以及大院街道、大院街道城管办、大院派出所、大院城管中队等单位负责人参加会议。

14 日

上午,区领导黄国农、陈东亮在步行街综合改造指挥部会议室与相关客商就胜利路步行街改造项目进行会谈,区城建局、区步行街管委会等单位负责人参加。

下午,区领导毛永钢在区政府三楼东会议室主持召开2013年度第8次城市综合管理调度会。会议对全区新增严控区道路的综合管理工作、门前管理责任制联合专项整治工作、无环保标准或持有黄色环保标志机动车实行交通限行工作、小餐饮单位专项整治工作及市考核办十项专项考核进行专题研究和部署。

下午,区领导贺瑞虎在区政府三楼西会议室就全区环卫工作召开专题调研座谈会。区城市管理相关部门及区财政局主要负责人参加座谈。区领导毛永钢参加。

15 日

上午,区领导戴晓明、贺瑞虎、黄国农、毛永钢先后到东湖区规划一路防洪物资储备点及三经路、五纬路、省政府周边等地段进行防洪工作现场视察及调度指挥。

下午,区领导贺瑞虎到轨道交通2号线东湖段房屋征收指挥部了解征收进度,看望慰问征收一线干部职工,并召开调度会就做好下一阶段征收工作进行研究部署。区领导喻国泰、郝思一参加。

16 日

上午,区领导童萍如在区政府三楼西会议室组织收听收看国务院贯彻落实《中华人民共和国旅游法》电视电话会议。区有关单位分管负责人参加会议。

17 日

下午,区领导戴晓明、罗毛则到公园街道经堂巷社区与社区干部一起参加创建文明城市义务劳动。

20 日

上午,区领导贺瑞虎在区政府三楼西会议室召开第7次区长办公会。区领导钟益民、黄国农、童萍如、郝思一、毛永钢出席会议。

下午,区领导毛永钢在区政府三楼东会议室主持召开2013年度第9次城市综合管理调度会。会上传达了省委常委、南昌市委书记王文涛到东湖区专题调研市容环卫工作时的重要讲话精神,并对门前管理责任制联合专项整治、小餐饮单位专项整治、“啄木鸟在行动”通报的城市管理类问题整改等有关工作进行了部署。

下午，区领导黄国农在胜利路步行街项目指挥部主持召开胜利路步行街综合改造项目调度会。区财政局、区城建局、区城管局、区房管局、区商务局、区人防办、东湖国土分局、区步行街管委会等单位负责人参加。会议听取了各责任单位对前期会议要求有关工作落实情况的汇报，并就加快实施胜利路步行街综合改造项目进行专题研究和分析。区领导陈东亮参加。

21 日

下午，南昌市人大常委会委员、市人大城建环保委员会主任委员张春辉一行到东湖区就贯彻《南昌市城市绿化管理规定》进行检查。区领导桂兵、毛永钢陪同。

22 日

上午，区领导焦玉主到区财政局调研指导工作，听取区财政局2013年财政收入完成进度情况汇报，并就相关问题进行研究探讨。

下午，区领导毛永钢在区政府三楼东会议室主持召开区创建指挥部调度会。会议传达了南昌市2013年第二次城市文明程度指数模拟测评布置会精神，并部署了测评迎检工作。

23 日

上午，区领导黄国农在区委三楼会议室主持召开八一公园环境集中整治部署会。区委政法委、区委宣传部、区城建局、区文广局、区环保局、东湖公安分局、东湖执法分局等部门负责人参加。

上午，区领导王玮、熊凤妹到胜利路步行街管委会调研步行街的城市管理及环境保洁工作。

上午，区领导黄国农到东湖考区所属5个考点视察高考准备工作。

下午，区政府和区政协在区城管局会议室召开加强城市环境卫生管理专题提案办理协商会。区领导毛永钢、胡中平出席会议并讲话。

24 日

上午，区领导黄国农在区教科体局三楼会议室主持召开区属学校校园提升改造和信息化建设推进会。区政府办、区发改委、区财政局、区教科体局、区监察局、区审计局、区城建局、区房管局等单位负责人参加会议。会议通报区属学校校园提升改造的设计方案和信息化建设工作进展情况，并对区属学校提升改造方案进行专题研究。

上午，南昌市委常委、宣传部部长曾光辉出席在南昌市阳明学校举行的全市“学习雷锋、做美德少年”活动启动仪式。区领导黄国农以及南昌市阳明学校师生1100余人出席活动。

27 日

下午，区领导贺瑞虎在区政府三楼西会议室主持召开区政府第21次常务会议。区领导钟益民、黄国农、郝思一、毛永钢、杨玉章，区政府党组成员邓越峰、余坚出席。会议传达了全省党风廉政建设社会评价工作动员会精神，学习《中华人民共和国道路交通安全法》，审议《2013年东湖区民生工程安排意见(送审稿)》等议题。

下午，区领导童萍如、杨玉章在南昌·琴岛之夜会议室召开南昌·琴岛之夜消防安全问题协调会。区发改委、市消防支队、大院消防大队、南昌·琴岛之夜项目方负责人参加会议。

下午，区领导戴晓明、黄琰到樟树林文化生活公园调研文化产业发展情况。

28 日

上午，南昌市审计局党组成员、总审计师郑克里率队到东湖区就基本公共卫生服务专项资金进行审计。区领导童萍如陪同。

上午，江西省卫生厅副厅长曾传美到东湖区滕王阁街道社区卫生服务中心指导精神病管理工作。区领导童萍如陪同。

上午，区领导黄国农、陈东亮在胜利路步行街项目指挥部召开胜利路步行街综合改造项目调度会。区城建局、区城管局、区房管局、区商务局、区人防办、步行街管委会相关负责人参加。

下午，区领导黄国农在中金国际交易中心项目指挥部主持召开项目推进调度会。区发改委、区房管局、东湖规划分局、东湖国土分局、董家窑街办、贤士湖管理处等相关单位负责人参加。

下午，东湖区“庆六一，爱心相约中国梦”助学帮困资金发放仪式在东湖区教科体局一楼会议室举行。区领导罗毛则，区关工委、区教科体局、区老干局、团区委相关负责人及特困学生代表100余人出席发放仪式。发放仪式上为20名特困学生代表发放助学金共计20000元。

下午，区领导贺瑞虎、童萍如到南昌市采茶剧团指导东湖区参加全国第十六届“群星奖”比赛的南昌清音节目排练。

下午，区领导贺瑞虎、童萍如到樟树林文化生活公园调研文化产业发展情况。

29日

上午,区领导焦玉庄来到滕王阁街道走访慰问辖区困难儿童梁玉、郑叶家庭并送上了走访慰问金。

上午,区领导童萍如分别到董家窑街道金家山社区贫困儿童计珊珊家和五纬路社区贫困儿童周慧鑫家走访慰问,并送去学习慰问金。

下午,区领导王玮、熊凤姝等政协委员到东湖幼儿园走访慰问,并给孩子们送上了慰问金、精美的书籍等六一礼物。

下午,区领导贺瑞虎到南昌市阳明学校观看部分学生六一活动节目彩排,并与老师和孩子们亲切交谈。

下午,区领导陈曙走访慰问董家窑街道贫困儿童章乐歆、罗贤俊家庭。

下午,区领导毛永钢分别走访慰问豫章街道贫困儿童马慧敏、孙敏家庭,并送去节日祝福和学习慰问金。

30日

下午,区领导黄国农到南昌市滕王阁保育院视察改建工程建设情况,并到墩子塘街道贫困学生熊超敏、葛啸天家中,给他们送去慰问金和区委、政府的关爱与祝福。

下午,南昌市委常委、宣传部部长曾光辉一行到东湖区樟树林文化生活公园调研。区领导戴晓明、黄琰、童萍如陪同。

31日

上午,江西省委书记强卫,省委副书记尚勇,省委常委、省委秘书长赵智勇,省委常委、南昌市委书记王文涛到南昌市阳明学校与小学生们一起欢庆“六一”儿童节。区领导戴晓明、贺瑞虎陪同。

上午,区委十一届第30次常委会议在区委三楼常委会议室召开,区领导戴晓明主持会议。会议传达、学习、贯彻省、市党风廉政建设社会评价工作动员部署电视电话会议精神,并研究有关干部人事议题。区领导贺瑞虎、罗毛则、闵建波、王玮、钟益民、黄国农、黄琰、陈曙、卢琛、王志勤、焦玉庄出(列)席会议。

下午,江西省委书记强卫,省领导赵智勇、姚亚平、王文涛,市领导曾光辉等到东湖区樟树林文化生活公园调研。区领导戴晓明、贺瑞虎、罗毛则、黄琰、王志勤、童萍如、杨玉章陪同。

下午,区领导戴晓明、童萍如到南昌市采茶剧团排练厅观看即将赴山东参加第十六届群星奖的曲艺类非遗节目南昌清音《今日犹闻翰墨香》的表演,并为演员们鼓劲加油。

晚,江西省副省长朱虹,省文化厅厅长郜海镭,南昌市委常委、宣传部部长曾光辉,副市长姚燕平出席南昌·琴岛之夜在原江西省艺术剧院的精彩演出。区领导贺瑞虎、童萍如等与千余名观众共同观看演出。

区委决定:万雯任中共东湖区委组织部部务委员(试用期一年),免去其中共东湖区委组织部副科级组织员职务;曾武兵任中共东湖区委组织部副科级组织员;李磊任东湖区事业单位管理局局长(试用期一年);高金旺任中共东湖区人民检察院党组成员(挂职锻炼三个月);杨峰任中共东湖区人民政府办公室党组成员,免去其东湖区精神文明建设指导委员会办公室主任职务;胡猛任中共东湖区司法局党组成员,免去其中共东湖区贤士湖管理处工作委员会委员职务;徐海香任中共东湖区会计核算中心支部委员会书记(试用期一年);免去邓小燕中共东湖区会计核算中心支部委员会书记职务;陈丽芬任中共东湖区人力资源和社会保障局委员会委员,免去其中共彭家桥街道工作委员会委员、纪律检查工作委员会书记职务;刘国清任中共东湖区人力资源和社会保障局委员会委员(副科级,试用期一年);免去喻淑媛中共东湖区城市建设局委员会委员职务;张璇任中共东湖区商务局委员会委员(副科级);免去万可谦中共东湖区商务局委员会副书记职务;刘斯韵任中共东湖区文化广电旅游新闻出版局委员会委员;免去官建平中共南昌市第二中西医结合医院支部委员会书记职务;章干任中共东湖区墩子塘街道工作委员会委员;免去舒宏蔚中共东湖区墩子塘街道工作委员会委员职务;章海涛任中共东湖区公园街道工作委员会委员;余金财任中共东湖区董家窑街道工作委员会委员;张志忠任中共南昌市城市管理行政执法局东湖区分局委员会书记(试用期一年),免去其中共东湖区城市管理局委员会副书记职务;王长福任中共南昌市城市管理行政执法局东湖区分局委员会副书记;周运坤任中共南昌市城市管理行政执法局东湖区分局委员会委员；傅筱琴任中共南昌市城市管理行政执法局东湖区分局委员会委员、主任科员；黄东辉任中共南昌市城市管理行政执法局东湖区分局委员会委员；储玮阗任中共东湖区商品房开发公司支部委员会书记（试用期一年）。

区委决定：免去黄绍华东湖区市政所副科级调研员职务，退休；免去胡军东湖区公园街道办事处主任科员职务，退休；免去裴爱英东湖区民政局主任科员职务，退休；免去梁建强东湖区安监局主任科员职务，退休。黄绍华、胡军2人退休时间从2013年3月起算；裴爱英、梁建强2人退休时间从2013年4月起算。

区委同意：朱莉群任东湖区人民政府办公室副主任（列李娜之前，兼）；杨峰任东湖区人民政府办公室副主任；张祎星任东湖区人民政府办公室副主任，免去其东湖区外事侨务办公室主任职务；刘小松任东湖区外事侨务办公室主任（试用期一年）；免去肖继英东湖区监察局副局长职务；胡猛任东湖区司法局副局长，免去其东湖区贤士湖管理处副主任职务；陶鹏任东湖区彭家桥街道司法所所长（试用期一年）；闵耀任东湖区滕王阁街道司法所所长，免去其东湖区公园街道办事处综治办公室专职副主任（副科级）职务；刘小萍任东湖区贤士湖管理处司法所所长（试用期一年），免去其东湖区司法局副主任科员职务；喻菡任东湖区财政局副局长，免去其东湖区财政局总会计师职务；李强任东湖区会计核算中心主任（试用期一年）；陶涛任东湖区协税护税办公室副主任（副科级，试用期一年）；陈贞珍任东湖区人力资源和社会保障局副局长，免去其东湖区劳动就业服务管理局局长职务；陈丽芬任东湖区人力资源和社会保障局副局长；舒宏蔚任东湖区劳动就业服务管理局局长，免去其东湖区墩子塘街道办事处副主任、社保所所长职务；喻淑媛任东湖区城市建设局主任科员，免去其东湖区城市建设局副局长（正科级）职务；免去王树珊东湖区商务局副局长、主任科员职务；免去张璇东湖区人民政府驻上海办事处主任（副科级）职务；刘斯韵任东湖区文化广电旅游新闻出版局副局长，免去其东湖区贤士湖管理处综治办公室专职副主任（副科级）职务；免去舒筱玲东湖区文化馆馆长职务（保留副科级待遇）；赵玉静任东湖区疾病预防控制中心主任，免去其南昌市第八医院院长职务；官建平任南昌市第八医院院长；章干任东湖区墩子塘街道办事处副主任、社保所所长（试用期一年）；章海涛任东湖区公园街道办事处副主任（试用期一年）；杨新凯任东湖区公园街道办事处综治办公室专职副主任（副科级，试用期一年）；余金财任东湖区董家窑街道办事处副主任、社保所所长（试用期一年）；彭梵任东湖区彭家桥街道办事处综治办公室专职副主任（副科级，试用期一年）；汤赛丁任东湖区贤士湖管理处综治办公室专职副主任（副科级，试用期一年）；万可谦任东湖区金融办公室主任（试用期一年），免去其东湖区商务局副局长、主任科员职务；邓小燕任东湖区金融办公室副主任；免去刘祖亮南昌市城市管理行政执法局东湖区分局局长职务；免去张志忠东湖区城市管理局副局长、主任科员职务。

区委提名：王树珊任东湖区政协专门委员会办公室主任（试用期一年）；刘婷任东湖区政协专门委员会办公室副主任（试用期一年）。

区委决定：陈小丽任中共南昌市第二中西医结合医院支部委员会书记（试用期一年）；曹冬羊任中共东湖区贤士湖管理处工作委员会委员。

区委同意：曹冬羊任东湖区贤士湖管理处副主任（试用期一年）。

六月

3日

上午，区领导贺瑞虎在区政府三楼西会议室主持召开2013年第8次区长办公会，区领导钟益民、黄国农、童萍如、郝思一、毛永钢、杨玉章出席。会议听取各位副区长的近期工作通报，研究和部署下一步工作。

上午，区领导贺瑞虎在区政府三楼西会议室主持召开“畅通省城”建议意见交办会，区领导毛永钢、杨玉章出席，区政府相关部门、垂管单位，各街办、贤士湖管理处负责人参加。会议对“畅通省城”建议意见涉及东湖的工作任务进行了分解明确。

下午，区领导黄国农在区政府三楼西会议室

主持召开青山南路(原贤士湖水果批发市场)棚户区改造项目调度会,区属相关单位负责人参加。

下午,区领导贺瑞虎、黄国农在区政府三楼西会议室会见了东方实业集团有限公司董事长吴惠一行,双方就东方集团拟在东湖区投资兴建大型商业综合体有关事宜进行交流。

4日

下午,区领导贺瑞虎率队到深圳市走访华嵘投资(集团)有限公司,与华嵘集团董事长黄振良等公司高层就城中村改造项目进行了座谈。

5日

上午,区领导黄国农在东湖区教科体局三楼会议室主持召开区属学校校园提升改造工作推进会,区属相关单位负责人参加会议。

上午,区领导黄国农在八一公园管理处会议室召开分管口部门信访督办会并实地督导应急避难场建设,区城建局、区教科体局等单位负责人参加。

下午,区领导童萍如在区政府三楼西会议室组织收听收看全国食品药品安全和监管体制改革工作电视电话会议,区属相关单位分管负责人参加。

下午,区领导黄国农、陈东亮在胜利路步行街项目指挥部召开胜利路步行街综合改造项目调度会,区属相关单位负责人参加。

6日

上午,区领导贺瑞虎在香港会见了马礼逊有限公司主席关启昌,就东湖区的发展与现状进行了详细介绍,并邀请其到东湖参观考察。

下午,南昌市副市长肖玉文在香港会见香港恒隆地产有限公司助理董事梁焕添,对其来南昌投资发展表示欢迎。区领导贺瑞虎参加。

下午,2013年南昌(香港)重点产业推介会暨重大项目签约仪式在香港九龙香格里拉大酒店举行。会上签约项目13个,签约合同金额达17亿美元。南昌市市长陈俊卿出席并致辞,区领导贺瑞虎在会上对东湖区项目进行推介。

区领导贺瑞虎率队在香港走访了中铜资源(控股)有限公司,与中铜资源(控股)有限公司主席张韧进行了座谈。

区领导黄国农分别在区城建局和区教科体局召开信访协调会。

7日

下午,区领导黄国农在青山南路(原贤士湖水果批发市场)棚户区改造项目指挥部主持召开项目调度会,区属相关单位负责人参加。

8日

上午,区领导戴晓明、黄国农到永发砂石场视察东湖区首批采砂船切割工作进展情况。

上午,区领导毛永钢先后到区企业资产管理服务中心和豫章街道滨江社区督查安全生产工作,区安监局、区企业资产管理服务中心、豫章街办主要负责人陪同。

上午,区领导闵建波、彭雅琳、余瑾、谢蓉一行到公园街道走访慰问辖区孤寡老人和困难家庭。

上午,区领导钟益民在青山湖西岸临时指挥部办公室会议室就青山湖西岸片区综合改造建设项目有关事宜会见上海建工房产开发公司副总经理陈明一行。区城投公司、区商务局等单位负责人参加。

下午,江西省人大常委会召开省人民医院、省儿童医院停车难整治工作协调会,区领导毛永钢参加。

9日

上午,江西省第八届漆画展在791艺术街区隆重开幕。南昌市副市长姚燕平,区领导黄琰、童萍如等和省市艺术家共同出席开幕仪式,并为活动剪彩。“第八届江西漆画展”收到参赛作品500余件,入选并展出100余件来自全国及港、澳、台地区、国外的优秀漆画作品,所有入选获奖作品将由791艺术街区出资收藏。

上午,区领导黄国农在区政府三楼西会议室主持召开全区财税收入工作调度会,区财政局、东湖国税局、东湖地税局和各街办(贤士湖管理处)相关负责人参加。

下午,区领导戴晓明会见上海建工房产开发公司副总经理陈明、开发部高级经理李新忠一行,双方就青山湖西岸片区改造建设项目合作等事宜进行沟通洽谈。

11日

下午,区领导贺瑞虎、钟益民、胡中平在区政府三楼西会议室听取全区失地农民基本养老保险工作情况汇报。

下午,区领导贺瑞虎、毛永钢在区政府三楼西会议室听取环卫作业市场化前期运作情况。

13 日

下午，区领导黄国农在青山南路（原贤士湖水果批发市场）棚户区改造项目指挥部主持召开项目调度会，区属相关单位负责人参加。

14 日

晚，杭州娃哈哈集团有限公司董事长兼总经理宗庆后一行到东湖区考察商业地块项目，南昌市外经贸委主任李伟、副主任戴琼、区领导贺瑞虎等陪同。

17 日

上午，区领导贺瑞虎在区政府三楼西会议室主持召开东湖区政府第 22 次常务会议。区领导钟益民、黄国农、童萍如、郝思一、毛永钢、杨玉章，区政府党组成员邓越峰、余坚出席。会议学习《江西省小额货款公司监督管理办法（试行）》，审议《东湖区落实“畅通省城”建议意见交办责任书（送审稿）》《东湖区被征地农民参加养老保险实施方案（送审稿）》等议题。

18 日

上午，东湖区在区政府七楼礼堂召开旧城改造动员大会，区四套班子在家班子成员及调研员，人武部长，区法、检两院院长，公安分局政委出席会议。各街道、贤士湖管理处，区委各部门、区直各单位党政主要负责人，各垂管单位主要负责人，以及青山湖西岸改造建设推进工作小组办公室全体成员参加。

下午，区领导毛永钢在区政府三楼东会议室主持召开 2013 年第 10 次城市综合管理调度会，区属相关单位主要负责人参加。

19 日

上午，南昌市委常委、副市长刘建洋在市委第一会议室召开全市小餐饮店专项整治推进部署会，区领导贺瑞虎、童萍如参加。

上午，东湖区人民政府和南昌市民政局在南昌信息化养老服务中心举行向居家老人赠送老年人专用手机仪式。南昌市民政局局长应学全、副局长黄广新，市民政局党委委员、老龄办专职副主任黄朝华，区领导戴晓明、贺瑞虎、童萍如，以及中国移动通信集团江西有限公司南昌分公司总经理程伟出席。

上午，区领导戴晓明到重光里菜场进行视察，东湖执法分局、八一桥街办主要负责人参加。

下午，以江西省政府发展研究中心副主任刘礼明为组长的省政府文化创意产业发展专题调研组一行到东湖区樟树林文化生活公园、791 艺术街区考察。南昌市政府副秘书长、办公厅主任谢为民，区领导童萍如等陪同。

20 日

上午，由江西省公安厅牵头，省高院、省检察院、省民政厅、省人保厅、省妇联等省禁毒委成员单位领导到东湖区检查指导社区禁毒工作，并在豫章街道滨江社区参加了“禁毒宣传进社区”座谈活动。区领导戴晓明、王志勤、杨玉章参加。

上午，区领导童萍如到豫章街办和滨江社区调研人口信息化管理服务系统建设工作，区计生委主要负责人、分管负责人参加。

上午，区领导贺瑞虎在区政府三楼西会议室会见了到东湖区考察的深圳市玉禾田环境事业发展集团有限公司董事长周平一行，区商务局、区城管局相关责任人参加。

下午，区领导黄国农在区政府三楼西会议室主持召开区属学校校园提升改造和信息化建设工作布置会，区属相关单位负责人参加。

下午，区领导欧阳桃花带领部分提案委员在东湖区文化广电旅游新闻出版局会议室召开八届三次提案办理督办协商会。

南昌市关工委在东湖区教科体局一楼会议室召开第二季度关心下一代工作联系会，市关工委第一副主任田新芳、常务副主任经自麟、熊全柏、范维祺、罗苏明、区领导罗毛则等出席，市直有关单位相关负责人参加。

21 日

南昌市委常委、副市长刘建洋带领市直相关部门到东湖区青山湖西岸片区改造项目办公室进行调度工作。市政府副秘书长叶明和，区领导戴晓明、贺瑞虎、钟益民、余瑾，区直相关部门及西岸办相关负责人参加。

24 日

上午，南昌市副市长张根水到东湖区樟树林文化生活公园、791 艺术街区调研旅游产业发展情况。市政府办公厅调研员陈武、市旅游局局长陈清华、副局长佟焕哲参加，区领导童萍如陪同。

上午，区领导贺瑞虎在区政府三楼西会议室

主持召开第9次区长办公会，区领导钟益民、黄国农、郝思一、毛永钢、杨玉章出席。

接中共南昌市委洪干字［2013］31号文件通知，市委决定：李中华任中共南昌市东湖区委委员、常委；免去卢琛中共南昌市东湖区委常委、委员职务。

25日

上午，区领导贺瑞虎在区信访局三楼接待来访群众，协调处理有关信访事项。

下午，区领导毛永钢一行先后到长运加油站、青山南路加油站、二七北路加油站等地督查安全生产工作，区安监、消防、公安派出所等部门参加。

下午，区领导黄国农在胜利路步行街项目指挥部主持召开胜利路步行街综合改造项目调度会，区领导陈东亮出席，区属相关单位有关人员参加。

下午，区领导贺瑞虎会见了马礼逊有限公司主席关启昌一行。双方就东湖区发展与现状进行了交流。

26日

上午，南昌市副市长刘家富到东湖区调研环保、民政工作，市政府副秘书长程建兵及市直相关部门负责人参加，区领导戴晓明、贺瑞虎、童萍如、毛永钢陪同。

27日

上午，江西经济管理干部学院、东湖区社区服务中心志愿者进社区暨暑期“三下乡”社会实践活动在百花洲街道状元桥社区举行，江西经济管理干部学院党委委员、副院长刘光华，区领导罗毛则、童萍如出席，区民政局、百花洲街办、区社区服务中心等单位负责人参加。

上午，东湖区委、区政府在区政府三楼西会议室召开青山湖西岸片区改造第一阶段房屋征收工作动员大会，区直相关单位、部门共40余人参加。区领导戴晓明、贺瑞虎、罗毛则、钟益民、余瑾出席会议。

下午，东湖区在区政府三楼西会议室召开全区征兵工作领导小组会议，区领导贺瑞虎、钟益民、李中华、林正通、童萍如出席，区人武部主要部门、区监察局、区政府相关部门主要负责人和区委宣传部分管负责人参加。随后，东湖区在区委三楼多媒体会议室召开全区征兵工作会议，区领导钟益民、李中华、林正通出席。区监察局、区政府相关部门主要负责人和区委宣传部分管负责人等参加。区领导童萍如主持会议。会上李中华传达上级征兵工作会议精神，总结2012年冬季征兵工作情况，并部署2013年夏季征兵工作任务，林正通宣读2012年度征兵工作先进单位和先进个人的表彰决定。

晚，区领导戴晓明、贺瑞虎、黄国农、毛永钢分别就防汛工作作出各有关单位要做好应急预案准备，加强应急值班，及时报道信息，重点是低洼危旧房和施工工地的安全防范工作以及道路积水和防汛排水工作的指示。

28日

上午，南昌市委常委、纪委书记卢作全到彭家桥街道光明社区进行民情家访暨“七一”走访，区领导戴晓明、喻国泰陪同。

上午，区领导戴晓明、喻国泰到彭家桥街办视察工作。

上午，江西省人大教科文卫委副主任委员李水弟一行到东湖区进行《中华人民共和国教师法》执法检查。南昌市人大常委会副主任罗慧芬，副市长姚燕平，市人大教科文卫委主任委员李承先，市教育局局长魏国华，区领导贺瑞虎、黄国农、陈东亮陪同。

上午，区领导钟益民在区政府三楼西会议室主持召开《关于新建行政服务中心大楼建成后部门入驻工作方案》征求意见会，区属相关单位负责人参加。

下午，东湖区在区政府三楼西会议室召开全区2013年重大重点项目调度会，区领导戴晓明、贺瑞虎、罗毛则、闵建波、王玮、喻国泰、黄国农、黄琰、陈曙、王志勤、陈东亮、桂兵、童萍如、郝思一、毛永钢、郑洪健出席。各重点项目责任单位主要负责人参加，钟益民主持会议。会议听取各重点项目责任单位关于年初确定的28个全区重大重点项目推进情况的汇报，并就项目有关问题进行了研究，明确下一步工作安排。

下午，区领导童萍如在区政府三楼西会议室主持召开迎接南昌市城区巩固“国家卫生城市”工作模拟复审部署会，区属相关单位分管负责人参加。会议印发《南昌市城区巩固“国家卫生城市”工作模拟复审实施方案》，并对方案进行说明和解读。

七月

1 日

上午,“爱祖国 讲文明 促和谐”百花洲街道歌声飘到家门口爱国歌曲大家唱群众歌咏比赛在八一公园百花大舞台举行。区领导黄琰以及区文广局、百花洲街道相关负责人共同观摩了比赛并为获奖歌手颁奖。

上午,全市人口计生信息化建设现场会在东湖区召开,南昌市副市长朱志群、市政府副秘书长罗锦勋、市计生委主任陈国凤、区领导贺瑞虎、童萍如,以及市人口计生委班子成员,各县(区)、开发区(新区)管委会分管负责人出席,各县区计生委主要负责人参加。随后,全体参会人员在法莱德白金大酒店16楼会议室参加全市人口计生信息化建设工作经验交流会。会议由市政府副秘书长罗锦勋主持。

上午,南昌市人大代表调研组一行到东湖区调研中金国际交易中心项目进展,区领导黄国农、余瑾陪同。

下午,区领导毛永钢在区政府三楼东会议室主持召开2013年度第11次城市综合管理调度会,区属有关单位相关负责人参加。

2 日

上午,国家卫生城市模拟复审考核小组到东湖区检查巩固国家卫生城市成果工作,南昌市爱卫办主任管琳丽、区领导童萍如陪同。

3 日

上午,陕西省工商联副主席、陕西佳鑫实业集团董事局主席、西安大唐西市文化产业投资有限公司董事长吕建中、西安大唐西市文化产业投资有限公司副总裁王勇到东湖区考察文化地产、商业地块项目。江西省工商联主席、江西省总商会会长雷元江,江西省工商联副主席刘星平、经联处副处长谢松岳,区领导戴晓明、贺瑞虎、钟益民陪同。

下午,区领导贺瑞虎、郝思一到辖区城中村和棚户区调研城中村和旧城改造工作,区属相关单位负责人参加。

下午,人民日报、人民网记者团到樟树林南昌瓷板画研究中心调研,区领导黄琰陪同。

下午,区领导王志勤到董家窑街道、彭家桥街道督查电动车(自行车)停放点和居民小区物联网技防试点建设情况,区综治办人员参加。

4 日

下午,区领导贺瑞虎、毛永钢先后到永外正街、二七北路、中山路北侧、渊明北路、阳明路八一桥下及子固路督查“畅通省城”活动相关的14条建议意见处理情况。

5 日

上午,南昌市外经贸委党组副书记、副主任周国群一行到东湖区考察“访百家外企促增资发展”活动情况,区领导钟益民陪同。

下午,区领导毛永钢到辖区内聆江花园、碧水华庭、蓝天碧水、省儿童医院4处视察“畅通省城”活动中的地下停车场清理整治工作情况,区创建办、区城建局相关负责人参加。

下午,区领导郝思一在区政府三楼西会议室主持召开新公园路集贸市场建设工作部署会,区属有关单位相关负责人参加。

8 日

下午,区领导贺瑞虎在青山南路棚户区改造项目指挥部召开项目推进调度会,区领导黄国农主持会议,项目各涉及单位主要负责人参加。

9 日

上午,区领导黄国农在区政府三楼西会议室分别主持召开八一公园整治工作布置会和有关信访问题工作两个会议。相关单位负责人参加。

上午,区领导贺瑞虎、罗毛则、桂兵到东湖区综合服务中心及文化活动中心建设工地视察。江西省一建公司副总经理熊晓明、江西恒实监理有限公司总工程师、项目总监黎莉等人参加。

10 日

下午,区领导黄国农到豫章街办辖区信访对象家中开展下访活动,区属相关单位负责人参加。

晚,东湖区召开青山南路(原贤士湖水果批发市场)棚户区改造项目国有土地上房屋征收全面启动后的第一次调度会,区领导黄国农主持会议,区政府办、区房管局、贤士湖管理处等单位负责人参加。

11 日

下午,区领导戴晓明、钟益民到贤士湖管理处农房动迁指挥部视察指导工作。

13 日

下午,区委十一届第31次常委会议在区委三楼常委会议室召开,区领导戴晓明主持会议。会议研究区人大党组提出的《关于请求审议〈关于开展“助力建设繁荣精品幸福文明东湖代表行”活动总体工作方案及2013年代表主题活动实施方案(送审稿)〉的请示》,并研究区纪委提出的《关于请求审议〈2013年东湖区党风廉政建设和反腐败工作任务分工意见(送审稿)〉的请示》。区领导贺瑞虎、罗毛则、闵建波、王玮、喻国泰、钟益民、黄国农、陈曙、王志勤、焦玉庄出(列)席会议。

15 日

下午,南昌市长陈俊卿到东湖区调研旧城改造及违章搭建查处情况,市委常委、副市长刘建洋,市政府副秘书长胡焘、叶明和,市城管委、市建委、市重点办、市规划局、市国土局、市土地储备中心、市房管局主要负责人,区领导贺瑞虎、钟益民、黄国农、童萍如、毛永钢、杨玉章参加。

下午,南昌市长陈俊卿在东湖区政府三楼西会议室召开集中解决形式主义、官僚主义、享乐主义和奢靡之风“四风”问题、开展党的群众路线教育实践活动的意见、建议群众座谈会。市委常委、副市长刘建洋,市政府副秘书长叶明和,区领导贺瑞虎和20余名基层群众代表参加座谈。

16 日

下午,区领导贺瑞虎、毛永钢先后到董家窑街办环卫所、东湖执法分局、豫章街办环卫所调研环卫作业市场化运作及城市执法有关工作。

18 日

上午,南昌市安监局副局长熊保根率领市督导组到东湖区督导消防安全大排查大整治工作,区领导杨玉章陪同。

19 日

上午,区领导贺瑞虎、毛永钢到胜利路交通银行及周边危旧房改造现场调研项目推进情况。

上午,区领导戴晓明、钟益民赴上海拜访上海建工集团副总裁朱忠明,上海建工房产总经理李昇辉等,就进一步推进东湖区青山湖西岸片区改造建设项目,并尽快取得实质性进展等内容进行了座谈。区商务局、贤士湖管理处、区城投公司负责人参加。

上午,区领导贺瑞虎、毛永钢先后到沿江北大道起凤路口、青山路交警执勤点、八一桥下看望一线工作人员,区政府办公室、区城管局、东湖执法分局、东湖交警大队主要负责人参加。

下午,江西省环保厅厅长邓兴明到东湖区视察环保业务用房建设进展情况,南昌市环保局局长陶志、区领导贺瑞虎陪同。

下午,区领导钟益民赴上海张江高科技园区考察上海普兰金融服务有限公司,区商务局、贤士湖管理处、区城投公司负责人参加。

22 日

上午,区领导贺瑞虎在区政府三楼西会议室主持召开区政府第23次常务会议。区领导钟益民、黄国农、童萍如、毛永钢、杨玉章及区政府党组成员邓越峰、余坚出席。会议审议《东湖区创建全国和谐社区建设示范城区迎检工作方案(送审稿)》《东湖区环卫作业市场化(一期)实施方案(送审稿)》等议题。

下午,区领导童萍如在区卫生局会议室主持召开集中解决“四风”问题调研座谈会。区文化、卫生、民政、计生、药监、残联、红十字会等部门主要负责人,以及文化、卫生、民政系统二级机构主要负责人参加。

下午,区领导郝思一在区政府三楼东会议室主持召开新公园路集贸市场建设工作协调会,区属有关单位相关负责人参加会议。

23 日

上午,区领导贺瑞虎、黄国农先后到滕王阁保育院、滨江学校、光明学校、育新学校视察校园整体提升改造工程进展情况,区属有关单位相关负责人陪同。随后,在育新学校组织教科体系统部分代表召开集中解决“四风”问题调研座谈会。

下午,区领导贺瑞虎到墩子塘街道召开集中解决“四风”问题调研座谈会,街道干部、社区干部、居民群众、退休职工、教师、两代表一委员等20余名不同层面的代表参加。

24 日

下午,江西省民政厅副厅长凌学仁一行到东湖区社会福利院调研党的群众路线教育实践活动工作,区领导童萍如陪同。

下午,区领导黄国农、郝思一在区旧城改造工作指挥部会议室召开工作布置会。

25 日

上午,区领导陈曙到董家窑街道主持召开集中解决“四风”问题调研座谈会,街道干部、社区干部、居民群众、非公企业职工等 18 位不同层面的代表参加。

上午,南昌市民政局副局长冯中阳一行到东湖区民政局调研党的群众路线教育实践活动情况,区领导童萍如出席。

下午,区领导戴晓明、黄国农先后到辖区部分学校视察校园整体提升改造工程进展情况,区有关单位相关负责人陪同。

下午,区领导王志勤、区综治办人员到贤士湖管理处七里村嘉兴公寓检查指导自行车、电动车停放点和小区物联网技防点建设工作,贤士湖管理处主任、综治工作分管负责人和该村有关负责人参加并进行了汇报。

下午,区领导贺瑞虎到辖区社区卫生服务中心、站,指导社区卫生服务工作。

26 日

上午,区领导贺瑞虎到区旧城改造工作指挥部视察,并看望抽调参与指挥部工作的人员。

27 日

上午,东湖区在区政府七楼礼堂召开 2013 年上半年政府工作总结暨经济运行分析会,会议通报了全区上半年经济运行情况。区各经济责任单位党政主要负责人和班子成员;各垂管部门和区政府有关部门主要负责人参加。区领导贺瑞虎、黄国农、余瑾、童萍如、毛永钢、杨玉章、郑洪健出席。区领导钟益民主持会议。

29 日

中午,区领导贺瑞虎、童萍如到南昌电视台“文明行风热线”直播现场,通过电话、电波倾听群众意见并帮助其解决问题。

下午,区领导戴晓明、贺瑞虎、罗毛则、闵建波、王玮、李中华、童萍如一行走访慰问江西省军区和南昌警备区。

30 日

上午,由东湖区和南昌市体育局主办的“全民齐健身共圆中国梦”2013 年东湖区全民健身日活动在八一公园百花大舞台举行,南昌市委常委、宣传部长曾光辉,市政府副秘书长、市政府办公厅主任谢为民,市老年体协主席孔炯,市体育局局长史晓婍,区领导戴晓明、贺瑞虎、黄琰等出席启动仪式,东湖区体育总会、东湖区老年体协、东湖区各全民健身活动站点的健身团队以及东湖区各街道、贤士湖管理处的居民代表们近千人参加启动仪式。启动仪式由区领导黄国农主持。

上午,区领导钟益民到公园街道环湖路社区走访慰问辖区残疾军人陈华。

上午,区领导贺瑞虎走访慰问东湖消防大队官兵,区民政局、百花洲街办等相关负责人陪同。

上午,区领导童萍如走访慰问驻区部队和辖区伤残军人,区民政局、董家窑街办负责人参加。

下午,区领导贺瑞虎、黄国农在区旧城改造工作指挥部召开工作调度会。

国家民政部社会事务司巡视员张明亮一行到东湖区调研收养登记焦点问题。江西省民政厅常务副厅长凌学仁、南昌市民政局纪委书记陈军虎、区领导童萍如陪同。

八月

1 日

上午,区领导罗毛则到包干的八一大道叠山路至中山路段对路段上出现的占道经营、乱停乱放及乱扔垃圾等现象进行劝导,并对主干道路长效管理提出具体的建议,区委办挂点干部参加。

区领导贺瑞虎在区委区政府信访局三楼会议室听取 2013 年以来的信访工作情况汇报,热情接待来访群众并参与了轨道 1 号线历史遗留问题有关讨论。

区领导闵建波、区人大班子成员到东湖区检察院进行调研工作。

2 日

下午,区委十一届第 32 次常委会议在区委三楼常委会议室召开,区领导戴晓明主持会议。会议学习传达了省委十三届七次全体(扩大)会议及市委十届七次全体(扩大)会议精神,研究了区纪委提出的《东湖区贯彻落实〈关于实行党风廉政建设责任制的规定〉的实施细则(送审稿)的请示》,研究了区政府党组提出的《关于请求审议〈东湖区创建全国和谐社区建设示范城区迎检工作方案(送审稿)〉的请示》,研究了区委办公室提出的《关于召开中共东湖区委十一届七次全体(扩大)会议的请示》。区领导贺瑞虎、罗毛则、闵建波、王玮、喻国泰、钟益民、黄国农、黄琰、王志勤、焦玉庄、李中华、童萍如出(列)席会议。

4 日

上午,东湖区在区政府七楼礼堂召开中共东湖区委十一届七次全体(扩大)会议。区委委员、区委候补委员;不是区委委员、区委候补委员的区人大、区政府、区政协党组成员;区人武部政委、区检察院检察长、东湖公安分局政委;区纪委委员、区纪工委书记;各街道、贤士湖管理处书记、主任;区委各部门、区直各单位,区人大、区政协各委(室、办)党员主要负责人;区国税局、区地税局、区工商局、区质量技术监督局、市国土资源局东湖分局、区交警大队、区消防大队、大院消防大队、市食品药品监督管理局东湖分局、市城乡规划局东湖分局主要负责人参加。会议深入贯彻落实党的十八大精神和习近平总书记一系列重要讲话精神,传达江西省委十三届七次全体(扩大)会议及市委十届七次全体(扩大)会议精神,总结上半年全区工作,研究部署当前和今后一个时期的主要工作任务。区领导戴晓明作重要讲话,区领导贺瑞虎总结上半年工作并对下半年的工作进行部署。

5 日

上午,南昌市委政法委调研员樊幽兰一行到东湖区督导检查社区网格化服务管理工作,区领导王志勤、区综治办主任饶接华、区网格化管理示范街道和示范社区主要负责人陪同。

上午,区领导贺瑞虎在区政府三楼西会议室主持召开第 10 次区长办公会,区领导钟益民、黄国农、童萍如、郝思一、毛永钢出席。

下午,区领导贺瑞虎、胡中平到青山湖西岸农房动迁指挥部调研农房动迁工作进展以及被征地农民养老保险办理工作。

下午,区领导童萍如主持召开接收第五批军队无军籍退休退职职工安置工作协调会,区民政局、区财政局、区人社局负责人参加。

7 日

下午,南昌市商贸委副主任游志卫到东湖区调研市场环境卫生托管工作,区领导郝思一陪同。

下午,南昌市委副书记、政法委书记郭安,江西省公安厅副厅长、南昌市副市长、市公安局局长王国强到东湖区彭家桥街办调研社区网格化服务管理工作。市委副秘书长、办公厅主任赵海东、谢为民,市政法委副书记、综治办主任樊幽兰,区领导戴晓明、贺瑞虎、罗毛则、王志勤等陪同。

8 日

上午,区领导罗毛则、毛永钢到八一公园视察文明城市创建进展情况,区城管局、区城建局、区创建办主要负责人参加。

上午,区领导喻国泰视察南昌市滨江学校改扩建工程,区教科体局、南昌市滨江学校主要负责人陪同。

下午,南昌市委常委、副市长刘建洋一行到南昌十中门口看望东湖区环卫工人和执法队员。市城管委主任沈杰、副主任刘琪珏,区领导贺瑞虎、毛永钢参加。

下午,东湖区创建指挥部在区政府三楼西会议室召开了第一次日调度会。会议由区领导罗毛则主持,南昌市创建指挥部顾问许豹生,市创建办副主任胡道虬,区领导毛永钢出席。区创建办主任,区委办、区政府办分管副主任,区监察局局长,区生活环境创建工作部的部长及该部所有责任单位的分管负责人,各街办(管理处)主任、环卫所长(分管副主任)参加。

“体彩杯南昌健步如风”2013 年南昌市首届全民健身排舞大赛总决赛在南昌市八一体育场开幕,南昌市人大副主任罗慧芬,副市长姚燕平,市政协副主席熊晓武,江西省体育局副巡视员杜雅军,市体育局局长史晓婍及各县区分管县(区)长出席,各县区教科体局分管负责人及 12 个县区代表队共计 500 余人参加。活动由市政府副秘书长、办公厅主任谢为民主持,东湖区排舞代表队取得了大赛第一名并荣获总决赛金奖及最佳组织奖。

9 日

上午,区领导贺瑞虎在区政府三楼西会议室主持召开专题研究轨道交通 2 号线(东湖段)房屋征收工作会。区领导喻国泰、郝思一参加。

下午，东湖区在区政府三楼西会议室召开区旧城改造工作指挥部综合协调工作部全体成员会，综合协调工作部全体成员，全区16个重点旧城改造项目责任单位负责人参加。区领导贺瑞虎、黄国农、郝思一出席。

10日

上午，区领导毛永钢到八一公园督查创建迎检工作，区创建办、八一公园管理处主要负责人参加。

12日

上午，南昌市委副书记、市委政法委书记郭安率领相关人员组成检查组到东湖区督查文明城市创建工作，区领导戴晓明、贺瑞虎、罗毛则、童萍如、郝思一、毛永钢陪同。

下午，区领导黄国农到辖区内部分小学视察校园提升改造工程工作，区城建局、区教科体局负责人陪同。

13日

上午，江西省副省长朱虹到樟树林文化生活公园调研文化产业发展情况，省政府办公厅巡视员蔡玉峰、省文化厅厅长郜海镭、省旅游局局长王晓峰、南昌市政府副市长姚燕平、市文化新闻出版局局长王国昌、区领导贺瑞虎、童萍如陪同。

14日

上午，区领导贺瑞虎在区政府三楼西会议室主持召开区政府第24次常务会议。会议学习《中华人民共和国社会保险法》，审议《关于落实〈南昌打造核心增长极三年行动计划（2013－2015）大纲〉工作实施方案的请示（送审稿）》等议题。区领导黄国农、童萍如、毛永钢、杨玉章、区政府办公室主任邓越峰、区监察局局长余坚出席。

下午，区领导贺瑞虎、毛永钢先后到胜利路步行街、洪城社区、八一公园以及叠山路、八一大道等主干道督导创建迎检工作。

15日

上午，江西省副省长谢茹一行到东湖区调研侨资企业。省政府副秘书长晏驹腾，省外事侨务办公室主任张学军、巡视员吴建民，南昌市副市长肖玉文，市外事侨务办公室主任陈吉炜，区领导贺瑞虎等随同。

上午，南昌市政协主席卢晓健一行到东湖区百花洲街道火神庙社区调研“委员进社区”活动并召开流动现场会。市政协副主席侯捷、龙国英、郭曙、辛利杰、陈斌参加。区领导戴晓明、王玮、敖晓焕、欧阳桃花、郑洪健，农工党南昌市委会副主任冯于水陪同。

上午，南昌市政府副市长姚燕平，市政府副秘书长、办公厅主任谢为民等一行到东湖区视察指导未成年人创建工作。区领导黄国农、童萍如陪同。

上午，区领导戴晓明先后到八一公园、公园街道上营坊社区、南昌东湖小学、“绿色心门”青少年心理辅导中心、环湖路社区等处督查指导文明创建工作。

上午，区领导黄琰一行到南昌大学第二附属医院督查指导文明城市测评工作。

下午，区领导童萍如到凯莱大酒店、东方豪景花园酒店、方志敏广场等处视察文明创建工作。

下午，区领导戴晓明、罗毛则、毛永钢到叠山路、滨江社区、光明社区等多条道路视察绿化设施完善情况，并到彭家桥街道光明社区视察创建“文明城”迎检工作。

16日

上午，南昌市副市长张根水一行到南昌市第一医院检查创建全国文明城市工作，区领导郝思一陪同。

上午，区领导罗毛则一行先后到公园街道辖区内八一大道、苏圃路、花园角集贸市场等地督查指导文明创建工作。

下午，区领导戴晓明、黄国农到东湖区平改坡工程及江药社区等地视察环境综合整治进展情况。

17日

上午，区领导贺瑞虎到墩子塘街道党家巷社区查看社区创建工作。

上午，区领导贺瑞虎、毛永钢先后到二七路、新公园路、青山南路等主次干道检查道路清扫保洁、机动车摆放、店面出店经营等情况。

上午，区领导敖晓焕到四经路集贸市场、五纬路集贸市场和章江路集贸市场督查创建工作。

19日

上午，南昌市“省委十三届七次全会精神”宣讲团在东湖区政府七楼礼堂进行专题宣讲，南昌师范高等专科学校副校长，南昌教育学院院长吴龙任宣讲人。区四套班子成员,区人大、区政协调研员,区人武部政委、区法院院长、区检察院检察长、东湖公安分局政委;各街办(管理处)、区委各部门、区直各单位副科级以上领导干部,区创建指挥部各对标部部长;区国税局、区地税局、区工商局、区质量技术监督分局、市国土资源局东湖分局、东湖交警大队、东湖消防大队、大院消防大队、市食品药品监督管理局东湖分局、市城乡规划局东湖分局主要负责人参加。区领导贺瑞虎主持宣讲会。

上午,东湖区在区政府七楼礼堂召开创建迎检工作再动员大会。区四大家班子成员,区人大、区政协调研员,区人武部政委、区法院院长、区检察院检察长、东湖公安分局政委;各街办(管理处)、区委各部门、区直各单位副科级以上领导干部,区创建指挥部各对标部部长;区国税局、区地税局、区工商局、区质量技术监督分局、市国土资源局东湖分局、东湖交警大队、东湖消防大队、大院消防大队、市食品药品监督管理局东湖分局、市城乡规划局东湖分局主要负责人参加。区领导贺瑞虎作重要讲话,罗毛则主持会议,毛永钢对全区创建迎检工作进行了详细的部署。

下午,区领导罗毛则到胜利路步行街和花园角集贸市场视察创建全国文明城市迎检准备工作,区属相关单位主要负责人参加。

20 日

上午,区领导贺瑞虎、毛永钢到辖区部分交通路口、主干道、集贸市场等地督查创建全国文明城市有关工作。

上午,区领导罗毛则到青山路的 Q7 网吧视察文明创建工作,区文广局主要负责人参加。

上午,区领导郝思一行到上沙窝集贸市场、五纬路集贸市场督查创建工作。

下午,区领导贺瑞虎、童萍如到辖区部分网吧以及校外未成年人心理辅导站检查创建工作,并对福州路上的 3 家小餐饮店、广场北路等次干道进行抽查。

21 日

上午,区领导郝思一先后到上沙窝集贸市场、钟鼓楼集贸市场督导检查创建工作。

上午,区领导黄国农到南昌市育新学校视察校园提升改造工程。

上午,区领导贺瑞虎先后到南昌市豫章小学二部、南昌市阳明学校、南昌市南京路小学督导文明城市创建工作。

区领导毛永钢到胜利路步行街视察创建全国文明城市迎检准备工作。

22 日

上午,江西省人保厅副厅长刘滇鸣,省就业局局长王小平、书记邓模、副局长陶正元一行到彭家桥街道青山北路社区和公园街道戴家巷社区,走访慰问贫困大学生家庭。区领导贺瑞虎陪同。

23 日

上午,区领导王玮在区政协会议室主持召开政协东湖区第八届委员会第十一次主席会议。区领导敖晓焕、胡中平、欧阳桃花、郑洪健、冯于水、熊凤妹参加。区政协机关各科室负责人列席。会议研究了区政协第八届委员会常务委员会第十二次会议相关事宜,通过了八届十二次常委会的召开时间、地点和主要议程和《政协东湖区委员会提案办理工作评议办法(试行)》,讨论委员增补等其他事宜,决定将以上事项提请十二次常委会审议通过。

26 日

上午,区领导贺瑞虎在区政府三楼西会议室主持召开第 13 次区长办公会,区领导童萍如、郝思一、毛永钢、杨玉章出席。会议学习中纪委《关于八起顶风违反中央八项规定精神典型问题的通报》,审议《东湖区第五次国家卫生服务调查实施方案(送审稿)》。

下午,宁波新立房地产开发有限公司副董事长郁国祥到东湖区考察青山湖西岸片区改造建设项目,南昌市副市长肖玉文、市外经贸委主任李伟、区领导戴晓明等陪同。

27 日

下午,区领导戴晓明、贺瑞虎先后到华远和平里、轨道二号线一期工程青山路口站、青山南路(原贤士湖水果批发市场)棚户区改造、省非物质文化遗产展示馆、中科健康(体检)广场、五湖大酒店、壹 9 二七、南昌琴岛之夜等项目进行调研。区领导闵建波、喻国泰、黄国农、黄琰、王志勤、余瑾、童萍如参加,有关项目责任单位负责人陪同。

29 日

上午,江西省住建厅副巡视员喻家凯一行在

东湖区政府三楼东会议室召开南昌市环卫工作调研座谈会，省住建厅城建处副处长李日龙、副调研员冯颖，南昌市城管委副主任刘琪珏出席，区领导毛永钢与西湖区、青山湖区、青云谱区分管负责人出席，四城区城管局、执法分局局长及部分街办、环卫所长、社区主任参加。

南昌市“六五”普法中期检查督导组一行到东湖区检查评估“六五”普法中期工作情况，区领导戴晓明、罗毛则、黄琰、王志勤、谢蓉、杨玉章参加。

30 日

上午，2013 年“金立智能手机杯”中国围棋甲级联赛暨“中国体育彩票・南昌东湖”杯东湖专场在中国联通江西分公司总部大楼举行。本次比赛由中国棋院主办，东湖区人民政府、南昌市体育局、江西省围棋协会承办。

上午，区领导黄国农视察南昌市滨江学校建设工地，区教科体局相关负责人参加。

下午，区领导贺瑞虎到辖区部分楼宇项目调研重点楼宇项目推进情况，江西省投资集团公司副总经理李忠清、江投地产总经理赵文龙参加。

本月

东湖区 8 名学生代表江西省在清华大学新学堂举行的第二十二届中国儿童青少年威盛中国芯计算机表演赛中获得 1 个二等奖、7 个三等奖，区教科体局荣获最佳组织奖。

东湖区选送的苏琳钰在江苏泰州举办的第十七届中国少儿“小梅花”大奖赛上获得老生组别金奖，实现了全省京剧少儿类别在国家级比赛中女孩反串成绩的零突破。随后，该选手还获得首第四届天津“和平杯”少儿京剧大赛（老生级别）银奖。

东湖区选送的情景舞蹈《别人家的孩子》获得江西省第五届艺术节群众文化系列项目比赛中江西省少儿艺术节音乐、舞蹈类比赛的一等奖，并将参加 9 月份在江西艺术剧院的颁奖晚会演出。

东湖区作为江西省唯一县区购置了一辆流动舞台车并配置了专业的音响、灯光，丰富了辖区居民的文化生活。

东湖区选送的南昌清音作品《今日犹闻翰墨香》作为南昌市唯一入选节目入围第十届中国艺术节“群星奖”戏曲曲艺类决赛。

九月

2 日

上午，东湖区在区政府三楼西会议室组织收听收看国家禁毒委员会召开的部署全国禁毒工作电视电话会议，区领导王志勤出席，区禁毒委副主任、委员以及东湖公安分局治安、刑侦、网安、缉毒大队负责人参加。

上午，区领导贺瑞虎在东湖区政府三楼东会议室主持召开 2013 年第 14 次区长办公会。区领导黄国农、童萍如、郝思一、毛永钢、杨玉章出席。会议审议《东湖区 2013 年纠风工作要点（审议稿）》等议题。

下午，南昌市交管局副局长孔华到东湖区蓝天碧水购物广场调研“畅通省城”被挤占挪用地下停车场整治情况，区领导毛永钢陪同。

3 日

上午，区领导戴晓明、黄琰到南昌市滨江学校视察开学情况，区教科体局相关负责人陪同。

上午，区领导童萍如到百花洲街道社区卫生服务中心视察“健康小屋”建设情况，区卫生局主要负责人参加。

上午，江西省人大常委会副主任洪礼和、陈安众，省政府党组成员、省长助理、省公安厅党委书记郑为文率省人大“畅通省城”活动领导小组到东湖区开展建议意见巡查活动。南昌市委常委、副市长刘建洋，省公安厅副厅长、副市长、市公安局局长王国强，区领导贺瑞虎、毛永钢陪同。

4 日

下午，区委十一届第 33 次常委会议在区委三楼常委会议室召开，区领导戴晓明主持会议。会议审议区政府党组提出的《东湖区迎接全市“三看”活动工作方案（送审稿）》，审议区纪委提出的《关于调整区预防职务犯罪协调小组的请示》，学习传达了第 5 次市四套班子秘书长联系会议关于公务用车管理事项的有关精神。区领导贺瑞虎、罗毛则、闵建波、王玮、黄国农、黄琰、陈曙、王志勤、焦玉庄、李中华出（列）席会议。

5 日

上午，南昌市外经贸委副主任段宏勋率队到

东湖区督查优化投资发展环境工作,区领导郝思一陪同检查。

下午,南昌市副市长张根水到东湖区检查集贸市场环境卫生管理工作,区领导郝思一陪同。

下午,中央政法委防范办二局局长邵宏伟、副局长贾利军,江西省委防范办副主任袁彩华,南昌市委防范办主任蔡卫卫、副主任刘志斌到北湖小学视察反邪教工作。区领导罗毛则、王志勤陪同。

下午,区领导贺瑞虎到贤士湖管理处青山湖西岸片区李家庄、谌家坊自然村拆迁现场调研农房征迁工作。

东湖区文化旅游稽查大队在新四军军部旧址纪念馆举办的全市文化市场综合执法技能大赛上获得行政执法技能大赛团体冠军,同时3名参赛稽查队员获得个人技能竞赛法规知识前三名。

6日

上午,南昌市政府投资工程项目招投标活动督查组市招标办副主任曾平一行到东湖区督查政府投资工程项目招投标工作,区领导黄国农陪同。

上午,全市信息化养老服务工作现场会在东湖区召开。南昌市副市长刘家富、市政府副秘书长程建兵、市民政局局长应学全、区领导贺瑞虎,市民政局部分班子成员、各县(区)政府、开发(新)区管委会分管民政工作的领导和民政部门主要负责人参加。区领导童萍如主持现场会。

上午,南昌市2013年"森林城乡、花园南昌"建设城郊生态绿化工程检查验收小组一行4人到东湖区检查验收此项工程完成情况,区领导黄国农陪同。

8日

下午,东湖区文化馆选送的街舞《追梦》、歌伴舞《农民父兄》在南昌县莲塘镇澄碧湖广场举办的江西省首届农民工才艺大赛南昌市专场得到现场评委及群众的一致好评,街舞《追梦》获得全场最高分,将有望参加江西省第五届艺术节农民工展演。

9日

上午,区领导贺瑞虎在区政府三楼西会议室主持召开2013年第15次区长办公会。区领导黄国农、童萍如、郝思一、毛永钢出席。会议学习《关于开展党政领导干部违反规定接受和赠送现金、有价证券、支付凭证问题专项治理活动实施方案》,以及南昌市委副书记、代市长郭安在9月2日召开的市政府全体会议上的重要讲话精神。

9日

晚,区领导贺瑞虎、毛永钢到辖区部分小街巷督查综合整治工作,区城管口相关部门及所在街道负责人参加。

南昌市豫章小学教师周红梅获得南昌市第二届"感动洪城"十大最美教师称号。

10日

上午,区领导戴晓明、黄琰到南昌市育新学校、南昌市阳明学校、南昌市豫章小学、滕王阁保育院看望钱继芳、曾勇、周红梅、左文玲四位优秀教师代表。

上午,区领导戴晓明到沿江北大道改造工程项目视察和调研。

上午,区领导罗毛则到江西非物质文化遗产樟树林展示馆施工现场进行督导。

下午,江西省长鹿心社到南昌市育新学校慰问教师,省委常委、南昌市委书记王文涛,副省长朱虹,省教育厅厅长虞国庆、副巡视员杨慧文,市教育局局长魏国华,区领导戴晓明、贺瑞虎、黄国农等陪同。

区领导贺瑞虎、黄国农先后到南昌市培智学校、南昌市右营街小学、滕王阁保育院慰问一线老师。

南昌市邮政路小学教师蔡豪入选"江西省第五届中小学优秀班主任"。

11日

上午,区领导贺瑞虎、喻国泰到轨道2号线指挥部调度已征收房屋拆除等工作。

上午,区领导贺瑞虎在区旧城改造工作指挥部召开专门会议,调度2014年全区旧城改造项目申报工作。区领导黄国农出席。

下午,区领导贺瑞虎、童萍如到百花洲街道社区卫生服务中心健康小屋和江西非物质文化遗产樟树林展示馆视察指导。

12日

上午,南昌市委常委、副市长刘建洋到江西省人民医院调研东湖区豫章路打通断头路工程。市规划局副局长陈明远,区领导贺瑞虎、黄国农及工程所涉相关单位负责人陪同。

下午,区委十一届第34次常委会议在区委三楼常委会议室召开，区领导戴晓明主持会议。会议学习传达了全省组织工作会议的主要精神，并研究了有关干部人事议题。区领导贺瑞虎、罗毛则、闵建波、喻国泰、钟益民、黄国农、黄琰、陈曙、王志勤、焦玉庄、李中华出（列）席会议。

下午，东湖区公园街道人大代表活动小组开展第三次小组活动。公园街道辖区的16名区人大代表参加。区领导戴晓明出席并作重要讲话。区领导闵建波，区法院、检察院两院院长列席。

接中共南昌市委组织部洪组干函〔2013〕36号文件通知，经区委研究决定：万华任中共东湖区董家窑街道工作委员会书记；免去陈福元中共董家窑街道工作委员会书记职务。

区委决定：丁凯任东湖区精神文明建设指导委员会办公室主任，免去其中共东湖区豫章街道工作委员会委员职务；陈海明任中共东湖区公证处支部委员会书记（试用期一年）；何姗姗任中共东湖区劳动就业服务管理局支部委员会书记（试用期一年）；胡晓根任中共东湖区市政养护管理所支部委员会书记（试用期一年）；况强任中共东湖区商务局委员会委员；免去万华中共董家窑街道工作委员会副书记兼环卫所支部委员会书记职务；夏斐任中共南昌市出新幼儿园支部委员会书记；免去邓珏中共南昌市出新幼儿园支部委员会书记职务；免去曾国华中共东湖区委员会办公室主任职务；免去李颂中共东湖区纪律检查委员会办公室主任、正科级纪检员，中共东湖区直属机关工作委员会委员职务；免去安光雨中共东湖区委员会办公室副主任科员职务。

区委提名：万华任东湖区董家窑街道人大工作委员会主任；免去陈福元东湖区董家窑街道人大工作委员会主任职务；免去熊清英东湖区人大常委会教科文卫工作委员会主任职务。

区委同意：钟益民任东湖区行政学院第一院长（兼）。

接中共南昌市委组织部洪组干函〔2013〕36号文件通知，经区委研究同意：免去万华东湖区董家窑街道办事处主任职务。

区委同意：陈丽芬任东湖区行政学院副院长（兼）；况强任东湖区商务局副局长（试用期一年）；王萍任东湖区服务业规划管理办公室主任（试用期一年）；闵思龙任东湖区文化馆馆长（试用期一年）；胡威任东湖区董家窑街道办事处综治办公室专职副主任（副科级，试用期一年）；陈魏华任南昌市滨江学校副校长（试用期一年）；戴玉华任南昌市培智学校校长（试用期一年）；邓珏任南昌市出新幼儿园园长；免去肖淑华南昌市培智学校校长职务；免去夏斐南昌市出新幼儿园园长职务；免去甘开生东湖区董家窑街道办事处综治办公室专职副主任（副科级）职务。

区委同意：免去丁凯东湖区豫章街道人民武装部部长职务。

区委同意：许群任东湖区人民法院正科级审判员，免去其东湖区人民法院副主任科员职务；帅学农任东湖区人民法院正科级审判员，免去其东湖区人民法院副主任科员职务；袁彩虹任东湖区人民法院正科级审判员，免去其东湖区人民法院副主任科员职务；戴晓红任东湖区人民法院正科级审判员，免去其东湖区人民法院副主任科员职务；胡振艺任东湖区人民法院正科级审判员，免去其东湖区人民法院副主任科员职务；刘芳桂任东湖区人民法院正科级审判员；吴卫兵明确为副科级；夏战龙任东湖区人民法院副科级审判员；魏群任东湖区人民法院副科级审判员；操先蓉任东湖区人民法院副科级审判员；李信江任东湖区人民法院副主任科员；肖宝珍任东湖区人民法院副科级审判员。

区委同意：喻新文明确为正科级；姚平明确为正科级，免去其东湖区人民检察院主任科员职务；熊建员任东湖区人民检察院正科级检察员，免去其东湖区人民检察院副主任科员职务；李跃华任东湖区人民检察院主任科员；刘松安任东湖区人民检察院副科级检察员；龚端阳任东湖区人民检察院副科级检察员；金栋任东湖区人民检察院副科级检察员；刘华明任东湖区人民检察院副科级检察员；谢艳任东湖区人民检察院副主任科员；谢亮任东湖区人民检察院副科级检察员。检察员的任职，请依法办理。

13日

下午，东湖区司法局、区普法办联合南昌市司法局到百花洲街道刘将军庙社区和墩子塘街道马家池社区举办《南昌市家庭法律顾问手册》赠送活动。南昌市司法局党组成员、副局长邹智敏，区领导杨玉章出席。区司法局、街办、社区相关负责人和社区群众1000余人参加。

区领导戴晓明、贺瑞虎到辖区部分重点项目建设现场督导工作。区领导钟益民、王志勤、童萍如、胡中平参加,有关项目责任单位负责人陪同。

14日

下午,东湖区在步行街名秀广场举行“东湖区2013年高校毕业生就业服务月”暨现场招聘活动。江西省人力资源和社会保障厅副厅长刘滇鸣、江西省劳动就业局局长王小平、处长李更生等到现场指导,区领导钟益民参加。

15日

下午,东湖区在南昌剧场举办少儿京剧专场汇报演出,区领导童萍如出席。

16日

上午,东湖区在区委三楼多媒体会议室召开全区第三次全国经济普查领导小组扩大会议。区领导钟益民出席会议并讲话。东湖区第三次经济普查领导小组全体成员,各街办、贤士湖管理处主要负责人和分管负责人及相关工作人员参加。

上午,区领导贺瑞虎在区政府三楼西会议室主持召开区政府第25次常务会议。区领导钟益民、黄国农、童萍如、郝思一、毛永钢、杨玉章,区政府党组成员邓越峰、余坚出席。会议审议《东湖区关于进一步深化行政审批制度改革的决定(送审稿)》等议题。

下午,区领导戴晓明到东湖区青山南路(原贤士湖水果批发市场)房屋征收与补偿工作指挥部视察,区领导罗毛则、黄国农参加。

晚,东湖区“和谐社区一家亲”活动示范点授牌仪式暨流动舞台车进社区巡演活动启动仪式在方志敏广场举行。江西省文化厅副厅长王晓庆、社文处处长丁跃,南昌市委常委、宣传部部长曾光辉,副市长姚燕平,市政府副秘书长、办公厅主任谢为民,市文化新闻出版局副局长刘国产,区领导戴晓明、贺瑞虎、黄琰出席。仪式由区领导童萍如主持,省文化厅副厅长王晓庆向东湖区授予流动舞台车钥匙,市委常委、市委宣传部部长曾光辉宣布流动舞台车进社区巡演活动正式启动。随后,省、市、区领导和辖区居民共同观看流动舞车进社区首场文艺巡演。

17日

上午,南昌市副市长张根水到东湖区调研特色夜市街,市商贸委主任陆萍、区领导郝思一参加。

上午,区领导王志勤到八一桥派出所调研,八一桥派出所全体班子成员参加。

下午,东湖区在区政府三楼东会议室召开区综治委平安建设工作调度会。区领导王志勤出席并讲话。区综治责任单位分管综治工作的负责人及各街道、贤士湖管理处副书记参加。

晚,由南昌市文化广电新闻出版局、南昌市轨道交通集团有限公司、东湖区文化广电旅游新闻出版局主办,南昌市群众艺术馆、东湖区文化馆、东湖区图书馆承办的“我们的节日·中秋”与轨道建设者共迎中秋联欢晚会在中铁五局举行。

22日

下午,区领导童萍如在区卫生局三楼会议室专题听取区疾控中心大楼装修建设方案汇报,区卫生局、区疾控中心全体班子成员参加。

24日

上午,江西省委常委、南昌市委书记王文涛,市委副书记、代市长郭安,市委副书记、市委政法委书记欧阳海泉,市政协主席卢晓健等市四套班子领导率全市“三看”活动人员到东湖区考察项目建设情况。区领导戴晓明、贺瑞虎等参加。

下午,江西省委政法委副书记、省综治办主任张传发,省法学会会员处处长黄巧玲一行到东湖区调研综治工作。南昌市委政法委副书记、市综治办主任聂嘉平,市综治办副主任李国水陪同。区领导戴晓明、罗毛则、王志勤、杨玉章,区法、检两院院长,区委政法委全体班子成员,区司法局、团区委、大院街道主要负责人,区教科体局分管负责人及部分街道党工委副书记、社区主任参加。

25日

上午,区领导王玮在区政府七楼礼堂主持召开了政协东湖区第八届委员会第十二次常委会会议,区领导敖晓焕、胡中平、欧阳桃花、郑洪建、调研员熊凤姝等25名常务委员出席。区领导毛永钢、区政协副县级领导干部冯于水应邀参加。会议听取了区政府城市管理工作的情况通报,协商通过《政协东湖区委员会提案办理工作评议办法(试行)》,对东湖交警大队、区教科体局和区商务局等3个单位的提案办理工作情况进行了民主评议。

下午,东湖区在区政府四楼会议室召开环湖

商业街座谈研讨会。会议由区领导喻国泰主持，区城建局、统计局、房管局、文广局、商务局以及区八一公园管理处等单位负责人参加。

26日

上午，区领导闵建波、彭雅琳一行到公园街道调研人大代表工作站建立及运行等相关工作。

下午，区领导钟益民在区政府三楼东会议室主持召开东湖区重大重点项目与民营经济工作调度会，各街办（贤士湖管理处）、各经济口单位主要负责人和有关负责人参加。

东湖区文化旅游稽查大队选派的张达和林成亮2名执法队员参与组队的南昌市代表队在江西省图书馆举办的全省文化市场综合行政执法技能大比武大赛中获得团体总分第一名，张达和林成亮在政策法规笔试中分获个人二等奖、三等奖，并在共同参与的执法文书制作与归档项目中获得综合单项总分第一名。

27日

上午，大院街道政协委员进非公党组织活动在南昌万达商业管理有限公司会议室开展。区领导敖晓焕出席，区直有关部门负责人、区政协第六联谊小组部分委员和大院街道各社区代表共计30余人参加。

29日

下午，樟树林文化生活公园内的江西省非物质文化遗产樟树林展示馆进入试运营，区领导黄琰、童萍如到现场视察指导。

区委同意：肖自强任中共东湖区委机要局局长（正科级）；张庆川任中共东湖区直属机关工作委员会书记；龚武红任中共东湖区委老干部局局长；黄天祥任中共东湖区委统战部副部长；唐浩任东湖区维稳办公室主任（正科级）；罗琳任中共南昌市城北学校支部委员会书记；杜秋萍任中共南昌市青桥学校支部委员会书记；胡琪任中共南昌市滨江学校支部委员会书记；邓爱华任中共南昌市东湖小学支部委员会书记；胡乐红任中共南昌市北湖小学支部委员会书记；张金陶任中共东湖区社区服务中心支部委员会书记。

区委同意：唐云璞任东湖区人大常委会办公室副主任；万云初任东湖区人大内务司法工作委员会主任。

区委同意：陈海龙任东湖区贤士湖管理处主任；万仁喜任南昌市育新学校副校长；胡琼英任南昌市城北学校副校长；罗先凤任南昌市阳明学校校长；邓翎利任南昌市阳明学校副校长；熊硕任南昌市滨江学校副校长；邹芳任南昌市青桥学校副校长；魏翼任东湖区社区服务中心主任。

区委同意：谢建平任东湖区政协办公室主任。

本月

万祯烨、苏玲钰（女）、吁易涵（女）、丁妍（女）在由中央电视台戏曲频道举办的首届少儿京剧电视大奖赛中获得4枚铜牌。

赣发绣传承人陶永红、豫章绣传承人余正连和周南英、婴儿胎发笔传承人陈斌芳、纸浆雕塑传承人徐传托、竹丝笔传承人叶华延成为南昌市第一批传统技艺大师。

南昌市培智学校郑垚婷老师被评为身边“张丽莉”式优秀教师。

东湖区报送的朱德指挥部旧址、朱德军官教导团、贺龙指挥部旧址、叶挺指挥部旧址、方志敏广场5个景区被列入南昌市旅游局评选的“南昌市红色旅游景区（点）”。

《东湖区“四个一律”对违章占道施工进行专项整治》一文在南昌市政府办公厅《每日要情》第170期刊登。南昌市委副书记、代市长郭安就此政务信息作出重要批示。

东湖区申报的南昌柒玖壹文化艺术投资发展有限公司（791艺术街区）成为江西省第四批省级文化产业示范基地。

江西省首个居民健康小屋在东湖区百花洲街道社区卫生服务中心试运行。

南昌市育新学校获得江西省“全省少先队优秀中队”光荣称号。

南昌市阳明学校六（1）班涂桦同学荣获2013年江西省“希望之星”称号。

江西省滕王阁健身排舞队（东湖教工排舞队）的参赛作品《南昌健步如风》在全国原创广场健身操（舞）作品评比活动中获得一等奖。

十月

3日

上午，区领导贺瑞虎到文教北路、公园路、四经路、五纬路和上沙窝集贸市场视察节日期间的环境卫生管理情况。

上午,区领导贺瑞虎到新公园路集贸市场视察重建工地。

8 日

上午,区领导戴晓明、黄国农、郝思一先后到殷家巷、省职业病防治所、香江家具城、起凤路、下沙窝和民巷路等地察看辖区内棚户区改造项目。

9 日

上午,区领导贺瑞虎在区政府三楼西会议室主持召开区政府第 26 次常务会议。区领导钟益民、黄国农、童萍如、郝思一、毛永钢、杨玉章,区政府党组成员邓越峰、余坚出席。会议审议《东湖区报送南昌市 2014 年重大重点项目计划(送审稿)》《东湖区"拆违拆临,建绿透绿"专项工作实施方案(送审稿)》等议题。

下午,区领导贺瑞虎、黄国农、毛永钢到区属部分单位督导"拆违拆临,建绿透绿"工作,东湖执法分局、区城建局、东湖规划分局、区教科体局、相关街办、贤士湖管理处主要负责人参加。

10 日

上午,区领导贺瑞虎先后到东湖幼儿园、南昌市北湖小学调研学校违建临建店面情况,区教科体局主要负责人参加。

上午,江西省政协副主席、民进江西省委主委汤建人到东湖区科普安全宣教中心调研。省科技厅厅长洪三国,南昌市政协副主席辛利杰,南昌市科技局局长黄中平,区领导戴晓明、贺瑞虎、黄国农等陪同。

上午,东湖区邀请章金媛爱心奉献团队在八一公园开展"情系夕阳红,健康进社区"大型义诊宣传活动。南昌市老年科协会长周鑫群、副会长王修华,区领导罗毛则出席。

上午,东湖区在区信访局三楼会议室召开"拆违拆临、建绿透绿"工作调度会。区领导黄国农、毛永钢,区属有关单位负责人参加。

11 日

上午,区领导喻国泰到百花洲路、南湖路两条环湖商业街调研,区商务局、百花洲街办、区步行街管委会主要负责人陪同。

上午,南昌市副市长刘家富、市政府副秘书长程建兵到东湖区董家窑街道南京西路南社区走访慰问百岁老人孙英,区领导贺瑞虎陪同。

上午,区领导贺瑞虎、黄国农到辖区部分棚户区集聚地块视察旧城改造工作。

上午,南昌市委常委、组织部部长陈德寿一行到东湖区彭家桥街道隆兴名居小区调研指导新社区办公用房建设使用工作,区领导戴晓明、贺瑞虎、陈曙参加。

12 日

上午,南昌市副市长张根水,市政府办公厅调研员陈武,市商贸委主任陆萍、副主任黄信红等一行到新公园路集贸市场视察重建工作,区领导郝思一陪同。

上午,东湖区大院街办第 46 选区人大代表述职会在大院街道院一社区召开,区领导闵建波出席。

上午,南昌市政协主席卢晓健、副主席郭曙等市政协班子成员一行到董家窑街办南京南路社区调研社区网格化管理运行和创新社区管理情况,区领导王玮陪同。

上午,南昌市委副书记、代市长郭安到东湖区检查城区"拆违拆临、建绿透绿"工作开展情况。市委常委、副市长刘建洋参加,区领导戴晓明、贺瑞虎、黄国农、毛永钢陪同。

下午,江西省委常委、南昌市委书记王文涛到东湖区察看"拆违拆临、建绿透绿"工作开展情况。市委常委、副市长刘建洋参加,区领导戴晓明、贺瑞虎、黄国农、毛永钢陪同。

14 日

上午,内蒙古通辽市科尔沁区政协考察团在副主席王玉成的带领下到东湖区考察,区领导敖晓焕、郑洪健陪同。

上午,江西省教育工委委员、教育厅总督学杨慧文一行到南昌市邮政路小学调研义务教育阶段"零择校费"实施情况,南昌市教育局副局长陈瑜,以及东湖区教科体局相关负责人参加。

15 日

上午,区领导黄国农到豫章路施工现场视察,区城建局相关人员参加。

上午,南昌市商贸委副主任黄信红一行到东湖区调研集贸市场建设与管理工作,区领导郝思一陪同。

上午,区领导贺瑞虎到轨道 1 号线子固路站

（东湖段）调研，区轨道指挥部相关责任人参加。

上午，区领导贺瑞虎到八一公园察看园内游乐设施情况，公园管理处相关责任人参加。

16日

下午，东湖区在区政府三楼西会议室召开"拆违拆临、建绿透绿"指挥部调度会，区领导贺瑞虎出席会议并作讲话，区领导黄国农主持会议，区领导毛永钢对全区"拆违拆临、建绿透绿"工作情况作了通报，对加强铁路沿线、重点部门点位自查、强化信息报送等工作进行了部署。区指挥部各成员单位参加。

晚，区领导贺瑞虎到贤士湖管理处贤湖村调研各村集体产业现状并调度村级公房拆违拆临工作，区领导黄国农、贤士湖管理处及各村委会主要负责人参加。

17日

上午，区领导郝思一到墩子塘集贸市场检查并调研市场的日常管理情况。

上午，区领导陈曙到董家窑街道豆芽巷社区调研社区服务型党组织建设情况，区属相关部门、街办负责人参加。

上午，区领导戴晓明到铁街29～55号（隶属于区城建局东湖园林所）视察，区城建局负责人陪同。

上午，南昌市委副秘书长、办公厅主任赵海东，市委办公厅副主任徐永强，市机关事务管理局副局长李小东一行到东湖区墩子塘街道市委家委会督促"拆违拆临、建绿透绿"专项行动。区领导贺瑞虎、毛永钢陪同。

上午，南昌市国家安全局涉外安全保卫支队支队长汤任志召集南昌市各县区国家安全领导小组办公室主任、副主任到东湖区政府六楼西会议室召开南昌市县区国家安全领导小组办公室主任、副主任工作例会，区领导王志勤出席。

下午，区领导贺瑞虎到深圳洁亚清洁服务有限公司驻南昌办事处调研东湖区环卫作业市场化推进工作，区城管局、区创建办、深圳洁亚清洁服务有限公司相关负责人参加。

晚，区领导黄国农、毛永钢到铁街29～55号（隶属东湖区园林所）督导拆违拆临工作。

18日

上午，江西省统计局副巡视员、省经普办主任黄奕祯，省普查中心主任喻滨、副主任宋世平一行到东湖区调研第三次经济普查宣传工作，南昌市统计局副局长张宁、市经普办副主任熊晓洪、区领导钟益民陪同。

下午，东湖区在区政府七楼礼堂举办志愿服务理念宣讲报告会。由区领导罗毛则主持，南丁格尔奖获得者、第四届全国道德模范提名奖获得者章金媛主讲。南昌市文明办副主任程超，区领导黄琰、陈曙、毛惟仁、童萍如、欧阳桃花，各街道、贤士湖管理处负责人，各系统党政主要领导、分管领导、党政办主任，区委各部门、区直各单位的主要领导，各垂管单位主要负责人，各系统二级单位主要负责人，各社区主任共300余人参加。会前，区领导戴晓明、贺瑞虎会见章金媛并表示祝贺。

下午，东湖区在区委三楼多媒体会议室召开区委理论中心组学习（扩大）会。区四套班子成员，区人大、区政协调研员，区人武部政委，区法院院长参加。

20日

上午，南昌市委副书记、代市长郭安到东湖区二七北路717号视察"拆违拆临、建绿透绿"自拆点现场。市委常委、常务副市长张鸿星，市委常委、副市长刘建洋、高伟参加，区领导戴晓明、贺瑞虎、黄国农、毛永钢陪同。

上午，区领导贺瑞虎、毛永钢到东湖区企资中心自拆点位督察拆违拆临工作，并到青山南路贤士湖地块视察旧城改造项目。

21日

上午，区领导贺瑞虎在区政府三楼西会议室主持召开2013年第16次区长办公会。区领导钟益民、黄国农、童萍如、郝思一、杨玉章出席。会议审议了《关于做好2013年义务兵家庭优待金发放工作的通知（送审稿）》等议题。

22日

上午，区领导戴晓明、黄国农到南昌市邮政路小学调研校园改造提升和校园文化建设工作。

上午，东湖区在位于轨道交通2号线阳明路12～28号的被征收房屋原协和医院大楼的主体建筑实施爆破拆除。

上午，江西省委书记强卫到东湖区青山南路棚户区改造项目视察。省领导赵智勇，市领导王文涛、郭安、欧阳海泉、刘建洋、江晓斌，区领导戴晓明、贺瑞虎、罗毛则、黄国农、王志勤、杨玉章参加。

上午,区领导贺瑞虎到贤士湖管理处部分城中村调研村级产业用房规划情况,区领导黄国农,区旧城改造办、规划局及贤士湖管理处负责人参加。

南昌市人大常委副主任万先勇、李福如一行到东湖区开展城市水环境专题调研,区领导张伟、毛永钢陪同。

23日

下午,区领导王志勤先后到彭家桥街道、七里街派出所调研,彭家桥街道党政主要负责人、七里街派出所主要负责人参加。

下午,青云谱区政协考察团到东湖区调研文化产业发展情况,区领导敖晓焕陪同。

24日

上午,区领导贺瑞虎、王志勤到彭家桥街道光明社区调研社区网格化管理工作开展情况。

上午,区领导贺瑞虎、王志勤、杨玉章到东湖公安分局直属机动巡逻大队驻地视察看望大队全体民警和协警人。

下午,区领导贺瑞虎到辖区部分街道调研街道经济发展工作,区经济办及相关街道负责人参加。

28日

下午,区领导贺瑞虎在区政府三楼西会议室主持召开2013年第17次区长办公会。区领导黄国农、童萍如、郝思一、杨玉章出席。会议审议《东湖区事业单位分类实施方案(送审稿)》等议题。

29日

上午,区领导贺瑞虎、黄国农到南昌市育新学校、贤湖村督导二七北路"拆违拆临"工作。

上午,区领导贺瑞虎、黄国农到豫章路打通工程施工现场察看施工情况。

31日

上午,九江市浔阳区区委书记戴晓慧,区委副书记、区长左延率浔阳区党政代表团到东湖区参观考察。区领导戴晓明、贺瑞虎、罗毛则、王玮、钟益民、黄国农、陈曙、王志勤、焦玉庄、李中华、毛惟仁、童萍如、郝思一陪同。

上午,南昌市副市长姚燕平、市政府副秘书长谢为民一行到中科健康(体检)广场调研健康服务业发展情况,市卫生局副局长车达平、区领导童萍如参加。

晚,东湖区选送的节目舞蹈《追梦》在江西省委宣传部、省文化厅、南昌市政府举办的江西省首届农民工才艺大赛优秀节目展演中获得一等奖。

本月

东湖区教工排舞队作为南昌市唯一选送的代表队在"舞动赣鄱健康江西"2013年江西省全民健身广场舞展示大赛中获得2013年江西省全民健身广场舞、民族健身操展示大赛团体总分一等奖(第一名)、最佳推广奖、设区市优秀组织奖。同时,东湖区展示的"江西是个好地方""民族健身操""南昌健步如风"三套动作获得了规定、自选动作第一名。

江西樟树林文化生活公园被评为2012年度江西省文化创意旅游休闲街区。

东湖区选送的南昌清音《今日犹闻翰墨香》获得第十六届全国"群星奖"金奖。

东湖区市容督查队、东湖区豫章环卫所、东湖区大院环卫所被南昌市城管委授予2013年南昌市"环卫先进集体"荣誉称号。百花洲环卫所邓江、公园环卫所缪高群、董家窑环卫所魏剑平、八一桥环卫所吴娄茜、滕王阁环卫所张清秀、贤士湖环卫站韩晓明、环卫车辆修理厂李寿根被南昌市城管委授予2013年南昌市"环卫行进工作者"荣誉称号。墩子塘环卫所徐成红、彭家桥环卫所张菊香被南昌市城管委授予2013年"南昌市城市美容师"荣誉称号。

东湖区出新幼儿园青年教师余珍在全省第六届幼儿教师教学技能竞赛中荣获单项三等奖以及全能奖。

东湖区小学生代表队在南昌市八一体育场举行的2013年南昌市第五届中小学幼儿体育节田径运动会种获得多个项目的金银铜牌和小学组团体总分第一名。

十一月

1日

上午,区领导戴晓明到豫章路延伸段工程改

造现场视察，区领导黄国农参加。

上午，江西省委宣传部副部长黎隆武，南昌市委常委、宣传部长曾光辉，市委宣传部常务副部长魏运花到791艺术街区调研文化产业发展情况，区领导童萍如陪同。

上午，区领导王玮到区文广局走访文化界别部分委员并召开座谈会。

下午，区领导童萍如在区政府三楼西会议室主持召开东湖区创建全国和谐社区建设示范城区实地考察验收迎检工作调度会，区属相关单位分管负责人参加。

下午，东湖区政协、区委统战部在区政协会议室共同召开区政协八届委员会新增补委员座谈会，区领导焦玉庄、敖晓焕参加座谈会并讲话。

4日

上午，区领导贺瑞虎在区政府三楼西会议室主持召开2013年第18次区长办公会。区领导钟益民、黄国农、童萍如、毛永钢、杨玉章出席。会议审议了《关于请求协调解决全区“拆违拆临、建绿透绿”工作相关问题的请示》等议题。

下午，区领导王志勤先后到大院派出所、公园派出所调研。大院派出所、公园派出所班子成员参加。

5日

下午，区领导童萍如到区计生委调研2014年工作谋划情况，区计生委全体班子成员参加。

6日

上午，区领导钟益民在区政府三楼西会议室主持召开东湖区发展工业有关工作调度会。区发改委、区商务局、区楼宇办主要负责人参加。

区领导贺瑞虎率队到北京考察学习特色街打造，区商务局、区经济办、百花洲街办、步行街管委会负责人陪同。

江西省民政厅基层政权和社区建设处处长虞烈东任组长的省考评检查组到东湖区考评检查全国和谐社区建设示范城区创建工作成果。南昌市民政局党委书记、局长应学全，副局长贺志平，区领导戴晓明、贺瑞虎、陈曙、童萍如参加。

7日

上午，东湖区在区委三楼多媒体会议室召开全区事业单位分类改革工作布置会，区领导钟益民出席并讲话。区委办公室、区人大办公室、区政协办公室的主要负责人，区纪委、区委组织部、区委宣传部、区委政法委、区法院、区检察院分管负责人，各街办（贤士湖管理处）、区委各部门、区直各单位、各人民团体主要负责人参加。

下午，国家卫生和计划生育委员会办公厅副主任甘霖一行到东湖区调研人口信息化建设工作。江西省人口计生委副主任李晓琼，南昌市人口计生委主任陈国凤、副主任万鹏，区领导戴晓明、童萍如陪同。

下午，右营街小学杰出校友熊峰到东湖区回母校访问，江西省外事侨务办公室友协主任黄美玲、区领导黄国农的陪同。

下午，东湖区召开信访维稳工作会议，区领导戴晓明、罗毛则、王志勤、杨玉章出席，区属相关单位主要负责人参加。

下午，区领导贺瑞虎、郝思一到东湖区驻京信访工作组驻地看望全体驻京信访工作人员。

区领导贺瑞虎率队走访北京华清安地建筑设计事务所有限公司并与公司副总经理林宵就东湖区百花洲路改造理念、方法和下一步开发设计进行了座谈。区领导喻国泰、郝思一，区商务局、区经济办、百花洲街办、贤士湖管理处、步行街管委会相关负责人参加。

区领导贺瑞虎率队走访北京杨振之来也旅游规划咨询有限公司并与公司副总经理朱利等高层进行了座谈。

区领导贺瑞虎率队赴北京什刹海街道进行考察，区领导喻国泰、郝思一以及区商务局、区经济办、百花洲街办、贤士湖管理处、步行街管委会相关负责人参加。

8日

上午，区领导贺瑞虎率队赴成都宽窄巷子进行考察并与成都青羊区商务局和宽窄巷子运营管理公司相关负责人进行了座谈，区领导喻国泰以及区商务局、区经济办、百花洲街办、步行街管委会相关负责人参加。

下午，区领导贺瑞虎率队赴成都锦江区进行商业街考察，与锦江区政府副区长廖涛、金融街管委会主任杜雪松进行了座谈。随后，区领导贺瑞虎一行实地考察了九眼桥、兰桂坊、琴台路、井巷等成都特色商业街。

2013年南昌市县（区）老年体协工作协作会

在彭家桥街道光明社区召开,区领导黄国农出席会议。

11 日

上午,南昌市委常委、纪委书记卢作全到东湖区视察旧城改造和“拆违拆临,建绿透绿”工作。区领导戴晓明、喻国泰、黄国农、毛永钢陪同。

下午,区领导贺瑞虎会见中岩集团董事长章利文一行,区商务局相关负责人陪同。

12 日

上午,南昌市委副书记、代市长郭安到南昌市育新学校视察“拆违拆临”工作,市委常委、副市长刘建洋,区领导贺瑞虎、黄国农、毛永钢陪同。

上午,区领导贺瑞虎在区政府三楼西会议室主持召开2013年第19次区长办公会。区领导钟益民、黄国农、童萍如、毛永钢出席。会议通报东湖区第三季度经济运行情况,听取贤士湖管理处、区商务局主要负责人所作的经济工作典型性发言,审议《关于认真做好我区2012年冬季退役士兵安置工作的请示》等议题,并对下一步工作进行研究和部署。

下午,区领导桂兵到区文广局调研文化事业和文化产业,区文广局全体班子成员参加。

下午,江西省人社厅农民工处处长钟天卓、规划处主任科员徐延泽、专技处主任科员程朋一行到东湖区开展检查“吃空饷”工作。市人社局纪委书记吴跃华,区领导钟益民陪同。

13 日

上午,区领导戴晓明、黄国农、毛永钢到子固路沿街店面拆临拆违现场指导工作,并视察南昌市育新学校“拆违拆临”工作。

上午,区领导贺瑞虎到南昌市滨江学校视察,区教科体局相关负责人参加。

下午,区领导贺瑞虎在大院街道组织全区各街办主要负责人召开全区经济工作调研会,区领导黄国农参加。

下午,区领导童萍如到区文广局调研指导工作,区文广局班子成员、各科室及下属单位负责人参加。

14 日

上午,南昌市副市长张根水到新公园路集贸市场施工现场视察,区领导贺瑞虎陪同。

上午,南昌市政府重点工作督查组到东湖区民政局会议室督查东湖区地名管理工作,区领导童萍如陪同。

上午,江西省委常委、南昌市委书记王文涛到南昌市育新学校视察“拆违拆临”工作,市委常委、纪委书记卢作全参加,区领导戴晓明、贺瑞虎、黄国农、毛永钢陪同。

上午,区领导王玮率区政协主席会议成员和部分界别委员对东湖区旧城改造工作进行主席会议视察。区领导钟益民、黄国农分别参加视察和座谈。区领导熊凤妹、敖晓焕、胡中平、欧阳桃花、郑洪健、冯于水参加视察。

下午,区领导童萍如在区政府三楼西会议室主持召开东湖区整治丧葬陋俗工作领导小组成员会议,区整治丧葬陋俗工作领导小组成员单位负责人参加。

区领导王志勤先后到墩子塘派出所、百花洲派出所、滕王阁派出所、董家窑派出所调研辖区公众安全感和基层平安建设等工作,墩子塘派出所、百花洲派出所、滕王阁派出所、董家窑派出所班子成员参加。

15 日

上午,东湖区组织了辖区省级非物质文化遗产名录东湖赣发绣参加江西省非物质文化遗产保护成果展。江西省副省长朱虹、省文化厅厅长郜海镭、副厅长王晓庆等先后到赣发绣技艺展示区看望东湖赣发绣非遗传承人、最美基层文化工作者陶永红,观看传承人精湛的技艺展示。

上午,区领导贺瑞虎在区教科体局组织全区14个区直口经济责任单位调研座谈,区领导黄国农参加。

上午,区领导戴晓明、毛永钢一行先后到大院街道、董家窑街道、彭家桥街道辖区,调研辖区环卫作业市场化工作。区创建办、区城管局主要负责人,相关街道环卫所长、市场化公司负责人参加。

下午,百花洲路环湖风情街打造工作调度会在刘将军庙社区召开,区领导喻国泰、郝思一出席,区商务局、百花洲街道主要负责人及相关工作人员参加。

18 日

上午,区领导贺瑞虎在区政府三楼西会议室主持召开2013年第20次区长办公会,区领导钟益民、黄国农、童萍如、郝思一、毛永钢出席。

下午，区领导戴晓明到新公园集贸市场调研重建工作，区商务局、大院街道相关负责人陪同。

下午，区领导戴晓明视察南昌市育新学校“拆违拆临”工作，该校主要负责人参加视察。

19日

上午，上饶市委书记陈俊卿，市委副书记、市长潘东军率上饶市党政代表团到轨道交通2号线（东湖段）青山路口站考察房屋征收推进工作。江西省委常委、南昌市委书记王文涛出席活动。南昌市委常委、常务副市长张鸿星，市委常委、市委秘书长江晓斌，区领导戴晓明、贺瑞虎、郝思一等陪同。

上午，区领导童萍如到东湖区卫生局调研2014年卫生工作安排。

下午，南昌副市长姚燕平到东湖区调研公共文化服务体系建设情况。市政府副秘书长、办公厅主任谢为民，市文化局副局长刘国产，区领导贺瑞虎、童萍如以及南昌县、青山湖区、东湖区文化局相关负责人参加。

下午，区领导贺瑞虎到二七北路调度沿线双拆工作，区领导黄国农、毛永钢参加。

下午，区领导童萍如到东湖区民政局调研2014年民政工作安排，区民政局全体班子成员和下属单位负责人参加。

20日

上午，东湖区在区委三楼多媒体会议室召开全区领导干部大会。全区四套班子成员，区人大、政协调研员，区法检两长，人武部、公安分局政委；区纪委副书记，四套班子领导办公室负责人；各街道、贤士湖管理处党政主要领导；区委各部门、区直各单位党政主要负责人，区重点项目办公室、区城投公司主要负责人参加。区领导贺瑞虎主持会议。会上，区委书记戴晓明传达省、市学习党的十八届三中全会精神，并就全区相关工作进行部署。

下午，江西省委常委、南昌市委书记王文涛，市委副书记、代市长郭安到二七北路拆违拆临现场察看指导“双拆”工作。市领导张鸿星、刘建洋、江晓斌、朱志群参加。区领导戴晓明、贺瑞虎、黄国农、毛永钢陪同。

下午，区领导贺瑞虎在新公园路集贸市场召开现场调度会，区领导郝思一、区属相关部门负责人参加。

21日

上午，南昌市委副书记、代市长郭安到东湖区新公园路集贸市场调研城区示范性集贸市场和社区菜店建设情况。副市长张根水、区领导戴晓明、贺瑞虎陪同。

接中共南昌市纪委洪纪干〔2013〕32号文件通知，经区委研究决定：免去李颂的中共东湖区纪律检查委员会常委、委员职务。

22日

上午，东湖区人大常委会组织部分人大代表及教科书文卫委委员视察辖区民生工程工作，区领导黄国农、童萍如陪同。

上午，区领导毛永钢到东湖区城管局调研2014年环卫作业市场化工作，区城管局班子全体成员参加。

23日

上午，区领导黄国农在办公室召集分管口各部门主要负责人，督导各单位2013年工作完成情况，并调研2014年工作安排。

26日

上午，区领导贺瑞虎走访辖区淘宝·江西馆项目，了解电子商务企业运营情况。区商务局、彭家桥街办等相关负责人陪同。

25日

江西省委政法委巡视员罗峻雄、省法学会副会长兼秘书长叶青、省司法厅办公室副主任邓素兰组成的省“六五”普法中期检查督导到东湖区检查督导“六五”普法中期工作。省委政法委副巡视员、南昌市委副秘书长、南昌市委政法委副书记季智勇，市司法局局长涂慧玲，区领导戴晓明、贺瑞虎、罗毛则、黄琰、王志勤、谢蓉、杨玉章、敖晓焕参加了东湖区“六五”普法中期工作汇报会。

29日

上午，区领导王玮在区政协会议室主持召开区政协八届十二次主席会议。区领导熊凤姝、敖晓焕、胡中平、欧阳桃花、郑洪健、冯于水参加。会上，分别通报了走访委员等近期工作，对2014年如何做好区政协工作进行讨论。

30日

东湖区在新余市北湖宾馆召开的2013年江西省篮球协会年会上获得2013年承办国家级以上篮球比赛优秀赛区及2013年“情系红土地”全

省篮球活动先进单位称号。

本月

东湖区选送的非遗项目豫章绣作品《溪山渔隐图》、豫章刻瓷《花鸟》图在第六届海峡两岸（厦门）文化产业博览交易会上分别获得银奖、铜奖。

南昌市育新学校谌丹教师执教的无生模拟课例《沁园春雪》作为南昌市代表在江西省第三届中小学教师“班班通”教学资源应用大赛初中语文组项目上获得一等奖。

东湖区开展“拆违拆临、建绿透绿”工作，拆除二七北路违建临建183间沿街店面，拆除面积达8700余平方米。多家中央省市媒体相继推出报道。

南昌市培智学校乒乓球选手在浙江省嘉兴市举办的2013年全国特奥运动会乒乓球比赛种获得男子双打第一名和男子单打第三名。

南昌市邮政路小学信息技术老师熊兵惠制作的课件《加减乘除训练营》、语文老师汪智星执教的信息技术与学科教学整合课例《晏子使楚》在北京举办的第十七届全国教育教学信息化大奖赛现场决赛上分别获得全国一等奖和全国二等奖。

东湖区选送的陶永红的个性化定制照片发绣、洪燕的《滕王阁序》竹刻、周南英的赣绣《双鹤起舞》3件作品在2013年南昌十佳优秀旅游纪念品评选活动中获得“2013南昌十佳优秀旅游纪念品”称号。同时，东湖区文化广电旅游新闻出版局荣获得2013南昌优秀旅游纪念品评选活动“优秀组织奖“称号。

东湖区代表队在婺源天佑中学举行的江西省第七届县市区田径运动会上获得团体总分三等奖和优秀组织奖。

东湖区的32篇论文在广东省湛江市举行的第二十四届全国城区体育工作研讨会中获奖，同时东湖区获得优秀组织奖。

东湖区在审计法律知识网上学习和竞赛活动考评中获得“先进单位”称号。

十二月

2日

上午，区领导贺瑞虎、黄国农在区政府三楼中会议室会见上海建工房产开发公司副总经理陈明一行，双方就青山湖西岸片区改造建设项目开展合作等事宜进行了洽谈。

上午，区领导贺瑞虎在区政府三楼西会议室主持召开区长办公会。区领导黄国农、唐铭市、童萍如、毛永钢、杨玉章、胡志强出席，各街办（贤士湖管理处）、区直各单位主要负责人参加。会议通报了南昌市委对东湖区政府部分领导人职务调整的决定：唐铭市人任东湖区委常委，并作为副区长提名人选，胡志强人作为副区长提名人选。

3日

上午，江西省文化厅副厅长王晓庆一行到江西非物质文化遗产樟树林展示馆视察指导，区领导童萍如陪同。

上午，东湖区“法制大篷车进社区”启动仪式暨东湖区法制宣传日文艺演出在胜利路明秀广场举行。

下午，区领导毛永钢到中山路、百花洲路、南湖路等特色街区调研特色商业街改造和环湖慢生活街区打造工作，区商务局、百花洲街办等相关负责人参加。

下午，区领导贺瑞虎到七里村委会调研该村房屋征收工作，区领导黄国农、两委班子成员参加。

下午，区领导黄国农走访中电投江西置业有限公司，豫章街办、区重点项目办、区城投公司等单位负责人参加。

区领导童萍如到区教科体局调研，区教科体局班子成员、系统各单位主要负责人参加。

4日

上午，区领导贺瑞虎到豫章路延伸打通工程路段现场视察。

下午，沃尔玛中国区高级副总裁博睿一行6人到东湖区考察，并与区领导贺瑞虎进行座谈，区领导毛永钢参加。

5日

上午，区领导贺瑞虎、毛永钢到新公园路集贸市场视察市场建设管理工作。

上午，区领导罗毛则到公园街道上营坊社区调研妇女儿童工作。

上午，东湖区在胜利路步行街明秀广场开展“国际志愿者日”主题志愿服务活动。

下午，南昌市百花洲小学举办“习礼修德 美丽绽放”德育特色展示活动，区领导童萍如出席。

6 日

上午，区领导毛永钢到区商务局调研，区商务局班子成员参加。

下午，南昌市人大常委会副主任万先勇、副市长朱志群率省市人大代表视察团到滕王阁保育院视察2013年民生工程实施情况，区领导童萍如陪同。

下午，区领导童萍如先后到滕王阁保育院、出新幼儿园、南昌市爱国路小学和南昌市滨江学校调研，区教科体局主要负责人参加。

下午，区领导毛永钢到东湖区的14个集贸市场调研，区商务局、东湖行政执法分局、区物业站等有关负责人参加。

9 日

下午，江西省副省长胡幼桃率领全省商贸流通工作流动现场会的参会人员到东湖区新公园路集贸市场考察城区示范性集贸市场环境整治和运营情况，南昌市副市长张根水、区领导贺瑞虎、毛永钢陪同。

下午，区领导王玮率区政协主席会议成员到区检察院对辖区检察工作进行主席视察，区领导熊凤妹、胡中平、欧阳桃花、郑洪健、冯于水参加。

10 日

上午，区领导童萍如在区政府三楼西会议室主持召开全国第一次可移动文物普查工作东湖区动员部署会。区文广局、各街办分管负责人参加。

上午，东湖区综治委在区委三楼多媒体会议室召开全区加强和创新群众工作维护社会和谐稳定、提升公众安全感暨综合治理委员会全体成员会议。区领导罗毛则、黄国农、王志勤、谢蓉、杨玉章、敖晓焕，区法院院长钟瑛、区检察院检察长杜迎春等出席。全区各街办、各系统、贤士湖管理处主要领导和分管领导，区综治各责任单位主要领导、区综治委全体成员以及东湖公安分局十个派出所所长参加。会议由区领导王志勤主持。

下午，江西省委常委、南昌市委书记王文涛，市委副书记、代市长郭安到东湖区现场指导拆违拆临工作。市领导刘建洋、江晓斌参加，区领导戴晓明、黄国农、毛永钢陪同。

11 日

上午，江西省文化厅厅长郜海镭到江西非物质文化遗产樟树林展示馆视察，区领导童萍如陪同。

下午，区领导贺瑞虎在区政府三楼西会议室主持召开区政府第27次常务会。区领导黄国农、唐铭市、童萍如、毛永钢、杨玉章，区政府党组成员胡志强、余坚出席。会议审议《东湖区2014年推进重大重点项目安排（送审稿）》《东湖区国民经济与社会发展“十二五”规划实施情况中期评估报告（送审稿）》等议题。

下午，区领导戴晓明到新公园路集贸市场调研创建文明城工作。

接中共南昌市委洪干字〔2013〕60、64号文件通知，市委决定：唐铭市任中共南昌市东湖区委委员、常委；免去钟益民中共南昌市东湖区委常委、委员职务；免去黄琰中共南昌市东湖区委常委、委员职务。

接中共南昌市委洪干字〔2013〕61、65号文件通知，市委提名：唐铭市任南昌市东湖区人民政府副区长；胡志强任南昌市东湖区人民政府副区长；免去钟益民南昌市东湖区人民政府副区长职务；免去郝思一南昌市东湖区人民政府副区长职务。

12 日

上午，区领导贺瑞虎到江西倍邦家庭服务有限公司调研家庭服务业发展情况，区人保局相关负责人参加。

13 日

上午，区领导贺瑞虎、毛永钢到新公园路集贸市场调研管理工作。

国家督学、上海市教委原主任、上海市人大常委会教科文卫委员会主任薛明扬带领国家教育督导委员会专项督导组一行到东湖区督导检查财政教育投入的使用管理情况。江西省教育厅副厅长宋雷鸣，江西省教育厅副巡视员汤赛南，江西省教育厅财务处调研员彭钢，江西省政府教育督导室副主任胡定南，区领导童萍如陪同。

14 日

区领导贺瑞虎主持召开区政府2014年工作务虚会，区领导黄国农、唐铭市、童萍如、毛永钢、杨玉章、胡志强出席，区政府经济口、建管口、社会事业口、社会稳定口相关单位主要负责人参加。

15 日

东湖区人民政府正式下达省物资储运总公司和C－021地块国有土地上房屋征收决定,并张贴房屋评估价。区领导戴晓明、贺瑞虎和各征收小组挂点区领导黄国农、陈曙、王志勤、焦玉庄、唐铭市、毛惟仁、彭雅琳、余瑾、谢蓉、童萍如、毛永钢、敖晓焕、欧阳桃花、郑洪健、冯于水、钟瑛、杜迎春分别赴各征收小组督促工作开展。

17 日

上午,东湖区在区政府礼堂七楼组织召开全区组织宣传工作会议,区领导戴晓明、贺瑞虎、罗毛则、陈曙出席。区法院、检察院、东湖公安分局的分管领导和政工科(政治处)负责人,区套班子领导办公室负责人,各街道、贤士湖管理处党工委书记、专职副书记,区委各部门、区直各单位主要负责人,区各垂管单位主要负责人参加。会议由贺瑞虎主持。会上,陈曙、罗毛则先后分别传达了省市组织、宣传工作会议精神,并对当前和今后一个时期党建组织工作、宣传思想工作作了相关部署。

下午,南昌市委常委、宣传部部长曾光辉在樟树林文化生活公园召开樟树林非遗馆打造活艺印吧项目工作研讨会。市委宣传部副部长魏运花、罗水长、区领导童萍如以及市财政局、市教育局、市文化局、市旅游局相关负责人参加。

下午,东湖区在区政协会议室召开政协八届十三次主席会议。区领导王玮主持会议,区领导熊凤妹、敖晓焕、胡中平、欧阳桃花、郑洪健、冯于水参加。会议协商通过区政协八届十三次常委会的召开时间和议程,区政协八届四次会议的召开时间(草)、议程(草)和常委会报告(草)等相关事宜,决定将相关事项向区政协八届十三次常委会提请审议通过。

东湖区在区政府七楼礼堂举行“党的十八届三中全会精神”专题宣讲报告会。报告会由宣讲团成员、中共南昌市委政策研究室主任、江西财经大学教授、经济学博士张湘赣主讲,区领导罗毛则主持。区四大家班子成员,区人大、区政协调研员,区人武部政委,区法院、检察院两院院长,东湖公安分局政委,全区副科级以上领导干部及部分社区(村)干部共300余人参加。

18 日

上午,2013年江西(深圳)现代服务业招商会在深圳市人民大厦国汇大酒店召开。江西省委常委、常务副省长莫建成,省政府副秘书长涂琼理,省商务厅厅长王水平,省发改委主任李安泽出席,区领导毛永钢带领东湖区深圳招商小分队参加。

下午,区领导毛永钢带领深圳外出招商小分队在深圳拜访了华嵘集团董事长黄振良,考察走访了天安数码城,并与天安数码城集团有限公司投资发展部总监胡清元、山东天安数码城置业有限公司副总经理黄子珲等公司高层进行座谈。

下午,区领导黄国农在区政府三楼西会议室就加快推进辖区失地农民养老保险工作召开协调会,区领导胡中平出席,区属相关单位负责人参加。

19 日

上午,区领导毛永钢带领深圳招商小分队到深圳农林路山姆会员店考察。该店副总经理卓俏志详细介绍了会员店规模及运营等相关情况。

上午,江西非物质文化遗产樟树林展示馆开馆仪式在东湖区樟树林文化生活公园举行。江西省副省长朱虹,省文化厅厅长郜海镭,省旅游局局长王晓峰,省政府办公厅巡视员蔡玉峰,南昌市委常委、宣传部部长曾光辉,副市长姚燕平,市政府副秘书长、办公厅主任谢为民,市文化局局长王国昌,市旅游局局长陈清华,区领导戴晓明、贺瑞虎、罗毛则、童萍如等出席。朱虹宣布非遗展示馆正式开馆。

下午,区领导毛永钢率深圳外出招商小分队拜访了南昌市人民政府驻深圳办事处主任张东理。

20 日

下午,区委十一届第35次常委会议在区委三楼常委会议室召开,区领导戴晓明主持会议。会议研究区委政法委提出的《关于请求审议〈东湖区社会管理综合治理委员会办公室关于深化平安东湖建设行动方案(送审稿)〉的请示》;研究区政府党组提出的《关于请求审议〈东湖区2014年重点推进重大重点项目表〉的请示》《关于请求审议〈东湖区旧城改造(青山湖西岸)指挥部分工及工作职责〉的请示》和《关于请求审议〈我区失地农民养老保险资金有关事项〉的请示》;研究区人大党组提出的《关于召开南昌市东湖区第十五届人民代表大会第四次会议的请示》《东湖区第十五届人大常委会工作报告(送审稿)》,以及《东湖区人民政府工作报告(送审稿)》《东湖区人民法院工作报告(送审稿)》《东湖区人民检察院工作报告(送审稿)》等有关材料;研究区政协党组提出的《关于召开政协东湖区第八届委员会第四次会议的请示》及《政协东湖区第八届委员会常委会工作报告(送审稿)》;研究区委办公室提出的《关于召开中共东湖区委十一届八次全体(扩大)会议的请示》及《中共东湖区委常委会 2013 年度工作报告(送审稿)》;研究区考核办提出的《关于请求审议〈东湖区 2013 年度综合目标管理考核实施意见(送审稿)〉的请示》。区领导贺瑞虎、罗毛则、闵建波、王玮、喻国泰、黄国农、陈曙、王志勤、焦玉庄、唐铭市、钟瑛、杜迎春出(列)席会议。

下午,区领导喻国泰、毛永钢在区政府四楼纪检会议室召开百花洲路慢生活休闲文化街区打造工作调度会,区纪委、区政府办、区城管局、区商务局、百花洲街道等相关负责人参加。

区委决定:黄国农任东湖区人民政府党组副书记;唐铭市任东湖区人民政府党组成员;胡志强任东湖区人民政府党组成员;免去钟益民东湖区人民政府党组副书记职务;免去黄琰中共东湖区委员会宣传部部长职务;免去郝思一东湖区人民政府党组成员职务;免去邓越峰东湖区人民政府党组成员职务。

区委决定:杨斌任中共东湖区委员会办公室主任;邹翔任中共东湖区委员会办公室正科级督查专员(试用期一年);冯玉成任中共东湖区委员会宣传部常务副部长,免去其中共东湖区教育科技体育局委员会委员职务;程应淦任东湖区总工会主任科员;张伟任共青团东湖区委员会副书记(挂职锻炼一年);张秋明任中共东湖区纪律检查委员会第四工作委员会副书记、主任科员;免去邓越峰东湖区人民政府办公室党组书记、中共东湖区直属机关工作委员会委员职务;熊丽芳任中共东湖区发展和改革委员会委员会书记(试用期一年),免去其中共东湖区纪律检查委员会案件审理室主任、正科级纪检员职务;免去胡学文中共东湖区发展和改革委员会委员会书记职务;陈虎任中共东湖区人力资源和社会保障局委员会委员;邓国金保留正科级待遇,免去其中共南昌市八一公园管理处支部委员会书记职务;陶湖英任中共东湖区城市管理局委员会委员(副科级);周迅保留副科级待遇,免去其中共东湖区城市管理局委员会委员(副科级)职务;徐顺姣任中共东湖区住房保障和房产管理局委员会书记(试用期一年);胡静任中共东湖区住房保障和房产管理局委员会委员,免去其中共东湖区豫章街道工作委员会委员职务;免去李荣君中共东湖区住房保障和房产管理局委员会书记职务;熊智文任中共东湖区商务局委员会委员,免去其中共东湖区董家窑街道工作委员会委员职务;免去张盈中共东湖区商务局委员会委员职务;免去左棣恺中共东湖区商务局委员会委员职务;吴彪任中共东湖区八一桥街道工作委员会副书记、纪律检查工作委员会书记,免去其中共东湖区彭家桥街道工作委员会副书记职务;免去何承恩中共东湖区八一桥街道工作委员会副书记、纪律检查工作委员会书记职务;免去魏清中共东湖区八一桥街道工作委员会副书记职务;张群任中共东湖区董家窑街道工作委员会副书记、环卫所支部委员会书记;王超任中共东湖区彭家桥街道工作委员会副书记、纪律检查工作委员会书记。

区委提名:何承恩任东湖区人大常委会教科文卫工作委员会主任(试用期一年)。

区委同意:黄国农兼任东湖区行政学校第一校长;免去钟益民兼任的东湖区行政学校第一校长职务。

接中共南昌市委组织部洪组干函〔2013〕81号文件通知,经研究同意:张群任东湖区董家窑街道办事处主任。

区委同意:张秋明任东湖区监察局第四监察分局局长;免去邓越峰东湖区人民政府办公室主任职务;熊丽芳任东湖区发展和改革委员会副主任;胡学文任东湖区发展和改革委员会主任科员,免去其东湖区发展和改革委员会副主任职务;熊金辉任东湖区教育科技体育局副局长;免去冯玉成东湖区教育科技体育局副局长(正科级)职务;李旸任南昌市城北学校副校长(试用期一年);陈虎任东湖区人力资源和社会保障局副局长(正科级,列陈贞珍之前);戴江林任东湖区城市建设局副局长;免去万俊勇南昌市八一公园管理处处长职务;胡静任东湖区住房保障和房产管理局副局长,免去其东湖区豫章街道办事处副主任职务;李荣君任东湖区住房保障和房产管理局主任科员,免去其东湖区住房保障和房产管理局副局长职务;免去徐顺姣东湖区住房保障和房产管理局主任科员职务;熊智文任东湖区商务局副局长(列况强之前);免去张盈东湖区商务局副局长职务;免去陶湖英东湖区市场物业管理站站长职务;吴彪任东湖区八一桥街道办事处主任科员,免去其东湖区彭家桥街道办事处主任科员职务;免去何承恩东湖区八一桥街道办事处主任科员职务;免去王超东湖区彭家桥街道办事处副主任、环卫所所长职务;左棣恺任东湖区档案局副局长,免去其东湖区商务局总经济师职务;白雪任东湖区防震减灾局局长(试用期一年),免去其东湖区监察局副局长、正科级监察员职务;张志忠任南昌市城市管理行政执法局东湖区分局局长。

区委提名:免去徐洪生东湖区政协专门委员会办公室副主任职务。

区委同意:周胜明明确为正科级(试用期一年),免去其东湖区人民法院正科级审判员职务;余美秀明确为正科级(试用期一年),免去其东湖区人民法院正科级审判员职务;徐斌明确为正科级(试用期一年),免去其东湖区人民法院正科级审判员职务。

区委同意:张鹏明确为副科级(试用期一年);陈晓蕾明确为副科级(试用期一年);免去洪放东湖区人民检察院正科级检察员职务。

区委同意:免去熊智文东湖区董家窑街道人民武装部部长职务。

区委提名:免去程应淦东湖区总工会副主席职务。

区委提名:张伟任共青团东湖区委员会副书记(挂职锻炼一年)。

23 日

上午,东湖区在区政府七楼礼堂召开中共东湖区委十一届八次全体(扩大)会议。区委委员,区委候补委员出席会议。不是区委委员、区委候补委员的区人大常委会、区政府、区政协党组成员;区人武部政委、东湖公安分局政委;区纪委委员、区纪工委书记;各街道、贤士湖管理处党政主要负责人;区委各部门、区直各单位,区人大、区政协各委(室、办)党员主要负责人;区国税局、区地税局、区工商局、区质量技术监督局、市国土资源局东湖分局、区交警大队、区消防大队、大院消防大队、市行政执法局东湖分局、市食品药品监督管理局东湖分局、市城乡规划局东湖分局党员主要负责人以及区人大、区政府、区政协非党员县级领导干部共300余人参加会议。会议由区领导戴晓明主持。会议学习贯彻党的十八届三中全会精神,传达了市委十届八次全体(扩大)会议精神,报告了区委常委会2013年的工作,谋划和部署明年全区工作。

下午,东湖区在区政府七楼礼堂召开全区防范打击“两抢一盗”等侵财型犯罪专项行动总结表彰暨防范打击盗窃、毒品、暴力犯罪专项行动动员部署会议。区领导戴晓明、罗毛则、王志勤、谢蓉、杨玉章、敖晓焕以及区法、检两院院长钟瑛、杜迎春,东湖公安分局政委宋贵根等出席。全区各街道、贤士湖管理处党工委书记、副书记、综治专职副主任、司法所长,区委各部门、区直各单位综治分管领导,区委政法委副书记、综治办、维稳办副主任,区法院、区检察院、分管领导及相关科室负责人,东湖公安分局各科、所、队、室、委负责人,东湖交警大队全体班子成员及各中队长,各街道部分社区主任参加。会议由罗毛则主持。

24 日

下午,区领导谢蓉带领区综治目标管理考评组一行到区城管局对2013年度社会管理综合治理工作进行年终考评。

晚,区领导毛永钢对辖区大型商场财富广场和百货大楼进行检查督导,区商务局相关负责人参加。

25 日

上午,区领导贺瑞虎在区政府三楼西会议室主持召开2013年第22次区长办公会。区领导黄国农、唐铭市、童萍如、杨玉章、胡志强出席。会议审议了《东湖区第一次全国可移动文物普查实施方案(送审稿)》等议题。

上午,政协东湖区第八届委员会第十三次常委会议在区政协会议室召开。区领导王玮主持会议,区领导熊凤姝、敖晓焕、胡中平、欧阳桃花、郑洪健等23名政协常委会组成人员参加。区政协副县级领导冯于水、区政府办副主任黄芝义、区财政局局长万勇应邀参加，各街道委员联络小组组长、区政协机关各科室负责人列席。会议专题学习了中共十八届三中全会精神，听取了区政府办公室关于区政协八届三次会议以来的提案办理情况的工作通报，区财政局有关2013年1－11月份财政预算执行情况的工作通报；审议通过了《关于召开政协南昌市东湖区第八届委员会第四次会议的决定》（草），政协南昌市东湖区第八届委员会第四次会议的议程（草）、日程安排（草），政协东湖区第八届委员会常务委员会工作报告（草），政协东湖区第八届委员会第三次会议以来提案工作情况报告（草），《关于表彰区政协八届三次会议以来优秀提案和提案办理先进单位的决定》（草），《关于表彰优秀政协委员的决定》（草）；协商通过了列席区政协八届四次会议人员名单（草），政协南昌市东湖区第八届委员会第四次会议的委员分组名单（草）、执行主席名单（草）、秘书长名单（草）、会议秘书处及各工作组负责人名单（草）和会议主持人、报告人（草）等组织名单。

上午，区领导童萍如在东湖区疾控中心主持召开东湖区艾滋病综合防治示范区工作多部门协调会，区艾滋病防治委成员单位的负责人参加。

上午，区领导唐铭市在区政府三楼西会议室主持召开城建有关工作协调会，区城建局、区环保局、区商务局、贤士湖管理处主要负责人和相关业主单位负责人参加。会议听取了贤士湖管理关于莱斯特大酒店项目有关情况汇报，并就所涉有关问题进行了研究。

下午，区领导戴晓明、毛永钢到南昌市育新学校、出新幼儿园视察“拆违拆临”工作，区教科体局相关负责人参加。

26日

上午，东湖区在区委三楼多媒体会议室召开全区第三次经济普查领导小组（扩大）第二次会议，东湖区第三次经济普查领导小组全体成员，各街办、贤士湖管理处主要负责人和分管负责人及相关工作人员参加。区领导黄国农出席。

下午，区领导童萍如先后到南昌市育新学校、南昌市城北学校、东湖青少宫、南昌市培智学校二部、东湖幼儿园、南昌市右营街小学调研2014年校园提升改造工程项目，区教科体局主要负责人参加。

下午，区领导戴晓明、毛永钢到子固路和二七北路视察“拆违拆临”新建围墙和绿化工作进展情况。

下午，区领导唐铭市到省物资储运总公司第三责任区查看房屋征收进展情况并召开现场办公会。省物资储运总公司第三责任区全体成员参加了会议。

区委同意：肖迎春任中共东湖区纪委第一纪工委书记；王莉任中共东湖区纪委第六纪工委书记；易年忠任中共东湖区职工学校支部委员会书记（兼）；倪丹任中共东湖区职工学校支部委员会副书记；程振纺任东湖区审计局党组书记；何平任中共东湖区城市建设局委员会书记；钟奖荣任东湖区残疾人联合会副理事长。

区委同意：刘小龙任东湖区城市管理局副局长；单博文任东湖区豫章街道办事处综治办公室专职副主任（副科级）。

27日

上午，东湖区在区人大常委会会议室召开第十五届人大常委会第十六次会议。区人大常委会主任、副主任、委员出席；区人民政府区长、分管副区长，区人民法院院长，区人民检察院代理检察长，区人大教科文卫工委委员，区财政局局长、区审计局局长、区卫生局局长、区人社局局长，滕王阁街道、百花洲街道人大工委主任及人大代表各一名参加。会议听取东湖区第十五届人民代表大会第四次会议准备工作情况的汇报，东湖区人民政府为民办实事进展情况的工作汇报；听取并审议东湖区人民政府《关于我区国民经济和社会发展第十二个五年规划实施情况中期评估报告》；审议区人民政府《关于提请调整2013年经济和社会发展计划部分预期目标的议案》，有关人事任免的相关议案；审议并通过东湖区人大常委会关于召开东湖区第十五届人民代表大会第四次会议的决定（草），东湖区人大常委会工作报告（草）。

下午，区领导贺瑞虎、黄国农一行先后到南昌市国税局、市地税直属分局、东湖区国税局和东湖区地税局走访慰问，区财政局及区协税办主要负责人陪同。

南昌市育新学校大队部六（3）中队获得共青团中央、教育部、全国少工委联合授予的“全国优秀少先队集体”光荣称号。

28 日

凌晨两点,位于地铁 2 号线阳明公园站的豫章路 50 号的省委宿舍 8 栋(阳明路洪都宾馆旁)实行爆破,爆破面积 2593.65 平方米。

上午,区领导黄国农在区旧城改造(青山湖西岸)指挥部第一会议室主持召开综合协调部工作调度会。区领导唐铭市、胡中平,综合协调组、规划前期组、土地收储组、房屋征收组、工程推进组、督促检查组相关负责人参加。

29 日

下午,区领导戴晓明在区旧城改造(青山湖西岸)指挥部第一会议室主持召开省物资储运公司专题房屋征收工作协调会。区领导贺瑞虎、黄国农、陈曙、王志勤、唐铭市、毛惟仁、彭雅琳、余瑾、谢蓉、童萍如、毛永钢、敖晓焕、胡中平、冯于水,区法院院长钟瑛、区检察院检察长杜迎春,省物资储运公司和各动迁组负责人参加。

30 日

上午,南昌市委督查组一行到东湖区检查指导工作,区领导黄国农陪同。区纪委、区政府办、区财政局、区审计局、区机管局及区会计核算中心主要负责人参加了座谈。

下午,区领导童萍如到省物资储运总公司第四责任区办公室召开征收工作调度会,第四责任区全体工作人员参加。

下午,区领导戴晓明、贺瑞虎一、黄国农行先后到南昌市财政局、市地税局、市地税局办税服务厅走访慰问。

31 日

上午,区领导黄国农到墩子塘街办参加民主生活会。

上午,东湖区 200 人健步行队伍和 36 人排舞展示队伍参加了在红谷滩举行的“南昌健步如风”南昌市第三届迎新万人健步行活动,南昌市代市长郭安鸣响发令枪并领衔健步行活动。区领导童萍如、区教科体局相关负责人参加。

上午,区领导贺瑞虎在区政府三楼西会议室主持召开区政府党组民主生活会,区领导黄国农、唐铭市、毛永钢,区政府党组成员余坚出席,童萍如列席。

下午,江西省委常委、宣传部部长姚亚平,南昌市委常委、宣传部部长曾光辉一行到江西非物质文化遗产樟树林展示馆视察指导工作。区领导戴晓明、贺瑞虎、童萍如陪同。

下午,东湖区在区政府三楼西会议室召开《区政府工作报告(征求意见稿)》征求党外人士意见会,区工商联、各民主党派代表参加。区领导黄国农、焦玉庄、郑洪健出席。

下午,东湖区文化馆在八一公园百花大舞台举办 2014 年新春市民音乐会。

本月

东湖区城市管理局市容督查队分工会被中华全国总工会授予“全国模范职工小家”称号,成为全区唯一获奖的单位。

南昌市邮政路小学被评为 2013 年江西省中小学现代教育技术示范学校建设先进单位,成为南昌市唯一受表彰的小学。

东湖区图书馆荣获省文化厅颁发的“读好书”活动先进单位。

东湖区在方志敏广场举行青少年爱国主义教育基地揭牌仪式,来自南昌市豫章小学的近百名师生参加。

(区史志办公室)

东湖概览

综　述

东湖区地处南昌市的东北部，区域面积18.73平方千米，共有9个街道办事处和1个贤士湖管理处。2013年末，全区总户数135088户，总人口458192人，人口出生率为7.72‰，自然增长率为3.94‰。辖区园林绿地面积468.84公顷，城区绿化覆盖率29.74%，人均公共绿地面积7.11平方米。

2013年，东湖区地区生产总值达404.13亿元，同比增长9.6%；固定资产投资达114.3亿元，同比增长20.2%；社会消费品零售总额达266.2亿元，同比增长10.5%。实现财政总收入46.4亿元，同比增长6.2%；实现地方公共财政预算收入10.1亿元，同比增长17%。全年着力发展金融配套服务等特色产业，引进中金财信、海高租赁等10余家非银金融机构入驻，积极促进主营金融支付结算的江西子略信息有限公司、构建人才服务网络平台的智联招聘南昌分公司的落户，实现与红谷滩金融中心错位互补、协同发展；大力发展电子商务产业，成立了全省首家电子商务协会——南昌东湖电子商务协会，引入全省首个与淘宝合作的地方特色交易平台——“淘宝江西馆”、全省首个江西地方特色商圈网——“大美江西网”等落户东湖；突出招大引强，成功引进千万元以上项目60个，引进上海建工、中国黄金等总投资过亿元以上重大项目6个；制定出台《东湖区促进总部经济发展若干扶持办法》《东湖区加快楼宇经济发展若干扶持办法》等文件，大力开展楼宇招商，预计全年可实现楼宇税收4.61亿元。全区实际利用外资1.39亿美元，同比增长14.93%；现汇进资3440万美元，现汇比例24.68%；实际利用内资25.62亿元，同比增长24.17%；省外5000万元以上项目进资19.03亿元，同比增长19.54%；出口创汇4.62亿美元，完成年计划的108.65%，同比增长19.41%。全年重点扶持樟树林文化生活公园，成功打造全省首个非遗展示馆，被评为“2012年度江西省文化创意旅游休闲街区”；提升了791艺术街区产业项目业态，被评为“江西省第四批省级文化产业示范基地”；“南昌琴岛之夜”演艺项目已正式营业，位居全省文化演艺行业的龙头地位，成为文化产业的新名片。全区大力开展“项目推进年”活动，区内28个重点重大项目均取得一定进展。

2013年，东湖区紧扣提升城区品质，不断提高宜居水平。滨江规划路网已完成投资4000万元，规划一路已投入使用；投入3800万元实施八一桥周边房屋平改坡工程，完成39栋建筑施工；投入5000万元全面开展33个社区环境综合整治工程，年底前全面完工；大力开展地下停车场整治工作，已清理被挪用停车泊位1800余个；在全市率先完成轨道交通2号线（东湖段）房屋征收总任务的70%；青山南路贤士湖棚户区改造项目（中金黄金项目）成为全市旧城改造正式启动以来第一个落地推进并全面完成房屋征收的旧改项目；大力推进“拆违拆临、建绿透绿”专项行动，启动南昌“双拆”专项行动第一拆；率先在全市推广市容环卫作业市场化运营，涉及全区9个街办所有市政道路，形成“政府投资管理、企业运营作业”的管理模式，实现市容环卫工作管干分离；突出权责清晰、运转高效，出台《东湖区城市综合管理工作考核暂行办法》，城市管理机制不断创新；

深入开展了“五车”、小餐饮店、集贸市场等十余项专项整治活动,制定并实施《东湖区蓝天行动计划(2013－2015年)》,城区形象得到改善。

2013年,东湖区大力发展社会事业,着力保障改善民生;切实优化发展环境,保持社会和谐稳定;全面加强党的建设,积极做好群团工作。坚持“百姓点菜、政府买单”的原则,“尽力而为、量力而行”,实现好、维护好、发展好最广大人民群众的根本利益;完善民主政治建设,支持人大及其常委会依法履行职责,围绕全区重点工作开展监督检查,在上营坊社区成立全市首个“人大代表工作室”,在全区9个街道的15个社区建立政协委员社区联络站;坚持党管武装,加强国防后备力量建设,进一步做好“双拥”工作,巩固和发展最广泛的爱国统一战线,更好地发挥各民主党派、工商联和无党派人士的作用;进一步做好民族、宗教、党外知识分子、非公经济人士、对台、侨务等工作;支持工会、共青团、妇联等群团组织积极参与社会管理和公共服务,整合各部门的帮扶资源,募集帮扶资金17万余元,重点做好贫困青少年学生的助学工作;扎实推进文明创建,加强社会管理创新;推行综治工作全覆盖;积极开展平安创建活动,把防范打击“两抢一盗”作为提升公众安全感的重点,公安部门每日在繁华路段开展24小时街面巡逻;全面推进社区网格化管理,充分发挥治安信息员和平安志愿者等群防群治队伍作用。

(区史志办公室)

自然环境

【区域位置】 地处南昌市东北部,位于北纬28°40′44″—28°44′31″、东经115°51′17″—115°58′6″之间。东与青山湖区相邻,以北京西路与洪都大道的交会点、洪都北大道、青山湖西岸线、青山北路、青山湖闸与富大友堤交会点为界;南与西湖区相接,东南以北京西路、八一广场南端、八一大道、中山路、中山桥、中山西路为界;西濒赣江与新建县接壤,北与赣江边青山湖区扬子洲乡、塘山乡相连,西、北均以赣江南航道中心线为界。

【地形地貌】 地势西南高东北低,呈不规则三角形。境内最高点位于民德路西海拔27.2米,最低点位于赣江中线海拔16.4米。

【河流湖泊】 北傍赣江,西连抚河,东临青山湖,内含东湖、南湖、北湖三湖,区域内水系分布合理,环境宜人。

【气候】 属盆地气候,其特点是四季分明。多年平均气温17.5℃,1月平均气温5.0℃,极端最低气温－9.3℃(1972年2月9日);7月平均气温29.6℃,极端最高气温40.6℃(1961年7月23日)。平均气温年较差24.6℃,年平均日照时数1903.9小时,年总辐射4819千卡/平方厘米。

【自然灾害】 主要有水灾、风灾等,多发生在5月至10月。

(区史志办公室)

历史沿革

东湖区是古老南昌城一个重要组成部分。北魏年间,郦道元著《水经注》中,即有东太湖的记载,唐宋以后至今,均称东湖。清代南昌旧城的五门——章江门、德胜门、永和门、广润门和顺化门的一部分地区以及3条大街(中大街、西大街、东大街)均在辖区内。1926年南昌正式改市后,开始改为区、保建置。1949年解放初期为第一区、第二区,同年10月撤区。1951年8月恢复第一区、第二区。1955年4月分别称名东湖区、胜利区。1980年6月两区合并统称东湖区。1997年11月,根据南昌新城发展规划,将豫章街道办事处昌北街的5个居委会划归昌北开发区管辖。2004年9月7日,国务院批准(国函〔2004〕70号)《南昌市人民政府关于市辖区老城区行政区划调整的决定》,东湖区青山路街道办事处划归青山湖区,青山湖区的长巷、公园、七里、贤湖、永和、永溪六个行政村纳入东湖区管辖,并成立贤士湖管理委员会,之后,行政区划保持至今。

东湖区的区位优势独特鲜明。中华人民共和国成立以后,东湖区一直是省会中心城区,是南昌市的一个重要行政区。南昌市第一条马路,是区内的民德路;全省第一条商业步行街,是区内的胜利路步行街。辖区内驻有省党政军领导机构及中央、省部属单位;江西歌舞剧院等省级艺术团体和江西艺术剧院、江西体育馆等众多重要文体场所；江西省人民医院等全省三甲以上知名医院，中国人民银行以及四大国有银行的省级分行，江西师范大学、南昌大学医学院等高等院校均坐落其中。东湖区北依赣江水道，城区干道纵横交错，基础设施完善，社会资源丰富，人流、物流、信息流、资金流枢纽地位突出。

东湖区的人文环境源远流长。境内“滕阁秋风”“苏圃春蔬”“东湖夜月”“章江晓渡”“龙沙夕照”等南昌著名的“豫章十景”，江南名楼滕王阁、千年古刹佑民寺、唐朝水观音亭、宋朝百花洲等名胜古迹，朱德旧居、朱德军官教育团、贺龙指挥部、叶挺十一军指挥部旧址等一批人文历史景观蕴含着深厚的文化底蕴，尽显南昌市“山水都市、现代新城、历史文化名城”三城底蕴，红色、绿色和古色“三色”旅游方兴未艾。

东湖区自古风景秀丽、人文荟萃、繁华万千，一直是智者纵横、商贾云集、百业兴旺之地。跨入21世纪，东湖区深入贯彻落实科学发展观，大力实施“三产富区、开放强区”主战略和“发展现代服务业”核心战略，驶上了发展的快车道，积极开展了中国旅游城市、国家卫生城市、现代文明花园城市和文明城区创建等工作，经济发展迈上新台阶，社会事业取得新突破，城市建设呈现新面貌，人民生活跃上新水平。先后获“全国推进义务教育均衡发展先进地区”“全国科技进步先进区”“全国民政工作先进区”“全国群众体育先进区”等近300项国家级、省级荣誉，3000多项市级荣誉。东湖区已成为南昌市人气最旺、商业最繁华的城区之一。

眺“落霞与孤鹜齐飞，秋水共长天一色”美景，观“一江两岸”新貌，东湖区厚重的历史文化积淀与现代商业繁荣交相辉映，积淀了2000多年的古老文明，成就了现代都市的繁华美景，令人流连忘返。

（区史志办公室）

风景名胜

【概况】 东湖区有许多名胜古迹和闻名遐迩的人文景观。南昌著名的“豫章十景”胜迹在辖区就有“滕阁秋风”“苏圃春蔬”“东湖晓月”“章江晓月”“龙沙夕照”。全区拥有朱德旧居等国家级文物保护单位4处，杏花楼等省级文保单位3处，熊式辉公馆等市级文保单位2处，励志社南昌分社等省级待批文保单位2处，戴笠公馆等优秀近现代建筑10处。辖区水网密布，园林座落，古老名胜交融于奇妙自然风光之中，江南文化古城的独特风貌构成了城区特有的旅游资源。

【杏花楼（曾名水观音亭）】 市级文物保护单位，坐落在市区中心的南湖湖心岛，即今“水观音亭”。湖心观音亭建自唐代。据传明正德年间（1506－1521年）曾为宁王朱宸濠之妻娄妃的梳妆台，万历年间（1573－1620年），一度为相国张位（字明成）别墅，称“杏花楼”。汤显祖、刘应秋、吴应宾等人在此曾多有吟咏。清时，因祀娄妃，募捐修建，始名为“因是庵”，乾隆五十三年（1788年）重修时改称“观音”。有巷通广济桥，巷口额称“湖心观音阁”，俗称“水观音亭”。1919年民间募捐重修。1983年底重加修缮。现南昌画院设在此。

【佑民寺】 省级重点文物保护单位，坐落于南昌市八一公园北面，东湖东岸。始建于南朝梁天监年间（502－519年），初名上蓝寺，又因寺傍一井时闹蛟患，后建一大佛镇之，故太清初（547年）改称大佛寺。唐开元年间，改称开元寺。该寺先后修复、重建7次，1929年定名佑民寺。寺内后殿有巨型铜佛，高1.6丈，重1.8万公斤。前殿有千佛缸，缸外装饰90余个佛像，另有南唐所铸铜钟1只。佑民寺殿宇雄伟，是江西省著名的古代寺院，在东南亚佛教界有一定影响。

【滕王阁】 位于南昌市西北部沿江路赣江东岸，始建于唐永徽四年（653年），为唐高祖李渊之子李元婴任洪州都督时所创建，阁以其封号命名。上元二年（675年），洪州都督阎公重修此阁，王勃写成《秋日登洪府滕王阁饯别序》，此阁因“落霞与孤鹜齐飞，秋水共长天一色”而流芳后世。先后重建达29次之多，今主阁落成于1989年10月8日，是1985年按照梁思成绘制的《重建滕王阁计划草图》重建的。滕王阁共九层，濒邻赣江，面对西山，距唐代阁址百余米，主体建筑为宋式仿木结构；与湖北黄鹤楼、湖南岳阳楼并称为“江南三大名楼”,是南昌市的标志性建筑之一。2001 年 1 月核准为首批国家 AAAA 级旅游景区。

【佑民寺钟楼】 位于南昌市佑民寺右侧。为 1 栋 4 层四角形花岗石建筑,建于 1929 年。上悬铜钟,为南唐大将林仁肇于乾德五年(967 年)铸。重 5032 公斤,高 2.3 米,围长 4.9 米。林仁肇为南唐南都留守、南昌尹,后被后主毒死。是南昌三宝(普贤铁像、佑民寺铜钟、宋代铜钟)中仅存的一宝。

佑民寺钟楼

【钟鼓楼】 位于南昌市东湖西岸、状元桥南。楼原名岑楼,创建年代失考。南唐时节度使林仁肇施铜铸巨钟悬楼上。明洪武年间(1368 - 1398 年)楼倾斜,遂移钟普贤寺。万历十六年(1588 年),知府范涞复修,明末毁于兵火。清初江西巡抚蔡士英复建。楼高 33.3 米、广 16.7 米,飞檐高栋,可以俯瞰东湖。楼悬大钟,大 20 围,重 600 钧。“钟鼓楼中,终夜钟声撞不断”。因“钟、中、终、撞”四字同音,颇不易对,故人称为绝对云。

【苏翁圃】 位于南昌市八一公园百花洲上。圃因宋苏云卿于此种菜而得名。俗称三洲苏翁圃,后改为憩云庵。苏云卿,四川广汉人,与宋丞相张浚相友善,隐居豫章(今南昌),以种菜为生。圃在湖中,四面环水,垂柳夹道。

【水木清华】 南宋绍兴年间(1131 - 1162 年),豫章节度使张澄在百花洲一带建讲武亭以习水军。原建有寺宇,寺宇之北为“水木清华”之馆,右为“约鸥榭”。

【状元桥】 位于南昌市东湖和南湖的交界处,是两湖的分界桥。建于明万历四十七年(1619 年),过去是石拱小桥,南昌人称之为“广济桥”。清朝乾隆年间,江西大庾人戴衢亨才华出众,80 天当中从乡试到殿试连中三元,皇帝召见,钦点头名状元。后南昌知县钱志遥主持修建并将“广济桥”改为“状元桥”。1935 年改为混凝土平桥,1996 年南昌市政府整治四湖时再次修缮。

【澹台灭明墓】 位于南昌市第二中学内。澹台灭明(前 512 - ?),字子羽,鲁国武城(今山东费县)人。原是孔子学生,因其貌丑,孔子以为其才薄,澹台灭明便“南游至江”,有弟子三百,他以德行著称,后名声大振。孔子闻之感叹不已,说:“吾以言取人,失之子羽。”后人争相立墓以祀。墓有 3 处,即武城(今山东费县)、陈留(今河南开封县)、豫章(今江西南昌市)三地。据史学家考证,其墓应在南昌。

【大安寺】 位于南昌市德胜门内豫章后街。东汉末西域僧安世高居于此,遂名大安寺。寺为东晋隆安二年(398 年)镇西将军谢尚施宅所营建。

寺有大铁香炉，为三国吴赤乌间（238－251年）信士弟子捐铁所铸造，高2.7米。

【洗马池】 位于南昌市胜利路中段。汉高祖五年（前202年），灌婴进驻南昌，常饮马、洗马于此，故名。原为赣江岸沙洲，中有一池，面积约333平方米，深3.3米，四周生有绿草。次年，置豫章郡，灌婴筑城于今市区东南皇城寺，立木栏以护东、西、南三面。池的北面，为范仲华所居，作轩于池上，名“临清栾”。

【贡院（贡院井）】 位于南昌市八一公园内。八一公园原系宋明两朝贡院。清康熙二十年（1681年）巡抚宋世鼎又将设在进贤门内的清代贡院迁于东湖故址（即今八一公园内）。南昌贡院共有49口贡井，以供考生、考官饮水之用。其中最大的那口叫贡院井，井口比人头还小，据说是为了防止有人名落孙山而跳井自杀。

【东湖书院】 位于南昌市百花洲街办刘将军庙社区，宋嘉定四年（1211年）隆兴府通判丰有俊倡建于李寅涵虚阁故址。其地风景极佳。继任知府袁燮又“縻钱二百万，米百余石，以竟其役。”规制益广，合三十有四间。并奏闻朝廷，赐额“东湖书院”，又发文征求江南西路11郡图书充实其中，日用经费赖东湖部分收入与公田之租。四方学者众。嘉定中陆持之曾任山长。嘉定十六年（1223年）计使滕强恕兼府事。移东百余米长。宋代黄翰、李燔、饶鲁曾讲学其中，江万里，程文海在此游学。

【宁王府】 位于南昌市子固路。为明宁献王朱权改封南昌后所营建。朱权系朱元璋第十六子（《明史》说是第十七子），原封大宁。朱棣（成祖）约其起兵，夺取建文帝位后，遂被改封南昌，建宁王府。府第规模宏伟，雕梁画栋，十分华美。因年代久远，风雨侵蚀，都已倒毁，仅头门尚存。头门两壁还嵌有明娄妃所写的“屏翰”二大字，高2.7米，宽2米，用青石刻成。为历代宁王居住之所。正德年间（1506－1521年）宁王朱宸濠起兵谋夺武宗帝位，失败后宁王府废。清代改为藩署。中华人民共和国成立前后，南昌市政府、江西省文艺南昌市民俗博物馆学院（后改为文艺学校）均曾设于此。

【娄妃墓】 位于南昌市沿江路华光庙8号门前。娄妃系明太祖朱元璋十六子（一说十七子）朱权之孙宁王宸濠妻。明正德十四年（1519年）宁王朱宸濠欲反，娄妃曾泣谏不听，后以诗讽之。宁王反叛被巡抚南赣都御史王守仁（即王阳明）平定被擒，于槛车中泣曰：“昔纣用妇人言亡天下，我以不用妇人言亡其身，今悔恨何及！”后娄妃亦投江自尽，王守仁收其尸葬之。清乾隆初年，江西布政使彭家屏修其墓时碑题“前明宁王庶子宸濠娄妃墓在此”。乾隆四十一年（1776年）署布政使吴翥堂重修。后人钦娄妃之贤烈，墓经多次修缮。娄妃手书“屏翰”二字石刻，今仍保存完好。“屏翰”喻国家之重臣。中华人民共和国成立后，墓经多次维修，为南昌有名古迹。

【龙沙亭】 位于南昌市德胜门外龙岗上、北坛沿江处。唐时名清风亭，明万历年间（1573－1620年），江西布政使吴献台、陆长庚移地重建。当阳光照射蜿蜒起伏的沙丘时，宛若游龙。

【八一公园】 位于南昌市区的东湖之中，北临民德路，南临中山路，东滨苏圃路，由东湖、百花洲及东湖东岸陆地组成。面积约26.27公顷，其中陆地面积6.4公顷、水面面积19.8公顷。唐宪宗元和三年（802年），观察使韦丹为除水患，首倡治湖、浚淤植柳，后遂有“万柳堤”及“黄金堤”。杜牧曾赞其为“十顷平湖柳堤合”，自此以后东湖即为著名风景湖，清代为贡院，1932年辟为湖滨公园，1946年4月3日改称为中正（介石）公园。1950年7月定名为八一公园，公园可分为湖区和陆区两部分。园内有“水木清华馆”“苏圃”“九曲桥”“柳堤”等著名景点和建筑。“豫章十景”中的“东湖月夜”和“苏圃春蔬”就在园中。

【百花洲】 位于南昌市东湖湖心，状元桥和三道桥之间。原有三洲，其中两洲现在八一公园内，一洲为省图书馆、少年宫所在地。原为水泽之乡，被东湖（旧名东太湖）萦回环抱。其北一洲叠石成峰，土阜孤耸，亭峙其巅，故称“冠鳌亭”。东一洲深入湖心，为宋隐士苏云卿灌园处，名为苏翁圃。南宋绍兴年间，豫章节度使张澄在此建“讲武堂”以习水军。清乾隆十一年（1746年），江西布政使彭家屏书“百花洲”碑。唐代诗人张九龄、杜牧，宋代词家辛弃疾均留有描绘百花洲旖旎风光的词章。“豫章十景”中的“东湖夜月”“苏圃春蔬”二景均在此间。

【叶挺指挥部旧址】 全国重点文物保护单位,坐落在南昌市苏圃路南昌二中校园内,原为心远中学的教学楼。为砖瓦结构工字形二层楼房,面积907.20平方米。1927年,国民革命军第11军24师司令部、办公室、会议室、电话总机房及警卫部队驻地。1927年7月30日下午2时,叶挺在此召开了第11军第24师营以上及师直机关军官会议,传达中国共产党关于武装起义的决定,部署战斗任务。南昌起义后,叶挺任国民革命军11军军长,此楼即为11军指挥部。解放后经人民政府修缮,基本保持了原貌,并于1977年8月正式对外开放。

【朱德军官教育团旧址】 全国重点文物保护单位,坐落在南昌市八一大道58号。清末是训练清军的场所,后改为江西陆军“讲武堂”。占地几公顷,前后三进共四五十间房,另有礼堂及操场。1927年春,朱德在这里创办军官教育团并亲任团长,培养了一批革命武装干部,其中一部分人加了南昌起义,这里成为南昌革命活动的一个基地和堡垒。抗日战争时期大部分建筑被毁,未毁建筑已按原貌进行了恢复。

【贺龙指挥部旧址】 全国重点文物保护单位,全国爱国主义教育基地,坐落在南昌市子固路95号。原为中华圣公会宏道堂,是一座中西合璧的古建筑,1927年7月下旬,贺龙率领国民革命军第21军参加南昌起义,军指挥部设在宏道堂,在此举行过多次策划起义行动的重要会议,1927年8月1日凌晨,贺龙、刘伯承、周逸群在此指挥了武装起义。大楼前三层窗口仍留有当年敌方炮弹弹痕。旧址小楼有贺龙等起义领导人当年的卧室,军官会议室的复原陈列,大楼大厅设有《贺龙元帅生平展》。

【花园角二号】 位于南昌市八一公园至朱德军官教育团旧址之间。是“八一”南昌起义时周恩来、朱德的旧居。为砖木结构两层楼房,有前后两进,面积436.92平方米。1927年春,朱德在南昌创办军官教育团,为便于开展革命活动,租下这所住宅。6月间,时任江西省政府主席朱培德以“礼送”共产党人出境为名,迫使朱德离开江西。7月,为准备起义,朱德从武汉返南昌,仍居此。7月下旬,周恩来从武汉秘密到南昌,首先会见朱德。第一天就住在此住宅的厅堂里。旧居的一层北侧是朱德的卧室,南、北前房及正房是警卫员的住房。二层北侧是郭沫若的住房,他曾在此写下“请看今日之蒋介石”。

【南昌市民俗博物馆】 位于南昌市子固路95号。创建于1988年,为中国目前唯一的一座省会民俗博物馆。博物馆展览主要有4个部分:南昌婚俗、儿童服饰、吉祥图案、中国岁月风俗画。所收藏及展示以江西剪纸,民间绣品,南昌地区民间习俗最具特色。先后举办了江西儿童绣品展、江西傩文化展、南昌婚俗展等一系列专题展览。

南昌市民俗博物馆

【蒋介石南昌行营】 位于南昌市中心的东湖百花洲上。1928年10月,国民政府江西省图书馆依东湖而建,但在其落成仅两个月的时间,蒋介石刚刚结束与阎锡山、冯玉祥、李宗仁等军阀的中原大战，便亲临南昌市策划指挥“围剿”工农红军。因此，省图书馆成了“海陆空军总司令南昌行营”，是江南五省剿匪总部，被时人称为第二首都。蒋介石把二层西面作为办公室。前楼地面二层，下为地下室。地下室为水牢，曾关押过百余名红军指战员和苏区干部，方志敏、陈赓等曾被蒋介石押解至此亲自劝降。因此，“南昌行营”的存在可以见证中国共产党反抗国民党反革命“围剿”的历史。

【八一广场与八一起义纪念塔】 八一广场地处南昌市八一大道核心地段，占地7.8万平方米，原称人民广场，是南昌的窗口，也是南昌市民活动的中心，每年在此举办各种各样的政务和商务活动。广场以“八一”历史文化为主题，分两轴三区：两轴为南北向广场主轴线、东西向广场景观副轴线，三区为南部纪念区、中部中央文化区、北部休闲区。八一起义纪念塔耸立在广场南段，为英雄城的城徽；1977年8月1日为纪念八一南昌起义五十周年破土兴建，1979年1月8日落成。塔呈长方体，总高45.5米；塔身正北面是叶剑英元帅题写的“八一南昌起义纪念塔”九个铜胎鎏金大字，下嵌“八一南昌起义简介”花岗石碑；塔身基座有27个台阶，意指一九二七年。

【江西革命烈士纪念堂】 位于南昌市八一大道北段，建于1953年。纪念堂前的广场中心有一座红军战士塑像。堂前厅有毛泽东手迹“死难烈士万岁”！正厅祭坛上立有纪念碑，由朱德题字：“革命烈士永垂不朽！”陈列柜中，珍藏25万余革命烈士名册。两边厅陈列第二次国内革命战争时期的10个战斗史迹。二、三楼陈列300多位烈士生平斗争事迹、遗著和遗物等。

【方志敏广场（方志敏爱国事迹陈列馆）】 南昌市爱国主义教育基地，位于南昌市下沙窝滨江边，该地带也是方志敏烈士的就义之地。2007年9月中旬动工，2008年8月6日峻工并向市民开放。广场占地约1万平方米，分为“红色畅想”革命足迹区、“铁骨忠魂”塑像纪念区、“薪火传承”文化景观区等三大功能区。广场中央有方志敏雕像，左右两边矗立了四块纪念墙，上面刻写着毛泽东、邓小平、江泽民、胡锦涛对方志敏的怀念之情和赞美之词。广场建设的宗旨是打造爱国主义教育基地、党风廉政教育基地和新的红色旅游基地。

【江西省博物馆】 坐落在南昌市赣江、抚河环抱的新洲上，东临抚河，南接中山桥，西面赣江，北依滕王阁。占地面积4万平方米，建筑面积3.5万平方米，展厅面积1.3万平方米，1999年10月1日落成并正式对外开放，该馆将历史、自然、革命三个博物馆合在一起，形成大型综合性博物馆，馆舍主体建筑造型取材明代景德镇御窑出土白瓷三管器，历史馆、革命馆、自然馆三馆合一，将古代陶瓷艺术与现代建筑风格巧妙地融于一体。馆内中心广场矗立大型青铜雕塑《时空》，由3根仿商代青铜器上的扉棱提梁、仿国宝级文物商代立鹿四足青铜甗和伏鸟双尾虎以及火炬4个部分组成，寓意灿烂文明，源远流长；物华天宝，人杰地灵；星星之火，可以燎原。

【江西省科技馆】 全国科普教育基地，坐落于赣江之滨，与滕王阁相毗邻，占地面积4.6万平方米，建筑面积1.6万平方米，总投资1.45亿元。2000年4月动工兴建，2002年9月22日开馆。由天工厅、智慧厅、开物厅三个展厅和序厅、航空航天、交通能源、生命奥秘、儿童天地等十四个展区，以及4D影院、穹幕影院和院士厅、儿童科学乐园、青云厅、国际会议厅、世纪广场等配套设施组成。它以展览教育、实验教育、培训教育为基本功能，是中国中部6省中建设规模最大、展示内容最全、科技含量最高的科技馆。

【八一大桥】 位于南昌市区北部，新桥于1997年9月29日通车。是江西省第一座斜拉桥，为双独塔双索面斜拉桥，总造价4.4亿元。主桥长1040米，主跨4×160米，塔高103米。全桥共有斜拉索144根，主桥桥面宽28米，双向车道，可通行55吨重型车辆，设计日流量2.32万车次。大桥外型雄伟壮观，不锈钢栏杆上嵌有汉白玉十二生肖图案。在两座桥塔上，镶嵌着江泽民题写的桥名。在南北桥头地面，广植奇花嘉木，并仿建成有江西省盛名风著的浔阳楼、郁孤台、牡丹亭、龙珠阁。南岸桥头石雕黑白双猫，敏捷灵动；北岸桥头铜铸双狮，威风凛凛。

【青山湖风景区】 位于南昌城区东北，北依赣江。古时因湖四周山丘环抱，山色青青而得名。湖面南北长近5公里，东西宽1.5公里，水域面积

300公顷,陆地面积近65公顷,承担着南昌城区52平方公里雨水污水调蓄。2001年10月,南昌市委、市政府决定把青山湖整治工程列为建设花园城市的标志性工程。工程计划总投资2.8亿元。相继建成了相思林公园、湖滨公园、燕鸣岛公园。整治后的青山湖显现出欧式风格,是公共休闲的大型城市公园。

【相思林公园】 位于南昌市青山湖的西岸,呈“飞”字状,是青山湖风景区的一个组成部分。湖滨地块长约540米,最宽处约80米,最窄处约15米。隔湖滨路还有一处矩形地块,长约50米,宽约38米,两块地合称相思林公园,总面积2.4公顷。相思林公园分为4个主题,从左到右依次分别为“人生有约”“心心相印”“天地之合”“比翼齐飞”,表示对情侣们的美好祝愿和深切祝福。灯光雕塑“城市之韵”是相思林公园标志性的灯光小品。

【湖滨公园】 是处于南昌市南京东路和青山湖之间的一个长380米,宽58米的湖滨之地,建设面积3.5公顷,是青山湖风景区的重要组成部分。以水色湖光为背景,湖岸陆地绿树成荫,繁花锦簇,四季有景,具有“以人为本,天人合一”的园林特色。湖滨公园的中部广场构思新颖,富有湖滨风光的扇贝波形游憩区。扇贝顺其自然地向湖岸倾斜,呈波浪形排列,内设涌泉喷头,组成造型各异的观景彩色喷泉。位于广场中心的“青山湖明珠”,又名“硕果”,直径4.3米,由217个灯球组成,整体高度7.1米,叶片长度1.8米,7种颜色交替变换,喻示南昌市这座美丽的城市将成为一颗璀璨的明珠。

(区史志办公室)

行政区划

【概况】 2013年,东湖区辖八一桥、豫章、墩子塘、百花洲、公园、大院、董家窑、彭家桥、滕王阁等9个街道办事处和1个贤士湖管理处。全区设85社区居民委员会、23个家属委员会、6个村民委员会。

【八一桥街办】 辖7个居民委员会,分别是大士院南区社区、大士院西区社区、大士院北区社区、叠山路西社区、豫章后街社区、芭茅巷社区、裘家厂社区。

【豫章街办】 辖11个居民委员会,分别是四经路社区、洪城社区、滨江社区、下沙窝社区、经纬路社区、东濠街社区、上沙窝社区、下正街社区、江药社区、新星社区、聆江社区。

【墩子塘街办】 辖7个居民委员会,分别是党家巷社区、张家厂社区、墩子塘社区、马家池社区、右营街社区、下水巷社区、北湖社区。

【百花洲街办】 辖11个居民委员会,分别是刘将军庙社区、状元桥社区、火神庙社区、南湖路社区、杨家厂社区、桂旺巷社区、邮政路社区、包家巷社区、小金台社区、渊明北路社区、白马庙社区。

【公园街办】 辖5个居民委员会,分别是上营坊社区、环湖路社区、戴家巷社区、经堂巷社区、民德路社区。

【大院街办】 辖6个居民委员会,分别是大院一社区、大院二社区、公园社区、体苑社区、二七北路社区、广场北路社区。

【董家窑街办】 辖17个居民委员会,分别是贤士一路社区、贤士二路社区、贤士花园第一社区、贤士花园第二社区、南京西路南社区、南京西路北社区、殷家巷社区、南永和路社区、青桥社区、青山南路社区、金家山社区、豆芽巷社区、五纬路社区、朱家湖社区、新华社区、青阳社区、锦苑春天社区。

【彭家桥街办】 辖12个居民委员会,分别是北京西路社区、文教路社区、福州路北社区、文教路北社区、江中花园社区、李家庄社区、光明社区、七里街社区、青山北路社区、建新社区、湖滨南路社区、新祺周社区。

【滕王阁街办】 辖9个居民委员会,分别是子固路社区、榕门路社区、滕王阁社区、铁街社区、上凤凰坡社区、民巷社区、李家巷社区、章江路社区、射步亭社区。

【贤士湖管理处】 辖6个村民委员会,分别是长巷村、公园村、七里村、贤湖村、永和村、永溪村。

(邓建平)

城区环境

【概况】 2013 年,东湖区空气质量优良天数为 222 天,优良率达到 60.8%,保持在优良水平。东湖区的地表水主要监测东湖、北湖、南湖水质,达到国家 IV 类标准;主要地表水水体达到功能要求。通过强化环境监督管理,城区环境质量状况一直保持优良。

【废气污染物主要排放指标】 2013 年,东湖区工业废气排放量 44 万标立方米,比 2012 年下降 12%,工业废气处理率 98.3%;大气污染排放量中,烟尘 7200 吨,工业粉尘 310 吨,二氧化硫 13000 吨,比 2012 年分别下降 6.5%、2.1%、4.4%。

【环境质量主要指标】 2013 年,东湖区二氧化硫年日平均值 0.04(毫克/立方米);二氧化氮年日平均 0.04(毫克/立方米);可吸入颗粒物年日平均值 0.116(毫克/立方米);细颗粒物年日平均值 0.069(毫克/立方米);降尘 9.1(吨/月·平方公里)。

【声环境】 2013 年,东湖区域环境噪声平均值昼间 53.6 分贝、夜间 45.4 分贝,城区交通干线噪声平均值 67.3 分贝、夜间 61.1 分贝。

【工业废水主要排放指标】 2013 年,东湖区工业废水排放量小于 9900 万吨,废水中 COD 排放量小于 9990 吨,石油类小于 50 吨。工业废水处理率大于 90%,外排废水达标效率大于 95.6%。

【处置固体废弃物】 2013 年,东湖区工业固体废弃物产量 33 万吨,工业固体废弃物综合利用量 30 万吨;工业固体废弃物综合利用率达 97%;危险固体废弃物处置率达 100%。

(谢　宁)

民族·宗教

2013 年,东湖区认真学习党的十八大精神,牢牢把握“共同团结奋斗,共同繁荣发展”的民族工作主题和宗教工作方针政策,不断加强和改进民族宗教事务管理,实现了东湖区辖区内民族宗教领域的和谐稳定。

2013 年,全区共有 22 个少数民族,约 650 户 1280 人,其中常驻人口 580 户 1160 人,暂住(流动)少数民族约 50 户 120 余人。流动人口主要从事清真餐饮、民族风味食品和特色商品经营,以回族、维吾尔族、藏族居多。

全区有佛教、道教、基督教三大宗教,经批准登记的宗教活动场所 10 个,其中佛教 1 个(佑民寺)、道教 2 个(三郭庙、郭公庙)、基督教 7 个(清钟堂、志道堂 2 个教堂,青山堂、灵恩、化纤厂、新货村、光明社区 5 个聚会点)。全区有宗教教职人员 86 人,信教群众 4832 人,其中佛教信徒 525 人、道教信徒 140 人、基督教登记堂点受洗信徒 4087 人,慕道友 80 人。

(朱莉群)

人口发展状况

【概况】 2013 年底,东湖区总户数 135088 户,比 2012 年增长 1.39%。总人口 458192 人,比 2012 年下降 0.68%。其中:男性 229787 人,比 2012 年下降 0.91%;女性 228405 人,比 2012 年下降 0.45%。非农业人口 450402 人,农业人口 7790 人,城镇化率高达 98.3%。人口密度每平方千米 24463 人,比 2012 年每平方千米减少 675 人。

至 2013 年底,出生人口总数 4133 人,出生率为 7.72‰,人口自然增长率为 3.94‰,计划生育率为 91.51%,出生婴儿性别比为 103.7,综合节育率为 92.33%,,晚婚率 88.7%。

(区史志办公室)

表 1　**2013 年东湖区人口及其变动情况**

单位	年末总户数(户)	年末总人口(人)									2013 年人口变动(人)									
		合计	合计		性别		年龄				出生			死亡			迁入		迁出	
			非农业人口	未落常住户口人员	男	女	18 岁以下	18—35 岁	35—60 岁	60 岁以上	合计	男	女	合计	男	女	省内迁入	省外迁入	迁往省内	迁往省外
公园派出所	11294	37183	37183	0	17843	19340	6427	7550	16326	6880	297	149	148	125	63	62	163	122	52	216
大院派出所	11956	60800	60800	0	32163	28637	7635	24510	20051	8604	517	270	247	117	74	43	351	595	984	1431
豫章派出所	17381	56297	56266	31	27712	28585	8823	12173	24589	10712	499	254	245	191	109	82	319	172	87	282
墩子塘派出所	12633	41208	41201	7	20274	20934	6558	8965	17735	7950	312	168	144	197	107	90	180	115	97	176
百花洲派出所	17098	58918	58918	0	29067	29851	9358	14533	24569	10458	442	216	226	207	115	92	212	294	381	468
彭家桥派出所	8990	29362	27873	0	14951	14411	4921	8567	11255	4619	239	118	121	77	47	30	260	238	944	681
董家窑派出所	27724	88670	84915	0	44702	43968	18620	22168	26601	21281	798	423	375	293	172	121	649	275	327	500
滕王阁派出所	11430	35680	35680	0	17623	18057	5422	8012	15221	7025	302	137	165	181	93	88	151	79	75	179
八一桥派出所	10642	33507	33507	0	17056	16451	4076	7522	14609	7300	213	100	113	220	127	93	121	59	51	128
七里街派出所	5940	16567	14021	0	8396	8171	2653	3634	6985	3295	174	89	85	68	46	22	147	38	24	66
东湖区	135088	458192	450364	38	229787	228405	74493	117634	177941	88124	3793	1924	1869	1676	953	723	2553	1987	3022	4127

(刘文荣)

经济运行概述

【概况】 2013 年,东湖区紧紧围绕建设繁荣精品幸福文明东湖目标,克服产业转型影响,突破发展空间瓶颈,化解社会管理压力,迎难而上,开拓进取,全面完成了各项目标任务,全区经济社会发展呈现出稳中有进的良好态势。据初步核算,全区地区生产总值达 404.13 亿元,按可比价计算,同比增长 9.6%。其中:第二产业实现增加值 24.44 亿元,同比增长 13.8%,第三产业实现增加值 379.68 亿元,同比增长 9.4%。三次产业比重为 0.00∶6.05∶93.95。人均生产总值 87904 元,增长 10.29%。

【固定资产投资增长势头明显】 2013 年,东湖区实现固定资产投资 114.27 亿元,同比增长 20.2%。其中:城镇固定资产投资 102.25 亿元,同比增长 20.7%;房地产投资 12.02 亿元,同比增长 16.1%。全年城镇投资施工项目 269 个。其中,新开工项目 257 个;计划投资 3000 万元以上新开工项目 5 个,比 2012 年同期少 1 个;亿元以上项目 6 个,与 2012 年同期持平。投资结构:2013 年,城镇以上固定资产投资中第二产业完成

5.84 亿元,第三产业完成 108.42 亿元。三次产业投资比例为 0.01:5.1:94.88。

【消费品市场持续旺盛】 2013 年,东湖区社会消费品零售总额 266.22 亿元,同比增长 10.46%。按行业分:批发业零售额 23.07 亿元,同比增长 12.36%;零售业零售额 205.68 亿元,同比增长 9.62%;住宿业零售额 3.62 亿元,同比增长 9.92%;餐饮业零售额 33.84 亿元,同比增长 14.58%。按数据结构分:限额以上企业实现零售额 134.49 亿元,同比增长 11.7%;限额以下企业实现零售额 131.73 亿元,同比增长 9.14%。商品交易市场:2013 年末,全区共有亿元市场 5 个,实现成交额 114.82 亿元,较 2012 年同期增长 31.61%。

【财税收入实现较快增长】 2013 年,东湖区实现财政总收入 46.43 亿元,同比增长 6.2%,其中地方财政一般预算收入 10.1 亿元,同比增长 17%。从预算收入执行情况看,完成营业税 3.96 亿元,同比增长 32.7%;企业所得税 1.53 亿元,同比增长 16.4%。全年地方财政一般预算支出 14.09 亿元,同比增长 22.2%。其中,教育类支出 2.5 亿元,同比增长 1.4%;社会保障和就业支出 2.84 亿元,同比增长 48.5%;医疗卫生支出 1.07 亿元,同比增长 15.6%。

【建筑业健康稳定发展】 2013 年,东湖区资质以上建筑业企业 66 家,其中有工作量企业 60 家。实现建筑业总产值 109.96 亿元,同比增长 34.02%;实现建筑业增加值 22.86 亿元,同比增长 15.34%。全区建筑业从业人员 15463 人,建筑业企业签订合同额 173.47 亿元,房屋建筑施工面积为 277.78 万平方米。

【外向型经济异彩纷呈】 2013 年,东湖区外贸出口继续发挥对经济增长的拉动作用,面对国外市场需求下降的形势,积极调整出口结构,大力开拓新兴市场,进出口保持了良好的发展势头。据海关统计,全年内资企业(含中央、省市属公司)实现进出口总额 46176 万美元,同比增长 19.41%。全区合同外资 2769 万美元,实际利用外资 13937 万美元,现汇比例 24.68%,新批外商投资项目 4 个。全年实际利用内资 25.62 亿元,同比增长 24.17%。

【居民收入持续增长】 2013 年,东湖区城镇居民收入继续保持较快增长,区属在岗职工年平均工资为 38978 元,同比增长 23.9%;城镇居民人均可支配收入 26151 元,同比增长 10.8%;人均可支配支出 17944 元,同比增长 9.1%。

【物价水平】 2013 年,东湖区居民消费价格总指数(CPI)比 2012 年上涨 2.3%。其中:食品上涨 4.6%,烟酒上涨 0.3%,衣着上涨 3.9%,家庭设备用品及维修服务上涨 0.6%,医疗保健及个人用品上涨 0.3%,交通和通信下降 0.2%,娱乐教育文化用品及服务上涨 1.7%,居住上涨 1.0%。商品零售价格总指数上涨 1.3%。

(万诚璐)

城乡居民生活水平

【概况】 2013 年,东湖区以全面建设小康社会为目标,着力改善城市环境,着眼解决人民群众生活中的突出问题,努力提高人民生活质量。全年全区经济继续保持良好的发展态势,消费市场一派繁荣,居民收入和消费大幅增长,城市居民生活质量进一步改善,人民安居乐业。人均可支配收入同比增长 10.8%,消费增长 10.5%。

【城市居民收入水平】 2013 年,东湖区属在岗职工年平均工资为 38978 元,同比增长 23.9%;城镇居民人均可支配收入 26151 元,同比增长 10.8%。

【农民收入水平】 2013 年,农村住户抽样调查资料显示,农民人均纯收入为 10806 元,同比增长 11.1%。

【城乡居民消费特点】 2013 年,东湖区在城乡居民收入快速增长的同时,居民消费支出稳中有升,居民消费领域逐步拓展,消费结构趋于优化,生活质量显著提高。全年辖区城镇居民人均消费支出 17944 元,同比增长 9.1%。(一)食品、衣着类消费档次不断提升。城镇居民在饮食上更加注重膳食结构,追求科学、平衡和合理的膳食;衣着消费注重美观、舒适、时尚,款式趋向时装化、高档化。2013 年,城镇人均食品支出和衣着支出分别为 6178 元和 1951 元,同比增长 10.1% 和 10.8%。(二)居住条件日益改善。2013 年,东湖区城镇居民人均用于居住方面的消费支出1859元,同比增长7.4%;城乡居民生活水平提高最直接、最明显的变化就是住房条件的逐步改善。随着城乡居民家庭收入的增加,居民住房质量普遍提高,居住条件进一步改善,居民住房向室内适用化、现代化和美观化发展,居住条件和居住环境都得到了显著改善。(三)城市居民购车热潮不减,交通和通信类消费稳步增长。2013年,东湖区城镇居民家庭用于交通和通信方面的消费支出为人均2585元,同比增长5.7%。随着城乡居民收入的提高,人们社会交往的日益频繁、信息观念的普遍加强以及现代交通工具和高科技信息产品的迅速发展,交通、通信消费已经成为人们生活中不可或缺的部分。(四)教育文化娱乐服务支出大幅增长。随着物质生活水平的不断提高,人们开始不断追求精神文化生活,茶楼、酒吧、电影院、健身房,农家乐等多种休闲运动娱乐场所如雨后春笋般呈现在人们的面前,人们的闲暇生活更加丰富。外出旅游成为城乡居民消费的热点和时尚,从市内、周边城市游、国内游到出境游;旅游方式也从简单的跟团游逐步发展到自助游。调查显示,2013年,东湖区城镇居民人均教育文化娱乐服务支出2014元,同比增长12%。

表2 **2013年东湖区经济、财政收入人均水平**

指　　标	绝对值(亿元)	增长(%)	人均水平(元)
地区生产总值	404.13	9.6	87904
财政总收入	46.43	6.2	10098
地方财政一般预算收入	10.10	17.0	2197

(万诚璐)

省部级领导到东湖区考察

【概况】 2013年,国家有关部委、省、市领导高度重视东湖区的经济社会发展,在各方面给予大力关心和支持,并莅临东湖区检查指导工作,推动了东湖区各项工作的较好发展。各级领导充分肯定了东湖区在经济发展、社会事业等方面工作所取得的成绩,并提出新的要求。

【胡幼桃走访东湖区社会福利院】 1月31日,春节前夕,江西省副省长胡幼桃到东湖区社会福利院走访慰问。胡幼桃到老人居住的楼层,了解他们在福利院的生活情况,为他们送去节日的问候,并嘱咐福利院的工作人员一定要尽心尽责地照顾他们,使每一位老人能幸福地安度晚年。

【王文涛到东湖区调研区域经济社会发展工作】 3月5日下午,中共江西省委常委、南昌市委书记王文涛深入东湖区,就区域经济社会发展工作进行调研。王文涛先后到东湖辖区的北京银行南昌分行、捷信小额贷款担保公司、江西师范大学科技园、紫金城税收亿元楼宇等地进行考察调研。针对东湖区经济社会发展情况,王文涛指出,县区经济是南昌崛起的筋骨,在全面打造核心增长极进程中,要善于抓住机遇,积极应对挑战,明确新一轮发展定位,实现错位互补、协同发展;东湖区的发展面临省级党政机关搬迁置换工程启动和红谷滩金融商务区打造的重大挑战,但也蕴藏着重大的发展机遇,东湖区要善于抓住机遇,凝聚全区力量,多想一想下一步该怎么办、发展什么产业、发展的承载空间在什么地方,进一步明确新一轮发展定位。王文涛要求,东湖区要以现代服务业、传统商贸业、商务楼宇为主要抓手,实现经济持续健康较快发展,要抓好土地收储、房屋征收、老城改造提升、城市管理等重点工作,促进民生持续改善,社会和谐有序。南昌市委常委、市委秘书长江晓斌,区领导戴晓明、贺瑞虎参加调研。

【王文涛到东湖区察看地铁2号线征收工作】 5月5日下午,中共江西省委常委、南昌市委书记王文涛来到南昌轨道交通2号线一期工程(东湖段)房屋征收签约兑付大厅、地铁2号线青山路口站征收现场察看征收工作进展，看望慰问征收一线干部职工，并在东湖区征收总指挥部召开座谈会，听取东湖区、西湖区、青山湖区、红谷滩新区房屋征收进展汇报。王文涛指出，轨道交通建设以及由此带来的城市发展变化是最大的民生，要抓住房屋征收这个关键，满怀信心、鼓足干劲，加快推进房屋征收工作，真正把民生实事做细、做实、做好。王文涛希望大家再接再厉，攻坚克难，又好又快全面完成征收任务。

【王文涛到东湖区专题调研环卫工作】 5月17日上午，中共江西省委常委、南昌市委书记王文涛到东湖区就环卫工作进行专题调研。王文涛察看了老城区垃圾收集、清运、处理等工作情况，看望慰问南京西路垃圾中转站一线干部职工，并与豫章街道环卫所、城管局等基层单位代表、一线环卫工人进行座谈。王文涛强调，全市各级要逐步加大投入，切实解决环卫工作人员不足、经费不够、设施滞后问题；全社会都要尊重环卫工人、关心爱护环卫工人，共同努力提升全市环境卫生工作水平，有效地改善城市形象。

【强卫到东湖区参加联合主题队日活动】 5月31日上午，中共江西省委书记、省人大常委会主任强卫莅临东湖区阳明学校参加共青团江西省委“为爱留守，花漾满屋”关爱农民工子女联合主题中队会活动。强卫一行参观了学校大队部，到杜鹃花爱心小屋与农民工子女亲切交谈，观看了大学生志愿者们帮助农民工子女完成“六一”心愿的过程，到学校乒乓球馆观看了孩子们画画、打球。在学校二层多功能厅，强卫观摩了共青团江西省委“为爱留守，花漾满屋”关爱农民工子女联合主题中队会，向师生们诠释了什么是中国梦、为什么需要中国梦、少年儿童该如何实现中国梦，他勉励青少年“要树立理想、勤奋学习、锻炼品格，去追逐自己的梦想；要正式放飞梦想、施展本领、报效祖国，让个人梦想放射出更加灿烂的光芒”，并代表江西省委向全省少年儿童送上了“六一”的祝福。江西省委副书记尚勇，省委常委、南昌市委书记王文涛，省委办公厅主任杨宪萍，省教育厅厅长虞国庆，团省委书记曾萍等省、市相关部门主要领导一同参加活动。

【强卫到樟树林文化生活公园调研】 5月31日下午，中共江西省委书记强卫到东湖区樟树林文化生活公园开展工作调研。强卫在南昌瓷板画研究中心、江南艺术馆与艺术家们进行亲切交流，视察了正在筹建的全省首个非遗展示馆和星美国际影城。强卫对东湖区高度重视和推动发展非物质文化遗产宣传、保护、传承的做法表示肯定，他强调，瓷板画极具江西文化特色，要以开放的视野、开拓的精神，把瓷板画打造成一个极具品牌知名度、极具带动效应的文化大产业。他指出，宣传思想文化工作要大力弘扬主旋律，增强感染力，凝聚正能量，促进社会主义文化大发展大繁荣，助推中华民族伟大复兴中国梦。

【朱虹到东湖区调研南昌市文化产业发展情况】 8月13日，江西省副省长朱虹来到东湖区樟树林文化生活公园，就南昌市文化产业发展情况开展调研。朱虹先后考察了南昌瓷板画研究中心、江南艺术馆、星美国际电影城、金丝楠木馆以及正在筹建的全省首个非遗展示馆等。朱虹饶有兴趣地欣赏独具南昌特色的瓷板画，观看非物质文化遗产传承人现场演示的精湛技艺，详细了解企业社会和经济效益情况。朱虹指出，各级政府、部门及相关单位要加大对文化企业的关注，要以正在筹建的全省首个非遗展示馆为平台，进一步扩大品牌效应，做大做强文化大产业，推进文化大发展大繁荣。江西省政府办公厅巡视员蔡玉峰、省文化厅厅长郜海镭、省旅游局局长王晓峰、南昌市副市长姚燕平等省、市相关部门领导陪同调研。

【鹿心社走访慰问东湖区优秀教师代表】 9月10日，第29个教师节来临之际，江西省省长鹿心社来到东湖区育新学校，代表省委、省政府看望慰问江西省学科带头人、优秀教师、“2011年全省特级教师”华琴英教师。鹿心社在学校接待室与华老师亲切交谈，送上了鲜花和节日的祝福；听取了学校“人人都参与，个个有特长”体育艺术“2+1”活动汇报。鹿心社指出，实现中华民族伟大复兴的“中国梦”和江西与全国同步全面建成小康社会的“江西梦”，关键靠人才，根本在教育。他希望广大教师要学为人师、行为世范，成为学生的学业导师、尊敬长者；要积极创新教学方式，提高教学质量，努力培养更多的优秀人才。鹿心社要求各级政府关心支持教育事业，加大教育投入，积极改善教师的工作生活条件,大力营造全社会尊师重教的良好氛围,把江西教育事业发展得更好。省委常委、市委书记王文涛,副省长朱虹陪同走访。

【汤建人到东湖区调研科普安全宣教工作】 10月10日,江西省政协副主席、民进江西省委主委汤建人一行在省科技厅厅长洪三国,南昌市政协副主席辛利杰陪同下到东湖区青少年宫“科普安全宣教中心”考察调研。汤建人一行参观了宣教中心的地震、科普、消防、交通等特色展区,详细了解宣教中心的功能和特色,对东湖区科普安全宣教中心的建设规模和设计理念给予充分肯定,他希望东湖区充分发挥宣教中心的教育功能开展科普教育,在全区中小学生中全面普及科普知识,提升青少年儿童的科学素养。

【王文涛到东湖区视察“拆违拆临建绿透绿”工作】 10月12日下午,中共江西省委常委、南昌市委书记王文涛到东湖区察看“拆违拆临、建绿透绿”工作开展情况。王文涛来到二七北路拆除现场,对董家窑街道“舍小家,顾大家”的行为表示感谢,对东湖区在专项行动中表现出来的快速反应、正式掀起全市“第一拆”的行为表示充分肯定。他勉励东湖区持续做好“拆违拆临,建绿透绿”工作,不断掀起专项行动的热潮。市委常委、副市长刘建洋,区领导戴晓明、贺瑞虎、黄国农、毛永钢陪同视察。

【强卫到东湖区调研棚户区改造工作】 10月22日上午,中共江西省委书记强卫到东湖区青山南路贤士湖调研棚户区改造项目。在贤士湖棚户区改造项目现场,强卫认真听取东湖区的工作汇报,指出:棚户区改造是一项民生工程、民心工程,有利于提高人民生活水平,有利于提升城市形象,有利于改善经济发展环境;安居才能乐业,要千方百计帮百姓圆一个安居梦。强卫要求南昌市广大党员干部以棚改工作实践党的群众路线,在服务群众中提升认识,锤炼本领,开创“政府为人民,搬迁起高潮,百姓别棚户,旧城换新颜”的生动局面。

【王文涛看望慰问东湖区环卫工人】 12月30日下午,中共江西省委常委、南昌市委书记王文涛到东湖区下沙窝社区,看望慰问一线环卫工人。王文涛一一询问环卫工人的工资待遇及生活情况,并为他们送上新年的祝福和慰问品。王文涛充分肯定东湖区实现机械化作业管理降低环卫工人劳动强度并提高工资待遇的做法,指出,全社会都要尊重环卫工人职业和劳动成果,各级党委和政府要关爱环卫工人,逐步提高他们的收入,减轻劳动强度,形成自觉维护环境卫生的良好风气。市委常委、市委秘书长江晓斌陪同慰问。

【姚亚平到东湖区调研文化产业发展情况】 12月31日下午,中共江西省委常委、宣传部部长姚亚平来到江西非物质文化遗产樟树林展示馆,调研文化产业发展情况。姚亚平一行参观体验了博览区、体验区、临展区和多功能区4个展区,详细了解非遗馆的功能、亮点、特色,认真观看了进贤活字印刷和瑞昌剪纸等展示,详细询问了展示馆开馆以来的人流量、运营情况、面临的困难以及需要政府支持帮助的事项。姚亚平指出,樟树林非遗展示馆作为江西首家非物质文化遗产展示馆,为江西非遗保护与传播做出了很好的榜样,也为非遗传承人提供了一个良好的展示及发展平台,下一步要精心谋划,通过优化业态、展示展演、媒体宣传、人才培养等途径,不断推陈出新,提升品质,使非遗馆做大做强,使非物质文化遗产在传承中得到保护。南昌市委常委、宣传部部长曾光辉陪同调研。

(裘　洁)

区级领导机构成员名单

(副县级及以上,截至2013年12月底在任)

中国共产党东湖区委员会

书　记:戴晓明
副书记:贺瑞虎　罗毛则
常　委:喻国泰　黄国农　陈　曙　王志勤
　　　　焦玉庄　李中华(6月任职)
　　　　唐铭市(12月任职)

南昌市东湖区人民代表大会常务委员会

主　任:闵建波

副主任:毛惟仁　陈东亮　彭雅琳(女)
　　　余　瑾(女)　谢　蓉(女)
　　　桂　兵

南昌市东湖区人民政府

区　长:贺瑞虎
副区长:黄国农　童萍如(女)　毛永钢
　　　杨玉章(4 月任职)

中国人民政治协商会议南昌市东湖区委员会

主　席:王　玮(女)
副主席:敖晓焕　胡中平　欧阳桃花(女)
　　　郑洪健

南昌市东湖区人民武装部

部　长:李中华(3 月任职)
政　委:林正通(12 月任职)
副部长:吴　葵

(涂庆洋)

区直机关各单位(含垂管单位)负责人名单

(正科级及以上,截至 2013 年 12 月底在任)

区委工作机构

区委办公室
　主　任:杨　斌(12 月任职)
区委台湾工作办公室
　主　任:胡　政
区委组织部
　部　长:陈　曙
　常务副部长:毛　青(女)
区直机关工委
　书　记:张庆川
区委老干部局
　局　长:龚武红(女)
区委宣传部
　常务副部长:冯玉成(12 月任职)
区委统战部
　部　长:焦玉庄
区侨联
　主　席:林　霞(女)
区委政法委
　书　记:王志勤
常务副书记:谈　浔
区综治办
　主　任:饶接华
区委、区政府信访局
　局　长:涂　勇
区纪委
　书　记:喻国泰
　副书记:鞠跃春(女)　余　坚　谌卫东
区编委办公室
　主　任:魏桂文(女)
区委党校
　校　长:赵兴中
区委防范和处理邪教问题领导小组办公室
　主　任:罗长水
区史志办公室
　主　任:陈耀武
区机关事务管理局(区委、区政府接待办)
　局　长(主任):吴建文

区人大机关

常委会办公室
　主　任:李明儿
内务司法工作委员会
　主　任:万云初(8 月任职)
财政经济工作委员会
　主　任:徐小玲(女)
教科文卫工作委员会
　主　任:何承恩(12 月任职)
选任联工作委员会
　主　任:吴　蕾(女)

区政府工作机构

区发改委
　主　任:杨　斌
　书　记:熊丽芳(女,12 月任职)
区教科体局
　局　长:陈光辉

书　记:舒小红(女)
区司法局
局　长(书记):罗咏琴(女)
区民政局
局　长(书记):谭阿莉(女)
区财政局
局　长:万　勇
书　记:邓震国
区人力资源和社会保障局
局　长(书记):万里涛
区审计局
局　长:卜昌平
书　记:程振纺
区环境保护局
局　长:陈　峰(女)
书　记:徐钟星
区城市建设局
局　长:万晓荣
书　记:何　平
区城市管理局
局　长:胡雪洪
书　记:李国新
区住房保障和房产管理局
局　长:周　凯
书　记:徐顺姣(12月任职)
区商务局
局　长(书记):郭小玲(女)
区文化广电旅游新闻出版局
局　长(书记):胡　薇(女)
区卫生局
局　长:钟　华
书　记:王　越
区人口计生委
主　任(书记):彭玉兰(女)
区统计局
局　长(书记):廖　军(女)
区安全生产监督管理局
局　长:毛国建
区监察局
局　长:余　坚
区人民防空办公室(区民防局)
主　任(局长):卢国华

八一桥街办
书　记:谢国泉
主　任:宋　晓
豫章街办
书　记:陈明华
主　任:许前佐
墩子塘街办
书　记:李青峰
主　任:王丽萍(女)
百花洲街办
书　记:周春雷
主　任:付振海
公园街办
书　记:刘小玲(女)
主　任:杨征宇
大院街办
书　记:熊　敏(女)
主　任:张　勇
董家窑街办
书　记:万　华(女,9月任职)
主　任:张　群(女,12月任职)
彭家桥街办
书　记:高迪生
主　任:查秋滚
滕王阁街办
书　记:熊时钢
主　任:邱　波
贤士湖管理处
书　记:章建云
主　任:陈海龙
区档案局
局　长:林　波
区行政服务中心
主　任:张　焰(女)
区企业资产管理服务中心
主　任:范　洪
书　记:周　璐
区金融工作办公室
主　任:万可谦(5月任职)
区防震减灾局
局　长:白　雪(12月任职)
区城投公司

董事长(总经理):谢　斌

区政协机关

办公室
　主　任:谢建平
专门委员会办公室
　主　任:王树珊(女,5 月任职)
研究室
　主　任:王丽萍
提案委员会办公室
　主　任:罗建国

区群团组织

区总工会
　主　席:欧阳桃花(女)
　常务副主席:李永兴
团区委
　书　记:黄　灿
区妇联
　主　席:王棠棣(女)
区科协
　主　席:廖德厚
区工商联
　主　席:胡涛湘(女)
　书　记:姚　涛
区残联
　理事长:熊春萍

区人民法院

　院　长:钟　瑛(女)

区人民检察院

　代检察长:杜迎春(女,3 月任职)

区垂管单位

东湖公安分局
　局　长:杨玉章(3 月任职)
东湖区国税局
　局　长:帅盛武(4 月任职)
东湖区地税局
　局　长:游　华
市地税直属分局
　局　长:马云南
东湖区工商局
　局　长:王君健
东湖区质量技术监督分局
　局　长:韩云峰
市国土资源局东湖分局
　局　长:吴有根
东湖交警大队
　大队长:彭亚东
　教导员:彭筱敏
东湖消防大队
　大队长:付剑文
　教导员:龚晓春
大院消防大队
　大队长:聂　珞
　教导员:汪子新
市城市管理行政执法局东湖区分局
　局　长:张志忠(12 月任职)
　教导员:王长福
市食品药品监督管理局东湖分局
　局　长:邓雪玲(女)
市城乡规划局东湖分局
　局　长:江　丹

(涂庆洋)

中国共产党南昌市东湖区委员会

综　述

2013年，中共东湖区委在市委、市政府的正确领导下，以加强党的建设为保障，区委常委会积极发挥核心引领作用，团结带领全区广大干部群众，加快东湖区经济社会又好又快发展，各方面工作都取得明显成效。

突出转变发展方式，经济平稳较快发展。2013年，全区地区生产总值达404.13亿元，同比增长9.6%；固定资产投资达114.3亿元，同比增长20.2%；社会消费品零售总额达266.2亿元，同比增长10.5%。实现财政总收入46.4亿元，同比增长6.2%；实现地方公共财政预算收入10.1亿元，同比增长17%。全区实际利用外资1.39亿美元，同比增长14.93%；实际利用内资25.62亿元，同比增长24.17%；出口创汇4.62亿美元，完成年计划的108.65%，同比增长19.41%。全力培育新型业态。着力发展金融配套服务等特色产业，大力发展电子商务产业，实现与红谷滩金融中心错位互补、协同发展。着力推动招商选资。突出招大引强，成功引进千万元以上项目60个，亿元以上重大项目6个。大力发展文化产业。重点扶持樟树林文化生活公园，提升791艺术街区产业项目业态。顺利推进项目建设。大力开展“项目推进年”活动，全区28个重点重大项目均取得一定进展，区综合服务中心建筑主体已经封顶。

紧扣提升城区品质，不断提高宜居水平。加快基础设施建设。投入5000万元全面开展33个社区环境综合整治工程。全力推动旧城改造。在全市率先完成轨道交通2号线（东湖段）房屋征收总任务的70%，启动南昌“拆违拆临、建绿透绿”专项行动第一拆。提高城市管理水平。率先在全市推广市容环卫作业市场化运营。

大力发展社会事业，着力保障改善民生。民生工程有力推进。坚持“百姓点菜、政府买单”的原则，在全省率先推动家庭服务企业化发展，率先创建“三位一体”社会工作园地，在全市率先启动被征地农民参加养老保险工作。社会事业协调发展。按照“全市领先、全省率先、全国争先”的要求，全区教育教学设施和信息化水平位居全省前列，在全市率先建设10个慢病防控健康小屋，率先开创了社区契约式服务新模式。人口计生工作连续六年获得市综合考核一等奖，连续五年获得省综合考核一等奖。

切实优化发展环境，保持社会和谐稳定。完善民主政治建设。支持人大及其常委会依法履行职责，支持政协积极履行职能。坚持党管武装，巩固和发展最广泛的爱国统一战线。支持工会、共青团、妇联等群团组织积极参与社会管理和公共服务，重点做好了贫困青少年学生助学工作。支持区法院、检察院依法独立行使审判权、检察权。扎实推进文明创建。章金媛获得全国第四届道德模范提名奖，司瑞入选10月份“中国好人榜”诚实守信类中国好人。广泛开展“讲文明、树新风”活动，深入推进群众性精神文明创建活动，积极开展志愿服务工作。加强社会管理创新。推行综治工作全覆盖，积极开展平安创建活动，全面推进社区网格化管理，充分发挥治安信息员和平安志愿者等群防群治队伍作用。深化区领导包案和信访值班暨视频接访工作，积极开展信访积案“大约谈、大调度、大化解”活动。

全面加强党的建设，切实提供坚强保证。引领方向，加强思想政治建设。先后多次召开区委常委会会议、区委全会和区委理论中心组专题学习会安排部署学习传达党的十八大和十八届三中全会精神的相关工作。提升素质，加强干部队伍建设。进一步深化干部人事制度改革，做到三个坚持，选人用人公信度进一步提高。夯实基础，加强基层组织建设。着力提高基层党建工作水平，积极开展创建服务型基层党组织试点工作。强化监督，加强党风廉政建设。严格落实中央“八项规定”，改进会风文风、压缩“三公”经费支出。以身作则，加强区委常委会自身建设。坚持区委理论中心组学习制度，先后组织18次集中学习。认真贯彻民主集中制，出台《中共东湖区委议事规则(修订)》。坚持带头反“四风”、转作风，改进调查研究、改进文风会风、改进公务接待、厉行勤俭节约，切实做到廉洁从政。

(黄锦珩)

区委重要会议

【区委十一届七次全体(扩大)会议】 8月6日召开。会议的主要内容是：深入贯彻落实党的十八大精神和习近平总书记一系列重要讲话精神，传达省委十三届七次全体(扩大)会议及市委十届七次全体(扩大)会议精神，总结2013年上半年全区工作，研究部署当前和今后一个时期的主要工作任务。

【区委十一届八次全体(扩大)会议】 12月23日召开。会议的主要内容是：深入学习贯彻党的十八届三中全会精神，传达市委十届八次全体(扩大)会议精神，报告区委常委会2013年的工作，科学谋划和部署2014年全区工作。

(肖　丽)

区委重要决策

【概况】 2013年，中共东湖区委以加强党的建设为保障，积极发挥核心引领作用，带领全区上下加快经济社会又好又快发展。先后制定并印发《经济发展工作考核办法》《关于进一步加强廉政文化建设的实施意见》《关于改进工作作风、密切联系群众的若干规定》《项目推进年工作实施方案》《信访突出问题和赴京访问题实行区领导包案》《中共东湖区委议事规则(修订)》《2013年东湖区党风廉政建设和反腐败工作任务分工意见》《贯彻落实〈关于实行党风廉政建设责任制的规定〉的实施细则》《综合目标管理考核实施意见》。

【经济发展工作考核办法】 2月22日，区委、区政府印发《2013年经济发展工作考核办法》。《考核办法》主要是通过建立经济发展目标分解落实机制，加强对各项经济指标的评估与监测，强化对经济运行情况的分析，全面把握经济运行态势，确保全年经济发展目标任务顺利完成。考核计分及奖励办法，经济工作考核实行每月一通报、季度一考评、年终总考核的办法，并按总分数由高至低进行排名。将经济发展目标考核问责情况纳入全区目标考核内容，每约谈一次在经济发展考核得分中倒扣1分。

【进一步加强廉政文化建设的实施意见】 2月22日，区委印发《关于进一步加强廉政文化建设的实施意见》。旨在通过强廉政文化建设，构建具有时代特征、东湖特色的廉政文化建设体系，树立领导干部清正廉洁、秉公用权的价值理念，培育全区公民廉荣贪耻、诚实守信的道德观念，增加社会各界大力支持、有序参与反腐倡廉的责任意识，使廉洁价值的理念更加深入人心，党员干部廉洁从政的思想基础更加扎实，廉洁文化的社会舆论氛围更加浓厚，人民群众对反腐倡廉的满意度明显提升，努力做到干部清正、政府清廉、政治清明。

【改进工作作风、密切联系群众的若干规定】 2月28日，区委、区政府印发《关于改进工作作风、密切联系群众的若干规定》。为全面贯彻落实中央政治局关于改进工作作风、密切联系群众的八项规定，坚决克服官僚主义、形式主义，以优良的党风带动政风民风、凝聚建设繁荣精品幸福文明东湖的强大力量，推动东湖又好又快发展，对全区各级领导干部改进工作作风、密切联系群众作出规定。包含八个方面，即：改进调查研究、密切联系群众、精简会议活动、减少文件简报、改进规范公务接待、规范出国(境)管理、厉行勤俭节约、加强监督管理。

【项目推进年工作实施方案】 3月4日,区委、区政府印发《“2013年项目推进年”工作实施方案》。坚持项目驱动发展战略,以实施“项目推进年”活动为抓手,以提高项目推进认识为基础,以完善项目推进机制为重点,以转变作风优化环境为保障,强力推进一批重大重点项目,为加快繁荣精品幸福文明东湖建设注入强劲动力。“项目推进年”活动以区委、区政府确定的2大类28个重点项目为主要工作对象,确保通过一年的努力,28个项目均能取得实质性进展。通过高质量、高效率、高水平地推进重大重点项目建设,为加快东湖发展提供有力保障。

【处置信访突出问题和赴京访问题的有关措施】 3月26日,区委、区政府印发《关于对信访突出问题和赴京访问题实行区领导包案的通知》。为切实做好全区信访稳定工作,对近期区本级排查和上级交办的45件信访突出问题和赴京访问题(区本级排查8件,市交办37件)实行区领导包案。同时,全区2012年确定区领导包案信访问题中待解决的24件问题也与该次区本级排查确定区领导包案问题一并再次下发。包案工作要求按照“谁包案,谁负责”的原则,建立一个由区包案领导负责,相关责任单位人员参加的调处稳控工作小组,逐案分析研究,制定处理方案。各责任单位对区包案领导负责,主动向区包案领导汇报信访事项的处理情况,包案的信访事项要求定措施、定时间、定责任,按要求完成。信访事项的处理情况必须报区包案领导审定签字。

【中共东湖区委议事规则(修订)】 5月23日,区委印发《中共东湖区委议事规则(修订)》。为了更好地坚持民主集中制原则,不断增强区委集体领导效能,充分发挥区委总揽全局、协调各方的领导核心作用,提高区委决策的制度化、规范化和科学化水平,根据《中国共产党章程》《中国共产党地方委员会工作条例(试行)》《中共南昌市委议事决策规则(修订)》及有关规定,结合东湖区实际,制定该规则。

【党风廉政建设和反腐败工作任务分工意见】 7月22日,区委、区政府印发《2013年东湖区党风廉政建设和反腐败工作任务分工意见的通知》。为明确责任和工作要求,确保2013年反腐倡廉各项任务落到实处,根据党风廉政建设责任制的规定,对区委各部门、区直各单位贯彻落实2013年反腐倡廉工作任务提出以下分工意见。一是严明党的纪律,坚决维护党的集中统一和政令畅通;二是加强作风建设,为打造核心增长极营造良好环境;三是坚持源头治腐,加大预防腐败力度;四是坚决查处违纪违法案件,始终保持惩治腐败的高压态势。

【贯彻落实〈关于实行党风廉政建设责任制的规定〉的实施细则】 8月8日,区委、区政府印发《贯彻落实〈关于实行党风廉政建设责任制的规定〉的实施细则》。为加强全区党风廉政建设,明确各级领导班子、领导干部在党风廉政建设中应负的责任,保证党和政府关于党风廉政建设各项决策和部署的贯彻落实,根据省委、省政府、市委、市政府《贯彻落实〈关于实行党风廉政建设责任制的规定〉的实施细则》,结合东湖区实际,制定该细则。该细则适用于全区各级党的机关、人大机关、行政机关、政协机关、审判机关、检察机关的领导班子、领导干部;人民团体、集体企业、事业单位的领导班子、领导干部参照执行该细则。

【综合目标管理考核实施意见】 12月26日,区委、区政府印发《2013年度综合目标管理考核实施意见》。根据区别对象、划块归口的原则,将全区综合目标管理考核对象分为四类:各街办(管理处)、有经济指标任务的区直部门和单位、其他区直部门和单位、垂管单位共66个。综合目标管理考核实行平时考核与年终考核、定量考核与定性考核、责任部门会审与区领导评分相结合,采取自查自评、综合会审、区领导评分、抽查核实、结果审定的方法和步骤进行。

(熊志红)

区委中心组理论学习

【概况】 2013年,中共东湖区委中心组理论学习坚持理论联系实际,进一步健全学习制度,不断拓宽学习内容,创新学习形式,增强学习实效,大力提高领导干部的理论素养和实际工作能力,为进一步实现“繁荣精品幸福文明”东湖区提供强大的思想保证、精神动力和智力支持。区委中心组开展理论学习8次。

【举办学习贯彻党的十八大精神培训班】 2月25－26日，东湖区在区政府七楼礼堂举办全区领导干部学习贯彻党的十八大精神培训班，深入学习党的十八大精神和习近平同志在十八届中央纪委二次全会上重要讲话精神，开展理想信念和党风廉政建设教育。全区副科级以上领导干部计300余人参加培训。中共东湖区委书记戴晓明以《用心履职，增强能力，做一个对东湖发展有所作为的人》为题进行了授课，区长贺瑞虎以《以更宽视野、更新思路、更高标准推动东湖区有更大作为》为题阐述了参加全市领导干部学习班的几点体会；区委常委、纪委书记喻国泰，区委常委、组织部部长陈曙分别以《深入学习贯彻党的十八大精神，深入推进反腐倡廉建设的各项任务》《深入学习贯彻党的十八大精神，提高党的建设工作水平》为题进行授课。通过系统学习，全区领导干部进一步坚定了信心，紧密联系东湖区改革发展的实际，把党的十八大精神贯彻落实到加速建设“繁荣精品幸福文明”东湖区的各项工作中去，真正使十八大精神在武装头脑、指导实践、推动工作上取得新成效。

【举行省委十三届七次全会精神宣讲报告会】 8月19日上午，东湖区在区政府七楼礼堂隆重举行江西省委十三届七次全会精神宣讲报告会，邀请南昌市“省委十三届七次全会精神”宣讲团成员——南昌师范高等专科学校副校长、南昌教育学院院长吴龙主讲。全区副科级以上领导干部300余人参加了报告会。报告会由区领导贺瑞虎主持。吴龙对省委全会精神进行了深刻和全面的解读，对东湖区领导干部全面领会省、市全会精神，深刻理解“发展升级、小康提速、绿色崛起、实干兴赣”十六字方针，具有十分重要的指导意义。贺瑞虎要求全区上下深刻领会省委十三届七次全会和市委十届七次全会精神，进一步把思想和行动统一到全会精神以及省委、市委战略部署上来，要结合本部门实际，认真找准贯彻落实全会精神切入点、着力点，把省委、市委全会精神真正转化为工作的动力、思路和方法，从而不断取得新成就。

【召开区委理论中心组学习(扩大)会】 10月18日下午，东湖区在区委三楼多媒体会议室召开区委理论中心组学习(扩大)会。区委、区人大、区政府、区政协班子成员，区人大、区政协调研员，区人武部政委，区法院院长参加会议。会议学习习近平总书记9月23日在参加河北省委常委班子专题民主生活会时的重要讲话以及人民日报评论员相关评论文章，区领导贺瑞虎围绕习近平总书记讲话精神结合全区正在大力推进的“拆违拆临、建绿透绿”专项行动以及2014年全区旧城改造工作进行了相关部署。区领导戴晓明提出三点意见：一是要认真学习、深刻领会。要把认真学习贯彻习总书记的重要讲话精神作为当前的一项重要政治任务。二是要深入贯彻、抓好落实。要坚持用习总书记重要讲话精神提升自我境界，紧紧抓住坚强党性这个思想源头，指导推动东湖工作。三是要严格要求，当好表率。全区党员领导干部既是学习贯彻活动的组织者、领导者，同时又是学习贯彻的主要对象，领导干部要严格自我要求，做信仰坚定、勤政为民、狠抓落实、廉洁自律的表率。

【举行“党的十八届三中全会精神”宣讲报告会】 12月17日，东湖区在区政府七楼礼堂举行“党的十八届三中全会精神”专题宣讲报告会。报告会由中共南昌市委政策研究室主任张湘赣主讲，区领导罗毛则主持。全区副科级以上领导干部及部分社区(村)干部300余人参加报告会。张湘赣对十八届三中全会精神进行了深刻和全面的解读，内容丰富。罗毛则要求全区上下继续深入学习、深刻领会党的十八届三中全会精神，进一步把思想和行动统一到全会精神上，落实到推动全区各项工作上；要深度思考，认真研判、科学谋划2014年的工作，奋力推进发展升级、小康提速、绿色崛起的新思路新举措，促进东湖区经济社会发展达到一个新的高度，为南昌打造核心增长极，做出东湖区应有的贡献。

(袁　洁)

纪律检查与行政监察工作

【概况】 2013年，东湖区纪检监察机关严格执行中央八项规定及江西省委若干规定，明确职责定位,突出主业主责,以落实党风廉政建设责任制和依法依纪查办案件为两大抓手,转职能、转方式、转作风,党风廉政建设和反腐败工作取得新的明显成效。

【落实党风廉政建设责任制】 2013年,东湖区牢牢把握党风廉政建设责任制的龙头地位,努力做好"三坚持",即坚持把党风廉政建设责任制的落实纳入全区重要议事日程,区委常委会7次专题研究有关反腐倡廉工作议题,审议通过了6个廉政制度文件;坚持把党风廉政建设责任制落实与全区党政"一把手"履职尽责紧密结合起来,通过层层签订党风廉政建设目标责任状,切实强化第一责任人意识;坚持以检查考核的实效确保党风廉政建设责任制落实,在日常监督与专项考核的基础上,全力做好党风廉政建设社会评价工作,通过对比分析评价结果,分清责任部门,及时督促整改,确保党风廉政建设责任制有效落实。

【开展落实八项规定专项整治】 2013年,东湖区纪检监察机关在全面督查的基础上,深入开展了严禁公款吃喝、公款送礼、公车私用、酒后驾车、出入私人会所等专项整治活动,督促各单位落实中央八项规定。重点围绕三个方面狠抓督促落实:针对元旦、春节、中秋、国庆等重要节日的不正之风,出台《关于元旦、春节期间党员干部改进工作作风和加强廉洁自律的通知》《关于坚决刹住中秋、国庆期间公款送礼等不正之风的通知》《关于严禁公款购买、印制、寄送贺年卡等物品的通知》等规定,并进行专项检查30余次。针对公车私用问题,管理做到四定,即定人管理、定人驾驶、定点停放、定点维修;监督做到四查,即查油卡,查节假日、双休日停放,查学校、幼儿园接送小孩,查过桥过路费;在国家法定节假日及双休日基本做到公务用车封存。针对公务接待问题,明确区内不吃请,并组织人员适时开展暗访。通过坚持抓、反复抓,成效进一步凸显。全年,会议数量和规模平均压缩了30%,文件数量压缩约20%,"三公"经费下降12%,其中公务接待费下降37%。

【实施"零容忍"查办贪腐案件】 2013年,东湖区纪检监察机关按照"以治标为主,为治本赢得时间"的要求,把查办案件放在更加突出、更加重要的位置。坚持重要信访举报件集体研究和审批制度,精心筛选案件线索,进行重点核查。强化对办案情况的考核,建立办案人才库,有效整合办案力量,促进办案工作。全年共受理信访举报88件,初核22件,立案9件,结案4件,其中给予党政纪处分8人,移送司法机关2人。重点查处原公园村书记殷志华贪污等案件。

【严格依法依纪办案】 2013年,东湖区纪检监察机关严格依纪依法办案。强化办案纪律教育,严防跑风漏气,严禁以案谋私。进一步规范了办案手续审批流程,制定《廉政谈话场所使用管理规定》《廉政谈话场所保密制度》等12项办案安全制度,建设了规范化的谈话场所,强化了谈话场所管理,确保办案安全"零事故"。

【强化执法监察和纠风效能工作】 2013年,东湖区纪检监察机关严格履职,执法监察和纠风效能工作有效加强。突出问责,注重运用监察建议和约谈方式进行执法和效能监督,对基层规范公正文明执法情况开展专项执法监察2次,强化基层执法单位和个人依法行政意识,规范行政执法行为,着力推进了全区各行政执法部门严格规范公正文明执法。强化督查,对全区行政审批事项清理工作进展情况进行督查,重点对青山湖西岸拆迁及"拆违拆临、建绿透绿"等工作中履行职责情况进行督查,充分发挥环境监测点作用,合理运用明察暗访手段,全面查找各单位存在的不履行职责和行业不正之风问题,发现问题42个,督办整改42个,处理8人。认真调查核实群众投诉举报的各类纠风效能问题,全年共受理投诉举报35件,办结35件,处理2人。

【开展净化风气各类专项治理活动】 2013年,东湖区纪检监察机关在全区开展"红包"问题专项治理,深化"当干部就不能收红包,收红包就要丢官帽"的理念。截至年底,全区主动上交"红包"款66250元。深入开展民生资金管理使用情况专项核查。全区共查处违规资金192.51万元。其中,卫生专项资金155.61万元,家电下乡补贴2万元,农村劳动力培训资金35万元。联合相关部门启动了中介组织、"路风"、吃空饷等专项治理活动,有效净化了政风民风。

【深化源头治腐工作】 2013年,东湖区纪检监察机关坚持"抓早抓小",源头治腐工作不断深化。

建立健全早发现、早处置机制，对一般性、苗头性、倾向性问题充分运用函询、信访提醒谈话和廉政谈话等手段及时教育提醒，防止小错酿成大错。2013 年函询 2 人，信访提醒谈话 3 人。善用巡查手段，对 14 个单位开展党风廉政巡查，提出整改建议 22 个。

【创新“权利运行”的监督手段】 2013 年，东湖区纪检监察机关充分发挥科技反腐的威力，重点运用电子监察系统，切实加强对“权力运行”全过程尤其是关键节点的监督。全面推行权力公开透明运行，严格落实党政一把手“六个不直接分管”规定和“三重一大”事项决策制度，不断提升权力运行的科学化、民主化水平。深入推进风险岗位廉能管理，有效防止权力滥用风险。结合全区实际，对腐败易发区域进行重点攻坚，主要是进一步健全和完善了重大工程建设项目廉政派驻监督相关制度，对工程建设项目实行倒查责任机制，对监督的内容和重点进行了合理调整。全年，开展派驻监督检查 42 次，发现问题 57 个，发出监察建议书 6 份，训诫谈话 1 人，全区通报批评 1 人。《中国纪检监察报》对东湖区此项工作进行了报道，给予肯定。

【加强廉政文化宣传教育】 2013 年，东湖区纪检监察机关出台了《东湖区廉政文化建设意见》，建设廉政文化示范点 4 个。组织全区党员干部参观江西省反腐倡廉教育基地、观看警示教育片《戒鉴Ⅱ》。结合党风廉政建设社会评价工作，开展“扬清廉正气、树东湖形象”廉政文化系列活动，在全区上下充分营造崇廉尚廉的良好氛围。善用主流媒体，加强正面宣传，主动应对和引导舆论，当年《中国纪检监察报》对东湖区党风廉政建设和反腐败工作进行了 5 次宣传报道。

【加强自身廉政建设】 2013 年，东湖区纪检监察机关坚持“打铁还需自身硬，队伍建设是根本”的理念，不断提升干部队伍自身建设。加强教育培训，提升履职能力，开展 4 期“东湖廉政文化沙龙”活动，选送干部 9 人次参加中央、省、市纪委培训、跟班学习，深入开展“纪检监察创新工作评比”活动，共对 12 项创新工作立项，这些活动最大限度激发了干部干事创业的热情与活力，有效拓宽了工作思路，提升了工作能力，全年全区纪检干部共有 2 人选调省市纪委，4 人得到提拔，其中 2 人任区直单位主要领导。带头落实中央八项规定，做坚定的执行者和监督者，围绕贯彻落实中央八项规定，从区纪委常委会抓起，切实转作风、树新风，进一步密切联系群众，服务群众，积极开展下访和入企听诉活动，协调解决相关问题 5 个。强化内部管理，健全岗位责任体系，严格工作流程，强化纪律要求，进一步明确纪工委、监察分局的职责定位，完善了工作运行机制，对业务工作建立考核制度，深入开展会员卡清理活动，全区纪检监察干部递交了会员卡零持有报告。

（陈新星）

区委办公室工作

【概况】 2013 年，中共东湖区委办公室在区委的正确领导和市委办公厅的精心指导下，紧紧围绕全区中心工作，紧扣“岗位即责任、服务即形象、效能即生命”工作目标，积极发挥“参谋决策、运行保障、督查落实”职能，着力提升工作质量和服务水平，较好完成年度各项目标任务，荣获东湖区(2012－2013 年度)文明单位、全区社会治安综合治理先进单位、全区综合目标管理考核先进单位等称号和全市上报市委信息工作优秀单位称号。

【信息工作】 2013 年，区委办公室坚持增强信息的敏锐性、时效性，当好领导“耳目”，抓信息渠道畅通，增强信息报送时效；抓信息网络健全，增强信息覆盖面。尤其是加大了对各街办信息工作的指导，全区信息基础力量得到进一步巩固和增强。全年共编撰《东湖信息专报》15 期；上报信息 480 余条，被《今日南昌信息》录用 105 条。其中，贯彻落实王文涛书记到东湖调研时讲话精神被市委主要领导批示。

【调研工作】 2013 年，区委办公室重点围绕区委中心工作，参与谋划，深入调查研究，先后就贯彻落实中央八项规定、综合目标管理考核的实施、民营经济现状等工作，牵头组织人员深入基层各单位，开展调研，拟定了《关于认真学习贯彻中央政治局改进工作作风、密切联系群众八项规定的通知》《东湖区民营经济发展现状分析》等相关文件和意见,为区委的重大决策发挥了参谋作用。

【督促检查】 2013 年,中共东湖区委为了强化督查工作,成立了区委督查室,相应配强了督查力量,并明确各级党委工作职责,做到决策与落实并重,一级抓一级,层层抓落实。同时,赋予区委督查室组织协调、调查核实、情况通报、处理问题等方面必要职权,对区委督查室在列席重要会议、查阅重要文件和资料等履职必要权限作出了规定。要求加强统筹协调,充分发挥相关职能部门的作用,建立健全定期沟通交流制度,实现督查活动的联动。全年,区委办公室按照区委要求,牵头组成专项督查小组对青山湖西岸片区征地拆违、省体育局周边区域环境治理、赣桥北路夜市摊点整治等群众关心的社会热点、难点问题进行全面督查,并联合相关部门开展联合行动,维护了督查权威,保证了区委决策的有效落实。

【办文办会】 2013 年,区委办公室认真贯彻落实中央八项规定,厉行勤俭节约,反对铺张浪费,严把文件、会议审批关,做到不该开的会不开、不该发的文不发,突出抓好全区重大会务、重要活动的统筹,对重要会议的各个环节进行规范,增强了办会工作的预见性和计划性。全年,在严格遵守中央八项规定的前提下,较好地完成了区委全会、全区领导干部大会、吉安市吉州区来区考察、九江市浔阳区来区考察等大型综合会议(活动)的筹办工作。同时,推行文件印发层级负责制,把好文件的起草、校对、审签的各个环节关口,实现印发的每份文件、文稿准确规范。截至 2013 年 11 月,发文 69 份,与 2012 年同期相比减少发文 15 份;组织召开 27 次会议,与 2012 年同期相比减少会议 9 次,办文办会效率得到进一步提升。

【机要保密】 2013 年,区委办公室时刻绷紧安全保密这根弦,增强安全保密意识,认真开展《保密法》的宣传教育工作,再次印发保密工作宣传手册;落实责任,强化措施,特别加强对重点涉密单位和岗位的监督指导,抓好计算机信息系统和信息设备的保密检查;完善保密设施,精确管控、动态管控、全程管控,严防各类失泄密事故发生;充分发挥机要密码通信的主渠道作用,做到通信绝对畅通,严格双人监管制度,做到密码绝对安全;积极参加省、市组织的全岗业务培训,顺利通过考核评定;严格值班制度,进一步完善各类电报文件的接收、登记、保管、呈办、落实工作,未发生失窃密事件,确保了各项工作日常运行的安全。荣获省级保密机要征文三等奖。

【来信来访】 2013 年,区委办公室进一步完善单位信访接待制度,全年共受理来信来访 46 件,依规依法受理信访诉求 20 件,合理转交信访有关单位 26 件。畅通“民声通道”办理渠道,共处理省、市、区“民声通道”群众诉求转办件 108 件,督办处理社情快报件 9 件,回复率 100%,办理情况受到省市区业务单位领导肯定,并将处理结果多次刊登在南昌日报作为办理范例。

【自身建设】 2013 年,区委办公室从三个方面进一步加强自身建设,一是认真学习并落实八项规定。专门召开座谈会,围绕中央、省委、市委和区委关于八项规定的有关要求进行系统学习,开展自查自纠,通过对照检查找差距,使单位改进工作作风、密切联系群众的能力得到进一步加强。二是做好组织协调工作。增强工作的主动性和预见性,加强与上级部门的沟通,注重与省委办公厅、市委办公厅日常的联系,及时了解上级业务部门的工作动态;强化横向衔接,注重与五大家办公室的沟通,及时就重要工作的安排部署进行协商,整合各方力量形成合力;强化全区党委办公系统“一盘棋”意识,注重业务培训、指导和重要工作的调度安排,抓好部门之间的工作协调。三是提升工作人员写作能力。以提升文字能力为核心,对办公室成员实行“全岗轮动”,采取以老带新“传帮带”的形式,建立文稿起草分工责任制和文稿起草干部队伍梯队,提高工作人员的整体文字能力。通过推进资源共享、交叉互动,让每一位工作人员都能掌握第一手资料;召开文稿起草碰头会讨论协调,掌握拟办材料的主旨要义,提高办文效率;组织日常成功范文学习交流,努力汲取各方面的营养。

(樊　昆)

组织工作

【概况】 2013 年,东湖区组织工作在区委的正确领导和市委组织部的具体指导下，按照省、市组织工作会议要求，紧紧围绕全区工作大局，立足全局、把握重点、创新方法、求真务实，认真深入开展了学习贯彻党的十八大精神活动；深化干部人事制度改革，进一步提高选人用人公信度；扎实推进干部教育培训，领导班子和干部队伍整体素质进一步提升，加强对基层党组织的督促指导和对党员的教育工作，有效落实了党建工作责任制，基层党组织的凝聚力进一步增强，为构建"繁荣精品幸福文明"东湖区提供了坚强的政治保证和组织保证。区委组织部荣获"共建英雄城、共圆中国梦"主题知识竞赛"组织奖"，报送的《由"1"到"1+3"彭家桥街办区域化党建工作见成效》获南昌市优秀党员教育电视片三等奖。

【开展新党章学习活动】 2013年，东湖区采取多种形式深入贯彻学习党的十八大精神，掀起了学习贯彻新党章的热潮。5月，在区政府七楼礼堂组织开展了"学党章、讲党课"活动，时任中共东湖区委书记戴晓明为全区300余名领导干部及广大党员讲了一堂"加强党性修养，提高自身素质，做个有梦、追梦、圆梦的东湖人"的主题党课；"七一"前夕，区委组织部举办了以"学党章、作表率"为主题的学习新党章知识竞赛活动，全区26支代表队的130名选手参与，东湖区教科体局获得第一名。

【做好干部选拔工作】 2013年，为"把好用人导向关、把好推荐提名关、把好考察任免关"，形成注重实绩、群众公认的用人导向，区委组织部严格把握拟任干部资格条件并多方征求意见，坚持干部任免票决制与组织考察相结合，提高了干部选拔任用工作的民主化程度。全年，共提交区委常委会任免干部3批次，调整干部113人次，其中提拔重用干部68人次，平职交流及其他45人次；召开区委全委（扩大）会对3名街道和区直单位党政正职拟任人选进行了票决。

【创新干部教育培训模式】 7月底，东湖区由四名县级领导带队，组织全区各街道、区直各单位主要负责人共40人在浙江大学举办领导干部"现代化城市与管理"培训班，培训内容主要是公共管理、城市管理、经济管理、现代服务业四个方面的内容，较好地提高了全区领导干部谋划和推进城区科学发展的意识和能力。

【推进党员教育和管理】 2013年，区委组织部为进一步推动发展党员和党员管理工作科学化、规范化、制度化，不断提升发展党员质量，制定下发了《关于加强新形势下发展党员和党员管理工作的通知》，以打造一支高素质党员队伍，保持党的先进性和纯洁性。为完善机关党组织和党员干部经常性联系、服务基层和群众的机制，制定下发了《关于进一步推动全区机关在职党员联系服务居住地社区开展志愿活动的通知》，组织全区700余名机关在职党员到居住地社区报到并认领了志愿服务岗位。

【成立全区第一个流动党员党支部】 2013年，为加强对流动党员的管理，东湖区继续加强对全区流动党员的摸底排查，完善流动党员活动证制度，积极探索流动党员管理新模式。9月，东湖区在彭家桥街道建新社区成立了全区第一个流动党员党支部——余干县大塘乡东湖区创新党支部，使流动党员有了新"家"。

【打造党建工作品牌】 2013年，区委组织部着力推动基层党建工作项目化，扎实推进社区"三有一化"建设，积极创建党建工作品牌。对锦苑春天社区、新华社区、青山南路社区、江药社区、青山北路社区、建新社区等6个申报3星级的社区开展了社区党组织三星级评定工作；认真开展"创建服务型基层党组织"试点，确定彭家桥街道党工委、豫章街道党工委、大院街道院一社区、董家窑街道豆芽巷社区以及区质控中心等5个单位按照"五化"标准推动基层党组织转型升级，不断提升基层党组织服务发展、服务民生、服务群众和服务党员的水平。

（涂庆洋）

宣传工作

【概况】 2013年，东湖区宣传思想工作坚持用邓小平理论、"三个代表"重要思想和党的十八大精神武装头脑，紧紧围绕区委、区政府中心工作，深入推进"理论武装工程、舆论引导工程、文明创建工程、网络宣传工程、文化惠民工程"等五项工程,扎实开展中国梦主题教育等一系列宣传活动,为进一步实现“繁荣精品幸福文明”东湖区提供强有力的思想保证、精神动力和舆论支持。

【新闻报道工作】 2013 年,东湖区新闻宣传工作本着稿件数量多、报道质量高、宣传效果好的原则,全方位报道了全区抢抓全市打造核心增长极的重大机遇,积极应对挑战,着力破解瓶颈,推动跨越发展、进位赶超的生动实践。围绕改善民生与创新管理,推出了“为高龄独居老人请‘智能保姆’”“‘三位一体’促就业”“非遗传承 文化惠民”“环卫工‘爱心驿站’”“最美孝心少年”等一批贴近百姓、更接地气的新闻选题,博得中央、省市主流媒体的青睐。截至 11 月底,全区在各级媒体上稿 3800 余篇,其中在中央媒体上稿 30 篇,《江西日报》上稿突破 120 篇,《南昌日报》上稿 386 篇、头条 28 篇,在中央、省级主流媒体上稿数量在全市名列前茅。

【围绕中心工作开展宣传主题报道】 2013 年,东湖区宣传思想工作紧紧围绕区委、区政府中心工作,不断创新主题报道形式,精心策划和打响了“轨道 2 号线房屋征收”“三看活动”“旧城改造”“拆违拆临”等一系列重大宣传报道战役,推出了一批有影响力的新闻力作。其中,围绕“轨道交通 2 号线(东湖段)房屋征收工作”,开展了为期两个月的跟踪宣传报道,紧扣房屋征收工作启动、率先完成征收总量的 70% 等关键节点,主动邀请《人民日报》、新华社、《江西日报》等数十家媒体进行集中宣传报道,在全市乃至全省掀起阵阵宣传高潮;围绕全市“三看”活动,在《江西日报》《南昌日报》等省市主流媒体刊发系列反映东湖区经济社会事业发展的大稿重稿;围绕“拆违拆临、建绿透绿”工作,做到“凡拆违必报道”,实现电视有画面、报纸有文字、网络有信息。

【开展“中国梦”主题宣传教育活动】 2013 年,东湖区制定《关于在全区开展“中国梦”主题宣传教育活动的实施方案》,通过品读“中国梦”、传递“中国梦”、唱响“中国梦”、践行“中国梦”将活动不断引向深入;积极向省市中国梦主题教育简报投稿,其中省简报上稿 1 篇,市简报上稿 3 篇;组织参加南昌市“共建英雄城 · 同圆中国梦”知识竞赛并获组织奖。

【章金媛荣获第四届全国道德模范提名奖】 2013 年 6 月,中宣部在全国范围内确定 6 个学雷锋先进集体进行集中宣传和报道,东湖区推荐的章金媛爱心奉献团被列为江西省唯一入选的全国学雷锋先进集体。《人民日报》、新华社、《经济日报》《江西日报》等多家中央、省级媒体相继报道了章金媛及其爱心奉献团的感人事迹;东湖区拍摄制作《“全国道德模范候选人——章金媛”事迹宣传片》报送至中央,以更大力度向更高层面和更广领域进行宣传推介;9 月下旬,以章金媛荣获第四届全国道德模范提名奖为契机,省市主流媒体再次聚焦,掀起宣传高潮。

【网络舆论引导工作】 2013 年,东湖区认真抓好网评员队伍的建设,有序开展网络舆论引导工作。区委宣传部制定《东湖区网络通讯员管理考核办法》以保障网络宣传工作的良好运行;制定并出台《关于进一步做好东湖区民生诉求办理工作以及规范应急处置程序的通知》,规范微博网民诉求办理工作流程、时限;每季度定期召开网络通讯员例会,组织开展网络舆情培训工作;全年向省委宣传部报送舆情 1000 余篇,及时发现并妥善处理了“青山北路爆炸”“二七路运钞车枪击路人”“南昌最牛空中别墅”等 29 条涉区负面舆情信息。该区还构建“东湖区政务微博集群平台”,组织全区 30 个单位在新浪平台开通政务微博,加强微博间的协作,形成舆情应对协作架构。

【东湖特色的网络互动活动成效显著】 2013 年,东湖区政务微博在腾讯网、新浪网、新华网、人民网等四大微博平台共发布政务微博信息 4000 余条,新增听众 44000 余人,处理网民各类诉求百余件;依托微博平台,通过“微话题”“微直播”等形式,结合“中国梦”“文明城市创建”等主题内容,东湖区政务微博开展了“月满东湖”“学习章金媛传播正能量”“中国梦 · 我的梦”一系列具有东湖特色的网络互动活动,进一步提升东湖影响力;东湖区政务微博在全市政务微博集群平台有关情况通报中评比获全市第一名。 (裘 洁)

统一战线工作

【概况】 2013 年,中共东湖区委统战部在区委的正确领导和市委统战部的具体指导下，深入学习贯彻中共十八大精神，充分发挥统一战线优势和作用，凝聚人心、汇聚力量，为东湖区经济社会发展做出了应有贡献，被中共南昌市委统战部评为“党外干部工作先进单位”。

【做好党外干部培训工作】 2013 年，区委统战部选送了 1 名县级干部参加全省无党派代表人士理论研究班，选送 2 名党外干部参加省市培训。全年共组织 100 余人次参加各类培训。

【召开政府工作报告征求意见会】 1 月初，区委统战部召集各民族党派、工商联负责人和非公有制经济代表人士召开座谈会，通报东湖区经济社会发展情况和并征求对政府工作报告的意见。

【支持民主党派参政议政】 2013 年，区委统战部帮助民主党派围绕区委中心工作和社会热点问题选题调研，形成参政议政提案，各民主党派共完成调研报告 7 篇。在政协南昌市东湖区八届三次会议上，各民主党派及其成员共提出涉及教育、文化、卫生、经济建设、城市建设和环境保护、城市管理、社会治安、社会保障和民生工程等方面提案达 30 余条，其中党派集体提案 3 个。在市政协十三届三次会议上，农工东湖总支陈贞珍提交的《关于改进和简化行政审批服务体系的建议》得到市委领导张鸿星的批示。

【组织民主党派开展和谐共建活动】 2013 年，以“同心同行·共建和谐”为主题，区委统战部组织各民主党派进社区开展和谐共建活动。1 月 21 日，民进东湖总支主委郑洪健携“1% 工程”爱心款走访慰问贫困学生；5 月 11 日，农工党东湖总支到社区为居民讲解急救互救知识，提高社区居民的防灾减灾技能；5 月 17 日，全区六个民主党派的负责人到培智学校开展爱心助残活动；6 月 25 日，民建东湖总支、民盟东湖支部分别在共建社区开展了“群众在我心，委员进社区”活动。

【农工党东湖总支组织调整】 5 月 16 日，农工党东湖总支进行届中调整。通过组织考察、民主选举，陈贞珍任农工党东湖总支主委，补选熊莉萍、赵青武担任农工党东湖总支副主委。

【对非公经济人士开展理想信念教育】 5 月 30－31 日，区委统战部组织区工商联全体执委赴瑞金开展以“重温历史，畅谈中国梦”为主题的理想信念教育实践活动。

【开展民族团结进步活动】 2013 年，区委统战部深入开展民族团结进步创建暨城市民族工作争先创优活动，通过印发《民族团结宣传单》、制作民族团结板报、租用户外 LED 广告牌、召开社区少数民族居民座谈会等形式，大力宣传党和国家民族政策和少数民族知识。

（吴大鹏）

政法与综治工作

【概况】 2013 年，东湖区牢固树立“发展是第一要务，稳定是第一责任”的理念，认真贯彻落实中央十八届三中全会和中央、省、市政法工作会议精神，积极学习践行“枫桥经验”，坚持“四个一”，构筑“四张网”，全力推进政法各项工作，实现了没有发生有影响的重大恶性刑事案件、重大群体性事件、敌对分子滋事捣乱事件、“法轮功”分子进京滋事和在当地闹事事件、群死群伤等重大治安灾害事故和生产安全责任事故的“六无”目标。

【坚持维护社会稳定第一责任】 2013 年，东湖区各单位全面建立和实施重大事项社会稳定风险评估机制，狠抓了南昌轨道交通 2 号线（东湖段）一期工程房屋征收、青山湖西岸片区改造、旧城改造和拆违拆临“双拆”工程等重大重点项目的维稳工作，确保了中央巡视组在南昌顺利办公和全省“两会”在南昌召开。全年排查出各类矛盾纠纷 2100 多件，调处成功 2070 件，成功率为 98.6%，处置各类涉稳信息 80 余条，上报涉稳重点人员信息 8 人，发现和处置矛盾纠纷及不稳定隐患 20 余起，成功调处化解了 32 件疑难信访积案。做好防邪反邪教育转化攻坚，全面完成 3 个重点人员教育转化目标任务。引入“调解速裁”机制，法院民商事案件调解速裁室共收案 273 件，其中调解、撤诉 193 件，调撤率达 70%，东湖区交通速裁法庭审结交通事故案件 350 件，调解、撤诉 231 件，调撤率达 66%。创造性采取“集中开庭、群众旁听、以点带面”的方式化解矛盾，全年共处理类型案件 230 余件，仅有 21 件判决结案，其余全部撤诉结案。成立了东湖区“蓝天”调解团,调解案件总数1650件,涉及金额计665.43万元。调解成功1650件,调解成功率达100%,有效维护了全区社会稳定。

【防范打击“两抢一盗”犯罪专项行动】 2013年,东湖区开展了防范打击“两抢一盗”等侵财型犯罪专项行动,先后破获特大系列撬汽车盗窃物品案、省级毒品目标案件、打假行动集群战役案件、永新籍特大扒窃犯罪团伙、四川籍职业爬窗入室盗窃团伙、特大地下生猪私宰“黑窝点”案等一批大要案件;打掉了一批飞车抢夺、持刀抢劫、入室盗窃、在医院盗窃的犯罪团伙。截至2013年底,共破获“两抢一盗”案件2648起,同比上升37.9%;抓获犯罪嫌疑人772名,同比上升16.8%。东湖区综治办和公安分局被评为南昌市防范打击“两抢一盗”等侵财型犯罪专项行动先进集体。

【强力整治治安重点地区】 2013年,东湖区对八一桥休闲广场周边、八一公园和校园周边等治安重点地区进行了强力整治。重点整治下水巷赃车市场等治安乱点23个,查处治安案件8087起,查处违规经营网吧65家次,收缴各类“三无”产品60余种。责令整改非法营业场所400余家,停业整顿11家,处罚业主53人。

【加强流动人口服务管理】 2013年6月,东湖区在区职工技术学校举办第二届流动人口就业技能免费培训班,对50名流动人员进行了丝网花方面的就业技能培训。8月份,开展关爱女孩助学行动,资助对象83人,共计发放助学金61800元。免费为0—6岁儿童办理爱心保险,全年参保人数6609人,新增674人,共计费用198270元。

【强化人防物防技防建设】 2013年,东湖区在保持江西省委、省政府“两个大院”原有机动巡逻处突队伍的基础上,投入300余万元新组建直属机动巡逻大队,每日投入200余名警力、10台巡逻车和10台流动警务室开展24小时街面巡逻,提高路面见警率。投入专项经费130万元,改建、新建了39个自行车、电动车停放点和19个物联网技防试点;全区共安装了“天网工程”视频监控探头1337个,其中高清探头886个,标清探头451个。在董家窑街道试点组建了一支街道电动车治安义务巡逻队伍。至年底,全区共有治安巡防队伍450人,组建街道治安信息员队伍10支、369人,社区(村)平安志愿者队伍91支、1820人。

【开展校园出入安全综合信息管理系统试点】 2013年,东湖区充分利用科技手段来提高中小学校园安全防范能力,由过去单纯的被动防范到主动防范,提升技防的管理水平,由东湖区自主研发的“校园出入安全综合信息管理系统”,在南昌市东湖小学进行了试点试运行,对学生和教师出入校园实施动态安全管理,通过微信公众平台让每一位家长及时了解自己的小孩出入校园的时间,也让班主任老师及时掌握学生的动态,从而达到老师放心、家长安心。每次放学校门口的大型显示屏也会显示学生放学状态,接送家长能及时了解学生放学的信息,自觉有序停车等候学生放学,大大缓解了学生家长拥堵学校大门口现象。下一阶段将继续推进东湖区“校园出入安全综合信息管理系统”项目研发拓展,并逐步向全区中小学幼儿园普及,为东湖区创建平安校园打造亮点。

【加大综治宣传工作力度】 2013年,东湖区加大综治宣传力度,在宣传品数量方面比以往增加许多,全年制作展出了宣传展板90块,印制平安宣传环保袋10万份、入户征求意见表10万份、致辖区群众的一封信26万份、《平安手册》16万册;并进行入户宣传,使平安宣传家喻户晓、深入人心。以南昌铁路北站派出所民警王文宪警官“周周进教室”、十年如一日的深入全区各校联动、宣教为标杆,开始筹备打造“王叔叔工作室”爱路护路品牌。

【启动综治进新经济组织工作】 2013年,东湖区以江西光华文化艺术有限公司、万达广场为龙头示范,在大院街道开展综治进新经济组织试点,与新经济组织签订综治责任状175份,安装监控探头120个,进行职工维权及法律援助19起。

【全面铺开特殊人群服务管理工作】 2013年,东湖区成立了区青少年法律援助工作站,为青少年开辟法律援助“绿色通道”;成立了南昌市首家农民工法律援助工作站,开设了“永溪村农民工法制夜校”,全年已接待咨询人员170余人次,成功代理了4件诉讼案件。在全市城区率先成立区社区矫正监管中心,并与全省各监所社区矫正互联专网对接，实现了墙内墙外人员远程会见，共接收矫正人员430人，解除矫正人员288人，现有在矫人员142人；接收刑释解教人员122人，其中刑释105人，解教17人。建立了全区重性精神疾病监管治疗防治网络，全区9所中心均与省精神病院签订双向转诊协作协议和医师对口支援协议，实现了重性精神疾病双向转诊，全年规范管理重性精神疾病患者443人。依托东湖区美沙酮门诊，规范和完善吸毒人员社区药物维持治疗，到目前累计收治海洛因成瘾者662人，在治疗180人，治疗年保持率为59.03%。在全省率先打造了全国一流的信息化养老服务平台，开发了老年人专用移动手机，引进了内设报警装置的老人“家居智能宝”，为全区8万老人织起“平安网”。

【大力推动网格化服务管理工作】 2013年，东湖区按照“顶层设计、高层推动、多方参与、眼睛向下、力量下沉、示范带动、全面推广”的工作思路，全区共划分692个网格，组建了网格员队伍178人。截至12月份，网格员共上门近15000户，采集信息8万多条。推进消防安全“网格化”，全区70%街道、62%居委会达到了“网格化”管理标准；全面推行消防安全重点单位“户籍化”管理，全区60%派出所已达标。

【推动协调督办重大疑难案件】 2013年，东湖区着力推动案件督办工作，对上级转办，领导批办和当事人反映强烈的案件，依照督办案件制度，认真登记，迅速转办，并做到件件有着落，事事有回音、有结果。协调处理了夏XX等14件法院执行难案件，解决了彭XX一家三口被杀家庭困难的历史遗留问题。转办督查案件11件。

【抓好警示教育阵地建设】 2013年，东湖区进一步加强了全区反邪教警示教育阵地建设。3－4月份，在全区范围内开展了“反邪教法律知识宣传月”活动，积极组织辖区居民群众参加“南昌市网上反邪教知识答题竞赛”活动；9月份，东湖区反邪教警示教育阵地—北湖小学，接受了中央、省、市防范办领导的视察；10月份，组织辖区群众参加了全市反邪教警示教育巡展和健身气功表演活动。进一步深化“家庭拒绝邪教”活动，按上级要求，切实督促各街道、社区和学校做好“一墙一窗”的使用和内容更新。

【抓好政法队伍建设工作】 2013年，东湖区精心组织了政法综治培训，选调了6名优秀法官、检察官充实审判队伍，青年法官比例提升至34.2%；招聘法警3名，缓解了法警队伍老龄化问题；解决了6名法院干警正科职级、5名干警的副科职级。开通了案件查询平台和法院微博，开办道德讲堂4期，提升了政法干警道德素养。

（黄　承）

信访工作

【概况】 2013年，东湖区信访工作在区委、区政府的正确领导下，坚持以领导干部接访、信访积案化解、落实领导包案为抓手，积极应对南昌市赴京访机制调整、中央巡视组在南昌工作和中共十八届三中全会召开期间的信访形势，较好地维护了东湖区社会和谐稳定。东湖区获得了江西省信访信息化建设先进县（市、区）、南昌市信访积案化解工作和“三级终结”工作先进集体。

【坚持落实领导干部接访制度】 2013年，区委、区政府主要领导和区信访联席会议总召集人多次参与信访工作调度协调，在全国“两会”期间、节假日等重要日期，每天都有区领导参与接访工作，并做到亲自听取案情汇报、亲自接待信访群众、亲自研究制定化解方案、亲自督促落实处理意见。全年，领导干部在区领导工作日期间到区信访局接待群众来访暨视频接访达268次。

【做好风险排查评估工作】 2013年，东湖区坚持开展矛盾纠纷集中排查化解，注重做好信访问题的源头控制和防范，将排查梳理出的突出问题交办到各责任单位，对32件区本级排查待解决信访突出问题和37件上级交办信访突出问题和赴京访问题落实了区领导包案，并每月对区领导包案的信访案件进行跟踪督办，尽力把问题解决在基层，化解在萌芽状态。

【强化信访积案化解工作】 2013年，东湖区着重在“事要解决”上下功夫，集中开展了信访积案“大约谈、大调度、大化解”活动，通过区包案领导约谈、协调小组研究调处、联席会议集中会诊、疑难问题高层决策等形式，运用特殊疑难资金化解和“三级终结”等综合手段，化解疑难信访积案10件。

【信访问题调处成效明显】 2013年，东湖区认真做好信访问题调处工作，按照市联席办重点交办东湖区45件突出信访问题的调处要求，对其中涉事该区的19件问题化解了17件，化解率89.5%；对于中央巡视组在昌期间转交办的81件信访事项，办结率达91.37%，其中甄别了23件，化解了23件，“三级终结”5件，落实责任交办相关单位进一步调处复杂疑难问题5件。全年，化解来区信访问题128件，涉及人数391人。

【加强特疑专项资金管理】 2013年，东湖区建立健全了特殊疑难信访问题专项资金管理使用办法，将资金账户调整设置到区委政法委，特疑专项资金由区信访联席会议决定使用，区委政法委负责资金账户的监督管理，区财政局负责对资金使用程序进行指导和监督检查，对专项资金使用额度、适用范围、审批权限、审批程序、资金发放、监督管理作出明确规范。

【加大依法终结和打击力度】 2013年，东湖区对法律和政策不予支持的信访问题，通过责任单位处理、区级复查、市级复核，依法完成“三级终结”程序。对于已经在各级信访部门受理答复终结的信访人仍反复非正常上访的，以及信访人在党委、政府办公场所或信访接待场所滞留、滋事，妨碍机关办公秩序的缠访闹访重点人员，联合公安部门依法进行打击。

（陶　辉）

对台工作

【概况】 2013年，中共东湖区委台湾工作办公室（以下简称区委台办）认真贯彻中央对台大政方针，紧紧围绕祖国统一和经济发展两大主题，解放思想，开拓创新，扎实工作，较好地完成了省、市台办的各项工作任务，并荣获全市对台工作先进单位。

【对台经贸合作成效显著】 2013年，区委台办组团参加了第十一届赣台经贸文化合作交流大会、’2013南昌·东湖百花洲购物节、2013年两岸教育论坛等活动，并积极做好招商引资工作，先后引进江西中科健康体检有限公司等注册资金1000万元以上企业5家、新增台资企业江西馥郁餐饮管理公司1家。全年完成实际利用外资350万美元，完成年计划的100%；现汇90万美元，完成年计划的100%；实际利用内资6000万元，完成年计划的100%。

【加强对台交流交往】 2013年，区委台办积极搭建两地交流平台，多措并举推动赣台两地企业家开展务实合作，对台交流交往彰显活力，先后接待台湾到东湖区交流团组12批、68人次，涉及旅游、中小企业、保险、商业地产、现代服务等多个产业，与台湾100强等知名企业，如富邦产物有限股份保险公司、台湾东元集团、台湾蓝天集团、台湾六福集团、台湾永磁集团等建立了比较稳定的交流合作渠道，接待了美律实业股份有限公司董事长特别助理沈胜龙、百脑汇（长沙）实业有限公司资产开发处长何家豪等重要人士来访。

【做好涉台宣传调研工作】 2013年，区委台办不断增强宣传调研工作的深度与广度，采取各种措施拓宽对台宣传调研工作渠道，共刊出涉台宣传专栏106期，扩大了涉台教育的影响面，提高了广大群众参与涉台教育的主动性；还针对台湾局势的新变化，积极思考，撰写《台湾社会应正确看待两岸服务贸易协议》《两岸旅游再出新政推进两岸旅游业发展》《“岛内政争”不应该影响两岸关系发展》等3篇调研文章，向市台办报送对台工作信息2篇、刊用2篇。

【东湖区经贸考察团赴台考察】 9月23－27日，应台北市经贸协会的邀请，由中共东湖区委常委、区政府副区长黄国农为团长，区人大常委会副主任桂兵为副团长的东湖区经贸交流考察团赴台进行为期5天的招商考察活动。考察团活动期间相继拜访了富邦金控、华山创意文化园区、松山烟厂文化创意园区等台湾知名企业，达成了一批投资合作意向，还拜会了富邦金控集团资深顾问詹文狱先生等10多位台湾各界人士，考察及招商活动收到了预期效果。

（胡　政）

老干部工作

【概况】 2013年，东湖区认真贯彻执行中共十八大关于“全面做好离退休干部工作”的精神，立足东湖实际，紧紧围绕老有所养、老有所医、老有所教、老有所学、老有所乐、老有所为的工作目标，大胆实践，加强协调，形成合力，着力解决离退休干部最关心、最直接、最现实的利益问题，全面落实老干部政治、生活待遇，不断推进离退休干部思想政治建设和党组织建设，扎实有效地开展“学习型、服务型”部门建设，取得了较好成绩。至2013年底，全区共有离休干部68人（其中移交到东湖区属地管理的省属改制企业离休干部37人），副县级和享受副县级待遇的退休干部110人，离退休干部总数178人；共有10个离退休党支部，1个离退休党总支，离退休干部党员294名。当年，区委老干部局荣获全省老干部宣传思想工作先进单位。

【举办离退休干部迎春茶话会】 1月22日上午，东湖区委举办全区离退休干部迎春茶话会。区领导戴晓明、罗毛则出席，全区副县级以上离退休干部近百人参加了茶话会。戴晓明首先代表区四套班子向参加茶话会的老干部表示诚挚的问候和最美好的祝愿，衷心感谢他们一直以来对区委、区政府工作的理解、关心、支持和帮助。茶话会上，区文化馆文艺队表演了丰富多彩的文艺节目，之后组织放映了国产喜剧片电影《泰囧》。茶话会后老干部们一致表示，将继续理解和支持全区的老干部工作，为建设“繁荣精品幸福文明”东湖，推动东湖经济社会实现跨越发展、进位超越，继续发挥余热。

【区老年大学举行揭牌仪式暨开学典礼】 4月9日上午，东湖区老年大学举行揭牌仪式暨开学典礼。区委副书记、区老年大学名誉校长罗毛则主持仪式。原南昌市人大主任、市老年大学校长史骏飞，原市人大副主任、市老年大学副校长罗时杰，市委组织部副部长、老干部局局长袁井红，市老年大学专职副校长邱宝华，市老年大学调研员章美彬，区领导戴晓明、贺瑞虎、陈曙出席，区直有关部门分管负责人及300余名老年朋友参加。原区人大副主任、区老年大学校长殷晓欣致欢迎辞，原市人大主任、市老年大学校长史骏飞在揭牌仪式暨开学典礼上讲话，并和区领导戴晓明一同为区老年大学揭牌，揭牌仪式暨开学典礼在区老年腰鼓队和区老年秧歌队的表演中结束。

【开展创先争优主题实践活动】 2013年，东湖区委老干部局为进一步巩固在离退休干部党组织和党员中开展创先争优活动的成果，按市委老干部局的工作部署，就全区各支部继续开展“创先争优”活动，围绕深入学习中共十八大精神的主题，组织支部书记培训班等各项活动作了具体安排。按《关于在全市离退休干部中开展“老有所为、共建和谐”创先争优主题实践活动的通知》（洪老发〔2013〕7号通知精神，全区各离退休干部党支部积极制定工作方案和计划，认真抓落实。3月15日东湖公安分局组织百余各支部成员参加学习十八大精神知识竞赛；4月15日百花洲小学退休干部组织支部成员开展学习“习近平三次重要讲话”知识竞赛。4月份，全区各离退休支部围绕“老有所为、共建和谐”创先争优主题都开展了相应的学习讨论活动。5月15日，区委办公室离退休支部成员30余人冒着大雨自觉参加支部关于“老有所为、共建和谐”创先争优为主题的活动，并就如何创建“和谐支部”展开讨论。

【开展为离退休干部送“清凉”活动】 7月1日至8月20日，东湖区委老干部局根据市委老干部局《关于开展夏季为离退休干部送“清凉”活动的通知》（洪老发〔2013〕21号）文件精神，结合实际，认真开展夏季为离退休干部送“清凉”活动，努力为老干部办实事、办好事。根据全区老干部现状，按照离休干部、生活不能自理的副县级以上退休干部原则上由区委老干部局统一慰问，科级及科以下退休干部由各单位自行组织实施的原则，为全区离退休干部送去了关怀和问候。在走访慰问和沟通协调中，各单位领导和工作人员加深了对离退休干部家庭的了解，增进了与离退休干部之间的感情，带去了组织给予离退休干部的关怀与照顾。老干部们感谢组织对他们的关心和照顾，感谢党和政府为他们创造了“老有所养”的晚年生活。此次活动东湖区共走访慰问老干部1600

多人次,发送慰问金及防暑降温慰问品折合人民币合计25万余元,通过此次夏季送清凉走访慰问活动,全区离退休干部深切感受到了党和政府对他们的关心和爱护。

【组建"夕阳红老干部志愿服务队"】 2013年,东湖区为充分发挥老干部作用,积极为辖区老干部发挥余热搭建平台,组建"夕阳红老干部志愿服务队"。该队伍主要由热心公益事业,关注社会发展,有事业心的辖区副县级以上低龄退休干部组成。8月19－21日,东湖区"夕阳红老干部志愿服务队"积极参与文明城市创建活动,有19名"夕阳红老干部志愿服务队"队员驻守在全区的11个网台,担任网吧义务监督员,这些老干部认真贯彻上级对网吧的管理规定,每天早上7点到晚上8点,坚守在指定的网吧,他们重点协助网吧管理员监督网吧接纳未成年人进入营业场所及抽烟等行为,并对网吧与游艺娱乐场所经营管理人员和消费人员的违规行为予以劝阻和批评教育。老干部志愿者们还表示要积极做文明创建宣传员、环境卫生协管员、矛盾纠纷调解员、社情民意速递员、党风廉政监督员,在参与社会管理中发挥余热。

【举办重阳节庆祝活动】 10月10日上午,东湖区在樟树林"文化生活公园"举办了全区副县级以上离退休干部"魅力金秋 最美重阳"文艺演出活动和参观樟树林"文化生活公园"展馆活动。近百名离退休干部参加。区领导戴晓明、贺瑞虎、闵建波、王玮、陈曙参加了庆祝活动并与老干部们合影留念。活动现场,东湖区曼毓艺术团给大家带来了一台丰富多彩的文艺演出。慰问演出过程中,几位小学生为东湖区组建的第一支副县级以上离退休干部组成的低龄老干部志愿者成员18人佩带了红领巾,这支老干部志愿者队伍,展示了全区老干部的良好精神风貌。演出结束后,还组织老干部参观了樟树林"文化生活公园"展馆(南昌瓷板画中心、江南艺术馆、金丝楠木馆、江西"非遗"展示馆),并为每一位副县级以上离退休干部准备一种精美礼品。

【举行离退休干部形势报告会】 12月25日上午,东湖区在区委三楼多媒体会议室举行全区离退休干部形势报告会。全区离休干部、副县级(含享受待遇)以上退休干部,区直机关离退休党支部书记,各街道、贤士湖管理处和区直有关单位分管领导共140余人参加了报告会。东湖区运用多媒体设置,通过图文并茂的形式向与会人员通报了2013年全区经济社会发展情况和明年的工作思路,从而提高老干部们为东湖经济社会发展发挥更大作用的积极性。区领导贺瑞虎、罗毛则、陈曙、毛惟仁、胡志强出席了报告会。

(温　萍)

区直机关党的工作

【概况】 2013年,东湖区机关党的工作以邓小平理论、"三个代表"重要思想和科学发展观为指导,紧紧把握全面贯彻党的十八大精神,建设学习型、服务型、创新型机关党组织这一条主线,紧扣"一个要求"(在构建"繁荣精品幸福文明"东湖区中走前头、作表率),围绕"两大任务(服务中心、建设队伍),突出"三个重点"(强化融入中心,强化作风建设,强化支部基础),坚持摸索创新,全面加强党的思想、组织、作风、反腐倡廉和制度建设,进一步提升机关党的建设科学化水平。

【大力抓好党性教育】 2013年,区直机关工委围绕党的十八大报告中提出的道路自信、理论自信、制度自信,组织区直机关各党组织利用党内"三会一课",采取党支部书记讲党课、请专家学者作报告、观看党性教育电教片、组织机关党员赴红色教育基地参观学习等多种形式,对广大机关党员进行党的先进性教育,突出抓好党性教育。

【举行新党员宣誓仪式】 7月1日,区直机关工委组织一批区直机关新党员到南昌市爱国主义教育基地——方志敏纪念馆举行了新党员宣誓仪式,通过缅怀革命先烈,强化了新党员的理想信念。

【落实"干部八小时外进社区"工作】 2013年,为推动机关党组织与社区(村)党组织结对共建活动,完善机关党组织和党员干部经常性联系、服务基层和群众的机制,区直机关工委制定印发《关于进一步推动全区机关在职党员联系服务居住地社区开展志愿活动的通知》,组织全区700余名机关在职党员到居住地社区报到并认领志愿服务岗位，较好地落实了“干部八小时外进社区”工作。

【开展“重实干、转作风、树形象”主题实践活动】 2013年，区直机关工委在总结创先争优成功经验的基础上，积极开展“重实干、转作风、树形象”主题实践活动。制定印发《关于在全区重点项目建设中充分发挥基层党组织战斗堡垒作用和广大党员先锋模范作用的通知》，号召全区机关党组织和党员干部围绕中心、服务大局，在重点项目建设中充分发挥战斗堡垒和先锋模范作用，努力营造关心、支持、推进重大项目建设的浓厚氛围，切实把党的政治和组织优势转化为推动东湖经济社会各项事业大发展的强大力量。同时，还开展了集中解决“四风”问题专项调研和问卷调查，对调研中了解的问题和征集到的意见建议及时进行梳理，制定整改措施，认真加以落实。

（涂庆洋）

精神文明建设工作

【概况】 2013年，东湖区以建设社会主义核心价值体系为根本，以创建文明城市为载体，以做好全国公共文明指数测评迎检为重点，不断强化执行力，扎实推进精神文明创建活动，努力提高市民文明素质和城区文明程度，为建设“繁荣精品幸福文明”东湖区提供了强大的思想保证和良好的社会环境。

【开展学习“道德模范”“中国好人”活动】 2013年，东湖区大力开展推荐“道德模范”“中国好人”活动，推荐章金媛获得全国第四届道德模范提名奖、全省第三届道德模范奖和全市第三届道德模范奖，司瑞、罗杰分别获得2013年度“中国好人榜”的10月份和11月份中国好人，凌苏获得全市第三届道德模范奖。同时，东湖区组织召开了“学习‘章金媛先进事迹’报告会”和由章金媛女士亲自授课的“志愿服务理念报告会”，得到了干部群众的广泛赞誉。

【开展“三关爱”主题志愿服务活动】 2013年，东湖区以“关爱他人、关爱社会、关爱自然”为主题，开展了“弘扬雷锋精神·构建书香校园”“学习雷锋、做美德少年”“保护山川河流 关爱东南北湖”等一系列学雷锋志愿者服务活动。全区各社区均按照“十个一”的标准建立了志愿服务工作站，广泛开展了关爱空巢老人、农民工、残疾人、留守儿童等志愿服务活动，特别是3月份的学雷锋月、12月5日的国际志愿者日，东湖区集中开展了系列志愿服务活动，涌现出了一批叫得响的志愿服务品牌，如光明社区的“玩具接力坊”“七彩书屋”，豆芽巷社区的“助残康复室”，上营坊社区的“绿色心门”等等。

【大力推进“道德讲堂”建设】 2013年，东湖区按照全国城市文明程度指数测评体系的要求，狠抓文明单位“道德讲堂”建设，在全区市级以上文明单位和文明社区，均设立了“道德讲堂”，并按照市总堂建设的标准，在区政府机关内，设立了东湖区道德讲堂分堂。省妇保、豫章小学等一批富有特色、卓有成效的“道德讲堂”纷纷建立，各讲堂做到了有场地、有设施、有人员、有制度、有常态性活动。

【创新“讲文明、树新风”活动形式】 2013年，东湖区不断开拓“讲文明、树新风”活动形式：在“东湖之窗”、东湖区政府网站设立了“讲文明树新风”专栏；举行了“做谦恭有礼的中国人”“爱祖国讲文明 促和谐”爱国歌曲大家唱庆祝建党九十二周年群众歌咏比赛；开展“文明餐桌行动”，并把福州路作为“文明餐桌”示范街倡导节俭的良好社会风气；积极开展“文明南昌 你我相随”创建文明城暨“八一公园文明行动”等各类群众性文明创建活动。同时，在开展文明交通、文明旅游、网络文明引导等活动的基础上，印制大量的公益广告和遵德守礼牌，张贴在社区宣传栏和小区广告栏中，营造了良好的社会氛围。

【组织“我们的节日”主题文化系列活动】 2013年，在春节、清明节、端午节、中秋节、重阳节等民族传统节日期间，东湖区开展形式多样的文化活动：春节期间组织了民间灯彩队舞龙灯、跑旱船，送文化进社区，在八一公园百花大舞台举办迎新春戏曲专场演出；元宵节期间，在樟树林文化生活广场与外来务工人员猜灯谜、看大戏共度元宵、共享团圆；清明节期间，在方志敏广场开展了“我们的节日·清明节——花语祭祀心意永存”“不忘烈士抛忠骨，民族复兴中国梦”等文明祭祀活动；端午节期间，在东湖小学开展了“浓浓端午情·和谐一家亲”家庭包粽子比赛；中秋节期间，在轨道一号线建设工地，与中铁五局的建设者们共同举行迎中秋联欢晚会；重阳节期间，在樟树林文化生活广场组织离退休老干部、辖区困难老人开展了“魅力金秋 醉美重阳”活动。

【打造社区志愿服务示范站点】 2013 年，东湖区依托各级文明单位，积极开展志愿者招募、注册、培训、服务对接等工作，着重做好网络文明的传播工作，打造了洪城社区、豆芽巷社区等一批志愿服务示范站点。

（裘　洁）

编制管理工作

【概况】 东湖区机构编制委员会常设办事机构为区机构编制委员会办公室，该办负责全区行政管理体制和机构改革以及机构编制日常管理工作。根据工作需要，2012 年底，区机构编制委员会办公室与区人力资源和社会保障局分开办公，为区委的工作部门，列区委机构序列，正科级建制，设行政编制 4 个，办公室下设事业单位登记管理局（设事业编制 6 个）。2013 年，区机构编制委员会办公室被评为“2013 年度全市机构编制工作综合先进单位”。

【完善机构编制实名制管理】 2013 年，东湖区根据中央、省、市的文件要求，在 2012 年底基本完成机构编制实名制管理信息录入工作的基础上，进一步做好机构编制实名制管理工作，并将此工作常态化、具体化。全区所有单位都更换了新的“机构编制工作管理证”，运用机构编制实名制管理软件，对纳入实名制管理的人员信息在本部门显著位置进行张榜公布，做到本部门人员周知。另外，及时核对更新机构编制管理台账，坚持“编制管理——计划控制——人员调配——财政供给”四位一体的综合制约机制，确保实有机构、人员与按规定权限审批的机构、编制、领导职数相对应。

【开展机关事业单位超编专项整治】 2013 年 11 月，为了深入贯彻党的十八大和十八届三中全会精神，落实新一届中央编委控制财政供养人员只减不增的要求，根据市编办会议精神和有关文件要求，东湖区开展了机关事业单位超编专项整治工作。这次整治坚持摸清底数与找准问题并重、控制增量与消化存量并重、整改落实与加强管理并重，对全区 152 个机关事业单位进行了核查，取得了较好效果。

【推进全区事业单位分类工作】 2013 年 10 月初，东湖区根据中央、省、市有关文件要求，开始稳步推进全区事业单位分类工作。该区成立了区分类推进事业单位改革工作领导小组，由区委常委、常务副区长担任组长，出台《东湖区事业单位分类实施方案》，11 月 7 日，召开了各单位主要领导参加的事业单位分类工作布置大会。区编办、区财政局、区人社局也联合下发了《关于做好全区事业单位分类工作的通知》，该区在不突破省、市分类目录的前提下，本着坚持政事分开、事企分开、实事求是、事业单位公益性以及分类指导的原则，按照市里的时间节点对全区事业单位进行了分类。

【做好事业单位登记管理工作】 2013 年，东湖区认真执行《事业单位登记管理暂行条例》和《事业单位登记管理暂行条例实施细则》，积极推进区直事业单位登记管理。认真抓好了 2012 年度事业单位登记年检工作及做好各项登记管理工作，截至 2013 年底，事业单位法人应参加年检数为 113 家，实际参加年检数为 113 家，年检率 100%，网上年检率 100%；核准变更登记 18 家，核准设立登记 8 家，核准注销登记 1 家，补领证书 1 家。

（陈璟云）

党史与地方志工作

【概况】 2013 年，东湖区史志工作在区委、区政府的正确领导和省、市业务主管部门的精心指导下，全区史志工作者认真学习和全面贯彻国务院《地方志工作条例》《江西省实施〈地方志工作条例〉办法》以及中央、省委、市委有关党史工作的重要文件精神，以学习宣传贯彻执行中共十八大及十八届三中全会精神和编纂《东湖年鉴（2013）》为抓手，不断加强自身学习，服务现实，开拓创新，把史志业务工作与全区中心工作紧密结合起来，史志工作取得了显著成绩，区史志办荣获2013年度江西省地方志工作先进集体，全区有2人次获得2013年度全市史志系统先进工作者荣誉称号。

【做好月度大事记编写和信息上报工作】 2013年，区史志办坚持做好东湖大事记的编写工作。全年编写《东湖大事记》12期、约5.6万字；坚持每月向《南昌大事记》（内刊）上报东湖大事信息，累计上报稿件207篇，用稿109篇，准确、及时地反映了全区发生的大事和史志工作最新动态。

【编印《东湖大事记（2012）》】 从年初开始，区史志办为保存史料，方便读者查阅，全面展示全区各条战线精神风貌，着手收集2012年度东湖大事记信息资料。3月，顺利完成《东湖大事记（2012）》的编印。该书为内部资料，为年度大事记，以编年体为主，按照时间先后顺序，以月、日编排，约6.5万余字，收集了2012年全区发生的大事、要事，比较全面、客观地反映了当年东湖区经济社会发展等各方面的情况。

【制定下发《东湖年鉴（2013）》编纂工作方案】 3月，区史志办根据往年编纂工作需要，从指导思想、篇目结构、稿件要求、篇目及撰稿单位分工等方面详尽、规范地编写了《〈东湖年鉴（2013）〉编纂工作方案》，并以东办字〔2013〕14号文件下发全区贯彻落实。

【修正编印《〈东湖年鉴（2013）〉编纂工作手册》】 4月份，区史志办为策应2013年的年鉴编纂工作，针对历年年鉴编纂过程中出现的具体问题，从志鉴文规、文件选载、业务知识等方面对《〈东湖年鉴（2012）〉编纂工作手册》进行重新修正，编写印刷了5.5万字的《〈东湖年鉴（2013）〉编纂工作手册》供全区史志工作人员使用。该手册将地方志法律法规、区委区政府关于编纂年鉴的工作方案以及年鉴条目编写、年鉴人物撰写、年鉴写作范文等内容入编，理论介绍由浅入深，通俗易懂，举例简明扼要，操作性强，为《东湖年鉴》的组稿人员撰写稿件提供了大力帮助。

【《东湖年鉴（2013）》公开出版发行】 12月，由中共东湖区委、东湖区人民政府主办，《东湖年鉴》编纂委员会编纂的《东湖年鉴（2013）》对外公开出版发行。该书全面记述了2012年东湖区政治、经济、文化、社会生活以及人文与自然等各方面的主要资料和信息，为社会各界提供了较为翔实的地情资料。全书设30个部类，图文并茂，用图253张（其中彩色图片205张，黑白插图48张），表格36张，约65万字。该书由方志出版社出版发行，印数500册，较好地反映了东湖区各部门、各行业和各单位2012年的工作成就和经验，具有较强的指导性、权威性、实用性和可读性。

公开出版发行的《东湖年鉴（2013）》

【召开《东湖年鉴》编纂工作表彰大会】 4月25日上午，东湖区在区委三楼多媒体会议室隆重召开"《东湖年鉴》编纂工作表彰暨2013年组稿工作会议"。会上以区委、区政府的名义隆重表彰了东湖区2011－2012年度《东湖年鉴》编纂工作的10个先进集体和10名先进个人，并向获得先进集体和先进个人的代表颁发了奖牌或荣誉证书；还采取以会代训方式，重点针对年鉴编纂和编写大事记等方面内容对编纂人员进行业务培训。区委分管史志工作的领导罗毛则、市史志办副主任熊庆滨出席会议并讲话。全区近70个单位（部门）分管年鉴工作的领导、年鉴主笔以及受表彰的先进个人共120余人参加会议。这是东湖区启动年鉴编纂工作以来极其重要的一次会议,标志着全区年鉴工作阶段性的建设成果得到区委、区政府的高度肯定,对于激励全区史志工作者奋勇争先、推动全区年鉴工作再上新台阶具有重大意义。

【完成2013年省、市年鉴的组稿任务】 根据《江西年鉴》《南昌年鉴》编辑委员会关于2013年年鉴编纂的工作要求,区史志办搜集了2012年度东湖区比较有影响和代表性的反映全区经济社会发展的大事、要事及几百幅图片资料,按照年鉴编纂体例要求,编写文稿材料1万余字。5月,分别向省、市年鉴编纂部门上报了6000字和7000字文稿,同时上报图片资料各12张,上报的材料均被《江西年鉴(2013)》和《南昌年鉴(2013)》分别采用。

【做好2014年《党史文苑》征订工作】 11月,根据省、市党史部门的工作要求,为了更好地在全区开展党史宣传、学习、研究工作,区史志办组织区属单位开展党史理论刊物的征订,完成订阅《党史文苑》杂志共92份。

【强化自身建设】 2013年,区史志办工作人员积极参加全区组织的各类理论学习和法律知识讲座等活动,不断提升干部政治理论水平。严格执行中央、省、市、区的有关八项规定精神要求,自觉规范干部的思想言行,"三公"经费明显减少。注重提升干部业务水平,2月,积极安排工作人员参加市史志办举办的年鉴编纂工作培训班学习。与此同时,围绕区委、区政府的工作思路和部署,积极参与全区中心工作,自觉参加文明创建、到挂点社区开展"民情家访"、走访青少年困难家庭等活动。

(陈耀武)

党校工作

【概况】 2013年,东湖区全面贯彻《干部教育培训工作条例》,充分发挥党校干部教育培训的主渠道、主阵地作用,以实际工作需要为导向,注重党校教学质量,创新培训理念、教学内容、培训模式,努力提升培训效果,大力推进干部教育培训工作的科学化、制度化、规范化。至年底,区委党校共举办各类培训班8期,参训人员900余人次。其中:举办以深入贯彻学习党的十八大精神为主题的科级干部培训班1期,共400余人;党员发展对象培训班2期,共130余人;社区(村)书记培训班2期,共130余人;与区红十字会联合举办应急救护志愿者培训班2期,共140余人;与市统计局联合举办从业资格继续教育培训班1期,共100余人。

【举办科级干部轮训班】 4月,区委党校、区委组织部、区委宣传部联合举办了为期两周的"深入贯彻学习党的十八大精神科级干部轮训班",采取邀请相关领导与专家授课和户外拓展相结合的教学方式。培训课程有加强和创新社会管理、招商引资与动迁征收工作技巧、协税护税、网宣舆情知识、楼宇经济等,培训内容十分丰富,全区共轮训科级领导干部400余人。通过轮训,学员充分领会了党的十八大的相关精神,提升了社会管理水平,掌握了许多招商引资与动迁征收方面的工作技巧。

【举办社区(村)书记培训班】 12月,为推进和谐社区建设,提高社区干部素质,进一步夯实社区领导班子的素质和能力,区委党校举办了社区(村)书记培训班,参训人员130余人。培训采取集中培训、交流讨论和参观学习的方式进行,开设了党性教育、基层党建、十八届三中全会热点解读、组织法规、居民工作等课程,进一步增强了全区社区(村)干部服务百姓的工作能力和水平。

【培训党员发展对象】 5月、11月,区委党校配合区委组织部举办了两期党员发展对象培训班,共计130余人。培训围绕学习党的基本知识、端正入党动机、重温党史,以及党员的权利与义务、十八届三中全会热点解读等内容,还参观了方志敏烈士纪念馆。每位学员进行了思想汇报,撰写了学习体会,并参加了结业考试。通过培训,增强了党员发展对象对党的认识,进一步坚定了理想信念。

【举办应急救护志愿者培训班】 3月、6月区委党校与区红十字会联合举办了两期应急救护志愿者培训班,面向社区志愿者开展普及初级应急救护知识活动,有140余名志愿者参加了培训。应急救护培训围绕溺水急救、现场止血、包扎技术等常见意外伤害的处理等内容，普及了突发事件现场自救互救知识，提高了广大志愿者服务社会、服务市民的水平。

【举办从业资格继续教育培训班】 4月，区委党校积极与外单位加强交流，争取到了市统计局来党校办班，联合举办了统计从业资格及继续教育培训班，培训100余人。培训内容主要围绕《统计法基础知识》《统计基础知识与统计实务》等方面。

【开展教学科研活动】 2013年，按照市委党校统一部署，区委党校参与了全市党校系统纪念毛泽东诞辰120周年理论研讨会，选送了《在人民中生根发芽深刻理解群众路线领导方法的思想内涵》等3篇论文参与优秀论文评审。

（周　凯）

机关事务管理和接待工作

【概况】 2013年，东湖区机关事务管理局（区委、区政府接待办）紧紧抓住建设节约型机关这条主线，在区委区政府正确领导和上级有关部门的大力支持下，严格执行中央“八项规定”，围绕“管理有序、服务有方、保障有力、干部有为”四个方面，以长远的发展眼光，解放思想，求真务实，超前谋划和探索全区新的行政综合服务中心大后勤管理模式。在安全保卫、后勤保洁、公车管理、机构节能、会务保障、公务接待、机关食堂、办公用房、交通安全等各项事务工作中，规范高效，服务前移，充分发挥和提升资源配置效率的作用，跻身全市后勤机关先进行列。

【推进公共机构节能工作】 2013年，东湖区以深入学习科学发展观活动为契机，积极组织开展公共机构节能工作。成立了东湖区公共机构节能领导小组，建立了《东湖区公共机构网络构成人员》组织机构平台。明确了全区各类公共机构管理体系及节能分管领导、联络员、能源管理员共计168人。印发《东湖区公共机构“十二五”节能计划及工作方案》《东湖区公共机构2013年节能目标、指标及实施方案》。通过全区公共机构能源消耗调查情况分析，到2013年底，全区范围内的公共机构共88个，全区办公用房建筑面积约达15.57万平方米，实际用能人数达到13794人。消耗水约43万吨，电约408万千瓦时，车辆用汽油100万升，同2012年度同期全区电、水、油消耗指数均有所下降。

【加强公务用车管理和改革筹备工作】 2013年，东湖区按照中央、省、市、区党委政府统一布置，成立了公务用车专项治理领导小组。印发《东湖区党政机关公务用车配备管理规定》。在全区行政事业单位公务用车实行了“三定”，即定点加油、定点维修、定点保险。严格全区一般公务用车购置审批呈报程序，加强全区公务用车日常监督管理。严禁公车私用，执行节假日、双休日集中停放并报区纪委备案。双休日及节假日，对全区公务用车停放情况进行监督检查26次，对违规停放及公车私用情况给予通报。在全区开展驾驶员再培训2次。认真做好公务用车改革的前期调研工作，在全区开展了公务用车登记自查、数据填报统计，建立全区公务车辆资产档案和技术档案，积极筹备公务用车改革。

【强化后勤物业管理工作】 2013年，东湖区现有的机关办公大楼建筑年代久远，在功能、结构和硬件设施等方面日趋捉襟见肘，办公用房稀缺与部门需求紧张的困难难以缓解。为保障区机关大楼正常办公秩序和环境，加大了大楼安全保卫工作，增加了门岗点位，与保安公司签订了服务外包协议，充实了安保人员。备置了各楼层、关键部位消防器材，加强了消防技能培训。强化保洁人员的服务意识，清扫垃圾做到日扫日清，及时发现和更换大楼各项公共设施损毁，勤于维护和保养。机关食堂注意科学膳食，严把食堂卫生安全关口，倡导“不剩饭、不剩菜”节约意识。顺利保障和完成了全区“两会”及各项大型会务服务工作。配合区“四大家”办公室做好领导干部日常下基层检查、巡视、学习、会议、考察等统一集中乘车安排，树立低碳出行，节约资源意识。同时，严格执行“八项规定”，严控“三公”经费支出，严把接待关口，为东湖区经济建设和社会事业发展提供一流的后勤保障服务。

（张　海）

南昌市东湖区人民代表大会常务委员会

综　述

2013年,在中共东湖区委的领导下,区人大常委会深入学习贯彻党的十八大、十八届三中全会和习近平总书记系列重要讲话精神,坚持以邓小平理论、三个代表重要思想、科学发展观为指导,紧紧围绕全区中心工作和群众普遍关注的热点、难点问题,综合运用多种监督方法,形成长效机制,共听取审议"一府两院"专项工作报告18个,对16部法律法规的执行情况进行了检查和调研,召开专题询问会2次,任免国家机关工作人员25人次。

关注经济运行质量。听取并审议"十二五"规划纲要实施情况中期评估、计划和预算执行、审计工作及上半年经济运行情况报告等,着力提高财政资金的使用效益,加强预算的科学编制,推动预决算及"三公"经费公开。审查批准区本级财政决算及区人民政府2013年经济和社会发展计划部分预期目标调整方案,听取并审议重大重点项目建设、金融服务业聚集区等工作情况报告,组织部分市、区人大代表对"青山湖西岸""中金大夏""壹9二七"等项目开展视察、调研,共同为发展出谋划策,支持和推动区人民政府及相关部门准确把握发展主线,为加快产业结构优化升级营造良好的环境。

积极回应民生关切问题。听取并审议区人民政府为民办实事、社会抚养费征收、青少年体质健康、非物质文化遗产保护、消防、安全生产等工作情况汇报,督促区人民政府进一步扩大民生工作覆盖面,提高行政服务水平,弘扬优秀传统文化,增强应对突发事件能力,维护保障了群众的根本利益。开展以"关注校园餐桌"为主题的"食品药品安全行"活动,组织联合执法组对辖区学校及托幼机构进行拉网式排查,确保广大师生的饮食安全。配合省、市人大开展"畅通省城"意见建议巡查活动,对挤占挪用停车位及单行线道路设置等问题开展专题调研,同时,结合"六五"普法精心策划系列宣传活动,营造人人践行文明交通的浓厚氛围。协助市人大开展城市水环境专题调研,推进"鄱湖明珠　中国水都"建设,共护"一城清水"。开展"秀美江西南昌行活动",大力推动东湖区文化旅游产业发展,使东湖区文化旅游氛围更加浓厚。

做好规范性文件备案审查和执法检查工作。协助完成江西省突发事件应对条例(草案)、江西省法律援助条例(草案)、南昌市流动人口计划生育工作条例(草案)等法律法规征求意见工作。对民生档案工作以及教师法、城市绿化管理规定、环保法等贯彻实施情况进行执法检查,促进了相关法律法规在东湖区的贯彻实施。

不断改进代表工作。召开"一府两院"半年工作通报会,拓宽代表对常委会工作的参与渠道,组织代表开展执法检查、视察、调研等活动,扩大人大工作的民意基础。建立代表履职档案,推进代表向选民述职制度,举办代表向选民述职会,述职率达22%,进一步激发了代表联系群众、为民办实事的主动性和自觉性。重视代表培训工作,举办"代表议案和建议及人大代表履职工作"专题培训班,定期为代表寄送《时代主人》《南昌人大》等资料,使代表更好地了解政治、经济、社会发展情况,进而提升了人大及其常委会的整体工作水平。

重视新闻宣传和工作交流。利用报刊杂志、网站、微博等媒体广泛宣传人民代表大会制度及东湖区人大工作实践，40余篇理论文章和通讯报道被省、市主要媒体采纳，取得较好的社会效果。成功承办全国20个城区人大工作研讨会第三十二次会议。先后接待兄弟城区人大代表团20余批次，巩固和发展了友好关系，促进了经验交流。积极参与房屋征收、志愿者服务和文明创建工作，倡导严谨、奉献、尽责精神，不断加强机关干部队伍的素质建设。

践行求实务真的工作作风。区人大常委会组成人员带头执行代表联系社区和群众制度，把维护好广大群众的根本利益作为人大工作的出发点和落脚点。修改完善常委会议事规则、常委会联系区人大代表办法等制度、程序。坚持实施“一府两院”专项报告满意度测评制度，所听取的18个专项工作汇报，满意和基本满意率达100%，其中15个汇报单位的满意率达100%。坚持会前调研，掌握第一手资料，做到审议发言讲真话、讲实话，努力使各项履职工作更加顺应民心、贴近民生。

重要会议

【概况】 2013年，区人大常委会积极适应新形势、新发展对人大工作提出的更高要求，围绕全区中心工作服务大局，依法履职。全年共召开区人民代表大会1次，常委会会议6次。

【区十五届人大三次会议】 1月15－18日在东湖区政府七楼礼堂举行。参会的区人大代表220人，列席人员46人，邀请人员11人。大会举行3次全体会议，听取和审议东湖区人民政府工作报告、2012年财政预算执行情况和2013年财政预算（草案）报告、东湖区人大常委会工作报告、东湖区人民法院工作报告、东湖区人民检察院工作报告，并通过了上述各项报告决议。

【区十五届人大常委会第十一次会议】 2月28日在区人大常委会会议室召开。出席会议的区人大常委会委员共计20人。会议学习《中华人民共和国各级人民代表大会常务委员会监督法》《中华人民共和国地方各级人民代表大会和地方各级人民政府组织法》，传达了省、市人大会议精神，通过了区十五届人大常委会2013年工作要点与安排。

【区十五届人大常委会第十二次会议】 4月2日在区委三楼多媒体会议室召开。出席会议的区人大常委会委员共计21人。会议听取并审议东湖区文化广电旅游新闻出版局关于非物质文化遗产保护工作情况汇报、东湖区计生委关于社会抚养费征收工作情况汇报，以无记名投票和举手表决方式进行了人事任免，并对东湖区教育工作情况进行了专题询问。

【区十五届人大常委会第十三次会议】 6月28日在区人大常委会会议室召开。出席会议的区人大常委会委员共计17人。会议听取并审议东湖区人民政府关于办理区第十五届人大三次会议代表意见和建议情况的工作汇报、东湖区城建局重大项目建设情况汇报、东湖区教科体局关于青少年体质健康工作情况汇报，并以举手表决方式进行了人事任免。

【区十五届人大常委会第十四次会议】 8月28日在区人大常委会会议室召开。出席会议的区人大常委会委员共计17人。会议听取区人民政府2013年上半年经济运行情况汇报、区人民法院2013年上半年工作情况汇报、区人民检察院2013年上半年工作情况汇报，并以无记名投票和举手表决方式进行了人事任免。

【区十五届人大常委会第十五次会议】 10月30日在区人大常委会会议室召开。出席会议的区人大常委会委员共计17人。会议审议并通过东湖区财政局关于东湖区2012年区级财政决算的报告，听取并审议东湖区财政局关于东湖区2013年1－8月份财政预算执行情况的汇报、东湖区审计局关于东湖区2012年财政预算执行和其他收支情况的审计工作汇报、东湖区人民法院关于少年审判工作情况汇报、东湖区人民检察院关于控告申诉工作情况汇报，听取区十五届人大常委会代表资格审查委员会关于终止毛成铁等区十五届人民代表大会代表资格的报告、区第十五届人大常委会代表资格审查委员会关于补选区第十五届人民代表大会代表结果的报告，并以无记名投票和举手表决方式进行了人事任免。

【区十五届人大常委会第十六次会议】 12月27日在区人大常委会会议室召开。出席会议的区人大常委会委员共计19人。会议听取东湖区第十五届人民代表大会第四次会议准备工作情况的汇报,审议并通过东湖区人大常委会关于召开东湖区第十五届人民代表大会第四次会议的决定和东湖区人大常委会工作报告,听取并审议东湖区人民政府民生工程工作汇报、东湖区人民政府关于东湖区国民经济和社会发展第十二个五年规划实施情况中期评估报告,审议区人民政府关于提请调整2013年经济和社会发展计划部分预期目标的议案,听取了区十五届人大常委会代表资格审查委员会关于终止钟益民区十五届人民代表大会代表的报告和关于补选区十五届人民代表大会代表资格结果的报告,以无记名投票和举手表决方式进行人事任免,并对东湖区公共卫生工作情况进行了专题询问。

监督工作

【概况】 2013年,东湖区人大常委会坚持在监督内容上紧扣全区工作重点,本着议大事、解难题、精而实的原则,结合"一府两院"实际,突出经济社会发展重点和人民群众反映强烈的热点难点问题。抓住"一府两院"实施的重点工作,把财政预决算、国民经济和社会发展计划、文化产业发展、城市精细化管理、特色街区和楼宇经济等项工作列入审议议题;结合民生保障工作,从劳动保障、就业创业、医保低保、食品药品监督、安全生产、社区医疗卫生服务、信访维稳等关系群众切身利益的热点难点问题中精选议题,组织代表进行视察、调研、检查,提出改进工作的意见和建议。监督工作的针对性和实效性有了新的提高。

【开展教育、基本公共卫生服务专题询问】 2013年,区人大常委会利用专题询问方式不断加强和改进监督工作,开展了"教育""基本公共卫生服务"专题询问,进一步促进了常委会、政府和群众之间的有序互动。常委会开展了学前教育"三年回头看"工作专题调研,跟踪督查滕王阁幼儿园建设及办园情况,听取区科教体局专项工作汇报,围绕教育均衡发展、教育经费使用、外来务工人员子女就读等问题进行询问。在"公共卫生服务"询问中,常委会采取听汇报、察问题、议对策的方式,组织代表对市第八医院、区疾控中心及部分社区卫生站工作情况进行专题调研,就基本公共卫生服务资金使用、健全城镇居民医疗保障制度、提高社区医疗水平等问题开展询问,要求区政府有关部门不断提高公共卫生服务水平,加强社区卫生服务中心和专业技术人才队伍建设,保障居民享有最基本、最有效的基本公共卫生服务。两次专题询问都以群众最关注的民生内容为主题,问出了群众心声,答出了政府解决问题的诚意,为常委会进一步探索监督工作有效途径积累了有益的经验。

【加强和改进司法监督工作】 2013年,区人大常委会紧扣司法为民主题,认真听取并审议区人民法院少年审判工作情况汇报,提出加强跟踪帮教、社会监管和社会服务,建立有效保护青少年权益的各项工作机制等意见建议。听取并审议区人民检察院控告申诉工作情况汇报,督导案件受理大厅和控申工作室建设,强调要切实提高干警的政治素质和业务能力,努力从源头上化解矛盾,引导群众合法理性表达诉求。区"法、检"两院认真落实常委会审议意见,深入推进社会矛盾化解工作,为东湖区经济社会和谐稳定提供了有力的司法保障。

【做好信访工作】 2013年,区人大常委会坚持把处理人民群众来信来访作为密切联系群众、加强监督工作的重要渠道。常委会及其组成人员定期听取信访工作情况汇报,及时批阅重要信访件,努力将人大信访融入全区信访大格局,形成工作合力。全年,共接待处理群众来信来访32批42人次(其中上级交办转办4件),办结率100%,真正做到了件件有着落,事事有回音。

代表工作

【概况】 2013年,区人大常委会坚持重大事项征求代表意见和情况通报制度,共邀请200余人次代表参加常委会各项活动，45 位代表列席常委会会议，代表工作呈现出新的亮点和特色。注重加强街道人大工委建设，密切代表与人民群众的联系，总结交流代表履职经验。宣传人大代表风采，营造全社会支持代表依法履职的良好氛围。不断增强督查意见建议办理工作的针对性和实效性，督促政府继续坚持“意见建议督办周”等制度，切实提高意见建议办结率和代表满意率。

【区人大十五届三次会议期间代表意见、建议办理情况】 区人大十五届三次会议期间，代表共提出意见、建议 51 件，均在法定时间内办理完毕，代表见面率和对办理结果的满意率均达 100%。对代表提出的关于为村民建立完善养老体系的建议，区人民政府出台《东湖区被征地农民参加养老保险实施方案》；对代表提出关于社区实行统一综合网格化的建议，区人民政府组织有关部门对公共设施、商业网点、居民住户等情况进行了详细摸底，形成了层层履责、全面覆盖的管理体系。

【推动代表联系群众工作站（室）建设】 2013 年，在区委的重视和支持下，区人大常委会制定下发实施意见，推动全区 9 个街道人大工委、红谷滩新区人大、贤士湖管理处人大代表小组，建立了人大代表联络站，21 个社区（村）建立了人大代表联络室，有效地拓宽了代表履行监督职能的渠道。区人大常委会以“关注民生 促进和谐”为主题，大力开展“助推繁荣精品幸福文明东湖代表行”活动，组织动员全区人大代表深入基层、服务群众，各代表小组共撰写调研文章 12 篇，开展定向视察、专题活动 45 次，走访困难选民 265 人，帮助解决困难 87 件，其中，大院街道人大工委开展的“关爱空巢老人”公益行动、董家窑街道人大工委开展的社区居民义诊活动、百花洲街道人大工委开展的“关爱老人送温暖”活动、公园街道人大工委帮助居民建立健身场所等得到群众广泛好评。

人事任免

【概况】 2013 年，区人大常委会按照《中华人民共和国选举法》的规定，任免国家机关工作人员 25 人次。

【选举、任免情况】 区十五届人民代表大会第三次会议，选举吴蕾、黄灿、黄君 3 人为东湖区第十五届人民代表大会常务委员会委员，王应才为东湖区出席南昌市第十四届人民代表大会代表。

区十五届人大常委会第十二次会议，杨玉章当选为东湖区人民政府副区长，杜迎春当选为东湖区人民法院副检察长、代理检察长，肖黎超当选为东湖区人大常委会选任联工委副主任，黄海英、陈慧、王宏瑞、杨军梅、阙丽娟、朱健 6 人当选为东湖区人民法院审判员；接受郭云水辞去南昌市东湖区人民检察院检察长和东湖区人大代表职务的请求；免去张洪雨的东湖区人民法院陪审员职务。

区十五届人大常委会第十三次会议，免去胡满志的东湖区人民法院审判员职务。

区十五届人大常委会第十四次会议，免去邬钢的东湖区人民法院红谷滩人民法庭副庭长及审判员职务、章寿平的区人民法院审判员职务、陈良谋的区人民法院审判员职务，选举齐进斌为东湖区人民法院民事审判第二庭副庭长，张群为东湖区人民检察院检察委员会委员。

区十五届人大常委会第十五次会议，免去陈福元的东湖区董家窑街道人大工作委员会主任（兼）职务、熊清英的东湖区人大常委会教科文卫工作委员会主任职务；选举万华为东湖区董家窑街道人大工作委员会主任（兼）；接受陈福元、曾国华、罗咏琴、李瑛辞去东湖区第十五届人民代表大会代表职务请求。

区十五届人大常委会第十六次会议，接受钟益民、郝思一辞去东湖区人民政府副区长职务请求，接受卢琛辞去东湖区第十五届人民代表大会代表职务请求，免去熊贤泉的东湖区人民法院审判员职务、万芸的东湖区人民法院审判委员会委员职务、陈慧的东湖区人民法院审判员职务，选举唐铭市、胡志强 2 人为东湖区人民政府副区长，张文军、夏冬兰为东湖区人民法院审判委员会委员，朱金辉为东湖区人民法院审判员。

（唐芸璞）

南昌市东湖区人民政府

综　述

2013年，东湖区紧紧围绕“繁荣精品幸福文明”的目标定位，迎难而上，开拓进取，积极建设全省经济大区、文化强区，全区经济社会发展实现新跨越。全年实现地区生产总值404亿元、固定资产投资114亿元、社会消费品零售总额266亿元，分别同比增长9.6%、20.2%、10.5%；单位面积产出率再创全省新高。完成实际利用外资1.4亿美元、内资25.62亿元，出口创汇4.62亿美元，分别同比增长14.9%、24.2%、19.4%。

坚持进位赶超不动摇，经济发展加速转型。产业结构更加优化。成功举办“2013南昌·东湖百花洲购物节”，投入近900万元高标准建成新公园路集贸市场。金融服务业持续发展。成功引进中金财信、海高租赁等10余家非银金融机构入驻，辖区内共有保险公司省级总部16家、证券公司市级营业部18家，分别占全市49%、35%。文化产业蓬勃发展。樟树林文化生活公园获评“全省文化创意旅游休闲街区”，791艺术街区入选全省第四批省级文化产业示范基地，新引进的“南昌琴岛之夜”演艺项目正式营业。电子商务业快速发展。成立全省首家电子商务协会，引入“淘宝江西馆”“大美江西网”等特色项目，北京智联招聘等一大批品牌电商。服务平台更加完善。优化楼宇服务平台，建成西格玛商务大厦、财富广场等25个楼宇服务中心。全年新增楼宇入驻企业367家，全区税收收入千万元以上楼宇10栋、亿元楼宇2栋。建立非公服务平台，成功申报全省县区唯一中小企业公共服务平台和南昌市首个省级中小企业信用示范区，组建了东湖区经济大发展顾问团。项目推进更加有力。成功引进千万元以上项目60个，引进上海建工、中国黄金等总投资亿元以上重大项目4个。顺利实施轨道交通2号线房屋征收工作，率先在全市完成70%的住宅征收任务，成功实施全市轨道2号线“第一拆”“第一爆”。顺利完成青山湖西岸改造项目李家庄、谌家坊等地块近7万平方米的房屋征收。区综合服务中心建筑主体成功封顶，区文化活动中心建筑主体即将封顶。

坚持以民为本不懈怠，社会建设加速推进。2013年，全区民生支出7.18亿元，占地方公共财政预算支出的62.43%。民生保障更加全面。在全省率先开展信息化养老服务工作，在全市率先实现失地农民养老保险全覆盖，各类社会保险征缴16.36万人次；全年累计发放城乡低保金2413万元；实现城镇就业率达94.8%、零就业家庭安置率100%；新增廉租住房补贴和实物配租2501户。全区城镇基本医疗保险参保12.41万人，积极开展城乡医疗救助、临时救助2818人次。公共服务更加均衡。全力培植江西倍邦家庭服务有限公司成为全省骨干示范单位，成功引进注资8000万元的健康服务业项目——中科健康（体检）广场，在全市率先建成10个疾病监测健康小屋，投入资金1.24亿元完成滨江学校、滕王阁保育院等校园改扩建，积极构建“15分钟健身圈”“15分钟公共文化服务圈”，创作的南昌清音《今日犹闻翰墨香》成功摘得全国“群星奖”。社会事业更加繁荣。积极创建全国和谐社区建设示范城区，并顺利通过省检评审验收；与省质量技术监督局、省标准化研究院联合编制《江西省地方标准——和谐社区建设指南》，填补全省空白。

坚持改革创新不停步，发展环境加速优化。城区环境更加优质。大力推进环卫作业市场化，在全市首个将辖区所有市政道路的环卫作业任务实行市场化管理；大力推进城市管理社会化，深入推行临街门前管理责任制，出台实施《东湖区城市综合管理工作考核暂行办法》；大力推进城区建设品质化，综合实施八一桥周边39栋房屋平改坡工程，全面完成33个社区环境综合整治。顺利完成规划一路建设，认真落实“畅通省城”各项工作任务，深入开展“蓝天”行动。全面启动旧城改造，全年共完成房屋征收25万平方米，完成土地收储51万平方米，房屋征收和土地收储面积均创东湖历史之最。强力推进了青山湖西岸改造等5个旧城改造项目。大力开展“拆违拆临、建绿透绿”专项行动，全区共拆除沿街违建公房2.08万平方米。社会环境更加和谐。构筑大综治格局，强力打击“两抢一盗”，投入300余万元新组建直属机动巡逻大队；优化大信访机制，坚持区领导包案和信访值班暨视频接访制度；政务环境更加高效，行政效能提升明显，建立重大企业、重点项目跟踪服务机制，承接市级下放行政审批项目共73项、取消18项、暂停实施6项，单项审批平均办理时限由5.72个工作日压缩至3.51个工作日，压缩率为38.6%；依法行政成效明显，全年共办理人大建议51件，政协提案101件；加大法制东湖创建力度，创新普法新模式，深入推进“六五”普法工作，成立全市首家农民工法律援助工作站、全市首个县区级社区矫正监管中心。机关作风转变明显。坚决贯彻落实中央“八项规定”，推进政府信息公开和政务公开，在全省率先公开“三公”经费预算；出台《关于改进工作作风、密切联系群众的若干规定》，全区会议数量和规模平均压缩30%，文件数量压缩20%，“三公”经费同比下降12%。

区政府会议

【概况】 2013年，东湖区人民政府根据市委、市政府和区委的部署，围绕经济社会发展各项工作，共召开区政府全体会议2次、区政府常务会议13次、区政府办公例会22次、工作会议130余次。

【区政府全体会议】 2013年，区政府共召开2次全体会议，由贺瑞虎主持。

上半年政府工作总结暨经济运行分析会。7月27日上午在区政府七楼礼堂召开，区领导钟益民主持会议。区各经济责任单位党政主要负责人和班子成员；各垂管部门和区政府有关部门主要负责人参加会议。会议通报2013年全区上半年经济运行情况，墩子塘街办、区教科体局、豫章街办、区台办等经济责任单位代表进行了发言，各位副区长就2013年上半年分管工作进行总结并就下一步工作进行部署。区领导贺瑞虎作重要讲话：一是聚焦创建全国文明城市、“三看”活动、各项指标考核等三大任务，出实招、求实效，推动工作在落实上有新进展；二是突出抓好项目推进、城市管理、社会民生、信访稳定等四项基本工作，强化责任意识、进度意识，不断构筑区域经济社会特色品牌；三是强化东湖精神、塑造东湖速度，扎根自身岗位，自我加压、主动进取，凝聚起齐心干事业、协力促发展的浓厚氛围。

区政府2014年工作务虚会。12月14日召开，区领导贺瑞虎主持会议。区政府经济口、建管口、社会事业口、社会稳定口相关单位主要负责人参加会议。会议按照“分主题进行、区政府分管领导发言、政府班子成员集体讨论交流”的方式，紧扣“2014年做什么、怎么做”的主题，区各相关单位负责人纷纷提出意见和建议，就2014年东湖区政府工作进行了深入交流和谋划。区领导贺瑞虎最后指出：2014年东湖区政府工作要在2013年工作成果的基础上，进一步夯实基础、开拓创新、抢抓机遇、迎难而上。经济工作方面，要关注、领会中央经济工作会议精神和市委书记王文涛同志的有关讲话精神，紧盯三大工作抓手（旧城改造、楼宇经济、城市管理）做文章，推动产业升级，而首要聚焦旧城改造工作，树立旧改就是种税、旧改就是民生的工作理念，立足全局，责无旁贷，全力实施。城市建管工作方面，要做好基础设施配套，继续开展环卫作业市场化，大范围强力推进门前管理责任制工作。社会事业方面，要用品牌的意识做响做亮东湖区社会事业品牌，进一步整合资源，形成合力，做实做好社会事业工作。社会稳定工作方面，要严厉打击各类违法犯罪行为，积极化解一批矛盾争议。

【区政府常务会议】 2013 年,区政府共召开 13 次常务会议。其中:第十五届区政府召开了第 15 ~27 次常务会,区领导贺瑞虎主持,钟益民、黄国农、李中华、童萍如、郝思一、毛永钢,区政府党组成员邓越峰、余坚出席;因工作调整,唐铭市、胡志强自第 27 次起参加,林正通自第 26 次起参加,杨玉章自第 18 次起参加。

第 15 次常务会。1 月 14 日上午召开。会议学习《人民日报》评论员文章《刹住"迎来送往"之风》,审议并原则通过区行政服务中心草拟的《东湖区人民政府关于进一步精简区级行政审批事项的决定》,听取区财政局《东湖区二〇一二年财政预算执行情况和二〇一三年财政预算的报告》。

第 16 次常务会。2 月 7 日下午召开。会议学习并传达了 2013 年全省民族宗教工作会议精神,审议并原则同意区妇联草拟的《东湖区妇女发展规划(2011 - 2020 年)》和《东湖区儿童发展规划(2011 - 2020 年)》、区重点项目办草拟的《东湖区 2013 年重大重点推进项目》、区政府办草拟的《东湖区进一步加强政府督查问责的通知》,会议审议贤士湖管理处草拟的《关于审议长巷村新农村自然村"城中村"改造前期工作的请示》。

第 17 次常务会。2 月 20 日上午召开。会议学习了习近平总书记在十八届中央纪委二次全会上的重要讲话精神,审议并原则同意了区财政局等单位草拟的《东湖区 2012 年经济工作考核奖励》、区经济办草拟的《东湖区 2013 年经济发展工作考核办法及任务分解》。

第 18 次常务会。3 月 19 日上午召开。会议学习了南昌市现行财税征收和分成体制的相关知识,审议并原则同意了区人保局草拟的《2013 年度区属事业单位面向社会公开招聘计划》和区教科体局草拟的《关于 2013 年拟面向社会公开招聘教师的请示》、区楼宇办草拟的《东湖区 2013 年楼宇经济工作考核奖励办法》、区发改委草拟的《东湖区 2013 年政府投资项目计划》、区房管局草拟的《南昌市轨道交通二号线一期工程(东湖段)房屋征收与补偿工作实施方案》、区综治委草拟的《关于表彰 2012 年度全区社会管理综合治理目标管理先进单位、先进集体及先进工作者决定》和《关于嘉奖 2012 年度全区社会管理综合治理目标管理先进单位综治责任人的决定》,会议听取了区人保局关于事业单位绩效工资有关情况的通报、区财政局关于 2013 年财政支出预算编制情况的汇报。

第 19 次常务会。4 月 11 日下午召开。会议传达了全市房屋和土地收储工作调度会议精神,审议并原则同意了区爱卫办草拟的《东湖区建设健康社区实施方案(2013 - 2015 年)》、区房管局草拟的《南昌市轨道交通二号线(东湖段)各站点建设项目房屋征收决定书》、区轨道交通一号线指挥部草拟的《关于表彰全区轨道交通一号线征迁工作先进集体和先进个人的决定》、区政府办公室草拟的《东湖区 2013 年推进依法行政工作要点》,听取了区卫生局关于东湖区防控人感染 H7N9 禽流感工作情况汇报。

第 20 次常务会。4 月 25 日下午召开。会议审议并原则同意了区商务局草拟的《2013 南昌·东湖百花洲购物节活动实施方案》、区工商局草拟的《东湖区 2013 年打击传销专项整治行动工作方案》、区青山湖西岸开发推进办公室草拟的《东湖区青山湖西岸规划红线内集体土地征收房屋安置补偿方案》、区计生委草拟的《关于请求批准全区计生工作会议议程及先进单位、个人名单的请示》、区监察局草拟的《关于给予杜小龙行政开除处分的请示》,审议区城建局草拟的《关于请求确定胜利路步行街综合改造工程运作模式的请示》、区教科体局草拟的《关于确定东湖区 2013 年部分学校(单位)提升改造和信息化建设项目的请示》。

第 21 次常务会。5 月 27 日下午召开。会议传达了全省党风廉政建设社会评价工作动员会精神,学习了《中华人民共和国道路交通安全法》及相关交通规则,审议并原则同意区政府办草拟的《2013 年东湖区民生工程安排意见》、区教科体局草拟的《关于请求在南昌市八一公园新建避难场所的请示》、区城建局草拟的《关于请求启动规划六路后半段建设的请示》、区青山湖西岸开发推进办公室《东湖区青山湖西岸规划红线内国有土地征收房屋安置补偿方案》,听取关于在全区开展防范打击"两抢一盗"等侵财型犯罪专项行动的情况报告。

第 22 次常务会。6 月 17 日上午召开。会议学习《江西省小额贷款公司监督管理办法(试行)》,审议并原则同意区政府办草拟的《东湖区落实“畅通省城”建议意见交办责任书》、区人社局和区财政局草拟的《关于推进我区机关、事业单位等组织参加工伤保险的请示》、区人社局草拟的《东湖区被征地农民参加养老保险实施方案》、区人社局和区商务局草拟的《关于录用东湖区商务局招商工作人员的请示》、区城建局草拟的《关于请求批准以招商引资模式对胜利路步行街进行综合改造的请示》,审议区监察局《关于给予章海平行政开除处分的请示》。

第23次常务会。7月22日上午召开。会议审议并原则同意区社区建设领导小组办公室草拟的《东湖区创建全国和谐社区建设示范城区迎检工作方案》、区行政服务中心管委会草拟的《关于新建行政服务中心大楼后部门入驻的工作方案》、区行政服务中心管委会草拟的《关于落实市级下放实施的行政审批项目承接单位的请示》、区城管局草拟的《东湖区环卫作业市场化(一期)实施方案》、东湖公安分局草拟的《关于成立东湖公安分局直属巡逻大队的请示》、青山湖西岸片区开发工作推进小组办公室草拟的《关于协调解决七里村中大西路地块历史遗留问题的请示》,听取了东湖国土分局关于城镇低效用地再开发试点方案有关工作的汇报。

第24次常务会。8月14日上午召开。会议学习《中华人民共和国社会保险法》,审议并原则同意区发改委草拟的《关于落实〈南昌打造核心增长极三年行动计划(2013－2015)大纲〉工作实施方案的请示》及《东湖区省级产业发展中心(企业公共服务平台)项目建设工作方案》、区房管局草拟的《关于下达东湖区青山南路(原贤士湖水果批发市场)棚户区改造项目房屋征收决定书的请示》,听取东湖公安分局关于组建东湖公安分局直属巡逻大队进展情况的汇报、贤士湖管理处关于青山南路(原贤士湖水果批发市场)棚户区改造所涉农房安置情况的汇报。

第25次常务会。9月16日上午召开。会议审议并原则同意区直单位办公用房分配工作领导小组草拟的《关于确定区直单位办公用房分配原则的请示》、区城建局草拟的《关于请求启动文化活动中心辅路建设的请示》、区行政服务中心管委会草拟的《东湖区关于进一步深化行政审批制度改革的决定》、区处理信访突出问题及群体性事件联席会议办公室草拟的《关于再次安置“两参”退役人员公益性岗位的请示》。

第26次常务会。10月9日上午召开。会议审议并原则同意区发改委草拟的《东湖区报送南昌市2014年重大重点项目计划》、市城市管理行政执法局东湖分局草拟的《东湖区“拆违拆临,建绿透绿”专项工作实施方案》、区民政局草拟的《关于接收第五批军队无军籍退休退职职工安置工作的请示》,审议区民政局草拟的《关于请求撤销豫章街道阳明社区等六个单位社区和彭家桥街道湖畔社区等四个纯居民社区的请示》、东湖国土分局关于2013年以来东湖区土地收储工作情况汇报。

第27次常务会。12月11日下午召开。会议审议并原则同意区重点项目办草拟的《东湖区2014年重大重点项目推进安排》、区发改委草拟的《东湖区国民经济与社会发展“十二五”规划实施情况中期评估报告(草)》、区旧改指挥部草拟的《东湖区旧城改造(青山湖西岸)推进工作指挥部工作职责与任务分工》和《东湖区2014年旧城改造项目挂点区领导和责任部门安排》及《关于对贤士湖管理处七里村集体产业用房和村民农房测量实施方案》、区房管局草拟的《关于下达青山湖西岸省物资储运总公司和C－021地块旧城改造项目房屋征收决定书的请示》,听取了贤士湖管理处草拟的《关于失地农民养老保险资金有关事项的请示》、区财政局有关工作汇报。

【区政府办公例会】 2013年,区政府共召开22次区长办公例会,参加会议的人员为区政府区长、副区长以及区政府办公室主任、区监察局局长等,会议由区领导贺瑞虎主持;因工作调整,区领导唐铭市、胡志强自第20次起参加。

第1次办公例会。1月7日上午召开。会议听取了各位副区长近期工作通报和安排。会议要求,区政府办公室与区委办公室协商,进一步完善和优化春节期间我区走访慰问方案;钟益民、童萍如牵头组织区文化局等单位,充分调动群众参与的主动性和积极性,开展丰富多彩的文化活动;各位副区长督促分管各部门和挂点各街办(管理处),加快民生工程扫尾速度,积极解决群众密切关心的生活问题,共同营造欢乐详和的春节气氛;毛永钢牵头组织各责任单位,进一步加大工作力度,营造“整洁、有序”的市容环境;郝思一牵头组织区房管局和各街办(管理处),迅速开展低洼危旧房安全隐患排查和走访。会议还要求各位副区长督促分管各单位和挂点各街办(管理处),就2013年工作提出计划安排和保障措施,同时结合2013年市四套班子“三看”活动尽快提出东湖区2013年重点项目;区政府办和区监察局要加大对各单位工作落实情况的调度和督查力度;钟益民牵头组织各有关责任部门进一步梳理2012年各项经济政策执行情况,并就2013年工作提出完善意见。

第2次办公例会。1月21日上午召开。会议听取了各位副区长近期工作通报和安排,研究并原则同意东湖国土分局提交的《东湖区2013年度土地储备计划项目表》,要求修改完善并报各分管副区长审核后,以区政府名义上报市土地储备中心。会议要求,各位副区长要督促分管口各单位和挂点各街办(管理处),进一步细化本单位2013年重点和特色亮点工作,明确预期目标、进度安排、工作举措和完成时间,于1月27日前报区政府;同时督促各单位切实做好信访稳定工作,共同做好省“两会”期间全区社会稳定工作。要求钟益民牵头组织区重点项目办加快制定全区2013年重点项目安排,明确项目挂点区领导,并于1月27日前报区政府审议;郝思一牵头组织区信访局加紧制定2013年区领导信访包案安排,并于1月27日前报区政府审议。会议要求区政府领导带头,并督促有关部门切实做好困难群众春节走访工作,督促分管口各单位和挂点各街办(管理处)进一步强化认识,狠抓工作作风改进,要按照有关规定加强对公务用车管理。

第3次办公例会。3月4日上午召开。会议听取了各位副区长近期工作通报和安排,原则同意区行政服务中心管委会的《东湖区进一步深化行政审批制度改革工作实施方案》和《东湖区行政审批否定报告备案制度》、区民政局《关于认真做好我区2011年冬季退役士兵安置工作的请示》。会议要求,全区各单位要结合实际和自身职责,进一步提升全区干部职工参与城市管理工作意识,在文明城区建设中带好头,做表率;各街办(管理处)和各有关职能单位要进一步加大对临街店主等对象的宣传力度,使其了解到在城市管理工作中应承担义务及违反条例将面临的处罚;全区各有关职能单位要对违反条例的不文明行为进行严肃处罚。会议要求黄国农组织区财政局结合实际制定全区预算单位公务卡强制结算目录,以区政府办公室名义下发;区财政局、区监察局要对全区预算单位公务卡强制结算目录执行使用情况进行督促检查。

第4次办公例会。4月1日上午召开。会议听取了各位副区长近期工作通报和安排,原则同意区文广局草拟的《2013年东湖区“和谐社区一家亲”公共文化服务系列活动方案》、区计生委草拟的《关于评选2012年度全区人口计生先进单位、先进个人的实施方案》、区政府办公室草拟的《关于进一步做好东湖区民生诉求办理工作的通知》。会议要求分管副区长督促各责任单位进一步增强工作的紧迫感和责任感,确保完成2013年的土地收储任务。

第5次办公例会。5月2日上午召开。会议听取了各位副区长近期工作通报和安排,听取了全区部分重点项目进展情况的汇报、区城投公司关于青山南路棚户区改造项目进展的汇报。

第6次办公例会。5月8日上午召开。会议听取了各位副区长近期工作通报和安排,听取了区综合目标管理考核领导小组办公室关于东湖区2012年度综合目标管理考核奖金发放意见的汇报、区人保局和区财政局关于全区机关事业单位工作人员调整津补贴以及和谐奖发放的工作汇报。

第7次办公例会。5月13日上午召开。会议听取了各位副区长近期工作通报和安排。会议就经济、重大重点项目推进、民生工程和社会事业、消防安全生产和社会稳定工作进行了布置。会议要求:各位副区长要督促分管口各单位和挂点各街办(管理处),通过建立工作台账,明确工作目标、责任人及相关工作时间节点,强化工作落实,及时化解难题,在确保全区各项重点工作有序推进的同时,兼顾其他日常工作的完成。

第8次办公例会。5月20日上午召开。会议听取了各位副区长近期工作通报和安排。会议要求:钟益民牵头组织区人保局和贤士湖管理处,就全区失地农民社会保障等事宜深入做好调研，及时修改相关方案，确保工作平稳落实到位；黄国农牵头督促项目责任单位，加大对中金国际交易中心、胜利路步行街改造和滨江棚户区改造等项目的攻坚力度，确保项目按照既定时间节点推进；童萍如组织有关部门就“南昌·琴岛之夜”开业和樟树林业态提升等事宜与项目业主进行对接；郝思一组织有关部门加快完成住宅征收任务，同时做实非住宅征收的基础工作，确保按规定时间节点完成任务，要组织区商务局等部门，务必在本周内与省供销社就新公园路集贸市场建设有关细节予以明确；毛永钢牵头组织有关部门在做好城市日常管理的同时，对完善全区城市管理长效机制进行积极探索；黄国农、毛永钢牵头组织区财政局、区创建办和区城管局等部门，对全区环卫工作提升和设备采购等事宜进行研究，并将结果报区政府研究。

第9次办公例会。6月3日上午召开。会议听取了各位副区长近期工作通报和安排，并就经济、项目建设、城建城管、社会事业和民生工程、社会稳定和党风廉政建议进行了布置。

第10次办公例会。6月24日上午召开。会议听取了各位副区长近期工作通报和安排。会议要求：钟益民牵头组织区政府办、区经济办、区发改委、区财政局和区商务局等单位，做好6月底或7月上旬召开全区上半年经济形势分析会的前期准备工作，同时组织区重点项目办和各项目责任单位梳理全区重点项目工作进展情况，做好近期召开全区重点项目调度会的前期准备工作；郝思一牵头，充分发挥全区信访稳定工作领导小组作用，带领区信访局针对当前信访突出问题，加大矛盾化解力度，维护社会稳定；各副区长督促分管口各单位和挂点各街办（管理处）梳理和包装项目，并将有关情况及时报区房管局和区重点项目办，并于6月30日前提出全区旧城改造工作总体安排报区政府审议；毛永钢督促区创建办和区城管局等单位，力争9月份在全区全面推行城市管理环卫保洁市场化运行；各副区长督促分管口各单位和挂点各街办（管理处），务必于6月26日前完成全区财政资金三级对账工作；童萍如督促区民政局加强与区委政法委沟通，共同做好社区网格管理员招聘工作，并组织东湖药监分局和各街办（管理处）等单位按照上级有关要求，大力做好对小餐饮行业整治工作；郝思一组织区商务局等部门，按照打造优质示范市场的要求，于6月30日前明确新公园路集贸市场建设设计方案。会议要求各副区长督促责任牵头单位加大工作落实，并将每周工作进展情况报区政府。

第11次办公例会。7月13日上午召开。会议听取了区商务局关于南昌市东湖区青山湖西岸改造建设合作协议书的有关情况汇报。

第12次办公例会。8月5日上午召开。会议听取了各位副区长近期工作通报和安排，就经济、重大重点项目推进、城市建设与管理、民生工程和社会事业进行了布置。

第13次办公例会。8月26日上午召开。会议学习了中央纪委《关于八起顶风违反中央八项规定精神典型问题的通报》，审议并原则同意区卫生局《东湖区第五次国家卫生服务调查实施方案》，听取了各位副区长近期工作通报和安排。会议认为，在全市创建文明城工作中，全区上下充分发扬齐心协力、众志成城、顽强拼搏的创建精神，打好创建全国文明城市迎检硬仗。会议要求，毛永钢牵头组织区城管局、区创建办、东湖执法分局等部门结合创建全国文明城市好的做法，共同研究实现城市管理长效机制，另外要督促豫章街办做好滨江社区占道经营整改工作；郝思一督促区商务局于9月15日前对集贸市场进行市场化、专业化管理提出工作方案并报区政府研究，同时会同各副区长共同做好信访工作，进一步提升解决信访工作水平。会议还就有关迎接全市“三看”活动准备工作提出要求。

第14次办公例会。9月2日上午召开。会议听取了各位副区长近期工作通报和安排，审议并原则同意区纠风办的《东湖区2013年纠风工作要点》、区机关事务管理局《关于分配区直单位办公用房的请示》、区政府办公室《东湖区迎接全市“三看”活动工作方案》。会议要求：各副区长就各自挂点项目强化效率意识和责任意识，特别是迎接全市“三看”活动视察的项目，要按照“一天一调度”的原则，确保各项工作准备就绪；黄国农要督促各旧改项目责任单位深入一线，确保项目可行性；毛永钢会同杨玉章带领东湖交警大队、区城建局等部门对违章摩的（电动车）乱象如何整治探索方法,提出意见;杨玉章要组织东湖公安分局进一步提升应对突发事件协调和处置能力,力争将突发事件控制在萌芽状态。会议还要求由区教科体局会同东湖消防大队按照“消防教育从小抓起”,制定专门工作方案加大对小学生消防安全知识教育和消防技能训练的力度,提高应急避险和自救互救能力。

第15次办公例会。9月9日上午召开。会议学习了市纪委《关于开展党政领导干部违反接受和赠送现金、有价证券、支付凭证问题专项治理活动的实施方案》以及南昌市委副书记、代市长郭安的讲话精神,听取了各位副区长近期工作通报和安排。会议要求:各副区长就各自负责迎接全市“三看”活动视察的项目要加大推进力度和效果,进一步加强调度,确保项目早出成效;黄国农督促区旧城改造指挥部紧紧跟踪市政府关于全市旧城改造工作的最新要求,超前谋划、科学制定全区旧城改造工作推进计划;郝思一督促区商务局强化效率意识和质量观念,确保12月底完成贤士湖、灵隐桥和新公园路集贸市场改造;毛永钢督促区城管局做好环卫作业市场化交接工作,确保交接工作顺利平稳过渡。

第16次办公例会。10月21日上午召开。会议审议并原则同意区发改委《关于请求成立南昌东湖区中小企业服务有限公司的请示》、区民政局《关于要求印发〈关于做好2013年义务兵家庭优待金发放工作的通知〉的请示》,听取各位副区长近期工作通报和安排,就经济、项目推进、城市建设与管理、社会事业与民生工程进行布置。

第17次办公例会。10月28日下午召开。会议审议并原则同意区编委办公室《东湖区事业单位分类实施方案》,听取各位副区长近期工作通报和安排。会议要求:各副区长根据国家宏观形势和省市有关工作要求,超前谋划和安排好2014年各项重点工作任务,力争分管工作多出新亮点;黄国农要带领区旧城改造指挥部围绕2014年全区旧城改造工作任务,加强调度,力求早出成效,为全区培育新的经济增长点;童萍如组织区文化局和社区专门研究、精心策划,积极引导群众在文化建设中自我表现、自我教育、自我服务,进一步提高“和谐社区一家亲”活动知名度,将其打造成具有广泛影响力的文化品牌;郝思一要按照市政府关于打造夜市一条街的要求,提前谋划,同时督促区商务局就打造环湖路休闲文化街区制定工作计划;毛永钢督促区城管局等部门加快推进环卫作业市场化,力争将环卫市场化工作做成全市的典范;杨玉章带领东湖公安分局进一步加强队伍建设,强化工作举措,力争2014年公众安全感测评在全市排名靠前。

第18次办公例会。11月4日上午召开。会议审议并原则同意区推进“拆违拆临,建绿透绿”工作指挥部办公室草拟的《关于请求协调解决全区“拆违拆临,建绿透绿”工作相关问题的请示》、区企业资产管理服务中心草拟的《关于申请南昌玻璃纤维厂企业整体改制相关问题的请示》,听取了各位副区长近期工作通报和安排。会议要求:各副区长围绕2013年初确定的目标任务特别是省市考核的各项工作任务,全力攻坚冲刺,力争在省市排位前移,并督促各分管口单位和挂点街办做好十八届三中全会期间维稳和“拆违拆临,建绿透绿”工作,要深入调研,认真梳理2014年工作任务和工作安排;钟益民要组织区发改委、商务局等部门围绕中心城区如何发展工业进行认真思考,尽快提出可行性方案。

第19次办公例会。11月12日上午召开。会议通报了东湖区2013年第三季度经济运行情况,审议了《2014年度旧城改造(棚户区改造)土地收储计划表》,审议并原则同意区民政局《关于认真做好我区2012年冬季退役士兵安置工作的请示》。会议要求:全区上下要紧紧围绕2013年初下达各项目标任务,坚持每月一调度的原则,加强领导,形成合力,攻坚克难,确保圆满完成各项工作任务。第一,聚焦重点,在指标任务上奋力冲刺。向上要主动对接,加强与市考核部门沟通,力争进位赶超;对下要强化调度,经济口各职能部门,要倒排时间、每周调度,督促各街道、各系统完成各自全年任务;经济办要加强对全区考核指标的调度,找出差距查漏补缺,确保完成市下达的各项任务。要紧抓重点项目和重大工程不放松,实行定人定责跟踪责任制,确保重点项目和重大工程税收在年内实现;加大纳税评估和查漏补缺工作力度,深挖税收潜力,确保完成全年财政增收任务。第二,突破难点,在项目推进上奋力冲刺。区重点项目办要对2013年初确定的28个重点项目进行再疏理、再分析，继续实行领导挂点制，强力推进项目建设。特别是要完成2013年已经签订的25万平方米拆迁任务和35.87万平方米土地收储任务。第三，抢抓节点，确保各项工作完美“收官”。一是双拆工作要完美“收官”；二是豫章路打通、环卫作业市场化、新公园路集贸市场改造等工作要完美“收官”；三是各口子上的工作在完成任务的同时，展现1～2个亮点，做出特色。同时，在旧城改造、产业规划、特色打造等工作上也要狠下功夫。

第20次办公例会。11月18日上午召开。会议审议了区综合服务中心、文化活动中心建设领导小组办公室《关于请求区政府协调解决归还4107万元借款的请示》，听取了各副区长近期工作通报和安排。会议要求：毛永钢督促区“拆违拆临，建绿透绿”工作指挥部办公室加强与市指挥部沟通，确保“双拆”工作顺利推进；黄国农督促区旧城改造指挥部明确工作目标，尽快提出全区旧城改造工作方案。会议要求各副区长进一步加强与分管口单位沟通对接，认真谋划2014年工作安排和要求及时间节点；区政府办公室要做好拟于12月7日召开区政府务虚会的准备工作。

第21次办公例会。12月2日上午召开。会议通报了区政府领导的分工调整情况，明确了做好政府工作的要求。会议要求，各副区长在立足全局的基础上，要进一步加强学习，尽快进入角色，熟悉分管工作，保证各项工作的延续性，要结合工作实际认真谋划好2014年工作安排，同时对照2013年初确定的各项考核任务，查漏补缺，高标准完成好年底各项收关工作。会议要求黄国农督促区重点项目办尽快提出全区2014年重大重点项目推进计划，唐铭市会同毛永钢督促区城管局加快推进环卫作业市场化进程，确保在2014年元旦前全部交接完成。会议还要求各街办（贤士湖管理处）、区政府各部门要对下发的《2014年区政府工作报告（征求意见稿）》认真阅读，及时反馈修改意见。

第22次办公例会。12月25日上午召开。会议审议并原则同意区文广局《东湖区第一次全国可移动文物普查实施方案》、区民政局《关于进一步加强全区民政事业改革发展的实施意见》、彭家桥街办《关于申请扶持江西省钢材市场经营户优惠政策的请示》、区财政局《关于申请给予江西省万通建设有限公司总部经济扶持政策的请示》。

【工作会议】 2013年，区政府围绕经济建设、城市管理、社会民生、创建办会、社会稳定等方面工作，共召开各类工作会议130余次。

全区城市综合管理调度会。2月4日下午在区政府三楼西会议室召开。会议要求：一是各单位、各部门要迅速贯彻落实好此次会议精神，吃透新的考核标准，全力以赴做好城市管理各项工作。二是春节期间各单位要扎实做好城市综合管理工作。要增派工作人员，延长作业时间，全面清理卫生死角，加快对化粪池堵塞、垃圾清运、市容保洁、交通秩序等群众生活密切相关的城市管理问题的整改进度，为广大市民创造一个整洁优美的节庆环境。三是各单位要增强工作的预见性，进一步做好春节期间低温雨雪天气应急准备工作，提前准备好相关设备和物资，组织专业抢险队伍全员待命，积极做好抢险应急准备。四是抓紧实施各项整治工作。由区城管局牵头，各街办环卫所积极配合，对24条严管街进行冲洗，并对隔离栏下的灰沙带进行清理。同时，切实加强对偷倒垃圾渣土、五车非法运营、占道摊点等的监管，加大巡查力度。五是要加强春节期间的值班工作，坚持领导带班，机动增加节假日重点路段、重点部位管理人员班次，确保工作不断档。

东湖百花洲购物节工作部署会。4月15日下午在区政府三楼西会议室召开。会议强调：一是前期准备工作要周密，各单位明确责任人，制定好工作方案和应急预案；二是工作部署要细致，根据时间节点及任务分工抓好落实；三是协调配合要全面，各单位要围绕做强东湖商贸品牌，团结协作，齐心协力，共同办会。

全区政协提案督查督办会议。5月15日下午在区政府三楼西会议室召开。会议要求：各承办单位一定要改变“形式主义”的看法，要站在讲政治的高度，把每一项建议、每一件提案扎扎实实办妥办好。各单位负责人要把政协提案办理工作作为“一把手工程”和“民心工程”来抓，对承办的提案进行认真研究，实行定领导、定人员、定进度、定质量。对已经办结的提案，要做好规范答复；对已经办理但还未解决的提案，要再研究、再部署，建立工作台账,在下一步的工作中继续实施动态的跟踪管理,促进提案得到进一步落实;对因政策和条件等因素一时难以解决的问题,认真负责地向委员做好沟通、解释工作。各承办单位要更加注重调研,延伸办理,透过提案的表面,挖掘潜在有用的价值,进一步放大建议提案在推进政府工作、促进经济社会发展方面的实际效用和长远效应。

全区创建指挥文明城市工作调度会。5月22日下午在区政府三楼东会议室召开。会议传达南昌市2013年第二次城市文明程度指数模拟测评布置会精神,并部署测评迎检工作。会议要求:一是要高度重视。各司其职,各负其责,以扎实过硬的工作作风,全力以赴做好测评迎检各项工作。二是要把握重点。对各类重点部位、重点薄弱环节及入户问卷调查等方面,要认真对照测评标准,查漏补缺,推动工作逐项落实到位。三是要强化宣传。加大宣传深度,形成宣传声势,营造浓厚的宣传氛围。四是要保障信息对称。区创建办要发挥好上传下达、下情上报作用,对接协调的作用。各单位要及时把工作动态和进展向区创建办报送。同时,各对标工作部也要将迎检工作迅速向本工作部执行分管领导汇报。

全区被征地农民参加养老保险工作调度会。5月30日晚上在区政府三楼西会议室召开。会议指出,开展好被征地农民养老保险工作,既是市委、市政府的部署要求,也是广大被征地农民的共同期盼,各有关单位要高度重视,切实把这项惠民、利民政策学习宣传好、贯彻落实好。《南昌市被征地农民参加养老保险实施办法》的出台,是东湖区做好被征地农民养老保险工作的基本依据和重要指导,对于统筹城乡经济社会发展、加快西岸片区“城中村”改造具有重要现实意义。会议要求:一是要进一步加强被征地农民养老保险工作的组织领导,由区人社局牵头,尽快提出成立东湖区被征地农民参加养老保险工作领导小组组织机构建议及具体成员名单。二是要保障被征地农民养老保险工作顺利开展,区人社局和贤士湖管理处要立即成立专门班子,选强配齐人员,负责开展此项工作。三是由区人社局牵头,组织区各有关单位和贤士湖管理处各村业务骨干举办一次培训班,学习省、市有关被征地农民社会保障文件和政策,为做好全区被征地农民养老保险工作打下良好基础。四是区人社局要适时组织召开东湖区被征地农民养老保险工作领导小组会,贤士湖管理处要组织召开好被征地农民养老保险工作动员部署会、村“两委”会和村民代表大会,统一思想认识,加强政策宣传,推动全区被征地农民养老保险工作做好做实。

全区征兵工作会议。6月27日上午在区政府三楼西会议室召开。会议要求:全区各部门要正确把握形势,统一思想认识,认清做好征兵工作的极端重要性。兵员质量是检验征兵工作成效的根本标准,各部门要紧紧围绕这个核心,突出工作重点,把握关键环节,努力提高兵员质量。征兵工作涉及面广、工作量大,各部门要明确责任义务,密切协同配合,以强有力的措施确保2013年夏季征兵工作圆满完成。

东湖区旧城改造工作布置会。7月24日下午在东湖区旧城改造工作指挥部会议室召开。会议学习了国家和市政府在推进旧城改造方面的相关政策,并围绕市旧改指挥部提出的近期工作计划研究贯彻落实意见。会议要求,区旧城改造工作指挥部要根据工作职责,进一步明确人员分工,健全工作运行机制,科学确定旧改地块范围,切实把全区旧城改造工作抓紧、抓实、抓好;要切实加强与属地街道和相关职能部门的联系,把前期工作做实做细;要按照全市旧改工作部署,对全区可纳入旧改地块进行全面摸排,加强沟通对接,科学制定工作计划和年度改造安排,确保全区旧城改造工作有序推进,取得实效。

全区第三次经济普查领导小组扩大会议。9月13日下午在区政府三楼西会议室召开。会议指出:认真开展好第三次全国经济普查工作,对于落实科学发展观,加快经济建设,加强和改善宏观调控,研究制定经济转型期的国民经济和社会发展规划,推动全区实现“开放强区、三产富区”主战略和发展现代服务业核心战略具有重要意义。会议要求:确保经济普查数据真实、准确、可信,这是普查最根本、最核心的要求,必须实打实、硬碰硬,决不能带水分,更不能弄虚作假。要按照“全面、准确、客观、真实”的基本要求做好经济普查工作,强化法律意识,做到依法普查;强化效率意识,做到科学普查;强化质量意识,做到准确普查。

各街办、贤士湖管理处和有关部门要切实加强组织领导,层层负责,认真落实各项保障措施,全面推动普查工作有序开展。

东湖区“拆违拆临、建绿透绿”工作调度会。10月10日上午在区信访局三楼会议室召开。会议对做好全区“拆违拆临、建绿透绿”进行了专题研究,明确了下一步工作内容和要求。会议认为,开展“拆违拆临、建绿透绿”专项行动,有利于提升道路交通顺畅和城市街景美观,有利于改善城市环境和提升城市形象,对于加强城市建设管理具有重大意义。会议强调:一是要形成宣传氛围。以街办(管理处)为主体进行全方位宣传,让大家充分了解“拆违拆临、建绿透绿”的重大意义,形成浓厚宣传氛围。二是做细摸底工作。指挥部办公室要督促全区各有关单位务必于10月10日下午下班前完成摸底报送工作,并做好对上报摸底资料的分析、核实和汇总工作。三是做好有效对接。区指挥部办公室要做好对市指挥部办公室和区直有关单位的对接工作,确保工作信息高效快速传递。会议要求,指挥部办公室抽调人员务必在10月10日下午全部到位开展工作并负责做好有关工作信息的梳理及报送工作,东湖执法分局负责尽快拟定指挥部办公室各工作组工作职责及有关规章制度,区财政局负责做好“拆违拆临”工作经费保障工作。

东湖区整治丧葬陋俗工作领导小组成员会议。11月14日下午在区政府三楼西会议室召开。会议传达全市整治丧葬陋俗工作领导小组工作会议精神,并就做好全区整治丧葬陋俗工作强调4点要求:一是从认识上要进一步提高,二是从宣传上要进一步加强,三是从责任上要进一步明确,四是从任务上进一步落实。

全国第一次可移动文物普查工作东湖区动员部署会。12月10日上午在区政府三楼西会议室召开。会议传达了省、市各级关于普查工作的相关文件精神,并就普查工作的内容意义、时间节点、工作要点等进行了具体部署。会议要求:各相关单位要明确时间节点,在规定时间内完成普查工作;要做好文物普查认定,明确划分1949年前的文物品并做好登记工作;要确保普查工作全面覆盖,全区共1055个国有单位的普查必须一个不漏全面普查到位。会后,区文广局在区政府七楼礼堂举办了全国第一次可移动文物普查员、信息员培训班。

区政府办公室工作

【概况】 2013年,区政府办公室在区委、区政府的正确领导和市政府办公厅的关心指导下,紧紧围绕区政府中心工作,坚持“省里创一流、市里争先进、区里树杆竿”的工作标准,重规范、促高效,有效提升办文办会办事工作水平;抓公开、促透明,全面加强政务公开和电子政务建设;抓特色、提质效,有力推动依法行政进程;抓建章、促立制,着力提高应急管理和处置能力;强督查、促落实,持续推进政务督查督办工作;抓协调、重服务,开拓外事侨务民宗工作新局面;抓学习、强管理,扎实推进机关自身建设。恪守为领导服务、为部门和基层服务、为群众服务的“三服务”宗旨,突出综合服务、参谋协调、调研信息等重点工作,大气谋事、精细做事、高效成事,较好地完成各项工作任务。

【办文办会工作】 2013年,区政府办公室草拟印发各类政府文件1500余件,撰写领导各类会议发言材料和其他重要文稿80余篇50余万字。认真筹备和保障区政府全体会议、常务会议、办公会议、专题调度会等各类政府会议,协助筹备和保障了各类全区性会议。严格落实区政府办公室规范办文办会办事工作的制度规则,严把文件质量关,强化会议管理,规范工作流程,不断提高办文办会办事的质量和水平。文件差错率控制在万分之一以内,限时办结率100%,会议纪要做到当日草拟、紧急文件当日办结,当日签署、当日印发。同时,协助相关部门做好各类大型活动的保障工作,统筹协调、保障地铁2号线房屋征收拆迁工作(东湖段)、全区旧城改造、“拆违拆临、建绿透绿”专项行动、迎接市“三看”活动、东湖百花洲购物节等一系列活动的顺利进行。重大活动协调到位率达100%,重要活动、重要事项、重要接待均为“零差错”。

【政务公开和电子政务工作】 2013年,区政府办公室认真部署政务信息报送、处理工作,积极向省、市报送重要信息,发挥政务信息对外展示形象、争取支持,对内沟通交流、推动工作的载体作用,促进全区经济建设和社会事业的快速发展。全年向省、市报送信息400余条,主动公开各类政务信息1.8万余条。优化整合政府网络资源,根据省、市的要求在政府网站上优化设置政府信息公开专栏,向全社会公开发布政府信息。健全网站功能,在区政府网强化东湖问计、在线访谈、行政复议等栏目互动功能,加强书记信箱、区长信箱、民声通道等便民栏目管理,全年"民声通道"等栏目共受理群众投诉280余件,办结率为100%。进一步推进信息化办公,提高办公效率,节约办公成本。加强网络安全建设,强化网络安全措施,有效维护全区政务系统网络信息安全。

【政务督查督办工作】 2013年,区政府办公室突出政务督查改进工作、推动发展的载体作用,突出建章立制,下发了《东湖区进一步加强政府督查问责的通知》,明确部门职责、理顺督查机制、严格问责标准,全面提高督查问责成效。围绕《政府工作报告》中明确的目标任务、区政府常务会议确定的工作任务和要求以及区委、区政府的年度重点工作,对全年工作目标进行责任分解到各单位,将工作目标加以细化,并以此开展政务专项督查。全年,区政府办公室围绕区政府的重大决策、重点工程和领导批示,组织开展了100余次督查活动,对青山湖西岸开发、旧城改造、"拆违拆临"、畅通省城等重点工作进行实地督查30余次,重大事项督办核查到位率、专项督查核查到位率均为100%。强化了人大建议政协提案办理的专项督查,办理省、市、区人大代表建议51件、政协提案101件,办结率、满意率均为100%。

【应急管理体系建设和能力建设】 2013年,东湖区注重建章立制促规范、日常管理抓落实,坚持主要领导负总责,分管领导具体抓,以制度建设和日常管理为主要抓手,全面加强应急管理工作。严格贯彻执行《东湖区突发公共事件总体应急预案》,指导各部门逐步健全应急预案和各专项工作应急预案,强化了应急值班和重点部门、重点时期的应急监控,应急管理体系进一步完善。全年,面向全区应急部门举办了应急平台数据采集培训,提高了应急信息化水平;成功开展社区防灾避灾综合演练等应急演练,全面加强预案演练和应急管理宣传教育;集中调度、有序指挥十八届三中全会期间全区的应急处理,保障了和谐稳定的良好局面,全年紧急事务办理率达到100%。

【调查研究工作】 2013年,区政府办公室突出以文辅政职能,强化参谋决策功能。坚持调研工作制度化、常态化、机制化,要求办公室干部与对口联系单位至少一周联系一次,下基层调研至少一月一次,结合全区工作重点、热点、难点,主动开展调查研究,大胆借鉴外地成功经验,理清思路、积极提出建设性的意见报领导决策参考。全年,先后围绕发展现代服务业和提升传统商贸产业、推进旧城改造、发展楼宇经济等课题组织调研,向区领导提出工作建议10余条。

法治政府

【概况】 2013年,东湖区法治工作在省、市政府法治部门的指导下,以党的十八大精神和十八届三中全会精神为指引,紧扣"推进依法行政、建设法治政府"工作目标,以贯彻落实《全面推进依法行政实施纲要》为主线,思路上与时俱进,举措上务实创新,强化政府法治监督,提高法治服务水平,全区法治工作迈上新的台阶,区法治办荣获全市案卷评查先进单位。

【加强组织领导】 2013年,围绕建设"法治东湖"共识,东湖区加大顶层设计、注重高位推动。全区法治工作在区政府工作报告中安排部署,区政务常务会对法治工作进行专题部署。制定细化法治工作考评实施方案,将法治工作纳入政府目标责任,明确考核内容、考核方式、评分标准,同经济发展工作同部署、同考核。法治工作做到半年一报告,半年一总结。印发《东湖区2013年推进依法行政工作要点》,涵盖领导干部学法、重大行政决策、制度建设、行政执法、矛盾化解等5个部分15个小点,强化了法治工作力度。

【开展法律服务】 2013年,东湖区法制办坚持"主动服务、创新服务、优质服务、高效服务",全年审查备案政府招商引资合同、招标合同等民商事合同126件,为政府决策提供法律意见和建议

300余次。对口联系工程项目,先后30次到青山南路棚改项目、轨道2号线征收拆迁现场,提供优质高效的法律服务。参与全区法治环境创建工作,制定实施《东湖区法制办公室法制环境创建实施方案》,积极部署本单位牵头的各项创建工作,营造良好政务环境。

【加强行政复议】 2013年,东湖区建立健全行政复议责任制,拓宽行政复议受案渠道,在各街道(管理处)设立行政复议案件受理点,代为接受行政复议申请,顺应网络群众工作新形势,在社区网络运行平台设置行政复议网络受理点,创新行政服议受理新模式。全年,区法制办收到行政复议申请8件,依法受理行政复议申请8件,办结率达100%,并积极配合省市法制部门做好行政复议法实施数据统计工作。

【完善行政调解】 2013年,东湖区建立由区政府负总责、政府法制机构牵头、各职能部门为主体的行政调解工作体制。推动建立行政调解与人民调解、司法调解相衔接的大调解联动机制。完善"诉调对接""检调对接""公调对接"各项机制,强化"三调联动"进社区工作。全区各行政主体开展行政调解数量几百件(含劳动监察)。

【规范行政执法行为】 2013年,东湖区对全年行政执法人员的法律培训工作进行统筹安排,规范培训内容。全年共办理行政执法证30余件,组织或参与组织执法人员培训30次,培训人员500余人次。全年无不合格人员从事执法工作,执法人员档案健全,上网执法人员信息100%准确。

【开展案卷评查】 2013年,东湖区印发《关于开展2012年度行政执法案卷评查活动的通知》,组织实施"案卷评查月活动",对行政执法案卷评查活动进行部署。全年共抽查26个行政执法部门的行政执法案卷110宗,其中行政处罚案卷46宗、行政许可案卷64宗,为近3年最多的一次。参加全市行政执法案卷评查,3份行政处罚、1份行政许可案卷获评市优秀案卷。

【强化督查考核】 2013年,东湖区严格贯彻省市行政处罚自由裁量权标准,紧紧围绕"三个环节",深入实行说理式执法,组织实施《东湖区行政检查办法》,年初为20余个执法部门下达行政检查批复,重点加强与企业、群众利益相关的行政执法部门的监督检查。还按照省市统一部署,相继对全区各行政执法主体开展行政执法和执法队伍建设、行政调解工作、民生档案工作的专项检查。

【规范政府决策】 2013年,东湖区进一步健全重大决策议事规则,严格遵循重大决策经过区政府常务会议,或者区长办公会集体讨论决定,并在会前交由区政府法制机构进行合法性审查。全年对南昌市轨道交通2号线房屋征收、中金项目等多个全区重点项目进行社会稳定风险评估。完善重大决策听取意见制度,完善重大行政决策事项听取人大、政协意见制度,重大行政决策事项依法提请同级人大或其常委会审议决定制度。全年共有20项相关决策提请了区委常委会讨论,10余项重大事项报人大决策。

【做好规范性文件管理】 2013年,东湖区认真执行《东湖区规范性文件管理办法》,围绕"有件必备、有备必审、有错必纠"的目标,抓住起草、审查、决定、公布、备案、清理等关键环节,使规范性文件管理工作走上规范化轨道。全年共受理并审查各街办、贤士湖管理处,区政府各部门制发的文件1050件,属于规范性文件的4件,其中部门报送4件。

【推进审批制度改革】 2013年,东湖区制定下发《东湖区进一步深化行政审批制度改革工作实施方案》和《东湖区行政审批否定报告备案制度》。扎实推进第八轮行政审批制度改革,形成《关于进一步深化行政审批制度改革的决定》,由区政府审议下发,有序完成市级下放审批项目的部门进驻工作。

【营造法治建设氛围】 2013年,东湖区制定《2013年区政府常务会议学法计划》,安排区政府常务会学习《南昌市城市管理条例》《道路交通安全法及相关交通规则》《中华人民共和国税法》及相关知识等10个法律文件。集中开展各类法律宣传日、法律宣传周、法律宣传月、安全生产宣传月等活动。发挥普法生态园阵地作用,3月,全省法治文化阵地建设现场推进会在东湖区八一公园百花普法生态园召开,产生良好反响。加大法治信息报道和宣传力度,报送法治工作信息35篇;

开展法治专题调研,理论成果——《从〈行政复议法〉修改看我国行政复议制度的完善》在《江西法制工作》上发表。

外事侨务工作

【概况】 2013 年,东湖区外事侨务工作认真贯彻落实党的十八大会议精神和中央“八项规定”,严把因公出国(境)审批关,开展对外友好交流,秉承“依托社区,凝聚侨心,深化双向服务;以人为本,依法护侨,促进社会和谐”的工作理念,紧紧围绕区委、区政府的中心工作,积极发挥外事侨务工作的职能作用,开拓创新,积极进取,全区外事侨务工作取得长足进步。

【严把因公出国(境)审批关】 2013 年,东湖区严格审批纪律和程序,将全区科级以上领导干部名册纳入东湖公安分局出入境管理科同步管理,并及时更新名单,做到动态管理,严格控制无实质性内容出访。

【做好对外友好交流工作】 2013 年,东湖区认真做好辖区企事业单位邀请外国人来该区和辖区内企业申领 APEC 商务旅行卡等相关事宜的初审工作,为南昌市金盾服饰礼品有限公司等多家企业走出去和请进来等事宜进行审批。

信息化建设工作

【概况】 2013 年,东湖区进一步加强政务资源的整合和利用,信息中心各项工作都取得了较好成效,区信息中心荣获江西省信息技术应用先进单位,“南昌东湖”门户网站在江西省计算机用户协会组织的“2013 年江西省政务网站评测活动”中荣获县(市、区)优秀政务网站。

【推进政府信息公开工作】 2013 年,东湖区进一步增强政府工作的透明度,增进政府与公众的沟通交流,积极开展网上公共服务,把人民群众普遍关心、涉及人民群众切身利益的问题作为政府信息公开的重点,及时在政府网站上公布重大决策、法律法规和政府规范性文件。当年,“南昌 · 东湖”门户网站新增专题栏目 5 个,发布信息 18834 条,同比增长 19%,书记信箱、区长信箱、民声通道、网上信访等互动栏目共接收网络用户 157 件信件,回复 157 件。

【参与区重点工程项目建设】 2013 年 2 月,根据区委、区政府安排,区信息中心积极参与区综合服务中心和文化活动中心建设大楼建设。与设计单位、智能化设计专家通过现场勘测,会议讨论,专家论证等方式,在 10 月底完成了大楼智能化需求的确定,11 月底完成智能化的设计,并完成设计图纸的审核。

【完成乡乡通工程建设】 2013 年,东湖区为全面贯彻落实省信息中心《关于加快推进政务网乡乡通工程建设的通知》精神,投入 50 万元,为 10 个街办(管理处)采购一批网络设备,并于 3 月前完成所有街办(管理处)机房的物理链路、机柜集成、物理设备上架及上电集成,5 月前根据全省政务外网乡乡通资源的总体规划,完成政务网“乡乡通”IP 地址规划,6 月通过了项目验收。该项目的顺利建立,可确保全区网络纵向从街办联通区、市、省,横向从街办联通全区各一级单位,为今后的政务应用上线打下坚实的基础。

(杨文俊)

中国人民政治协商会议南昌市东湖区委员会

综　述

2013年，中国人民政治协商会议南昌市东湖区委员会（以下简称区政协）在中共东湖区委的领导和市政协的指导下，坚持以邓小平理论、“三个代表”重要思想和科学发展观为指导，深入学习贯彻中共十八大精神，牢牢把握团结民主两大主题，围绕中心，服务大局，切实履行政治协商、民主监督、参政议政职能，为构建“繁荣精品幸福文明”东湖区做出了应有的贡献。

凝聚共识，深入学习贯彻中共十八大精神。区政协常委会组织区政协各参加单位和全体委员，采取集中学习、个人自学、专题辅导、座谈交流等多种形式深入学习、全面理解中共十八大精神实质。在学习中着力统一思想认识，凝聚共识，自觉把思想和行动统一到十八大精神上来，把智慧和力量凝聚到十八大确定的各项任务上来，不断巩固发展团结合作的共同思想政治基础。

紧扣发展，协商议政有新成效。区政协常委会认真组织好政协委员全体会议和主席会议、常委会会议、专门委员会会议及其他座谈协商会议，协商议政进一步制度化、规范化和程序化，提高协商议政的质量和实效。区政协召开了5次常委会和5次主席会议，分别围绕青山湖西岸开发等重点项目建设、法治东湖建设、被征地农民养老保险、城市管理、作风效能建设、环境保护和财税工作等内容，与区政府和区各相关职能部门专题协商，听取情况通报，有针对性地提出意见和建议，促进工作。同时，精心选定社区环境卫生、居家养老服务等课题，组成专题调研组，深入开展调查研究，形成了一批有质量的调研成果，为促进东湖区经济社会发展发挥了积极作用。常委会组织协调政协各参加单位和全体委员参与全区中心工作和重大重点项目建设，先后参与全区重大重点项目建设、轨道2号线（东湖段）房屋征收和青山湖西岸开发等重点工作，服从服务全区中心工作，议政出力协调发展。

创新方法，民主监督有新进展。创新提案办理方法，通过举行提案办理协商会等方式，从对单个重点提案的跟踪办理延伸到对同类提案的督办协商，使原来单一的一个提案承办单位对一位提案人的“点对点”办理，创新为一个承办单位对多位政协委员的“点对面”协商办理。区政协八届三次会议至2013年底，共收到提案101件，提案答复率和委员满意率均为100%，一些群众广泛关注、社会反映强烈的问题得到重视或解决，提案在民主监督工作中的作用得到进一步增强。各专门委员会选准民主监督的切入点，组织委员就社区卫生服务、重大重点项目建设、创新社会管理等群众关心、社会关注、贴近实际的多项课题，深入基层开展视察活动，较好地发挥了专门委员会在政协履行民主监督职能中的基础性作用。政府执法部门、纪检监察部门主动邀请委员担任特邀监督员、行风评议员，对全区各方面的工作开展经常性的监督。常委会组织委员参加区法院在全省法院系统首次召开的疑难刑事案件专家论证会，参与了检察院的“检察开放日”活动，积极发挥委员的监督作用。

关注民生，促进社会和谐有新亮点。区政协在全区9个街道15个社区建立了政协委员社区联络站,制定印发《政协委员服务社区联络站工作制度》等工作制度,印制了活动手册,深入开展“群众在心中——员进社区”活动。委员们纷纷走进社区,开展“反映社情民意、做好群众工作、开展便民活动、实施民主监督”等四个方面的活动,为社区群众排忧解难,做好事,办实事,共协调解决群众困难需求20余件,捐款约5万元帮助困难群众。全市“委员进社区”活动流动现场会视察了东湖区百花洲街道火神庙社区委员联络站,东湖区政协在该活动座谈会上做了专题发言。

求真务实,推进自身建设有新进步。区政协党组和常委会严以律已,做好表率。区政协党组召开了专题民主生活会和专题调研座谈会解决“四风”问题。常委会厉行节约节俭办会,区政协八届三次会议自始至终洋溢着简朴务实新风,较好地贯彻了中央关于改进工作作风、密切联系群众的“八项规定”精神。区政协加强了委员服务管理,增补了13名政协委员;区政协领导通过实地走访看望、召开座谈会等方式开展走访委员活动;认真做好委员考核工作,首次评选并表彰19名优秀政协委员。协商通过《政协东湖区委员会常务委员会工作规则(修订)》等10项制度,不断健全完善政协工作制度,提升工作科学化水平。

重要会议

【概况】 2013年,区政协召开了1次政协委员全体会议,5次政协常委会议。

【政协东湖区第八届委员会第三次会议】 1月14日下午至17日下午在东湖区政府大楼七楼礼堂召开。会议应到委员218人,实到委员182人。会议听取并审议通过《政协南昌市东湖区第八届委员会常务委员会工作报告》和《政协南昌市东湖区第八届委员会常务委员会关于八届二次会议以来提案工作情况的报告》;列席了东湖区第十五届人民代表大会第三次会议,听取和讨论《政府工作报告》和“两院”报告。会议认为,2012年,中共东湖区委、东湖区人民政府团结和带领全区人民,解放思想抢机遇,主动作为,创新思路谋发展,奋力开拓,全区呈现出经济发展攀新高、城市面貌展新颜、民生福祉大改善、社会局面更和谐的喜人局面。会议同意区政协常委会提出的2013年工作总体要求。会议强调,2013年是全区全面实施“十二五”规划的重要之年,全体政协委员要进一步深入学习贯彻中共十八大精神,按照中共东湖区委、东湖区人民政府提出的目标任务和区政协常务委员会提出的工作要求,充分发挥政协组织的独特优势,继续加强协商议事能力,努力拓宽民主监督渠道,切实提高参政议政水平,推动东湖区经济社会实现跨越发展、进位赶超。

【区政协八届九次常委会议】 1月17日上午在东湖区机关大楼六楼西政协会议室举行。会议由王玮主持,会议应到31人,实到31人。会议听取区政协八届三次会议九个小组召集人就会议期间委员分组讨论情况的汇报,协商讨论区政协八届三次会议决议(草案)。

【区政协八届十次常委会议】 3月22日上午在东湖区机关大楼六楼西政协会议室举行。会议由王玮主持,会议应到31人,实到28人。会议专题学习了全国“两会”精神,听取区重点项目办关于2013年全区重点项目建设和青山湖西岸开发工作的情况通报,审议通过《政协东湖区第八届委员会常务委员会2013年工作要点》(草案),协商同意刘昌辞去区政协八届委员会委员。

【区政协八届十一次常委会议】 6月14日上午在东湖区机关大楼六楼西政协会议室举行。会议由王玮主持,会议应到31人,实到27人。会议听取了区监察局有关作风效能建设工作的情况通报,听取了区人劳局有关东湖区被征地农民参加社会养老保险工作的情况通报,听取了区环保局有关环保工作的情况通报,协商通过区政协“委员进社区”活动方案,协商通过《政协东湖区委员会全体会议工作规则》《政协东湖区委员会常务委员会工作规则》《政协东湖区委员会专门委员会通则》和《政协东湖区委员会提案工作制度》的修订,以及《东湖区政协反映社情民意工作规定(试行)》,协商同意增补冯于水为区政协八届委员会委员。

【区政协八届十二次常委会议】 9月25日上午在东湖区机关大楼六楼西政协会议室举行。会议由王玮主持,会议应到31人,实到27人。会议听取了区政府副区长毛永刚就城市管理工作的情况通报，听取了区司法局有关社区矫正工作的情况通报，协商通过《政协东湖区委员会提案办理工作评议办法（试行）》，对东湖交警大队、区教科体局、区商务局等3个单位的提案办理工作进行了民主评议。会议协商同意增补游浩等11人为区政协八届委员会委员；协商通过有关人事事项：王树珊任区政协专委会办公室主任，刘婷任区政协专委会办公室副主任，冯于水任区政协城市建设委员会主任。

【区政协八届十三次常委会议】 12月25日上午在东湖区机关大楼六楼西政协会议室举行。会议由王玮主持，会议应到31人，实到24人。会议专题学习中共十八届三中全会精神，听取区政府办公室关于区政协八届三次会议以来的提案办理情况通报，听取区财政局有关财税工作的情况通报。会议协商讨论区政协八届四次会议的有关事项，通过《关于召开政协南昌市东湖区第八届委员会第四次会议的决定》（草案）、政协南昌市东湖区第八届委员会第四次会议议程、日程安排草案、政协东湖区第八届委员会常务委员会工作报告草案、政协东湖区第八届委员会第三次会议以来提案工作情况报告草案、《关于表彰区政协八届三次会议以来优秀提案和提案办理先进单位的决定》（草案）、《关于表彰优秀政协委员的决定》（草案）、列席区政协八届四次会议人员名单草案以及政协南昌市东湖区第八届委员会第四次会议的委员分组名单草案、执行主席名单草案、秘书长名单草案、会议秘书处及各工作组负责人名单草案和会议主持人、报告人草案等。会议同意李中华辞去区政协八届委员会委员、常委，增补谢保成、林正通为区政协八届委员会委员。

提案工作

【概况】 2013年，区政协八届三次会议以来，共收到提案101件，涉及经济发展、城市建设与城市管理、社会事业与民生工程等多个方面，按照“归口办理”的原则，分别交由28个承办单位办理。101件提案均在规定时间内办理完毕，办结率和答复满意率均为100%。

【提案办理工作】 2013年，区政协紧紧抓住提高提案质量和办理效果这两个关键环节，采取多种措施，努力提升提案办理实效。召开了提案交办工作会，使提案办理工作全部在法定期限内办结。通过区政协和区政府领导共同督办重点提案、召开“督办协商会”等新方式，逐步实现提案办理工作由原来的书面答复推进到“面对面”的协商办理。区委办公室和区政府办公室联合转发《政协东湖区委员会提案办理工作评议办法（试行）》，区政协八届十二次常委会首次开展民主评议提案办理工作，东湖交警大队、区教科体局和区商务局等3个单位就区政协八届三次会议以来的提案办理工作情况向常委会汇报，并接受区政协常委会无记名打分评议。政协东湖区第八届三次会议以来优秀提案和提案办理先进单位名单如下：

一、优秀提案（16篇）

1. 第1号提案《关于对老城区的提升改造几点建议》

提案人：民革东湖区　总支部执笔：朱　联

2. 第2号提案《关于加速做大做强东湖区文化产业发展的提案》

提案人：农工党东湖　总支执笔：陈贞珍

3. 第3号提案《关于打造电子商务网络服务平台的建议》

提案人：民进东湖　总支执笔：陈魏华

4. 第16号提案《关于在住宅小区规划建设老年公寓或老年人活动中心的提案》

提案人：胡涛湘　东湖区工商联

5. 第27号提案《关于健全志愿者服务体系的建议》

提案人：江　莹　东湖区科协

6. 第31号提案《学校安全教育别务虚，要有新意且落到实处》

提案人：周　乐　南昌市思锐广告有限公司

7. 第33号提案《进一步加强青少年抗挫折的正思维教育》

提案人：梅春兰　东湖区企业资产管理中心

8. 第43号提案《关于建立食品药品经营业诚信指数发布机制的建议》

提案人：梁祖奎　东湖区豫章街办

9. 第48号提案《关于环卫作业市场化运作的建议》

提案人:李国新　东湖区城市管理局

10. 第49号提案《加强对城市人行道板的管理与呵护》

提案人:熊莉萍　东湖区卫生局

提案人:谢　伟　江西中鑫路桥集团有限公司

12. 第62号提案《关于解决中心城区停车难的建议》

提案人:樊吉义　东湖区疾病预防控制中心

13. 第80号提案《重视对驾驶证年检的告知义务》

提案人:彭玉玲　红谷滩区工商局

14. 第89号提案《关于加强交通法规宣传,严格道路交通执法的建议》

提案人:刘文俊　东湖区董家窑街办

15. 第91号提案《加大执法力度,对网吧的监管和控制的建议》

提案人:邹玉华　东湖区基督教青山聚会点

16. 第94号提案《进一步宣传教育,为120急救车开辟绿色通道的建议》

提案人:胡　强　南昌市洪都中医院

二、提案办理先进单位(4个)

东湖区发改委

东湖区民政局

东湖区商务局

东湖交警大队

调研视察

【概况】 2013年,区政协常委会紧紧围绕全区中心工作,开展专题调研并形成调研报告5篇,为促进东湖经济社会发展建言献策,做出了应有的贡献。

【开展社区环境卫生工作调研】 5月中旬至6月中旬,区政协三胞三属委员会组织委员先后到区城市管理局和9个街道的部分社区,通过召开街道书记、主任、环卫所长、社区干部等各个层面的座谈会及实地调研等方式,就社区环境卫生工作进行了专题调研并撰写调研报告。报告从修订完善《东湖区关于社区环境卫生工作实施方案》,划清工作职责,提高社区环卫工人的工资待遇,加大社区环卫工作投入,加强部门间衔接等5个方面提出了建议。

【加强社会管理建设平安东湖调研】 2013年,区政协社会法制委员会为进一步推进东湖区社会管理体制机制创新,构建平安东湖,联合区综治办对全区社会管理现状、存在的问题和原因进行了为期一个多月的深入调研并撰写了调研报告。调研报告详细分析了东湖区社会管理综合治理工作现状和存在的主要问题,从“打防并举,提高公众安全感;严格考核,增强齐抓社会管理合力;解决区防群治队伍建设;推进社区警务常态化建设”等方面提出了对策建议。

【调研东湖区社区居家养老服务的现状】 2013年,区政协城市建设委员会就东湖区开展社区居家养老服务工作以来的情况进行了专项调研。调研指出,东湖区居家养老工作开展八年来,仍受到运行机制不完善、资金渠道狭窄、服务项目不足、优惠政策不实、供给不足等因素的限制,应该从创新模式、整合资源、加强队伍、扩大宣传四方面建成“以老年人实际需求为导向,构筑政府支持引导、多元主体参与、服务体系完善、服务统筹发展的社区居家养老体系”。

【开展提高社区卫生服务能力建设的调研】 2013年,区政协教文卫体委员会针对东湖区社区卫生服务工作起步早、基础较好并初具规模的现状,从社区卫生服务向前发展面临一些亟待解决的问题入手,组织开展了全区社区卫生服务能力建设专项调研,并从提供稳定的社区卫生服务机构业务用房和稳定人才队伍两个方面提出了8个切实可行的建议。

【调研东湖区城中村改造】 2013年,区政协经科委为积极推进旧城改造,破解房屋征收与土地收储难题,提升核心城区魅力,推动区域经济发展,到贤士湖管理处、公园村和贤湖村与村委会干部及部分村民进行座谈并下发调查问卷,对东湖区“城中村”改造进行调研并撰写了调研报告。报告通过翔实的数据及准确透彻的难点分析,借鉴先进地区经验,提出了利用省市政策、策划包装项目、加强规划连片开发、兼顾村民搬迁后的民生问题等建议,具有较强的可操作性。

民主监督

【概况】 2013年，区政协常委会积极拓展民主监督渠道，把民主监督与政协的调研视察结合起来，把民主监督与提案办理结合起来，推进了民主监督工作的有效开展。

【提高提案监督的成效】 2013年，区政协常委会进一步提高提案监督的作用，采取区政协和区政府领导共同督办重点提案、召开提案交办会等方式，着重抓好提案的督办、落实环节，促进委员意见建议得到较好的采纳和落实。同时创新提案办理方法，通过举行提案办理协商会等方式，从对单个重点提案的跟踪办理延伸到对同类提案的督办协商，使原来单一的一个提案承办单位对一位提案人的“点对点”办理，创新为一个承办单位对多位政协委员的“点对面”协商办理，切实提高提案办理工作的质量。一些群众广泛关注、社会反映强烈的问题得到重视或解决，提案在民主监督工作中的作用得到进一步增强。

【视察监督发挥实效】 2013年，区政协各专门委员会选准民主监督的切入点，组织委员就社区卫生服务、重大重点项目建设、创新社会管理等群众关心、社会关注、贴近实际的多项课题，深入基层开展视察活动，专题视察后形成《关于加强社会管理建设平安东湖的调研报告》等具有较高参考价值的调研报告，较好发挥了专门委员会在政协履行民主监督职能中的基础性作用，得到区委、区政府及有关部门的积极评价。

【委员监督服务发展】 2013年，区政协出台《东湖区政协反映社情民意工作规定（试行）》，充分发挥社情民意“直通车”作用，推动委员监督与社会监督相结合，服从和服务好全区经济社会发展大局。区委、区政府向委员通报了近年来全区的党风廉政建设工作，政府执法部门、纪检监察部门主动邀请委员担任特邀监督员、行风评议员，对全区各方面的工作开展经常性的监督。常委会组织委员参加区法院在全省法院系统首次召开的疑难刑事案件专家论证会，参与检察院的“检察开放日”活动，积极发挥了委员的监督作用。

团结联谊

【概况】 2013年，区政协坚持把团结民主贯穿于政协工作的始终，发挥政协联系面广、渠道畅通、位置超脱的优势，集中各方智慧，凝聚各方力量，为构建“繁荣精品幸福文明”东湖区尽心尽力。

【注重团结联谊扩大对外交往】 2013年，区政协常委会努力营造融洽和谐的民主气氛，使各党派团体和各界委员在政协会议和活动中畅所欲言，加强团结，同心同向同行。主动邀请各民主党派、工商联、无党派人士参与区政协组织开展的学习培训、调研视察、民主评议等活动，把党派、团体提案作为重点提案进行督办，为党派、团体参政议政创造宽松条件。主动邀请街道联谊小组长列席区政协重要会议，加强对街道政协工作的联系指导，推动全区政协工作有效开展。协助省政协做好了相关调研视察工作，承办了南昌市第二十二次市、县（区）政协主席联席会议。加强与外地政协的联系与交流，先后与内蒙古、辽宁、江苏、新疆和山东等地政协组织交流工作，宣传东湖。

（徐名宏）

群众团体

综述

2013年，东湖区充分发挥群团组织联系群众的桥梁和纽带作用，协助区党组织做好尊重民意、改善民生、促进民和、确保民安工作，积极支持工会、共青团、妇联等群团组织参与社会管理和公共服务工作，进一步加强群团工作阵地建设，扩大基层群团组织的覆盖面。全区以党的十八大精神为统领，围绕坚持走中国特色社会主义群团工作发展道路，全面完成了上级群团组织下达的全年各项目标任务。2013年，全区新建工会组织198家，新增会员2088人，加大了推行工资集体协商力度，全年共签订单位工资集体协议1641份，共覆盖各类企业1782家；妇联积极帮扶两癌妇女，走访春蕾女童，全年累计发放慰问款、救助金约74000元；共青团东湖区委继续做好东青在线品牌，并开展了“我的中国梦——奋斗的青春最美丽”分享会等一系列“中国梦”为主题的活动；区红十字会救灾救助工作成绩斐然，为雅安地区共募集捐款56867元，为南昌SOS村捐款物2000余元。

（区史志办公室）

职工工作

【概况】 2013年，东湖区在南昌市总工会的正确领导下，以党的十八大精神为统领，围绕坚持走中国特色社会主义工会发展道路，着力推动科学发展，着力保障和改善职工群众生活，着力构建和谐劳动关系，进一步做好组织职工、引导职工、服务职工等工作，全面完成了上级工会下达的全年各项目标任务。全年，东湖区总工会荣获“江西省第十三届职工职业道德建设标兵单位”“江西省五一劳动奖状”“南昌市工会帮扶工作先进集体”“南昌市工资集体协商工作先进县区”等荣誉称号。

【全面推进普遍建会工作】 2013年，东湖区下发《关于做好2013年度工会组建工作的通知》等文件，按照“哪里有企业，哪里就要建立工会组织”的工作方针，全力推动企业普遍建立工会组织工作，重点在于投产5年、职工50人以上较大型非公企业的工会组建。例如南昌市凌漆酒伊新概念赣菜大酒店、江西七星商务酒店、南昌天奥物业管理有限公司和南昌市美美辰网络有限公司等。全年，东湖区新建工会组织198家，新增会员2088人，超额完成上级工会下达的全年建会任务。东湖区的工会组织建设和会员发展工作代表江西省接受了中华全国总工会的考核检查，并得到了充分肯定。

【推行工资集体协商制度】 2013年，东湖区以提高工资集体协商工作覆盖面为重点，以劳动关系和谐企业为抓手，不断探索工资集体协商新路子，在区企资中心下属的两个行业先行先试，积极开展行业性工资集体协商。全年，全区签订单位工资集体协议1641份，共覆盖各类企业1782家。创建了12家市级、31家区级工资集体协商示范单位。

【做好服务职工工作】 2013年，东湖区继续深化工会“春送岗位”“夏送清凉”“金秋助学”“冬送温暖”等工会特色品牌帮扶，组织开展了送温暖、走访慰问职工等活动。元旦、春节、端午节期间共走访慰问困难和残疾职工 908 人，发放慰问金 42.22 万元；“金秋助学”资助 10 人，共 3.6 万元；雾霾天气中走访了 10 个基层单位，发放慰问金 1.5 万元；“送清凉”，为一线环卫职工发放消暑物品 1.5 万元；为职工办理互助保险金额 45 万多元，惠及全区职工 2585 人。与此同时，积极做好再就业工作，出资 8.9 万元对 405 名困难职工及农民工进行了职业技能培训，为 200 名下岗及失业人员实现了再就业。

【强化劳动模范管理和服务工作】 2013 年，东湖区继续健全劳模管理服务机制。规范发放劳模“三金”（春节慰问金、生活困难帮扶金、特殊困难帮扶金），为 147 名省、市劳模发放春节慰问金 5.98 万元，为 6 名生活困难省、市劳模发放慰问金 2.6 万余元，为 4 名特殊困难省、市劳模发放慰问金 2.2 万余元；开展“寻找最美劳动者”活动，将一线职工汪智星、黄小燕 2 名先进人物报送南昌电视台，宣传劳模事迹；做好五一劳动奖状（章）和工人先锋号等的推荐评选表彰工作，全年推荐评选江西省“五一”劳动奖章 1 名，南昌市“五一”劳动奖章 4 名、“五一”劳动奖状 1 个、工人先锋号 1 个，评选表彰了东湖区五一”劳动奖章 10 名、“五一”劳动奖状 3 个、工人先锋号 3 个。

【庆“五一”表彰大会暨工会工作会议】 4 月 27 日，东湖区在区政府七楼礼堂召开庆“五一”暨工会工作会议。东湖区总工会第二届委员会委员和经审会委员，不是两委委员的街道（贤士湖管理处）工会联合会、系统工会、区直基层工会分管领导及工会干部，区五一劳动奖章获得者、区五一劳动奖状获得单位代表、区工人先锋号获得单位代表，2010 年全国、省、市劳模参加此次会议。区领导罗毛则出席会议并作了重要讲话。会议的主要内容是，宣读“五一”和工会工作表彰决定，为先进颁发获奖证书和奖牌，总结 2012 年工作成绩，并部署 2013 年工作。

【举办“中国梦·劳动美”文艺汇演】 5 月 30 日，东湖区在区政府七楼礼堂举办“中国梦·劳动美”文艺汇演。活动主题是深入宣传贯彻十八大精神，解读中国梦，凝聚正能量，唱响劳动美，提升精气神。活动通过歌舞、相声、小品、合唱、独唱等职工文艺演出，丰富职工群众的精神文化生活，激发职工群众的爱国主义热情，引导广大职工从当下做起、从自己做起，共同托起中国梦。全区共 24 个单位代表参加了汇演，区城管局工会、区文局工会、区教科体局工会选送的节目荣获前三名。

（罗小华）

青少年工作

【概况】 2013 年，东湖区深入贯彻落实科学发展观，以党的十八大精神为指导，按照共青团东湖区第九届代表大会提出的奋斗目标，团结带领全区广大团员青年，为打造全省核心增长极和建设繁荣精品幸福文明东湖积极履行自身职能，作出应有贡献。全年，共青团东湖区委先后获得“江西省未成人保护工作先进集体”和“南昌市创新型基层团组织”等荣誉称号。

【开展“中国梦”主题教育活动】 5 月 12 日，共青团东湖区委组织基层团员干部代表召开“中国梦，我的梦”座谈会，在会上，各与会代表畅所欲言，纷纷发表自己对于实现“中国梦”的看法。各团支部的主题教育活动也同期进行，区属各学校团支部，积极组织师生开展以诗歌吟诵、主题中队会、书法绘画等为主要形式的“中国梦 我的梦”“红领巾相约中国梦”主题教育活动。激发团员的爱国主义热情，引导广大团员从当下做起、从自己做起，共同托起中国梦。

【举办“奋斗的青春最美丽”分享会】 11 月 10 日上午，共青团东湖区委在公园街道上营坊社区组织开展“我的中国梦——奋斗的青春最美丽”分享会。分享会邀请到江苏省南京市栖霞区西花村社区党支部书记石磊作为嘉宾。在分享会上，石磊讲述了自己青春励志的奋斗故事后，又与上营坊的社区工作者及青年团员代表就成长与奋斗中的困惑和疑问进行了交流。此次分享会让与会成员真实地感受到了奋斗的力量、梦想的力量，会后各位与会代表纷纷表示要更加积极努力地工作，艰苦奋斗，敢于有梦、勇于追梦、勤于圆梦，为实现中国梦增添青春能量。

【做好“东青在线”品牌】 2013 年，东湖区继续加强“东青”志愿服务的社会化、网络化、多元化、精品化建设:动员社会各界广泛地参与支持;充分利用互联网信息资源优势,将“东青模式”在更广阔的领域复制;加大与教育资源的整合,特别是与高校志愿者组织的合作力度,借助媒体造势,影响更多的人,特别是吸收有医疗、保健、法律、文体等知识特长的人成为“东青”志愿者。

【建立贫困生及六类人员档案】 2013 年,东湖区规范和完善了全区贫困青少年学生档案库,并对辖区单亲家庭青少年、闲散青少年、有不良行为青少年、流浪乞讨青少年、网瘾青少年、服刑在教人员未成年子女和农村留守儿童等六类重点青少年群体开展了一次普查并完善了档案资料,为下一步的帮扶工作打下了良好的基础。

【加强困难学生帮扶工作】 2013 年,共青团东湖区委把对贫困学生的帮扶作为重点工作来抓,注重整合妇联、教育、民政、红十字会等职能部门的力量,深入挖掘社区资源,多方筹募和争取帮扶资金,重点做好农民工子女、下岗职工子女、贫困大学生、残疾儿童的助学工作,累计发放帮贫扶困助学金 76200 元,资助贫困学生 237 人。为辖区 2 名品学兼优的贫困学子争取到了芙蓉王集团公司每学年 5000 元的“芙蓉学子”助学金。同时,组织机关干部们深入贫困生家中,为他们开展课业辅导、心理咨询等帮扶活动,帮助贫困青少年儿童完成学业,健康成长。

【积极开展与人大代表面对面活动】 2013 年,东湖区针对青少年成长发展过程中面临的突出问题积极开展“共青团与人大代表、政协委员面对面”活动,通过共青团的组织化渠道,集中表达青少年利益诉求。

(黄　悦)

妇女工作

【概况】 2013 年,东湖区各级妇女组织围绕区委、区政府中心工作,整合社会资源,发挥组织优势,坚持“创业就业并举、培训维权齐抓”的工作思路,团结带领东湖区各界妇女为建设繁荣精品幸福文明东湖贡献力量。

【加大“春蕾计划”帮扶力度】 2013 年,东湖区以“春蕾计划”为平台,切实加强辖区贫困女童帮扶工作,及时筹集和发放助学款。年初通过“春蕾计划十元捐”活动共募集 33570 元“春蕾”助学款,已发放 35000 元,受益的“春蕾”女童 40 名。

【举办“防艾”知识竞赛】 10 月 23 日,东湖区妇联主办、彭家桥街道光明社区协办的区“防艾”知识竞赛在光明社区会议室举行。此次竞赛以“拒绝毒品、遏制艾滋”为主题,共吸引了 50 余人参加。经过激烈的比赛,共评出一等奖 2 人、二等奖 5 人、三等奖 5 人。通过“防艾”知识竞赛,将艾滋病防治知识传播到群众中,让群众了解到艾滋病防治已成为全球关注的重要公共卫生和社会热点问题,号召大家关爱自身,坚持健康的生活方式,拒毒抗毒,为防治艾滋病做出贡献。

2013 年 10 月 23 日,东湖区妇联组织开展防艾知识竞赛活动

【帮扶两癌困难妇女】 1 月 9 日上午,东湖区妇联为 4 位“两癌”困难妇女发放了救助金共 19000

元，其中“贫困母亲两癌救助”中央专项彩票公益金10000元、2012年江西省妇女儿童民生项目贫困妇女“两癌”救助金5000元、区妇联困难救助金4000元。

【召开“三八”节表彰大会】 3月8日上午，东湖区在区委三楼多媒体会议室召开庆祝“三八”国际劳动妇女节暨表彰“三八红旗手”“三八红旗集体”“平安家庭示范户”大会。会上表彰了2012年度全区“三八红旗手”“三八红旗集体”“平安家庭示范户”各10个。区领导罗毛则出席并作重要讲话。这次大会提振了全区广大妇女与各级妇女组织勇于担当责任，充分发挥半边天作用和为建设“繁荣精品幸福文明”东湖再立新功的信心。

【参加南昌家庭才艺大赛】 3月，东湖区妇联选送的4个家庭在南昌市广电中心举办的“我的南昌我的家”家庭才艺大赛决赛上均有斩获。其中，杜亚楠家庭表演的《杂技魔术与舞蹈》荣获二等奖，朱荣芩家庭表演的《戏迷之家》、邓林国家庭表演的二胡《花儿为什么这样红》、施风莲家庭表演的《诗歌与书法》荣获三等奖。通过此次比赛，充分展示了辖区家庭较高的文化艺术水准。

【开展六一助学活动】 6月1日上午，东湖区在八一公园百花大舞台，举办主题为“同在蓝天下快乐的成长”助学活动，为10名外来务工人员子女发放“春蕾”助学款5000元，并组织农民工子女与城市孩子同台联欢共庆六一，架起了城乡儿童手拉手心连心的沟通桥梁。

【举办迎国庆文艺汇演】 10月11日下午，东湖区妇联在彭家桥街道光明社区举办主题为“争做时代新女性、共圆中国梦”文艺汇演。来自社区城乡舞蹈队、太极拳队和模特队的队员们，献上了精彩绝伦的广场舞、扇子舞、24式太极拳和时装表演。光明学校农民工子女以及留守儿童还为大家表演了新疆舞和拉丁舞，展现了东湖民众在共建美好家园的宏图中良好的精神面貌。

【组织家庭日活动】 12月14日，东湖区妇联组织辖区摄影爱好者协会50余名会员到永修吴城，开展主题为“观候鸟拍亲情照”家庭日活动，号召大家保护环境，低碳出行，亲近自然，共享亲情。

（刘　达）

归国华侨工作

【概况】 2013年，东湖区全面贯彻落实中共十八大，十八届二中、三中全会精神，充分发挥区侨联的桥梁纽带作用，凝聚侨心、汇聚侨力，将服务东湖区经济社会发展大局与为侨服务相结合，各项工作取得了较好成绩。

【开展“天籁列车”活动】 11月开始，“聆听天籁之音，共乘和谐列车”——魏基成先生“天籁列车”南昌行活动在东湖区开展，这项活动主要是向东湖区有听力障碍的人员发放免费助听器。活动采取由居民自己到所在社区申报的方式，然后社区进行调查摸底。至2013年底，已有300余人参与申领助听器。

【参加华人学生作文大赛】 11月，东湖区积极组织学生参加第十五届华人学生作文大赛，共征集辖区内学生作文50余篇，并因此荣获第十四届华人作文大赛组织奖荣誉称号。

【开展爱心助侨活动】 2013年，东湖区帮助多名归侨侨眷解决实际困难，广泛开展春节期间走访辖区内的12位困难归侨侨眷活动，给他们送去7000元的慰问金和慰问品。区侨联还积极与上级侨联进行沟通，争取帮扶资金，对口帮扶辖区贫困学生。

（吴大鹏）

残疾人工作

【概况】 2013年，东湖区残疾人工作围绕“民生、就业、群体稳定”三个重点，积极争取区委、区政府的重视和相关部门的配合以及社会各界支持，在落实普惠和特惠政策上制定实施措施，在推进残疾人康复、就业等民生工程上加大工作力度，进一步改善了残疾人的生活状况，拓宽了残疾人“平等、参与、共享”的社会平台。全区残疾人工作出现了新的亮点，建立东湖区残疾人就业培训综合服务中心，标志着东湖区残疾人事业进入了一个快速发展的新时期。

【残疾人康复工作】 2013年,东湖区围绕初步实现残疾人“人人享有康复服务”的目标,不断提高康复服务覆盖面。年初对残疾人基本状况进行了普查,积极开展系列民生工程康复工作:对80名重症残疾人发放了居家托养补贴;对71名残疾人家庭进行无障碍改造,发放无障碍用品540余件;对250名精神病患者进行了日常服药补贴救助;对8名肢体残疾人进行了假肢安装救助;发放140件辅助器具;为辖区内的1240余名残疾人建立了康复需求评估档案;对有残疾人代步车人员发放残疾人代步车燃油补贴52260元;为33名残疾人儿童提供抢救性康复训练救助;发放市里配发的轮椅25台、腋拐25副、手杖15个;与章金媛爱心奉献团联合发放轮椅30台、助行器25部。

【开展助残日活动】 5月17日上午,在第23次全国助残日来临之际,东湖区组织各街道、区直有关部门、章金媛爱心奉献团在射步亭社区联合开展帮扶贫困残疾人助残日活动。活动发放残疾证办理流程资料1000份、致残疾人朋友一封信500份,为60名贫困残疾人发放了慰问品,免费上门为5名肢体残疾人办理残疾证,为6名盲人提供送书上门服务;有300名残疾人获得义诊服务,30名残疾人得到法律援助。同时,还开展了向雅安地震灾区的募集善款活动。

【举办残疾人工作培训班】 2013年,东湖区残联为了进一步提高残疾人工作效率,不断提高工作人员的整体素质。6月,组织全区街道、社区干部进行了手语培训;10月,举办农家书屋管理员及社区康复协调员培训班。同时,为帮助更多的残疾人拥有一技之长,开办残疾人计算机基础操作培训班,免费培训35人,有25名残疾人取得合格证书;开办残疾人珠绣培训班,免费培训25人,并全部取得了合格证书,使8名残疾人上岗就业,实现了就业、培训一体化服务的无缝对接。

【建立残疾人就业培训综合服务中心】 2013年底,“东湖区残疾人就业培训综合服务中心”顺利建成,标志着东湖区残疾人事业进入了一个快速发展的新时期。该中心位于洪都北大道1290号,占地560平方米,以职业技能培训为核心,以培训就业一体化为特色,内设8个培训室,即电脑(含盲人软件)培训室(用于残疾人计算机技能培训)、手工编织培训室(用于各类手工编织技能培训)、按摩培训室、中西面点培训室(用于各种糕点、面包制作培训)、服装剪裁培训室、书法培训室、摄影培训室、多媒体培训会议室(用于会议、招聘、培训、远程教学、小型文艺活动),残疾人在学习各种技能的同时既感受到党和政府对残疾人的关怀,又可以掌握一定技能为以后顺利找到适合自己的工作,实现独立自强,改善生活。

【举办首届残疾人职业技能竞赛】 7月28日上午,东湖区首届“幸福杯”残疾人职业技能竞赛在辖区的盛唐正力宾馆隆重举行,竞赛设置了幸福家庭照、素描、丝网花、木雕、十字绣、珠绣等项目。来自全区各街道58名残疾人选手同场竞技,南昌市残联相关领导,省、市聋协主席等出席活动并为获奖残疾人颁奖。残疾人职业技能竞赛为辖区残疾人提高技能,提升自己搭建了一

2013年5月17日,东湖区残联在辖区组织开展全国助残日活动

个很好平台，也有效地推动了东湖区残疾人事业蓬勃发展。

【举行残疾人就业招聘及才艺展示会】 8月16日上午，东湖区在八一公园举办了残疾人就业招聘暨才艺展示现场会。招聘会分为就业招聘、手工作品展示和政策法规咨询三个场区，有11家用工单位提供82个就业岗位，300余名残疾人参加了招聘会。220余名残疾人报名应聘，171名残疾人获得了面试资格；南昌仁爱之家的学生和残疾人制作的珠绣和丝网花等精美手工制品引起了过往群众的浓厚兴趣；现场设立的残疾证办理、安置残疾人优惠政策及就业补助办法咨询台发放就业政策宣传材料1500余份，受理政策咨询440余人。

【举办残疾人家庭才艺大赛决赛】 12月28日上午，东湖区残疾人家庭才艺大赛决赛在辖区的盛唐正力宾馆举行。经过初赛、复赛的选拔，17位选手进入决赛为观众献上了形式各样、精彩纷呈的表演，观众也积极参与现场的互动游戏环节，气氛热烈温馨。此次比赛充分展示了东湖区残疾人积极向上、幸福和谐的家庭风貌。

（胡皖萍）

科普工作

【概况】 2013年，东湖区科普工作在区委、区政府的领导和市科协的具体指导下，认真贯彻落实党的十八大精神，以实施科学素质工程为契机，树立全面、协调、可持续发展的科学发展观，紧紧围绕区委、区政府的中心工作，充分利用科普宣传手段，在广泛开展科普宣传活动基础上，加大科普阵地建设的力度，发展和壮大科普宣传队伍，不断推进“科教进社区”活动，大院街道院一社区、墩子塘街道右营街社区被评为全省科普示范社区。

【开展“科技活动周”活动】 2013年5月12日开始，东湖区在全区范围开展“科技活动周”活动。其间，区教科体局、区科协联合在胜利路步行街名秀广场举行防震减灾宣传教育活动；在八一公园文化广场以“科学，让生活更美好”为主题的科普宣传咨询活动；在贤士湖管理处长巷村谌家坊小区开展了送科技下乡活动；围绕东湖区科普宣传“进机关、进社区、进校园”活动，在政府大院、豫章小学、马家池社区开展科普巡展活动。“科技周活动”形式多样，活动现场开展了有奖问答、科普展板宣传，发放了宣传资料2万份，普及科普知识12000人次，深受各阶层认可。

2013年5月21日，东湖区在八一公园开展科技活动周科普宣传和咨询活动

【举办“全国科普日”活动】 9月15日上午，东湖区科协、东湖区教科体局、东湖区环保局及全国青少年科普教育基地“星期八小镇”南昌站在八一公园举行了“保护生态环境，建设秀美东湖”全国科普日大型宣传活动及“星期八小镇”亲子免费体验活动。活动共发放科普宣传资料5000余册。

【编印科普知识系列丛书】 2013年，东湖区不断加大科普宣传工作力度，编印科普小册子《低碳生活新方法能源节约篇》《低碳生活新方法节水循环篇》《科技创新“六个一”工程》《暴雨灾害如何应对》等5万余册。分发到全区社区、学校和机关干部学习参考，给居民百姓送去了科普大餐。

【开展“科普之春”活动】 3月15日至4月15日，东湖区开展了为期一个月的“科普之春”活动。活动期间，共举办各类活动5场次，参加人员8000人次，活动内容涉及春季防病、食品安全、急救知识、节能环保等方面,提高了全区广大居民群众的科技意识,营造了浓厚的科普氛围。

【举办“4·26”世界知识产权活动】 4月6日,东湖区在区宣教中心开展“4·26”世界知识产权活动,活动以知识竞赛、咨询等形式宣传世界知识产权知识,有1000余人参加。共发放各类宣传材料1000余份,张贴挂图100套500张,制作展板20块。

(江 莹)

红十字会工作

【概况】 2013年,东湖区认真履行《中华人民共和国红十字会法》赋予的职责,重点做好红十字会队伍建设、志愿服务、救灾救助、应急救护普及、三献工作等方面工作,扎实推进“三救”“两献”工作,全面完成上级红十字会目标管理任务。全年,东湖区红十字会成为全市红十字工作目标管理考核达标单位,荣获南昌市红十字会授予宣传工作先进单位、基层组织建设先进单位、应急救护培训工作先进单位、造血干细胞捐献工作先进单位。

【强化红十字队伍建设】 2013年,区红十字会加大宣传力度,不断强化队伍建设,在全区所有街道成立基层红十字队伍,用科学、高效的管理方式指导基层红十字组织开展工作,打造一支热心红十字事业的队伍。为吸引更多的青少年参与红十字事业,着力开展红十字青少年活动。6月,在各中小学校开展“我爱红十字、做红十字精神的传递者”主题活动,以红十字知识进校园系列活动为载体,大力宣传红十字人道救助精神。10月,与区教课体局联合开展红十字知识有奖答题活动,全区所有中小学生参与中国红十字总会举办的网上答题,弘扬红十字人道博爱精神。全年发展青少年红十字会员500名。

【做好志愿服务工作】 2013年,东湖区红十字会为提高志愿者服务水平,科学制定《学雷锋志愿者应急救护培训工作计划》,举办3期学雷锋志愿者骨干应急救护培训班,对全区200名红十字志愿者骨干进行现场应急救护知识培训,有效提高志愿者骨干服务能力。组织社区红十字志愿者,开展爱心义卖、义诊、普及初级卫生救护知识、红十字精神进校园、无偿捐髓宣传等公益活动。全年,开展敬老、助残、关爱农民工等志愿服务活动18次,服务1000人次。在志愿服务活动中,3人荣获南昌市优秀红十字志愿者荣誉称号,东湖区小金台社区荣获南昌市优秀红十字志愿服务队荣誉称号。

【做好救灾救助工作】 2013年,四川雅安地区发生地震后,东湖区红十字会向全区各界人士发出抗震救灾倡议,组织全区机关干部与辖区居民捐款,共募集捐款56867元;全年组织辖区中学生开展“助人为乐,关爱他人”活动,为南昌SOS村捐款物2000余元;深入开展“向章金媛爱心奉献团学习——做当代雷锋”活动,组织辖区非公企业人士为社区贫困家庭筹集爱心款2.6万元;组织全区干部及辖区居民开展“人道救助十元捐”活动,筹集捐款34390元,用于救助身处困境的辖区居民。

【普及应急救护知识】 2013年,东湖区红十字会聘请120急救中心专家深入社区、辖区中小学、大学校园开展应急救护知识普及活动,通过讲座、有奖竞赛、发放资料、急救演练等多种形式,让“应急救护、关爱生命”的理念深入人心。全年共开展各类普及6次,普及800余人次,发放宣传品300份,发放宣传册2000份、宣传单20000张。东湖区的应急救护知识普及工作得到了广大市民的一致好评。

【三献工作见成效】 2013年,东湖区加大推动无偿献血和无偿捐献造血干细胞工作力度,发放宣传册300余册、宣传单1000余张,积极营造乐于奉献、关爱他人的良好道德氛围,向群众开展遗体捐献宣传工作,让广大市民了解遗体及器官捐献的崇高意义。全年共组织100多名爱心人士参与无偿献血,动员50余名爱心人士成为造血干细胞志愿者,成功完成1例遗体捐献。

(胡海燕)

民主党派·工商联

综 述

2013年，东湖区有民主党派东湖总支（支部、支社）6个，即民革东湖总支、民盟东湖支部、民建东湖总支、民进东湖总支、农工东湖总支、九三学社东湖支社。共有支部24个，成员632人。民主党派人士中，区人大代表17人，区政协委员50人。

全年，各民主党派先后3次参加区委、区政府召开的通报会、协商会，就全区当年的社会经济发展情况提出意见建议。同时，利用参加全区"两会"的机会，提交提案、议案30余条。积极参加区委统战部组织的"党委出题、党派调研、政府采纳、部门落实"活动，精心组织力量，深入开展调查研究，形成调研文章7篇。

2013年，各民主党派深入学习贯彻中共十八大，十八届二中、三中全会精神，以"同心双共建"为主题，与对口联系社区开展和谐共建活动。在区委统战部的指导下，加强自身组织建设，广泛开展了"坚定信念、服务发展、争做贡献"主题教育活动，继承和发扬了老一辈党外人士与中共风雨同舟的优良传统，激励全区各民主党派成员投入"繁荣精品幸福文明"东湖区建设。

表3 **2013年东湖区各民主党派基本情况**

序号	党派名称	人数（人）	支部个数	主 要 领 导
1	民 革	225	7	主 委：朱 联副主委：熊新华
2	民 盟	25	—	主 委：肖 贤（女） 副主委：郭爱香（女） 杨林青（女）
3	民 建	143	6	主 委：赵赣涛 副主委：刘 燕（女） 胡海燕（女） 田 燕（女） 徐海平 郭筱慧（女）
4	民 进	130	7	主 委：郑洪健 副主委：陈魏华 胡涛湘（女）
5	农工党	69	4	主 委：陈贞珍（女） 副主委：李 良 熊莉萍（女） 赵青武
6	九三学社	40	—	主 委：何志勇 副主委：练 红（女）

中国国民党革命委员会
南昌市东湖区总支委员会

【概况】 2013年,民革东湖总支坚持和完善中国共产党领导的多党合作和政治协商制度,加强协商议事能力,努力拓宽民主监督渠道,切实提高了参政议政水平。

【参政议政】 2013年,民革东湖总支组织党员开展学习中共十八届三中全会有关精神,参加了“五一”口号发布65周年系列活动。党员中的人大代表、政协委员积极建言献策,提出的提案和议案得到了市、区政协的肯定。

【开展委员进社区活动】 7月11日,民革东湖总支组织总支内的政协委员开展了“委员进社区”活动,为社区居民提供医疗卫生、保健咨询、义诊的服务,帮扶了10户困难家庭,资助了2名贫困高考生,并开展道德、金融等方面的讲座,得到社区居民的欢迎。

中国民主同盟
南昌市东湖区支部委员会

【概况】 2013年,民盟东湖支部积极履行参政党职能,扎实推进自身建设,为东湖区的经济建设、文化教育等各项事业的蓬勃发展竭尽全力,各项工作取得新的成绩。

【参政议政】 2013年,民盟东湖支部有5位盟员在政协东湖区八届委员会上担任区政协委员,其中肖贤、余红2位盟员是政协常委。郭爱香、杨林青2位盟员是东湖区第十五届人大代表。盟员全玲被评为2013年度区优秀政协委员。

【宣传教育】 2013年,民盟东湖支部盟员在各级期刊上发表简讯24篇,采用问卷调查、调研报告、座谈会、走访单位等形式,开展了“义务教育阶段中小学生压力状况”调研,撰写的《关于义务教育阶段中小学生压力状况调研及思考》,在全省民主党派工作会上作了专题发言并获优秀奖。

【自身建设】 2013年,民盟东湖支部共组织盟员学习12次,盟员发表简讯24篇,坚持每月一次的政治盟务学习。全体盟员在本职工作中选择课题进行调研,协助区政协开展课题调研活动。主委肖贤《我的教研梦》获江西省征文评选一等奖,并荣获江西省领军教研员称号;盟员罗强主持的《南昌清音——今日犹闻翰墨香》获全国第十届文化艺术节曲艺类金奖。

【开展委员进社区活动】 2013年,民盟东湖支部深入开展“群众在我心,委员进社区”活动,与公园街办共建的“委员社区联络站”在上营坊社区正式挂牌成立。社区联络站设立了社区咨询会、社情民意工作室、社区学校、社区书画社、社区健康驿站、青少年绿色网吧等5个工作机构,为社区居民提供智力、平安、文化、健康4个方面的服务。盟员中的政协委员、人大代表、教育专家等,以多种形式参与到社区管理、文化交流、健康咨询等活动中,满足社区群众多层次、多样化的需求。

中国民主建国会
南昌市东湖区总支委员会

【概况】 2013年,民建东湖总支充分发挥密切联系经济界的特点和优势,积极为东湖区的经济建设和社会发展建言献策。

【参政议政】 2013年,总支会员担任市人大代表3人、市政协委员1人,担任区人大代表5人,区政协委员12人。会员田艳提出的《关于加强中小学生文化体育活动阵地建设》的建议被东湖区政协八届三次会议采纳。会员王晓燕提出的《关于加大对南昌市散装水泥应用管理条例执法力度的建议及加快昌东地区规划、建设进程》的建议被南昌市第十四届人民代表大会第三次会议第180号、181号采纳。

【服务社会】 5月17日,民建东湖总支的部分政协委员到南昌市培智学校看望并慰问该校的学生及教职员工,赠送了慰问金和慰问品。6月25日,东湖总支与对口联系的百花洲街办刘将军庙社区工作人员座谈,协商制定“群众在心中——委员进社区”活动安排。

【重阳节走访“三无”老人】 10月12日,民建东湖综合一支部组织班子成员带着米油等慰问品看望在辖区内居住的无依无靠、无生活来源、无劳动能力的“三无”孤寡老人，详细了解了“三无”老人的生活状况和实际困难，“三无”孤寡老人感到很高兴。

中国民主促进会 南昌市东湖区总支委员会

【概况】 2013年，民进东湖总支以中共十八大和十八届三中全会精神为指导，持续开展以“坚定信念，服务发展，争做贡献”为主题的社会主义核心价值体系学习教育活动，认真履行参政议政职能，为东湖改革发展不懈努力。被评为民进南昌市委会先进支部光荣称号，郑洪健、陈魏华、李吁红、叶南燕、姚红珍、程玉玲6位会员被评为优秀民进会员荣誉称号。

【开展中共十八大和“两会”精神学习活动】 3月28日下午，民进东湖总支在东湖区政协会议室召开学习贯彻中共十八大和“两会”精神总支扩大会议，20多人出席会议。会议组织学习中共十八大和全国“两会”精神，总结2012年的工作，讨论2013年工作安排，会议还邀请了入会积极分子参加。

【参政议政】 2013年，现任区人大代表、政协委员的会员共撰写9篇提案（议案），其中1篇集体提案。在区政协会上，总支集体提案《关于打造电子商务网络服务平台的建议》作为重点提案获得优秀提案奖，胡涛湘撰写的《关于在住宅小区规划建设老年公寓或老年人活动中心的提案》和樊吉义撰写的《关于解决中心城区停车难的建议》均被评为优秀提案奖。

【施虹冰赴澳门开展教育交流】 2011年下半年，应澳门特区政府教育暨青年局的邀请，由南昌市教育局选派该会会员施虹冰赴澳门指导教学，与澳门开展教育交流工作，一年后因成绩突出，经澳门政府特区申请，教育部批准施虹冰2012－2013学年度继续在澳门开展教育交流工作。

【开展扶贫助学活动】 1月22日，民进东湖总支主委、东湖区政协副主席郑洪健，副主委陈魏华到帮扶对象陈婧、张明俊、杨雨薇家里，为他们送上“1%工程”助学金1000元/人；24日，总支开展“一个支部帮扶一名贫困生”活动，郑洪健、陈魏华、胡涛湘以及直属三个支部的主委到帮扶学生熊健、陈辉和魏昕昊家里，为每个学生家庭送上400元慰问金和过年年货。

【发展新会员】 2013年，民进东湖总支积极做好组织发展工作，先后有杨溢，袁武，鲍颖，吴鲲、胡嫩寒、陶涯兰等6名优秀人才批准加入民进组织。其中杨溢还增补为东湖区政协委员。

【开展统战对口联系活动】 5月，民进东湖总支组织9名会员到区教科体局开展对口联系活动，就东湖教育方面的问题开展座谈。8月，组织10名会员到文化局开展对口联系调研，听取东湖区文化工作的汇报。

中国农工民主党 南昌市东湖区总支委员会

【概况】 2013年，农工党东湖总支积极参与社会活动和社会调研，认真履行政治协商、民主监督、参政议政职能，支持和鼓励党员积极参政议政。

【参政议政】 2013年，陈贞珍委员提交的《关于改进和简化行政审批服务体系的建议》获市委领导张鸿星批示。在东湖区政协八届二次会议上，总支集体提案《精心谋划、科学布局、着力打造东湖区地铁经济圈的一些想法》被东湖区政协评为政协第八届二次会议以来优秀提案。

【自身建设】 12月25日，农工党东湖总支自觉加强学习，在南昌市第二中西医结合医院召开工作研讨会，围绕组织组建、参政议政、社会服务和宣传报道四大项工作展开讨论，为2014年工作的开展提前谋划，并为2014年工作打好坚实的思想基础。

【服务社会】 7月9日，农工党界别委员在豫章街道滨江社区举行委员进社区联络站挂牌仪式，社区主任向委员们介绍了社区的基本情况以及社区居民的实际需求，希望民主党派充分发挥政协组织的界别优势和政协委员在促进社会和谐中的积极作用,多开展社区居民喜闻乐见的便民活动。

九三学社南昌市东湖区支社

【概况】 2013年,九三学社东湖支社充分发挥自身优势和特点,努力提高参政议政水平,不断加强自身建设,为促进东湖区社会经济和谐发展作出了贡献。

【参政议政】 2013年,九三东湖区支社共有1名人大代表,5名政协委员,其中政协常委1名。区政协委员提交提案3份。社员何志勇提出的《关于建设滕王阁至胜利路历史文化商业街的建议》、邓引明提出的《关于加强对出租屋治安管理的提案》、钟泽欢提出的《关于在幼儿中开展道德教育、加强美德培育的提案》3件提案获得了区优秀提案奖。7月,钟泽欢还在省《民主与科学杂志》上发表《关于"毒皮蛋"事件对我省蛋鸭产业的影响与思考》的论文。

【自身建设】 2013年,九三东湖区支社发展社员2名,1名社员参加市委统战部、市社会主义学院组织的全市民主党派、知联会骨干成员培训班。

【服务社会】 3月28日,九三东湖区支社2名社员在东湖区环湖路社区组织综治宣传与服务进社区活动,利用专业知识向群众讲解生活饮用水安全知识,发放100余份生活饮用水安全宣传材料。

【开展委员进社区活动】 7月17日,九三东湖区支社开展"委员进社区"暨彭家桥街道光明社区联络站挂牌活动,何志勇、郭海村、钟泽欢3位政协委员现场捐款600元慰问3户困难户,与社区居民代表们进行座谈,广泛听取社情民意。

(吴大鹏)

东湖区工商业联合会

【概况】 2013年,东湖区工商联在区委、区政府的正确领导下,在南昌市工商联和区委统战部的指导下,紧紧围绕区委、区政府的中心工作,始终紧扣"两个健康"成长的工作主题,为打造繁荣精品幸福文明东湖做出了积极的贡献。至2013年底,辖区共有基层商会10个,家具行业商会1个,异地商会1个,会员企业共420个,个人会员252人。会员企业主要是辖区注册,主要从事酒店、餐饮、商贸流通等现代服务业的中小型企业。东湖区工商联作为区经济责任部门之一,共完成内资6010万元人民币,占全年的100%;完成外资350万美金,占全年的100%;完成现汇90万美金,占全年的100%;完成区级所得税收120万元,占全年的300%,全面高质量高标准超额完成年初下发的经济指标任务。

【加快招商引资】 2013年,东湖区工商联全力推进招商引资工作,引进项目有:江西美扬名商贸有限公司、江西鹏生服饰有限公司、江西天鉴建设工程有限公司、南昌市绿之洋贸易有限公司、南昌君明商贸有限公司、江西省天浩国际设计有限公司、南昌白春房地产经纪有限公司、江西风清扬实业有限公司、江西岳首投资咨询有限公司、南昌中顺信息服务有限公司等。区工商联全年先后接待了广州市番禺区友好商会5人,北京中关村科技产业转移基地负责人谢刚等3人。陪同外地客商参观考察了樟树林文化产业园区、791艺术街区,并对精品楼宇华远和平里、新五湖大酒店、央央春天、紫金城。为加快东湖区招商引资提供助力。

【做好参政议政工作】 2013年,东湖区工商联共组织会员中的人大代表和政协委员积极参政,共提交了建议3件、提案6件;还组织了工商联届别的政协委员前往辖区参观正在建筑的楼宇,并进行了座谈调研;区工商联撰写的《关于东湖区楼宇经济的调研与思考》调研文章获得了市工商联调研报告汇编二等奖,委员胡涛湘撰写的《关于在住宅小区规划建设老年公寓或老年人活动中心的》提案被区政协评为第八届三次会议的优秀提案。

【加强教育培训】 2013年,东湖区工商联为适应会员企业加快转变经济发展方式、推动转型升级、提升管理水平,通过多种举措做好教育培训工作。1月,组织25名会员参加政协大讲堂《三国管理智慧》;11月,区工商联党组组织全体干部学习十八届三中全会精神;组织企业参加甘肃省项目推介会中国民营企业创新发展论坛。一系列教育培训活动加强了各组织间沟通、增进了友谊，为党委、政府联系非公经济人士架起了一座桥梁。

【引导企业树立社会主义核心价值观】 2013年，东湖区工商联积极引导企业树立社会主义核心价值观。全年商会共走访了辖区的12位特困难户并发放了节日慰问品；向“一对一”贫困青少年帮扶对象发放了资助金和学习用品；“4·20”芦山地震期间，组织部分会员企业踊跃捐款、捐物4万元；在机关和企业中开展了“学习雷锋，奉献他人，提升自己”活动；会员企业江西鸿坤投资发展有限公司每月定期向东湖区3名贫困学生发放助学金；江西鸿运汽车有限公司节假日走访张家厂社区困难户，并建立长期帮扶关系。

【做好搭建融资工作】 2013年，东湖区工商联针对金融危机下会员企业融资难的问题，与金融机构合作，寻找适合会员企业的融资产品，打造融资新平台。区工商联先后在北京银行南昌分行会议室、滨江宾馆大会堂一楼多功能厅举办了银企对接会和金融服务业推介会，为企业融资提供了便捷之道，并组织协调银行信贷部人员到有融资需求的企业进行一对一的上门服务，为企业量身定制适合的融资产品。

【开展非公经济人士理想信念教育实践活动】 2013年，东湖区工商联成立了东湖区非公有制经济人士理想信念教育实践活动领导小组，与区委统战部联合制定《关于开展非公有制经济人士理想信念教育实践活动的实施意见》，并组织全体执委赴瑞金开展以“重温历史，畅谈中国梦”为主题的活动。同时，还组织了部分非公经济人士党员开展了“重走小平小道”活动。

【做好非公党建工作】 2013年，东湖区工商联党组积极发挥职能作用，坚持深入民营企业党支部指导创先争优活动和基层组织建设年工作，全年共深入企业支部指导工作10次，组织企业支部开展学习活动4次。截至2013年，全区有非公企业党建16家，党员835人。

（罗　涛）

2013年5月31日，东湖区工商联组织非公经济人士到赣州瑞金开展“重温历史 畅谈中国梦”理想信念主题教育实践活动

法　治

公　安

【概况】 2013年，东湖区公安部门结合辖区治安实际，确定了“全市领先、全省一流”的奋斗目标。全区上下齐心协力，奋勇拼搏，公安工作取得了赶超跨越的新突破、队伍形象呈现了激情干事的新风貌。全区社会治安形势与2012年相比，呈现出“一降五升”的喜人态势，即：发案数下降，人犯处理、抓捕网逃、行政拘留、刑事破案、查处治安案件上升。东湖区公安部门出台《案件审核》等7项制度，成立了案件审核委员会，建立了6级案件审核机制，开展了经常性的执法检查工作，加强对基层办案的服务指导，开展取保候审问题整治。东湖公安分局在全省“十佳行政处罚案件”“十佳行政许可案件”评选中荣获三等奖，并被公安部授予全国公安机关取保候审突出问题专项督察行动成绩突出单位；经侦大队荣获“全省公安机关廉洁规范执法科所队”称号。

【做好维护社会稳定工作】 2013年，东湖区坚持“稳定压倒一切”，狠抓了信息预警、矛盾排查、源头稳控、应急处突等各项维稳工作，确保绝对安全。开展缠访闹访问题专项整治，提高群体性事件快速处置的能力和水平。全年共处置发生在省委、省政府等地的大量群体上访事，成功制止欲自焚、自杀等事件多起；圆满完成重要会议、大型活动79次。全区维稳工作得到了省、市领导批示表扬。

【积极处置化解医患纠纷】 2013年，东湖区公安部门在上级公安机关的领导下，与医调中心、卫生等部门密切配合，牢固树立底线思维、法制思维，坚持教育引导、防范打击、依法处置多管齐下、多策并举，全力查处涉医违法犯罪活动，全力维护医院正常秩序，取得了较好的社会效果。2013年，成功处置了处理化解医患纠纷60余起。

【开展防范打击“两抢一盗”专项行动】 5月15日至9月15日，东湖区公安部门组织开展了为期4个月防范打击“两抢一盗”等侵财性犯罪专项行动。行动中，以“全市争先进”为目标，综合运用严打、严防、严管、严控等手段，有效维护了辖区的社会治安秩序，群众安全感和满意度显著提高，东湖区公安分局被评为全市防范打击“两抢一盗”专项行动先进单位。

【提升破案攻坚能力】 2013年，东湖区公安部门通过运用传统手段与信息技术手段等进行侦查，集中力量对大案要案、系列性案件发力，一大批系列性、团伙性、职业性犯罪案件相继告破。全年共破获刑事案件3785起，处理人犯924名，抓获网逃291人，打掉团伙163个，分别同比上升35.1%、47.63%、218.8%、37%。快侦快破年内命案5起；打掉一批飞车抢夺、持刀抢劫、入室盗窃、技术开锁入室盗窃、在医院盗窃的犯罪团伙。

【侦破特大系列撬车盗窃物品案】 5月26日，东湖公安分局刑侦部门通过采取夜间巡逻、重点攻坚等强力措施，成功将犯罪嫌疑人万某某一举抓获，破获了2013年2月以来发生在南昌市东湖、西湖、青山湖、红谷滩等辖区的盗窃汽车及撬盗车内物品案数10起，带破盗窃汽车案1起，缴获被盗马自达汽车一辆及赃物300多件。

【侦破省级毒品目标案】 2013年，东湖区开展“扫毒害保平安”集中行动，行动中始终把打团伙摧网络作为主攻方向，强化侦缉措施，创新工作手段。4月28日，东湖公安分局缉毒部门成功破获被列为省级毒品目标案件侦办的特大团伙贩毒案，一举抓获团伙成员5名，缴获毒品麻古1.25万粒，冰毒1.23公斤。

【打掉永新籍特大扒窃犯罪团伙】　6月28日，东湖公安分局刑侦、大院所队联动，成功打掉一个由永新籍人员组成的全国流窜作案特大扒窃犯罪团伙，抓获15名涉嫌盗窃、销赃的犯罪嫌疑人，缴获被盗苹果、三星等高档智能手机52部，破获系列扒窃案件50余起，涉案金额200余万元。

【破获系列盗窃医院病房案】　12月21日，东湖区公安部门经过10余天的苦心侦查，成功侦破专挑凌晨时段在辖区各大医院病房内作案的系列溜门盗窃案，抓获犯罪嫌疑人吴某、唐某，破案20余起，涉案金额20余万元，有力地打击了犯罪分子的嚣张气焰，还医院及病人一个安宁的就医环境。

【开展“经侦打假”专项行动】　2013年，东湖区公安部门在全国公安机关开展的打假行动中，通过加强与区工商、税务等部门的联动，发挥经侦主力军和派出所方面军的作用，全警动员，合力推进。行动中，共破涉假案件12起，发动集群战役3起，东湖区打假行动战绩居全市第一。

【强化街面防控能力】　2013年，东湖区深入推进了社会治安大防控体系建设，出台治安防控实施意见，固化巡逻勤务模式，组建一支60人的直属机动巡逻大队，推行派出所领导前台带班制度，成立派出所专职巡逻队，突出对省四套班子办公区，六大商业街的重点防范，组织车巡、步巡、治安查报站及流动警务室全面开展巡逻防控、卡点盘查、便衣抓现等工作，极大地提高街面见警率、管事率、抓现率。全年，东湖区公安部门每天投向街面警力均超过200人，抓获各类现行74人，其中刑拘51人。全年刑事类警情同比下降39.1%，特别是街面“两抢”犯罪大幅下降，抢劫案下降36.7%，抢夺案下降20.7%。

【创新群防群治工作】　2013年，东湖区积极整合六大医院、六大商场、六大居民小区等内部单位资源，指导单位内部加强人防、物防、技防和意识防建设；完善了基础设施，建成并投入运行自行车、电动车停放点39个，物联网技防点19个；制定防范提醒短信，由社区民警通过短信平台向辖区群众发布预警信息100余万条，增强群众的自防意识。各大医院、商场等内部单位的发案明显下降。

【开展“黄赌毒”集中整治专项行动】　2013年，东湖区以全市“黄赌毒”问题集中整治行动为契机，实施了“重拳治乱，长效管理”的策略，共查处治安案件10187起，行政拘留953人。特别是对卖淫嫖娼、聚众赌博、电子游戏机赌博、吸食毒品等行为实行“零容忍”，共查处“黄赌毒”案件760起1126人，分别同比上升46%、16%，彻底解决了电子游戏机赌博、开楼聚赌、站街招嫖等一批乱点问题，取得了全市第二的好成绩。

【铲除非法买卖赃车市场】　2013年，东湖区对“上、下水路”买卖赃车的乱点顽疾，加强巡逻盘查、张贴整治公告、加大打击力度，重新确立法律适用，全面发布整治公告，持续开展定向巡查，集中力量精确打击，买赃卖赃一视同仁，实行顶格处理，抓获盗、销、购赃车人员9人，取缔销赃窝点4处，缴获赃车23辆。彻底铲除该二手电动车、自行车非法市场。

【创新服务业管理制度】　2013年，东湖区公安部门出台了网吧、旅店业等行业管理意见，进一步明确业务大队、派出所领导、社区民警、业主责任，建立了定期检查、严格奖惩和业主例会等制度。全年共检查网吧4000家次，处罚24家，罚款7万元，实名上网率达98.7%；检查辖区旅店业1.8万余家次，处罚、整改、取缔46家，追缴非法所得6万余元。

（刘文荣）

检　察

【概况】　2013年，东湖区人民检察院紧密围绕服务大局，助推经济社会发展，坚持以执法办案为中心，切实履行法律监督职能，不断强化自身建设，夯实队伍基础，各项检察工作取得平稳健康发展。

【加大查办职务犯罪案件力度】　2013年，东湖区检察院采取“系统抓、抓系统”的办案模式，准确定位人民群众反映强烈的贪污贿赂犯罪“高发带”“重灾区”,精心经营案件线索,注重深挖细查,集中查办了医药购销、工程建设、资产处置、企业改制、产权交易等领域一系列具有较大社会影响的贪污贿赂犯罪案件。

【开通“朝阳”维权热线】 2013年,东湖区检察院在全市检察系统率先开通了青少年维权热线——“朝阳”热线(0791-86806900),开辟了一条维护青少年合法权益的新途径。为有效发挥“朝阳”热线作用,结合实际制定“青少年维权热线工作制度”,进一步明确了热线电话接听、答复及相关线索分流、处理、反馈等工作流程,实行“专人、专办、一竿子到底处理”的工作机制,同时将“朝阳”维权热线与“仲大姐检察民生服务热线”有机衔接起来,建立起了两条热线信息共享机制,互通情况,形成合力。

【做好羁押必要性审查工作】 2013年,东湖区检察院认真开展羁押必要性审查工作。结合《人民检察院刑事诉讼规则(试行)》,多次组织侦监、公诉等部门人员对与羁押必要性审查工作相关的规定进行系统的学习讨论;利用院门户网站,“两会”前走访社区群众、人大代表,检察开放日等各种形式加大对修改后刑事诉讼法的宣传,同时以群众身边典型的案件教育群众,使“尊重和保障人权”的新理念深入人心;实行科学考核,将开展此项工作纳入到了侦监、公诉部门年终目标管理考核项目之中,并制定了科学化管理考核办法与责任追究机制。

【创新涉罪未成年人帮教工作方式】 4月,东湖区检察院与江西师大政法学院江西洪宇社会工作服务社就《社工介入涉罪未成年人社区帮教试点项目》签订合作协议书,在涉罪未成年人社会调查、帮教矫治等领域进行合作。该项目是2013年获批立项的江西省第一批社会组织公益创投项目,以“检社”合作为模式,组织开展司法社会调查、个案帮教、技能培训、青少年公益活动等工作,帮助涉罪未成年人尽快完成健康的社会化过程,顺利融入新生活。

【加强监督危害民生刑事犯罪专项立案】 2013年,东湖区检察院加大了对危害民生刑事犯罪专项立案的监督力度,与公安、工商等部门召开联席会议,就信息通报、线索移送、案件协查等制度达成共识,并对近年来危害民生刑事犯罪及查办情况进行全面梳理,确定将生产销售伪劣产品作为第一阶段打击重点;侦查监督专员定期到派出所查阅刑事案件发、立、破案台账以及行政处罚台账,调阅案件卷宗,对易于降格处理作行政处罚的案件进行重点审查,同时,加强与相关行政执法部门的联系沟通,及时开展立案监督;注重对案件材料的分析、研究,做到全面、客观、准确把握案件事实,坚持承办人建议、科室集体讨论的案件研究制度,严格把握罪与非罪、此罪与彼罪的界限,注重听取律师意见,及时发现掌握和核实新证据以及案件相关情况,并及时排查办案风险点,促进矛盾化解。

【做好案件管理工作】 6月,东湖区检察院探索对案件办理工作的动态监督、案后评查、综合考评的管理机制,提高案管工作规范化、全程化、精细化水平。制定了《案件管理暂行规定》,对受案范围、流程管理、法律文书监管、案件统计信息管理等作出具体规定;开通了接待律师QQ,开展涉案款物检查和案件质量评查,做好全国检察机关统一业务应用系统运行准备工作。

【整合社区矫正法律监督资源】 2013年,东湖区检察院结合工作实际,将设立在各司法所的社区矫正工作检察室与在各街道(管理处)设立的检察工作室进行“人员、职责、机制”的“三整合”,使社区矫正法律监督更具有可操作性、针对性和实效性。在人员配备上,实行矫正工作检察室人员与驻街道(管理处)检察工作室人员“二合为一”的工作模式,从而有效地解决了司法资源不足的问题;在职责和工作机制上,结合已经出台的驻街道(管理处)检察工作室相关工作制度,制定《社区矫正工作检察室工作职责》,明确相关人员在开展社区矫正法律监督工作中的职责和相关要求,“两室合一、三整合”的工作机制,使社区矫正工作检察室工作更具操作性、针对性和实效性。

【开展民行申诉案件息诉和解工作】 2013年,东湖区检察院在办理民事行政申诉案件时,改变以监督制约为主的工作模式,推行息诉和解工作机制。工作中,均先由承办人对案由、当事人诉求等多个参数进行综合分析,判断和解的可行性。对可和解案件,根据案件进展和当事人意愿随时调整和解方案；对暂无和解意愿案件，在结合案情劝解的基础上，随时跟踪当事人的反馈意见，努力达成和解意向；对无法和解案件，在依法审查案件的同时，关注当事人的心理变化，适当、合法地引导案件向和解方向过渡。同时，通过与区司法局、基层人民调解组织和人民监督员达成合作意向，通过邀请当事人所在单位领导或亲朋好友参与的形式，在维护正确生效裁判的基础上，共同开展息诉和解工作，减少对立情绪，达到案结事了的效果。

【完善行贿犯罪档案查询机制】　2013 年，东湖区检察院积极完善行贿犯罪档案查询工作机制。定期召开由预防、反贪、反渎等业务部门参加的联系会，就行贿犯罪档案查询工作开展情况进行会商，同时加强与区招投标办、建设、金融等多个行业部门的沟通协调，引导项目建设或主管单位主动申请使用行贿犯罪档案查询系统；对申请查询受理、内部审批程序、结果反馈时限、相关保密工作等都作了进一步地完善和明确，从而确保行贿犯罪档案查询工作步入规范化、制度化的轨道；制定《行贿犯罪档案查询须知》在院门户网站发布，建立预约查询制度和绿色通道制度，并设立咨询热线，公布办理人员联系方式；对材料齐全的查询人，要求在 2 个工作日内完成查询并告知查询结果，同时，充分利用行贿犯罪档案查询系统，定期分析贿赂犯罪态势，加强犯罪预警等工作。

（刘华明）

法　院

【概况】　2013 年，东湖区人民法院在区委的正确领导，区人大及其常委会的有力监督，区政府、区政协和社会各界的大力支持下，认真学习党的十八大和十八届三中全会精神，深入贯彻落实科学发展观，紧紧围绕“为大局服务，为人民司法”工作主题，以建设繁荣精品幸福文明东湖为目标，忠实履行宪法和法律赋予的职责，各项工作取得新进展。全年共受理各类案件 5023 件，审结 4649 件。

【刑事审判工作】　2013 年，东湖区人民法院全年审结刑事案件 564 件，判决罪犯 702 人。审判中始终坚持宽严相济刑事政策，从严打击犯罪，维护稳定，审结周某等 32 人非法采矿案、吴某等 9 人故意泄露国家秘密、非法获取国家秘密案；同时从宽挽救罪犯，对信用卡诈骗等轻刑案件从宽处罚，努力减少社会对立面；并且发挥附加刑作用，对经济、侵财等罪犯，着重从财产上进行处罚，剥夺再犯能力。

【民商事审判工作】　2013 年，东湖区人民法院全年审结民商事案件 2913 件。审判中更加注重化解矛盾纠纷，加大调解工作力度，调解率达 63.5%；注重司法保障功能，妥善审理涉及房地产、金融等领域案件，最大限度帮助企业解决生产经营过程中产生的纠纷和问题；同时注重司法指引功能，依法及时作出裁判，制裁违法失信者，保障诚实守信方的合法权益，引导公民、社会组织合法行使权利。

【行政审判工作】　2013 年，东湖区人民法院全年审结行政案件 65 件，审结全省首起集会示威不予许可行政案件，全年撤诉 25 件。坚持促进依法行政，灵活运用协调方式化解行政争议，做到保护行政相对人合法权益与维护执法公信并重，促进提高社会管理法治化水平。

【案件执行工作】　2013 年，东湖区人民法院全年执结民商事案件 1107 件，执结标的额 3.02 亿元。重视发挥强制措施的执行威慑力，依法对 32 名被执行人采取拘留强制措施；重视提高执行科技化水平，借助手机短信平台告知逾期不履行裁判的法律后果，顺利执结案件 100 余件；重视创新执行方式，成功拍卖“绿典”商标，将拍卖款用于执行，成为江西省首例通过拍卖商标进行执行的案件。

【积极参与社会综合治理】　2013 年，东湖区人民法院延伸审判职能，积极参与社区矫正工作，建立联动预防机制，最大限度预防减少再犯罪；综合运用网络、电话、信件等形式做好未成年犯回访帮教工作；组织法官进社区、庭审进校园活动 40 余人次、开展法律宣传咨询服务共 160 余人次，促进形成知法守法氛围；向行政机关提出司法建议 11 条，规范行政执法，助升执法公信力。

【创新便民司法措施】　2013 年，东湖区人民法院认真践行司法为民宗旨，切实维护民生权益，实行

"半小时"立案、上门立案等制度;推行"预立案"制度,发挥诉前调解作用,及时化解纠纷;重视发挥人民法庭作用,加大物质保障力度,提高红谷滩法庭服务水平,设立红角洲法庭,方便新区群众诉讼;努力消除诉讼障碍,依法保护弱势群体诉权,为24件案件经济确有困难的当事人减、免、缓交诉讼费近14万元;加强法律援助工作,为符合法定条件的被告人指定辩护35人次,为聋哑及少数民族当事人指定翻译人21人次。

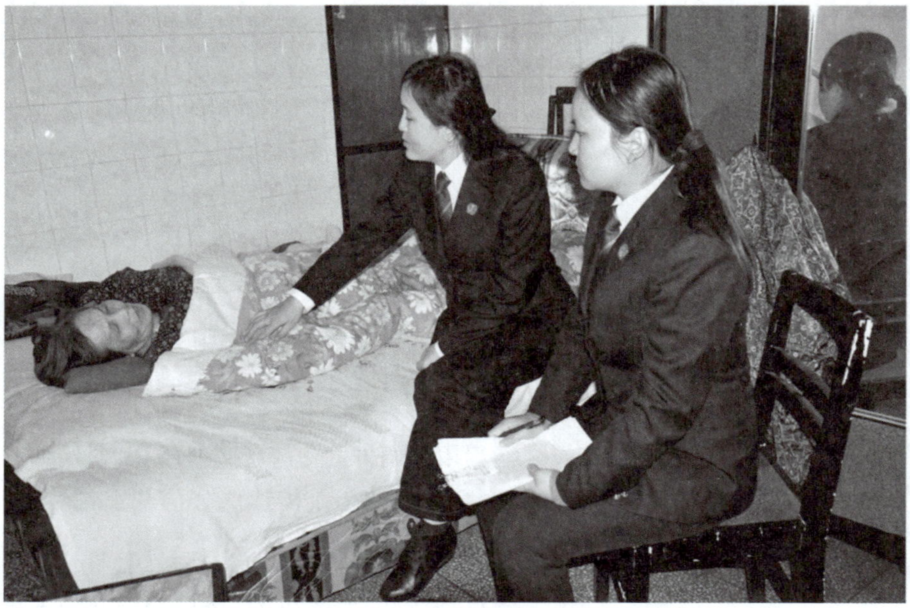

2013年11月20日,东湖区人民法院工作人员上门免费为七旬老妪立案

【推进审判机制创新】 2013年,东湖区人民法院在对接新刑诉法、民诉法实施方面,采取先行先试,审结全省首个刑事和解案件;出台《关于加强案件审限管理的规定(试行)》,全面运行紫光软件,使审判管理科学化、规范化程度提高;规范再审立案标准和审判监督程序,做到有错必纠,维护司法公正;实施量刑规范,参考案例指导审判,规范自由裁量权;创新采取"集中开庭、群众旁听、以点带面"的方式审理物业、劳动争议等群体性纠纷,审结该类案件230余件,撤诉209件。

【深化司法公开】 2013年,东湖区人民法院推行审判流程、执行信息公开,便利群众了解诉讼进展;实行庭审信息网上公开、裁判文书逐步上网、庭审过程同步录音录像,方便群众监督司法;优化法院网站、开通官方微博,利用现代信息技术实现与群众即时互动,扩大司法影响力;组织法院开放日活动,邀请人大代表、政协委员、人民群众600余人次旁听庭审、参观法院,增进群众司法认同感。

【扩大司法民主】 2013年,东湖区人民法院提高参审率,普通程序案件人民陪审员参审率达100%,全年共有人民陪审员2506人次参审案件1308件;确保民意广泛性,通过摇号随机抽取方式,使不同行业的人民陪审员有机会参与到审判中来;保障行使职权,人民陪审员从单纯参与庭审扩展到参与调解等司法活动中来;拓展参与渠道,邀请专家学者、律师代表、人大代表、政协委员一同分析论证疑难案件,将民意引入判决,促进公正司法。

【畅通民意沟通】 2013年,东湖区人民法院健全联系点制度,科级领导干部全部与社区群众建立长期联系;指定专人处理群众来信,及时转办、督办;开展民情家访、民情夜访等法官进社区活动,为群众答疑解惑;落实各项信访制度,畅通涉诉信访渠道,建立信访评估预警机制,覆盖立、审、执诉讼全程,通过告知诉讼风险、加强法律释明等方式有效控制了涉诉信访案件。

【首例商标拍卖执行案】 江西绿典油脂有限责任公司因无法偿还北京银行股份有限公司南昌分行贷款,在东湖区人民法院调解后规定期限内仍不偿还,被北京银行股份有限公司南昌分行申请强制执行,该公司表示已无能力偿还,同意按照调解书的协商内容对"绿典"商标进行拍卖。东湖区人民法院通过中介公司对"绿典"商标进行价值评估,并委托拍卖公司对"绿典"商标进行拍卖。2013年4月17日,拍卖公司在第二次拍卖时将该商标成功拍出。该起案件是对当事人合法权益的最大维护,是对民事案件执行方式的一种创新,对后续类似案件在执行过程中遇到的困难有一定的指导意义。

(刘国华)

司法行政

【概况】　2013年，东湖区贯彻落实党的十八大精神及全国、全省、全市政法工作会议、司法行政工作会议精神，按照“找准定位，夯实基础，寻求突破，激活亮点”的工作思路，努力做到在充分利用社会资源的过程中切实发挥职能作用，提升司法行政工作水平，在深入调查研究的基础上作出科学决策，积极创新，加快发展，为全区经济社会发展提供法律服务和法律保障。全年，东湖区荣获全国“六五”普法中期“先进县(市、区)”荣誉称号、“全市法治文化主题公园(广场)建设先进单位”。东湖区司法局荣获2011－2013年全省普法教育工作“先进单位”称号，荣获江西省未成年人保护工作“先进单位”称号，并被江西省普法教育工作小组评为2013年度“百万网民学法律”竞赛活动组织工作“先进单位”。东湖区普法办在2013年度全省普法教育宣传报道组织工作中被江西省普法教育工作小组评为“先进单位”。

【创新普法依法治理工作】　2013年，东湖区积极做好普法依法治理工作，突出普法重点，营造良好法治氛围，采用动静结合的方式，不断深化法治文化建设。“动”即积极打造流动的“法制大篷车”，大力开展东湖区“法制大篷车”六进活动，“静”即不断丰富固定的百花普法生态园的内涵，推进百花普法生态园主题活动深入开展，按“谁执法，谁普法”的原则，构建大普法的格局。

【“六五”普法中期检查出成效】　2013年，东湖区积极做好“六五”普法中期迎检工作，召开了东湖区普法依法治区工作暨“六五”普法中期督导工作动员部署会，分别对全区各街道、系统普法工作进行了全面的预检，查漏补缺。省、市检查督导组对东湖辖区“六五”普法中期工作，特别是百花普法生态园、滨江学校“警校共建、普法育人”特色青少年法制教育、农民工法制夜校等特色工作，给予了充分肯定。东湖区荣获全国“六五”普法中期考核先进县区。

【推进基层基础建设】　2013年，东湖区10个司法所按照年初的工作部署，在优化硬件的基础上强化软件建设，规范管理制度，加强干部业务技能的培训，并开展“五好”司法所创建活动，在抓好司法所基础工作的同时着力抓好特色创建工作。全年，东湖区蓝天人民调解委员会、公园街办人民调解委员会荣获2013年度全市先进人民调解委员会；东湖区蓝天调解委员会李乓、曾晓芳，大院街道调解委员会黄礼平，百花洲街道调解委员会沈美芬，豫章街道调解委员会邹香兰荣获2013年度全市优秀人民调解员；公园司法所所长涂华明被中央司法部评为全国优秀人民调解员。

【提升人民调解功效】　2013年，东湖区深入开展矛盾纠纷“大排查、大调解”专项活动，成立东湖区“蓝天”调解团，整合全区优势调解资源，主动出击重特大疑难矛盾纠纷，强化“三官四员”进社区工作，为维护东湖社会稳定做出了积极贡献。全年全区各级调委会调解案件总数1724件，其中简易案件1593件，疑难案件130件，重大案件1件，涉及金额计665.43万元，调解成功1724件，调解成功率达100%，排查矛盾276件，预防纠纷542起。

【增强法律援助力度】　2013年，东湖区法律援助中心联合区团委在上营坊社区成立了东湖区青少年法律援助工作站。全区共办理法律援助案件201件，其中刑事案件68件，民事案件43件，非诉讼案件90件，累计咨询769人次，举办大型法律援助咨询活动10余次。

【成立“永溪村农民工法制夜校”】　2013年，东湖区在贤士湖永溪村成立了南昌市首家农民工法律援助工作站，开设了农民工“法制夜校”和“法制夜市”，全年共接待咨询人员170余人次，成功代理了4件诉讼案件。农民工法制夜校的建立既提高了农民工维权意识，又增强了农民工自主维权能力。

【提高社区矫正水平】　2013年，东湖区按照省、市政法工作精神，立足降低重新违法犯罪率，大力推进特殊人群管理创新举措，成立了全市首家县区级社区矫正监管中心——东湖区社区矫正管理中心，在硬件配置和软件规范上下功夫，加大人力和物力投入。严格执行《社区矫正实施办法》及其《实施细则》，全面落实信息化核查、日常考核、公益劳动、分类监管等监督措施和心理矫治、技能培训、就业推介、困难帮扶等服务措施。充分发挥数据库的基础平台作用,提高刑释解戒人员信息衔接、人员对接、监管互联、帮教互动的效能。东湖区社区矫正监管中心已与全省各监所远程帮教会见互联专网对接,实现了墙内墙外人员远程会见。全年全区共接收刑释解戒人员138人,其中刑释120人,解戒18人;矫正人员443人,解除矫正人员292人,在矫人员151人,其中假释26人,管制2人,缓刑94人,暂予监外执行29人,无一例脱管、漏管及重新犯罪;接收发放生活困难补助241560元,发放接送经费33700元,发放“三无”人员生活困难补助900元,有效维护社会的安定稳定。

【加强公证事业建设】 2013年,东湖区为做大、做强公证事业,将东湖公证处迁入500平米的新的办公大楼(南昌市福州路智通悦蓝山6栋C座8楼)。江西省司法厅厅长马承祖、南昌市司法局局长涂慧玲,亲临现场指导工作,在肯定东湖公证处的软硬件建设的同时,也寄希望东湖公证处要继续做好服务于民、便利于民的工作。东湖公证处在凭借优势硬、软件设施的条件下,继续为辖区地铁二号线征收补偿、旧城改造及拆违、拆临等工作提供公证服务绿色通道。东湖公证处全年共办理公证案件10235起,为全区经济发展和居民提供优质的法律服务,被评为全省公证质量管理先进单位和全市司法行政工作先进集体。

(叶华康)

仲　裁

【概况】 2013年,东湖区本着“预防为主、处理为辅”“调解为主、仲裁为辅”的工作理念,热心接待来信来访,耐心回答来访者的咨询,积极宣传法律、法规和政策,提高服务意识,上门为用人单位解决疑难问题,针对用人单位存在的问题进行具体的分析和判断,并提出解决问题的方法,预防争议的发生,加强预防职能,严把审核关,对用人单位在办理解除劳动者劳动关系的备案手续时,对不符合法律程序的手续一律不予备案,同时,督促、指导用人单位完善手续,杜绝争议隐患,为用人单位和劳动者提供了满意的服务,积极做好劳动人事争议案件的调处工作。全年东湖区共受、处理各类劳动人事争议仲裁案件36起,全部顺利结案,共为劳动者挽回各类经济损失67万余元,切实维护了劳、资双方的合法权益。

【加强人事仲裁制度建设】 2013年,东湖区以相关仲裁规范法规为根本指导,结合辖区实际,在仲裁庭建设制度、仲裁员管理制度方面加以细化和落实,并建立东湖区基层事业单位人事争议调解与协调工作制度,增加救济渠道,实现工作重心下移。同时,在东湖区劳动人事争议仲裁委员会办公室公布张贴相关政策法规、业务流程及表格,增进机关事业单位及个人对人事争议仲裁制度的了解,引导其通过人事争议仲裁途径合理表达自身利益诉求。

【设立仲裁“快速通道”】 2013年,东湖区针对不同案件,设立仲裁“快速通道”,提高案件和解、调解率。对涉及拖欠工资,社会保险,经济补偿金数额较小或者有希望调解的,加强案前指导,对其进行政策咨询服务,力求通过调解尽快化解矛盾,避免盲目“打官司”,增加不必要的法律成本,更有效保障了职工合法权益得到尽快实现。对于调解不了的案件,仲裁委员会及时立案,立案后及时组织当事人调解,力促当事人在进入仲裁程序伊始就能达成和解;在案件审理过程中,承办仲裁员坚持庭前、庭中、庭后三位一体的调解工作原则,争取能够以调解的方式解决纠纷。

【加大业务培训力度】 2013年,东湖区高度重视仲裁相关业务知识更新,除选派仲裁工作人员参加上级人事部门相关业务培训外,主动举办区人事仲裁专门业务培训;既注重基础性业务知识的学习,同时也采取案例分析、参加庭审观摩、学习其他地区先进做法等多种培训形式,促进仲裁员专业知识积累及业务水平提升。

(喻伟文)

军　事

民兵和预备役部队

【概况】 2013年，东湖区民兵预备役工作，在警备区党委和区委、区政府的正确领导下，坚持以学习贯彻中共十八大和十八届三中全会精神为主线，以加速推进作战准备为牵引，以深入改进作风为保证，突出重点，扭住关键，加大力度，狠抓落实。突出抓好党的创新理论学习，组织“学习贯彻党章、弘扬优良作风”“坚定信念、筑牢军魂”主题教育和“读经典、学哲学”活动，干部职工听党指挥的思想政治根基不断夯实。积极开展“三型”党组织创建活动，认真落实军事文化“五有”要求，配套完善各类设施政治工作质量效益明显增强。围绕实现“四个管出”“三个不出”的目标要求，坚决贯彻落实上级命令指示要求，紧紧扣住“人车枪弹密财”等安全管理重点，加大力度，强化管控，确保安全稳定。先后组织开展“条令学习月”、车辆专项整治、保密工作专项检查、军容风纪专项整治和隐患排查整治等活动，培养干部职工的条令法规意识、过硬的作风和严格的纪律性。坚持党管党员党管干部制度，定期召开干部家属座谈会，及时掌握思想行为动态，强化党员、干部教育管理，全面建设呈现稳步发展的良好势头。2013年，人武部被警备区评为军事训练先进单位，1名干部得到提拔使用，4名干部、1名职工受到上级通令表彰。

【民兵整组工作实施情况】 2013年，东湖区民兵整组工作从1月中旬开始展开，按计划、有重点、分步骤严密组织实施。全区共编基干民兵分队若干支若干人。其中，应急队伍若干支若干人，支援队伍若干支若干人，储备队伍若干支若干人。通过整组，布局更趋合理，结构进一步优化，“六率”明显提高。其中，应急队伍在位率和经训率达100%，退伍军人比例达85%，人装结合率达90%，支援队伍和储备队伍，经训率、人装结合率和党团员比例达85%，关键岗位人员经训率达96%，落实征用150余辆通用车辆及工程机械，落实各类装备、器材1405件(套)。

【参加警备区检验民兵整组活动】 5月28－29日，东湖区人武部组织机关干部职工、专武干部及民兵骨干10人和医疗救护分队40人，参加警备区组织的“考、比、拉”活动，取得较好成绩，得到上级机关一致好评。

【拓展军事斗争准备工作】 2013年，东湖区不断拓展深化军事斗争准备工作。着眼“双应一体”要求，积极探索新形势下民兵组织建设方法路子，科学编组力量体系，不断优化结构布局，组建30支1818人的基干民兵分队，其中退伍军人比例、党团员率、人装结合率分别达到85%、60%、85%；持续深化党委班子岗位练兵活动，采取周练、月考、季赛的办法，扎实组织机关干部开展练将练官活动，参加上级考核；着眼实战要求组织机关干部职工进行全过程、全要素开设人武部指挥所应急演练，抽调专武干部、民兵骨干进行强化训练；着眼提高遂行多样化军事任务能力，狠抓民兵分队针对性适应性训练，采取岗位自训与集中训练相结合的办法，完成若干支分队若干人训练任务，经训率达到100%。

【积极开展征兵工作】 2013年，东湖区积极适应义务兵征集时间调整对征兵工作转型的影响，坚持早筹划、早部署、早发动、早实施。7月，及时调整健全区征兵工作领导小组,确保工作连续性;投入6万余元,对征兵办进行整修,添置购买空调、办公电脑和部分办公设施设备;增加征兵经费5万元,并从此列入经费预算安排;采取传统手段与现代传媒相结合的办法加大征兵宣传力度,共印发宣传资料4000份,制作宣传板报8块,悬挂张贴横幅标语80余条,张贴宣传海报60余份。全年圆满完成新兵的征集任务,其中:大学生73人,占33%;高中生148人,占67%。

【开展练将练官活动】 2013年,东湖区根据省军区、警备区统一部署,围绕强军目标,持续深化党委班子岗位练兵活动,采取周练、月考、季赛的办法,突出业务基础知识、作战标图、文书拟制、重大问题研究、体能等重点,扎实组织机关干部开展练将练官活动。区人武部长李中华、政委林正通在参加江西省军区的考核中取得优异成绩,机关干部在参加警备区的考核中取得较好成绩,受到警备区首长机关的一致好评。

【开展“军事日”活动】 12月中旬,东湖区根据年度军事工作安排,为进一步落实党政领导过“军事日”制度,增进军政军民关系,增强国防观念,由区人武部组织区国动委、武委会成员共64人到南昌陆军学院过“军事日”,邀请南昌陆军学院教授进行国防教育,组织轻武器实弹射击。区领导带头参加、全程参与,整个活动氛围热烈、效果明显。

(夏小清)

消防部队

【概况】 2013年,东湖区公安消防工作紧紧围绕年初重点工作目标任务,坚持防火、灭火工作两手抓,不断推进社会单位“四个能力”建设,保持“除火患、保平安”高压态势,深入清除社会面火灾隐患,全面提升火灾防控力,以巩固部队正规化建设,创建铁军中队,提升部队战斗力,全面建设人民满意的消防队伍为目标,确保了火灾形势和部队内部“两个稳定”。全年,东湖消防大队在江西省消防总队“三争优”工作中荣获“先进大队”称号。

【全年火灾形势】 2013年,东湖区全年共接警581起,抢险救援出动393次(含抢险救援和增援其他城区),灭火救援出动188起,处置火灾72起,其中交通工具火灾17起,另外还有99起草坪火、垃圾火、室外电线火及消防中队未到就已熄灭的火灾,受伤1人,直接财产损失100.0201万元。大部分火灾主要是发生在居民楼和沿街小店面。其中电气火灾占39%,用火不慎占23%,有4起因小孩玩火导致火灾,1起因自杀而放火的案件。全年消防车出动648辆次,官兵3974人次,抢救被困人员85人,疏散人员267人,抢救财产价值1762.5万元,为东湖区乃至南昌市经济社会快速、协调、持续发展创造了一个和谐稳定的消防安全环境。

【推动消防安全“网格化”管理】 2013年,东湖消防大队把消防安全监管纳入重要部门工作职责,纳入重点系统、行业自主内控管理的重要内容。全面推动街道社区、部门消防安全“网格化”,进一步明确了“网格”责任主体、工作职责和任务,建立“网格化”指导、检查、考评机制,不断提升社会面火灾防控能力。到年底,全区70%的街道、62%居(村)委会达到了“网格化”管理标准。

【开展“除火患、保平安”冬春专项行动】 2013年,东湖区把握“四大要点”,深化推进“除火患、保平安”冬春专项行动。强化“错时制”重点检查巡查公共聚集场所,针对火患重点部位,开展城中村、“三合一”场所、“九小”场所等场所拉网式排查;筑牢易燃易爆场所安全防线,针对随时可能发生危及社会公共安全的火灾隐患,依法采取停产、停业、停止使用等措施;加强社区消防工作,依托“网格化”管理,发动各派出所和居民委员会,加强弱势群体的看护,建立重点人员消防档案,深入弱势群体家中,帮助消除火灾隐患。

【严格消防监督执法】 2013年,东湖区开展了人员密集场所、建筑工地、消防产品、高层地下等消防安全专项整治行动,6-10月开展了消防安全大排查大整治活动,以及年终的第二次“清剿火患”战役。全区全年共检查单位22870家次,发现火灾隐患19610处,督促整改火灾隐患19045处。下发《责令改正通知书》等各类法律文书12262份,临时查封36家。办理消防行政处罚案件481起(其中大队本级211起,其余为派出所办理),责令停产停业26家,处罚2016400元,为全区消防安全稳定打下坚实基础。

【创建“铁军中队”】 2013年,东湖消防大队以创建“铁军中队”为目标,规范执勤战备,强化部队管理,部队灭火救援能力有了新提高。强化岗位“大练兵”,干部带头,全员参训,科学练兵,奖惩分明;狠抓“大演练”,强化实战水平,大队每月组织1次跨区域联合演练,中队每周组织开展3次以上重点单位实战演练(其中夜间演练不少于1次),完善重点单位灭火作战预案和17类灾害事故类型预案编制,修订完善“六熟悉”手册、灭火作战计划、火场文书记录卡片等软件资料;开展装备“大测试”,夯实灭火理论基础,先后对正压式空气呼吸器、移动排烟机、消防泵、供(取)水设备等进行了测试,并详细建档立案,做好各项测试数据统计。11月,大队顺利通过档案规范化管理建设评估,晋升档案规范化管理省二级单位。

【承办执勤中队助理异地当兵锻炼工作】 2013年,东湖消防大队根据总队关于《全省消防部队班长骨干异地当兵锻炼活动实施方案》部署要求,从5－11月,共承办6批执勤中队助理异地当兵任务。大队通过“以代促管、以演促战、以讲促学、以考促训”的有效措施,不断提高异地当兵锻炼活动质量,圆满完成了此次全省异地当兵锻炼承办工作。

2013年2月8日,东湖区领导走访慰问辖区消防官兵

表4　**2013年东湖区分区域火灾综合情况**

项　目		火灾起数	死亡(人)	受伤(人)	直接财产损失(元)
合　计		188	1	1	1000201
东湖区	八一桥街办	21	0	0	30840
	豫章街办	27	0	0	270320
	墩子塘街办	16	0	0	210330
	百花洲街办	24	0	0	88240
	公园街办	10	0	0	63140
	董家窑街办	37	1	0	95860
	彭家桥街办	23	0	1	48810
	滕王阁街办	17	0	0	10110
	贤士湖管理处	2	0	0	350
	大院街办	11	0	0	182201

表 5　**2013 年东湖区月季火灾综合情况**

项　目		火灾起数	死亡(人)	受伤(人)	直接财产损失(元)
合　计		188	1	1	1000201
一季度	1 月	10	0	0	36300
	2 月	19	0	0	39240
	3 月	14	0	0	40810
	小　计	43	0	0	116350
二季度	4 月	14	0	1	26290
	5 月	15	0	0	48590
	6 月	12	0	0	56900
	小　计	41	0	1	131780
三季度	7 月	13	0	0	60201
	8 月	20	0	0	84740
	9 月	13	0	0	25680
	小　计	46	0	0	190621
四季度	10 月	17	1	0	89880
	11 月	10	0	0	108550
	12 月	31	0	0	363020
	小　计	58	1	0	561450

(陈　斌)

人民防空

【概况】 2013 年,东湖区人民防空工作紧贴全区中心工作,围绕新时期军事斗争准备和经济社会建设的根本要求,科学谋划,狠抓制度建设和工作落实,人防建设各项工作取得了良好成绩,顺利实现了全年目标任务。东湖区人民防空办公室被南昌市人民防空办公室评为南昌市人防专业队伍整组先进单位和南昌市警报试鸣先进单位。

【做好重点领域工作】 2013 年,东湖区人防工作在重点领域采取一系列措施:完善民主决策机制,每周一定期召开全体工作人员会议,扩大民主决策的参与面,充分调动每个干部的工作积极性和主动性;创新目标管理机制,年初研究制定《区人防办 2013 年度工作目标管理实施方案》,对年度人防工作目标任务进行细化分解,明确目标内容、责任人、完成时限和办事规程并严格督导检查;探索建立城市地下空间开发管理工作机制,计划 5 年内初步建设 5 家左右地下商场,为东湖区经济发展加速。

【维护管理已建成工程】 2013 年上半年,雨水偏多,东湖区加强对易受洪水侵袭的人防工事采取加固措施,对工事漏水、裂缝进行封堵、排水、抽湿、维护。并在此基础上加强巡查力度,完善维护检查的记录和做好备案。对老化的电线线路设备、磨损的通风排水设备元件和过期消防器材及时更换。

【做好人防整组工作】 2013年,东湖区依据南昌市人防办的要求,按照“坚持便于组织,便于指挥,便于行动”的原则,实现了布局科学,结构合理,专业优化,管理严格,可靠管用的目标。全年东湖区对建有人防专业队的单位进行了适当的调整,并有计划地向辖区高新技术企业、和战时可动员的企事业单位进行拓展人防专业队编组,在9家企事业单位组建人防专业队,共编组名800余人防专业队员。经过各有关单位的共同努力,顺利地完成了年度人防专业队整组任务。

【加大宣传教育力度】 2013年,东湖区充分利用全市人民防空会议召开的契机,借“3·1”国际民防日、“5·12”防灾减灾日“9·18”防空警报试鸣日、“12·4”法制宣传日等重要节点,深入开展各种丰富多彩的人防宣传活动,利用板展,设立人防(民防)法规政策业务知识咨询服务台等开展宣传活动,发放防空、防灾应急手册余本,宣传单余份,向学校免费发放《人民防空》教材余本。在政府网站上及时更新了人防网站内容,同步反映东湖区人防工作动态和进展情况等。努力推进人防宣传教育进学校、进机关、进企事业单位、进社区等。不断优化完善人防依法行政工作。

【加强警报体系建设】 2013年,东湖区进一步明确了给警报器所在单位的管理责任,确定具体管理人员,做到每月一次检查,维护和保养,为“9·18”全市警报鸣放提供了保障。全年东湖区新增防空警报器1台,调整2台,东湖区防空警报器达到38台,警报覆盖率达全区城区面积的98%,鸣响率达到100%。

2013年10月22日,东湖区人防办在辖区企业开展人防业务专业队伍培训工作

（涂　成）

重大项目建设

综　述

2013年是全面构建繁荣精品幸福文明东湖的关键之年，东湖区紧紧围绕实现南昌打造核心增长极主动作为，按照"繁荣精品幸福文明"城区定位，大力开展"项目推进年"活动。

2013年，全区28个重点重大项目均取得一定进展。791艺术街区力争申报为全国特色示范街区；青山南路贤士湖棚户区改造项目（中金黄金项目）顺利完成征迁工作，即将进行土地招拍挂程序；南昌壹9二七项目（二七路）已开业运行；完成青山湖西岸改造项目李家庄、谌家坊等地块近7万平方米的房屋征收，启动了省物质储运公司地块房屋征收工作；重新启动胜利路交通银行改造项目房屋征收工作；央央春天、华远和平里等一批项目开始主体装修或招商运营；区综合服务中心建筑主体成功封顶，区文化活动中心建筑主体即将封顶；滨江规划路网已完成投资4000万元，规划一路已投入使用；投入5000余万元实施八一桥周边房屋平改坡工程，完成39栋建筑施工；投入5000万元全面开展33个社区环境综合整治工程，年底前全面完工。

（区史志办公室）

表6　**2013年东湖区重点工程项目一览**

类　别	项目名称	项目地址	项　目　简　况
在建类项目	永和商务大厦	永外正街	由江西凌云投资有限公司投资5000万元建设，项目总占地约0.30公顷。拟建设一栋20层及商业、商务办公、酒店服务为一体的大型综合楼，总建筑面积16585.11平方米，其中大空间商场面积约为3100平方米（楼高为1—4层），商务办公楼面积约为7700平方米（楼高为5—18层），商务酒店面积约为1200平方米（楼高19—20层），地下两层3814.88平方米，停车位93个。项目容积率4.0，建筑密度31.69%。
	新五湖大酒店	湖滨南路	项目占地2.37公顷，总建设面积73963.28平方米，地下约10000平方米，容积率2.84，建筑密度46.7%。该项目集商务、度假及高档办公于一体的超豪华五星级宾馆。主楼高25层，主要以餐饮、酒店客房为主，总客房数约400套；主楼南侧裙楼为6层，以休闲娱乐、宴会及办公主，其中配备两个超过1000平方米的大型多功能宴会厅及部分小型会议厅、接见厅。
	贤湖澜景（南昌饲料厂二七北路地块改造）	南京路小学以东、二七北路以南	项目位于南京西路小学以东、二七北路以南（原南昌饲料厂用地），项目占地面积约1.37公顷，容积率≤3.2；建筑密度≤28%；绿地率≥30%。规划要求套型建筑面积90平方米以下住宅占开发住宅总建筑面积比例按80%控制；商业等公建建筑面积占开发建筑总面积比例按不大于15%控制。

续表 6

类别	项目名称	项目地址	项目简况
在建类项目	南昌 1927（三经五纬）	三经路、五纬路之间	项目位于南昌市东湖区三经、五纬路之间，是由江西海纳实业有限公司打造的江西首个具有典型民国文化创意的时尚休闲街区。总占地约 3.84 公顷，总建筑面积为 256575 平方米，（其中：地上建筑面积 208663 平方米，地下建筑面积 47912 平方米），项目平均容积率 5.43，建筑密度 65%，规划停车位 1327 个。项目规划布局四个组团：1. 爱国路板块（公园酒店区），2. 二经路板块（临街商业公馆区），3. 四纬路板块（主题式商业核心区），4. 三经路板块（写字楼办公大商厦区）。
	南昌壹 9 二七（二七路）	二七路	项目位于二七路中段，由南昌奥维投资咨询有限公司投资建设，将原南京军区军用仓库进行改建，项目占地约 2.67 公顷，总建筑面积约 1.8 万平方米，停车位 150 个。项目是江西首个以民国风情为主题的餐娱聚合体，由四栋建筑构成，分为五大业态：主题餐饮、休闲娱乐、特色商业街区、儿童娱教、创意民国风情展览馆。
	贤士湖水果批发市场改造（中金黄金）	青山南路与永外正街交汇口	该项目位于青山南路与永外正街交汇口，占地总面积 24540.2 平方米，其中国有土地 6006 平方米，长巷村集体建设用地 16746.8 平方米。项目改造规划需要拆迁房屋总面积 25603.1 平方米，其中住宅 10597.87 平方米（共 178 户，36 平方米以下 34 户），非住宅 3272.3 平方米；农房 11733 平方米（两户农房 1776.83 平方米，集体房产 9956.17 平方米）。
	南昌·琴岛之夜（省艺术剧院改造）	八一大道	该项目选址在江西艺术剧院，剧院占地面积 7200 平方米，总建筑面积 1.2 万平方米，由湖南琴岛文化娱乐传播有限公司、江西艺术剧院和南昌市政集团三方共同投资。改造后，有望结合江西红色、绿色、古色文化打造节目，以红色井冈山、绿色鄱阳湖、古色滕王阁作为切入点，争取明年 3 月底至 4 月初实现首演。
建设类项目	长巷村城中村改造（起凤路）	起凤路	总占地约 3.49 公顷，涉及农房征收面积 69150 平方米，村民 236 户 805 人，项目将采用 BT 模式合作开发，其中项目南地块约 1.43 公顷用于安置还建，北地块约 2.04 公顷按照招、拍、桂方式取得用于平衡项目改造资金。
	环湖宾馆改造	环湖路	项目改造总面积约 2 万平方米，通过整体改造，打造高标准的商业、商务楼宇。
	南昌无线电六厂地块改造	二七路	项目占地面积约 0.4 公顷，拆迁户 59 户，拆迁面积 10600 平方米。用地性质为商业、旅馆业（兼办公），规划指标：容积率 5.0，建筑密度≤40%。
	瑞颐大酒店	榕门路	项目将华远和平 2 号楼 28－56 层打造成为五星级大酒店，瑞颐大酒店是源于瑞士的全球经典酒店品牌，至今已经拥有三十多年的酒店管理经验，将为商务和旅游休闲客户提供舒适和优质服务。
	新公园路集贸市场改建	新公园路	项目占地约 0.52 公顷，涉及拆迁户 110 户，规划设计一栋 13 层商住楼，集贸市场面积 2850 平方米，住宅 10600 平方米。
	央央春天	阳明东路	该项目商业建筑面积 7.3 万平方米，其中 4 层商业裙楼 7018.1 平方米，1 号楼 40 层共 5 万平方米写字楼，2 号楼公寓式写字楼 8 层 1.6 万平方米。车位 970 个，其中地面 29 个，地下两层 941 个。
	华远和平里	榕门路	该项目 1 号楼 5 层商业裙楼共 1.6 万平方米，2 号楼 6－27 层共 2.68 万平方米。车位 534 个，其中地面 175 个，地下两层 359 个。

续表6

类别	项目名称	项目地址	项目简况
建设类项目	滨江学校改扩建	五纬路	项目占地0.97公顷,总建筑面积约16552平方米,其中教学楼10597平方米,体育馆及辅助用房3913平方米,地下停车场2042。规划容积率为1.0,实际容积率1.49建筑密度32.3%,绿地率25%。
	青山南路低洼危旧房改造	青山南路	项目总占地约0.37公顷,规划建筑面积18433平方米,拟建一栋为十八层综合大楼,其中1—6层为裙房,7—18层为办公大楼。容积率4.5,建筑密度38%。
	东湖区综合服务中心及文化活动中心	富大有堤以东、规划二七北路以北	项目地块位于南昌市东湖区富大有堤以东、规划二七北路以北。项目总用地为3.24公顷,项目由综合服务中心和文化活动中心两个部分组成,总建筑面积79913平方米,其中:综合服务中心规模为55822平方米,主要有区委、区人大、区政府、区政协、区人武部、区直各部门及其附属用房;文化活动中心规模为24091平方米,主要有600人文化演艺中心、档案馆、文化馆、图书馆、食堂、信访中心及其附属用房。
	胜利路交通银行及周边低洼危旧房改造	胜利路	项目占地面积约0.42公顷;该项目拆迁建筑面积15176平方米,拆迁户数170户(其中单位8户)。
招商类项目	国力大厦	洪都北大道329号	项目位于洪都北大道329号,总建筑面积约21000平方米,项目由两栋建筑组成,1号楼2层商业裙楼共1840平方米,写字楼15851平方米:1号楼3-14层7165平方米,2号楼11层8686平方米。停车位206个,其中地上车位106个,地下100个。
	赣江之星	青山路和洪都北大道交界处	项目位于青山路和洪都北大道交界处,总建筑面积43623平方米,项目共计27层,3层商业裙楼7600平方米,4-26层写字楼36951平方米。车位128个,其中地面30个,地下98个。
	791艺术街区	爱国路	项目总占地面积约4万平方米,独立艺术空间2.5万平方米。街区商铺主要为经纬府邸一、二、三期的所有可经营性的门店,面积约2.3万平方米。目前一、二期商铺面积约1.4万平方米。加快项目三期招商力度,提升了791艺术的专业性和品牌性。
	樟树林文化生活公园	佘山路	项目占地6.4万平方米,按照现有厂房布局开发为香樟谷、八千锭、尚都汇及体搏会四个组团,建筑面积将达到4.68万平方米。针对周边部分商业业态,采取腾笼换鸟的方式,侧重文化产业,打造文化产业品牌。
	紫金城招商	滨江路	主体建筑为26层的A、B两幢写字楼,总建筑面积4万余平方米,其中1-5层为商业裙楼,6-26层为全江景高档办公区,地上停车位800个,地下停车位3000个。
	胜利路步行街改造	胜利路	胜利路步行街整段进行街景改造。此次改造效果拟按民国风格设计改造,由苏州金螳螂设计公司进行设计。
	滨江棚户区改造	滨江路	滨江片区棚户区改造项目位于二七北路延伸段以北,龙沙路(规划六路)以南,青山北路以西,富大有路以东区域约12.67公顷土地。地块内住宅约549户,征收住宅面积约107222.68平方米,其中农房约180户,征收农房面积约42000平方米;非住宅约43318.12平方米,其中农村非住宅约20000平方米,征收总面积合计约150540.8平方米。

续表 6

类　别	项目名称	项目地址	项　目　简　况
招商类项目	下沙窝地块棚户区改造	下沙窝	该项目位于三经路以东、铁路西货场以南、下沙窝以北、规划四路以西，占地拆迁面积约 2.47 公顷（实际面积为 2 公顷）。拆迁面积 36046.28 平方米，其中营业性面积 1576.89 平方米，非营业性面积 6837.02 平方米，住宅面积 26817.86 平方米，单位房面积 6876.86 平方米，公房面积 1086.7 平方米。总拆迁户数 417 户，其中公房 39 户，单位房 10 户，现房 368 户。
	滕王阁三期东通改扩建工程	榕门路、后墙路	项目占地 2.68 公顷，从滕王阁东门将榕门路、子固路打通连接形成一条从滕王阁东门起沿打通后的厚墙路，经胜利路步行街至中山路八一起义纪念馆的旅游、文化、购物线路。涉及房屋拆迁总面积 53802.39 平方米（其中，住宅建筑面积 26311.77 平方米，营业性非住宅面积 3927.81 平方米，非营业性非住宅面积 23562.81 平方米），住户约 382 户，直管公房 72 户，其中 36 平方米以下的 60 户。
	青山湖西岸改造	赣江以东，富大有堤以南，湖滨西路以西，洪都北大道以北	青山湖西岸位于赣江以东，富大有堤以南，湖滨西路以西，洪都北大道以北，东临青山湖，北临赣江。规划区域面积 283.63 公顷，区域有已停产的南昌发电厂、已改制企业南昌硅酸盐厂、江西省物资储运公司、江西省外贸储运公司、登月食品厂以及我区所辖的七里村、长巷村等。其中：国有土地 138.38 公顷，集体土地 59.8 公顷，保留地块占地 60.73 公顷。片区总体规划格局为“两带两轴，三心四区”（“两带”即滨江、滨湖景观带，“两轴”即工业文化景观轴及青山北路都市主轴，“三心”即文化休闲中心、湖滨娱乐休闲中心、湖滨体育休闲中心，“四区”即连江通湖核心区、滨江景观居住区、运动生活区、湖滨娱乐休闲区），借助临江伴湖的区位优势，利用现有水系，连江通湖，建设集商贸商务、金融服务、文化创意、都市休闲、生态居住五大功能为一体的都市生态产业经济示范区。

（熊光超）

青山湖西岸开发项目

【概况】 青山湖西岸开发项目位于赣江以东，富大有堤以南，湖滨西路以西，洪都北大道以北，区域内有已停产的南昌发电厂（厂区占地 38.2 公顷）、已改制企业南昌硅酸盐厂（约 16.87 公顷）、江西省物资储运公司（约 20 公顷）、江西省外贸储运公司（约 6.67 公顷）、登月食品厂（约 2.32 公顷）以及东湖区所辖的七里村、长巷村等。规划设计区域面积 283.63 公顷，其中：国有土地 138.38 公顷，集体土地 59.8 公顷，保留地块占地约 60.73 公顷。规划区域内建筑物拆迁总面积 845283.35 平方米，国有城镇房屋拆迁面积 529470.89 平方米（住宅面积 159620.4 平方米，非住宅面积 369850.48 平方米），集体农房面积 315812.46 平方米（农房拆迁面积 269650.23 平方米，村集体产业用房拆迁面积 46162.25 平方米），区位优势突出。目前，该项目已纳入鄱阳湖生态经济区先导区，并作为南昌市都市生态经济发展基地项目被列入全省《鄱阳湖生态经济区规划实施方案》的重大重点项目。

【完成征收“引爆点”的征迁工作】 2013 年，东湖区完成了李家庄、谌家坊 CD103 - 04、05、07 三个地块的土地收储工作。8 月，完成青山湖西岸改造项目李家庄、谌家坊等地块 7 万平方米的农房征迁工作。

【启动省物质储运总公司地块房屋征收工作】 12 月，东湖区启动青山湖西岸改造项目第一个城镇房项目征迁工作，省物资储运总公司，房屋征迁面积 11.94 万平方米，征迁户 495 户。

【开展失地农民养老保险工作】 2013 年，东湖区结合青山湖西岸改造开发项目的情况，以和谐稳定为原则，一次性解决辖区 6 个城中村农业户籍人口失地后养老保险问题。青山湖西岸片区内的失地农民数为3253人,加上辖区其余未在该片区内的其他城中村的失地农民,总计5400余人。南昌市政府下拨2.8亿元社保资金,并纳入全省统筹。

(熊光超)

城区重大基础设施建设

【概况】 2013年,东湖区在上级业务部门的大力支持下,紧紧围绕繁荣精品幸福文明东湖定位,紧扣"精品美观、整洁有序"建设美丽东湖的要求,强化城区重点工程建设。全年投资3800万元,综合实施八一桥周边39栋房屋平改坡工程;投资5000万元,全面完成33个社区环境综合整治;顺利完成规划一路建设;豫章路打通工程稳步推进,改善城区道路微循环。基本完成全年目标任务。

【开展"拆临拆违、建绿透绿"专项行动】 从10月开始,东湖区为响应市政府"拆违拆临,建绿透绿"号召,按照"简单节约、易于实施"的原则,认真开展"拆违拆临,建绿透绿"专项工作,全年整体投资约400万元完成39个双拆双建点位的绿化美化工程,真正实现还绿于民,还路于民。

【完成社区改造】 2013年,东湖区按照"生态宜居、功能完备、干净有序、美观整洁"的总体要求,以提升为民服务功能、营造和谐宜居生活环境为目标,通过建筑整修、庭院绿化、完善设施、调整布局、铺装道路及规范环境秩序,不断完善社区功能,全面提升服务水平,加快居民区综合整治步伐,组织5支施工队伍、200余名施工人员分赴33个社区入场施工。区城建局用4个月完成33个社区的改造工程。

【推进校园提升改造工程】 7月,东湖区为给广大师生营造安全、舒适、实用的校园环境,按照"打造一所,提升一所,分步实施"的要求,清理乱搭乱建,针对校园环境,合理布局,投资约1000万元对南昌市育新学校、南昌市豫章小学、南昌市邮政路小学、南昌市百花洲小学、南昌市东湖小学、南昌市光明学校6所学校进行含塑胶操场、跑道、硬化、美化、亮化、绿化为一体的硬件提升,进一步唱响"学在东湖"品牌。

【子固路糖果一条街"双拆"工作】 11月11日,东湖区认定,子固路儿童公园沿街店面因未办理产权,属于"拆临拆违"范围内沿街店面。区城市建设部门为此召开了工作布置会,成立6个"拆临拆违"工作小组,由工作人员每天上门入户,为承租户们宣传解释政策和形势。11月30日,一楼26户经营户全部腾空搬出店面。12月10日,最后2户经营户搬迁。到年底,子固路糖果一条街已全面完成绿化美化。

【滨江学校提升改造工程竣工】 8月,东湖区按照"整体规划、分步实施、质量第一"的工作原则,结合校园特点,在开学季之前完成了南昌市滨江学校提升改造工程。改造后的滨江学校新增办学面积13109平方米,附属功能齐全,内设综合礼堂、篮球场、排球场、游泳馆、食堂、地下停车场和一个200米环形田径运动场,使其成为功能分区合理、建筑风格优雅、主色调突出、环境优美、文化氛围浓厚的特色化校园。作为改善民生的重要举措,促进了区域教育均衡发展,为教育教学提供了方便而又舒适的良好环境。

(周　菁)

商贸流通和服务业

综　述

2013年,东湖区紧紧围绕建设“繁荣精品幸福文明”东湖的目标定位,大力实施“发展现代服务业”核心战略,立足区域资源优势,抓招商、引项目、扩投资、促消费,以招商引资为重点,以商务楼宇为依托,以街区打造为基础,以项目带动为纽带,以经济繁荣为目标,努力促进全区商务事业全面、快速地发展。2013年,东湖区主要经济指标继续保持近“两位数”的增长。全年实现地区生产总值400亿元、固定资产投资114亿元、社会消费品零售总额259亿元,分别同比增长9.5%、20%、10.8%;财政总收入完成46亿元,同比增长5.19%,稳居全省第一方阵;地方公共财政预算收入达到10.1亿元,同比增长17%,提前两年实现“十二五”规划末期迈上10亿元台阶的喜人成绩。中心城区优势更为凸显,平均每平方公里产生地区生产总值、社会消费品总额、财政总收入分别达到21.79亿元、14.11亿元、2.5亿元,单位面积产出率再创全省新高。

东湖区商贸配套功能完善,辖区共有满足常住人口日常生活需要的零售商业网点10508户。其中大型超市、百货平均0.59个/平方公里,金融服务网点16.34个/平方公里,集贸市场0.87个/平方公里。商业集聚效应明显。基本形成了以财富广场、百货大楼、百盛百货等为核心,以中山路和胜利路为街区的购物型商业集群;以二七北路、福州路、沿江北路为主要街区的餐饮娱乐商业集群等;品牌商业企业增加。商业百货继续向品牌化和规模化方向发展,餐饮实现了品牌化经营,沃尔玛、华润万家、百货大楼,星巴克、肯德基、东方系列餐饮等一批国际、本土知名品牌竞相发展。

东湖区商贸产业结构更加优化。传统商贸业稳健发展,成功举办“2013南昌·东湖百花洲购物节”,加盟商家超过560家、营业额达到4.6亿元,分别同比增长15%、21%;加快集贸市场升级改造,投入近900万元高标准建成新公园路集贸市场,成为全省集贸市场改造典范。金融服务业持续发展,成功引进中金财信、海高租赁、江西子略信息、中金小贷等10余家非银金融机构入驻,小贷公司、担保公司规模壮大;辖区内共有保险公司省级总部16家、证券公司市级营业部18家,分别占全市49%、35%,与红谷滩金融商务区实现良性互补、错位发展。文化产业蓬勃发展,扶持樟树林文化生活公园发展,建成全省首个非物质遗产展示馆,加快推进展演舞台及创意街区建设,被评为“全省文化创意旅游休闲街区”;做强791艺术街区,顺利入选全省第四批省级文化产业示范基地,成功入选江西省首批专业型特色商业街。电子商务业快速发展,大力打造全省电子商务基地,成立全省首家电子商务协会,引入全省唯一与淘宝合作的地方特色交易平台——“淘宝江西馆”、全省首家地方特色商圈网——“大美江西网”等特色项目和北京智联招聘等一大批品牌电商,全区新注册电子商务企业370余家,电子商务企业聚焦效应逐步显现。

(郁　蕾)

商贸业管理服务

【概况】　2013年,东湖区商贸业以集聚知名品牌、发展特色商业，整合优势资源、优化产业结构，加强政府服务、强化功能聚合等为目标，着力提升现有商业街的档次和规模，通过大力推进胜利路步行街综合改造工程，分段做强时尚购物、美食休闲、老字号品牌等精品特色商业，形成一纵五横布局商业，实现从商业街到商业街区的转变，商业氛围日益繁荣，并已成功申报胜利路步行街为首批“江西省综合型特色商业街”；同时，为积极助推南昌打造全省“核心增长极”，加快东湖区商贸服务业发展，通过举办“2013 南昌·东湖百花洲购物节”系列活动，吸引省内外宾朋贵客到东湖观光购物，做强、做大、做精东湖繁荣商业板块。以“政府搭台、媒体造势、商企唱戏、群众受益”为运作模式，通过丰富多样、各具特色的商贸活动，集中展示南昌市东湖区环境优美、商贸繁荣、人文和谐的社会形象。

【江西省特色商业街建设】 2013 年，791 艺术街区作为专业型特色商业街，位于南昌市三经路以东，五纬路口以北，总占地面积约 4 万平方米，独立艺术空间 2.5 万平方米，艺术配套空间 5000 平方米，公共艺术空间约 1 万平方米。已入驻各类艺术机构 65 家，各艺术机构投入运营资本共计约 2 亿元人民币。791 艺术街区的存在不仅仅是一个艺术街区，除了艺术品展销厅，艺术家工作室和公益性展示中心，还有体验空间、艺术文化书店、酒吧以及高档的西餐厅等与子匹配的艺术配套。已入驻 791 艺术街区的艺术机构有：江西省美术家协会、江西省收藏家协会、江西省陶瓷研究所、江西省工艺美术研究所、江西师大设计与艺术学院、江西省陶瓷研究所、江西省工艺美术研究所等。东湖区樟树林位于南昌市东湖区佘山路 66 号，东到洪都大道、南至二七北路、西抵滨江路、北达青山南路，交通便利，辐射范围广。樟树林商业综合体以带状街道建筑形态为主体，全长 1000 米，环境优雅、绿树成荫。樟树林商业街区投入使用已近三年，运行正常，在全省具有一定的知名度，街区内现有经营店铺 112 家，年销售额 2012 年已突破 2500 万元，2013 年突破 3000 万元，国内外知名连锁零售企业、知名品牌店（特色店）占街区内店铺总数的 30% 以上，具有购物、娱乐、旅游、商务、文化、休闲等多项功能，已成为南昌市的核心商圈。

【做强百花洲购物节】 2013 年，“东湖春天购物节”升级为“百花洲购物节”，整体活动通过政府搭台企业唱戏的形式，围绕健康、幸福、生活等主题，广泛发动辖区各大商家，策划开展打折、降价、返现、等形式多样的促销活动，超值让利商品，让消费者得到意想不到的实惠。购物节期间，在大士院北区社区、光明社区社区、下沙窝社区举办了三场“诚信商家进社区”活动；在蓝天碧水购物广场举行“舞画南昌·儿童书画舞蹈赛”；在樟树林文化生活公园举行了“魅力东湖·啤酒音乐节”。共有省内外 560 家企业品牌签约参与购物节活动，展出面积达上万平方米，展销商品达万余种，编印购物指南 10000 份，“百花洲购物节”认证新浪微博粉丝关注数 1164 人，参节企业消费人流量约为 139.57 万人次，同比增长 15%，加盟商家营业收入为 4.59 亿元，比去年同期增长 21%。各类加盟商家营业额较 2012 年均出现较大幅上涨。

2013 年 4 月 28 日，东湖区举办百花洲春天购物节活动

【大力发展现代服务业】 2013 年，东湖区以“发展有新思路，改革有新突破，开放有新局面”为发展的着力点和主攻方向定位，以东湖区被南昌市认定为首批服务外包示范区为契机，以紫金城、西格玛、财富广场、时代广场等多栋大型写字楼为基础，将发展服务外包产业与发展楼宇总部经济相结合，全力推进了全区服务外包产业发展，扩大了

税收增长，加快了东湖区经济产业的升级。同时以国家鄱阳湖生态经济区建设上升战略为契机，以东湖区文化创意产业为纽带，以樟树林文化公园、791文化街区为核心，通过商业与文化的有机融合，打造了一个集吃、购、游、娱、乐于一体的现代化综合商业文化城区。

（郁　蕾）

胜利路步行街商贸活动

【概况】　2013年，胜利路步行街经过十余年的建设和发展，商气、人气日益兴旺，知名度不断提升，日均人流量超过10万人次。“五一”小长假期间，步行街的日均人流量更是突破了20万人次，大部分商户的营业额较往年普遍涨了近两成，呈现出购销两旺的繁荣景象。步行街是一条百年老街，管委会拥有一支年轻而富有朝气的管理队伍，做事认真细致，小到垃圾广告清理、店面门头装修，大到规范商户经营秩序、促进市场繁荣，都不遗余力地做好服务与保障。

【做好优质服务】　2013年，东湖区步行街管委会发挥团员青年模范带头作用，热情为商户和消费者服务。每天从清晨五点半至晚上十点半，都要对全街的路面环卫设备、灯具、座椅、广告媒体、IC卡电话亭等公共设施进行冲、抹、清扫保洁，为消费者和商家提供一个干净、整洁、优美的购物休闲环境；综合执法队同协管员采取定岗与巡查相结合的方式，全天24小时对街面进行综合执法，对违反街规的行为实行教育与处罚相结合的手段严格管理。与此同时，还积极为消费者和商户提供帮助，至今为止共帮助商家抓小偷85起，为忘记锁门的商家守店面58起，帮助消费者找寻走丢的小孩150起。

【加大协同打假力度】　2013年，步行街管委会通过联合工商、质量技术监督、物价和卫生等职能部门组成综合执法队伍，对步行街商户进行定期、不定期的检查，坚决查处违法行为，打击不法商户；对街内商户在产品质量、文明用语、亮证经营、明码标价等方面的工作都进行全方位的督导，促使商户朝着规范、诚信经营的方向发展；认真做好天“3·15”投诉、接待、处理工作，做到了接待、处理、满意率的100%，为消费者提供一个“投诉不出街”的良好购物环境；在商户中开展了“诚信、放心”示范店的评比活动，至今共评出“诚信、放心”示范店24家，市级“青年文明号”商户7家，步行街也被评选为第六批全国“百城万店无假货”活动示范街，在街内形成了“以真诚赢得信誉，用信誉促进繁荣”的良好氛围。

【推进公益活动】　2013年，步行街管委会积极创建“青年文明号活动示范街”，开展“青年文明号”宣传、“东湖志愿者三月学雷锋”等活动；在步行街设立“便民服务点”，定期举行展示团员风采的便民服务活动，并把“便民服务点”作为团员青年、青年志愿者的联络点。步行街管委会团支部还加强与各大高校团支部、区属团组织、上级团组织、公益部门的横向联系，利用纪念日、节假日开展多种形式的公益活动，如三月的文明月、“3·15”消费者权益日、“五四”青年节纪念活动、“6·5”世界环境日、爱牙日、助残日、慈善爱心捐助活动、献血活动等。

（杜　峰）

集贸市场建设

【概况】　2013年，东湖区采取“政府主导、部门配合、业主参与”方式，成立专门领导小组，协调解决市场改造难题，确保改造工程质量和进度，达到“改造一个市场，方便一方群众，提升城区品位”的效果。东湖区在完善市场硬件和服务设施的基础上，率先实行由市区两级财政投入资金对集贸市场进行管理，将管理难度最大的、且私人业主容易忽视的集贸市场环境卫生、车辆管理等问题统一委托给区物业站进行专业化管理。按照“超市化”的标准，对辖区内集贸市场进行改造和升级，按照星级标准打造的新公园路市场是江西省的示范集贸市场。17家市场配备了保洁员、车管员。区物业站为每个市场配备了监管员，进驻专业管理。到年底，东湖区共有17个集贸市场，其中墩子塘、董家窑、新公园、新建德观、四经路等5个集贸市场为东湖物管站自营市场；叠山路、章江路2个集贸市场为物管站“托管”市场；花园角、文教北路、南昌发电厂等3个集贸市场为区属市场;其余上沙窝、五纬路、李家庄、灵应桥、钟鼓楼、贤士花园等6个市场为个体自主经营市场。8月,福州路集贸市场因房屋征收关闭。

【打造省级示范市场】 2013年,东湖区重点重建新公园路集贸市场这一省政府重点民生工程。市场总面积1700平方米,分上下两层,共设置各类摊位及店面130余个,同时配套复秤处、检测室、管理办公室、监控室、卫生间等公共服务设施。新公园路集贸市场重建工程得到省市各级领导的高度重视,江西省副省长胡幼桃亲自批示,省、市领导密切关注工程进展,南昌市副市长张根水多次现场查看工程情况。作为优先实施的省、市重点改造项目之一,新公园路集贸市场建设呈现出硬件标准高,细节设计巧,管理标准高3个特点。

新改造好的新公园路集贸市场

【推进集贸市场统一托管】 2013年,东湖区积极探索集贸市场管理新模式,除了区属单位的市场由产权部门经营外,私营市场全部实行"托管",即政府协调职能部门收回私营市场管理权,由市场物业站安排经验丰富、能力较强的管理人员,开展市场秩序、卫生保洁等全方位管理,力促集贸市场管理由粗放型向精细化转变。东湖区按照市场面积及经营情况,配备充足的管理人员和保洁人员,改变营业期间无人管理的"真空"状态,做到管理规范保洁到位;实行管理人员区域包干,并给场内经营摊主配备必要卫生设施,督促其逐渐形成较好的保洁习惯,确保货台内卫生及货品摆放整齐;严格要求保洁人员实行每日三大扫,随场保洁。通过三级管理网络制度,全区有效保障了集贸市场卫生良好、经营有序。

【建立有效的督查考核机制】 2013年,东湖区为做到集贸市场长效管理,建立了有效的督查机制。聘请了两名专业监督管理员每天对全区16个集贸市场环境卫生工作进行督查,及时发现市场卫生管理存在的问题,并负责督导市场监管员抓好落实;由服管办干部对全区集贸市场分片管理,每周不少于两天下市场,对分片市场进行巡查;商务局分管领导不定期到市场进行督查,对市场环境卫生托管工作在存在的难点、热点的问题抓好落实及协调工作,确保工作落到实处。

(郁　蕾)

表7　**2013年东湖区域主要集贸市场一览**

名　称	营业面积(平方米)	摊位数(个)	电　话	详细地址	备　注
墩子塘集贸市场	3400	209	86818387	右营街18号	自营
新公园集贸市场	1700	230	86254083	育新路22号	自营
四经路集贸市场	980	129	88606305	阳明路33号	自营
董家窑集贸市场	2650	263	88604027	董家窑路207号	物管站租赁经营
新建德观集贸市场	620	130	86779807	出新路59号	物管站租赁经营
叠山路集贸市场	1100	150	18779123525	叠山路556号	物管站托管
花园角集贸市场	1600	124	13979158819	戴家巷64号	单位经营
南昌发电厂农贸市场	900	110	13576101055	南昌发电厂住宅区	单位经营

续表 7

名　称	营业面积（平方米）	摊位数（个）	电　话	详细地址	备　注
文教北路集贸市场	1800	135	88502393	文教北路 180 号	租赁经营
五纬路集贸市场	1000	130	13970828468	五纬路 69 号	租赁经营
李家庄集贸市场	800	86	88622614	青山南路 508 号	租赁经营
灵应桥集贸市场	680	92	13367082015	建德观路 18 号	个人经营
章江路集贸市场	980	100	86709643	子固路 72 号	个人经营
钟鼓楼集贸市场	1800	162	86791969	渊明北路 89 号	个人经营
贤士花园集贸市场	2600	300	88627007	贤士花园小区	个人经营
上沙窝集贸市场	970	75	86836946	上沙窝 21 号	集体经营

日用百货经营

【概况】　2013 年，东湖区为积极助推南昌打造全省“核心增长极”，加快东湖区商贸服务业发展，认真贯彻落实国务院、江西省政府关于“搞活流通，扩大消费”的一系列政策措施，积极扩大内需，努力促进消费，争取政策、争抓项目、惠民利民、促进发展，日用百货经营档次和企业管理水平不断提高，经营业态日趋丰富，投资主体和消费需求多元化特点更加突出，商贸企业集团化、品牌化、产业化的发展步伐加快。全区全年实现社会消费品零售总额 266.22 亿元，同比增长 10.46%。其中，限额以上社会消费品零售额完成 134.49 亿元，同比增长了 11.7%；限额以下社会消费品零售额完成 131.73 亿元，同比增长了 9%。

【寻求发展新方式】　2013 年，日用百货作为曾经的零售业中坚力量，在电商的围剿下光环渐失，百货、购物中心“高增长、高利润”的时代已经过去了。年初，零售企业变革大幕渐渐被拉开，面对犹如洪水猛兽的电商，百货、购物中心以体验为主旋律的调整仍处于进行时，加上中央改进作风建设八项规定、六项禁令的实施，令东湖区百货业的发展更加步履维艰。为进一步搞活流通，扩大消费，东湖区诚邀了辖区内所有大型商贸百货类企业参与到“2013 年百花洲购物节”活动中来，通过“政府搭台、企业唱戏”百姓最终得实惠，企业的销售业绩也有所提高。

【南昌百盛激流勇进】　2013 年，百盛集团作为中国最大的时尚百货集团之一，在中国 23 个省、直辖市，35 个城市拥有 53 家分店的广泛营销网络，通过与国内、国际知名品牌建立长期而稳定的合作伙伴关系，使其能够不断地在商品和品牌组合等方面得以完善，从而提高商品吸引力。由于受中央各项政策影响，许多地方的百货业受到城市综合体、大型购物中心和电商夹击"风光不再"，甚至关门调整，但是南昌百盛却是激流勇进，大胆变革，广开门店。南昌百盛中山店进行装修改造调整，随着需求的多样化、个性化发展、南昌百盛提高了硬件设施，将冷背呆滞商品请出柜台店内，并对许多品牌进行位置调整，还不断引进新的品牌，来丰富市民的选择。第 4 季度，南昌百盛恒茂店正式开始营业，位于梦时代广场 6 号楼，经营面积近 4 万平方米，地下专属车位 600 个，该楼北临北京东路、东靠上海路，除了与地铁 1 号线无缝对接外，北京路为贯穿南昌东西方向的六车道交通主干道，交通便利，四通发达。同时，为了进一步提升业绩，缓解电商对传统百货的冲击，南昌百盛节假日活动异彩纷呈，活动内容丰富多样，甚至微博宣传推广也一并用上。在电商和城市综合体的冲击下，南昌百盛激流勇进在 2013 年取得了不俗的成绩，更为东湖区社会消费品零售额增长献出了自己的一份力量。

表 8 **2013 年东湖区域大型商场、超市一览**

名　称	营业面积(平方米)	日均人流量(人)	电　话	详细地址
百货大楼中山店	48000	30000	0791－86222592	南昌市东湖区中山路 1 号,与八一大道交界
步步高胜利路店	6178	4000	0791－86811725	南昌市胜利路 235－239 号
南昌百盛	29000	7500	0791－86728888	南昌市东湖区中山路 177 号,与象山北路交界
财富购物广场	30000	12000	0791－86238888	东湖区八一大道 347 号,与中山东路交界
洪客隆百货八一大道店	12000	10000	0791－86219254	东湖区八一大道 358 号(近江西饭店),与民德路交界
沃尔玛深国投百货有限公司南昌八一广场分店	18000	13000	0791－86216215	南昌市东湖区八一大道 333 号(万达购物广场旁),与中山东路交界
南昌亨得利黄金珠宝	950	1500	0791－86616375	南昌市胜利路 26 号
南昌亨得利钟表眼镜	1140	1500	0791－86616375	南昌市胜利路 46 号

(郁　蕾)

旅馆住宿业

【概况】 2013 年,东湖区以科学发展观为指导,坚持以人为本,以满足顾客需求为导向,以提升住宿酒店服务质量为核心,以品牌化、连锁化、便利化经营为重点,加快促进住宿业转型升级,优化行业结构,提高行业集中度,全面提升住宿业服务水平和国际竞争力,支持集团化经营和连锁化发展,创新管理方式,鼓励企业坚持存量转化和集约发展原则,突破区域和行业界限,加快连锁化发展,引进一批全国乃至全球知名企业集团,并带动商务、旅游、会展、建筑等相关产业发展。

【优化调整住宿业结构】 2013 年,东湖区科学制定住宿业发展规划,及时发布住宿业市场信息和行业发展报告,引导住宿业结构不断调整优化。将住宿业发展纳入城市及服务业发展总体规划,明确发展重点,优化酒店布局,引导住宿业有序发展。依托省、市住宿行业协会组织建立住宿业景气指数发布制度,内容包括企业总数、房间总数、房间入住率、客房平均销售价格等,引导住宿行业结构调整。

【强化住宿实名制登记管理】 2013 年,东湖区商务局严格落实上级部门关于住宿业实名制管理的有关规定,对旅店业主及从业人员进行相关法律、法规宣传,使业主及从业人员意识到"实名制"工作对维护和促进行业场所正规化管理和推动社会治安管理的长远性、重要性,强化业主及从业人员依法经营的意识。督促各旅馆住宿业安装摄像头,并坚决按照省公安厅《关于坚决落实旅馆业实名登记制度的通知》进行实名认证,杜绝发生登记人员为他人开房、多人住宿只登记 1 人身份信息、不登记身份信息住宿等情况,促进了旅店管理的规范化。

【拓展网络优化服务】 2013 年,东湖区积极发展在线服务、网络预订、网上支付、自助订房结算等网络营销方式,逐步扩大网络预订、手机预订,降低交易成本,引导市场不同层次的消费选择,密切供需对接,便利居民消费。东湖区商务主管部门积极引导住宿企业以住宿设施安全、餐饮食品安全为重点,严格安全标准,完善安全设施,落实安全责任,消除安全隐患,使住宿业服务规范化水平等都有了相对的提升,住宿业服务环境更加和谐,顾客满意度稳步提升。

表 9　**2013 年东湖区域主要宾馆旅店一览**

名　称	星　级	床位数（个）	餐位数（位）	电　话	详细地址
江西宾馆	五星	380	550	86206666	八一大道 368 号
东方豪景花园酒店	五星	468	2780	86288888	民德路 411 号
南昌凯莱大酒店	五星	490	300	86708855	沿江北大道 39 号
江西饭店	四星	540	950	88858888	八一大道 356 号
南昌观园楼商务酒店	四星	200	400	86376699	二七北路 258 号
南昌百瑞四季酒店	四星	244	410	88688198	洪都北大道 10 号
南昌七星商务酒店	四星	360	360	88866666	南京西路 225 号
南昌洪都宾馆	四星	600	200	88829999	阳明路 249 号
京西宾馆	四星	267	180	88850666	省府大院南一路 9 号
阳光假日酒店	三星	180	100	82108888	二七北路 520 号
名豪商务宾馆	二星	100	–	82198800	象山北路 162 号
欧客快捷酒店	二星	162	50	82126888	象山北路 243 号
金袁州宾馆	三星	107	–	88861666	叠山路 248 号
多伦多大酒店	三星	90	–	86767999	榕门路仿古街 91 号
如家快捷酒店	二星	180	50	86777888	象山北路 237 号
锦江之星	二星	197	30	82198999	民德路 255 号
千爱艺术酒店	二星	160	100	–	阳明东路 56 号
惠苑宾馆	二星	200	200	86221333	福州路 4 号
邬氏 128 商务酒店	二星	170	400	88686128	阳明路东口
阳明宾馆	二星	230	300	86811150	三经路 47 号

（郁　蕾）

餐　饮　业

【概况】 2013 年，受国内外经济增长放缓、食品安全、中央改进作风政策等因素的影响，餐饮业营业收入增幅也相应降低，与前几年的高速增长相比，已出现明显放缓迹象。东湖区正视部分餐饮企业结束营业的问题，及时作出调整，逐渐扭转了下滑态势，实现了稳步增长。

【餐饮业即时调整成功转型】 2013 年，随着中央改进作风建设，“八项规定”“六项禁令”政策的出台，东湖区餐饮业企业增速放缓，有些企业甚至出现负增长。对此，东湖区积极调整经营思路，变通工作方法，做到符合市场环境，跟上国家政策的步伐，以大众消费为主，吸引顾客，人气旺，做小单，保人气，放低定位，开发中低端市场，坐实中低端市场，打破旧观念，实现经营转型，放低心态，放低定位，改变以往的营销方式，注重特色产品，重视口碑效应，洞察危机背后隐藏的机会，重新定位自己的目标和工作，关注品牌效应，注重品质，增强实力，逐步扭转了前期下滑的态势，实现了稳步增长。

【倡议“勤俭节约文明用餐”】 2013 年，东湖区为弘扬中华民族优良传统，倡导节约光荣、浪费可耻的思想观念，形成文明、科学、健康的餐饮消费新风尚,倡导餐饮消费新理念,积极行动,从自我做起,引导文明就餐、抵制奢侈行为。东湖区已在全区开展宣传行动,以文明用餐为突破口,以实际行动践行勤俭节约,从我做起,从现在做起,从点滴做起,真正将中华民族优良的饮食文化和传统美德传承下去。

表 10　**2013 年东湖区域大型餐饮店一览**

名　称	营业面积（平方米）	餐位数（位）	电　话	详细地址
0791 赣菜新概念	2800	500	86273333	南昌市福州路 56 号
0791 尚厨	3000	500	86373333	福州路东魅一号
新东方大酒店	4000	1000	86709997	沿江中路 18 号
饭是钢酒店	1200	300	86811078	阳明路 302 号
江湖味道	1600	600	88855068	环湖路 101 号
柴火大队	1800	500	88626777	沿江北大道
阳光春天大酒店	2000	400	86391688	福州路 98 号老字号
一觉渔味店	4200	1000	88602799	阳明南路 226 号
向塘土鸡店	2000	600	86220060	福州路 3 号
咸亨酒店	500	300	88071207	民德路 48 号
南昌市东方豪景大酒店	2140	428	86288888	明德路 411 号
阿一鲍鱼	1800	300	86360000	福州路 169 号
红牛大酒店	2000	500	86801269	叠山路 563 号
新五斗粮农庄	1300	200	88681777	三经路女职学院斜对面
独一处寿福城	2000	500	86705555	民德路 195 号
百盛后街美食	2000	2500	88715175	中山路百盛后面美食一条街
建德观风味小吃一条街	4400	2200	—	建德观灵应桥至象山北路
苏圃路小吃街	3000	1500	—	苏圃路中段

（郁　蕾）

开放型经济

综　述

2013年，东湖区认真贯彻落实中共十八届三中全会精神，主动融入南昌打造全省“核心增长极”大局，紧紧围绕建设“繁荣精品幸福文明东湖”的目标定位，大力实施开放主战略，牢牢抓住招商引资“生命线”，紧紧围绕项目建设“主战场”，扩总量、调结构、促转型、上水平，实现了开放型经济连年递增、跨越发展的好势头。为全力支持南昌打造“带动全省发展的核心增长极”，东湖区开放型经济实施资源优化战略，城区发展空间得到新拓展，盘活了青山湖西岸等地块资源，提升了央央春天、华远和平里等楼宇资源，让“寸土变寸金”，发挥最大的经济效益；实施招大引强战略，重大项目引进取得新突破，注重重大项目的“环节服务”，加强重点企业的“挂钩服务”，通过“捕捉信息，建立联系，登门拜访，活动洽谈，实地考察，巩固跟进”六步法，大力引进了上海建工、邦信小贷、江西晟和、中金黄金等4个亿元项目，以及星巴克、沃尔玛（江西）等世界500强、国内200强企业10余家；实施产业转型战略，经济承载能力获得新提升，致力于产业结构的调整，大力发展电子商务、金融配套服务、文化创意产业等，形成产业特色明显、经济结构合理、整体优势突出、综合竞争力强的开放型经济新格局，成功引进海通证券、华泰财险、中金财信、邦信小贷、中金小贷、海高租赁等10余家知名金融中介机构、金融配套服务机构以及贷款担保等非银金融机构入驻，实现了与红谷滩新区金融商务区的错位发展。东湖区通过实施该三大战略，克服了产业转型影响，突破了发展空间瓶颈。到年底，全区新批外资项目4个，实际利用外资13937万美元，占年计划的101.29%，同比增长14.93%；现汇进资3440万美元，现汇比例24.68%；实际利用内资256165万元人民币，占年计划的104.34%，同比增长24.17%；省外5000万以上项目190300万元人民币，占年计划104.22%，同比增长19.54%；出口创汇46176万美元，占年计划的108.65%，同比增长19.41%。全区开放型经济工作主要经济指标连续高位增长。

招商引资

【概况】　2013年，东湖区坚持以科学发展观为指导，围绕繁荣精品幸福文明东湖定位，坚持实施“开放强区、三产富区”主战略和发展现代服务业核心战略，坚定不移地实施开放带动战略，突出“招大引强”，主攻现代服务业招商，重点围绕金融、现代商务和商贸、文化创意、信息与服务外包等重点产业加大招商引资力度，着重引入产业链上薄弱、缺失、配套的企业，推动产业集聚发展。并且在加大招商引资力度的同时，不断创新招商形式与载体，大力开展协会招商、驻点招商、以商招商、节会招商、专题推介招商，完善项目包装推介模式，对重点招商项目组建专业队伍提前介入、做实基础、科学定位、优选客商、全程服务，努力实现招商资源效益最大化。全年先后举办了东湖区金融服务业推介暨“政银企保”融资洽谈会、2013年东湖区重点企业迎新春座谈会、江西香港活动周·东湖区现代服务业重点项目推介会等多场招商推介活动，派出50余支小分队外出招商，成功引进千万元以上项目60个,引进上海建工、中国黄金等总投资亿元以上重大项目4个;成功引进中金财信、海高租赁等10余家非银金融机构入驻,小贷公司、担保公司规模壮大。辖区内共有保险公司省级总部16家、证券公司市级营业部18家,分别占全市49%、35%,全区金融服务业持续发展。大力打造全省电子商务基地,成立全省首家电子商务协会,成功引入全省唯一与淘宝合作的地方特色交易平台——“淘宝特色中国江西馆”、全省首家地方特色商圈网——“大美江西网”等特色项目和北京智联招聘等一大批品牌电商,全区新注册电子商务企业370余家,电子商务企业聚焦效应逐步显现。

【加大招商引资活动力度】 2013年,东湖区始终坚持把招商引资作为加快发展的主抓手,以大招商促进大发展,通过会展招商、小分队外出招商、驻点招商等方式,不断创新招商思路,拓宽招商领域,搭建招商载体,改善和优化投资环境,积极开展招商引资活动。全年,东湖区借助参加香港招商引资活动周、赣台会、中博会、泛珠会、低碳会、绿博会、京赣国企对接会、泉商会等平台,多形式推介招商项目,广泛捕捉投资信息,深入开展项目对接,切实提高招引成功率;积极开展小分队外出招商活动,选定重点城市、重点区域,主动出击,先后组织50余次外出招商小分队赴北京、上海、香港、深圳、广州、杭州、宁波、天津、武汉、长沙、厦门等地招商,有针对性地对世界500强,国内200强企业进行对接,寻求招商契机;不断扩大上海经济联络处的辐射范围,以上海为中心,辐射“长三角”,采取“请进来”和“走出去”的办法,积极与长三角等地区总部企业、大公司对接联系,拓展区域友好关系,深化双方合作交流,全年共邀请上海、南京、常州、杭州、宁波等地客商300余人次到东湖区投资考察。成功对接了世界500强“九龙仓集团”“招商局地产”、国内200强“上海建工”、香港商业地产龙头“恒隆地产”、全国最大的黄金企业“中国黄金集团”、商业零售巨头“杭州娃哈哈集团”等一批知名品牌企业。一年来,先后举办了东湖区金融服务业推介暨“政银企保”融资洽谈会、2013年东湖区重点企业迎新春座谈会、江西香港活动周·东湖区现代服务业重点项目推介会等各类大型招商活动10余次。

【强势推进重大重点项目】 2013年,东湖区以主抓重大重点项目带动各项经济指标提升为主攻方向,坚持区域聚焦、产业聚焦、政策聚焦、资源聚焦,聚集人力、物力、财力对重大工程、重点项目集中发力。紧盯重点地区、产业,突出招商引资总部企业,努力在引进世界500强、国内200强、央企、行业龙头企业上取得新突破;不断加快推进青山湖西岸开发,积极推动地下商业开发,实现传统商贸业提升,主动介入,优化轨道交通沿线商业布局,拓宽发展增长点;同时全区按照“一个项目、一名挂点区领导、一套方案、一抓到底”的推进机制,实行“周督查、月调度、季考评、年评比、不定期走访”的工作方法,挂点区领导一线调度,各职能部门联动共为,强势推进重大重点项目进展。东湖区全年共引进内资企业89家,其中落户千万元以上项目60个,总投资超过亿元以上的重大项目4个,包括国内200强企业——上海城建集团、上海建工集团,央企——中国黄金集团、邦信小贷。引进外资企业4家,其中包含1000万美元以上外资企业——江西海高融资租赁有限公司、隆世鑫宏(江西)科技发展有限公司。

【依托区域优势发展电子商务】 2013年,东湖区为了改造提升传统产业,开辟新的经济增长点,依托区域经济、楼宇经济的快速发展和传统服务业的优势,重点打造以财富广场写字楼为代表的传统产业转型升级示范楼宇,大力发展电子商务产业。作为全省首个电子商务聚集地,财富广场写字楼入驻企业有100多家,其中电子商务企业20余家,年产值超亿元,已形成了以中企动力科技集团股份有限公司、丁丁网、智联招聘等为核心,辐射力强、带动作用明显的电子商务企业集群。据统计,全区聚集了一批流行服饰、日用百货、黄金珠宝、3C数码等大宗商品交易的B2B企业平台,B2B交易占电子商务总数近90%,直接带动了东湖传统产业发展,促进了大市场大流通的发展,形成了从咨询服务、产品销售到客户服务、金融服务等比较完整的产业链条。

【成立全省首个电商行业协会】 2013年,东湖区成立全省首个电商行业协会——南昌东湖电子商务协会。南昌东湖电子商务协会是由东湖区区域内从事商贸流通、商贸服务、IT网络软件、物流配送、金融、第三方支付、科研教育培训等与电子商务相关的单位和个人自愿联合发起成立的行业性、地方性、非营利性的社会团体，目前有会员单位100多家。协会将致力于打造电商技术推广平台、信息咨询服务平台、招商引资推介平台、电商人才培训平台、电商企业投资融资平台和企业交流合作的平台，围绕制定电子商务行业自律、产业发展规范；整合资源，引导电子商务企业"抱团"发展；协助政府制定发展电子商务产业的相关政策；培育东湖电子商务示范基地等方面开展工作，促进东湖区传统商贸产业升级，并培育新的经济增长点，为东湖区的招商引资工作提供配套服务。

【发展都市产业】 2013年，东湖区按照"提升传统产业，做大优势产业，培育新兴产业"的发展思路，着力打造现代都市经济，将发展电子商务与软件服务外包等新兴产业与楼宇总部经济相结合，为新兴产业快速发展构筑了强有力的支撑体系。全区以发展"飞地工业"和"都市产业"为突破口，紧紧抓住经开区、高新区、小蓝工业园、小微企业园建设"飞地经济工业园"机遇，借助外力，提前布局，积极引进、囤积一批"飞地工业"项目，充分整合辖区资源，力图通过优势互补、合作双赢，共促区域经济协调发展；充分借助南昌市把发展都市产业作为中心城区工业布局调整的重点这一规划契机，积极组织了调研考察团赴上海等都市产业发展较为成熟的地区参观考察，深入调研，学习借鉴先进地区的经验做法；积极整合辖区资源，围绕工业设计、旅游产品、纺织服装、信息服务与软件等行业，着力打造一批品牌特色都市工业楼宇；对发展的重点行业进行产业、产品、投资、市场布局的专项分析，以行业前十位的龙头企业为目标，加大对接招引力度，充分挖掘辖区内高校园区、旧厂房等载体资源，制定提升拓展方案，完善有关扶持政策，吸引一批龙头企业落户东湖。

表11 **2013年东湖区港澳台商投资项目一览**

企业名称	投资方式	投资总额	注册资本	投资地区	行业	批准时间	项目地址
江西海高融资租赁有限公司	独资	2500万美元	1000万美元	香港	融资租赁	6月	南昌市东湖区小金台8号
南昌市馥郁餐饮管理有限公司	合资	20万美元	15万美元	台湾	餐饮企业管理	6月	南昌市东湖区民德路214号
南昌兴南石材工艺有限公司	独资	500万港币	500万港币	澳门	装饰工程	9月	南昌市东湖区豆芽巷128号
隆世鑫宏（江西）科技发展有限公司	合资	3.1亿元	1.1亿元	香港	通信设备等的批发、零售	12月	南昌市中山路185号太平洋商务大厦909室。

（郁　蕾）

非公有制经济

综　述

2013 年，东湖区紧紧围绕“繁荣精品幸福文明”定位，克服产业转型影响，突破发展空间瓶颈，迎难而上，开拓进取，积极建设全省经济大区、文化强区，实现了全区经济社会发展的新跨越。

全年，东湖区坚持进位赶超不动摇，经济发展加速转型。传统商贸业稳健发展，成功举办“2013 南昌·东湖百花洲购物节”，加盟商家超过 560 家，营业额达 4.6 亿元。加快集贸市场升级改造，投入近 900 万元高标准建成新公园路集贸市场，成为全省集贸市场典范。金融服务业持续发展，成功引进中金财信、海高租赁等 10 余家非银金融机构入驻，小贷公司、担保公司规模壮大。文化产业蓬勃发展，扶持樟树林文化生活公园建成全省首个非物质文化遗产展示馆，做强 791 艺术街区，入选全省第四批省级文化产业示范基地，新引进的“南昌琴岛之夜”演艺项目正式营业，成为全市剧场演艺的新坐标、全省文化产业的新名片。截至 2013 年，全区注册的文化产业经营单位达 1600 余家。电子商务业快速发展，大力打造全省电子商务基地，成立全省首家电子商务协会，引入全省唯一与淘宝合作的地方特色交易平台——“淘宝江西馆”、全省首家地方特色商圈网——“大美江西网”等特色项目和北京智联招聘等一大批品牌电商，全区新注册电子商务企业 370 余家，电子商务企业聚焦效应逐步显现。继续致力精品楼宇经济发展，建成西格玛商务大厦、财富广场等 25 个楼宇服务中心，对江西出版大厦、国力大厦等楼宇进行重点包装推介，全年新增楼宇入驻企业 367 家，楼宇经济发展良好。2013 年，东湖区成功申报全省县区唯一中小企业公共服务平台和南昌市首个省级中小企业信用示范区，大力扶持中小企业发展壮大，全年新增个私民营企业 5010 户，荣获全省“服务中小企业先进单位”。组建东湖区经济大发展顾问团，为东湖产业经济发展出谋划策。

截至年底，全区共发展各类企业 1112 户，注册资金 15.21 亿元。新发展各类个体工商户 4185 户。

个私民营、中小企业管理服务

【概况】　2013 年，东湖区围绕“繁荣精品幸福文明”定位，坚持实施“开放强区、三产富区”主战略和发展现代服务业核心战略，抢抓全市打造核心增长极机遇，真抓实干，锐意进取，个体民营和中小企业保持了又好又快的发展势头。

【促进市场主体做大做强】　2013 年，东湖区工商部门推行“三项服务”，为非公经济市场主体提供支持。“三项服务”包括：扶持引导个体工商户转型升级为企业，按照允许经营者自主选择登记类型、已经取得前置延后办理、注销开业登记合并办理和放宽名称预先核准条件、出资条件、经营场所登记条件、经营范围核定的“三允许四放宽”的原则，承诺并公开审批时限，指定专人负责提交资料预审，为个体工商户转型升级开辟“绿色通道”，同时，认真做好转型后企业档案、商标和荣誉称号的延续工作，转型升级后企业的信贷融资能力、生产规模、市场占有率等都得到了长足发展；重点帮扶，特事特办，在调查摸底基础上，认真筛选出发展前景好、信誉度高的个体工商户作为转型升级的重点帮扶对象，积极引导、主动帮扶，分步推动重点对象转型升级，鼓励其做强做大，提升规模档次，增强市场竞争力，同时，本着“特事特办，急事急办”原则，为个体工商户提供上门咨询、登记和发照等全程跟踪服务，确保其生产经营活动的正常开展；扶持新兴市场主体，促进产业多元化，对于从事软件开发和电子商务等行业的市场主体，放宽、简化其登记条件和相关证明文件，同时，大力支持非公市场主体发展现代服务业、文化产业、电子商务等特色产业，不断推动非公有制经济产业多元化。

【增强企业内在活力】 2013 年，东湖区工商部门采取“三项措施”，增强非公企业发展内在活力。“三项措施”主要是：加强服务引导，扶持非公企业走品牌发展之路，深入企业开展帮扶指导，积极协助非公有制主体申报驰名、著名商标和知名商标，主动帮助企业做好商标转让、质押等业务，着力推动商标品牌战略深层次发展，积极打造地方特色品牌；实施系统工程，打造地方特色名片，进一步完善商标联络员制度，通过实施品牌强企和品牌基地建设工程，建立优势产业品牌基地，打造具有地方特色的经济名片；强化监管执法，维护企业商标权益，坚持专项整治与日常监管相结合、打击与规范相结合的原则，积极组织开展“打击假冒伪劣、保护知识产权”专项行动。

【完善就业再就业相关机制】 2013 年，东湖区工商部门针对企业用工难和部分社会群体就业难的两难现状，完善“三项机制”，力促就业再就业工作取得实效，为非公经济营造和谐发展环境。其中包括：完善绿色通道机制，进一步完善和畅通“绿色通道”，在登记大厅开设专门服务窗口，为下岗失业人员、高校毕业生、复转军人和返乡就业人员办照提供专项服务，优先受理、优先发照，同时，简化登记手续，凡要件齐全、符合登记程序的一律现场发照；完善再就业援助机制，通过组织非公有制市场主体之间互相考察、举办有关论坛、招聘会、洽谈会、见面会和网站信息服务等多种形式，提供信息服务，主动为各类求职人员搭建就业和再就业高效服务平台；完善牵线搭桥机制，利用企业年检之机，向企业发放用工调查表，对用工需求企业进行调查摸底，全面了解非公企业用工状况和需求信息，为解决“用工难”和“就业难”问题提供信息服务和对接平台。

【加强政治保障】 2013 年，东湖区在巩固非公党建工作成果的基础上，结合党建工作面临的新形势和新任务，努力做好“三项工作”，不断提高非公党建工作水平，强化非公经济的政治保障。具体为：创新工作机制，加强非公党建规范化建设，建立以“设星定级、目标量化、定期考核”党组织星级管理机制，进一步增强了个私经济组织党组织的凝聚力和战斗力，调动了党组织开展活动和发挥作用的积极性，推动了非公党建工作的深入开展；开展教育培训，提升非公党建工作人员素质，对非公企业党支部书记和党建联络员、指导员进行培训，为提升非公企业党建工作水平提供了有力保障；以党建促团建，构建党团共建新格局。充分发挥区域团总支及非公企业团支部的作用，实现团员青年的全覆盖，形成党团共建的工作格局。

（周　婷）

金　融　业

综　述

2013年，东湖区人民政府金融办原为区商务局内设机构（副科级），根据南昌市机构编制委员会《关于成立东湖区金融工作办公室的批复》（洪编发〔2013〕37号）文件精神，7月正式组建南昌市东湖区金融工作办公室，为区政府直属全额拨款事业单位，正科级建制，单位编制数6名。

全年，东湖区作为江西省会城市的中心城区，金融发达、商贸繁荣，全区紧紧围绕构建“繁荣幸福文明精品东湖”的工作思路，不断转变发展方式，实施金融错位发展战略，以金融配套产业为抓手，注重金融服务招商，不断完善投融资平台建设，鼓励民营银行、金融租赁、消费金融公司设立，金融服务业的发展已成为东湖区支柱产业之一。各金融行业网点布局密度居全省首位。到2013年底，驻东湖区银行机构中省级分行级别机构12家，占全市机构总数的40%；证券公司市级营业部14家，占全市27.45%；保险公司省级总部6家，约占全市18%；东湖区设立的小额贷款公司5家，占全市12%；融资性担保公司9家，占全市21%，形成东湖区金融产业链的有益补充。各金融行业交易活跃，交易量在全市排名靠列。截至2013年12月底，全区金融机构人民币存款余额为4664.2675亿元，占全市半数以上，比年初增加390.96亿元，增长15.7%；全区金融机构人民币贷款余额为3025.2024亿元，占全市的55.36%，比年初增加98.66亿元，增长14.37%；辖区内另有其他涉及法律服务、咨询调查、会计事务所等金融配套服务机构，形成较为齐全完备的金融上下游体系。

（邓小燕）

银　行

【概况】 2013年，东湖区紧紧围绕构建“繁荣幸福文明精品东湖”的工作思路，不断转变发展方式，积极融入鄱阳湖生态经济区建设大局，东湖区作为获“全省金融服务业集聚区”称号的唯一城区，被《鄱阳湖生态经济区“两区一带”分区详细规划》列入全省重点打造的金融服务业集聚区，银行业保持了较好的发展势头，银行业落户东湖区的省级分行有12家，金融服务业的发展已成为东湖区支柱产业之一。

（邓小燕）

【中国建设银行南昌洪都支行】 2013年，中国建设银行股份有限公司南昌洪都支行有营业机构88个，从业人员1531个；一般性存款余额558.85亿元，同比增加56.18亿元，增长11.19%；各项贷款余额325.16亿元，同比增加33.87亿元，增长11.63%。为重点大中型企业融资116.85亿元，其中，投放各项贷款96.8亿元，融资理财20.05亿元，与部分县区以及全省3个工业园区开展了“财园贷”“助保贷”业务合作，积极拓展“善融贷”“网络循环贷”、评分卡等批量化、电子化新产品，解决小企业融资问题，为小企业的发展搭建平台。

【招商银行南昌分行】 2013年，招商银行股份有限公司南昌分行以支持实体经济发展、推动转型升级为经营宗旨，按照“以服务为主线深入推进二次转型”的工作思路，不断解放思想、扎实工作。到2013年底，实现资产总额646亿元，比年初净增157亿元，增幅32%；各项存款余额503亿元，净增89亿元，增幅22%；全折各项贷款余额432亿元，净增83亿元，增幅24%。在所辖区设有支行级营业机构26家，24小时自助银行53家，单台自助设备16台。被《当代金融家》《新浪江西》等媒体授予“支持中小企业最佳分行”“2013年度江西最佳金融服务机构”称号；荣获江西省人民政府及相关部门颁发的“银行业金融机构小微企业服务先进单位”“江西领军企业50强”“行业十强企业”等系统内外表彰和奖励75项。累计向南昌市的战略性新兴产业、新能源、水利水电等重点项目投放贷款25亿元；向城市改造、高速公路等重点基础设施建设投放贷款13亿元；向民生、文化领域投放贷款9亿元；向南昌地区的985户小企业、5241户小微企业投放贷款156亿元，为南昌地区经济社会发展提供强有力的金融支撑。

【中国民生银行南昌分行】 2013年，中国民生银行南昌分行在江西省设有12家营业机构，其中南昌10家支行。各项存款余额突破200亿元，达223.43亿元，较年初净增43.06亿元，增幅23.87%；各项贷款余额154.88亿元，较年初净增37.38亿元，增幅31.81%。全年加大信贷投放力度，全年累计发放各类贷款318.95亿元。公司在南昌市各大社区设立56家小区自助银行，围绕小区居民日常衣食住行，现已发展1069家特惠商户。

【南昌银行】 2013年，南昌银行拥有异地分(支)行9家，南昌地区一级支行16个，营业网点77个，员工2000余人。南昌是由南昌市地方财政发起设立，1997年12月经中国人民银行批准成立，2008年8月6日经中国银行业监督管理委员会批准，更名为南昌银行股份有限公司。注册资本23.82亿元，南昌市财政局为第一大股东。

【中国邮政储蓄银行江西省分行】 中国邮政储蓄银行江西省分行于2007年12月6日正式挂牌开业。辖11个市分行、81个县(市)支行，706个二级支行，767个邮政代理网点，全部从业人员6292人。2013年，全分行资产规模达到1630.75亿元，同比增长8.78%。贷款结余314.8亿元，年增加115.09亿元，增长57.63%；各项存款余额1582.37亿元，年增加118.17亿元，增长8.07%。信贷资产不良率为0.2%，拨备覆盖率达839.75%，资产质量居银行同业先进水平。完成利润8.42亿元，同比增长56.65%；完成自营收入25.18亿元，同比增长31.93%。

【上饶银行南昌分行】 2013年，上饶银行南昌分行下辖5家一级支行和7个分行管理部门，有员工总数170余人；资产总额33.14亿元，各项存款余额31.15亿元，存款总户数27029户；授信余额33.19亿元；抵质押率72.73%。全年小微企业贷款授信户数710户。其中，贷款业务户数112户，余额53407万元，占全行对公贷款业务的42.5%，较年初增加13932万元，增长35.29%；“金易达”496户，金额22515万元，新增214户，增长75.88%；其中小微企业承兑客户137户，票面授信余额93225万元，占全行承兑余额的53.39%。员工多次荣获“南昌市中小企业融资工作先进个人”称号。积极参加人民银行南昌中心支行与江西省总工会联合举办的“践行群众路线，改善金融服务，支持经济发展”主题竞赛活动，荣获团体二等奖。

小额贷款公司

【概况】 2013年，东湖区内共有5家小额贷款公司，总注册资本达9.3亿元，占全市注册资本金的16.43%。其中，南昌市东湖区捷信小额贷款有限责任公司是江西省规模最大、成立时间最长、经营规范最广的小额贷款公司，于2013年12月入选全省首批昌九小额贷款公司经营区域同城化试点单位；妥善处理全省首家外资背景的南昌市东湖区中金财信小额贷款股份有限公司的股权变更，进一步优化股权结构，规范运营管理。东湖区小额贷款公司规范内部管理制度，本着支持纯农企业和小微企业的发展，到2013年底，全年累计发放贷款1290笔，累计发放贷款18.4351亿人民币，占全市14.48%。

（邓小燕）

【捷信小额贷款公司】 2013年,东湖区捷信小额贷款有限责任公司累计发放贷款7.81亿元,贷款余额为5.05亿元;实现利息净收入9026.9万元,同比增长310.1万元,增长3.56%;上缴各项税金2248.5万元,净利润5110万元,同比增加152.4万元,增长3.07%。公司现有稳定信贷客户200余户,其中大部分客户在公司贷款经历3次以上循环,且信誉良好,贷款总额占公司总规模的80%以上。公司强化整体服务意识,加强员工培训,整体提升员工素质,荣获"2013年中国最佳中小企业金融服务机构"和"南昌市中小企业融资工作先进单位"荣誉称号。把握昌九同城试点先机,根据省政府《关于昌九小额贷款公司经营区域同城化试点工作实施方案》精神,依据自身条件积极申报,取得了省金融办批准的首批"昌九小额贷款公司经营区域同城化试点"资格。

【中金财信小额贷款公司】 2013年,南昌市东湖区中金财信小额贷款股份有限公司累计发放贷款166笔,累放金额45570万元;现有存量贷款32笔,余额10150万元,无逾期贷款。公司以服务"三农"和创新开展各种贷款形式为己任,本着"对客户负责,让客户满意"的宗旨为中小企业和个人贷款提供高效、快捷、优质的金融服务,最大限度满足各类客户的资金需求,为加快地方经济发展,繁荣农村经济,加快推进社会主义新农村建设发挥积极作用。

【邦信小额贷款公司】 2013年,南昌市东湖区邦信小额贷款有限责任公司累计发放贷款32607万元,贷款余额17221万元,其中小微占比14.18%;新增有效户数125户,小微户数占比65.6%;实现利润1472万元,完成年末1500万元利润任务的98.13%,不良贷款率为零。建立了一整套包括业务、风控、财务、人事、考勤、档案管理等制度,按文件要求落实并且根据实际情况及总部文件要求完善落地,做到以制度管人。

【融通中信小额贷款公司】 南昌市东湖区融通中信小额贷款有限公司于2013年3月29日经江西省人民政府金融工作办公室(赣府金办复〔2013〕50号文)批准,2013年4月3日经南昌市东湖区工商管理局注册登记成立,并取得注册号360102110001367营业执照。注册资本2亿元人民币。到2013年底,累计发生业务98笔,累计发放贷款20950万元,累计实现业务收入1451万元,上缴各项税费259万元,各项成本费用支出749万元,年末实现净利润526万元,贷款余额50949万元,信贷资金实现了良性循环,经营效益较为可观。为确保小额贷款公司健康发展、业务规范运作,在公司成立初期就制定《贷款管理办法》《财务管理办法》《安全保卫制度》《印章使用管理规定》及《贷款审批委员会工作细则》等规章制度。为小额贷款公司的正常运营、有效管理奠定了基础,从而保障了各项工作规范、有序地进行。

【光正小额贷款公司】 南昌市东湖区光正小额贷款股份有限公司是经江西省人民政府金融工作办公室于2011年09月08日(赣府金办复〔2011〕149号文)批复成立,并于2011年09月22日正式开业,是一家从事小额贷款业务和经营省政府金融办公室批准的其他业务的股份有限公司,注册资本金为人民币13000万元。2013年,光正小额贷款公司当期总资产达12967万元,净资产12935万元,银行负债为零。到2013年底,公司累计贷款金额27010万元,贷款余额12018.5万元,贷款不良率为零。从贷款品种来看,企业的短期流动资金贷款占该公司发放贷款100%左右,个体工商户经营贷款占30%左右,农业生产经营贷款占16%左右,中小企业经营贷款占54%左右。

证　券

【概况】 2013年,东湖区证券业发展在平稳中求突破,入驻东湖区市级证券公司共计24家,占全市51家证券营业部的47.1%。其中包括齐鲁证券有限责任公司南昌叠山路证券营业部、中信证券(浙江)有限责任公司南昌贤士一路营业部等多家成熟证券营业部,网点布局密度居全市首位。全年累计纳税共计1772万元。

(邓小燕)

【中信证券公司南昌贤士一路营业部】 2013年,中信证券(浙江)有限责任公司南昌贤士一路营业部有从业人员32人。全年,营业部以“夯实基础,积累客户”为目标开展工作,基础客户逐步扎实。截至年末,新开户引进资产增加4亿元,客户数达到5387户,增长率为35.76%;客户资产有20亿元的规模。2013年,新开通账户客户数为152户,增长率达到562.96%。实现伞形信托零的突破,完成两单伞形信托业务,融资金额达到3100万元。营业部通过开辟VIP客户室,为客户提供一对一的服务;通过每周一课,提升员工专业知识,为创业客户满意的营业部。重点提升柜面服务及投顾服务,使业务办理简便快捷,客户对专业服务的需求也得到满足。

【齐鲁证券南昌叠山路营业部】 齐鲁证券有限责任公司南昌叠山路证券营业部,位于南昌市叠山路248号,2011年2月18日正式开业。营业部自成立以来全心致力于为江西资本市场和证券投资者提供最优服务,截至2013年拥有证券从业人员28人,客户托管资产达3.6亿元,全年股基交易金量85亿元,在江西省127家营业部中排名第66名,被江西证券期货业协会授予2013年度“全省先进营业部”。营业部为辖区内各类个人投资者、各类企业、机构提供金融服务。成立以来,为辖区内各类企业普及中小企业私募债、新三板、IPO、资产证券化等金融知识,并和部份企业、政府部门达成合作意向。到2013年底,营业部除能为客户提供传统的经纪业务服务外,还能为客户提供融资融券、约定购回、股票质押等信用业务服务,并获得证券经纪人资格、网上开户及手机开户资格、IB业务资格,使营业部能为客户提供更加优质、便捷、全面的服务。

保　险

【概况】 2013年,东湖区充分发挥金融产业在现代经济发展中的核心作用,积极以金融配套产业为抓手,努力夯实“省级金融服务业聚集区”基础,至2013年底,共有人保财险南昌市东湖支公司、平安人寿江西分公司、太平养老保险股份有限公司江西分公司、阳光财产保险股份有限公司南昌中心支公司、中国大地财产保险股份有限公司南昌中心支公司、中国平安财产保险股份有限公司南昌中心支公司、中国人寿南昌分公司、中邮人寿保险股份有限公司江西分公司8家保险公司在东湖先后落户,全区金融业平稳高效运行。

(邓小燕)

【中国人寿南昌分公司】 2013年,中国人寿保险股份有限公司南昌分公司累计实现总保费115330万元,其中续期保费59455万元,续期占比51.55%。个险渠道累计实现新单期交10178万元,其中10年期交5582万元;银保渠道累计实现新单保费30899万元,其中新单期交2580万元;团险渠道累计实现短期险保费8038万元,其中意外险保费5071万元,小额保险369万元,大病保险基金保费8221万元。2013年共实现学平险保费4993.74万元,其中新增保费311.14万元,成功实现规模与效益大提升。年金业务到账基金规模130.05万元,到账率达到100%。

【太平洋养老保险江西分公司】 2013年,太平养老保险股份有限公司江西分公司有营业机构1个,从业人员55人。公司全年共实现短险保费2984.43万元,非健险保费2286.46万元;企业年金新单新增标准缴费231.68万元;企业年金续期新增标准缴费5206.98万元,累计赔付支出979.67万元。

【中国平安财产保险南昌中心支公司】 2013年,中国平安财产保险股份有限公司南昌中心支公司有营业机构13个,从业人员215人;公司整体保费收入67161.51万元,增长19.69%;同比新增保费11048.78万元;全年综合成本率83.33%,实现净利润9007.98万元。

【人保财险南昌市东湖支公司】 2013年,中国人民财产保险股份有限公司南昌市东湖支公司坚持“稳中有进、进中求好”的工作基调,完善内部管理,提升服务能力,进一步增强市场竞争力。到年底,东湖支公司累计实现保费收入6834.71万元,完成市分公司计划的107.33%;实收保费6842.39万元,完成计划的107.45%,实现保费收入1533万元。

【中国大地财产保险南昌中心支公司】 2013年,中国大地财产保险股份有限公司南昌中心支公司有营业机构9个,从业人员66人;全年实现保费收入6918.27万元,同比净增保费1985.65万元,增幅为40.26%。2013年,公司承保了南昌市胡惠元堤延伸段道路工程项目工程一切险,实现保费收入150万元,承保了南昌县、进贤县及安义县的城镇职工大病医疗补充保险,实现保费516万元。

【阳光财产保险南昌中心支公司】 2013年,阳光财产保险股份有限公司南昌中心支公司有3个四级机构,分别为阳光财产保险股份有限公司南昌中心支公司南昌县支公司、阳光财产保险股份有限公司南昌中心安义支公司、阳光财产保险股份有限公司新建支公司;有销售人员29人,非销售人员25人。2013年,保费收入5227.28万元,其中财产险占11.23%,车险占85.94%,意外险占2.83%;保费收入比2012年增加1055.42万元,增长25%。

【中邮人寿保险江西分公司】 中邮人寿保险股份有限公司江西分公司成立于2010年1月,是中邮人寿保险股份有限公司下属省级分公司。现有员工43人。2013年,实现保费收入13.62亿元,同比增长69.53%。截至2013年,保费收入规模列江西省寿险市场第5位,较去年提升3位,市场占有率7%,较2012年提升2.3个百分点。公司被省直机关工委、省直机关文明委评为"省直机关第九届文明单位"。公司刘于明总经理被《保险经理人》杂志评为"2012中国保险年度十大经理人"。公司创新课题《银保业务发展模式转型探究》在江西保险学会举办的"2013江西保险业'提升服务树形象'重点课题评选"中获评二等奖。

【平安人寿保险江西分公司】 中国平安人寿保险股份有限公司江西分公司成立于1994年,截至2013年,共设立9家中心支公司,15家营销服务部,28家支公司,个险营销员共计5866人。2013年,平安人寿江西分公司整体经营运行良好,实现了预期目标,体现出"稳中求进"的特点。全年分公司累计实现保费收入101011.78万元,同比增长14%。其中,个险规模保费为94927.62万元,占总保费94%,累计同比增长17%;银保合计4667.67万元,同比减少30%;团险累计保费收入为1416.49万元。为打造具有竞争力的品牌,平安人寿江西分公司树立"规范、效益、诚信、服务"的经营理念,切实转变发展方式、不断优化调整业务结构,并始终秉承"客户至上、服务至上"的宗旨,诚信、合规经营。平安人寿江西分公司多年来积极秉承感恩回馈社会的理念,积极履行企业公民的社会责任,并获得广泛认可。2013年连续第四年荣获江西省"投诉和解联络单位"荣誉称号。

担　保

【概况】 2013年,东湖区内融资性担保公司共有9家,总注册资本达8.6610亿元,占全市27.8%。到2013年底,辖区内融资性担保公司全年累计为368户中小微企业提供融资担保服务,约占全市融资性担保服务总户数的27.5%,发生担保业务20.7766万元,约占全市担保公司担保业务总量40.9%左右。9家公司中,江西华章汉辰担保集团股份有限公司是江西省第一家以集团形式运营的担保企业,注册资本金为5亿元,净资产超过6亿元;南昌市科技担保有限责任公司以扶持科技型中小企业为根本,着力解决科技型中小企业创新创业过程中出现的融资瓶颈问题,从而促进全区科技型企业经济健康发展。

(邓小燕)

【江西南华城投担保公司】 2013年,江西南华城投担保有限公司已经成为一支经验丰富的担保专业队伍,公司员工在金融财务、担保业务、法律事务上积累有多年的经营管理经验、实现成为现代"全程信用风险管理"理念的大型专业担保公司,本着以国家产业政策为向导的专业化担保为主体,以金融机构为依托,以优良客户、潜力型、成长型企业为主要服务对象,以企业担保为突破口,以设置反担保措施为主要的风险控制手段,以足值、可变现,且变现能力强为稳健经营操作的方法,不遗余力的为中小企业,高新技术企业的发展助力加油,提供担保服务,促进地方经济发展。到2013年底,公司在保金额为22080万元,在保客户有57户。

【江西省和丰担保公司】 江西省和丰担保有限公司成立于2008年10月8日成立,注册资本

5000万元，是一家立足江西市场，为中小企业及个人提供担保及增值服务的专业融资性担保公司。公司以“互利、共赢、为企业提供全面的支持与服务”为经营理念，实行规范的公司化运作，建立了较为完善的组织架构，具有较强的经营风险的能力和实力。公司以服务中小企业融资为工作核心，坚持为中小企业融资提供担保，有力缓解中小企业融资难，积极服务于社会经济发展和解决社会就业，为解决中小企业融资难问题贡献了力量。

【中商财富融资担保公司】 中商财富融资担保有限公司成立于2004年，是经国家工商行政管理总局核准，在北京市注册成立的国有控股的大型专业担保公司，公司的注册资本为人民币5亿元整，净资产为8亿元人民币。公司由光大国际建设工程总公司、中稷实业投资有限公司、华商置业有限公司共同出资组建。到2013年底，公司累计担保15.538亿元，现在保余额6.6亿元，无担保代偿。特别是在江西省政府关于支持本省小额贷款公司的再融资工作中，为23家小额贷款公司再融资担保6.6亿元。

【江西华章汉辰担保公司】 江西华章汉辰担保集团股份有限公司是经江西省金融办、省商务厅、省工商局批准设立注册，集团注册资本金为人民币5亿元，净资产超过6亿元。江西华章汉辰担保集团是江西省第一家以集团形式运营的担保企业。截至2013年，各类发生业务金额150293.93万元，共计142户，其中银行融资贷款发生金额118085.67万元，共计133户。2013年8月增资后发生业务单比金额在50万元～5000万元之间，未超过净资产的10%。

【南昌市科技担保公司】 南昌市科技担保有限责任公司由南昌市政府委托南昌市科技投资经营有限公司出资发起并成立，是以政府科技资金为引导、民营资本参与、市场化运作的一家专业性担保机构。公司于2012年1月经江西省人民政府金融办批准成立，注册资本金5000万元。主要业务范围是为南昌地区科技型中小企业提供贷款担保、票据承兑担保、贸易融资担保等融资性担保服务。到2013年底，已累计为全市32家中小企业提供贷款担保，担保金额达11236万元，企业贷款30笔，担保金额10636万元。其中，科技型中小企业11笔，担保金额约4836万元，占43%；个人贷款2笔，担保金额600万元。

【南昌浩源担保公司】 南昌浩源担保有限公司成立于2011年12月1日，是一家经由江西省人民政府金融工作办公室审批、南昌市工商行政管理局核准设立、有效续存的专业担保机构。2013年，浩源担保公司已累计为38户中小企业提供融资性担保9055万元，在保余额2750万元；年末存出保证金余额1000万元，占注册资金的33.33%；全年四个季度平均在保责任余额4698.75万元，是注册资本金的1.57倍。

【南昌市个私民营企业信用担保公司】 南昌市个私民营企业信用担保有限责任公司是经南昌市政府批准，于2001年成立的国有控股的有限责任公司，在市政府和市财政的大力支持下，市财政注资3000万元，并稳妥吸收民营资本，2009年8月13日，公司增资扩股后实收资本达9610万元。到2013年底，南昌市个私民营企业信用担保公司已累计为407户中小企业提供了融资担保贷款16亿余元，2013年新增融资担保额32720万元，在保余额32720万元。已与浦发银行、民生银行、南昌银行、农商行等7家银行达成长期合作协议，单笔担保额度为960万元，担保最大倍数10倍，最大可实现10亿元的综合授信。

财政·税务

综　述

2013年，在东湖区委、区政府的正确领导下，区财政、税务部门紧紧围绕建设“繁荣精品幸福文明”东湖目标定位，通过不断的深化改革，加强管理，克服了旧城改造、外迁企业税收调整等一系列不利于财税发展的困难因素影响，促进各项财税改革工作继续稳步向前推进，一大批财政、税收指标增幅再创历史新高，公共财政体系建设成效明显，财政收支结构进一步得到优化，为东湖区域经济快速、健康、协调发展提供了有力支持，为整体完善全区现代公共财税体系奠定了良好的基础。

全年，区财政部门围绕区委、区政府确定的工作重点和财政改革目标，大力培植实体财源，强化收入征管措施，确保了财政收入平稳较快增长；优化支出结构，严格控制一般性支出，切实保障和改善民生，着力促进了社会发展和解决民生问题；继续深化财政改革，完善监管机制，不断提高财政科学化精细化管理水平，为东湖区经济社会发展提供坚实的财力保障。

在全市打造“核心增长极”的大背景下，区国税、地税部门积极发挥税收政策的导向和扶持作用，努力做好实施“营改增”工作对财政收入的分析研判，深入开展对建筑安装、中介服务、房屋租赁等行业的税收专项清理，细化对重点行业、企业和楼宇的税收辅导，有力增强了税源控管的针对性和有效性，征管质量和效率显著提高。全年国、地税部门共组织入库税收收入44.79亿元，占财政总收入96.5%，位列江西省前列，税收工作取得显著成效。

（卜　斌）

财　政

【概况】　2013年，全区财政工作紧紧围绕区委、区政府确定的工作重点和目标，认真落实积极的财政政策，加快推进经济发展方式转变，狠抓收入征管，保障重点支出，着力改善民生，深化财政改革，攻艰克难，开拓进取，有力地促进了全区经济社会各项事业持续健康发展，公共财政预算执行情况总体良好。

2013年8月30日，东湖区财政局举办财务工作培训会

【地方公共财政预算收入突破 10 亿元】 2013 年,东湖区财政总收入、地方公共财政预算收入双双再创历史新高,全区实现财政总收入 46.43 亿元,同比增长 6.17%;实现地方公共财政预算收入 10.1 亿元,同比增长 17.02%。地方公共财政预算收入历史性跨过 10 亿元大关,提前两年实现了"十二五"规划末期迈上 10 亿元台阶的发展目标,增幅创近八年来新高。

【稳步推进"营改增"扩大试点工作】 2013 年,东湖区密切关注国家"营改增"扩大试点改革安排,积极做好全区"营改增"试点筹备工作,全力协助国、地税部门进行数据交换,建立健全了由财政部门牵头,多部门通力协作的"营改增"扩大试点信息共享交换机制,及时发现并处理了运行过程中出现的新情况、新问题,确保了"营改增"试点改革后的税款缴库工作切实做到无缝对接。

【创建数字协税网络平台】 2013 年,东湖区财政部门创新建立了以涉税信息平台、综合治税平台、协税通 e 平台、税源动态平台四维一体的数字化协税护税管理新模式,并通过平台建设进一步强化与工商、税务、房管、城建等单位的信息沟通,将涉税摸排信息与税收申报信息进行横向对比,切实查处税款跑、冒、滴、漏现象,进一步提升协税护税工作的质效。

【民生支出比例上涨】 2013 年,东湖区财政支出完成 14.09 亿元,比 2012 年同期增加 2.56 亿元,增长 22.2%。在保证政权运转、社会稳定、基础建设、重点工程实施等必要经费支出的基础上,区财政局坚决制止奢侈浪费,严格控制公务接待经费、因公出国(境)经费、公务用车购置运行费用的预算管理,重点将区级可用财力向保障和改善民生倾斜,积极推进了教育、卫生、社保、就业、住房及其他各项社会事业的发展。全年用于改善民生方面的投入达 8.97 亿元,民生领域支出占财政支出六成以上。

【"三公"经费预算公开】 2013 年,作为江西省率先公开 2013 年"三公"经费预算的省会中心城区,东湖区推进了全区 57 个预算单位(二级机构"三公经费"公开数含在其主管单位公开数内)按时间节点进行公开,全区公开"三公"经费预算数为 3723 万元,社会对此反响良好,为民主监督创造了重要平台。

【取消和减免部分行政收费项目】 2013 年,根据《江西省财政厅、江西省发改委关于取消一批省级设立的行政事业性收费项目的通知》要求,东湖区对上级相关部门文件中已取消的行政事业性收费项目进行全面清理,对所涉及到的建筑行业上级管理费、绿化费、娱乐场所审核合格证工本费、网络文化准营证工本费等行政事业性收费项目依法进行取消、停征和减免,进一步优化企业生产经营环境、支持企业发展。

【公务卡改革实现全覆盖】 2013 年,为进一步深化国库集中支付制度改革,提高公务支出透明度,控制预算单位现金流量,东湖区财政局联合区纪检、审计等部门强力推进公务卡制度实行。到年底,全区公务卡改革范围已经做到了预算单位全覆盖,全区纳入国库集中支付系统的 151 家预算单位共办理公务卡 2080 张,同比增长 195.04%,公务卡累计消费支出 1255 万元,较 2012 年同期增长 204.61%。

【完善政府投资项目监管体系】 2013 年,东湖区按照中央《关于党政机关停止新建楼堂馆所和清理办公用房的通知》相关要求和江西省财政厅、南昌市财政局下发的最新评审制度,重新对全区的评审管理办法进一步补充和完善,引入全过程跟踪审计机制,将事前审核关口延伸至项目单位,通过"核减率"指标倒逼项目单位加强建设资金的管理,有效提升了财政资金的使用效益。全区全年共完成工程预算评审业务 30 件,评审定案金额 2.7 亿元,核减率为 10.17%。

【推进电子化政府采购平台建设】 2013 年,东湖区政府采购金额 1152.4 万元,节约资金 160.99 万元,节约率 12.26%。为区政府采购逐步实现电子化运行操作,进一步提升采购质量和效率,区财政局根据先行试点、整体推进的原则,在有条件的预算单位,先行一步开展政府采购项目网上操作试点,对试点单位采购负责人和经办人进行操作流程培训,为下一步电子化政府采购在全区铺开奠定了基础。

【探索财务制度管理新型模式】 2013 年,东湖区财政部门采取财务管理关口前移下放的方式,创新建立了全区“1个中心、19个分中心”独立核算集中监督的会计核算模式，为各单位合理安排和使用财政资金提供了有力支持，同时也为下一步做好预算管理、“三公”经费公开、财政资金监管等改革工作奠定了坚实基础。

（卜　斌）

国家税务

【概况】 2013年，东湖区国税部门在省、市相关部门领导下，抓住组织收入工作中心，认真落实组织收入原则，立足区情，综合税情，顺利完成了年初确定工作目标和任务，共组织入库税收收入53595万元。全年各项工作取得了较好成绩，得到了各级的充分肯定，东湖区国税局荣获了全国税务系统先进集体、江西省文明单位、全省国税系统先进单位、全市国税系统目标管理先进单位、全省“五四”红旗团支部、全市优秀基层党组织等荣誉称号。

【强化征管质效】 2013年，东湖区国税局新增税务登记开业户2028户，税务登记开业户累计10087户，继续保持税务登记总户数年年稳步增加态势。做好日常征管同时，为确保征管及数据质量，组织了多项风险排查及信息核查工作；强化评估综合管理，以评促收、以评促管，纳税评估的整体效能得到了提升，入库税款148.9万元；圆满完成2012年企业所得税汇算清缴工作，汇算清缴户数5012户，通过汇缴征收企业所得税2554.9万元，汇算清缴率、入库率均达到100%。

【稳步开展“营改增”工作】 2013年，东湖区国税部门成立了“营改增”工作小组，明确职责，对内组织学习，对外加强宣传。对试点纳税人1309户开展实地调查和信息核查，强化内外沟通协调，做好全程分析测算，同时加强纳税服务等后续管理工作，确保“营改增”工作顺利实施。到年底，共接管969户营改增企业，9月份第一个申报期共缴纳增值税197.2万元。

【依法征税取得新成效】 2013年，东湖区国税部门强化优惠政策动态管理，开展税收优惠政策执行情况年检活动，进一步加强对减免税企业的动态管理。加强执法管理，规范数据采集管理，全年未出现执法过错，首次出现了零扣分，在全系统17个基层考核单位中，名列第一。

【优化纳税服务水平】 2013年，东湖区国税局办税服务厅以优化纳税服务为重点，大力倡导“双服务”（即服务于税收征管、服务于纳税人），对内以理念提升手段，对外以服务促进管理，努力创建和谐的征纳关系，POS刷卡缴税系统运行已基本成熟，纳税人可以使用带有“银联”标识的各类银行卡，在综合服务窗口缴纳税款，有效提高了税款解缴效率，方便了纳税人缴税，受到纳税人欢迎；征期内继续实行区局领导班子成员巡视带班制度，值班科长坚持每天轮流值班，并印制值班表和值班记录表格，由值班人员负责认真填写当天的值班情况；按照省局进一步规范办税服务厅窗口设置和岗位设置调整的精神，对工作流程及岗位职责进行了调整，特别是文书实现了内部流转。

（熊　莹）

地方税务

【概况】 2013年，东湖区地方税务工作在“为国聚财、为民收税”的宗旨指导下，着力优化纳税服务，加强税源监控，强化税收分析，提高征管质效。全年全区共组织地税收入94039万元，同期增长13.1%，同比增收10864万元，顺利完成组织收入任务。其中占收入比重较高的主要税种为企业所得税、个人所得税、土地增值税三大税种，分别占工商各税比重的14.51%、15.54%、6.32%。全年，东湖地税局荣获江西省第十三届文明单位，南昌市2012～2013年度廉政文化示范点，南昌市残疾人就业保障金征收工作先进单位，南昌市地税代征工会经费（筹备金）工作先进集体，江西省文化事业建设费征收工作先进单位，南昌市“五一”劳动奖，南昌市市住房公积金缴存管理先进单位等荣誉称号。

【开展签订发票使用承诺书】 11月1日，东湖区地税部门开展与纳税人签订《发票使用承诺书》活动，纳税人与税务部门同时作出双向承诺，共签订承诺书1850份。活动开展后，在全区地税系统形成“以票控税、信息管税”的良好氛围，税源监控力度加大，打击假发票工作成效显著，发票违章举报案件比2012年同期下降30%。此活动的开展，旨在倡议纳税人能够携起手来，诚信经商，依法纳税，自觉抵制对假发票的接受和使用。

【税源管理新举措】 2013年，东湖区地税部门按照“重点税源管严、一般税源管好、零星税源管到”的总体要求，在辖区内设立10个税务服务站，连通省地税局征管系统专线，设置相应权限，并配备计算机、打印机、复印机、POS划卡机等硬件基础设备，供驻街零散税源岗和服务站协税代征员办公。自8月启动后，10个税务服务站共计征收税款1000余万元，方便了纳税人，提高了街办护税协税的积极性。

【持续提升服务质量】 2013年，东湖区地税部门以优化纳税服务来支持民生、服务创业。在“一窗式办税、一站式服务和一户式管理”等简易纳税申报模式的基础上，在窗口单位开展了“走群众路线，服务纳税人”等系列活动，不断拓展纳税服务手段，为纳税人提供“免填单服务”“延时服务”“预约服务”800余次，保证纳税人能顺利及时地缴纳税款。

【成立“纳税人学校”】 12月，东湖区为拓宽税法宣传、培训渠道，成立“纳税人学校”，对纳税人进行免费培训，并发放8000份调查问卷对纳税人进行纳税人满意度调查，使纳税人能更深入了解税法相关知识，为东湖区纳税协税奠定良好的群众基础。

【落实取消发票工本费政策】 1月1日，东湖区地税部门取消税务发票工本费，纳税人可以按照核定的标准到该局领取相应发票，而无需交纳所申领发票的工本费。为确保此项惠民政策尽早落到实处，东湖区地税局加大宣传力度，采取以电子显示屏滚动播放、公告栏公示等多种方式，让纳税人尽早了解此优惠政策。据统计，该政策实施之后，全年为纳税人减负100万余元。

【开展“廉政情景小剧本”活动】 2013年，东湖区地税局在全局范围内征集“廉政情景小剧本”，各部门针对工作岗位排查出的廉政风险点，将工作岗位中最容易滋生腐败的隐患、最容易产生的模糊思想认识，以鲜活的情景设计进行展示，这种通俗易懂的“全景式”表达方式引导干部职工认识廉政风险、防控廉政风险，具有较强的实效性和感染力。

（杨璐璐）

经济管理与监督

综　述

2013年，东湖区紧紧围绕繁荣精品幸福文明东湖定位，面对旧城改造和轨道建设的重大压力，克服产业转型影响，突破发展空间瓶颈，化解社会管理压力，迎难而上，开拓进取，积极建设全省经济大区、文化强区，实现了全区经济社会发展的新跨越。

全年东湖区加快产业升级，经济结构得到持续优化。一是传统商贸业稳健发展。成功举办"2013南昌东湖百花洲购物节"，加盟商家超过560家、营业额达4.6亿元，分别同比增长15%、21%。加快集贸市场升级改造，投入近900万元高标准建成新公园路集贸市场，成为全省集贸市场典范。二是金融服务业持续发展。成功引进中金财信、海高租赁等10余家非银金融机构入驻，小贷公司、担保公司规模壮大；辖区内共有保险公司省级总部16家、证券公司市级营业部18家，分别占全市49%、35%。三是文化产业蓬勃发展。扶持樟树林文化生活公园建成全省首个非物质文化遗产展示馆，并加快了创意街区建设，被评为"全省文化创意旅游休闲街区"。做强791艺术街区，入选全省第四批省级文化产业示范基地，并正申报全国特色示范街区。新引进的"南昌琴岛之夜"演艺项目正式营业，成为全市剧场演艺的新坐标、全省文化产业的新名片。截至2013年，全区注册的文化产业经营单位达1600余家。四是电子商务业快速发展。大力打造全省电子商务基地，成立全省首家电子商务协会，引入全省唯一与淘宝合作的地方特色交易平台——"淘宝江西馆"、全省首家地方特色商圈网——"大美江西网"等特色项目和北京智联招聘等一大批品牌电商，全区新注册电子商务企业370余家，电子商务企业聚焦效应逐步显现。

东湖区提升服务品质，创新服务模式。第一，优化楼宇服务平台，建成西格玛商务大厦、财富广场等25个楼宇服务中心，对江西出版大厦、国力大厦等楼宇进行重点包装推介。全年新增楼宇入驻企业367家，全区税收收入千万元以上楼宇10栋、亿元楼宇2栋，预计全年纳税总额达到4.61亿元，楼宇经济发展良好。第二，建立非公服务平台，成功申报全省县区唯一中小企业公共服务平台和南昌市首个省级中小企业信用示范区，大力扶持中小企业发展壮大，全年新增个私民营企业5010户，荣获全省"服务中小企业先进单位"。第三，筹备产业发展平台，获批建设全省首个现代服务业产业发展促进中心，对全区现代服务业提供政策咨询、产业引导、项目策划等服务，组建东湖区经济大发展顾问团，为东湖产业经济发展出谋划策。

东湖区攻坚克难、加速推进重大项目。在轨道交通2号线房屋征收工作中，东湖区是全市征收户数最多、难度最大的城区。全区上下攻坚克难，率先在全市完成70%的住宅征收任务，成功实施全市轨道2号线"第一拆""第一爆"。顺利完成青山湖西岸改造项目李家庄、谌家坊等地块近7万平方米的房屋征收，启动省物质储运公司地块房屋征收工作。区综合服务中心建筑主体成功封顶，区文化活动中心建筑主体即将封顶。重新启动胜利路交通银行地块改造项目，并基本完成房屋征收工作。央央春天、华远和平里等一批项目开始主体装修或招商运营，将成为推动东湖

发展的新引擎。（黄　伟）

宏观经济管理

【概况】 2013年，东湖区紧紧围绕繁荣精品幸福文明东湖定位，面对旧城改造和轨道建设的重大压力，克服产业转型影响，突破发展空间瓶颈，积极建设全区经济，实现全区经济社会发展的新跨越。全年东湖区发改委锐意创新，开拓进取，认真履职，圆满完成各项工作任务。

【主要经济指标】 2013年，全区地区生产总值达404.13亿元，按可比价计算，同比增长9.6%。财政总收入增长6.2%，达到46.4亿元。地方财政一般预算收入增长17%，达到10.1亿元。固定资产投资增长20.2%，达到114.3亿元。社会消费品零售总额增长10.5%，达到266.2亿元。实际利用外资13937万美元，同比增长14.9%，实际利用内资25.62亿元，同比增长24.2%。对外出口达46176万美元，同比增长19.4%。

【项目审批立项申报】 2013年，东湖区发改委共立项审批131个，项目总投资18343.1万元。制定2013年东湖区政府投资计划，投资项目14个，总投资61342万元，区本级财政和市场运作等共计23686万元。全力做好项目申报工作，青山湖西岸综合改造、滨江规划路网工程列入南昌市46个重点调度项目；中金国际交易中心项目被列入南昌市100个重大重点项目和省2013年服务业重大项目。

【做好先行先试工作】 2013年，东湖区在核心增长极工作上力争先机。紧密对接南昌市发改委制定《南昌打造核心增长极三年(2013～2015年)行动计划大纲》工作，将东湖区的金融服务业、文化创意业、商贸与商务服务业、信息与服务外包业等主导产业的重大项目列入全市的工作计划，为南昌市支持东湖区发展主导产业夯实了基础。全面完成核心增长极开展一周年的各项检查工作，在鄱阳湖生态经济先导区上先行先试，与南昌市发改委和市先导区办公室密切沟通，协同区西岸办对《南昌市鄱阳湖生态经济先导区建设工作三年行动计划》提出意见建议；争取省鄱湖办对先导区体制机制方面的先行先试权，为重点领域、关键环节的先行突破创造条件；加紧拟定《东湖区青山湖西岸先导区产业发展规划(初稿)》，确保先导区产业规划、土地规划、城市规划实现“三规合一”；积极跟进先导区建设工作，协调市发改委完成了青山湖西岸先导区棚户区改造项目的立项等工作。

【积极推进产业发展】 2013年，东湖区积极推进现代服务产业集聚发展。推进重点产业发展，引进“南昌·琴岛之夜”重大文化产业项目，协助樟树林文化公园率先争取到省中小企业局在全省实行的融资试点工作，积极争取将791艺术街区、樟树林文化生活公园列入省政府产业调研组的考察内容，成功引进江西海高融资租赁公司(注册资金1000万美金)。深入开展经济调研工作，组建东湖区经济大发展顾问团，开展《金融服务业的错位互补、协同发展》《文化创意业的发展规划和三年行动计划》《环湖慢生活休闲街区打造》等四个课题的专项调研工作。从产业规划、项目推进、目标进度等方面开展“十二五”规划中期评估工作，进一步优化全区“十二五”时期的各项目标，完善各项产业推进和功能布局工作。开展东湖区工业发展调研工作，通过数据统计、走访调研、学习外地市经验等方式方法，创新思路、发散思维，以立足辖区内的楼宇和园区发展“都市工业”和跳出辖区空间范围发展“飞地工业”为思路，提前谋划东湖区发展工业的新思路、新方法。

【强化行政审批制度改革】 2013年，东湖区强化行政审批制度改革。开展行政许可和非行政许可事项清理工作，进一步规范行政审批事项，按照职权法定的原则，东湖区发改委对行政审批事项的设定依据、实施主体、审批条件、审批程序、审批时限逐项进行了清理，对依法保留的行政审批项目明确审批条件、程序、期限，最大限度地减少审批部门和审批工作人员的自由裁量权，对在清理和承接下放的审批事项，严格按照新一轮审改要求在区行政审批服务网上审批系统中予以调整落实。将审批程序通过精心整合，进行行政审批流程再造，制定最新的行政审批服务指南，到年底，东湖区发改委承接市级下放行政审批项目共10项，其中行政许可项目7项，非行政许可项目3

项,单项平均办理时限由4.88个工作日,压缩至3.11个工作日,压缩率为36.3%,极大地提高了办事效率。

(黄　伟)

企业资产管理

【概况】 2013年,东湖区企业资产管理部门认真学习落实党的十八大精神,坚持以科学发展观统领工作全局,以服务经济发展为主线,以协助做好地铁征收及“拆违拆临,建绿透绿”为重点,紧紧围绕发展稳定大局,狠抓各项工作推进,确保辖区国有、集体资产的保值增值及企业的稳定。全年,东湖区企业资产管理服务中心(以下简称区企资中心)先后获得区基层信访工作、基层社会管理综合资料先进集体等多项荣誉称号。

【强化公开租赁及租金收入管理】 2013年,东湖区为克服因地铁建设租金减少带来的不利影响,狠抓店面公开租赁及租金收入管理,确保企业店面租金收入收缴率达到100%。区企资中心全年严格按照区关于经营性房产租赁管理规定,加强店面、厂房租赁程序及价格管理,建立和完善了房产档案、合同档案等租赁会议、招租、议租记录及资料,并及时上报区纪委备案。到12月底,东湖区到期已上报厂房、店面208处,已经得到上级批复完成新一轮店面续租工作及合同备案的有151处,租金收入在原有基础上提高了267万元,从而在确保现有资产保值增值前提下,真正做到了店面租赁工作的公开、公平、公正。

【维护企业稳定】 2013年,东湖区认真做好企业职工的稳定工作,注重排查的广度、调处的力度,围绕春节、五一、国庆重要节假日及“两会”期间等特殊时期,深入抓好矛盾纠纷排查调处工作,中心成立专门稳控小组,确保随时掌握其动向。到年底,共化解矛盾19件,接访110人次,未出现赴京、赴省委省政府、赴市政府上访事件,并与各归口管理单位签订了综合治理责任书,每月定期上报信访及不稳定因素排查处理情况。同时,积极稳妥地做好安全生产和消防工作。年初与各归口管理单位签订安全生产责任书,并将安全生产、消防工作目标责任进行分解,形成安全生产、消防工作一把手负总责,安全生产消防工作分工负责,安全生产人人有责的管理体系,坚持安全生产排查工作制度化、日常化,不断完善管理制度,查漏补缺,发现事故隐患,采取措施立即整改到位,把隐患消除在萌芽阶段,确保一方平安。

【启动南昌新华玻璃钢厂改制】 南昌新华玻璃钢厂地处南昌市新货村28号,占地面积4601.5平方米(折算7亩已办土地证),1984年建厂,至今已有30年历史,企业现有职工137人,属民政福利小集体企业。2013年,企业处于停产状态,职工下岗待业,职工社保医保因资金困难欠交,按照一企一策的办法,东湖区启动南昌新华玻璃钢厂的改制。首先做好企业改制前的清产核资工作,同时做好改制企业的稳定工作,妥善处置各类突发事件和群体性事件,抓好信访接待工作。南昌新华玻璃钢厂改制为30名“4050”下岗待业人员补缴社保并交足退休前社保并发放5年生活费,为12名一次性安置人员补缴社保并发放安置费,为54名在职小集体残疾人员补缴社保15年并办理居民医保,为11名小集体退养人员一次性发足10年生活费,为30名退休人员办理医保风险金,共计137名职工得到妥善安置。

【做好地铁征收工作】 2013年,东湖区企资中心在南昌市轨道交通2号线拆迁征地范围内有3家企业,及时成立动迁领导小组,明确责任,将任务包干到单位,责任到人;中心领导每天带队到片区督导,加强对企业拆迁补偿金的使用管理,防范资金风险,堵塞管理漏洞,从而从源头上预防腐败现象的发生。区企资中心在规定的时间内很好的完成了房屋征收任务,此次征收工作共拆迁商业面积2260.5平方米。

【做好“拆违拆临,建绿透绿”工作】 9月,东湖区企资中心开展“拆违拆临,建绿透绿”专项工作,多次召开动员及调度大会,克服企业职工及承租户不理解的困难,阐明“拆违拆临、建绿透绿”作为民生工程、民心工程的重要意义。在规定的时间内,区企资中心顺利拆除归口管理单位所属3个工贸、1个直属企业,共10处,厂房面积1604.88平方米。

(梁国荣)

工商行政管理

【概况】 2013年，东湖区以科学发展观为指导，深入贯彻落实十八大精神，紧紧围绕“全面实施绩效管理，创新服务区域经济”的主题和“繁荣精品幸福文明”的东湖定位，坚持实施“开放强区、三产富区”主战略和发展现代服务业核心战略，抢抓全市打造核心增长极机遇，求真务实地加强队伍建设，尽职尽责地履行职能，加强市场监管，服务经济发展，团结奋斗，扎实工作，圆满完成了全年各项工商工作任务。全年，东湖区工商局荣获江西省第十三届文明单位、南昌市市直机关先进团组织、东湖区计划生育达标单位、全区“作风大转变、效能大提速、环境大优化”集中整治活动先进单位等称号。

【强化食品安全监管】 2013年，东湖区工商部门积极推进流通环节基层日常监管规范化建设，制定印发《2013年流通环节食品安全专项整治工作实施方案》《流通环节食品安全事故应急预案》《肉制品专项整治方案》《食品行业自律制度》《市场准入监管制度》《商品质量抽样检测制度》等制度，将食品安全监管工作作为一项重要内容纳入到目标管理中，任务分解细化给各片区组，形成“一把手负总责，分管领导具体抓，各片区重点抓”的齐抓共管的工作格局。同时，加强食品安全监测工作，全年配合省、市局完成食品抽检计划396批次，快检2024批次。完成自检计划（送法定机构检测）30批次，向社会发布市场检查监察通报4期。

【开展各类食品专项整治】 2013年，东湖区开展各类食品专项整治工作，以“节日”市场整治为契机，对重点区域、重要时节、热点食品进行食品安全专项整治。在元旦、春节、五一、端午节、中秋节期间针对节日消费的热点食品进行专项检查，共出动执法人员568人次，检查集贸市场107个次，检查食品经营户4012户次，督促经营者建立食品台账3560余户，做到经营台账100%建立，食品安全经营承诺书100%签订，食品宣传单逐户张贴到位。在食品宣传月中，组织街头咨询2次，悬挂横幅48条，发放资料3400张，出动宣传人员204人次。

【强化肉类市场整治】 2013年，东湖区工商部门高度重视肉品市场整治，按照市工商局肉品监管工作会议精神，结合辖区肉品监管状况，制定《东湖区工商局肉制品专项整治方案》，并将党组成员下市场检查纳入常态化工作，促进肉品市场监管工作规范、到位。全年共进行肉品市场检查共32次，其中党组成员统一下市场检查6次，检查各类肉品摊位2987个，下发东湖区肉品监管检查通报6期。

【“黄牌”警告“注水牛肉”经营户】 2013年，东湖区为了规范牛肉销售市场，规范经营户的经营行为，由工商部门对在市场上销售“注水牛肉”或非定点屠宰肉品的，采取第一次发现的挂黄牌警告；第二次发现责令停业整顿3～5天；恢复营业后再次发现的，抄告市场开办者，责令市场开办者解除与经营户摊位租赁合约，并将其清除出市场。1月25日，首批“黄色警告牌”挂到了市场上销售“注水牛肉”或非定点屠宰肉品的经营户摊位显眼位置，该批经营户将在社会各界的监督下受到为期3天的“黄牌”警示，并视其情节给予行政处罚，直至吊销营业执照，清除出市场。

【开展无照经营查处取缔工作】 2013年，东湖区工商部门成立了开展亮照经营、查处取缔无照经营专项整治领导小组，结合绩效考核标准制定目标责任制，确保此项工作有计划、有步骤、有重点地进行。每季度向市场监管有关单位抄告无证无照的经营户，集中优势执法力量，逐户开展检查，采取边检查、边治理、边处罚、边规范的方法，做到查一户清一户，不留死角，对“钉子户”加大执法力度，坚决予以取缔。全年，共计抄告相关单位720余户，整改发照600余户，取缔无照经营30户。

【加强合同监管】 2013年，东湖区明确指出把合同监管工作作为全面推进市场规范管理的重要工作来抓，根据国家工商总局精神，东湖区对辖区苹果等电子产品企业售后服务合同进行专项检查，立案查处合同违法行为5件，结案4件，责令改正1件，还着力打击银行业、电信业利用合同格式条款侵害消费者合法权益的行为，共检查银行业、电信业企业 23 家,检查合同 105 份,发现对消费者不公平条款 33 条,得到了广大消费者的认可和好评。

【加大行政执法力度】 2013 年,东湖区开展打击侵犯知识产权和制售假冒伪劣商品专项行动,将该项行动作为常态工作,以集中查处事关民生,侵犯驰名、著名商标专用权为重点,在全区构筑了保护注册商标专用权的严密防线,营造了合法有序的商标发展环境、健康安全的消费流通环境。并且严厉查处虚假违法广告,全年根据省、市工商局商广处的交办和群众的投诉举报,对发布违法、虚假广告行为及时予以了立案查处,全年共立案查处了 5 起广告违法案件。同时严厉打击传销行为,东湖区工商局负责起草《南昌市东湖区 2013 年打击传销专项整治行动工作方案(草案)》,并及时上报各项打击传销工作数据,全年共接到传销举报 4 起,立案调查 2 起,捣毁传销窝点 2 个,组织基层分局开展传销专项检查,有效地遏制了传销在全区的蔓延势头。东湖区工商局全年共立案 104 起,其中无照经营案件 4 件,食品安全 19 件,违反反不正当竞争法规 29 件,违反企业登记管理法规 29 件,商标侵权 6 件,已结案 71 件,大要案 31 个,线索移送到东湖区公安局处理 7 件,移送东湖区人民检察院 1 起,有力打击了各类经济违法行为,维护了全区经济秩序和社会稳定。

【强化法治工商建设】 2013 年,东湖区工商部门加强法治培训,提高依法行政意识,先后举办了两期法规培训班,培训执法办案人员和新录用公务员 214 人次,认真组织机关干部收听收看了全国工商系统依法行政视频讲座,组织人员参加了 2013 年全市工商系统法制培训,组织部署省工商局每月一法网络在线考试,全年已顺利组织安排每月一法考试 12 场次,参加人数 60 人,成绩均为优秀;强化案件核审职责,严把案件质量关,通过核审办结案件的核审率为 100%;加强执法协作,落实案件回访,主动保持与公、检、法机关和区法制办、司法局、纪检、监察等相关部门的联系;全面推行行政指导工作,结合工作岗位将行政指导贯穿于工商行政管理的全部业务工作中,全年共开展行政提醒 111 次,辅导 6 次,提醒 49 次,规劝 21 次,约见 2 次,因行政指导没有作出行政处罚的案件 6 件。

【营造良好消费环境】 2013 年,东湖区工商部门加强消费引导和警示,发挥消协等协会作用,推动消费维权行业规范和经营者自律体系建设。开展和参与各级“3·15”消费者权益保护日活动;在省市多家重要媒体及时连续发布消费警示 24 条,通过热点案例解析,提高消费者事前、事中、事后维权的意识;认真开展消费维权“五进”活动,通过消费维权服务站,聘请专、兼职消费维权调解员,把维权工作前移至消费前沿;组织 12315 进校园活动,增强学生们的消费维权意识和食品安全知识;实行节假日值班制度,积极受理消费者申诉举报,确保 12315 专线畅通。全年,东湖区共受理各类投诉举报 2231 件,其中申诉 2011 件,举报 220 件。办结率 100%,成功率达 96.3%,调解成功率比 2012 年同期高 3.1%,为消费者挽回经济损失 28.6 万余元。

(周　婷)

行政审批

【概况】 2013 年,东湖区围绕中心工作,以全面简政放权进一步深化行政审批制度改革为契机,扎实推进全区第八轮行政审批制度改革工作,加强行政服务体系建设,大力提升行政服务品质,创建优质高效的政务环境。全年中心服务大厅共受理各类审批办证事项 121067 件(含分中心),各街道(管理处)便民服务中心办件总量为 11679 件,按时办结率 100%,群众满意率 99.48%。

【启动第八轮行政审批制度改革】 2013 年,根据《南昌市人民政府关于印发南昌市全面简政放权进一步深化行政审批制度改革工作实施方案的通知》(洪府发〔2013〕7 号)和《南昌市人民政府关于深化第八轮行政审批制度改革全面简政放权的决定》(洪府发〔2013〕22 号)文件精神,进一步巩固和深化辖区第七轮行政审批制度改革成果,提高政府服务能力和行政效能,结合区情实际,区行政服务中心管委会起草了《东湖区进一步深化行政审批制度改革工作实施方案》(以下称《实施方案》)和《东湖区行政审批否定报告备案制度》。2

月21日，区政府专门召开征求意见会，修改完善《实施方案》。3月4日，正式下发《东湖区行政审批否定报告备案制度》（东府发〔2013〕4号）和《东湖区进一步深化行政审批制度改革工作实施方案》（东府发〔2013〕5号），区简政办对区直有关部门和各垂管部门负责实施的行政审批事项（含行政许可事项、非行政许可事项、服务类事项和涉及行政审批的收费事项）及行政审批涉及的中介服务事项进行了全面清理。7月2日，下发《关于做好市级下放行政审批事项承接工作的通知》，东湖区承接市级下放行政审批事项工作全面展开。7月，针对市农业局、市水务局、市交通局、市粮食局下放的项目，东湖区暂无对口承接部门，区行政服务中心管委会草拟了《关于落实市级下放实施的行政审批项目承接单位的请示》，上报区政府。经区政府第23次常务会议通过，明确区城建局、区商务局做好无对口承接部门的事项承接工作。9月，区行政服务中心管委会草拟了《关于请求印发〈东湖区人民政府关于进一步深化行政审批制度改革的决定〉的请示》，区政府组织召开审批事项征求意见会，区行政服务中心管委会将意见收集整理并修改提交区政府审议。9月30日，正式下发《关于进一步深化行政审批制度改革的通知》（东府办发〔2013〕69号），决定保留区级行政许可事项146项，保留区级非行政许可事项（含服务类）79项；保留行政审批收费24项；保留涉及行政审批中介服务事项5项，取消2项；一审一核审批事项162项，比第七轮增加64项，增加率65.31%；即办件90项，比第七轮增加47项，增加率109.30%。

【推进“两集中、三到位”工作】 2013年，东湖区优化并联审批流程。根据南昌市交管局《关于委托占道（道路开挖、招牌装修、临街立面装修）行政许可（非主要干道）行政审批事项的通知》要求，区交警大队于3月进驻区中心服务大厅，区行政服务中心管委会及时修订完善非住宅装饰装修并联审批流程，将区交警大队占道审批项目列入流程，并于4月正式运行实施。全年，并联审批窗口累计受理并联审批业务77件，办结77件。按照应进必进原则，积极做好新中心大楼前期调研和摸底工作，全面了解各种办证大厅的硬件设施要求、人员配备、管理制度和办证情况等，并对进驻新办公大楼功能用房设计意见进行反馈，谋划新建行政服务中心服务大厅科学布局，形成《东湖区新建行政服务中心大楼建成后部门入驻的工作方案》（东府办发〔2013〕58号），做好搬迁前的各项准备工作。

【强化网上审批和电子监察系统建设】 2013年，东湖区结合第八轮行政审批制度改革，积极做好承接下放事项的后续工作，对全区各部门的行政审批项目和收费标准进行了全面的清理，区相关部门按照《东湖区行政审批事项目录》，实现网上审批及电子监察系统产生的审批数据对接，确保承接下放事项全部进驻行政服务中心并纳入省、市统一的网上审批与电子监察系统受理、办理，杜绝出现管理和监督上的脱节和漏洞。第八轮行政审批制度改革后，东湖区26个部门162项审批进入网上审批系统办理，11家单位行政审批事项共涉及24项收费项目全部列入财政博思收费系统。

【规范公共资源交易】 2013年，东湖区充分发挥市场询价职能，推进区重点项目建设，积极做好了区平改坡工程、区综合服务中心等项目询价工作，重点完成了学校综合改造、区环卫电动垃圾清运车等项目采购任务及区就业局民德路店面拍租、长巷新村文化活动中心工程建设项目招标等工作；扩大政府采购范围，尝试服务类项目采购，圆满完成了东湖区环卫作业市场化服务项目（一期）的公开招标工作。全年，公共资源交易中心共成交项目170个，交易总金额共计5375.31万元。其中建筑工程项目3个，成交金额97.01万元，节约率6.18%；政府采购项目160个，成交金额5162.32万元，节约率15.79%；经营性房产公开拍租项目2个，成交金额99.65万元，增收率25.25%；其他项目5个，成交金额16.33万元。

【加快重大投资项目绿色通道体系建设】 2013年，东湖区贯彻落实南昌市委、市政府关于加速打造核心增长极的要求，在全区大力开展“项目推进年”活动，制定下发“项目推进年”活动实施方案，实行区委、区人大、区政府、区政协领导挂点推进重点项目制度，全面落实“四个一”项目推进机制，积极做好重大重点项目建设推进工作。全年，投资15亿元的华远和平里大楼项目开始招商运营，南昌·琴岛之夜项目（省艺术剧院改造）5月

31日晚精彩首演,计划投资20亿元的中信城市广场项目优化设计方案,青山湖西岸作为南昌市都市生态经济发展基地项目,被列入全省鄱阳湖生态经济区先导区的重大重点项目。

【规范便民服务中心建设和管理】 2013年,东湖区深入推进区、街道(管理处)、社区(村)三级便民服务体系建设,促进街道(管理处)、社区(村)两级便民服务中心(站)规范有序运行,提高服务质量,提升服务水平。根据省、市、区关于推进基层便民服务的工作要求,9月,东湖区制定《东湖区社区(村)便民服务站建设与管理评定工作方案》;12月,东湖区开展街道(管理处)"星级"评定工作,经区街道便民服务中心建设"星级"评定工作领导小组初评,推荐彭家桥街道申报全市"五星级"便民服务中心。

(张淑华)

质量技术监督

【概况】 2013年,东湖区质量技术监督分局(简称区质监分局)以服务经济建设为主线,以实施"质量兴区"为总揽,以严把质量安全为目标,抓质量、保安全、促发展、强质监,开拓创新,务实奋进,主动作为,实现重点突破有亮点,整体推进有实效。

【维护"舌尖上"的安全】 2013年,东湖区有获证食品生产企业5家,生产类食品小作坊63个。区质监部门围绕强化整治、强化责任、严格市场准入、严格监督抽验,加强节假日和重要时间节点的安全大检查,开展糕点、肉制品、乳制品、蜂蜜、儿童食品、饮料、酒类等重点产品专项整治;持续开展打击食品非法添加和滥用食品添加剂专项行动;严格实施市场准入制度,推行许可退出制度,规范食品生产加工秩序,推进建立健全食品安全长效监管机制,切实防范系统性、区域性、行业性食品安全风险,提高食品生产质量安全水平,维护人民群众"舌尖上"的健康安全,全区食品生产环节保持无事故纪录。

【落实食品质量安全责任制】 2013年,东湖区全面落实食品质量安全责任制,质监部门主要领导亲自带队,对辖区各获证食品生产企业进行巡查,详细了解各企业现有的生产环境、经营状况以及落实企业主体责任情况,同时要求食品安全监管人员认真落实监管责任,切实保障食品生产环节安全;6月,区质监分局联合卫生、工商、药监等多部门在区工商局门前场地开展了主题为"社会共治同心携手维护食品安全"的食品安全宣传周活动,现场设立咨询台20个,宣传展板8块,发放宣传单、宣传册300余份,接受群众咨询1000人次。

【坚守特种设备监察安全底线】 2013年,东湖区质监部门坚持"安全第一、预防为主、综合治理"的方针,以"降低事故风险,提高安全效能"为根本出发点,多措并举强化安全监管。坚持特种设备安全"一岗双责",加强与区政府、区安委会及各成员单位的工作协调和配合;抓好特种设备行政监管不放松,联合市质监局开展对特种设备安装、维修、使用单位的行政许可发证后续监管,并加大特种设备使用企业的监督检查力度,全年累计安全监察共362人次,处理投举报案件26件,发放特种设备安全监察责令整改通知书20份,案件5件,消除安全隐患126件,并及时督促相关企业进行整改,确保特种设备安全;加强重大危险源以及重点工程项目的监管,针对学校以及商场、体育场馆、医院、公园、饭店宾馆等公众聚集场所的大型游乐设施、电梯、锅炉、压力容器、压力管道及大型锅炉等重大危险源以及重点工程项目的特种设备开展了专项检查;强化重要时期及重要活动特种设备安全保障,在元旦、春节、十一黄金周以及"两会"期间,加强对大型游乐场所(公园)、宾馆、大型超市的特种设备安全监察;提升全社会特种设备安全意,加大对《中华人民共和国特种设备安全法》、特种设备安全使用等相关知识的宣传。

【做好质量监管服务工作】 2013年,东湖区质监部门大力实施质量兴区战略,做好质量和标准化工作,建立健全"政府推动、部门协作、企业为主、社会参与"的大质量工作机制,定期不定期地向区政府提交重点产品质量分析报告,全面开展了企业"两提升、两争创"活动,在区内5家企业中开展了"质量兴企"活动,并以优势企业带动区域产品质量的提升,鼓励企业积极采用先进标准,深入宣贯卓越绩效等国际先进的质量管理理念和方法，严把原材料入厂关和产品出厂关，确保产品质量，加强信息宣传工作，开展“3·15”消费者权益保护日、质量月等宣传咨询活动，发放《中华人民共和国产品质量法》《中华人民共和国食品安全法》《中华人民共和国特种设备安全法》等法律法规500余份，接受群众现场咨询200余次，形成人人重视质量、人人参与质量、人人监督质量的良好社会氛围。

【开展“计量惠民生、诚信促和谐”活动】 2013年，东湖区质监部门组织开展一系列“计量惠民生、诚信促和谐”双十工程服务活动，通过推进自我承诺，逐步完善诚信计量运行机制，推动诚实守信社会风气的形成，使人民群众从中得益受惠。5月20日，组织开展形式多样的“计量日”宣传活动，在八一公园广场为群众的25台血压计提供了免费检测计量服务；7月，联合直属检定站对东湖区墩子塘集贸市场和东湖区水产批发综合市场的在用计量器具和销售的商品开展计量专项监督检查，共检查在用计量器具30台、公平秤3台，合格率为98%，杜绝短斤少两现象的发生；8月，为华润万家、步步高超市等3个大型超市商场及钟鼓楼、文教北路等6个集贸市场和街面水果店的538台在用计量器（台案称）开展了免费检定工作，受检率、合格率均达到100%。活动营造了精准、公平、诚信的计量环境，推动了计量工作“为民所知、为民所用、为民所享”。

【加大执法打假力度】 2013年，东湖区努力实现行政执法和综合管理两翼齐飞，切实维护市场经济秩序。全年组织开展了对建材、食品、服装等重点产品动和无强制性认证标识产品的专项执法打假行动，共计出动执法人员600余人次，执法车辆200余车次，查处“以假充真”和不合格产品货值60万余元，立案案件106起，立案案件数及查处货值均比2012年增长50%以上，为人民群众挽回经济损失59万元。

【推进条代码工作】 2013年，组织机构代码证办理权限由市级划归区级，东湖区变代码单纯办证为展示质监为民务实形象的窗口，在区行政服务中心开辟了绿色通道，并在该中心新增工作人员1人、电脑1台、扫描仪1台、打印机1台。同时，要求窗口工作人员从“宣传、提醒、帮助、准确”八字入手，始终坚持做到“四个一样”，即干部、群众一样尊重，生人、熟人一样热情，忙时、闲时一样耐心，大件、小件一样对待。全年为企业和群众新办代码证1054套，密钥U盘512张，IC卡1106个。

（余效民）

安全生产监督管理

【概况】 2013年，东湖区安全生产工作认真领会习近平总书记的安全生产工作重要批示，认真贯彻“安全第一、预防为主、综合治理”的安全生产工作方针，牢固树立安全发展理念，紧紧围绕“安全生产年”工作的要求，以遏制和减少事故发生为重点，大力开展“安全生产大检查”和安全生产“三项行动”工作，落实安全生产责任，强化安全生产措施，不断提升安全生产行政执法工作水平，使全区安全生产形势持续稳定好转，杜绝了重特大事故，为东湖区经济发展提供了安全保障。东湖区荣获“2013年度全市安全生产先进单位”称号。

【推进烟花爆竹安全专项整治】 2013年，东湖区为严厉打击非法生产经营烟花爆竹行为，进一步规范烟花爆竹生产经营秩序，结合实际制定《东湖区烟花爆竹经营领域打非专项行动方案》，开展打击非法生产经营烟花爆竹行为专项行动，对辖区内32家烟花爆竹零售点和非法销售摊点开展巡回检查整治，打击非法销售、消除火灾事故隐患；重点对居民住宅区、校园和集贸市场周边环境进行检查整治。举办1期烟花爆竹经销网点负责人安全知识培训班，组织参加培训人员学习了安全监管知识、烟花爆竹管理规定、烟花爆竹违法行为处罚和烟花爆竹安全生产法律法规等四个方面的内容，落实了经销网点的安全主体责任，确保了全区烟花爆竹市场的经营秩序。

【集中开展安全生产大检查专项行动】 6-9月，东湖区为进一步巩固和提升全区安全生产大检查工作成果，防止在全区安全生产大大检查工作中所整改的隐患死灰复燃，在全区范围内开展安全生产大检查行动，并取得了实效。此次安全生产大检查，区安全生产监察大队，对危险化学品和烟花爆竹经营单位进行检查，加强安全监管，健全联合执法机制，坚决打击生产经营过程中的违法违规行为，全面落实建筑施工、低洼危旧房、餐饮娱乐场所、商场、食品药品、电动车停放点、人员密集场所等行业领域安全监管措施，有效防范了各类生产安全事故，特别是有重点和针对性的督促那些问题比较多、隐患严重、事故多发的单位做好“回头看”工作，做到不走过场，不留死角，建立台账，不放过任何隐患和问题。在全区排查的基础上检查重点经营场所235家，发现存在安全隐患的单位27家，安全隐患81处，整改到位78处，2家整改不到位的单位依法进行取缔。

【强化安全宣传教育】 2013年，东湖区为营造安全文化氛围，大力宣传了安全法律法规、普及了安全常识。各街道（贤士湖管理处）在各社区张贴宣传挂画500份，结合区“安全感测评”工作上户放安全知识宣传单30万份。开展安全生产知识“六巡”活动，制作宣传展板，编印安全生产信息简报7期；大力宣传安全生产方针政策、法律法规和安全知识，在6月28日《南昌日报》上刊登《构建和谐社会、创建安全城区》文章，宣传东湖区安全生产工作中的先进经验和典型事例，提高了全区安全生产工作的知晓率，取得较好的社会效果。

【开展安全生产月活动】 2013年，东湖区组织开展安全生产月活动，由安全生产专项经费出资购买各类挂图420套，悬挂张贴宣传标语47条，安全生产活动月期间对全区安全生产宣传长廊进行维修，并出专题黑板报71期，同时利用短信平台发送“安全生产月”相关宣传口号1000余条，并在市、区网站上公布安全生产信息18余条，编印“安全生产月”信息简报2期。活动期间，东湖区安全监督管理局还多次在南昌电视台、南昌日报及江南都市报等媒体宣传报道辖区打非治违工作，宣传东湖区全面推进安全生产综合治理和源头治本，大大提高了居民群众的安全意识。

【加强基层安监工作能力建设】 5月，东湖区组织全区各街办（管理处）分管领导和安监员共50人，举办了1期安监站建设培训班，重点针对全区安全生产五大体系建设和提高街道安监工作能力建设进行培训，进一步强化了安全生产责任意识，切实加强了全区安全生产监管队伍，夯实了基层基础，有效地提高了全区安全生产监管工作水平。

【梳理安全生产行政许可】 2013年，东湖区为提高行政审批效率，根据《关于进一步加强区行政服务中心建设的实施方案》文件精神，对全区烟花爆竹、农药、油漆、危化气体经营单位进行了全面摸底，按照创业服务年的要求，对所有行政许可在网上进行公布，并压缩了办理时限；配合南昌市第八轮行政审批制度改革承接了南昌市安监局下放的危险化学品经营许可行政审批事项。

【安全生产事故情况】 2013年，东湖区生产经营性事故共发生0起，死亡0人，与2012年同期持平；道路交通事故共发生13起，死亡5人，受伤9人，直接经济损失1.69万元，事故起数与2012年同期相比上升8.33%；火灾事故共发生52起，死亡1人，直接财产损失7.29万元，事故起数与2012年同期相比有所上升。

（李　翔）

食品药品监督

【概况】 2013年，东湖区食品药品监督管理部门以确保人民群众饮食用药安全为中心任务，求真务实，与时俱进，坚持科学监管，不断开创食品药品监管工作新局面，深入实施食品药品民生工程，大力整顿和规范食品药品市场秩序。通过全体干部职工团结协作和共同努力，全年，东湖区未发生一起重大食品药品安全事故，并获得2013年度江西省食品药品监督工作先进单位。

【开展“护校行动”】 2013年，东湖区为全面加强学校食堂食品安全监管，开展了两次校园及周边餐饮食品安全专项整治“护校行动”，要求辖区内各类学校、托幼机构食堂认真开展自查工作，严格落实各类学校、托幼机构餐饮服务食品安全第一责任人责任，督促各个学校及托幼机构限期整改食堂中存在的问题，推动辖区11家托幼机构利用暑假期间对食堂硬件设施进行了全面升级改造，整改到位率达到80%。

【推进餐饮食品安全监督量化分级管理】 2013年，东湖区全面实施餐饮服务食品安全监督量化分级管理制度，并将量化等级信息进行公示。东湖区量化分级管理率达 100%，量化等级公示率达 100%。通过量化分级管理工作，全面落实餐饮服务食品安全责任，强化餐饮服务经营者食品安全首责意识，促进餐饮单位诚信经营，规范食品安全操作，提高餐饮服务食品安全监管效能，扩大消费者知情权和选择权。

【开展保健食品和化妆品专项整治】 2013 年，东湖区为进一步加强保健食品和化妆品监管，整顿和规范其市场秩序，通过召开整治工作动员大会，开展自查自纠，出入现场等方式进行监督检查，对存在的问题限期责令整改，对发现假冒伪劣产品立即进行查处。同时对保健食品经营者开展备案工作，已对办理 82 家单位备案登记，并装订成册。

【强化小餐饮店监管】 2013 年，东湖区高度重视小餐饮店专项整治工作，制定《东湖区小餐饮店整治工作方案》，成立东湖区小餐饮店专项整治工作领导小组。同时，制定《东湖区小餐饮店整治考评工作实施方案》，成立东湖区小餐饮店整治工作督查考评组，负责对各街办（管理处）小餐饮店专项整治工作的督查考评。为提高小餐饮整治工作效率，各街办（管理处）对每家小餐饮店均安排了一名工作人员进行包点负责，区食药监局、区环保、执法和工商部门也分别下派专业人员到各街办（管理处）进行驻点负责，对各类小餐饮店开展拉网式检查指导，对发现的问题由相关职能部门下达整改意见书，跟踪督促经营业主整改到位。东湖区获得 2013 年南昌市小餐饮店专项整治督查考评第一名。

【规范小餐饮店经营行为】 2013 年，东湖区为保证小餐饮店达到全国文明城市测评标准和卫生城市标准，向小餐饮店统一印制并免费发放了 2000 份《餐饮服务食品安全监管信息公示牌》《餐饮服务单位食品安全管理制度》及食品安全管理资料袋，使小餐饮店做到从业人员健康证齐全、无超范围经营行为、内部布局合理、基本卫生设施完善、配有餐具消毒和保洁设施、店内环境整洁。同时，在全区范围内打造了小餐饮店示范街 10 条，以点带面，树立典型，促进小餐饮店食品安全长效管理。

【优化小餐饮店审批程序】 2013 年，东湖区在小餐饮店整治过程中，整合各方资源，推行联审联批，提高审批效率，建立快速便捷的小餐饮店证、照办理通道。对整改达标无证小餐饮店，由街办（社区）包点干部和环保、药监、执法、工商部门下派责任人上门验收并签字，药监和工商部门进一步简化办证程序，分别审批发放“餐饮服务许可证”和“营业执照”，在严格遵照标准的基础上，方便群众办事。

【强化药品医疗器械监督管理】 2013 年，东湖区加大药品医疗器械监督管理力度。其中包括加强药械专项检查，重点开展了药品“两打两建”专项行动、含特殊药品制剂专项检查、医疗器械经营专项检查、义齿专项检查、无菌植入性医疗器械专项检查等七项专项检查，出动执法人员 926 人次，检查单位 463 家次，共查办案件 18 件，并查处 5 起无证经营药品或违规经营含可待因的复方口服溶液案件，取缔街头非法收药摊点三处，缴获违法收药广告牌 20 余块；认真做好药械抽验和 ADR 监测，东湖区完成药品监督性抽验 245 批次，医疗器械监督性抽验 8 批，上报药品不良反应 239 例，上报器械不良事件 47 例，监测到违法药品广告 12 个品种；开展药械审批工作，全年共受理换证药店初审材料 21 家，有 19 家通过换证现场验收；13 家药店通过 GSP 再认证检查，现场验收新申办和换证的医疗器械经营企业 45 家次，有 42 家通过现场验收。

【深化食品药品安全快速检测工作】 2013 年，为保障东湖区餐饮服务食品安全快检室正常运行，东湖区政府拔出专项工作经费，将食品药品安全快速检测工作范围延伸到福州路周边，扩大检测覆盖率，加大抽检数量，增加检测项目。通过加强快检室管理，加强检测人员的培训，充分发挥快检室的作用，有的放矢的开展了监督抽验工作。全年，快检室已检测样品 17422 件，平均合格率为 97.3%。

【推广文明用餐理念】 2013 年，东湖区为大力普及文明餐桌知识，打造健康饮食环境，倡导节约用餐行为，在全区餐饮服务单位开展“文明餐桌行动”活动，组织辖区餐饮服务单位在店堂醒目位置张贴“不剩饭，不剩菜”为主题的文明餐桌行动宣传标识，免费发放 40000 余份印有文明餐桌提示语的宣传台牌并要求各餐饮服务单位在餐桌上摆放,积极推动餐饮单位引导消费者合理用餐,主动提醒顾客“吃多少、点多少”,主动为顾客提供餐后免费打包服务,同时增强餐饮服务单位从业人员食品安全意识,提升经营者法制意识。

(刘　薇)

价格管理

【概况】　2013年,东湖区认真落实中央、省、市各项价格政策,区价格监管机构紧紧围绕政府的中心工作,牢牢抓住社会反映强烈的价格收费热点问题,认真履行价格监督检查职能,按照省、市统一部署,开展教育收费专项检查,对全区18所中小学、幼儿园进行了检查,开展质量技术监督和安全生产系统收费专项检查,对区质量技术监督局和安全生产监督局进行了检查。检查结果是整体收费都比较规范,项目清楚,能够严格执行法律、法规及“收费许可证”中的收费项目及标准进行收费,没有发现乱收费行为。

【加大价格举报力度】　2013年,东湖区在抓好专项价格监督检查的同时,毫不放松市场价格监管,积极发挥“12358”价格举报投诉热线作用,受理并及时答复或调解群众的价格举报投诉案件,做到有诉必接、有案必查、有查必果、有果必复,切实维护了广大群众的切身利益。全年共受理价格举报257件,其中价格咨询219件,举报案件38件,上级部门交办查处案件6件,退回消费者金额总计1032元,办结率100%。

【开展“明码实价示范街”创建工作】　2013年,为进一步规范价格行为,维护市场价格秩序,促进公平、公开、合法的市场竞争,维护消费者和经营者的合法权益,根据市创建办、市价检局统一安排,东湖区发改委组织开展“明码标价示范街”创建工作。示范街采取划片分段包干方式,对步行街418户商家进行《“明码标价示范街”经营户登记表》登记,对商业街的各个商家进行明码标价检查和讲解、宣传、服务,切实规范该街区商家的明码标价行为,提高“明码标价示范街”的标价水平,使示范街固定商户标价率达100%。

【平价商店建设上新台阶】　2013年,东湖区开设18家平价商店,为平抑蔬菜和农副产品价格,发挥了重要的作用,深受老百姓欢迎,同时加强平价商店日常考核管理,从8月开始,通过监督检查、暗访抽查、日常巡查等方式对18家平价商店进行不定期考核,每次考核结束后,都及时将考核情况及存在的问题反馈平价商店经营企业,督促其进行整改,以便充分发挥平价商店稳定农副产品价格的作用。

【做好价格鉴证工作】　2013年,东湖区价格认证中心共接受司法机关、行政执法机关、仲裁机构的价格委托201件。其中,刑事案件所涉及的各类有形物品标的金额260万元,为司法机关办理刑事案件提供了有效的依据,维护国家利益,保护公民、法人及其组织的合法权益,保障司法、行政执法和仲裁工作顺利进行。

(孔　娜)

统计管理

【概况】　2013年,东湖区坚持以科学发展观为统领,紧紧围绕“繁荣精品幸福文明”东湖定位,从全区发展大局出发,以统计数据质量为中心,以统计“四大工程”建设为主线,以强化统计优质服务为主题,内练素质,外树形象,求真务实,开拓进取,多举并重,圆满地完成全年的各项统计工作任务。

【加强统计监测】　2013年,东湖区以统计数据采集工作为切入点,严密监测全区经济发展趋势,并建立起统计快速应急机制,有效开展各时点GDP预测和重点统计指标监测。通过确保应统尽统,严格把握数据准确性,努力把发展成果反映好、发展过程监测好、发展情况分析好。重点加强对固定资产投资、社会消费品零售总额两大指标的分析研判,按照实事求是的原则及时提出预警信号。

【加大分析调研工作力度】　2013年,东湖区统计部门通过不断加大统计调研工作力度,深入对区域内重点行业、企业及特色产业及时开展多种专项调研,有效地增强对经济走势判断和预测的准确性与及时性。全年累计印发《东湖统计动态》

18 期,《东湖统计信息》12 期,在区和省、市局采用的动态、信息 100 余篇。

【优化升级数据资料】 2013 年,区统计局为更好地服务区域经济发展,在以往数据资料的编印基础上,全面升级优化了各类统计数据资料。其中《东湖区经济社会统计年鉴》《东湖区情》《数字看东湖》《2011～2012 东湖统计成果汇编》等具有较高参考价值的资料汇编,为各级领导和部门提供了详实、全面的数据资料,为各项决策提供有利参考。

【做好第三次全国经济普查前期准备】 2013 年,东湖区统计局圆满完成第三次全国经济普查前期准备工作,组建第三次经济普查机构;制定第三次经济普查工作实施规划和工作流程;完成普查员和指导员的选聘工作,并以 2012 年基本单位年报工作为基础,大力开展清查工作,对辖区内企业进行核实、完成单位的基本信息采集和录入工作,为 2014 年第三次经济普查的全面开展打下了坚实的基础。

【完成全国投入产出调查任务】 2013 年,东湖区统计局以提高数据质量为核心,按照市投入产出办的统一要求,在区委、区政府的正确领导下,对抽取的 27 个行业的 47 家企事业单位进行了上户调查,在全局的共同努力下,圆满完成了调查数据登记及录机审核、汇总、上报工作。

【全面展开城乡一体化调查工作】 2013 年,东湖区统计局根据全市统一部署,精心谋划,有序推进东湖区城乡一体化调查工作,对全区 7 个街道 9 个社区的 88 户记账户开展城乡住户调查,建立严格的数据质量检查、审核和评估制度。

【完成文化产业调查】 2013 年,东湖区为了更准确摸清辖区文化产业情况,根据省统计局有关文化产业调查的文件精神,采取多项举措确保圆满完成文化产业调查工作。通过新标准重新整理调查名单。抓好落实、强化学习培训及做好业务指导。切实把好登记质量关,严格执行统计报表制度,严格实行数据质量责任制,采取有效措施保证统计数据从源头上客观、真实、准确。经过认真调查,全区圆满完成 456 家单位核查工作,为建立健全东湖区文化产业调查制度奠定了基础。

【完成了其他各项常规统计调查】 2013 年,东湖区统计局秉着求真务实的精神,精心组织,积极开展了 2013 年规下工业企业调查、2013 年南昌市私营企业职工薪酬调查、2013 年人口变动调查等十余项调查工作,圆满完成了各项调查任务。

【强化统计法治建设】 2013 年,东湖区统计部门认真贯彻落实统计"六五"普法规划,结合"四大工程"建设、法制宣传日等活动,广泛开展统计法制宣传教育。利用各种业务培训、会议,对统计人员进行统计法律知识和统计职业道德教育,着力提高统计人员的统计法律意识和依法统计、依法行政的能力。加大查处统计违法案件的力度,认真开展统计执法大检查,全年共发放催报单 26 份,依法警告处分 1 次,有力减少和杜绝统计违法行为的单位和个人存在。

(陈　颖)

审计管理

【概况】 2013 年,东湖区审计工作围绕全区中心工作,认真贯彻落实中共十八大精神,积极履行审计监督职责,当好公共财政"卫士",较好地发挥了审计"免疫系统"功能。全年共完成审计项目 47 个,占全年计划数的 146%。工程竣工决算审计为国家节约财政资金 660 万元。提交审计综合性报告及信息 34 篇,向被审计部门提出问题整改建议 37 条。东湖区审计局在市综合业务工作考评中获得全市第一名。

【区本级预算执行情况审计受肯定】 2013 年,东湖区牢固树立"财政审计大格局"的理念,以预算执行为主线,全部政府性资金为主要内容,财政专项资金为审计重点,组织力量开展了 2012 年度财政预算执行情况审计。区本级预算执行情况审计结果报告在代表区政府向人大常委会汇报后,得到一致好评。

【政府投资建设项目审计绩效好】 2013 年,东湖区对 30 个重大投资项目进行了审计,施工单位送审金额为 2758 万元,审定金额 2098 万元,核减金额 660 万元,核减率 24.12%。

【基建工程跟踪审计纳入正常审计计划】 2013

年，东湖区对南昌市滨江学校、区综合服务中心、校园提升改造建设项目纳入年初审计计划并及时进行了跟踪审计，审计人员对工程材料、工程质量、工程数量均做到了前期介入，有助于降低工程成本、提高工程绩效，确保项目建设廉洁、高效。

【区红十字会会费成为每年审计对象】 2013 年，东湖区为规范区红十字会会费管理，加大群众对会费使用情况的知情权，将对红十字会会费收支情况每年进行一次审计。

【八项规定纳入领导干部经济责任审计范畴】 2013 年，东湖区对 11 名科级党政领导干部进行了任期经济责任审计。审计实施中将党政领导干部贯彻落实中央八项规定和区委相关要求作为重点内容。

【开展民生工程资金管理专项调查】 2013 年，东湖区结合民生领域改革和发展情况，以维护群众利益作为审计工作的根本出发点，对全区家电下乡补贴、医疗救助社会保障等资金管理和使用情况进行了审计，重点监督检查民生相关政策落实情况，严肃查处损害群众利益的行为。调查结果表明，全区民生工程资金管理较好，个别违规单位及时退还了挤占挪用的专项资金。

【开展城市管理经费专项调查】 4 月，东湖区为充分发挥审计监督服务城市管理的作用，由东湖区审计局、区财政局组成核查小组，对全区九个街道所辖环卫所、区垃圾清运队、区垃圾渣土清运管理所和区城市管理局、市城市管理行政执法局东湖分局 2012 年度的城市管理、保洁等专项作业经费的收支情况进行了核查，并根据核查结果提出了相关的审计建议。区城管委及时采取措施，制定城市环卫经费市场化动作的方案，并报经区政府常务会议通过，东湖区率先在全市推广市容环卫作业市场化运营。

【二七北路临街店面房租收支专项审计】 2013 年，东湖区审计局对二七北路临街店面房租收支情况进行了专项审计。针对该店面拆除后，村民生活水平变动进行了分析，并提出由区财政转移支付村民一部分收入，确保社会稳定。

【开展“一大四小”绿化专项资金审计】 10 月，东湖区审计局受南昌市审计局委托，对南昌市西湖区“一大四小”绿化专项资金管理使用情况进行了专项审计。审计按照“核来源、审去向、查违规”的原则，以造林绿化“一大四小”财政专项资金为主线，重点对“一大四小”工程财政资金来源的真实性、使用情况、资金管理情况、“一大四小”工程建设资金在筹集、管理和使用情况进行审计，揭示截留、挤占、挪用、虚报冒领、挥霍浪费及侵占贪污等违法违纪问题。

【完成上级授权审计项目】 2013 年，东湖区审计局及时与南昌市审计局相关处室沟通，部门主要领导亲自组织并安排学习培训，加强质量控制制度建设，高质量地完成了南昌市房地产经营公司 2012 年财务收支审计项目。审计结果报告得到市审计局和被审计单位的双重肯定。

【组织参加全省审计法律知识竞赛】 2013 年，为庆祝审计机关成立三十周年，东湖区审计局组织全局干部和辖区内部审计人员参加全省审计法律知识竞赛，督促审计人员准确掌握和运用法律法规和方针政策，从而提高审计质量，防范审计风险。

【强化审计法规宣传工作】 4 月，东湖区审计部门为进一步贯彻落实中央关于改进工作作风，密切联系群众的八项规定，汇编印发《审计法规及相关规定》的宣传手册，下发给区属单位党员和领导干部。此活动对加强审计法规的宣传和提高党员、领导干部接受审计监督的自觉性，以及规范审计人员审计行为起了积极作用。

（黄　惠）

城市建设和管理

综　述

2013年，东湖区立足服务全市整体规划，加快基础设施建设，加大旧城改造力度，抓好城市管理，不断提高中心城区宜居水平。全年，滨江规划路网已完成投资4000万元，规划一路已投入使用；投入5000余万元实施八一桥周边房屋平改坡工程，完成39栋建筑施工；投入5000万元全面开展33个社区环境综合整治工程，年底前全面完工；大力开展地下停车场整治工作，已清理被挪用停车泊位1800余个。在全市率先完成轨道交通二号线（东湖段）房屋征收总任务的70%；青山南路贤士湖棚户区改造项目（中金黄金项目）成为全市旧城改造正式启动以来，第一个落地推进并全面完成房屋征收的旧改项目；大力推进“拆违拆临、建绿透绿”专项行动；启动南昌“双拆”专项行动第一拆；至12月，二七北路沿线已拆除292间店面，面积约1.2万平方米，市委、市政府主要领导多次现场视察该路“双拆”工作并给予积极肯定。率先在全市推广市容环卫作业市场化运营，涉及全区9个街办所有市政道路，形成“政府投资管理、企业运营作业”的管理模式，实现市容环卫工作管干分离；突出权责清晰、运转高效，出台《东湖区城市综合管理工作考核暂行办法》，城市管理机制不断创新；深入开展了“五车”、小餐饮店、集贸市场等10余项专项整治活动，城区形象得到改善。坚持制度准绳，稳推违章施工专项整治，“四个一律”经验做法得到全市推广。深入开展“蓝天”行动，全面完成节能减排任务。

（区史志办公室）

城市建设

【概况】　2013年，东湖区城市建设部门以党的十八大精神为指导，以实施精品东湖为主线，全力推进市政建设、园林绿化等民生工程建设，扎实开展社区环境综合整治，进一步强化建筑、市政、园林等行业引领和信用监管，转变作风，注重实干，努力提升机关服务效能，着力打造工作新亮点，推动城建事业健康和谐发展。东湖区城市建设局（简称区城建局）先后荣获南昌市“建设行业综合目标管理先进单位”、区“社会综合治理”先进单位等荣誉称号。

【加快道路工程建设】　2013年，东湖区道路工程建设任务繁重，区城建局倒排时间、突出重点，规划一路已于5月底完工，规划支路招投标等前期手续和拆迁征地工作已完成，并进行了施工图设计和地质勘探，配合区综合行政大楼建设进场施工，预计于2014年底前完工。全年完成辖区九个街办和贤士湖管理处的路灯亮化整治工作，新装路灯共1749盏；完成八一桥周边39栋建筑物立面改造。有效缓解城市交通压力，为城市“畅通”“亮化”奠定基础。

【旧城改造工作稳步实施】　2013年，东湖区按照南昌市政府的统一部署，全面启动胜利路交通银行及周边危旧房改造项目。从区城建部门抽调人员组成动迁小组，8月20日进驻现场重新启动项目房屋征收工作，共签订拆迁补偿安置协议103份。同时，完成滨江片区周边棚户区改造项目初步调查摸底和概念性规划编制。

【推进“畅通省城”专项工作】 2013年,东湖区根据“畅通省城”专项工作实施方案的部署,有效推进市政道路和停车场建设。为加快提升道路通行能力,做好“畅通省城”专项工作中地下停车泊位挪用清理的进度动态跟踪,实行动态管理,保证节点目标的完成。按照“六个一”的工作要求,已清理1800余个地下停车泊位,有效缓解停车难的问题。

【落实工程质量安全生产监管】 2013年,东湖区加大对工程重点部位及质量控制点的巡查、抽查力度,逐步实现质监档案标准化、规范化。强化安全监管责任落实,扩大监管视野,全面提升安全监管能力和水平;强化企业安全生产主体责任,指导企业进一步完善内部安全管理体系,全面开展施工现场主要管理人员LBS在岗定位考核工作;深化对危险性较大分部分项工程专项治理,突出抓好深基坑、高支模、脚手架和建筑起重机械设备隐患排查治理,严厉打击安全生产违法违规行为,及时消除建筑施工各类安全隐患,确保建筑施工安全生产形势平稳。全年共检查在建工程12个,签发整改通知书36份,未发生一起安全事故。

【严格规范招投标工作】 2013年,东湖区严格贯彻招投标有关文件精神,不断推进网上招投标的规范化和科学化,实行政府投资工程预选承包商制度,规范政府投资工程项目招投标。拓宽网上招投标工程实施范围,进一步维护招投标市场秩序,有效地打击围标、串标现象;建立中标企业履约质量跟踪考核机制,加强中标企业履约行为的监督管理,建立标后管理检查的常态化机制,推进建筑市场诚信体系建设;加强对招标代理机构和评标专家的管理;进一步加强工程造价计价管理和工程造价咨询市场的监管。全年完成校园整治工程等12宗招投标工作,合同中标造价共计13880万元。

【市级行政审批事项承接到位】 2013年,东湖区城建部门按照国务院“精政放权”的工作目标和南昌市委、市政府《南昌市人民政府第八轮市级行政审批事项下放》的工作要求,结合市委、市政府出台的《关于加快民营经济发展的政策措施》等便民利民为民的政策文件,组织、制定承接工作方案,合理调配,做好提速、提效,顺利的完成承接工作,承接后区城建部门新增行政审批事项16项,全年共受理办结216件,受理办结率100%,群众满意率为100%。

【加强市政设施维护管理】 2013年,东湖区以实施《南昌市城市管理条例》为契机,依托数字城管,狠抓市政设施长效管理。共计清掏窨井7452座次,维修窨井910座,更换井构件805套件,新建窨井715座,维修各类路面138813平方米,维修补栽路沿石3606米,机械疏通下水道29882米,清运余土淤泥8345立方米,辖区小街巷安装路灯4998套。确保了辖区内市政道路的平整、下水道畅通。

【完成防汛排涝工作】 2013年,东湖区严格落实区防汛工作会议精神,认真制定《东湖区防汛排涝工作预案》,做到目标明确、机构落实责任、成立队伍、备足物资、24小时值班、信息联络畅通,落实了城区排涝各项应对措施,圆满完成全年防洪排涝抗旱工作。

(周　菁)

城市绿化和管理

【概况】 2013年是东湖区城市园林绿化工作取得新突破、新发展的一年。东湖区围绕创建国家文明城市为目标,坚持“以人为本、生态优先”的原则,大力推进全区园林绿化建设和管理。以重点绿化工程建设为契机,以新增公共绿地面积为工作重点,以精细化管理工作为抓手,高起点、高标准、高水平、高层次地做好“控绿、建绿、添绿”,健全长效管养机制,实现各项工作的良性运转。截至2013年,全区拥有园林绿地面积468.84公顷,绿化覆盖面积468.97公顷,公共绿地面积278.57公顷,城区绿化覆盖率29.74%,人均公园绿地面积7.11平方米。

【及时补栽苗木】 2013年,由于人为损坏、自然老化等原因,东湖区区属部分游园、绿地、道路存在着不同程度的苗木死亡、缺株断垄和黄土裸露现象,直接影响着城市景观。针对城市管理和创建文明城市的要求,东湖区在组织人员进行专题调研和分类统计的基础上,投入资金76.16万元,大力实施苗木补栽工程，共栽植乔木4550株、花灌木21.37万株、草坪1.15万平方米。

【提高园艺修剪水平】 2013年，东湖区学习先进城市经验，推动绿化管理工作科学化、精细化和长效化，结合创建文明城市及重大迎检活动，挑选修剪技术过硬、工作经验丰富的业务骨干，成立修剪队伍，根据树木的生长特点，对行道树和绿化植物定期修剪。举办修剪技术培训、修剪技术大比武等活动，提高一线园林职工的模纹修剪和植物造型水平，确保植物株型美观，生长旺盛。

【实施园林绿化网格化管理】 2013年，东湖区创新工作模式，把网格化管理作为园林绿化长效机制，结合工作实际，制定《区园林绿化网格化管理实施方案》，将管辖范围内的公园、游园、绿地、道路，划分为8大区域80个网格，每个网格内都设立标识牌，公布负责人、责任人、管理员的相关信息，把任务责任到人，落实到人，形成了横到边、纵到底的网格体系，极大地提高了工作效率和水平。完成规划一路、二路行道绿化工程和规划六路(大地龙泉湾)街头绿地、七里村农民公寓景观绿化工程和6个社区绿化工程。

【加强园林绿化监管力度】 2013年，东湖区本着“建绿管绿兼顾，爱绿护绿并重”的原则，重点加强与人民群众密切相关的社区、小区的大树修剪、危树倒树处置、公园的保护和建设、各类毁绿占绿事件等工作，及时认真地处理群众举报、信访和“数字城管”投诉件，已处理诉求件39件、微博诉求件3件、行政审批16件，办理人大建议2件、政协提案7件，解决信访事项2件，做到事事有回音，件件有落实。组织园林工作人员定区域、定责任的对草坪、行道树等处进行全天候巡查，彻底清理越冬垃圾、干枯树枝等，确保洁净无死角，紧密编织绿色家园保护网。巩固保护园林绿化成果，特别是对古树名木做到定期巡查、防虫、防病，并派专人按季度对古树名木进行跟踪管理，全年共完成3次巡查。

【营造花团锦簇的景观效果】 2013年，东湖区以创建文明城市、迎接各级检查为契机全面开展辖区美化工作，先后在富大有路、二经路等15条次干道、公园、广场及各主要节点等地块种植、摆放特色花坛，种植草花10万余盆(株)，通过大量花卉及品种的优化组合、色彩搭配，突出层次感，展现立体美，配合夜间灯光亮化技术，营造出花团锦簇、流光溢彩的城市美景，体现城市文化韵味。

（周　菁）

城市环境保护

【概况】 2013年，东湖区以环境优化促经济发展，以环境美化促民心聚合，以环保成效促社会和谐，以污染减排为重点，监管与服务并举，依法行政与强化治理并重，积极推进生态文明建设，不断强化环境管理，切实改善环境质量。全年，东湖区共办理各类环境许可事项369件，其中，报告表13个、登记表346个、项目验收10个、核发排污许可证10家、审查江西省环保厅批复项目3个、拒批建设项目3个；按期办结率100%，满意率达100%。

2013年5月25日，东湖区环保局工作人员在八一公园向市民宣传《噪声污染防治条例》

【加强日常环保监管工作】 2013年，东湖区内东湖、南湖、北湖、贤士湖、玉带河北支及赣江东湖段的排污口情况进行10次巡查；对36家上规模餐饮行业的排污设施进行3次检查，确保其排污设施正常运转。完成了江西省环保厅下达的辖区内4家环保相关产业单位的基本情况调查。完成了南昌市环保局部署的辖区内锅炉及重金属企业的调查摸底工作。对辖区内40余家医疗单位的医疗废物处理情况进行全面检查。

【落实餐饮业、娱乐业整治】 2013年，东湖区共查处噪声、油烟污染源236个,安装使用油烟净化器119台。执法人员对餐饮业、娱乐业店家分别进行现场督办和有关的法律法规宣传教育,使62个扰民经营户在限期内较好地落实了治理决定。

【深入核查“四小店面”】 2013年,东湖区核查了600余家无证小餐饮店、小美容美发店、小作坊、小浴室,并对其中250余家存在油渍污染的小餐馆进行了查处,关停60余家环保不达标的四小店面。11月10日上午,东湖区环保局接到居民关于青山路长青路的浴室产生的烟尘扰民的投诉后,环保局立即派出工作人员来到现场调查,了解到三家浴室是当地住户在自家的私房内经营没有名称,未办理任何证照及环保手续。区环保局工作人员当场下达限期整改通知书,并要求其在11月17日8时前整改到位。11月18日,区环保局工作人员回访现场后发现3家浴室没有在规定的时间内进行整改,按照要求责令其停业,并采取相应的措施。

【强化监管整治排污单位】 2013年,东湖区对辖区内77家排污单位的环保治理设施进行了检查;对52家排污单位的“三同时”(即建设项目中防治污染的措施必须与主体工程同时设计、同时施工、同时投产使用)执行情况进行了检查,督促19家排污单位补办了“三同时”环保设施验收手续;对86家群众反映强烈的排污单位下达了限期治理整改通知;对212家核发了排污许可证的排污单位进行了执法检查。

【及时处理环保投诉】 2013年,开通了24小时“12369”环境信访投诉热线。东湖区建立了相应的督查机制,对环保投诉进展情况进行督查、指导,确保每项工作有计划、有督促、有反馈、有成效。共处理各类投诉案件369起,处理率达到100%,结案率96%。

【开展省级生态村创建工作】 2013年,东湖区积极开展省级生态村(永溪村)的创建工作。区环保局成立了创建省级生态村建设领导小组,为了充分调动广大村民参与保护和建设生态环境的积极性和主动性,采取了以下措施:利用宣传栏,固定宣传标语、警示牌,持续深入宣传改变生活方式、保护生态环境,养成良好生活习惯,对提高身体素质,宣传外出务工村民从城市带回的现代文明生活卫生行为,用他们的现代生活理念和生活方式影响其他村民,维护环境卫生的村规民约;把生态环境保护建设作为一项工程,纳入村内事务村民要知道、要做主、要参与、要监督、要满意的“五要”工程加以实施,认真贯彻执行环境保护方面的政策法规,教育村民依法办事,制定村规民约,重视生物防治,科学使用化肥,维护生态平衡,开展卫生整治活动;开展以“三清六改”为主要内容的家园清洁行动,发动村民进行彻底的卫生大扫除;兴建1个垃圾收集点,并配备1名专职环卫人员定点及时清理和管理村庄中的垃圾;对村中的简易厕所、猪圈进行改造动员,推广家禽家畜圈养,开展对重金属行业、铅酸蓄电池行业、涉汞行业专项排查,制定了东湖区危险废物普查更新实施方案,排查了辖区内危险废物经营单位。

【环保监测大楼】 2013年,为加强东湖区的生态环境,减少对空气、水体的污染,东湖区就提高辖区的环境保护工作能力,决定修建东湖区环保监测大楼。监测大楼主体工程于12月下旬竣工。项目位于贤士湖管理处长巷村规划八路上,总占地面积3666.69平方米,地上7层,建筑物占地面积6313.26平方米。为提升东湖区环境监测能力提供有力的技术支持和坚实的物质基础。

【邮政路1号突发不明刺激性气味】 8月5日上午10点40分,东湖区环保局接到东湖区政府紧急通知,邮政路1号发现不明刺激性气味。区环保局立即组织工作人员前往事件发生地。到达现场后,了解到事情经过是上午社区干部在清理空中垃圾时发现该不明遗弃物,以为是生活垃圾,随即用竹竿将其捅下来,该遗弃物大量泼洒出来,散发出浓烈的刺激性气味,社区干部立即打电话反映该情况。接到通报后公安、环保、卫生等部门都派出工作人员对突发情况进行处置。经过现场分析,该不明刺激性气味主要成分为十一醛和十三烷。十一醛用作花香香精抽变调剂,用于化妆品、皂用香精中,经皮肤吸收后对身体有害,具刺激作用,对环境也有危害。十三烷用作有机合成原料,吸入、摄入或可造成污染。在了解了污染物性状后立即采取沙土覆盖的应急处置措施,同时建议聘请有资质的单位对现场的覆盖用沙土和人行道板进一步处置。现场监测的数据未对周边环境造成二次污染。

（谢　宁）

城市环境卫生管理

【概况】 2013年，东湖区在南昌市城管委的指导下，重点强化市容督查力度，切实整改南昌市“啄木鸟在行动”反映的各种问题，率先推行环卫作业市场化，进一步提高了东湖区市容市貌管理水平、服务能力、生活环境，城市管理再上新台阶，城市面貌焕然一新。东湖区城管局市容督查队分工会被中华全国总工会授予了“全国模范职工小家”荣誉称号。

【规范建筑垃圾处置工作】 3月27日上午，南昌市城管委副主任王立团一行对东湖区建筑垃圾处置开展专项考核。考核组对东湖区建筑垃圾消纳场、装修垃圾及固体废弃物堆放点、建筑垃圾运输企业备案情况、联合整治方案落实情况、联合整治队伍落实情况、值班记录、执法日志、审批材料、转办案件工作进行全面检查。考核组强调，东湖区作为全市中心城区，要在建筑垃圾处置工作做好表率和引领作用，要继续加大巡查整治力度，确保建筑垃圾处置工作规范、有序开展。

【“三公开”做好审批窗口服务工作】 2013年，东湖区城管局开展“三公开”做好审批窗口服务工作。公开审批信息，通过东湖区政府网站，及时将审批结果公开，打造“阳光政务”；公开审批程序，通过宣传导册，及时将审批事项公开，方便办事群众；公开窗口人员，对窗口工作人员定岗、定责，强化工作责任和为民服务意识，促进优质服务。全年东湖区城管局共受理指导门店招牌共177起，办结177起，办结率100%，群众满意率100%。

【实施临街门店“亮证”管理】 2013年，东湖区深入推行临街门前责任制工作，制作15000个临街门前责任制牌，发放至临街门店店主，并与其签订《承诺书》。对临街门店出店经营、门店招牌、门前卫生、车辆停放、垃圾广告、吊挂物、废弃物和堆积物等项目实行周考核制度，对不按照规定的临街门店业主进行处罚。临街门前责任制牌的实施，有效地调动了临街门店业主参与临街门前管理积极性，促使东湖区临街门前责任制长效化、精细化、标准化。

【首创环卫作业市场化改革】 2013年，东湖区将全区9个街办207条市政道路（主次干道及背街小巷）、面积313.68万平方米的环卫作业全面推向市场购买服务，将城区环卫全部外包给深圳洁亚公司，在南昌市首开环卫作业市场化改革先河。通过实行环卫作业市场化，使环卫工人待遇有了明显提高。实施环卫作业市场化后，环卫工人工作待遇由原来的1000元/月提高到1230元/月以上。洁亚公司为符合条件的环卫工人都办理了养老、医疗、工伤保险和商业保险，不符合办理社会保险条件，则购买了商业保险和相应提高了其工资待遇。同时使得环卫作业机械化率得到极大提高。洁亚公司新购置了洗扫车、高压清洗车、洒水车、垃圾翻桶车等10台大型机械车辆，补充购置了一批环卫机械设备，机械化作业车辆由原来的20多辆增加到现在的300多辆，尤其是增加了全省首辆人行道扫地车、全市首辆大型洗扫车、中型垃圾翻桶车等新型车辆，极大地增强机械化作业力量，实现过去人工作业向人机结合作业、板车收运向机械化收运转变，机械设备利用率和作业效果同步提高，减轻了环卫工人的工作强度。市容环境质量也得到极大改观。成立了清扫保洁队伍、果壳箱清掏、垃圾广告清理队伍等7支专项队伍，进一步细化了环卫作业领域，完善了相关基础设施，实现了垃圾桶装化、垃圾袋装化，市容环境质量有明显改观，受到广大群众的一致好评。城市管理体制得到极大改善。通过推动环卫工作管干分离，进一步完善环卫精细化管理细则和考评标准，逐步形成了政府部门监督、企业运作的良好管理机制。培育了市场主体，有效解决了环卫工作投入与产出之间的矛盾，使环卫工作的发展步入良性循环轨道。

【举行环卫机械清运车辆发放仪式】 7月19日上午，东湖区举行环卫机械清运车辆发放仪式。区领导贺瑞虎、毛永钢出席，区城管局班子全体成员，区政府办、区创建办主要负责人参加。共发放的电动垃圾转运车均为密闭电动自卸式垃圾车40辆，其中32辆电动垃圾清运车、2辆电动翻桶垃圾清运车、6 辆电动车厢可卸式垃圾车，全部用于严控区和重点区域的道路作业。为全区垃圾清运，创建整洁环境夯实物质基础。

【章金媛爱心奉献团为环卫工人免费体检】 8 月 9 日上午，南昌市第一医院携手章金媛爱心奉献团免费为东湖区近千名环卫工人进行全面体检，让环卫工人了解自身身体状况，使隐藏的疾病能够早发现、早治疗。章金媛爱心团用实际行动向坚守在高温一线的城市美容师送去白衣天使的关爱，医务人员和爱心志愿者的一举一动与每一声问候都传递了对城市美容师的敬意。

【市领导现场指导拆违拆临工作】 10 月 20 日上午，南昌市领导郭安、张鸿星、刘建洋、高伟一行到二七北路 717 号一栋两层楼 128 平方米的临时建筑的拆除现场，指导东湖区拆违拆临工作，区领导戴晓明、贺瑞虎、黄国农、毛永钢陪同。该处由东湖区城管局负责拆除，打响了东湖城管“第一拆”。拆除后，将此进行美化绿化，真正还老百姓一个舒适优美的居住环境。

【公厕实现“专人专管、免费不免责”】 2013 年，东湖区开始实行公厕“专人专管、免费不免责”。人性管理公厕开放时间，八一广场及中山路等主要商业街周边公厕实行全天 24 小时开放，其余公厕开放的时间为每天 7 时至 21 时 30 分。考虑到一些平房的集中区域，居民有夜间如厕的需求，选择了铁街、环丘街上两座公厕实行 24 小时开放。时效管理公厕投诉情况，对于市民投诉，按照“3 个 2”原则进行处理，即 20 分钟内通知质检员，2 小时内质检员到现场，24 小时内反馈处理结果。制度管理公厕成本支出，根据各公厕规模与人流量情况，定期对各公厕的环卫设施消耗品进行检查，将环卫设施消耗品检查纳入月考核项目，建立环卫设施消耗品节约奖励机制，有效控制成本支出。

【环卫先进个人受表彰】 2013 年，南昌市第十七个“江西省环卫工人节”庆祝表彰活动中，百花洲环卫所邓江、公园环卫所缪高群、董家窑环卫所魏剑平、八一桥环卫所吴娄茜、滕王阁环卫所张清秀、贤士湖环卫站韩晓明、环卫车辆修理厂李寿根等 7 人荣获 2013 年南昌市“环卫先进工作者”荣誉称号。

（刘秋燕）

国土资源管理

【概况】 2013 年，东湖区国土资源管理部门以党的十八大精神为指导，以全市国土资源工作重点为切入点，采取积极有效措施，竭力提升综合服务能力，为全区发展建设做出了重要贡献。2013 年，东湖区国土资源管理工作取得了丰硕的成果：青山胡西岸项目有了突破性进展，安置地块已大部分落实，收储到位，拆迁正全面启动；引导政府用地纳入法制管理轨道，全年没有出现违法用地，连续实现“零问责”；在土地收益工作中较 2012 年增长 12%，创历史新高。

【完成征地农民养老保险参保资格认定】 2013 年，东湖区按照《东湖区被征地农民参加养老保险实施方案》，由南昌市国土资源局东湖分局（以下简称东湖国土分局）组织相关人员对辖区贤士湖管理处所涉被征地农民进行养老保险参保资格认定。工作中，逐个核对 4582 人的参保资格的认定，（其中职工社保 4441 人，居保 141 人），保证被征地农民的合法权益，合法有序的解决被征地农民的后顾之忧。

【“三权”发证工作走在全市前列】 2013 年，东湖区国土资源管理部门依据《江西省人民政府办公厅关于开展农村集体土地确权登记发证工作的通知》的精神，成立了工作领导小组，加强了领导，在登记发证的权属调查、建筑物临近四边盖章等具体过程中，按照“点上试验、以点带面、积累经验、全面推开”的原则，统一操作程序、标准、和做法，从技术上提供保障，共完成贤士湖管理处 6 个行政村的 143 宗集体土地所有权登记发证工作，使这项工作走在全市前列，依法保护了国家和农民集体土地的合法权益。

【落实青山湖西岸安置用地】 2013 年，东湖区国土资源管理部门为推动青山湖西岸改造项目分步实施、滚动发展，对青山湖西岸范围内的收储地块基本情况进行了全面的调查，并形成含图、文、表格等内容的 PPT 汇报材料，协助青山湖西岸指挥部、市储备中心多次前往省物质储运公司、中国工商银行江西培训中心、登月食品公司等相关国有单位洽谈土地等收储事宜，完成了李家庄、谌家坊地块面积44746.89平方米和钢材市场184667.59平方米的土地收储，加快了该项目的整体开发建设。

【加强土地卫片执法检查】 2013年，东湖区国土资源管理部门按照《国土资源部关于开展2012年度土地矿产卫片执法检查工作的通知》精神，通过学习培训、核实整改、录入数据、立卷归档、成果上报等环节，对辖区内的5个图斑（95707.15平方米）进行了实地核查，在核查过程中严格执行文件齐备、图件齐全、真实准确的原则，形成检查成果上报国土资源部信息执法平台，通过验收检查。

【刘建洋调研青山湖西岸工作】 2013年底，南昌市副市长刘建洋副市长一行到青山湖西岸，就省工行培训中心、登月食品厂、青山湖区粮食局仓库土地收储工作进行调研。刘建洋副市长边听取东湖区收储人员工作汇报边实地察看后指出：要适时调整安置房用地规模，保证用地收储、群众生活两不误；要对项目地类、权属、面积等一系列指标进行无误核查，确保用地收储工作按法律程序规范进行；在南昌市打造核心增长极的活动中国土部门要积极作为，要使青山湖西岸成为南昌市又一道亮丽的风景线。

（杨爱武）

城市房产管理

【概况】 2013年，东湖区以“抓管理、强素质、树形象、促发展”为工作着力点，以“发展要有新的目标、工作要有新的思路、转型要有新的突破、推进要有新的举措”为工作指导，加强目标管理和制度建设，以高效的运行推进住房保障和房产管理工作，全面打造“和谐房管”“实力房管”“法制房管”和“幸福房管”。全年，完成直管公房租金收缴1634万元；完成第三产业收入1633万元；实际利用内资5000万元，实际利用外资400万美元；实现现汇100万美元，出口创汇500万美元；新增财税收入完成103万元。

【优化房产管理工作】 2013年，东湖区住房保障和房产管理局制订招拍租实施细则，进一步加大公房管理力度，确保国有资产保值增值。全年审批公房过户69户，审核公房房改265户（其中地铁征收、棚户区改造直管公房房改75户），房屋租赁登记备案219户，经营性房产租赁收入同比上涨10%。

【推进房屋征收工程】 2013年，东湖区房产管理部门全力做好房屋征收工作，全年新开展并完成房屋征收项目3个，分别是南昌轨道交通2号线一期工程（东湖段）、青山南路（原贤士湖水果批发市场）旧城改造项目、青山湖西岸省物资储运总公司和C－021地块旧城改造项目国有土地上房屋征收工作；完结历史遗留征收项目1个，即东濠街59至66号地块（江畔丽都征收项目）房屋征收工作；开展调查摸底项目2个，分别为上沙窝、下沙窝旧城改造项目和下正街电厂旧城改造项目。全年完成征收总面积约25.05万平方米，征收总户数1596户。

【完善房屋维修管理】 2013年，东湖区扎实推进房屋维修工作。加强现场检查，组织工作人员对危旧房维修工程进行现场检查，听取居民相关意见和建议；确保施工质量，工程质量监管，力求把实事做实、好事做好；确保施工安全，严格落实相关制度措施，重视施工安全各项环节，常抓不懈，对于安全隐患及时发现并整改。全年共投入维修资金60万余元，先后完成芭茅巷34、39号、苏圃路35～37号等14处危房维修解危工作；完成全区106栋危房等级的鉴定工作，为东湖区危房管理工作提供详实数据。

【深化低收入家庭住房保障工作】 2013年，东湖区住房保障和房产管理部门认真做好辖区廉租住房租赁补贴的申报及低收入家庭补贴发放及登记工作，与街办、社区加大对接力度，在第一时间了解和掌握低保户的变动情况，对不符合政策要求的家庭及时办理清退手续；加大审查力度，坚决杜绝同时享受实物补贴与货币补贴的现象发生。到2013年底，为东湖区331户2010年度廉租住房中签户办理入住手续，受理廉租房家庭补贴申请171户，变更396户，市住房保障和房产管理局审核发放廉租补贴1847户。

【养护辖区沟管化粪池】 2013年，东湖区住房保障和房产管理部门通过进一步畅通报修渠道，压缩审批程序，加大疏通和维修工作力度，保障全区沟管化粪池运行状态良好,为辖区群众提供舒适生活环境。全年,共完成民声通道、市长热线、区长热线、市纪检、区纪检、啄木鸟、数字城管网等报修1653处;清掏化粪池323座,疏通沟管26580米。开挖沟管107处,修补更换盖板253块,清运污物634车,全年投入经费约318万元。

【规范小区物业管理】 2013年,东湖区以"物业规范年"活动为契机,以提升物业服务质量为核心,以征询业主意见,督促物业企业自查自纠为工作重点,进一步规范东湖区的物业管理工作,提高物业服务质量和管理水平,促进全区物业行业的健康有序发展。全年指导老旧小区业主委员会材料齐全登记备案14个,申请物业企业三级(暂定)资质和资质到期更换新证初审的企业30个,资质变更5个,处理物业投诉和协调矛盾纠结10多起。

【持续开展"创文明城"活动】 8月,东湖区住房保障和房产管理部门持续扎实开展创建"国家文明城市"活动。健全组织机构,高度重视全国文明城市迎检工作,建立责任明确、协调有力、监督到位的长效管理工作领导机制。制定周密方案,制定创建全国文明城市工作方案和工作推进表,细化分解目标任务,做到定人员、定责任、定任务、定目标、定时限,确保创建工作落到实处。强化宣传发动,切实增强干部职工和广大市民的创建意识,使创建活动的各项目标、标准、要求深入人心,掀起人人参与、全民共创的热潮。加强督导检查,对发现的问题,建立台账,逐个抓好整治,确保工作到位,并将辖区内物业小区的检查督导、沟管化粪池的排查整改工作纳入日常工作范围。全区将创建工作摆在突出位置,不折不扣地完成创建工作任务。

【加速棚户区改造步伐】 2013年,东湖区住房保障和房产管理部门全面深入地掌握棚户区改造的相关政策,积极和市区相关单位对接,指导全区棚户区改造工作。加速推进"殷家巷"棚户区改造项目,1月已完成殷家巷棚户区改造工程房屋调查摸底工作。

【开展"拆违拆临,建绿透绿"工作】 2013年,东湖区住房保障和房产管理部门根据区政府工作要求,成立专项工作领导小组和维护稳定工作领导小组,建立"拆违拆临、建绿透绿"工作机制和督办机制,定期召开调度会议,全面排查疏理办公用房、三产店面,制定自拆工作计划表,确保"拆违拆临,建绿透绿"工作有序推进。11月,按照既定计划拆除戴家路、子固路和包家巷等3处违章店面,拆除面积逾210平方米。

(高慧青)

城市管理行政执法

【概况】 2013年,东湖区城市管理行政执法工作以牢固树立和落实科学发展观,构建和谐社会为统领,以实现"中国梦"为契机,认真落实《南昌市城市管理条例》,努力完善各项规章制度,积极开展"畅通省城"和"蓝天行动"等活动,全力支持打造青山湖西岸工程,积极配合"拆违拆临、建绿透绿"工作,较好完成了全年的各项工作任务。

【全力推进《南昌市城市管理条例》贯彻落实】 3月1日,《南昌市城市管理条例》正式实施,东湖区城市执法分局迅速开展学习、宣传和贯彻实施《南昌市城市管理条例》工作,组织全体执法队员学习和掌握《南昌市城市管理条例》的基本内容,熟知《南昌市城市管理条例》所赋予的各项职责和义务,制作条例摘要宣传单10000份,深入街头巷尾散发给广大市民和沿街商户,做到人人皆知、家喻户晓。根据南昌市城管委、东湖区政府的统一部署和相关要求,区执法分局及时跟进,狠抓落实,先后深入学校、社区、机关、企业、市场、工地广泛开展"六进"活动。同时,依法进行严管重罚,对屡教不改的违章户,依法予以处罚,开出了南昌市首张出店经营和占道摊点罚单,开占道摊点处罚先河。

【着力完善各项制度建设】 2013年,东湖区城市执法分局建立并完善了党委议事制度,对重大事项实行集体讨论、集体决策,对重点案件进行集体审核,在领导班子中形成团结协作,和谐奋进的良好氛围。同时分局还完善了周工作例会制度、综合评比制度、领导值班制度、考勤管理制度、人员管理规定等。通过进一步完善各项制度,避免了执法人员不作为,乱作为等问题的发生,实现队伍的规范化建设,促进各类人员正确履行职责,充分发挥在城市管理行政执法工作中的作用。

【建立健全基层党组织】 8月初，东湖区执法分局机关和12个中队经区委批准，共设立了13个基层党支部，从而结束了成立党委两年而无基层党支部的历史。基层党支部成立后，充分发挥战斗堡垒作用，有力推动了行政执法工作的顺利开展。

【有效改善执法装备】 2013年，东湖区城市执法分局在原有的基础上，自筹资金陆续购置摄像机2部，照相机20部，行车记录仪22部，从而充实了执法取证设备。同时为适应城区形式的需要，进一步增强执法人员巡查的机动灵活性，由区委区政府拨款20万元，添置66台电动摩托车，有效提高工作效率。区政府还拨款40万元，为队员购置服装，从而保障了分局规范化管理，展示良好执法的形象。

【攻克市容环境难点】 7月，东湖区面对重光里、新公园路、赣桥北路等辖区市容环境问题比较突出的重点、难点部位，统一调度公安、交警、商贸、街道等部门，由东湖区城市执法分局带头，抽调精兵强将，对屡教不改的"钉子户"依法予以取缔，同时加大巡查力度，及时规劝、疏导，实行定人定岗定责，从而使辖区内市容环境得到了较大改观，各重点、难点部位旧貌换新颜，得到周边居民一致好评。

【严控青山湖西岸违章搭建】 7月初，东湖区按照年初关于青山湖西岸改造建设的部署要求，及时召开"制止和控制违章搭建"工作紧急布置会，针对青山湖西岸片区"防违控违"工作易发性、群发性、复杂性、艰巨性、长期性等特点，从各街办中队临时抽调2名执法队员协助贤士湖中队的执法工作，将关口前移，实行零距离排查、整治和监控。按照定人定岗定责要求，将12个自然村分片到人，做到适时监控，疏而不漏，将青山湖西岸片区违章搭建消灭在萌芽状态。同时，还由东湖区城市执法中队与贤士湖管理委员会联动执法，坚决制止重点区域、重点路段的违章搭建现象，全年共拆除青山湖西岸及周边违章搭建计200余处，10000多平方米。

【开展"畅通省城"和"蓝天行动"】 5月，东湖区城市执法分局开始在南昌市城管支队的统一调度下，轮流由一名副局长带队，共出动执法人员1000余人次，重点对辖区内永外正街、二七北路、渊明北路、民德路、苏圃路等路段的出店经营，水煮、烧烤等夜市摊点进行集中整治，对不配合执法、屡教不改的流动摊点坚决予以取缔，整治摊点60000多处，收缴物品100多车，较好地保障了道路畅通和市容环境。

（姚根林）

城市交通管理

【概况】 2013年，东湖交警大队在交管局党委、东湖区委区政府的正确领导下，以党的十八大精神为指导，以群众路线教育实践活动为契机，牢固树立"民意主导警务"意识，认真履行法定义务和社会责任，始终坚持夯实基础和创新发展，不断开创公安交管工作新局面。圆满完成了"畅通省城"活动、地铁保畅等阶段性的中心工作，辖区道路交通安全形势总体平稳，交通安全四项指数全面下降。东湖交警大队被南昌市政府授予"安全生产先进集体"，被江西省交通厅总队授予"江西省道路秩序先进单位"，被市公安局授予"优秀基层单位"。八一桥中队长罗杰被中国文明网之中国好人榜授予"爱岗敬业"称号；涂筱明、罗杰被江西省公安厅交警总队授予十佳执法服务标兵称号，全年先后16名民警受上级单位表彰。

【做好"疏堵保畅"】 2013年，随着地铁工程线路在南昌市的全面铺开，东湖区坚持把"疏堵保畅"作为推进"畅通省城"工作的重要抓手，运用"人管、物管、技管"三管齐下，保障了道路交通的安全畅通。建立了交通拥堵联动机制，针对高峰型、节点型、季节型、节假日型等不同拥堵特点，路口岗位与岗位之间实行绿波带信号控制，快速疏导拥堵路段；完善路面巡逻勤务，停巡结合，采取慢进快出的方法缓解中心城区交通压力；充分发挥"一站式"事故快处快赔中心作用，全年共使用简易程序处理事故6426起，大大减少了因交通事故造成的拥堵。

【做好创建全国文明城市工作】 2013年，东湖区交通管理部门对照《全国文明城市评测标准》要求，加大辖区6条主干道、9条非主干道、7个路口，3条商业大街及重要场所的交通秩序管控力度，严查无牌无证、酒后驾驶、机动车乱停乱放、行人不走斑马线等各类交通违法行为。同时，主动与市容、城管、工商等部门加强联络，形成合力，在全区范围内努力营造浓厚的“人人关心交通、人人支持交通、人人参与交通”的良好创建氛围。

【建成智能交通指挥体系】 1月17日，东湖交警大队指挥中心建成了集信号控制、交通诱导、视频监控、指挥调度等多个系统的智能交通指挥体系。在侦破交通肇事逃逸案件、交通流量分析研判、实时路况监控和信息发布等方面发挥了重要作用，智能卡口查缉布控重点车辆1.6万余起，查扣严重交通违法车辆625辆，发布实时路况718条，侦破交通肇事逃逸案件26起。

【整治“中国式过马路”】 2013年，行人非机动车交通违法行为，已成为城市交通痼疾之一。东湖区以“畅通省城”活动为契机，总结一套“十子”工作法整治“中国式过马路”并取得显著成效。“十子”管理法，即竖起牌子、吹响哨子、亮出嗓子、站准位子、拉起绳子、想好对子、戴起帽子、观看碟子、曝光片子、开出单子。在路口四个方向放置温馨提示牌，提醒路人遵守交通规则；民警、协管员在变灯和发现违法的时候吹响口哨，提醒交通参与者观看信号灯；通过小喇叭循环播放录好的交通安全提示语，管理人员喊话的方式劝阻违法；要求民警、学警、交通保安员要找准自己的位置，防止出现管理死角；路口四角协管员在红灯时拉起绳子防止非机动车闯红灯；对违法者的常用借口运用规范用语；违法人可在戴小黄帽站岗30分钟、在宣教室观看30分钟交通安全教育光碟、开单处罚与对外曝光其违法行为四种处理办法间选择一种。同时，在管理过程中坚持“四必罚”，即对带头闯红灯必罚，对不听劝阻必罚，对重复违法必罚，对影响通行必罚。

【完善网络服务平台】 2013年，东湖交警大队为满足群众及时了解交通管理信息的需求，深入探索并完善网络化的服务平台。建立南昌交警微信团队；推进南昌交警便民网、乐行南昌微博、南昌交警微信服务平台，拓展“实时路况、”“停车泊位查询”和“交通违法查询”的链接功能，实现24小时查询功能，最大程度的让群众及时、全面了解恶劣天气下重大、突发交通管理信息的发布。至年底，大约有30万的网民关注交警官方网站，点击率达到900多万次。

【进一步畅通访评渠道】 2013年，东湖区交通管理部门进一步提高访评渠道办事效率。开通大队长在线交流，全年在线答复网民415条；同时成立督办整改办公室，对省长手机、市长信箱、市效能办、省厅信访处、区信访局等部门转办的群众咨询投诉，限时整改并回复。全年答复交通管理各类信息815条，其中整改交通设施问题15条，协调办理小区停车管理等3起，增设停车泊位6处，办理因车辆套牌、审录错误等交通违法信息复核22起。

【开展“文明交通行动计划”】 2013年，东湖区开展以“倡导六大文明交通行为、摒弃六大交通陋习、抵制六大危险驾驶行为、完善六类道路安全及管理设施”为主要内容的文明交通行动计划。东湖交警部门与党政机关、企事业团体联合开展“文明交通安全行”志愿活动，与教育部门联合做好“小手拉大手”为主题的宣传活动，与社会各行业、各类群体联合做好“五进”交通安全宣传。全年共开展交通安全课27次、播放宣传片16场次、宣传板展示22次、交通宣传横幅19条，志愿者义务执勤12次，在媒体刊播稿件904篇，省级7篇、市级612篇。以“文明交通行动计划”为载体，进一步创新宣传形式，扩大社会受众群体，深化交通安全宣传教育工作。

表12 **2013年东湖区域道路交通事故一览**

项目	次数(次)			死亡人数(人)			受伤人数(人)			经济损失(元)		
	数量	比2012年增减	增减(%)	数量	比2012年增减	增减(%)	数量	比2012年增减	增减(%)	数量	比2012年增减	增减(%)
东湖区	27	-2	-6.9%	12	0	0.0%	17	-5	-22.73%	29300	-2400	-7.57%

（舒　捷）

社会管理和服务

综 述

2013年，东湖区坚持以党的十八大精神为指导，紧扣构建繁荣精品幸福文明东湖主题，克服产业转型影响，突破发展空间瓶颈，积极稳步推进全区社会管理和服务相关工作。

全年，东湖区民生支出7.18亿元，占地方公共财政预算支出的62.43%，全面落实年初确定的69件民生实事；在省率先推动家庭服务企业化发展，江西倍邦家庭服务有限公司作为省内骨干示范单位列入2013年江西省服务业发展重点项目并予以扶持；制定并出台《东湖区被征地农民参加养老保险实施方案》，在全市率先启动被征地农民参加养老保险工作，基本实现城乡居民社会养老保险全覆盖；投入170万元在市率先建设10个慢病防控健康小屋；在全市率先尝试将居家养老服务和家庭医生责任制、社区卫生服务等相关服务有机结合，开创了社区服务新模式；在全省率先开展信息化养老服务工作，各类社会保险征缴16.36万人次；全年累计发放城乡低保金2413万元；共为10779名80岁以上高龄老人发放生活补贴1100余万元；实现城镇就业率达94.8%、零就业家庭安置率100%；新增廉租住房补贴和实物配租2501户，完成14处危房维修解危；坚持医疗保险全覆盖，全区城镇基本医疗保险参保12.41万人；持续推进尿毒症困难患者免费血透治疗和贫困家庭重症精神病患者免费救治工作；积极开展城乡医疗救助、临时救助2818人次，发放物价、医疗救助等救助金、补贴近600万元；巩固全省食品药品安全示范区建设成果，全年未发生重大食品安全事故。

东湖区共获得“全国敬老文明号”等全国奖项20个；“全省社会救助先进区”等省级奖项23个，民生质量全市领先。章金媛获评全国第四届助人为乐道德模范提名奖。阳明学校学生涂桦获市“十佳美德少年”称号，并作为全省唯一代表成为央视“寻找最美孝心少年”候选人。积极创建全国和谐社区建设示范城区，并顺利通过省检评审验收。在全省率先创建“社工实务创新基地”“民办社工机构孵化园”和“公益创投项目孵化中心”的“三位一体”社会工作基地，开展专业社工服务，荣获全省社会救助先进区。全市人口计生信息化建设现场会在东湖成功召开，计生工作连续六年获得市综合考核一等奖。

（区史志办公室）

人口和计划生育

【概况】 2013年，东湖区以科学发展观为指导，围绕阳光诚信和谐计生的理念，切实按照中央要求做到“三个不变”，扎实推进人口计生工作。截至9月，全区总人口544800人，已婚育龄妇女119600人，共出生婴儿4133人，人口出生率为7.72‰，自然增长率为3.94‰，晚婚率为88.7%，已婚育龄妇女综合节育率为92.33%，出生性别比为103.7。东湖区人口和计划生育委员会（简称区人口计生委）在区委、区政府的正确领导和省市计生部门的大力支持下，解放思想，创新实干，工作以“夯实基础、创新管理、加强宣传、优化服务”为突破口，努力做到“创品牌、夯基础、攻难点、抓重点”。东湖区计生部门荣获“全省人口与计划生育工作一等奖”。

【落实计生奖励扶助政策】 2013年，东湖区坚持把民生工程作为工作重点，将“奖、优、保、救、助、养”“六位一体”的计生奖励扶助政策惠及计生家庭。全年，对6名符合资格的对象（农村户口，实行计划生育的一女户、二女不再生育家庭的在读高中女孩）发放阳光助学金，每人每年1000元；对22名符合奖励扶助条件的对象，每人每年可获得1200元扶助金，共计26400元；对291名特别扶助对象发放特扶金，其中，独生子女家庭子女伤残的108人，独生子女家庭子女死亡的183人，特别扶助金总计发放1390200元；向83名贫困计生家庭女孩发放助学金共61800元，向21名高招录取的贫困计生家庭子女一次性发放助学金共36000元；为全区特困独生子女保健费用共发放28566元；为6609名辖区内0—6岁儿童办理爱心保险，共计198270元；为366对夫妻做免费孕前优生检查，并赠送价值198元朴佳美孕期营养素。

【召开全区人口计生工作会议】 5月17日，东湖区召开全区人口和计划生育工作会议。各街道、贤士湖管理处、各单位主要领导以及计生干部120余人参会。会议由区领导童萍如主持并宣读表彰决定，总结2012年人口计生工作。会上，区领导罗毛则作了重要讲话。

【举办农村人口计生工作座谈会】 1月18日，东湖区人口计生委干部和贤士湖管理处六个村的妇女主任及计生专干与30多名村二女户家庭、独生子女家庭、流动人口家庭代表们在贤士湖管理处会议室围坐一起进行亲切交流。座谈会就新时期人口计生工作中比较突出的简化办证程序和农村计生家庭中考加分以及简化流动人口子女就学的办理手续等政策进行交流。会谈结束后，区计生委走访慰问贫困计生家庭，共发放慰问金6万余元，送去党和政府的关怀，让惠民政策温暖人心。

【省人大调研组前来调研计生工作】 3月19日下午，江西省人大常委会委员、科教文卫委主任委员李玉英，省人口计生委副主任李晓琼率省人大科教文卫委、省人口计生委联合调研组一行到东湖区调研人口计生工作。调研组首先听取东湖区人口计生工作汇报并与区相关部门、街道、社区等代表就人口计生工作进行座谈交流，详细了解了东湖区贯彻落实人口计生法律法规、稳定低生育水平、失独家庭奖扶、打击“两非”综合治理性别比偏高，计划生育利导政策落实等情况。对如何更好的实行计生政策、落实计生惠民政策等问题进行深入分析和了解，同时认真听取与会者在基层人口计生工作中存在的问题和困难。最后，调研组一行到区计生服务中心进行实地察看。

【国家卫计委政策法规调研组前来调研】 4月23日上午，国家卫生和计划生育委员会政策法规调研组到东湖区调研《国家人口计生委关于方便群众办证的通知》的落实情况。调研组一行认真听取了区计生委、部分街道和社区计生干部关于一孩生育服务证制度执行情况、主要作用以及一孩生育服务证制度实施过程中存在的问题以及改革的思路、意见和建议等。调研组一行对东湖区严格依法行政工作给予了充分肯定。

【省人口计生委尹玉光一行莅临东湖】 5月8日，江西省人口计生委副主任尹玉光、流管处处长宋健平、药具站副站长熊桂林一行，到东湖区调研人口计生工作。尹玉光一行首先听取东湖区流动人口动态监测调查情况汇报，并详细了解流动人口动态监测调查进度、动态监测中遇到的困难和难点等情况。尹玉光副主任对东湖区计生工作给予充分肯定，并强调领导要高度重视，做好安排，要深入动态监测样本点指导工作，做到情况明、任务清。

【开展“利益导向政策宣传月”活动】 5月，东湖区在全区广泛开展以“奖励政策惠百姓，利益导向促和谐”为主题的“利益导向政策宣传月”活动。活动中，由区计生委牵头组织，联合区直各单位于5月27日在区政府门口开展计生利导政策宣传服务；6月10日，在明秀广场举行大型咨询服务。通过活动开展，使全区的利益导向政策落到实处，利益导向机制更加完善。

【召开网格化工作调度会】 5月31日，江西省人口计生委信息中心主任杨小毛一行4人到东湖区召开人口网格化工作调度会。网格化系统、三零平台的技术人员及试点街办、社区计生干部，共30余人参加了会议。会上，区人口计生委分管主任首先对现阶段人口网格化管理工作的进展情况进行汇报。区人口计生委、试点街办、社区计生干部就人口网格化系统和三零平台存在的问题，与省信息中心领导及相关公司技术人员进行分析探讨，并对系统的完善提出意见和建议。

【再办流动人口就业技能免费培训】 6月24日，东湖区计生委与东湖区人力资源和保障局在区职工技术学校启动和实施第二届流动人口就业技能免费培训班。此次培训共有来自各街道、管理处的流动人口50人参加，培训内容为丝网花技能培训。通过培训，经国家指定职业技能鉴定机构鉴定合格后，为培训达标人员颁发"国家职业技能鉴定证书"，切实为流动人口提供就业平台。

【承办全市人口计生信息化建设现场会】 7月1日，全市人口计生信息化建设现场会在东湖区召开。南昌市副市长朱志群，市计生委主任陈国凤，东湖区领导贺瑞虎、童萍如，市计生委班子成员和各县(区)、开发区(新区)管委会分管领导及各县区计生委主要负责人参加。现场会先后参观了东湖区人口网格化管理系统、三零平台、公共服务平台的建设情况，并观摩了豫章街办人口信息监测站及豫章街办滨江社区有关人口网格化管理系统、三零平台、公共服务平台的现场演示。随后召开的经验交流会由市政府副秘书长罗锦勋，区领导贺瑞虎致欢迎词并就全区人口计生工作进行介绍，其他部分县区分别作人口计生信息化建设经验介绍。会上，朱志群副市长充分肯定东湖区人口计生信息化建设工作，并对全市人口信息化建设工作提出要求。

【国家卫计委前来调研人口信息化工作】 11月7日，国家卫生计生委办公厅副主任甘霖一行到东湖区调研人口信息化建设工作。调研组在豫章街道人口信息监测站观看汇报演示，详细了解人口信息化建设的工作模式及基层运用情况，东湖区这种通过研发整合公共服务平台、三零平台、新全员人口系统等资源，相互打通接口，畅通信息采集渠道，提高人口数据准确性，创新了人口计生管理模式，提升了人口计生服务水平。甘霖主任对东湖区的人口信息化工作给予高度评价，并指出该人口管理模式与时俱进，管理科学，转变了工作思路和工作方法，使得全员人口数据更加准确和完整，人口和计划生育服务也更加人性化。

(傅志慧)

人力资源与社会保障

【概况】 2013年，东湖区围绕"民生为本，人才优先"工作主线，坚持稳重求进工作总基调，以全面深化改革为动力，把改革创新贯穿于就业、社会保障、人才队伍建设、人事制度改革、工资收入分配和劳动关系调整的各个环节，人力资源和社会保障工作取得了显著成效，先后荣获全省"小额担保贷款绿色通道"建设优秀单位、全省社会保险民生工程目标绩效考核先进单位、全市人力资源和社会保障系统信息工作先进单位、全市外来务工人员趣味运动会三等奖、全市社会保险民生工程目标绩效考核先进单位、全市"AA"级人力资源市场、全市"十大技能之星"优秀组织奖、全市"洪城杯"技能大赛优秀组织奖等光荣称号。

【就业再就业情况】 2013年，东湖区全面落实民生工程，就业再就业工作成绩卓著。全年新增就业10892人，完成年任务的118%；实现"4050"人员再就业2734人，完成年任务的203%；创业培训504人，完成年任务的101%；家庭服务业培训587人，完成年任务的101%；新增家庭服务业从业人员886人，完成年任务的111%；青年见习人数213人，完成年任务的105%；省内工业园定向培训人数200人，完成年任务的100%；发放再就业小额贷款3126万元，完成年发放任务的120%和还贷率达100%。

【社会保险工作成绩显著】 2013年，东湖区养老保险工作成绩显著：参保单位163家，参保人数23687人，基金征缴18737万元；城镇居民养老保险参保人数2907人，基金征缴266.73万元；城镇职工基本医疗保险参保人数14205人，基金征缴总额2298万元；城镇居民基本医疗保险参保人数109896人，其中个人缴费101538人，基金征缴总额4295万元；工伤保险参保人数10776人，基金征缴额103万元；生育保险参保人数4557人，基金征缴82万元；失业保险参保人数6200人，基金征缴96万元。

【举办"创业贷款政策宣传咨询"活动】 12月26日，东湖区创业贷款暨基层劳动保障服务政策宣传咨询活动在步行街名秀广场举行。江西省小额贷款担保中心主任万建农、南昌市人力资源和社会保障局副局长刘卫东、市劳动就业处处长李更生、市小额贷款担保中心主任谌勇军等到现场进行指导。活动现场设置三个展区:小额贷款扶持创业十年辉煌成就展示区,展示了东湖区十年来累计发放政府贴息小额贷款 1.7 亿元,累计扶持 4012 余人次创业,带动就业近 7000 人次,发放量不断增加的情况下,回收率保持在 99.6% 以上;创业讲堂展区,特聘请国家人力资源和社会保障部、全国创业工作指导委员会副主任、培训专家石科明主讲;街道劳动保障事务所十年成就展示区,大力宣传劳动保障平台务实为民工作成就,也集中展示劳动保障平台在扶持创业促进就业,维护和谐发挥的积极作用。另外还设立了一个政策宣传咨询台。此次活动旨在全面总结成功经验,着力宣传积极的就业政策,进一步扩大小额担保贷款和劳动保障政策在全社会的知晓度和影响力,营造良好的工作氛围和舆论环境,切实推进创业促就业工作更好更快发展。

【首开“社区职场”现场互动招聘模式】 2013 年,东湖区为了进一步加快完善就业服务体系,落实更加积极的就业政策,在全市首次开设了“社区职场”现场互动招聘模式,通过个人展示、专家职业指导、现场求职互动、岗位对接等服务,搭建企业与大学生进行现场“双向”沟通与选择的桥梁,并推广求职就业二维码,方便高校毕业生时尚求职、网上互动。

【做好军人退役养老保险关系转移接续】 2013 年,东湖区认真做好军人退役养老保险关系转移接续经办工作。及时准确提供社会保险经办机构银行账户信息,积极做好接收军人退役养老保险补助资金的准备工作,办理转移接续业务实行电子化联网上传,维护退役军人的社保权益。

【社会保险业务档案查阅实现电子化】 2013 年,东湖区规范了社会保险业务档案管理,实现了业务档案归档管理与业务经办及时衔接同步处理,完成了历年业务档案和退休人员人事档案的归档整理及扫描工作,并实现查档电子化,确保了社会保险档案的完整、真实、安全和业务的快速查询。

【率先启动被征地农民养老保险工作】 2013 年,东湖区在全市率先启动被征地农民参加养老保险工作,对解决历史遗留问题进行了摸底、调研、政策对接咨询、操作方案制定等工作。这些工作的开展和尝试为南昌市出台《南昌市被征地农民参加养老保险实施办法》提供了有价值的参考。东湖区设计的表格和缴费及补贴详细分解表也在全市推广。7 月 10 日,国家人社部农保司董英申副司长率领调研组一行到东湖区调研被征地农民参保工作,研究南昌市被征地农民参加养老保险的成功经验,对东湖区被征地农民参加养老保险的做法给予了肯定。到 2013 年底,辖区已全面完成被征地农民参保工作。

【加大医疗保险政策宣传力度】 2013 年,东湖区把医疗保险政策宣传前移,深入医院、疾控中心宣传医疗保险政策,并在每个社区设立一个医疗保险政策宣传架,免费向社区居民提供医疗保险宣传材料。使广大辖区居民对参保、用保有一个全面系统的了解,保障切身利益。

【区属机关事业单位工伤保险全覆盖】 2013 年,东湖区依据南昌市人力资源和社会保障局、南昌市财政局《关于转发〈江西省人力资源和社会保障厅江西省财政厅关于推进我省事业单位等组织参加工伤保险有关问题的通知〉的通知》(洪人社发〔2013〕81 号)文件精神,将区属机关(含参照公务员法管理的事业单位)、事业单位 159 家,工作人员 4313 人,自 7 月 1 日起全部参加工伤保险,保障机关、事业单位工作人员因工作遭受事故伤害或者患职业病时能依法享受工伤保险待遇。

【解决区属困难企业职工医疗保障】 2013 年,东湖区贯彻落实中共南昌市委、南昌市人民政府《关于深化医药卫生体制改革的实施意见》(洪发〔2009〕25 号)文件精神,将区属国有及国有控股已关闭破产改制企业退休人员、连续停产停业一年以上的国有困难企业、城镇困难大集体企业职工共计 5868 人,全部纳入城镇职工医疗保险范围,保障其基本医疗待遇,做到应保尽保。

【推动“五险统一征缴”】 2013 年,东湖区区属的事业单位,社会团体,企业,民办企业等用人单位职工参加城镇职工基本养老保险,城镇职工基本医疗保险,工伤保险,生育保险,失业保险费统一纳入征缴范围,实现五险统一征缴,减轻了企业负担，方便了个人参保。

【实施贫困家庭重性精神病患者免费救治】 2013年，东湖区开始实施贫困家庭重性精神病患者免费救治工作，全年共有17人进行精神病免费救治，免除医疗费用11.22万元，为贫困家庭减轻了困难就医负担。

【实施城镇居民基本医疗保险购药新举措】 2013年，东湖区依据《关于深化医药卫生体制改革的实施意见》(洪发〔2009〕25号)文件精神，积极探索患者凭医院处方到零售药店购买药物，可列入医保“三张网”参保人员的门诊报销的做法，开始实施辖区城镇居民基本医疗保险门诊补偿金可到到零售药店购买药品，方便参保居民就医和购药。

【扩大三方网上同步结算】 2013年，东湖区进一步扩大城市医疗救助、基本医疗保险、定点医疗机构三方网上同步结算，逐步扩大城镇基本医疗保险与城市医疗救助定点医疗机构的范围，更好地保障城市医疗救助对象有病及时治疗，推动医疗保障制度持续健康发展。

【开展清理整治“吃空饷”工作】 2013年，东湖区为严肃人事、编制、财政工作纪律，加强对财政供养人员的管理，防止“占编制、不上班、吃空饷”等现象，从源头上预防和治理腐败，根据省市有关文件要求，在全区范围内开展了一次清理整治“吃空饷”工作，清理的范围是全区机关事业单位在编及离退休财政供养人员，清理的对象是文件规定的10类人员。向上级业务部门上报26人，分别为借调到外区、请病假、停薪留职、挂编等情况。

【确保居民医保及时缴费新措施】 12月20日，在年度缴费结束前夕，东湖区利用医保信息系统查询功能，清理出2012年已缴费，但2013年未缴费的参保人员名单，电话通知其及时缴费，以确保其医疗保险接续状态。全年全区城镇居民基本医疗保险参保达到10.95万人，让辖区居民病有所医。

（喻伟文）

民政事业

【概况】 2013年，东湖区民政局坚持以党的十八大、全国和江西省民政会议精神为指导，围绕所承担的社会保障、社会治理和社会建设任务，抓重点、破难点、育亮点、重管理、强服务、惠民生。以创建全国和谐社区建设示范城区为契机，充分发挥民政在社会治理中的基础作用；以实施社会救助为支撑，充分发挥民政在社会保障中的兜底作用；以抓紧出台《关于进一步推进全区民政事业改革发展的实施意见》为动力，充分发挥民政在在社会建设中的骨干作用。为全区经济和社会发展营造了良好的社会环境；为东湖区民政工作全省领先，全市排头，为打造南昌市核心增长极作出积极贡献。东湖区荣获全省社会救助工作先进区、全省和谐社区建设示范城区、全市社会救助工作先进区，以排名全省第一名的成绩参评全国和谐社区建设示范城区。荣获全市民政工作先进单位、全市安全生产工作先进集体、全市老龄工作先进单位等称号。省府院内第一社区荣获全国综合减灾示范社区，湖滨南路等四社区荣获全省综合减灾示范社区，区社会福利院荣获全省“敬老文明号”、七里村嘉兴小区社区荣获全省精品农村社区等称号。

【率先在全省开发老年人专用手机】 6月19日上午，东湖区政府和南昌市民政局在南昌信息化养老服务中心共同主办了向居家老人赠送老年人专用手机仪式举行。出席赠送仪式的市、区领导向老人代表现场赠送老年人专用手机，中国移动通信集团江西有限公司南昌分公司现场开通老人专用手机。该专用手机具有全国范围内参考定位老人、为老人设置安全电子围栏、对老人进行安全健康点到、老人亲属与老人亲情互动、电子钱包支付等功能，给老人以温馨体贴关怀，深受老年人的喜爱。首批350部老年人专用手机已免费赠送给辖区内80周岁以上的“三无”老人、重点优抚对象和低保对象。东湖区作为首批全国养老服务示范活动示范区和全国首批信息化养老服务试点区，为了进一步强化社会化养老服务工作，为广大老年人安度幸福晚年，率先在全省建立信息化养老服务系统、开发出老人专用移动手机,为广大老年人提供了极大便利,大大提高了养老服务的工作水平。

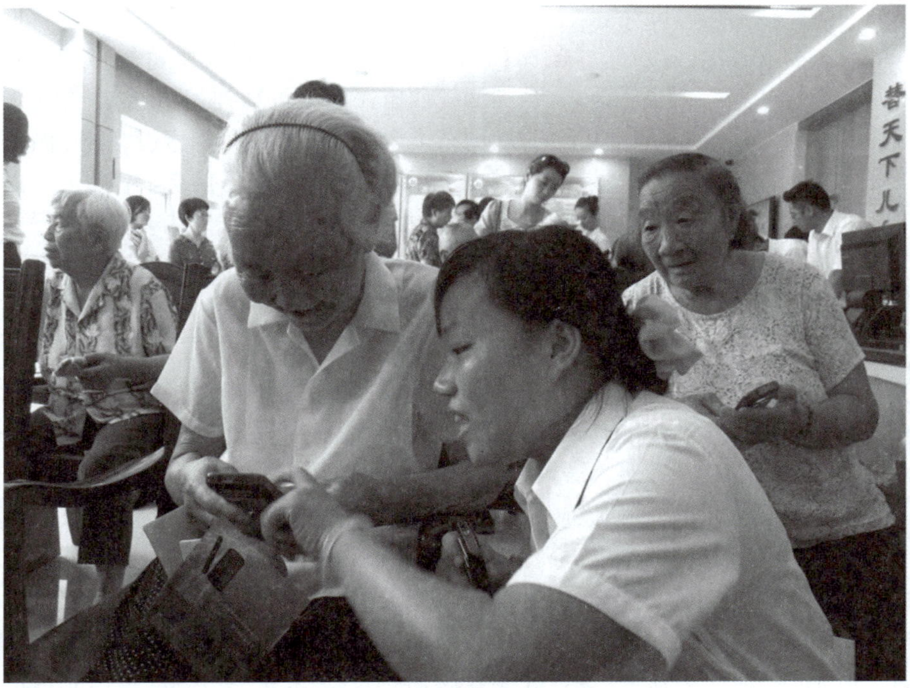

6 月 19 日,东湖区组织工作人员指导居家老人使用老年人专用手机

【创制东湖特色社会化养老服务政策】 2013 年,东湖区把政策创制工作作为民政机关履行社会化养老服务职能的主要工作方法和手段,积极运用政策创制来破解实际工作中的难题、规范管理、促进发展。相继出台《关于进一步加强养老服务社会化工作的意见》《关于印发推广使用居家养老服务券的试行办法》《东湖区养老服务社会化工作考核标准》《东湖区推广使用老年人"平安铃"的试行办法》《东湖区创建养老服务社会化工作示范街道考核方案》,制定《"区社会化养老服务中心敬老孝心关怀部"的实施方案》《关于印发开展"邻里助老进万家"活动的实施方案的通知》《设立楼院居家养老互助点的实施方案》《建立社区居家养老服务站的实施方案》《东湖区"十二五"时期基本养老服务体系建设规划》等一系列规范性文件,充分发挥了政策创制的基础性和先导性作用,使社会化养老成为全区的"民生工程"和"亮点工作",取得了显著成绩,多次获得民政部及省厅市局领导的赞扬和肯定。

【率先创建"三位一体"社工基地】 2013 年,东湖区创新开展专业社会服务工作,在江西省率先创建"社工实务创新基地""民办社工机构孵化园"和"公益创投项目孵化中心"的"三位一体"社会工作基地,聚集全区 68 名社会工作师(助理)人才力量开展专业社会工作。由区财政部门孵化的"南昌南丁格尔志愿服务团"公益创投项目荣获民政部全国优秀志愿服务项目二等奖。东湖区与江西经济管理干部学院共建的社工志愿者服务基地,定期开展贫困帮扶、敬老助学、义务家教、精神慰藉、料理家务等一系列志愿者服务活动,不断加强志愿者社工实务培训和教育支持,提升志愿者服务质量。东湖区实行社会工作人才激励机制,出台了奖励办法,对开展专业实务并撰写案例的社会工作者给予每月 60—80 元的岗位补贴,已有 47 人获得了 38520 元的补助,黄小燕被评为 2012 年度中国最美社工、2012 年度全省十佳社工,其撰写的实务案例被评为"江西省优秀社会工作案例"。

【积极应对"一生一世"结婚登记热潮】 2013 年 1 月 4 日,谐音"爱您一生一世",是不少人心目中的"世界示爱日",许多年轻人选定这一天办理结婚登记。东湖区婚姻登记处为确保"1314"当天婚姻登记办证工作顺利进行,提前制定预案,采取二项新举措:划区分流,把局机关大厅腾出来办理预约登记的领证处,婚姻登记处只办理现场登记的办理;同时进行错时分流,当场发放序列号,控制每个时间段内的登记人数,拿到序列号的新人不用在门口久等,只要在规定的时间段前来就可办理。当天共为新人办理了结婚证 481 对,其中办理预约登记 179 对,办理现场登记 302 对,东湖区当天结婚登记量位列全市第一。

【做好贫困群众救助工作】 2013 年,东湖区积极做好贫困群众救助工作,将城市低保标准由380元提高到430元,农村低保标准从200元提高到240元,为城市低保3114户5705人累计发放低保金2221余万元,月人均补差达336元,为农村低保55户99人累计发放低保金23万余元,月人均补差达210元。同时扎实推进居民家庭经济状况核对工作,开展医疗救助网上同步结算,将贤士湖村民全部纳入城市居民医保范围,完成一站式网络结算平台数据转换,实现同步结算覆盖率100%,城乡医疗救助共救助2345人次,发放医疗救助金338万余元,并积极落实孤儿基本上生活最低养育标准,为全区13名散居孤儿每人每月发放养育费700元,全面落实孤儿基本生活、教育、医疗、就业、住房相关保障制度。

【创新社区建设】 2013年,东湖区积极开展创建全国和谐社区建设示范区活动,编纂资料册,拍摄制作"和谐东湖"专题片,开展"十佳和谐社区创建"工作,推进民政范围管理标准化试点工作,参与编制的《江西省地方标准——和谐社区建设指南》填补全省空白,东湖区作为南昌市唯一被推荐县(区)顺利通过省检。同时健全新型社区管理机制,推进村(居)委会建设,着力改善社区工作者待遇和社区工作条件;加快家委会改制工作,力争在2015年将全区所有家委会改制为社区居委会;争取福彩公益金打造上沙窝社区等6个精品社区。

【扶持社会组织发展】 2013年,东湖区民政部门强化服务意识,创新发展理念,贯彻人性化管理,有力促进社会组织规范、有序发展。在全省率先采取创建社工实务创新基地、民办社工机构孵化园、公益创投项目孵化中心"三位一体"社会工作基地等举措。加强"四类社会组织"实行民政部门直接登记的学习研究。对社会组织登记进行规范管理,截至2013年,依法登记成立社会组织共24家,对44家社会组织进行了年检,积极开展社会组织"双争"活动,营造争先创优良好氛围。成立了区社会组织党工委,形成区委领导、组织部门抓总、社会组织党工委牵头、业务主管单位负责、社会组织党组织具体落实的社会组织党建工作体制。

【开展首届"敬老文明号"评选活动】 2013年,东湖区为弘扬尊老敬老的传统美德,广泛动员社会各界开展为老服务,5－7月,在全区在各街办、贤士湖管理处以及区老龄办成员单位(包括医疗机构:医院科室、社区医疗卫生服务站、诊所;旅游景点:风景点、纪念场馆;学校等基层行业单位)广泛开展"敬老文明号"创建评选活动。"章金媛爱心奉献团"获得全国、全省和全市"敬老文明号"单位,东湖区福利院获得全省和全市"敬老文明号"单位。

【促进军民融合式发展】 2013年,东湖区立足于促进军民融合式发展,着重抓好全国双拥模范城创建、落实优抚安置政策、加强退役士兵职业技能教育培训、做好涉军访等维稳工作,出台《关于做好义务兵家庭优待金发放工作的通知》(东府办字〔2013〕38号),全年走访慰问了700余名优抚对象,发放慰问金29.4万元、慰问品5.3万元,发放残疾军人抚恤金、护理费等经费657万元,输送13名退役士兵到承训学校参加免费职业教育和技能培训,发放2012年冬季退役士兵自主就业(自谋职业)一次性经济补助金253万元,发放待安置期间生活补助费197人共43万余元。

【拓展养老服务新领域】 2013年,东湖区争取了"12349"民政公益短号,并将其和"12343"便民服务热线融合,完善其服务功能,建立了四级信息化养老管理和服务网络,建立了辐射全市的南昌信息化养老服务平台。

【提升民政公共服务能力和水平】 2013年,东湖区建立健全流浪乞讨人员救助管理"四级网络",发现一例救助一例,共救助流浪乞讨人员40人次,发送棉衣48件,棉被20床,发放救助资金2800元。依法登记,提升婚姻服务水平,全年共受理婚姻登记9081对,其中结婚登记5086对,离婚登记1998对,补领登记1997对,查询档案4200人次,出具婚姻记录证明19000人次,办理收养登记10件,解除收养1件,登记合格率达到100%。完善平安边界创建机制,顺利完成了东西线联检工作。着力提高公益慈善组织公信力,激发市民慈善意识和参与热情,雅安地震捐助活动中,共募得款项59912.6元。

(邓建平)

教　育

综　述

2013年，东湖区共有九年一贯制学校6所，全日制小学9所，特殊教育学校1所，幼儿园50所，民办教育机构50个(含20个民办幼儿园)，青少年宫1所。全区在校中小学生25443人，教学班507个；幼儿园在园人数11622人，教学班397个。全区现有在职教师1482人，其中全国优秀教师3人，省级特级教师5人，省学科带头人20人，市级学科带头人53人，市名师3人，区学科带头人34人。省级素质教育示范校1所，市级素质教育示范校6所，市名校4所。2013年，东湖区先后被评为全国中小学信息技术教育实验区、全国幼儿教育先进区、全国推进义务教育均衡发展先进地区、江西省教育先进区第一名、江西省“两基”工作先进区。东湖教育先后荣获全国第四届中小学生艺术展演活动优秀组织奖、2012—2013年度家庭教育工作和省家长函授学校办学工作先进集体、全省青少年“复兴中华”从我做起主题教育活动先进集体荣誉称号。

东湖区不断以高水平、高质量普及九年义务教育为基础，均衡发展义务教育，加快发展学前教育，做优做强特殊教育，依法规范民办教育，大力建设师资队伍，科学配置教育资源，形成了各级各类教育结构合理、布局科学、相互衔接、协调发展的开放的终身教育体系。东湖区积极组织开展“片区协作”区域联动式教研活动和“手拉手帮扶结对活动”，保教质量和办园水平全面提高，学前教育得到专业发展；东湖教育立足“促均衡，高效率优化教育资源；引外援，高起点推动学校发展；练内力，高标准打造教师队伍；抓特色，高品质丰富内涵发展；重德育，高要求塑造‘四有’新人”，打造教育强区，义务教育得到均衡发展；东湖区属培智学校是全国特殊教育先进单位、全省首家智障人员教育技能培训中心，配置感觉统合训练室、康复乐园等，坚持教育、康复、职业培训一体化办学模式，使智障儿童有一个良好的学习、康复、生活的场所和设施，被评为“全国特奥先进单位”，成为全省特殊教育示范性窗口学校，特殊教育得到健康发展；东湖区切实加强民办教育的统筹、规划和管理工作，进一步规范办学行为，完善督导评估机制，加大取缔非法办学力度，涌现出南昌东湖区新东方语言学校、学大教育、超越英语进修学校等社会口碑好的品牌教育机构，民办教育得到规范发展。

学前教育

【概况】　2013年，东湖区高度重视学前教育事业，把学前教育作为基础教育的重要组成部分，积极探索以公办幼儿园为示范、以社会力量兴办幼儿园为主体、公办与民办相结合的多元化办园格局，不断推进学前教育的区域发展。东湖区不断加强地区学前教育制度管理，通过严格审批、清理整顿等措施，有效促进学前教育管理的科学化、规范化。东湖积极开展“以园为本教研制度建设”项目实验，率先开展区域联动式教研，构建幼儿园、片区、全区三级教研网络，提升了幼儿教师专业化水平，东湖区获得南昌市首届“启迪杯”幼儿教师专业基本功竞赛活动组织奖，5名选手在全省幼儿教师专业基本功竞赛比赛中获奖，占全省14名全能获奖者总数的36%，其中省直机关保育院教师熊洁获得全能一等奖。全年东湖区面对新形势、新要求，东湖区认真落实《东湖区学前教育三年行动计划》，全年对辖区内38所幼儿园下拨普惠性幼儿园公用经费补助137万元，将原育新学校滕王阁校区改建为滕王阁保育院，并于秋季正式投入使用。到2013年底，东湖区经教育部门审批注册的合法幼儿园(保育院)有50所，其中教育部门办3所，事业单位办13所，企业单位办7所，街道办7所，民办20所。现有幼儿园中，优秀省级示范幼儿园5所，省级示范幼儿园3所，市级示范幼儿园3所，居全省各县区之首。

【完成南昌市滕王阁保育院改建工程】 2013年，东湖区将育新学校滕王阁校区改建为东湖区学前教育网点，命名为南昌市滕王阁保育院。该项目是东湖区全年重点民生项目之一，总投资835万元，设计标准教学班12个，总改造面积4000余平方米。幼儿园改建工程于8月全面完成，秋季正式开园招生，可解决360名幼儿入托问题。

【接受教育部学前教育项目专项调研】 1月16日，教育部基础教育二司巡视员、教育部学前教育办公室主任李天顺带领专项检查组到东湖区调研学前教育工作。调研组分别到省八一保育院、育才隆兴保育院、江西纸业集团有限公司保育院调研参观，并组织召开座谈会了解东湖区公办、企业办、民办幼儿园办园情况。省委教育工委委员、教育厅副厅长程样国及省财政厅、省教育厅、市教育局领导，东湖区教科体局相关人员陪同调研。通过深入调研，调研组了解了基层幼儿园的基本现状，积累了大量工作资料，为教育部出台相关学前教育政策提供了客观依据，同时有力地促进了东湖区学前教育工作发展。

【开展清理整顿无证幼儿园工作】 1月，东湖区教科体局联合辖区各街办对25所幼儿园进行细致摸排，形成了东湖区无证幼儿园总台账。1月23日，东湖区召开清理整顿无证幼儿园工作布置会，由区政府办公室牵头，区政法委、教科体局、公安分局、交警大队、消防大队、监察局、药监局、物价局、房管局、市行政执法局东湖分局、街办等部门组成的区联合执法行动小组分三队深入辖区，通过依法行政、宣传教育，对25所无证幼儿园进行了清理整顿执法工作，下发《整改通知书》，提出具体整改意见，在东湖教科体信息网上公布了许可办理、限期整改、已被取缔的幼儿园名单，做好了对无证幼儿园举办者的宣传教育工作。

【加强校车安全管理】 2013年，东湖区成立了校车安全管理领导小组，完善了校车安全管理协调机制，制定《东湖区校车服务方案(过渡期)，建立《东湖区校车安全管理工作联席会议制度》。根据国家、省、市交通安全有关文件精神，开展校车使用许可申请及信息采集工作，进一步加强辖区校车的规范管理工作，确保校车规范运行，保持校车良好的安全状况，保障幼儿园的正常教学秩序，有效预防交通事故。

【开展幼儿园年审工作】 4月，东湖区对辖区内15所民办幼儿园进行办学许可证年检工作，从依法办学、学校建设、办学管理3个方面，审查民办幼儿园《南昌市社会力量办学年度审查登记表》《2012年度财务审计报告书》等材料。5月，东湖区对全区29所公办幼儿园进行了年审，审查了幼儿园提交的材料，实地督查了幼儿园的依法办园、食堂管理和安全管理工作，对幼儿园提出了具体的指导意见，提升了全区幼儿园依法办园质量。

【开展“有质量的户外两小时”活动】 3月至10月，东湖区在全区幼儿园中组织开展了以“有质量的户外两小时”为主题的“健康、快乐、发展”教育活动。以区级、园级两个层面为重心，开展了主题鲜明、富有特色、形式多样的教育过程展示、经验交流、成果展示、优秀活动案例评选、先进幼儿园评选等活动。此项活动的开展也取得了良好的成果。东湖区教育科技体育局获2013年全省幼儿“健康、快乐、发展”主题活动先进单位；江西省委机关保育院、南昌市保育院、江西省直属机关保育院、江西省军区机关幼儿园、南昌市出新幼儿园获2013年全省幼儿“健康、快乐、发展”主题活动先进幼儿园；徐燕霞的《我的地盘我做主》等13个案例被评为全省幼儿“健康、快乐、发展”主题活动优秀案例。通过开展活动，加强了教师重视健康教育的意识，强化了“保护幼儿的生命和促进幼儿的健康是幼儿园的首要任务”“幼儿一日生活皆为课程”的教育理念，提高了教师户外活动指导的能力，更加利于促进幼儿身体的健康发展，身心的快乐成长。

【举行首批幼教"双新"教师结业仪式】 1月21日,东湖区在南昌市外国语幼儿园举办第三届园本教研节暨首批幼儿"双新"教师结业典礼。活动围绕"如何对待活动过程中出现的非预估情景"等主题,分三个小组,分别在外国语幼儿园、超童情商幼儿园、蓝天碧水幼儿园三所民办幼儿园开展了联片教研活动;邀请专家进行解读《3~6岁学前教育发展指南》专题讲座;为优秀双新教师进行了颁奖。

【开展《3~6岁儿童学习与发展指南》培训】 6月19日,东湖区《3~6岁儿童学习与发展指南》培训班在江西省八一保育院开课。全区40余所幼儿园的业务园长、教研组长和骨干教师共计60余人参训。培训采用参与式活动与专题讲座相结合的形式,通过案例和问题分析,带领参训教师围绕《指南》在幼儿园教育实践中的实际运用等问题进行了深入讨论,帮助老师们学习和理解《指南》的教育理念。

【举办首届"启迪杯"幼儿教师竞赛】 9月4-5日,东湖区在江西省八一保育院举办首届"启迪杯"幼儿园教师专业基本功竞赛活动,辖区幼儿园推荐的15名骨干教师参加了此次竞赛。竞赛内容包括专业知识和保教实践能力,评委们按照"公平、公开、公正"的原则对教师的专业知识、说课、讲故事、弹唱、简笔画五个项目的比赛进行严格评分。来自江西师大幼儿园、东湖幼儿园、滕王阁幼儿园、出新幼儿园、天奥大地幼儿园、外国语幼儿园的八名选手成功入围,代表东湖区参加南昌市幼儿园教师专业基本功竞赛。

2013年9月4日,东湖区举办首届"启迪杯"幼儿教师竞赛活动

义务教育

【概况】 2013年,东湖区以建设教育强区为目标,以促进教育均衡为主线,提高教育质量,深入推进教育科技体育事业持续发展。教育管理更加规范:圆满完成教育部国家基础教育质量监测工作,来自东湖区12所小学、6所初中的768名学生及部分教师接受监测;启动江西省县域义务教育均衡发展督导评估工作,承办2013年全省教育督导工作会,组织邮政路、城北、东湖、右营街四校接受2013年江西省现代教育技术示范学校建设专项督导检查;接受全市学前教育工作督查,举办第三届园本教研节、首届"启迪杯"幼儿园教师专业基本功竞赛;培智学校顺利通过全国"医教结合"实验校国家级验收,"低年级智障儿童个别化实验研究课题阶段性成果"面向全省特殊教育学校进行展示,组织开展第22个"全国助残日"助残捐款活动;开展全区民办学校办学水平和教育质量督导评估;投入资金800余万元将原育新学校滕王阁校区改建为滕王阁保育院,并于秋季正式投入使用,投入资金5700万元用于八所学校校园提升改造及信息化建设项目,完成滨江学校主教学楼改扩建工程;为全区义务教育阶段2.54万名中小学生免费提供教科书。德育模式日益完善:深入推进"东湖美德少年"阳光行动,组织开展"十佳美德少年"评选、"弘扬雷锋精神 建设心灵家园"主题读书等系列德育活动;承办全省"为爱留守 花漾满屋"关爱农民工子女联合主题中队会活动;阳明学校学生涂桦获市"十佳美德少年"称号、江西"希望之星"、全省优秀少先队员,并作为全省唯一代表入选央视"寻找最美孝心少年"候选人,张之纯等7位同学入选南昌市百名美德少年;获全市"我们的节日·清明"节日小报评比团体组织奖、"我们的节日·端午"经典诵读比赛一等奖。教研实效稳步提高:坚持对常态课实行五分钟质量检测,以育新、豫章、邮政路为龙头开展网上学科论坛等片区联动教研活动;组织优秀骨干教师、教导主任、校长到上海华东师范大学进行高级研修培训,举办音乐教学研讨暨名师风采学术讲座、高效课堂与教师专业发展研讨、新教

师实践能力展示等教研活动二十余次；举办第二十四届“骏马·中坚杯”竞赛和东湖区第三批学科带头人评选活动，来自区属15所学校的82名教师参赛；获省、市小学语文教师素养赛一等奖，第三届江西省“赣教杯”小学科学教学能手竞赛一等奖第一名，全省第二届中小学班主任专业技能竞赛一等奖，选拔34名选手组成三个代表队参加第七届南昌市“园丁杯”教学竞赛；教育部规划课题“区域内义务教育学校内涵式发展研究”子课题顺利结题，百花洲、南京路两校子课题被评为优秀课题；先后获得2012年全省教育工作目标考核先进县第一名、全国第三届城市教育装备合作与发展论坛优秀案例奖、第六届江西省首批示范性教研室、江西省中小学校内涵式发展研究与实验基地、南昌市优秀教科处、南昌市数字信息化校园创建整体推进工作先进单位、南昌市中小学(幼儿园)教师优秀教学资源评比活动最佳组织奖、南昌市中小学网上冬令营活动先进集体等称号。各项工作齐头并进：组队参加东湖区“学党章、做表率”知识竞赛获一等奖第一名；加强教师队伍建设，开展师德先进典型学习宣传和“尊师爱生”教育主题系列活动，培智学校郑垚婷被评为江西省首届身边“张丽莉”式优秀教师，豫章小学周红梅被评为南昌市第二届“感动洪城十大最美教师”；面向社会公开招聘教师47人；高度重视校园安全稳定工作，在育新学校召开“校园周边环境综合整治现场会”，在东湖小学试点开展“校园安全自动化管理系统研发”项目，对校内重点部位和重点人员进行动态监控；组队参加江西省第五届中小学生、幼儿艺术展演，获9个一等奖和多个二、三等奖，部分作品被选送参加全国第四届中小学生、幼儿艺术展演获表演类节目小学甲组一等奖、艺术表演类节目优秀创作奖，区教科体局获优秀组织奖；完成现汇任务135万美元、实际利用外资400万美元，实际利用内资5100万元、新增税收区级所得59.06万元。

【参加全省第五届中小学生幼儿艺术展演】　5－11月，东湖区组队参加江西省第五届中小学生、幼儿艺术展演活动，南昌市向荣小学舞蹈《空竹抖抖乐》、青少年宫和南昌市百花洲小学舞蹈《小鸡进行曲》、南昌市邮政路小学合唱《跨跃巅峰》、东湖幼儿园表演唱《洗手歌》、省直机关二保舞蹈《快乐的小音符》均荣获一等奖；光明学校美术作品《美好梦想》获一等奖，青少年宫李茂、青桥学校徐美姣、方实论文获一等奖。南昌市邮政路小学的合唱，南昌市向荣小学的舞蹈，李茂、徐美姣、方实老师的论文，光明学校的美术作品都将被选送至教育部参加全国艺术展演活动。

【百花洲小学获“南昌市名校”殊荣】　2月2日，南昌市2013年教育工作会召开，会上举行了“南昌市名校”授牌仪式，辖区内南昌市百花洲小学被南昌市人民政府授予第四批“南昌市名校”称号。截至2013年，东湖区共有四所“南昌市名校”。

【新疆克州教育工委考察豫章小学二部】　4月12日，新疆克州教育工委一行到豫章小学二部考察。考察组一行参观了学校的文化长廊、室内游泳馆、荣誉室、书吧，听取了学校近年来教育发展情况和校园文化特色，对豫章小学“雅文化”特色非常赞赏。考察中，双方还就与新疆三小结对帮扶事宜进行了商谈。通过教育交流，扩大了学校声誉，互通了先进的教学管理观念，促进了教师专业成长，有利于提升两地办学水平。

【全国人大到东湖调研义务教育法实施】　5月6日，全国人大常委会委员、教科文卫委员会副主任委员、致公党中央副主席严以新带领全国人大义务教育法实施情况调研组一行，到东湖区调研并召开专题调研座谈会。江西省人大常委会委员、教科文卫委主任委员李玉英，省人大常委会副主任委员李水弟，省教育厅副厅长程样国，南昌市人大副主任罗慧芬及东湖区有关领导陪同。调研组一行参观了学校环境，组织召开座谈会，听取了东湖区贯彻落实义务教育法实施情况，并就当前义务教育法实施的主要情况、存在的主要问题进行了交流探讨，对进一步实施义务教育法提出了意见及建议。

【接受省现代教育技术示范校建设专项督查】　6月20－21日，南昌市邮政路小学、南昌市城北学校、南昌市东湖小学和南昌市右营街小学四所学校接受南昌市省级现代教育技术示范校专项督导复查。此次督导复查主要围绕领导重视、经费保障、机构设置、环境建设、研究与应用、技术培训等方面的内容，通过资料查阅、实地查看、教师走访等形式开展。

【持续开展德育特色展示活动】 12月5日,南昌市百花洲小学举办以“习礼修德 美丽绽放”为主题的德育特色展示活动,区属各学校、南昌市百花洲小学手拉手学校100余人观摩此次活动。活动中,来宾们聆听了学校校园文化和德育特色展板介绍,观摩了四年级、六年级同学的扇舞和花样跳绳表演,观看了学校“习礼修德 美丽绽放”德育特色主题宣传片及班级博客介绍,观看了“好书交换”社团活动、值周班交接仪式、星级路队评比活动和班会家长周末课堂,独具特色的德育活动赢得了大家的一致好评。12月18日,南昌市邮政路小学举办以“立德树人 枫杨冠下传文化”为主题的德育特色展示活动。活动中,来宾们观看了学校腰鼓队表演,参观和了解了学校的校史馆和大型树文化浮雕,欣赏了校军乐团的演奏、大课间花式篮球训练,听取了学校德育特色工作汇报和德育常规工作经验介绍,观摩了班主任沙龙活动和各年级德育特色成果展示。这些活动彰显了东湖区各小学全员育人、全程育人、全面育人的育人理念,充分展示了与时俱进,在继承中发展、创新的德育工作足迹。

2013年12月18日,南昌市邮政路小学开展“立德树人 枫杨冠下传文化”德育特色展示活动

【中央“防邪反邪”办到北湖小学视察】 9月5日,中央防范办二局局长韶宏伟、副局长贾利军一行到南昌市北湖小学视察“崇尚科学 防邪反邪”警示宣传教育工作,查看了学校橱窗、展板、书签、宣传卡、漫画、手抄报等反邪教工作资料,观摩了伪科学解密实验区,听取了学校无邪教创建工作情况汇报。在座谈反馈中,检查组充分肯定了南昌市北湖小学在反邪教工作中作出的成绩,希望学校再接再厉,抓好学生的反邪教教育工作。

【《光明日报》报道东湖区学生德育工作】 12月5日,《光明日报》以《将积极健康的种子植入幼小心灵》为题,对东湖区中小学人生观养成教育典型做法进行报道,全面反映出东湖区在中小学德育教育中,高度重视学生的人生观培养,既教会学生学习,更教会学生做事、做人的教育理念。此是《光明日报》继2012年对东湖区推动义务教育均衡发展和豫章小学的人格教育进行深入报道后,又一次将关注的目光投向东湖教育。

【接受国家财政教育投入使用管理督查】 12月13日,由国家督学、上海市教委原主任、上海市人大常委会教科文卫委员会主任薛明扬任组长的督导组一行3人到东湖区开展财政教育投入使用管理专项督导检查。江西省教育厅副厅长宋雷鸣、副巡视员汤赛南及省教育厅、东湖区相关同志陪同。督查中,督导组听取了东湖区财政教育投入情况汇报,查看了财务统计数据和资料,实地查看了南昌市豫章小学、滕王阁保育院的办学情况和校园环境,与东湖区政府各职能部门进行了座谈交流,对东湖区财政教育投入保障有力、资金管理到位的做法给予高度肯定。

【姚燕平前来督查未成年人工作】 8月15日,南昌市政府副市长姚燕平一行到东湖区督查学校未成年人思想道德建设工作。姚燕平一行先后来到南昌市南京路小学、南昌市阳明学校,实地察看了校园环境,听取了学校未成年人思想道德建设工作情况介绍，深入了解了学校未成年人思想道德建设工作的开展情况和城市学校少年宫的创建工作，对东湖区未成年人思想道德建设工作给予了肯定，要求东湖做出表率，力争为南昌市创建全国文明城市贡献力量，确保未成年人思想道德建设工作不丢分。

特殊教育

【概况】 2013 年，东湖区继续加大对特殊教育的扶持力度培智学校是全省第一所专门为(6—18岁)智力障碍少年儿童提供从学前教育到职业教育的特殊教育学校。该校构建了一套科学规范、优质高效的管理模式，形成了自己的办学特色，成为省、市智力障碍儿童康复训练示范中心，江西省首家智障人员教育技能培训中心，江西省特奥训练基地等，历年被评为“全国特奥先进单位”，现已成为江西省特殊教育示范性窗口学校。培智学校参加 2013 全国特奥足球比赛荣获冠军，10 月底顺利通过全国十八所“医教结合”实验校国家验收，6 月面向全省特殊教育学校展示了低年级智障儿童个别化实验研究课题阶段性成果。在第二十二个“全国助残日”助残捐款活动中，区属学校及单位共捐款 10 万余元。

【开展第二十三个“全国助残日”捐赠活动】 5 月，东湖区教科体系统开展第二十三个“全国助残日”捐赠活动，在全区中小学生中开展“伸出温暖之手，献出仁爱之心”助残献爱心活动，学生自发、自愿地把节省下来的零花钱、学习和生活用品捐赠给残疾学生，为培智学校儿童募捐到善款 5.45 万余元。

【开展“你我同行 共享阳光”活动】 5 月 17 日，“你我同行 共享阳光”庆祝第二十三个“全国助残日”活动在培智学校举行，东湖区政协部分委员和学校师生共同参加该活动。活动中，委员们为学生赠送了足球、篮球、羽毛球、学习书籍等文体用品，为每个学生送上了牛奶、食品，培智学校学生为来宾们献上了精彩的表演。

民办教育

【概况】 2013 年，东湖区根据《民办教育促进法》及其实施条例和《江西省民办教育促进条例》规定，严格坚持属地管理、有效管理、权责统一、“谁主管谁负责”的原则，对社会力量办学始终贯彻“积极鼓励，大力支持，正确引导，依法管理”的方针，大力发展民办教育，尤其发展多元化民办教育，使之真正成为公办教育的合理补充，努力消除无证办学行为，满足人民群众对教育的各种不同需求。截至 2013 年，东湖区共有 50 所民办教育机构，包括 30 所非学历教育培训机构和 20 所民办幼儿园。民办非学历教育培训机构中小学学科类、幼儿、中小学英语类培训 19 所；艺术类培训 4 所；市民主党派办 1 所，主要从事中小学文化培训；公益性 1 所；暂停办学 5 所。其中，新增 2 所民办教育机构（南昌东湖精诚教育培训学校、南昌东湖雅言文化艺术学校）和 4 所民办幼儿园（星海幼儿园、新芽幼儿园、永和保育院、江中幼儿园）。各民办学校依照《中华人民共和国民办教育促进法》等有关法规，依法治教，科学管理，不断优化办学，提升办学水平，积极探索新的办学模式，取得了较好的办学效益，涌现了一批社会口碑好的品牌教育机构，深受家长的好评。

【开展民办学校年审工作】 3 月底至 4 月初，东湖区根据《民办教育促进法》有关规定，对全区 29 所经东湖区教科体局审批的民办学校民办机构进行办学许可证年检工作。通过认真审查全区民办教育机构的《2012 年南昌市东湖区社会力量办学年度审查登记表》《2012 年度财务审计报告书》和办学许可证等材料，进一步提升全区民办学校规范化办学水平。

【做好招生简章和广告备案工作】 8 月，东湖区开展民办学校招生简章和广告备案工作，将学校招生简章和广告备案情况作为年度督导评估检查的重要内容和依据，组织各民办教育机构认真学习了文件，明确了备案要求。各民办教育机构积极履行招生简章和广告的备案程序，按照要求和时间办理了招生简章和广告备案。

教育教学科研

【概况】 2013年,东湖区教研中心以党的十八大精神为指导,以实施素质教育为目标,紧紧围绕省、市教育工作重点,坚持科学发展观,进一步深化新课程改革。坚持教育科研为教育改革与发展服务,为教育科学决策服务,为广大教师专业成长服务的基本方向,以应用性研究为切入点,以课堂教学为主阵地,促进教育均衡发展,全面提升教育教学质量为指导思想。始终坚持"团结、务实、创新、高效"的工作作风,为东湖区教育事业的发展做出了努力,取得了一定成绩。荣获江西省教育厅授予的"第六届江西省首批示范性教研室"称号。这是江西省教育厅为了表彰在教研工作中成绩显著的先进单位而授予的最高荣誉。东湖区教研中心为全省百余个教研部门中14个获得这个称号的单位之一,也是南昌市所有县区教研部门唯一获此殊荣的单位。

【获得全省"首批示范性教研室"称号】 2013年,东湖区教研中心被江西省教育厅授予"第六届江西省首批示范性教研室"称号。作为江西省教研工作的最高荣誉,全省共有14个单位获得表彰,东湖区教研中心是南昌市唯一获此殊荣的县区级教研单位。

【课题研究工作成绩突出】 2013年,东湖区积极组织好课题申报、研究、结题工作。全系统共申报南昌市"十二五"教育科研"十大重大课题"10个,南昌市网上个人课题77个;由东湖区8校参与的全国教育科学教育部规划课题"区域内义务教育学校内涵式发展研究"子课题顺利结题,南昌市百花洲小学、南昌市南京路小学的子课题被评为"优秀课题",南昌市百花洲小学被确立为首批"江西省中小学校内涵式发展研究与实验基地"。

【获得"全国自制教具能手"称号】 2月,第八届(天煌杯)全国优秀自制教具展评活动在杭州圆满结束,全国近万名教师的作品参加比赛。东湖区内的南昌市邮政路小学教师郑芳的作品《整数除以分数》脱颖而出,荣获江西省一等奖、全国三等奖,郑芳获"全国自制教具能手"称号。

【举办第二期中小学教研组长培训班】 3月14日,东湖区第二期中小学教研组长培训班开班仪式在南昌市东湖小学五楼多媒体报告厅举行,来自区属各中小学的教研组长、学校分管领导近140人参加此次培训。培训由江西省特级教师郭爱香作了题为《加强教研组文化建设 引领教师专业成长》的专题讲座。

【举办"音乐教学研讨暨名师风采学术讲座"】 4月7日,东湖区"音乐教学研讨暨名师风采学术讲座"活动在南昌市豫章小学召开,来自北京的10位专家、名师与东湖区各校的50余名音乐教师汇聚一堂,共同研讨音乐教学的核心价值、教学方法、实施过程等诸多热点问题。

【参加全国城市教育装备合作与发展论坛】 4月8-11日,全国第三届城市教育装备合作与发展论坛召开。东湖区在大会上做经验交流,选送的案列《梦圆东湖》在精品案例评选活动中获优秀案例奖。

【举办书法专项培训活动】 4月9日,东湖区举办书法专项培训活动,来自全区15所学校的100余名书法教师参加。此次培训由全国著名写字教育专家胡一帆教授进行讲课,并现场为学员进行了书法示范。此次活动有利于提高辖区书法教师的教学水平和个人修养。

【举办第二十四届"骏马·中坚杯"竞赛】 4月26-28日,东湖区在南昌市城北学校、南昌市豫章小学、南昌市右营街小学和南昌市百花洲小学四个分赛区成功举办第二十四届"骏马·中坚杯"课堂教学竞赛活动。该届"骏马·中坚杯"课堂教学竞赛学科为中小学品德、信息技术、综合实践活动和小学科学,共有82名老师参赛,涵盖了区属15所学校。共产生一等奖12人,二等奖23人,三等奖26人,2人获得"教学能手"称号。"以赛代训"给东湖教师提供一个优质、高效的研训平台。

【再获省"赣教杯"比赛一等奖】 4月26-27日,江西省小学科学学科最高级别的课堂教学竞赛、第三届江西省"赣教杯"小学科学教学能手竞赛举行。东湖区育新学校教师吴亚昕代表南昌市参赛，通过说课、上课两轮角逐，最终取得一等奖第一名的好成绩，实现了东湖区在江西省“赣教杯”小学科学学科教学能手比赛中的三连冠。

【获首批“江西省中小学校内涵式发展研究与实验基地”称号】 5月15日，江西省中小学校内涵式发展研究与实验基地建设工作会议召开，会上举行了首批“江西省中小学校内涵式发展研究与实验基地”授牌仪式。经学校申报、教科研主管部门推荐、专家组现场评审、综合评价等程序，东湖区属的南昌市百花洲小学被确立为首批“江西省中小学校内涵式发展研究与实验基地”。

【参加首届小学数学优秀教学资源评选】 6月，东湖区组织教师参加江西省小学数学首届优秀教学资源评选活动，获得较好成绩。其中：南昌市东湖小学罗梅获“教学录像课”一等奖，教研中心余莉获指导奖；南昌市育新学校周越获“教学课件”一等奖；南昌市青桥学校李红梅、教研中心胡美贵、章明获“教学设计”一等奖；南昌市百花洲小学王春花、南昌市豫章小学吴鲲获“教学设计”二等奖，显示了东湖区较强的数学教学综合能力。

【承办省级现代教育技术示范校开放日活动】 6月4日，南昌市省级现代教育技术示范校开放日活动在东湖区属的南昌市邮政路小学举行，来自省、市、区电教站和电教馆的领导、其他县区学校的校长、骨干教师100余人参加。活动中，东湖区就电教工作做经验介绍，南昌市邮政路小学做学校特色工作介绍，现场开展了语文、信息、英语三节现代教育技术与学科精品整合课程展示，在各年级办公室利用“数字东湖”平台在线观摩了语文课并进行在线研讨活动。

【举办三期高级研修培训】 7月，东湖区分别组织骨干教师、教导主任、校长到上海华东师范大学进行高级研修培训。培训班由东湖区教科体局与上海华东师范大学联合举办，通过专家授课、现场观摩、小组讨论等形式，为学员们进行了学校管理、学生心理健康教育、班级管理、教师专业发展、班级活动组织设计等多方面的综合培训。有利于提高东湖区整体教育教学水平，打响“学在东湖”教育品牌。

【举办“专家名师与高效课堂”系列活动】 2013年，东湖区和西湖区联合开展两期“专家名师与高效课堂”专题活动。活动分数学、语文两个学科开展，邀请全国知名的语文、数学界教育专家主讲，全区中小学语文、数学老师参加，既促进了与兄弟辖区在教育上的互通有无，共同进步，又丰富了辖区内教师教学生活。

【完成国家基础教育质量监测工作】 9月29日，作为国家基础教育质量监测江西省三个样本县（市区）之一，东湖区接受了教育部基础教育质量监测中心的质量监测，组织区属12所小学、6所初中的768名学生及部分教师参与了测试、学生问卷、学科教师及校长问卷调查等相关活动。整个监测过程部署周密、组织严谨、秩序井然，得到国家视导员及省、市有关领导的高度评价。

【获全国教育教学信息化大奖赛一等奖】 11月13－16日，由中华人民共和国教育部指导、中央电化教育馆主办的第十七届全国教育教学信息化大奖赛现场决赛在北京举行。经省、市、区层层选拔，南昌市邮政路小学教师熊兵惠、汪智星代表江西参赛，分别获得课件一等奖、课例二等奖的好成绩。

【获全省“班班通”大赛一等奖】 11月13日，江西省第三届中小学教师“班班通”教学资源应用大赛举行，东湖区育新学校教师谌丹代表南昌市参赛，执教的无生模拟课例《沁园春·雪》荣获一等奖。

【参加华东六省一市课堂教学研讨活动】 11月27－29日，华东六省一市第十五届小学数学课堂教学观摩研讨活动在浙江大学华家池校区举行。来自江西、江苏、浙江、安徽、福建、山东、上海六省一市的近4000名老师参加了此次盛大的观摩研讨活动。东湖区育新学校教师黄丽君代表江西省参加活动，她执教五年级《梯形的面积》一课赢得到参会专家和老师的高度评价，荣获一等奖。

辖区教育资源

【概况】 东湖区是省会南昌的核心城区，是全省政治、经济、文化、教育、医疗卫生的中心，有着丰富、优质的教育资源。截至2013年，东湖区内有江西省人民政府和教育部共建的“211 工程”重点建设大学南昌大学,江西省本科办学历史最为悠久的普通高等院校江西师范大学和江西中医药大学等3所大学,有8所中学、2所九年一贯制学校和1所直属于南昌市教育局的南昌师范附属实验小学,其中南昌二中、三中、十中、十九中、豫章中学、八一中学、实验中学等7所学校均为全省重点中学。

表13　**2013年东湖区域主要大、中、小学校一览**

名　称	在职教师(人)	在校学生(人)	占地面积(平方米)	电　话	详细地址	备　注
南大医学院	3131	56060	683008	86362613	南昌市八一大道603号	大学
江西师范大学	1901	33922	3001500	88507776	南昌市北京西路437号	大学
江西中医药大学	771	11760	1539436	87118992	南昌市阳明路56号	大学
南昌市第二中学	86	2760	186323	86268220	东湖区苏圃路1号	中学
南昌市第三中学	302	5880	145023	86770740(初中) 88637756(高中)	民德路330号(初中部) 二七北路522号(高中部)	中学
南昌市豫章中学	183	3089	29791	86837595	豫章路125号	中学
南昌市第十中学	181	2529	28800	86801016	阳明路313号	中学
南昌市第十九中学	52	1433	100000	86814455	叠山路233号	中学
南昌市第二十八中学	145	2761	11322	83814153	叠山路55号	中学
南昌市八一中学	262	3155	27641	86813914(初中) 86802343(高中)	叠山路469号(初中部) 三经路41号(高中部)	中学
南昌市实验中学	155	2102	13225	88695093	南京西路166号	中学
南昌市洪城学校	24	239	17969	86226738	福州路28号	九年一贯制
英华外语学校	34	347	4933	86806676	东湖区七里新村	九年一贯制
南昌师范附属实验小学	277	12704	57276	86221697	经堂路99号	小学

说明:不含区属学校

(程　昳)

科 学 技 术

综 述

2013年，东湖区科技工作围绕“构建繁荣精品幸福文明东湖”的总体目标，立足实施鄱阳湖生态经济区国家战略，积极打造鄱阳湖生态经济区综合改革试验城区、现代服务产业核心城区和生态文明和谐城区，不断提高科技创新能力，大力实施“科教兴区”战略，全区科技工作取得了新突破，有力地促进了经济社会发展。东湖区积极推进“科技进社区、科普进校园”工作，打造了1个市青少年科普教育基地，4个市级科技示范社区，1个市防震减灾科普教育示范校，1个区防震减灾科普教育示范社区和1个区防震减灾科普教育示范校。组织开展科学体验、科普讲座、科普展览、应急演练等活动，普及提高防灾减灾意识和自救互救技能，全面提高全民的科技意识。2013年，东湖区对区本级12个科研项目进行了立项，下拨科技三项经费97万元；向省市申报科研项目立项15个，争取科技经费336万元，促进科技成果转化，提升企业自主创新能力。制作科普宣传图片及展板150块，编印地震科普宣传资料3万余份（册），制作低碳科普挂图、编印低碳科普宣传资料近万册，下发到全区各区直单位和社区，并在东湖区政府、胜利路步行街和全区中小学校进行了巡展。以东湖区科普安全宣教中心为基地，开设各类科普讲座91场，举办各类实践培训260次，培训对象达5万余人次。东湖区教科体局先后获得“第二十二届中国儿童青少年威盛中国芯计算机表演赛”最佳组织奖、2013年度南昌市科技进校园进社区工作先进单位、2013年度全市高新技术企业培育和认定工作先进单位荣誉称号。

科技管理

【概况】 2013年，东湖区认真贯彻“自主创新、重点跨越、支撑发展、引领未来”的科技发展方针，坚定信心，积极进取，为推动东湖经济社会在新的起点上更好更快发展提供有力的科技支撑。

【接受市科技局科技创新项目调研】 4月28日，南昌市科技局相关人员到东湖区高招办对研发中的2013年东湖科技创新项目《校园安全综合管理系统》进行调研。东湖区高招办汇报了项目实施及进展情况，与会人员就《校园安全综合管理系统》的管理方式、无线技术等进行了热烈讨论与充分交流，对该项目给予充分的肯定，并提出修改意见及建议。

【开展第二批科技计划项目督导检查】 7月4－5日，东湖区教科体局科技计划项目督导组对东湖区第二批部分科技计划项目进行督导检查。督导组先后对东湖区疾病预防控制中心、董家窑街道豆芽巷社区、江西中通比特医学信息技术有限公司、江西安腾智能电子有限公司、江西盛竹联创农林发展有限公司等单位科技计划项目进行了督导。督导组成员听取各单位项目负责人对科技项目的介绍，查看科技项目的工作进展，对科技项目的实施和经费管理提出了指导意见。同时希望各单位进一步结合实际，立足项目的长远发展，做出具有特色的科技项目，为建设东湖区“现代服务业核心区、科教文卫中心区、和谐诚信文明区”贡献力量。

【加强科技管理干部业务培训】 12月20日，东湖区2013年科技管理干部工作业务培训会在区教科体局一楼会议室举行。东湖区各街办分管领导、各社区主任、政府有关部门科技工作管理干部120余人参加了培训会。右营街社区和南湖社区分别就本社区科普工作进行了经验交流。南昌市科技局专家就科技示范社区创建工作进行现场指导。

科技活动

【概况】 2013年，东湖区坚持“让现代科技服务群众，努力提高群众的生活质量和幸福指数”，不断加强科学普及工作，认真组织群众性科技活动，开展科普之春、科技活动周活动、青少年科技创新月活动、科技管理干部培训等多种形式的科技活动，努力实现科技惠民，全区科技氛围不断浓厚，创新水平日益增强。

【接受市第四届中小学生幼儿科技节检查】 1月21日，南昌市第四届中小学生幼儿科技节科技教育和科技活动检查评估第一组到东湖区开展科技节活动检查评估。督导组检查了相关资料，到南昌市北湖小学听取了学校科普工作汇报，实地查看了东湖区青少年头脑奥林匹克创新工作室。检查组充分肯定了东湖区青少年科技教育工作，高度评价东湖区多年来坚持以头脑奥林匹克创新精神与实践能力培养为目标的工作特色，称赞东湖区科学普及推广教育工作取得了很好的成效。

【举办第三届头脑奥林匹克比赛】 2月27日，2013年东湖区第三届头脑奥林匹克竞赛活动在南昌市阳明学校举行，东湖区属各校代表队近200人参加了活动。经过激烈角逐，南昌市豫章小学、南昌市爱国路小学、南昌市育新学校、南昌市邮政路小学荣获竞赛一等奖，南昌市城北学校、南昌市向荣小学分获创意奖和风格奖。通过全面开展头脑奥林匹克活动，极大地激发了学生学科学、用科学的积极性，培养了学生科技创新精神和实践能力，加强了学生间团队合作的意识，让学生体会了创造的成功与快乐。

【北湖小学获全国头脑奥林匹克特色学校称号】 3月2－3日，南昌市北湖小学作为江西省唯一代表参加了在上海市晋元高级中学举行的第34届世界头脑奥林匹克中国区决赛暨第26届中国上海头脑奥林匹克创新大赛。北湖小学在《宠物计划》项目中，以《西游记之大战 $PM_{2.5}$》为主题，荣获小学组三等奖的优异成绩。同时，该校被头脑奥林匹克组委会(中国区)评为“全国头脑奥林匹克特色学校”。

【承办青少年科技创新大赛开幕式】 4月13日，江西省第二十八届青少年科技创新大赛开幕式在南昌市豫章小学二部隆重举行。开幕式由省教育厅副厅长程样国主持，南昌市豫章小学学生阎俊豪代表全体参赛选手发言，展示了东湖学子放飞梦想、立志创新的风采。

2013年4月13日，江西省第28届青少年科技创新大赛开幕式在东湖区豫章小学二部举行

【举办"院士(专家)赣鄱行"活动】 4月15日，"航天科技连你我——院士(专家)赣鄱行"科普报告巡讲活动在南昌市豫章小学举行。北京丰台区东高地科技馆原馆长、北京科普大使之一、全国教育系统劳动模范金声做了主题为《飞向太空》的科普讲座。活动中，金声老师为同学们介绍了国家航天发展史和当代世界航空的发展现状，通过现场小实验和互动提问环节，深入浅出地讲明了航空航天科技中运用到的一些科学原理。

【开展科技活动周活动】 5月21日，东湖区科技活动周科普宣传咨询活动在南昌市八一公园举行。来自东湖区科协、卫生、环保、疾控、教科体、计生委、第八人民医院的工作人员为过往群众提供了减灾防灾、节能环保、食品安全、生殖健康、科学健身等方面知识的咨询服务，并在现场摆放了30块科普展板，散发了相关宣传手册3000余份。此次科技活动周由东湖区人民政府主办，中共东湖区委宣传部、东湖区教科体局、东湖区科协承办，于5月19－25日在全区全面举行以"科技创新·美好生活"为主题的科普活动，旨在提高公众的理性认知水平，倡导健康文明生活方式。其间，区属各街道、社区通过展出科普宣传栏、墙报，开放科普阅览室等方式开展科普宣传活动，为人民群众提供优质精神文化食粮。

【承办第二十二届计算机表演赛江西决赛】 6月16日，第二十二届中国儿童青少年威盛中国芯计算机表演赛江西分赛区决赛在南昌市阳明学校举行。中国儿童青少年威盛中国芯计算机表演赛组委会办公室执行主任王晔、江西省工信委电子信息处副处长万长霞出席并为小选手们颁发荣誉证书。东湖区共有2.3万余人参加了初赛，通过初级应用赛、中英文输入赛、命题搜索赛、3D仿真机器人赛的选拔，170人进入决赛。来自南昌市育新学校、南昌市百花洲小学、南昌市南京路小学、新建县职业技术学校的12名选手组成的代表队将代表江西参加在北京举行的全国总决赛。

【参加第二十二届全国计算机表演赛】 8月6日，第二十二届中国儿童青少年威盛中国芯计算机表演赛颁奖音乐会在国家大剧院隆重举行。来自东湖区南昌市育新学校、南昌市豫章小学、南昌市百花洲小学、南昌市邮政路小学的8名学生代表江西省参加了全国总决赛。他们在比赛中发挥出色，一举夺得1个二等奖、7个三等奖，东湖区教育科技体育局荣获最佳组织奖。计算机表演赛紧跟未来发展趋势，不断实现突破和创新，提升了青少年儿童计算机的应用水平，广受青少年儿童的欢迎，促进了科普教育工作的健康发展。

科技成果与奖励

【概况】 2013年，东湖区紧紧围绕建设创新型城区工作目标，积极建设生产力促进中心，打造科技创新平台，大力培育高新技术企业，扶持中小型科技创新企业，积极推进科技协同创新，着力提高自主创新能力。先后获得2013年度科技进校园进社区工作先进单位、2013年度全市高新技术企业培育和认定工作先进单位、"第二十二届中国儿童青少年威盛中国芯计算机表演赛"最佳组织奖。

表14 **2013年江西省自然科学奖东湖区获奖项目**

项目名称	完成单位	主要完成人员	获奖等级
中草药中新的萜类成分的发现及其生物活性研究	江西中医学院	罗永明 冯育林 李 斌 杨世林	二等奖

表15 **2013年江西省科学技术进步奖东湖区获奖项目**

项目名称	完成单位	主要完成人员	获奖等级
腹泻儿童沙门菌属临床分离株的耐药特点及其分子流行病学	江西省儿童医院	陈 强 余晓君 周红平 谢建祥 段 荣 柯江维 朱春晖 余方友	二等奖

续表 15

项目名称	完成单位	主要完成人员	获奖等级
腹腔镜技术在泌尿外科功能保留与重建性手术的应用研究	南昌大学第一附属医院	王共先 傅斌 曹润福 孙庭 崔苏萍 冯亮 习海波 陈庆科	二等奖
江西电信企业级 GIS 共享服务平台	中国电信股份有限公司江西分公司,武汉中地数码科技有限公司	吴泉顺 万宏谋 王新玉 李继民 徐建军 曾文	三等奖
无线宽带网覆盖精确配置方法在电信行业的研究与应用	中国电信股份有限公司江西分公司	吴泉顺 左汪勇 宗春鸿 柳立峰 张科峰 黄宇	三等奖
早期高容量血液滤过治疗多脏器功能不全综合征的研究和临床应用	南昌大学第一附属医院	钱克俭 刘芬 曾振国 江榕 聂成 夏亮	三等奖
弗劳地枸橼酸杆菌碳青霉烯类抗菌药物耐药机制及产 AmpC 酶检测方法应用	南昌大学第二附属医院	胡龙华 余方友 王小中 熊建球 贾坤如 章白苓	三等奖
血压测量的优化和推广	南昌大学第二附属医院	苏海 王继伟 徐劲松 洪德志 胡伟通 李菊香	三等奖
男性糖尿病患者外周血 EPCs 与血糖、血管病变关系以及药物干预观察	江西省人民医院	霍亚南 邓颖 林安华 郭莉 赖丽芳	三等奖
DTI 与 fMRI 在脑功能区肿瘤术前评估的应用	南昌大学第一附属医院	李东海 邓国军 陈桂美 徐春华 肖香佐 曾而明	三等奖
应用整脊牵引床整脊治疗椎间病	南昌大学第二附属医院	罗军 戴江华 朱美兰 赵爱泉 杨勇明	三等奖
Ⅰ期会阴肛门成形并瘘修补术治疗中位先天性无肛并直肠尿道球部瘘	江西省儿童医院	黄金狮 陶强 陈快 朱晓红 戴康临 陶俊峰	三等奖
联合 FISH 及 IHC 检测脑膜瘤复发因素的临床研究	南昌大学第一附属医院	王淳良 梅金红 王珊珊 杨玄勇 徐姗 陈任生	三等奖

表 16 **2013 年南昌市科学技术进步奖东湖区获奖项目**

项目名称	完成单位	主要完成人员	获奖等级
南昌市空气颗粒物污染特征与人体健康的关系研究	南昌大学 南昌航空大学 南昌大学第一附属医院哈尔滨工业大学 南昌市环境监测站	刘小真 梁越 彭希珑 范广勤 汪月华 袁道文 马万里 金静 秦文 刘忠马	二等奖

续表 16

项目名称	完成单位	主要完成人员	获奖等级
胰岛素强化降糖治疗对新诊断2型糖尿病β细胞功能的改善及病情缓解的应用	南昌市第一医院	胡　玲　蒋丽华　张喜婷 陆　君　沈　浩　江芳芳 曾　立　王　宁	二等奖
64层螺旋CT在心律失常及瓣膜介入术前检测左房血栓的临床应用	南昌市第一医院	罗小平　范剑峰　郑春华	三等奖
光动力疗法治疗脉络膜新生血管性病变的临床研究	南昌市第一医院	石安娜　王永波　李颖洁 石　浔　金　昱　刘维锋	三等奖

知识产权

【概况】 2013年,东湖区大力开展知识产权宣传活动,配合南昌市知识产权局开展知识产权执法、知识产权保护工作,有效遏制了侵犯知识产权行为,促进了科技创新,规范了市场经济秩序,市民的知识产权保护意识不断提高,消费者和知识产权权利人的合法权益得到保护,营造了经济发展的良好环境。全区全年专利申请量350件,全区科技创新能力得到进一步提升。

【开展知识产权"护航"行动】 3－12月,东湖区开展知识产权执法维权"护航"专项行动。行动中,东湖区深入区属中小学校,举办知识产权基础知识培训班,对中小学生进行知识产权知识的普及与培训;开展"小手牵大手"活动,发放"告家长书",组织家长和孩子一起参加保护知识产权知识竞答活动;深入街道社区开展知识产权专题巡回展览和培训;编印、发放东湖区知识产权宣传手册,围绕知识产权基础知识、专利文献信息检索与利用等专题进行宣讲,解读国家知识产权战略、江西省专利奖励办法及省、市出台的激励自主创新相关政策;协调、配合工商、税务、文化、商务等部门,联合开展专项行动督导和检查,在全区营造了全民保护知识产权的良好氛围。

【强化打击侵犯专利权行为】 7月,东湖区知识产权局配合东湖区商务局、东湖区文化稽查部门对全区图书、软件、音像制品、印刷复制的经营单位进行了检查,加强了出版物市场的监管,加大取缔游商地摊的力度,从严治理印刷复制的生产源头,严厉打击利用电视、电话、互联网销售伪劣商品的行为,增强全社会的知识产权保护与维权意识。

【大力提升知识产权申请量】 2013年,东湖区将专利申请数量和专利授权量纳入科技工作考核,实施知识产权战略,支撑创新驱动发展。组织"4·26"世界知识产权日宣传咨询活动,知识产权维权援助培训;添加专利试点、示范企业资助,专利代理机构资助等新的工作内容,提高专利申请资助额度。配合市知识产权局组织培训,促使专利中介机构规范、有序、健康地发展。全年全区专利申请数350件、专利授权数206件,分别同比增长29.63%和19.08%。

(程　昳)

地震工作

【概况】 东湖区防震减灾局成立于2012年9月,为东湖区政府直属事业单位,正科级规格,其中领导职数1正1副,原东湖区地震局不再保留,其承担的相应职能划入东湖区防震减灾局。2013年东湖区防震减灾工作以科学发展观为指导,深入贯彻执行《中华人民共和国防震减灾法》,大力普及防震减灾知识,努力增强全社会的防震减灾意识,提高全社会抵御地震的能力。

【加强防震减灾科普知识宣传】 5月6－12日,东湖区组织开展了防震减灾科普知识宣传周活动,围绕"以人为本,科学减灾,提高地震灾害的综合防御能力"主题,面向不同人群,突出重点,开展了一系列内容新颖、富有成效的防震减灾科普知识宣传活动。5月10日上午,东湖区在步行街名秀广场举办了主题为"今天的准备,为了明天生命的延续"防震减灾科普知识宣传咨询活动。区各单位利用放置展板、分发资料、张贴标语、LED电子显示屏以及现场咨询等方式,向单位职工、社区居民进行防震减灾宣传教育。区文化部门在网吧等文化场所门口利用LED显示屏播放宣传标语。区统计局通过短信平台、QQ群向全局职工发送防灾减灾温馨提示短信,内容涉及防灾减灾日主题、雷电防范知识和火灾防范知识等。大院街办开展防灾减灾签名活动,有力地宣传防灾减灾常识和自救互救知识,提高了社区居民的防灾减灾意识以及紧急避险的应变能力。有条件的单位邀请有关专家为广大居民宣讲防震减灾知识,增强防震减灾意识,提高应对自然灾害的能力。区环保局开展防震减灾有奖知识答题活动。竞赛试题分为判断题、单项选择题和多项选择题三类,试题内容涵盖《中华人民共和国防震减灾法》、地震预报、避震要点以及怎样识别地震谣传等相关知识。

【开展防灾减灾应急演练】 2013年,东湖区组织开展了形式多样的防灾减灾演练。区属各校组织开展了应急避险疏散演练和应急自救自护演练。通过活动,使全体师生掌握应急避险、自救自护的程序、线路和正确方法,受教育学生达3万余人。各校还印制《家庭灾害风险隐患排查调查表》分发给学生,让学生通过表格调查的形式了解自己家的防震减灾安全情况和措施,并与家长在家进行地震应急疏散演练,促进学校防震减灾科普教育与家庭、社会教育有机结合,达到"教育一个孩子,影响一个家庭,带动整个社会"的目的。

【发挥防震减灾基地示范作用】 2013年,东湖区科普安全宣教中心作为国家级防震减灾科普教育基地,主要针对青少年和在校学生,具有易组织性、广泛性、前瞻性和媒介性的优势,采取创建防灾减灾科普基地校,把预防地震、火灾、交通事故列入学校的安全教育,编写防灾减灾校本教材,将防灾减灾知识作为学校的选修课或夏令营活动内容等方式,分期分批组织学校学生到中心参观学习。同时,为基地校同学提供第二课堂选修活动场所,举办防灾减灾知识竞赛,开展避震、火场逃生、自救等演练,组织学生进行二次宣传,使中心的宣传教育活动与学校教学互动。

【评选防震减灾示范学校、社区】 2013年,东湖区为充分发挥防震减灾科普教育示范学校和防震减灾科普教育示范社区的作用,努力做到"建设好、管理好、运行好、维护好、使用好、宣传好",使防震减灾科普教育基地、示范学校和示范社区成为防震减灾科普教育的主阵地,扶持、评选出防震减灾区级示范学校青桥学校、区级示范社区百花洲街办南湖社区,并推荐这两个示范单位参加南昌市示范评选。推荐东湖小学参加江西省防震减灾科普教育基地申报、阳明学校参加江西省防震减灾科普示范学校申报。

(张　前)

体　育

综　述

东湖体育事业以“增强人民体质，提高生活质量，打造体育强区，促进社会发展”为目标，以群众性体育活动和青少年阳光体育活动为主阵地，积极承办国际、国内竞技体育大型赛事，加快体育场地、设施建设，开创了体育事业发展的新局面。2013 年，全区共有晨晚健身点 89 个，已授牌全民健身站点 50 个，国家级社区健身俱乐部 2 所，体育场馆 9 座，运动场 34 个，游泳池 8 个，新安装健身体育器材 139 件。全区共有省级体育传统学校 3 所，市级体育传统学校 6 所，国家级至三级社会体育指导员 661 名，体育专职教师 90 名。东湖区先后荣获第二十四届全国城区体育工作研讨会优秀组织奖，第十二届全国运动会成年男子组篮球预赛优秀赛区，全国原创广场健身操（舞）评比活动一等奖、特等奖、最佳组织奖、最佳创意奖，“舞动赣鄱 健康江西”2013 年江西省全民健身广场舞展示活动县区优秀组织奖，南昌市首届全民健身排舞大奖赛金奖及最佳组织奖，江西省青少年游泳锦标赛团体总分第一名和体育道德风尚奖，2013 年全省青少年锦标赛、县区田径运动会各县（市、区、开发区）综合得分第二名。

群众体育

【概况】　2013 年，东湖区群众体育运动蓬勃开展，举办了东湖区“全民健身迎新春，红红火火过大年”全民健身活动，组队参加南昌市第三届迎新万人健步行活动，举办 2013 年三级社会体育指导员培训班，召开了全区老年体协工作会。在 2013 年全民健身日当天，东湖区各街办、社区健身站（点）、学校均开展丰富多彩的群众健身活动，同时组队参加南昌市首届全民健身排舞大奖赛、“舞动赣鄱 健康江西”2013 年江西省全民健身广场舞展示活动、全国原创广场健身操（舞）评比活动。此外，对全区 89 处晨晚练点进行规范化管理，筛选出第二批符合要求的 15 个站点授予“东湖区全民健身活动站点”称号，群众体育工作得到健康发展。全年，东湖区获得承办国家级以上篮球比赛优秀赛区及 2013 年“情系红土地”全省篮球活动先进单位称号。

【获全省青少年体育训练工作先进单位】　1 月 16 日，全省体育工作会议在江西饭店召开，大会表彰了全省体育工作先进单位并颁发奖牌。东湖区作为“2012 年全省青少年体育训练工作先进单位”受到大会表彰。

【开展全民健身志愿服务活动】　2 月 1－8 日，东湖区“红红火火过大年”全民健身活动及全民健身志愿服务活动在东湖区全民健身中心、光明社区等地分别举行，来自彭家桥街道、上营坊社区 2 个国家级社区体育健身俱乐部及部分东湖区全民健身站点、社区的共 3000 余名群众参加了本次活动。活动中开展了舞龙闹新春、健康饮食知识讲座、跳绳、袋鼠跳、纸衣竞速、投沙包、定点投篮、滚铁环等趣味体育竞赛活动，充分体现了“奉献、友爱、互助、进步”的志愿者精神和服务理念，为广大群众送温暖、送健康、送快乐，营造了幸福、团圆、文明、祥和的节日氛围。

【承办第十二届全运会成年男篮预赛】　4 月 23

日,第十二届全国运动会“791艺术街区”杯成年男子篮球预赛在东湖区完美谢幕。在五天的比赛里,广东、新疆、吉林、浙江、四川、香港6支球队进行了五轮15场激烈对抗,最终,广东队夺得第一名,浙江队获得第二名,共同晋级决赛圈。

【扎实做好社会体育指导员培训工作】 2013年,东湖区继续扎实做好社会体育指导员的培训、颁证、训练工作。5月10日,举办了东湖区三级社会体育指导员培训班,来自全区各街办、社区、群众健身站点、学校的90余名体育骨干和积极分子参加培训;6月24－28日,组织7名二级社会体育指导员参加了为期五天的江西省一级社会体育指导员培训班,同时组织人员参加为期两天的南昌市二级社会体育指导员培训班。截至2013年,全区共有国家级至三级社会体育指导员661名。

【开展全民健身站点审核工作】 5月14日起,东湖区为认真贯彻落实《全民健身条例》,进一步规范健身站点的组织管理,由区教科体局利用一周的时间,分早、晚两个时间段,对辖区内全民健身站点的活动时间、地点、规模等情况进行全面、细致的审核,进一步掌握了全区健身站点的总体情况,为促进全区全民健身活动科学有序开展奠定了基础。

【获全国百城千村健身气功交流展示奖】 5月,东湖区组织200名健身气功爱好者组队参加全国百城健身气功展示活动。活动中,进行了五禽戏、易筋经、六字诀、八段锦功法集体赛,东湖区谢长美、刘金秀等分获五禽戏、易筋经比赛第一名,东湖区被国家体育总局健身气功管理中心授予“2012年全国百城健身气功交流展示系列活动”展示奖。

【举办排舞培训班】 5月23日,东湖区在区教科体局举办排舞培训班,来自辖区内全民健身活动站点的70多位排舞爱好者参加此次培训。培训班旨在在全区各健身站点推广、普及排舞“南昌健步如风”,为即将举行的全区、全市、全省、全国首届排舞大赛做好准备,力争取得好成绩。

【举办东湖区教科体系统首届校长运动会】 6月22－23日,东湖区教科体系统首届校长运动会在南昌市阳明学校举行。此次运动会分男子、女子两个组别,健步走、乒乓球、羽毛球三个项目进行,东湖区教科体系统副校长以上人员参加。

【举办“全民健身日”启动仪式】 7月30日,东湖区2013年“全民健身日”活动在八一公园隆重开幕。南昌市委、市政府、市老年体协、市体育局、东湖区相关领导以及东湖区各街道、贤士湖管理处、区体育总会、老年体协、各全民健身活动站点代表共1000余人参加。启动仪式上,为15个新增全民健身站点授牌,举行了“体彩杯南昌健步如风”2013年南昌市首届全民健身排舞大奖赛东湖区赛区比赛,开展了“舞动赣鄱,健康江西”江西省全民健身广场舞展示活动。

【参加南昌市首届全民健身排舞大赛】 8月8日,“体彩杯南昌健步如风”2013年南昌市首届全民健身排舞大赛总决赛在八一体育场拉开帷幕,来自南昌市12个县区的代表队共计500余人参加了此次活动。东湖区排舞代表队在本次比赛中获得大赛第一名、总决赛金奖、最佳组织奖等多个奖项。

【参加全国棋牌万人同赛江西会场活动】 8月8日,2013年“全民健身日”全国棋牌项目万人同赛江西分会场活动在江西省体育馆举行,来自东湖区南昌市青桥学校的100名学生参加此次盛会。活动的主题是“快乐棋牌,愉悦身心”,内容包括围棋、国际象棋、国际跳棋、桥牌及娱乐性棋牌等多项棋牌赛事的对弈活动。

【承办中国围棋甲级联赛东湖专场比赛】 8月30日,2013年“金立智能手机杯”中国围棋甲级联赛暨“中国体育彩票·南昌东湖”杯东湖专场围棋赛在中国联通江西分公司总部大楼拉开战幕。此次比赛由中国棋院主办,东湖区人民政府、南昌市体育局、江西省围棋协会承办。被誉为江西围棋“神童”、现为杭州队主力队员的李钦诚是东湖区培养的优秀棋手,近年来先后击败了朴永训、朴廷桓两位世界冠军,成为棋坛历史上打入世界大赛16强最年轻的小将,创造了江西籍棋手在世界围棋赛场最佳战绩。此次比赛他代表苏泊尔杭州队对阵中国移动上海队。

【参加江西省全民健身广场舞展示大赛】 9月28－29日,东湖区教工排舞队作为南昌市唯一选送的代表队，赴新余市参加由江西省体育局主办的“舞动赣鄱 健康江西”2013年江西省全民健身广场舞展示大赛。东湖区教工排舞队在本次大赛中获得全民健身广场舞、民族健身操展示大赛团体总分一等奖（第一名）、最佳推广奖、设区市优秀组织奖，同时包揽规定动作、自选动作第一名。

【获全国原创广场健身操（舞）一等奖】 9月，由国家体育总局、中华全国体育总会主办的全国原创广场健身操（舞）评比活动结果揭晓，江西省滕王阁健身排舞队（东湖教工排舞队）的参赛作品《南昌健步如风》荣获此次大赛一等奖。此次比赛采用录像送审的形式由专家评审和网络投票对参赛作品进行评选。在获得全国一等奖后，该队伍将于11月代表江西省赴广州参加全国广场健身操（舞）交流、展示活动。

【参加市第二届老年人运动会】 5月，南昌市第二届老年人运动会开赛，东湖区老年体协代表队先后夺得（易筋经）（五禽戏）一等奖、乒乓球女子组获一等奖、木兰剑获一等奖、太极拳一等奖，木兰拳、台球、围棋、太极剑获得二等奖的好成绩。

【获全国城区体育研讨会优秀组织奖】 11月22－25日，第二十四届全国城区体育工作研讨会在广东省湛江市举行。来自全国30个城区的100余名代表参加了本次体育研讨盛会。本届研讨会共收论文61篇，其中东湖区有32篇论文在交流评审中获奖，并获得第二十四届全国城区体育研讨会优秀组织奖。

【开展南昌市国民体质监测工作】 2月2日，东湖区根据《南昌市全民健身实施计划（2011－2015年）》及省体育局工作部署，开展了3～6岁200个样本的国民体质监测工作。测试组对200余名幼儿进行了身高、体重、立定跳远、10米往返跑、网球掷远、双脚连续跳、坐位体前屈、走平衡木等项目的测试，充实并完善了国家及全市国民体质监测系统数据库，对了解全区国民体质现状、变化规律和全民健身计划的实施提供了科学依据。

学校体育

【概况】 2013年，东湖区强力推进学校体育工作，根据“保规模、提技能、出精品”工作思路，继续在全区中小学校大力实施“体育艺术2＋1项目”工程，先后组织开展了东湖区中小学生和幼儿棋类比赛、中小学生体质健康标准检测及广播操比赛、东湖区中小学生篮球比赛、东湖区中小学生田径运动会，组队参加了南昌市中小学生幼儿体育节系列比赛，获得南昌市第五届中小学幼儿体育节田径运动会小学组团体总分第一名。

【举办东湖区中小学生棋类比赛】 3月23日，东湖区中小学生棋类比赛在南昌市豫章小学二部结束，区属15所学校共254名小棋手参加该届比赛。比赛分中学组、小学组进行，涵盖围棋、中国象棋和国际象棋3个比赛项目。经过小学七轮、中学五轮共889盘的精彩博弈，南昌市育新学校、南昌市邮政路小学、南昌市豫章小学分别获得小学组综合团体总分前三名，南昌市育新学校、南昌市滨江学校、南昌市城北学校分别获得中学组综合团体总分前三名。

【参加南昌市“校长杯”乒乓球比赛】 4月14日，南昌市第五届中小学幼儿体育节“校长杯”乒乓球比赛在南昌市阳明学校乒乓球馆落幕，全市共有46所中小学180位校长参加了比赛。由南昌市阳明学校、南昌市光明学校、南昌市青桥学校、南昌市邮政路小学组成的东湖区校长代表队获得团体第三名、初中女单第三名、小学男单第八名、小学女单第四名的好成绩。

【开展学生体质健康标准检测活动】 4月8－17日，东湖区开展学生体质健康标准检测。检测组成员由区教科体局和各校选抽的体育教师组成，共对4935名中小学生进行了体质健康标准测试，此次测试及格率96.86%。

【举办东湖区跳绳师资培训班】 4月27日，东湖区跳绳师资培训班在南昌市豫章小学二部顺利结课，来自区属各校的21名教师参加了此次培训。学员们在教练的指导下，认真学习了“左右甩绳”“并脚跳”“双脚交换跳”“开合跳”“弓步跳”“并脚左右跳”“基本交叉跳”“勾脚点地跳”等一系列花样动作，为开展中小学跳绳活动奠定了师资基础。

【举办幼儿棋类比赛】 5月5日，2013东湖区幼儿棋类比赛在东湖幼儿园圆满落幕，来自7个单位的103名幼儿参加此次比赛。比赛分设四个级别，项目涵盖围棋、中国象棋、国际象棋、跳棋、五子棋，采用轮回积分的赛制。产生的优秀选手来自东湖幼儿园、出新幼儿园、省军区幼儿园、省直保、南昌市保育院的廖振羽、王中天、王启尧、刘嘉涵、熊任琦、武江屹等，将代表东湖区参加南昌市第五届中小学生幼儿体育节幼儿组棋类比赛。

【参加市第五届中小学生幼儿体育节】 5－11月，第五届南昌市中小学生幼儿体育节分别举行了幼儿体操、网球、校园足球、田径运动会、排球、篮球、教工排球等多项赛事。东湖区积极组队参加，分别获得幼儿基本体操一、二等奖，呼啦圈操一、二等奖，搏击操二、三等奖，小学生网球团体总分第二名，小学组足球比赛第二、三名，小学组田径运动会团体总分第一名，小学排球男子组第三、第六名，小学排球女子组第四、五名，初中篮球男子组第三名、第八名，教工排球小学男子组第二、第四、第五名，教工排球小学女子组第二、第四名，展示了东湖区中小学生和幼儿的体育风貌。

【做好“体育艺术2＋1项目”督导】 5月28－31日，东湖区教科体局“体育艺术2＋1项目”督导组对区属各校的“体育艺术2＋1项目”活动开展情况进行第一次督导检查。督导组观看了各校口风琴、葫芦丝、竹笛、腰鼓、跳绳、毽子、武术、空竹、健美操、集体舞、京戏表演等活动初展，与各校就“体育艺术2＋1项目”进行了座谈交流，对各校特色项目训练提出了改进建议。督导组并于10月开展第二次项目督查。

【参加全国青少年校园足球东亚国际交流活动】 10月6日，由全国青少年校园足球工作领导小组、中国足球协会、国家体育总局对外交流中心共同主办的2013年全国青少年校园足球东亚国际交流活动在上海体育场正式落下帷幕。受南昌市足协选派，南昌市南京路小学代表南昌市与来自国内外的12支青少年足球队伍参加此次足坛交流盛会。

【参加南昌市青少年校园足球联赛】 2013年，东湖区在普及开展校园足球活动的基础上，组队参加2013年南昌市校园足球联赛、校园足球官网建设等活动取得了良好成绩。其中，南昌市南京路小学、南昌市东湖小学荣获校园足球联赛小学组一等奖，南昌市光明学校、南昌市邮政路小学、南昌市豫章小学荣获三等奖，另获得优秀组织奖、公平竞赛奖、优秀教练员、优秀运动员、优秀裁判员、官网建设奖等共计23个奖项。

竞技体育

【概况】 2013年，东湖区积极组织辖区中小学生参与各级各类体育比赛及交流活动，荣获2013年南昌市体传校乒乓球比赛男子单打第一名，女子团体总分第二名，综合团体总分第三名；南昌市体教结合游泳赛单项比赛6个第一名，6个第二名；2013年全国特奥足球比赛金牌及“体育道德风尚奖”；代表南昌市参加2013年“体彩杯”江西省青少年游泳竞标赛参获团体总分第一名、体育道德风尚奖；获2013年省青少年国际象棋锦标赛丁组个人第一名；江西省少儿田径、游泳锦标赛1个达优，9个达良。对区属学校体育特长生进行测试，充实全区体育后备人才库，加大运动员注册审查力度，从源头上保证运动员参赛代表资格的真实性。承办第十二届全国运动会“791艺术街区”杯成年男子篮球预赛、2013年“金立智能手机杯”中国围棋甲级联赛暨“中国体育彩票·南昌东湖”杯东湖专场围棋赛，促进了体育市场的繁荣发展。

【许方艺入选长春亚泰俱乐部】 1月8－12日，南昌市南京路小学四年级足球队员许方艺在教练许飞的带领下，前往广西北海参加长春亚泰俱乐部梯队队员选拔活动。经过系列测试和冬训，许方艺以优异的表现赢得了俱乐部教练的认可，被选入为亚泰俱乐部正式职业梯队队员。

【参加全国校园足球冠军杯上海分赛区比赛】 4月29－5月1日，全国校园足球冠军杯上海赛区分区赛举行，南昌市南京路小学校园足球队代表南昌市参加了此次赛事。经过四天的顽强拼搏，该足球队获得小学组团体三等奖，熊焕兴同学被评为“希望之星”并入选小学组最佳阵容，另有11人获得个人三等奖。

【参加南昌市体教结合游泳赛】 6月6－8日，南昌市体教结合游泳赛在市体校游泳馆举行，南昌市南京路小学25名运动员代表东湖区参加了此次比赛，最终获得男子50米自腿、男子25米泳腿第一名，男子50米自由泳第一名，女子50米自腿第一名，50米自由泳第一名，女子25米仰泳腿第一名等多个奖项。

【获全国特奥足球赛金牌】 6月23－28日，由中国残联、国家体育总局、中国特奥会主办的2013年全国特奥足球比赛在天津市拉开战幕，南昌市培智学校作为“江西省特奥运动足球训练基地”派队代表江西省参加了本次比赛，最终获得金牌并被授予“体育道德风尚奖”。

【参加省、市体传校乒乓球比赛】 7月，省、市体传校乒乓球比赛分别在新余市、东湖区两地举行。东湖区在省体传校乒乓球比赛中夺得女子团体第二名、团体总分第四名、小学女子A组单打第五名，一人获评优秀教练员，南昌市南京路小学获评优秀组织奖；在市体育传统项目学校乒乓球比赛中获男子单打第一名，女子团体总分第二名，综合团体总分第三名的好成绩。

【参加全省青少年田径锦标赛】 7月19日，江西省青少年田径锦标赛在奥体体育场开幕，东湖区派选22名田径运动员参加此次比赛，获得16至17岁组男子400米第二名，男子200米第三名，男子110米栏第三名，13岁组男子跳高第三名。

【参加全国特奥运动会乒乓球比赛】 10月27－11月1日，全国特奥运动会乒乓球比赛在浙江省嘉兴市举办，来自全国26支代表队的148运动员参赛。东湖区内的南昌市培智学校乒乓球选手在此次比赛中获得男子单打、男子双打第一名和男子单打第三名的好成绩。

【获省第七届县市区田径运动会团体总分三等奖】 11月15－19日，由江西省体育局主办的江西省第七届县市区田径运动会在婺源天佑中学举行，来自全省101个县（市、区）的849名运动员参赛。东湖区代表队在本次比赛中荣获团体总分三等奖并获得优秀组织奖。

辖区体育资源

【概况】 体育场馆建设是提升社会文明和人民群众健身品位的重要工作。2013年，东湖区先后为为江中花园社区、二七北路东湖区体育文化休闲广场等二十余处场地安装健身路径器材139件，添置了10张室外乒乓球桌。为辖区居民开展体育健身运动提供了的良好条件。

表17　**2013年东湖区域主要运动场馆一览**

名　称	占地面积（平方米）	体育场馆面积（平方米）	电　话	详细地址
天泉水都游泳馆	7000	6000	13177888083	子固路45号
东海羽毛球馆	1200	900	86832525	三经路（女职旁边）
樟树林综合馆	7000	6000	88617518	佘山路66号
天天羽毛球馆	1200	800	88603303	青山南路下沙沟42号
东湖区全民健身中心	1200	800	88502368	洪都北大道480号
江西省体育馆	20000	18620	86294651	福州路28号
上营坊社区国家级社区体育健身俱乐部	300	200	86289426	上营坊1号
彭家桥街道国家级社区体育健身俱乐部	1200	800	88504434	洪都北大道480号
江西省体育场（内场）	22000	20000	86294603	福州路28号
江西省体育场（外场）	22000	20000	86294603	福州路28号

续表 17

名　称	占地面积（平方米）	体育场馆面积（平方米）	电　话	详细地址
江西师大田径场(外场)	22000	20000	88506324	北京西路 437 号
江西师大田径场(内场)	5000	4800	88506324	北京西路 437 号
江西师大篮球场	8000	7200	88506324	北京西路 437 号
江西师大网球场	4000	3600	88506324	北京西路 437 号
省中医学院田径场	22000	20000	86800041	八一大道 461 号
江西财大篮球场	2000	1800	88626900	青山南路 596 号
南昌市豫章中学田径场	2200	2000	86837595	豫章路 125 号
南昌市育新学校田径场	4200	4000	86215641	北京西路 287 号
南昌市育新学校篮球场	1500	1200	86215641	北京西路 287 号
南昌市育新学校乒乓球馆	1200	900	86215641	北京西路 287 号
南昌市东湖小学田径场	4000	3200	86267380	上营坊 57 号
南昌市右营街小学乒乓球馆	600	300	86812612	右营街 120 号
南昌市豫章小学二部综合馆	1600	1300	88634433	起凤路 218 号
南昌市豫章小学二部田径场	4000	3200	88634433	起凤路 218 号
南昌市邮政路小学乒乓球馆	300	200	86793430	邮政路 9 号
东湖区体校游泳馆	600	380	88600878	规划七路 87 号
南昌市体校游泳馆	800	550	86233686	福州路 28 号
水上世界游泳馆	1500	1250	13910053758	福州路 93 号
江西少儿体育培训中心游泳馆	600	400	86294605	福州路 28 号
江西师大游泳池	1500	1250	88506324	北京西路 437 号
天奥物业游泳池	500	350	13767407677	五纬路 286 号
中寰物业游泳池	250	180	13707092629	叠山路 532 号
恒兴物业游泳池	100	60	88593339	南京西路 524 号
南昌市阳明学校田径场	5000	3200	88502368	洪都北大道 480 号
二七北路东湖区体育文化休闲广场	3000	2400	88634455	二七北路靠近青山南路

（程　映）

文化·旅游

综　述

2013年，东湖区以党的十八大精神为指导，围绕打造文化强区，开拓进取，推动文化、广电、旅游、新闻出版各项事业再创新高并取得可喜成绩。区文化广电旅游新闻出版局全年获国家级奖项21项。创排的南昌清音作品《今日犹闻翰墨香》夺取全国第十六届“群星奖”总决赛金奖，为全省唯一一个获得曲艺类“群星奖”的县区。深挖特色，公共文化增添新亮点：以春节、元宵、清明、端午、七夕、中秋、重阳等节庆日为节点，依托八一公园百花大舞台，用音乐、舞蹈、戏曲专场演出、社区艺术团队展演、社区特色文化展演等形式举办多种形式的主题活动；积极争取上级资金，在全省县区中率先购置流动舞台车一辆并配备了专业的音响、灯光，方便、快捷地把丰富多彩的文艺演出送到社区门口，被称为“家门口的文化餐车”，与原建于八一公园的“百花大舞台”形成“一静一动”两大群文舞台服务市民的生动局面。继续实施三馆（区文化馆、区图书馆、方志敏爱国事迹陈列馆）免费开放。加速引领，为旅游事业注入新内涵：以承接市旅游局“旅行社分社”“服务网点备案登记”审批事项为契机，强化属地管理，助推旅游发展。樟树林文化生活公园、791艺术街区被授予“南昌市特色旅游景（点）”。方志敏广场被授予“南昌市红色旅游景区（点）”“南昌市青少年红色教育基地”。推进旅游市场“窗口行业”规范化服务，积极学习宣传新《中华人民共和国旅游法》；组织旅游企业参加中国旅游日主题活动；组织参加市优秀旅游纪念品评选活动并获奖；对辖区内星级宾馆进行“文明餐桌”督导。狠抓项目，产业发展激发新活力：围绕樟树林文化产业园非遗文创区建设、南昌·琴岛之夜开业启幕、791艺术街区业态提升三大工程，做好支持配合协调等工作，牵头配合企业拟定了各项目2013年文化产业提升方案，明确了各项目全年提升的组织机构、发展方向、发展目标，制订了全年各项目提升工作实施推进表。791艺术街区入选江西省第四批省级文化产业示范基地，樟树林文化生活公园被评为江西省文化创意旅游休闲街区。依法监管，文化市场呈现新面貌：全年新承接市级下放、委托审批项目13项，均纳入东湖区行政服务中心审批系统；审批项目41个，办结率100%。《东湖区汇通复印服务社》许可案卷获得东湖区2012年度优秀行政许可案卷。与区安监局、消防大队、工商局等单位联动，每月开展联合执法检查，筑牢执法防线。全年各类违规违纪行为明显下降，被评为省“扫黄打非”先进集体、市文化市场综合执法目标考核先进单位。

文艺创作

【概况】 2013年，东湖区围绕国家、省、市各项赛事，努力发挥现有优势，深挖东湖丰厚文化资源，以“打造文艺精品，彰显东湖特色”为宗旨，着力打造一批文艺精品，更好地满足了人民群众精神文化需求。

【《今日犹闻翰墨香》获“群星奖”】 10月，第十六届全国“群星奖”总决赛落幕。东湖区选送的南昌清音《今日犹闻翰墨香》摘得“群星奖”桂冠，东湖区成为江西省唯一一个获得曲艺类群星奖的县区。《今日犹闻翰墨香》讲述的是唐代大才子王勃在滕王阁即兴作《滕王阁序》的故事。

【参加省首届农民工才艺大赛】 10月，江西省首届农民工才艺大赛优秀节目在南昌展演，东湖区选送的舞蹈节目《追梦》喜获一等奖。东湖区文化馆创排的《追梦》是情景街舞表演，音乐活力动感，演员均为新二代农民工，他们分别来自浙江、山西、甘肃等省，平均年龄23岁，为了追寻自己的事业，怀揣着梦想，来到了繁华的都市拼搏、创业、实现梦想。舞蹈表现了新二代农民工有知识、有理想，勇于拼搏、热爱生活、热爱艺术，充分展示了新二代农民工励志向上的正能量，是一部接地气、反映基层百姓生活的作品。

表18 **2013年东湖区文艺创作及获奖情况**

作品名称	作　者	获奖名称
南昌清音作品《今日犹闻翰墨香》	东湖区文化馆	第十六届全国“群星奖”金奖江西省赣鄱群星奖
《溪山渔隐图》	余正连	第六届海峡两岸（厦门）文化产业博览交易会“中华工艺优秀作品”银奖
舞蹈《斑鸠调》	东湖区曼毓艺术团	CCTV“中国梦 百姓舞台 歌舞民星汇”暨中越两国艺术团电视大赛展演比赛金奖
舞蹈《茉莉花开》	东湖区曼毓艺术团	CCTV“中国梦 百姓舞台 歌舞民星汇”暨中越两国艺术团电视大赛展演比赛金奖
舞蹈《天边》	东湖区曼毓艺术团	CCTV“中国梦 百姓舞台 歌舞民星汇”暨中越两国艺术团电视大赛展演比赛金奖
豫章绣作品《红叶喜鹊图》	余正连、徐　蓉	2013中国工艺美术“百花奖”（莆田）金奖
赣绣作品《岁朝欢庆图》	周南英	2013中国工艺美术“百花奖”（莆田）铜奖
豫章绣《云到江南》	余正连	2013中国工艺美术“百花奖”（莆田）铜奖
豫章绣《花鸟》	余正连	2013中国（莆田）海峡工艺品博览会金奖
豫章绣作品《祖国颂》	余正连	2013中国（莆田）海峡工艺品博览会铜奖 2013年中国“深圳”第九届国际文化产业博览会铜奖
豫章绣作品《富春山居图》	余正连	2013年中国“深圳”第九届国际文化产业博览会金奖
豫章绣作品《墨图》	周南英	2013年中国“深圳”第九届国际文化产业博览会金奖
豫章瓷雕作品《鹰图》	李　强	2013年中国“深圳”第九届国际文化产业博览会银奖
豫章绣作品《敦煌飞天》	周南英	2013年中国“深圳”第九届国际文化产业博览会铜奖
豫章绣作品《幽兰》	余正连	2013年迎新春江西工艺美术优秀作品大赛金奖
豫章绣作品《日本仕女图》	余正连	2013年江西省工艺美术馆建党92周年工艺美术优秀作品展会金奖
豫章绣作品《红衣画眉》	涂苏金	2013年江西省工艺美术馆建党92周年工艺美术优秀作品展会金奖
豫章绣作品《玉兰》	涂苏金	2013年迎新春江西工艺美术优秀作品大赛银奖
赣发绣作品《齐白石肖像》	陶永红	江西省旅游纪念品大赛二等奖
赣发绣作品《卢燕》	陶永红	江西省旅游纪念品大赛二等奖
瓷雕作品《鹰图》	李　强	江西省旅游纪念品大赛二等奖
舞蹈《瑶曲唱咪扇袖飞》	东湖区文化馆	江西省赣鄱群星奖
情景舞蹈《别人家的孩子》	东湖区文化馆	江西省少儿艺术节一等奖
舞蹈《追梦》	东湖区文化馆	江西省首届农民才艺大赛一等奖
豫章绣作品《张大千花鸟》《春波荡漾》	余正连　周南英	江西省工艺美术杜鹃奖铜奖

文化活动

【概况】 2013年，区文化广电旅游新闻出版局以党的十八大、十八届三中全会精神为指导，以广场文化、企业文化、校园文化、社区文化、民族文化和民俗文化为载体，广泛开展人民群众喜闻乐见、丰富多彩的文化活动。全年举办较大型文艺演出上百场，参演演员17750余人，观众达85840余人。推出的全区大型公共文化品牌活动“和谐社区一家亲”，围绕“幸福”“文明”“诚信”“活力”四大篇章，开展了2013东湖区新春文化节、“文明东湖 书香生活”第三届读好书活动、“越唱越爱”情歌大赛等系列活动近300场次，创作作品200余件，观众8万余人；依托主阵地——百花大舞台开展的“我们的节日”“文明城市 你我相随”贵林社欢乐之夜社区纳凉晚会等惠民文化活动，深受好评；2013年新春音乐会，邀请省歌舞剧院的轻乐团助阵演出，为广大市民引进了高雅的视听盛宴；春节期间积极组织开展送文化进社区、进农村活动；创排的舞蹈《大拜年 小拜年》等节目获市委宣传部、市广电局领导高度赞誉，是入选市“我要上春晚”节目最多、获奖最多的一个县区。区文化馆、图书馆开设了免费开放文化艺术门类培训班，开设了声乐、电脑、电子琴、舞蹈、时装表演、非遗、广场舞蹈等项目，共培训30期，受益740人次；开展2013新年新书会、流动书屋进社区、廉政书籍大家读等读书活动20余场次；服务外来务工人员，组织开展包汤圆、包粽子比赛等活动；组织东湖影剧院老党员义务放映队开展流动电影进社区、进机关、进乡村、进校园、进军营、进农民工工地的“六进”放映活动，免费放映30余场，观众30000余人。区文化馆应邀至台湾嘉义演出，参观群众络绎不绝，搭建了两岸文化交流的桥梁；东湖区曼毓艺术团还先后与韩国、越南的艺术家同台演出，并作为中方艺术团的典范，将中华民间文化艺术推向了国际舞台。

【开展全民读书活动】 2013年，东湖区图书馆以“文明东湖 书香生活”为主题，开展了“书籍传友谊爱心献农村”送书活动、“弘扬雷锋精神 构建书香校园”活动、“梦想成真 从我做起”服务宣传活动、“关爱农民工 送书暖人心”送书进工地活动、“浓情淡墨颂中华”书画笔会、“与孩子一起阅读”亲子阅读、“书香东湖伴我成长成才”主题读书、“读书与我”征文和摄影大赛、“中国梦想，心灵家园”电子书主题制作、“书香东湖 悦读人生”演讲比赛等，营造出“书香东湖”的浓厚氛围。

【为农民工网上订票提供公益服务】 1月8日至2月16日，东湖区图书馆针对农民工不熟悉网络订票的现状，在电子阅览室开展了“起航——民工网上订票公益服务”活动，免费为农民工提供网络环境，为外来务工人员提前准备好网银，协助农民工网购火车票。活动共接待农民工500余人，成功帮助订票400余张，体现了社会对农民工群体的关注和关怀，让他们体会到来自社会的温暖和感动。

【放映廉政电影】 6月9－19日，东湖区开展“廉政电影大家看”活动。放映活动共10个点，分别设置在东湖区9个街道和1个贤士湖管理处人流集中的文化休闲广场，放映的影片有《忠诚与背叛》《第一书记》《郭明义》等，在干部群众中树立廉洁清正的社会风气。同时，东湖影剧院制作了宣传片，采取正面教育和反面教育相结合的形式，围绕近期发生的一些违法违纪案件进行放映，通过举案说法，让观众切身感受廉政工作任重道远。

【举办构建书香校园活动】 3月4日，东湖区图书馆在南昌市邮政路小学举办了“弘扬雷锋精神构建书香校园”活动。区图书馆精心挑选了千余册有关雷锋精神、励志、教育、科学的优秀书籍进校园，吸引了大批学生的阅读，活动设置的“书来书往”图书交换活动区，共交换成功的图书400多册；图书馆还准备了一定数量的学习用品、书籍、书包等送给学校留守、流入儿童，并向学校图书室捐赠了百册书刊，以实际行动践行雷锋精神。

【开展《南昌市城市管理条例》文艺宣传及咨询】 3月15日，东湖区在八一公园百花大舞台举行“美丽南昌 幸福东湖”学习贯彻《南昌市城市管理条例》文艺演出及咨询活动。2000余名观众观看演出。快板舞、相声、采茶戏小品等节目把城市文明行为教育贯穿其中，推广“城市是我家，文明靠大家”的道理，营造出健康、文明、和谐的社会环境。现场设置的《南昌市城市管理条例》咨询台和宣传展板,帮助市民了解《南昌市城市管理条例》相关内容,使条例人人皆知、户户知晓、深入民心,营造人人参与其中,人人奉献城市建设的文化氛围。

【开展清明祭先烈活动】 4月2日,东湖区在方志敏广场举行"不忘烈士抛忠骨,民族复兴中国梦"——我们的节日·清明活动启动仪式。活动启动后,方志敏广场开展了多种形式的主题教育活动,包括:"清明忆英烈 深情忆英魂"文明祭扫活动、"缅怀革命先烈 放飞和美梦想"青少年爱国主义教育活动、"缅怀革命先烈、继承优良传统"党员干部革命传统教育活动等。通过系列教育活动的开展,让广大干部群众牢记革命传统,学习民族精神,进一步坚定理想信念,以更加饱满的精神投入南昌市的大建设,大发展之中。

【开展助残日宣传活动】 5月19日是全国助残日,东湖区图书馆与区残联共同在步行街开展"弘扬中华美德 帮助贫困残疾人"宣传活动。活动中,区图书馆将盲文书籍送到盲人手中,并向现场参加活动的贫困残疾人宣传图书馆免费开放的时间、内容等,向这些特殊读者征求意见和建议,鼓励他们走进图书馆,利用图书馆。活动彰显了公共图书馆的人文关怀,让残疾人读者也能享受公益的公共图书馆服务。

【举办少儿读书活动】 7月,东湖区图书馆开展少儿读书月活动。"与孩子一起阅读"亲子阅读、"书香东湖伴我成长成才"主题读书、"读书与我"征文和摄影大赛、"中国梦想,心灵家园"电子书主题制作等读书活动的开展,全面推进了社会主义和谐社会和社会主义核心价值体系建设,形成了特色文化品牌,扩大了少儿读者的参与面,营造出"书香东湖"的浓厚氛围。

【举行社区优秀文艺节目展演】 7-8月,"魅力之夏·精彩东湖"2013年东湖区社区优秀文艺节目系列展演活动在八一公园百花大舞台举行。东湖区从各街道管理处中甄选出社区优秀文艺节目进行展演,为街道社区、民间艺术团体、文化志愿者、学生提供了自编自演自导的机会,形成各社区"百花齐放"的生动局面,展示出草根的激情与梦想、才艺与智慧,让更多的社区居民能就近享受到一场植根生活、贴近自我的"文化盛宴"。

【开展"八一"廉政教育周活动】 7月29至8月5日,东湖区在方志敏广场举办"八一"廉政教育周活动。活动内容包括:"廉洁从业当表率"党的群众路线教育实践活动、"发扬红色传统,拒绝黑色腐败"的廉政签名活动、"廉政你我共话,给力东湖发展"廉政沙龙活动等。活动启发和培育干部廉洁自律意识,让干部群众在潜移默化中受到了深刻的教育,拓宽了廉政文化建设的工作领域。

【积极参加少儿京剧大赛】 8月2日至6日,由中国戏剧家协会举办的第十七届中国少儿"小梅花"奖决赛在江苏泰州举行。东湖区选送的小选手苏琳钰在比赛中反串《野猪林》选段饰林冲角色,并以扮相俊美、嗓音厚实摘得第十七届"小梅花"老生组别金奖,该荣誉实现了全省京剧少儿类别在国家级比赛中女孩反串成绩的零突破。全年,东湖区文化馆少儿京剧培训组织了4个表演行当,8位选手参加国家级"央视""小梅花"、"和平杯"等少儿京剧大奖赛,共摘得1金1银4铜。

【举办少儿京剧专场演出】 9月15日,东湖区文化馆少儿京剧培训中心成立五周年专场汇报演出在南昌剧场举行。参加演出的演员均来自少儿京剧培训中心,他们展示了五年来的培训成果。生、旦、净、末、丑各行当的经典名段、折子戏,以及全国小梅花奖、"和平杯"、首届CCTV少儿京剧电视

2013年9月15日,东湖区文化馆少儿京剧培训中心的孩子们在南昌剧场表演节目

大奖赛的获奖选手一一登台表演，与市民共享京剧艺术的魅力。

【举办江西省第五届艺术节公益展演专场】 9月9－11日，江西省第五届艺术节公益展演东湖专场每天下午在八一公园百花大舞台精彩上演。抚州市汤显祖大剧院、高安市采茶剧团、江西省京剧团等团队给市民带来了华美的音乐、舞蹈、戏曲文化盛宴，千名观众现场感受文化的盛宴，在家门口乐享专业的艺术视觉与听觉效果。

【流动舞台车进社区巡演正式启动】 9月16日，东湖区“和谐社区一家亲”流动舞台车进社区巡演启动仪式在方志敏广场举行。省、市、区相关部门领导出席，并为20个东湖区公共文化服务建设“和谐社区一家亲”活动示范点进行了授牌。当晚，东湖区率先在全省各县区中购置的这一辆配置了专业音响、灯光的流动舞台车开进社区，开始了它的首场文艺演出。流动舞台车弥补了固定舞台不能移动的不足，让老百姓在家门口零距离的感受到音乐、舞蹈、器乐、戏曲、曲艺的无限魅力，使公共文化建设水平和服务品质提升到一个新的层面。

【开展“走进轨道工地”三送活动】 9月17日晚，东湖区“我们的节日·中秋”与轨道建设者共迎中秋联欢晚会在中铁五局举行。晚会以“月是故乡明 情系英雄城”为主题，东湖区群文工作者走进轨道工地为轨道建设的农民兄弟送演出、送图书、送月饼，大家在一起载歌载舞，同赏秋色，品尝月饼，相叙亲情，共度欢乐时光。

【举办重阳节文艺演出】 10月10日，东湖区在樟树林文化生活广场举行“魅力金秋 最美重阳”重阳节文艺演出。全区60余名退休老领导、老干部在一起观看精彩的文艺节目，欢度重阳节。为了表达对老年文化志愿者的尊敬，南昌市阳明学校的少先队员们纷纷为东湖区的老年文化志愿者们佩戴了红领巾，感谢他们参与文化公益活动献出的爱心。樟树林文化生活公园还为8位社区困难老人代表送上了爱心物品，让老人真正感受到节日的温馨和关爱。

【举办学习宣传十八届三中全会精神文艺演出】 11月30日，东湖区学习宣传十八届三中全会精神文艺演出在八一公园百花大舞台举行。东湖区组织辖区民间团队的群众演员们为观众带来精彩的舞蹈、独唱、时装表演、健美操等节目，特别是东湖区文化馆自创的快板《三中全会谱新篇》，把党的十八届三中全会精神以快板的形式学习宣传解读，让观众在欣赏文艺节目的同时，了解十八届三中全会精神实质，让十八届三中全会精神深入人心。

【举办“法制大篷车进社区”启动仪式】 12月3日，东湖区“法制大篷车进社区”启动仪式暨东湖区法制宣传日文艺演出在胜利路明秀广场隆重举行。文艺演出现场气氛热烈，由东湖区检察院创排的情景剧《仲大姐热线》，选取真人真事改编，诠释了东湖区检察院仲大姐在老百姓心目中的光辉形象，东湖区文化馆创排的诗朗诵《弘扬法治促和谐》，阐述了法制存在的必要性。启动仪式后，东湖区法制大篷车定期开进东湖区大街小巷进行法制宣传，营造出浓厚的法制宣传氛围。

文化市场

【概况】 2013年，东湖区共有网吧、电玩、音像、书刊零售、复印打字等各类文化经营户300余家。区文化广电旅游新闻出版局根据《娱乐场所管理条例》《互联网上网服务营业场所管理条例》《音像制品管理条例》《江西省文化市场管理条例》等相关法律法规，创新联合执法机制，积极推进“分片责任制”“白加黑错时制”“领导巡视督查制”三大工作联动机制，推出管办沟通零距离、执法流程零障碍、办案质量零差错、法规之外零收费、服务质量零投诉“五零”服务，不断加强对全区的文化市场的管理和服务，保障和维护文化市场的繁荣稳定。全年受理举报案件35起，立案查处各类案件65起，出动文化市场管理和稽查人员1960余人次，出动车辆次数700余次，检查网吧等各类经营场所1930余家次，查处60家次，各种盗版音像制品1200余张、盗版违法书刊300余册。

【举办“统一集中销毁侵权盗版及非法出版物”系列宣传活动】 4月24日，东湖区“扫黄打非”办与省、市联合举行了“统一集中销毁侵权盗版及非法出版物”和“绿书签行动”系列宣传活动,销毁盗版及非法音像制品、出版物3000余册,发放“拒绝盗版、助力创新”绿书签近万张。此次行动对于震慑侵权盗版等违法犯罪活动,维护出版物市场良好秩序,具有重要的意义。

【开展联合执法专项整治】 5月7日起,东湖区多部门开展每月一次的定期联合执法行动,全方位建立健全文化市场协作监管机制。该模式取得了较好的效果,并得到全区推广和媒体广泛宣传,其中被国家媒体采用信息3篇,省级媒体采用信息10篇,市级媒体采用信息7篇。

【开展校园周边环境整治】 6月,东湖区文化旅游稽查大队对图书集中经营场所尤其是学校周边图书经营场所进行专项整治,严禁在中小学周围开办电子游艺室、歌舞厅等娱乐场所,果断取缔在中小学200米范围内开办网吧,严厉查处涉及学校周边环境的文化市场案件,打击在校园周边的游商游贩兜售盗版书刊等,共收缴非法音像制品100余盒(片),非法书报刊500余册。

【“创建”期间开展专项整治】 7月中旬,东湖区文化广电旅游新闻出版局开始开展为期一个半月的“创建”专项整治工作。并邀请离退休老干部、志愿者作为网吧义务监督员,配合区文化广电旅游新闻出版局全天候蹲点督查。迎检期间,共出动执法人员200余人次,执法车辆80车次,检查网吧900余家次,责令整改网吧6家,立案处理1家。

【参加省、市文化市场行政执法技能大比武】 9月,东湖区文化旅游稽查大队参加省、市文化市场大练兵比赛,获得全市文化市场行政执法技能大赛团体第一名,3名队员包揽个人基础知识比赛前三甲;代表南昌市支队参加全省文化市场行政执法技能大赛,获团体第一名,2名队员分别获得个人基础知识比赛二、三等奖,充分展现了东湖区行政执法知识技能水平和对行政执法人员素质培养的重视。

【开展十八届三中全会期间文化市场专项治理】 11月6－16日,东湖区结合江西省政府办下发的《关于做好“十八届三中全会”期间有关工作的通知》,加大对文化娱乐场所相关法律法规的宣传力度,区文化广电旅游新闻出版局与辖区内文化娱乐经营场所经营业主签订《东湖区娱乐经营场所“十八届三中全会”期间安全稳定责任状》,联合公安等部门开展社会治安综合治理整治,为党的十八届三中全会胜利召开营造良好的社会文化环境。

【开展“平安圣诞”歌舞娱乐场所专项整治行动】 12月24－25日,东湖区文化旅游稽查大队对辖区歌舞娱乐场所开展“平安圣诞”专项整治行动。严厉监管超负荷容纳消费者、违规接纳未成年人、非法点播境外歌曲曲库、从业人员无统一着装、无证经营及经营秩序混乱和娱乐场所噪声扰民等问题,加强文化市场监管,促进酒吧、带有演出性质的歌舞娱乐场所、演出市场的健康发展,净化未成年人成长环境。

文物·博物

【概况】 2013年,东湖区认真贯彻“保护为主、抢救第一、合理利用、加强管理”的十六字文物保护方针,认真分析新情况,研究新问题,采取新措施,切实做好文物保护工作。不可移动文物的田野普查覆盖率达100%,210处文物全部采集了准确的信息数据,包括文物内涵、平面图绘制、照片打印等。2013年,东湖区启动第一次全国可移动文物普查工作,全面完成了对全区1000余个国有单位的实地调查,普查覆盖率达100%,对890处国有单位全部进行了准确的信息数据登记,对10处可移动文物收藏单位进行了初步登记。

【入选省第一批优秀近现代建筑名单】 1月8日,“江西省第一批优秀近现代建筑”名单揭晓。全省共有156处“老建筑”入选,其中,东湖区有10处,分别为:江西饭店、江西宾馆、江西革命烈士纪念堂、中苏友好馆、戴笠公馆、育新学校老教学楼、江西师大老琴房、江西省航运大楼、亨得利店南昌二中心远楼。此次评定的优秀近现代建筑为全省行政区划范围内,建设时间从1840－1960年,这些优秀近现代建筑具有重要历史文化价值、重要的建筑艺术价值,与重大历史事件相联系,与重要历史人物相联系,反映了江西省城市发展历史，具有较高历史文化价值的建筑物和构筑物。

【举办可移动文物培训班】 12月10日，全国第一次可移动文物普查员、信息员培训班在东湖区政府七楼会议大厅开课。邀请了南昌市博物馆副馆长赵德林现场讲解普查的意义、内容及工作方式、方法等。培训班以街道、社区文化干事为主，共有100余普查员、信息员参加。此项工作从2013年底开始启动，在全区全面覆盖，工作人员将按照即定的时间和要求，完成《各街道国有单位汇总表》《街道、社区普查情况汇总表》等各项数据，确保此次普查工作的圆满完成。

2013年12月10日，东湖区在区政府七楼大礼堂举办全国第一次可移动文物普查员、信息员培训班

【普查出可移动文物上万件】 12月底，东湖区第一次可移动文物普查第一阶段工作告一段落，除了民间收藏文物外，已经普查出文物上万件。经过普查人员的二次调查核实，东湖区辖区确定有文物单位有10家，分别是：南昌市博物馆、江西省博物馆、江西省文物商店、江西省图书馆、南昌市图书馆、南昌市瓷板画研究中心、滕王阁文学院、南昌市滕王阁管理处、南昌市民俗博物馆、江西省革命烈士纪念馆。

非物质文化遗产

【概况】 2013年，东湖区全面查清全区非物质文化遗产资源家底，科学合理地制订和实施与经济社会发展规划相衔接、与文化发展纲要相配套的非物质文化遗产保护规划，逐步形成具有时代特征、东湖特色的保护机制，构建较为完善的非物质文化遗产资源保护、保护传承、宣传展示、产业运作等体系，使全区的非物质文化遗产得到有效保护传承。全年，普查挖掘非遗信息294条，新增项目4个，分别为：豫章刻瓷、胎毛笔的制作技艺、江西心意六合拳、南昌民间瓦罐汤制作技艺。截至2013年，东湖区建立区级保护名录12项、市级保护名录10项、省级保护名录2项。同时，区非物质文化遗产保护中心积极开展非遗进商场、进社区、进校园的“三进”传承，并积极组织豫章绣、豫章瓷雕等非遗作品参加中国（莆田）海峡工艺品博览会、首届湘赣鄂皖非物质文化遗产联展等各类展览赛事，豫章绣作品共有3金1银4铜，为众多传承人现场展示项目技艺提供平台。

【开展非物质文化遗产进商场活动】 2月1－12日，东湖区非物质文化遗产研究保护中心组织市级非遗项目赣绣进入南昌市天虹商场的中山路店、南大店、红谷滩店进行了非遗项目进商场活动，近万名市民驻足观看。为期一周的活动，市级名录赣绣绣娘及学员零距离的为市民传授技艺及交流，让市民感受地方民间技艺的魅力。

【开展非物质文化遗产进社区活动】 2月23日，东湖区非物质文化遗产进社区活动在东湖区樟树林文化生活广场举行。活动分民间手工技艺传承人技艺展示和非遗成果展板展示两个区域。在民间手工技艺传承人技艺展示区域，参观人群络绎不绝，国家级项目南昌瓷板画、省级项目赣发绣、市级项目豫章绣技艺等6个项目的传承人，为市民现场进行了釉上瓷刻画、赣发绣、豫章绣、纸浆雕塑雕刻技艺、婴儿传统理发礼仪风俗、民间剪纸等工艺表演，精湛的技艺让市民一饱眼福。活动坚持公益性、便民性，以生动活泼、群众喜闻乐见的方式宣传传统文化，让社区居民在家门口就能接触到非遗，是东湖区深入贯彻落实十八大精神，改善文化民生，推进社会主义文化强国建设的具体体现。

【赴台参加非遗项目交流】 3月17日至21日，东湖区省级名录南昌清音、东湖赣发绣和市级名录豫章绣在台湾嘉义市长青园做非遗展演。此次文化交流以舞台技艺展示及文艺演出的形式开展，在台湾嘉义市还属首次。活动期间，省级项目赣发绣、南昌清音、市级项目豫章绣技艺为现场市民现场进行了技艺展示，参观人群络绎不绝，豫章绣继承人余正莲的《富春山居图》和赣发绣作品《滕王阁》让台湾同胞一饱眼福。

【参加中国第九届国际文化产业博览会】 5月19日，东湖区非遗项目豫章绣技艺、瓷雕，代表南昌参加2013年中国“深圳”第九届国际文化产业博览会，摘得工艺美术类展览2金1银2铜。金奖作品为：余正连豫章绣技艺《富春山居图》、周南英豫章绣山水画《墨画》；银奖作品为：李强豫章瓷雕八大山人《鹰图》；铜奖作品为：余正连豫章绣《祖国颂》、周南英豫章绣《敦煌飞天》。参加此次博览会充分展现了东湖区非遗文物的风采和东湖区为弘扬非遗文化做出的努力。

【“文化遗产日”系列活动出新彩】 6月7－9日，东湖区举办“人人都是文化遗产的主人”2013年第八个“文化遗产日”非遗进商场、进宾馆、进学校活动。与以往的非遗项目进商场活动不同，此次在八一大道洪客隆店开展了非遗进商场授牌收徒仪式；非遗民俗知识进学校活动则邀请了空巢老人、农民工、留入留守儿童在南昌市东湖小学举办了非遗技艺“包粽子、织蛋网、折梭角”比赛，同时由民俗专家现场讲解端午节的历史渊源，普及非遗民俗知识。

【6人获评南昌市第一批传统技艺大师】 9月4日，南昌市第一批传统技艺大师出炉。东湖区6位非遗传承人榜上有名，他们是赣发绣传承人陶永红、豫章绣传承人余正连和周南英、婴儿胎发笔传承人陈斌芳、纸浆雕塑传承人徐传托、竹丝笔传承人叶华延。

【赣发绣参加全省非遗保护成果展】 11月15日，江西省非物质文化遗产保护成果展在八一广场举行。东湖区组织省级名录东湖赣发绣参加了此次非遗保护成果展。传承人陶永红现场技艺展示，参观者拥趸驻足，赞美不绝，获得了一致好评，为宣传东湖区的非遗文化增添光彩。

【召开樟树林打造活艺印吧项目研讨会】 12月17日，东湖区在樟树林文化生活公园召开樟树林非遗馆打造活艺印吧项目工作研讨会。南昌市委宣传部、市财政局、市教育局、市旅游局、市文化局、区文化局、樟树林项目方相关负责人参会。会上，樟树林相关负责人就樟树林非遗馆以印为媒，通过“印吧、印社、印室”三印打造非物质文化项目进行了情况汇报。各相关职能部门分别就该项目的可行性及前景发展提出意见和建议，并从各自职能出发提出支持帮助的内容。樟树林非遗馆打造活艺印吧项目，可以促进江西传统文化蓬勃发展，为省、市文化事业发展做出贡献。

【非物质文化遗产樟树林展示馆开馆】 12月19日，江西非物质文化遗产樟树林展示馆开馆仪式隆重举行。省、市、区领导、省市主流媒体记者以及周边市民近千人共同见证了江西非物质文化遗产樟树林展示馆开馆。江西省文化厅厅长部海镭，南昌市委常委、市委宣传部部长曾光辉，江西非物质文化遗产樟树林展示馆馆长钟倩，区领导贺瑞虎分别致辞，副省长朱虹宣布非遗展示馆正式开馆。省、市、区领导与市民共同在18米非遗长卷《西江民艺图》上签名，并参观了博览区、体验区、临展区、多功能区等非遗功能区，参加了向大师学拉坯、磁性剪纸、3D油纸伞拍照等20项非遗DIY体验项目。江西非物质文化遗产樟树林展示馆是东湖区与省文化厅合作，共同建设的一个全景展示江西非物质文化遗产面貌的互动体验型展示馆。承担着保存、传习、展示、体验、研究非物质文化遗产的重要职能，是挖掘、保护、传承、弘扬以“赣”文化为核心的本土非遗特色项目，也是全省开展非物质文化遗产保护传播工作的重要场所。

旅游管理和服务

【概况】 2013年，东湖区以党的十八大及十八届三中全会精神为指导，全面贯彻落实市委、市政府关于旅游产业大市建设的决策和部署，以承接市旅游局“旅行社分社”“服务网点备案登记”审批事项为契机，不断强化属地管理职能，完善政府主导机制，加强规划和管理。制定出台《东湖区景区品牌创建规划方案》，品牌创建工作有序推进；规划设计了古色遗迹游、红色遗址游、宗色文化游、绿色清新游、文化创意游等旅游线路；进一步完善《东湖区旅游促销优惠政策》；制定出台《东湖区旅游产业发展资金使用管理办法》，区财政安排旅游发展专项资金100万元,用于旅游产业引导、扶持、奖励、宣传、促销等,充分调动了旅游各行业积极性。全年,全区旅游接待468万人次,比2012年增长21%,旅游总收入71亿元,比2012年增长29%,占全区GDP的17.57%,旅游业发展态势良好。辖区星级宾馆有10家,包括江西宾馆、凯莱大酒店、东方豪景花园酒店、法莱德白金大酒店4家五星级酒店,江西饭店、洪都宾馆、七星商务、南昌百瑞四季大酒店4家四星级酒店,以及阳光假日宾馆、体育宾馆2家三星级宾馆。有旅行社85家。全区旅游局审批备案登记1个旅行社分社,6个服务网点。

全区在旅游项目定位、政策资金、业务指导、配套设施完善等方面都加大力度,南昌·琴岛之夜5月盛装开幕,9月全市"三看"活动代表团实地考察项目,成为全市剧场演艺的新坐标、东湖旅游的新名片;樟树林非遗展示馆总面积3200平米,11月开馆以来受到各地非遗爱好者的青睐,春节期间日均接待近千人次,举办的"看非遗,过大年""油纸伞拍照送专属年历"等活动吸引了众多旅客。在区文化广电旅游新闻出版局的指导下,樟树林、791艺术街区申报了南昌市旅游产业项目扶持奖励资金,已获得第一批特色旅游景点投资项目补助及贴息50%的资金28.63万元。

【加大旅游宣传力度】 2013年,东湖区先后组织参加2013江西省优秀旅游纪念品评选活动,赣发绣作品《齐白石肖像》、豫章绣作品《卢燕》、瓷雕作品《鹰图》分获二等奖;参加2013南昌市优秀旅游纪念品评选活动,滕王阁竹刻《滕王阁序》、赣绣《双鹤起舞》、赣发绣个性化照片定制获"2013南昌十佳优秀旅游纪念品"称号,区文化广电旅游新闻出版局获优秀组织奖;组织滕王阁景区、791、樟树林、各大旅行社等旅游企业参加在八一广场举行的"美丽中三角,我的家乡我的城"5·19中国旅游日主题活动,现场向游客派发宣传资料,并提供相关的旅游资讯服务;组织辖区旅游企业(滕王阁景区)参加云南2013中国国际旅游交易会,大力推介东湖区旅游企业,共派发宣传资料5000余份;在滕王阁景区组织开展"文明与旅游同行"万人签名活动,宣传文明旅游、绿色消费。

2013年9月26日,东湖区在滕王阁景区组织开展"文明与旅游同行"万人签名活动

【强化旅游安全保障】 2013年,东湖区为规范旅游行业发展,提升服务质量,加强对属地企业的引导和监管,落实完善了旅游属地管理机制,成立了东湖区旅游服务质量监督管理领导小组,制定出台了《东湖区旅行社投诉处理规范》《东湖区旅游投诉处理办法》,并公布了投诉电话;成立了安全生产工作领导小组并制定了年度工作计划;与旅游企业负责人签定承诺书,按照窗口行业创建标准对旅游企业文明创建工作进行督导,推进旅游市场"窗口行业"规范化服务;对辖区内的星级宾馆进行"文明餐桌"督导;努力推进"平安旅游景区""平安宾馆"建设,选报方志敏广场为"平安旅游景区",东方豪景大酒店和凯莱大酒店为"平安宾馆"。

【推广红色旅游基地】 2013年,东湖区将方志敏广场作为红色旅游基地,以"突出红色旅游,展现烈士风采,弘扬革命精神"的总体思路致力于红色旅游建设。优美的环境、优质的服务、专业的水平,深受广大游客好评。全年共接待参观、缅怀先烈和举行党、团组织活动的团队及游客约22万人,接待团队77次。

【开启南昌·琴岛之夜大幕】 5月31日,南昌·琴岛之夜在原江西省艺术剧院精彩首演。省、市、区各级领导与千余名现场观众共同观看演出。现场效果振憾，受到了各届人士关注。经过近9个月的装修改造，东湖区旅游文化产业《南昌·琴岛之夜》盛装开幕。为充分体现江西人文特色、区域特色，《琴岛之夜》主题文化演出结合江西红色、绿色、古色文化，以红色井冈山、绿色鄱阳湖、古色滕王阁作为切入点，打造一台具备浓郁赣文化风情、融合现代化多媒体及声、电、光新技术的高品质的综合演出，彰显了江西文化旅游品牌形象。每晚21点，南昌·琴岛之夜演出与市民互动，极大地丰富江西人民的文化旅游娱乐生活，吸引了很多的中外游客。

辖区文化资源

【概况】 东湖区有着丰富的文化资源，截至2013年，已建成社区文化广场24个，近4万余平方米；社区文化活动中心89个；信息资源共享服务点区级支中心1个，基层服务点10个，街道公共电子阅览室4个，社区公共电子阅览室17个；为村民建农家书屋6个；建少儿书吧1个；流动书屋2个；流动电影院1个；盲文及盲人有声读物阅览室1个；瓷板画青少年培训基地1个。辖区各街道(管理处)均成立街道文化站共10个，并设有街道文化综合性多功能文化活动中心，下设社区文化活动室79个。建立了方便公园村、永溪村、永和村、长巷村、七里村、贤湖村的6个农家书屋。2013年，建立区外来务工人员文化协会2个、区外来务工人员青少年培训中心2个。

东湖辖区文化资源相对集中，八一起义和八一广场旧址、贺龙指挥部、朱德旧居、叶挺指挥部、朱德军官教导团、江西省革命烈士纪念堂等革命遗址，体现了东湖厚重的革命历史文化；省歌舞剧院有限责任公司、省京剧团有限责任公司、省话剧团有限责任公司；南昌市歌舞剧院、南昌市京剧团合并改为南昌市艺术中心。江西艺术剧院、南昌采茶剧院、南昌市百花洲电影院、南昌市樟树林星美国际影城、南昌万达国际电影城等主要影院、艺术剧院，江西省图书馆、南昌市图书馆、区图书馆3个公共图书馆，均在辖区内。随着樟树林生活文化公园、南昌市艺术品交易所、滕王阁古玩城、791艺术街区等文化创意产业的注入，为推动建设科教文卫中心区增强了和谐发展动力。同时，方志敏广场及方志敏爱国事迹陈列馆，已成为全市乃至全省新的党风廉政教育基地、爱国主义教育基地和红色旅游新基地。

2013年，东湖区民间文艺团队蓬勃发展，整合辖区剧团文化资源，成立了一大批颇具规模的民间文艺团队。如东湖曼毓艺术团、喜洋洋越剧团、正荣之声艺术团、红歌舞汇艺术团、南昌市三八老人康乐联谊会、南友舞集、南昌市夕阳红协会、百花艺术团、新月时装队及东湖群星艺术团等。同时，拥有江西歌舞剧院合唱团等专业合唱团7支、江西省老年大学、南昌市老年大学合唱团等社会性合唱团10余支、江西省直机关合唱团等机关合唱团8个、江西师大合唱团等院校合唱团8支、夕阳红合唱团、红歌舞汇艺术团、百花合唱团等社区群众合唱团6支，新组建东湖毓秀艺术团、南昌爱乐合唱团。这些团队经常代表区参加各类大型文化活动、文艺演出及各级文艺大赛，获得广大观众的好评。

表19 **2013年东湖区域主要影院、艺术剧院一览**

名　称	占地面积(平方米)	座位数(个)	电　话	详细地址	备　注
江西省艺术剧院(“南昌·琴岛之夜”剧场)	12200	1200	13767991688	八一大道365号	“南昌·琴岛之夜”剧场按五星级剧院标准精心打造完成，于2013年5月成功首演，演出节目有大型视频秀、大型歌舞、国际水准杂技、搞笑音乐剧、相声、通俗歌曲、摇滚歌舞等，是南昌人和外来人商务、休闲和娱乐的最佳去处。

续表 19

名 称	占地面积（平方米）	座位数（个）	电 话	详细地址	备 注
南昌市百花洲电影院	2398	1000	82153998	中山路65号强威大厦4楼	五星级影院，拥有5个放映厅，特别设置了一个南昌独有的情侣厅
南昌万达国际电影城	4500	1496	86311113	南昌市八一大道333号万达广场4层	五星级标准，7个高标准影厅，包括1个豪华贵宾厅，4个南昌独家的2K数字影厅
中影星美影院	5440	1200	13601179527	佘山路66号樟树林文化生活公园内	南昌第一个IMAX巨幕高清影院，内设8个厅（包括一个16×24米的巨幕影厅），共有1200多个座位
南昌17.5影院（胜利路店）	1500	398	86762539	南昌市东湖区胜利路炫谷步行街三层	内设5个标准银幕放映厅，拥有顶级电影放映设备及超一流的音响设备，立足社区，秉承"以人为本"的服务理念，让居民在家门口体验到星级影院的震撼观影效果。

（龙 昆）

档案事业管理

【概况】 2013年，东湖区始终坚持档案工作记录历史、传承文明、服务社会、造福人民的宗旨，以档案法制建设为保障，以档案规范化建设为抓手，以档案安全保管、优质服务为重点，以档案教育宣传为平台，在档案资源建设、档案信息化建设、档案馆建设工作中取得一定成绩。2013年，东湖区档案局获得市局先进单位称号。

【加强重点建设项目档案的管理工作】 2013年，东湖区档案局指导帮助建设单位完成了区政府重点工程（区政府新大楼）立项阶段档案的收集、整理、归档工作。

【开展档案服务进社区活动】 4－6月，东湖区在豫章街道洪城社区休闲广场开展了主题为"守护历史传承文明、资政育人服务社会"的档案宣传活动，在大院街道院一社区举办了民生档案和家庭档案知识讲座。档案法规宣传服务进社区、档案利用服务进社区、档案业务指导服务进社区的活动，在东湖区的百姓生活和档案事业管理之间架起了一道桥梁。

【举办珍贵老照片图片展】 6月9日，是第九个国际档案日，东湖区在红谷滩新区举办了主题为"追寻东湖记忆，感受档案魅力"的东湖区馆藏老照片展。区档案局从馆藏档案中精选了若干张馆藏珍贵老照片，包括20世纪30年代国立中正大学（现江西师范大学）教育研究会师生赴农村扫盲照片，上世纪五十年代毛泽东主席到昌视察的珍贵照片，1950年江西省人民委员会委员的合影照片，1968年6月21日东湖区革命委员会成立特刊等。同时，在东湖档案信息网的网上展厅进行展览，让广大群众直观地了解东湖历史文化，近距离感受档案文化独特魅力。

【举办街道、社区建档工作培训】 9月11日，东湖区档案局在百花洲街道举办了一期街道、社区建档工作培训。培训就街道、社区文书档案的收集、甄别、分类、保管期限、装订、装盒等流程进行了详细讲解，对街道、社区在建档工作中存在的问题和疑惑一一解答，百花洲街道各科室负责人和各社区档案工作人员参加了培训。

【加强档案信息网络建设和服务】 2013年，东湖区依法在区档案信息网站上公开已开放档案目录576条、现行文件目录122条以及政府公开信息的全文,为相关单位和群众查阅利用提供快捷高效服务。积极推动全区档案专网建设与政务内网档案资源查阅平台应用工作,7月24日,东湖区档案专网正式建成开通,上传档案目录数据12.5万条,并联入全省档案专网,实现了资源共享。

【建立科级领导干部廉政档案】 2013年,东湖区开始给全部科级干部建立廉政档案。一人一档,主要记载该干部任职以来贯彻执行廉洁从政、廉洁自律有关规定情况及遵守各项规章制度和工作纪律等情况。建档后,每年科级干部必须如实填报个人重大事项报告表(个人基本情况、收收礼品礼金情况、本人及配偶子女出国(境)情况等),撰写述职述廉报告,并及时进档。凡有违反廉洁自律规定和工作纪律等行为而隐瞒不报、报小瞒大或报轻瞒重的,一经查实,严肃处理。廉政档案将作为对领导干部考察、考核、评价使用的重要依据。

【加强档案馆库房安全管理】 7月26-27日,东湖区档案局对档案库房进行了一次安全检查。局领导亲自带队对全局(各)办公室、档案库房进行全面系统有序的排查,包括对电线线路和开关使用的清查、维修;对库房配备的温湿度测量仪器、空调、除湿机、消防器材等设备进行检查维护,全部更换了防虫霉药物;对门、窗进行防盗、防尘、防风安全检查,堵塞一切可能失窃泄密的漏洞;对档案查阅利用,严格按规定做好利用者接待登记、查阅登记和档案出入库登记,保证档案利用安全。

【新增4家档案规范化管理达标单位】 2013年,东湖区新增东湖区公安消防大队、东湖区烟草专卖局和百花洲街办3个档案工作规范化管理省二级单位,百花洲街道小金台社区为档案工作规范化管理省三级单位,到年底,全区共有33家单位档案规范管理达省级标准。

【接收"三名"档案进馆】 11月底,百花洲街办初步完成东湖区名人——金媛(南丁格尔奖的获得者,南昌南丁格尔志愿护理服务团队的创始人,全国道德模范)个人档案的收集、整理,并移交进馆,同时百花洲的名胜也一并进馆。

【加强计生档案管理】 11月26日,东湖区人大内务司法委、区档案局和区政府法制办组成联合执法调研组来到区计生委和大院街道,对一胎生育证明审批档案进行了执法调研,抽查了大院街道从1996年1月至2013年10月的一胎生育审批档案。要求区计生委根据检查中反馈的意见,在今后的工作中认真抓好计生档案的规范化、标准化、现代化管理。对各个街道计生档案的收集、整理、保管等要按照档案的立卷原则作出统一要求,在推进计算机管理过程中要根据案卷重要程度、价值大小、利用率高低和是否开放的情况对所有档案进行排队,对那些可以开放的核心档案、利用率高的档案进行优先加工整理。

【加强档案馆建设】 2013年,东湖区档案局认真做好国家二级档案馆项目上报和审查资料的积累以及项目资金的争取工作,圆满完成了省、市考察组对东湖区档案馆新馆建设的视察调研,争取到了上级的资金扶持140万元。同时按照《档案馆建设规范标准》要求积极与区有关部门沟通,及时关注区档案馆新馆建设进展。

(吴佩红)

卫　生

综　述

2013年，东湖区卫生工作紧扣构建"繁荣精品幸福文明"东湖大局，目标紧咬"健康东湖、医在东湖"，立足于增进社区居民群众健康，出发于"安全、有效、方便、价廉"，重心于巩固扩大公共卫生服务成效，抓手于改善医疗卫生服务质量、提升社区卫生服务能力，全区卫生系统干部职工齐心协力，勤奋工作，创新创业，在实施民生工程、深化医药卫生体制改革、发展外向型经济、开展文明创建和各项业务工作中成绩突出，为东湖卫生事业健康持续发展，加快实现全区居民群众的"健康梦"做出应有贡献。

思想政治素质过硬，理想信念坚定。东湖区卫生局领导班子精诚团结，坚定不移地贯彻执行党的基本路线，紧密联系实际，不断加强党员领导干部、职工思想政治教育，带头学习贯彻中央八项规定及上级党委、政府有关要求，把学习相关精神与遵守党的政治纪律、转变工作作风、密切联系群众的各项规定做到紧密结合，确保了全区卫生系统上下在思想和行动上与中央、省市区委保持高度一致。

廉洁自律行为规范，从政环境风清气正。东湖区卫生局、区直各卫生单位领导班子、班子成员以身作则，坚持从自身做起，坚决执行改进工作作风、贯彻落实廉洁自律各项规定。高度重视党风廉政和纠风工作，年初专题研究，逐级签订责任状，坚持把党风廉政建设和纠风工作与卫生工作同部署、同落实、同检查、同考核。领导班子、班子成员敢于担当、敢于负责、敢于同不良风气作斗争，保持了多年来全区卫生系统风清气正的良好形势。

坚持深入群众，联系帮助群众。东湖区卫生局坚持开展民情家访活动，深入到对口百花洲街办（邮政路、杨家厂社区）、滕王阁街办（铁街、射步亭社区）定点帮扶，协调解决困难，参加社区劳动，定期为保洁员送防暑降温药品、物品，带头结对帮扶困难户、困难学子。

完善管理制度，强化督促检查。修订完善《东湖区卫生局规范行政权力运行工作责任追究制度》《东湖区卫生局岗位风险廉能管理制度》等文件，完善《东湖区卫生局会计核算分中心运行管理办法》《东湖区卫生专项资金管理办法》等10项财务管理办法和管理制度，并汇编成册。东湖区卫生局根据区纪委有关要求，在全系统认真开展接受"红包"专项治理活动，严格自查和督查；推动落实《"一把手"六个不直接分管制度》，深入推进院（所）务公开，上网公示"三公"经费预算，区直卫生单位"三公"经费支出总体下降。

增强服务意识，规范服务行为。东湖区卫生局结合卫生工作实际和行业特点，成立了医德医风考评领导小组，深入开展"服务好、质量好、医德好，群众满意"的"三好一满意"活动、"医院管理年"活动和"中医医院管理年"活动，实施"优质护理服务示范工程"，组织广大医务人员学习贯彻落实医德医风规范，医疗机构和医务人员"八项承诺"，卫生部行风建设"八条纪律"，省卫生厅严禁收受患者"红包"和药品回扣"九条禁令"，南昌市医疗服务便民惠民12项措施等。医务人员职业道德意识不断增强，医疗卫生服务行为进一步规范。为群众健康服务的氛围日益浓厚。东湖区卫生局通过多形式、多层面地开展干部职工思想教育、法纪政纪教育、职业道德教育和艰苦奋斗教育,组织医疗卫生人员开展职业道德大讨论,多措并举,鼓励引导干部职工争创“文明行业”“文明单位”“文明窗口”,争当“服务明星”。在系统内涌现出了一批让群众满意的好医院、好科室、好医生、好护士。百花洲街道社区卫生服务中心获评江西省唯一区级“群众满意的医疗卫生机构”。

医政管理

【概况】 2013 年,东湖区医政管理工作以深化医药卫生体制改革为主线,推动落实国家基本药物制度,深入开展医疗质量万里行、中医院医疗质量万里行、“优质护理工程”、民营医院规范化管理活动,积极创建中医药先进单位,不断加强社区卫生服务能力建设、医疗机构监督管理、母婴保健管理和农村卫生管理工作,规范医疗机构执业,提高医疗服务质量,保障医疗安全。

【全面落实国家基本药物制度】 2013 年,东湖区 9 所公立社区卫生服务机构全面实施国家基本药物制度,财政补助经费预拨 322 万元,严格网上集中招标采购,做到了药品分库、分架管理。国家基本药物种类(包括增补目录药物)超过 410 种,配备率、覆盖率均达到 100%,除中药饮片外全部零差率销售,全年统一配送药物 121 万元。

【重大疾病保障工作常态化管理】 2013 年,东湖区对所有符合救治条件的白内障、唇腭裂患者和白血病、先天性心脏病患儿纳入常态化管理,实施免费救治。全年实施白内障患者实施复明手术 81 例,白血病累计救治 7 例,儿童先天性心脏病累计救治 60 例;对需维持血液透析的尿毒症困难患者(城镇低保、农村五保、城镇“三无”人员、福利院供养孤儿、新增四类优抚对象和低保边缘户)实施血液透析免费救治 61 例。东湖区利用多种宣传形式扩大对民生工程新增项目贫困重性精神疾病患者免费救治、农村妇女免费增补叶酸项目的宣传,督促医疗机构加大患者筛查力度,加强与民政、医保及社区居委会联系,优化救治办理程序,免费救治贫困重性精神疾病患者 158 例。

【降低居民群众看病就医费用】 2013 年,东湖区以社区卫生服务机构等非营利性医疗机构为依托,认真落实全区低保户、困难户、民政救济对象、残疾人、农村“五保户”、优抚对象“三免四减半”政策,共减免医药费 6.14 万元。社区卫生服务中心与省、市医院签订双向转诊协议,推动落实双向转诊制,促进形成“小病在社区,大病进医院,康复进社区”合理就医模式,建立经济有效诊疗机制,节省病人开支。利用对口支援,定期请专家进行会诊、查房,为患者在社区卫生服务机构享受到省市专家的诊疗服务建立有效途径。强化监督检查,减轻居民医疗负担,社区卫生服务机构门诊人均次费用减至 39.2 元。推动落实大型检查及化验互认制。凡持有二级以上医院所做的大型检查及检验单,在全区社区卫生服务机构就诊均不需重复检查已做的项目,为患者节省检验检查费用。

【启动村医补助项目】 2013 年,东湖区对年满 60 周岁、从医满 20 周年的村医每月发放养老生活补贴 65 元;对承担公共卫生服务的村医,根据考核结果实行公共卫生服务补助。

【全面推进中医药工作】 2013 年,东湖区全面推进中医药工作,结合基本公共卫生服务均等化项目,在滕王阁、墩子塘等街道社区卫生服务中心开展中医治“未病”、冬病夏治和中医辩证施治工作;组织社区卫生服务中心印制、发放《中医养生与治未病健康手册》《中医药健康教育处方》等宣传材料,开展主题“弘扬中医文化,传承国粹精神”等大中型中医药文化宣传义诊活动 8 次,提供现场把脉、推拿、按摩、拔罐等免费义诊、咨询服务 1630 余人次;不定期督查全区 8 所坐堂医诊所,严肃查处中医坐堂医诊所受经济利益驱动误导、诱骗就诊者购买药品等违规行为;在全区推广运用中医药适宜技术,组织社区卫生服务机构参加市级中医药临床适宜技术推广项目培训。

【深化卫生科教工作】 2013 年,东湖区高度重视卫生人才科研工作,以特色专科、专业建设为龙头,统筹科研、卫生学术带头人队伍建设;实行知识管理、创新管理,形成人才竞争新优势;鼓励岗位创新;通过自筹、争取上级部门课题支持等方式筹措科研、科教经费 20 万元;扩大宣传,积极向社会宣传卫生人才科研资源新理念,全年开展各种中医药主题宣传活动 38 次,制作宣传横幅、展板

53幅(块),印制宣传海报2800份,医学科普宣传册28万册;建立健全医学终身教育制度,以医学培训为切入点,鼓励专业技术人员参加各种进修培训,全年组织区直卫生单位卫生专业人员参加各类专业知识培训628人次,参加继续教育学习582人次,办理双卫网继续教育卡177张,通过双卫网参加网络继续教育学习488人次,聘请国家、省、市、区级专家学者授课15次;强化全科医学培训,全年组织培训社区卫生服务机构、村卫生室的医生、护士、管理人员470余人次。

【公共卫生基本建设服务能力得到提升】 2013年,东湖区利用国家医药卫生体制改革补助资金,完成中央预算内投资项目3个,分别为辖区疾病预防控制中心实验室规范化建设项目、卫生监督机构能力建设项目、妇幼保健机构能力建设项目,总投资225万元。分别为区疾病预防控制中心增加酶标仪、原子吸收分光光谱仪等15类21台仪器,为区卫生监督所购置了办公设备、执法装备、执法车辆、卫生监督快检设备和信息网络等卫生监督执法设备,为区妇幼保健所添置了彩超、巡回指导车、全自动生化仪、全自动血液细胞分析仪等设备。此类项目的完成,夯实了全区公共卫生服务的基础,提高了为群众百姓服务的能力。

【开展第五次国家卫生服务调查】 8月,东湖区作为江西省6个样本县(市、区)之一,根据国家卫生和计划生育委员会《关于开展第五次国家卫生服务调查的通知》要求,开展国家卫生服务调查工作。此次调查于9月1日正式启动,至10月25日结束,共完成《东湖区医疗机构调查表》19份,《医务人员调查表》190份,《家庭健康询问调查表》600户的整理、收集和上报工作,为下一步数据统计、分析提供了基础。

社区卫生服务

【概况】 2013年,东湖区按人口分布和密度,在保证社区卫生服务网络覆盖率100%的基础上,优化社区卫生服务布局,削减社区卫生服务站2所。东湖辖区社区卫生服务中心、站二级服务网络框架稳固,社区卫生服务各项功能落实,建成了以公有制社区卫生服务中心为主体,以公有制社区卫生服务中心下设社区卫生服务站和社会力量举办社区卫生服务站为补充的社区卫生服务体系,形成了城区“15分钟社区卫生服务圈”,为居民群众提供方便、优质、价廉、连续的基本医疗卫生保健服务。社区卫生服务机构门(急)诊31.82万人次(占全区门诊的25.21%),平均处方值为36.9元,为全区平均处方值的53.2%。

【稳步推进基本公共卫生服务均等化】 2013年,东湖区人均补助标准由每人每年27元提高至每人每年30元。全区医疗卫生机构严格执行《国家基本公共卫生服务规范》,按照全区48.04万居民基数,建立规范化基本健康电子档案42.87万份,规范建档率达89.25%;发现登记高血压1.07万人,规范化管理率51.4%;发现登记糖尿病人4532人,规范管理率60.86%;发现登记重性精神疾病患者人525,管理率84.38%。向全区60岁以上老年人、0~3岁儿童、孕产妇、妇女等人群提供“一卡通”免费体检服务28.2万人次,服务金额409万元。

【强化民生项目资金监管】 2013年,东湖区为保证基本公共卫生服务项目资金使用规范、安全,针对全区26所社区卫生服务机构2011－2012年度提供公共卫生服务的真实性、财务管理工作,采取聘请第三方“江西省社区卫生服务指导中心”和内部审计等方式,开展了全面复核查验工作。查处违规单位13个,追缴违规资金47.37万元。

【深入推广社区家庭责任医师制】 2013年,东湖区深入推广家庭责任医师制。社区卫生服务中心针对群众需求和工作实际情况,采取了社区家庭医师团队分片包干,免费上门服务,印制便民联系卡,公开24小时联系电话等措施;针对社区独居老人,签订家庭医生签约式家庭卫生服务协议,提供以公共卫生服务、基本医疗、家庭康复、保健等为主要内容的健康服务。全区实行家庭责任医师制以来,共签约家庭3246户,医护人员提供上门服务5300余户次。部分社区卫生服务中心还针对居民需求开设了家庭病床和临终关怀服务,为社区居民就医保健提供了方便。

【开展服务规范集中学习和考试活动】 2013年,东湖区根据江西省卫生厅要求,以《国家基本公共卫生服务规范(2011 年版)》、2013 年新增中医药健康管理服务规范和《2013 年度江西省基本公共卫生服务项目实施方案》(以下简称《方案》)为学习大纲,组织动员有关区直卫生行政单位、各医疗卫生机构,集中学习《规范》和《方案》,并开展知识测试和比赛活动,进一步提高基层医务人员掌握《规范》的基本知识和实践技能,营造浓郁的学习氛围,不断提高基本公共卫生服务质量和服务水平。

【规范医疗机构执业】 2013 年,东湖区按卫生部相关标准对全区 208 个医疗机构重新编码、整理、录入《医疗机构注册联网管理系统》。认真开展“民营医院规范化管理”“优质护理服务示范工程”和基层医疗机构集中整顿工作,深化服务好、质量好、医德好,群众满意“三好一满意”活动成果;强化医疗机构日常管理,严格医疗机构及卫生从业人员的执业行为,使得全区医疗护理质量不断提高、执业行为日益规范,医务人员医德医风建设得到加强。

疾病预防控制

【概况】 2013 年,东湖区狠抓疾病预防控制工作目标管理,努力提升应急处置能力,东湖区疾病预防控制中心实验室资质获得省级计量认证,健全完善医防合作机制,坚持 24 小时疫情值班制,疫情及时处理率 100%,全年全区未发生突发公共卫生事件及重大疫情。

【强化传染病防御机制】 2013 年,东湖区积极强化传染病防御机制。开展区级以上医院肠道门诊技术指导,以“六专”为基本要求,规范了全区肠道门诊建设,落实“逢泻必检,逢疑必报”,全年共检测各类水样 140 份、水海产品 294 份,1 份水海产品检出稻叶型霍乱弧菌;每季度召开学校保健老师例会,定期通报学校传染病防治情况、疾病监测情况;并定期组织开展公共场所、医疗卫生机构等传染病防治工作培训,培训覆盖率达 100%,全年未发生聚集性疫情和爆发疫情。

2013 年 4 月 9 日,东湖区召开 H7N9 禽流感防控工作布置会

【传染病疫情报告与管理】 2013 年,全区医院共报甲乙丙类传染病 14843 例,东湖区共发生 1441 例,同比下降 28.31%,其中:手足口病 317 例(无死亡、重症病例 3 例)、甲型 H1N1 流感 3 例;发病前三位病种分别是肺结核(318 例)、手足口病(317 例)、乙肝(260 例);发病前三位区域:董家窑街办(374 例)、豫章街办(122 例)、百花洲街办(116 例)。

【防控人感染 H7N9 禽流感】 2013 年,东湖区成立应急处理领导小组,制订防治方案,研究部署疫情物资储备及人员安排,积极防控人感染 H7N9 禽流感。在全区开展医疗机构、学校和托幼机构防控专题培训;强化医疗机构、防控机构专项执法检查,监控监测禽类出售点并开展现场消毒;通过《江西日报》《南昌电视台》等新闻媒体、在社区、商场、学校等公共场所显著位置张贴《人感染 H7N9 禽流感防治知识》挂图等方式,向居民群众普及防控知识,共免费发放宣传单 12000 余份。

【免疫规划接种率达标】 2013 年,东湖区全区一类疫苗接种率达到 90% 以上。全区 100% 接种单位完成预防接种信息管理系统建设和儿童预防接种证打印,每月开展一次流动儿童调查摸底及查漏补种活动,实行每月 10 日统一为全区医院产科和预防接种单位配送疫苗。9－11 月,按照《2013 年江西省国家免疫规划督导评估方案》要求,对全区 2～4 周岁儿童开展接种率调查,共调查 9 个街道，45 个居委会，2 岁组儿童 190 人，3 岁组儿童 188 人，圆满完成各项指标和任务。

【率先建立居民健康小屋】　2013 年，东湖区将慢性病预防控制工作纳入年度政府工作报告，投资 170 万元在全省率先建立了居民健康小屋，分布在全区 10 个街道（管理处）。居民群众可以免费、自助进行血压、血糖等健康检测，给社区居民特别是低收入者带来了实惠，赢得群众一致好评。

【做好死因和肿瘤监测工作】　2013 年，东湖区作为南昌市唯一的国家级死因监测点，组织开展全区医疗机构及社区卫生服务机构专报人员培训，召开死因监测工作例会 4 次，死因专项督导 2 次，肿瘤登记工作培训 3 次，督导 1 次，提高了全区医疗机构死因监测、肿瘤登记及网络报告业务水平。全年全区死因顺位主要为循环系统疾病、肿瘤、呼吸系统疾病、损伤及中毒、营养代谢疾病。

【持续强化艾滋病防制工作】　2013 年，东湖区结合五大载体（妇女健康中心、针具交换中心、社区美沙酮维持治疗门诊、自愿咨询检测服务中心、抗病毒治疗与关怀支持救助中心），在暗娼、吸毒者、男男同性恋等高危人群中开展艾滋病预防干预。全年外展干预覆盖率达 100%，累计干预暗娼 1608 名，检测 1359 人，检测率为 95.35%；累计覆盖吸毒人员 58 人，检测 126 人，检测率 163.11%；社区药物维持治疗东湖门诊累计收治海洛因成瘾者 661 人，在治 180 人，治疗年保持率为 72.9%，HIV 阳转率为 0，HIV、HCV、梅毒检测上报率分别为 92.4%、76.9%、77.6%；男男同性恋（MSM）人群干预覆盖 294 人，干预覆盖率达 100%，检测 426 人，检测率 82.88%；各咨询检测中心完成咨询检测 701 人，其中初筛阳性 19 人，检测后咨询数 701 人，检测后咨询率 100%；累计发现 HIV/AIDS192 例，发现任务完成率 101.59%，疫情报告质量达 100%；定期对 139 名 HIV 感染者和艾滋病病人进行随访并按要求 100% 开展了结核病问卷筛查；为 23 名配偶提供 HIV 检测，配偶检测率 95.83%，有 122 人接受 CD4 检测，随访检测率达 87.77%；年新增抗病毒治疗人数 13 人，抗病毒治疗比例为 75.25%。江西省胸科医院每年为治疗病人提供一次病毒载量检测，目前共检测 192 人，检测率达 82.40%（192/233）。全区性病卡片网络直报率、审核及时率、准确率和报卡完整率均为 100%。按季度对性病监测进行分析，实行监测工作季度例会制。全年性病漏报率为 0，梅毒报告准确率达 100%。

【全面实施结核病防制】　2013 年，东湖区全面实施现代结核病控制策略，落实结核病的归口管理，加强了网络直报督导，强化了肺结核的发现、诊断、治疗、管理等各项工作，通过医疗机构、羁押场所及流动人口开展免费结核病检查，同时结合全球基金结核病项目，深入到社区、建筑工地、外来务工居住密集的地方等开展形式多样的结核病防治宣传工作。全年共发现完成新发涂阳肺结核病人 129 例，初治涂阴病人 128 例。医疗机构网络直报可疑肺结核病人 211 例，现场督导核查医疗机构网络报告率为 100%；可疑病人中主动转诊到位 209 例，转诊到位率 99.05%，应追踪病人 2 例，追踪到位 2 例，追踪到位率 100%，总体到位率 100%。

【深入开展应急处置工作】　2013 年，东湖区组织开展手足口病聚集性疫情应急处置技能竞赛、食品安全事故应急演练、疑似食源性疾病异常病例/异常健康事件桌面演练。为及时发现和科学研判突发事件公共卫生风险，规范和指导风险评估工作奠定了基础。全年全区共处理疫情 188 起，人感染 H7N9 禽流感疫情 64 起；重症手足口病疫情 73 起，手足口病聚集性疫情 0 起；食物中毒疫情 2 起；恙虫病疫情 1 起、不明原因肺炎疫情 1 起，流感疫情 1 起，布鲁氏菌病疫情 4 起，散发疫情 42 起。

妇幼卫生保健

【概况】　2013 年，东湖区认真贯彻落实“一法、两纲”，始终坚持以预防为主，以保健为中心，保健与临床相结合的妇幼卫生工作方针，不断强化母婴安全意识，加强妇幼保健适宜技术推广，全区妇幼保健工作水平不断提高。2013 年，全区孕产妇保健覆盖率 97.9%，孕妇建卡率 72.68%；孕产妇系统管理率 72.60%；产后访视率 72.31%。孕产妇住院分娩率 100%，高危孕妇管理率 100%；高危孕妇检出率15.83%。7岁以下儿童保健覆盖率90.77,3岁以下儿童系统管理率61.79%。体弱儿管理率100%,管理合格率100%。集居儿童“六一”体检率95.28%。托幼机构管理率100%。孕产妇死亡为零,5岁以下儿童死亡率9.03‰,死亡漏报率为零。妇幼卫生信息报表及时、准确、完整率100%。免费婚前健康检查率67.89%。

【落实“降消”项目】 2013年,东湖区以基层保健工作为重点,充分调动和发挥全区妇幼保健机构的职能作用,加大宣传力度,加强监督指导,落实“降消”项目(降低孕产妇死亡率和消除新生儿破伤风项目)。全年不定期组织专项督导检查5次,覆盖了全区社区卫生服务中心及设置有产科的医疗机构。同时,及时向被检单位反馈督查结果,针对存在问题提出整改意见及建议,提高了住院分娩率,降低了孕产妇死亡率和婴儿死亡率,为基本消除新生儿破伤风夯实了基础。

【加强高危孕产妇系统管理】 2013年,东湖区加强围产期保建、高危孕产妇管理。通过全区三级妇幼保健网络做到怀孕信息早掌握,提高早孕检查率和围产保健建册率,规范产前检查和指导,发现掌控高危因素,及时转入高危孕妇管理系统进行追踪管理,对全区所有重症高危孕产妇及时报告、及时信息汇总,对各医疗机构报告和上转高危孕产妇派专人进行协调,并实行跟踪管理。

【推进妇女病普查普治工作】 2013年,东湖区加大对妇女病普查普治组织和宣传力度,积极完善普查制度,抽调东湖区妇幼保健所卫生专业人员组成妇女病普查普治工作组,下社区、学校、单位完成妇女普查普治工作。全年全区进行妇科病普查单位46个,女员工1627名,查出妇女病人数1106例,患病率67.98%,阴道炎人数293人,患病率18.10%,宫颈炎915人,患病率56.24%,针对病情进行及时治疗并提出正确的健康指导。

【加强儿童系统保健】 2013年,东湖区全面加强儿童保健工作,对全区40余所幼儿园儿童进行了全面系统的“六一”免费体检,共检13844人次,体检率为95.28%;对托幼园工作人员进行健康体检1000余人,开展专业培训3次,业务督导16次。对检查出有疾病的儿童,在保护儿童隐私前提下,提出相应的诊疗处理意见,受到家长普遍好评。

【开展儿童免费窝沟封闭项目和局部涂氟工作】 2013年,东湖区在全区67所幼儿园开展免费口腔检查和氟化泡沫预防龋齿服务,受益儿童7019人;卫技人员深入南昌市邮政路小学、南昌市南京路小学、南昌市城北学校、南昌市育新学校等7所学校提供免费窝沟封闭服务,受益小学生1839人。

卫生行政执法

【概况】 2013年,东湖区卫生行政执法工作认真贯彻《行政处罚法》《行政许可法》等法律法规,加强组织领导,以开展卫生监督队伍建设年活动为契机,认真履行职责,强化制度建设,规范执法行为,注重宣传培训,提高执法水平,严格稽查考核,加强队伍建设使全区卫生行政执法工作逐步走向制度化、程序化、规范化轨道。为加快全区经济发展、服务社会,创造良好的环境,提供了有力保障。

【深化卫生行政许可改革】 2013年,东湖区进一步简化办事程序,压缩审批时限,强化依法行政,严格履行职能,做到行政审批“两集中、三到位”,实行网上审批和电子监察。年度共校验医院、门诊部、卫生所等医疗机构208所,医疗机构执业许可证换证56所;新设美容门诊部1所,中医坐堂医诊所2所、口腔门诊部1所;受理、办理医师首次、变更注册共235人次,护士首次注册59人次;共受理卫生行政许可申请313户(其中公共场所302户,二次供水11户);发放卫生许可证305个(其中公共场所卫生许可证294个,二次供水卫生许可证11个);年度审核卫生许可证公共场所经营单位260个、二次供水单位40个;培训从业人员3972人。

【强化食品安全综合协调】 2013年,东湖区高度重视食品安全工作,将食品安全工作任务目标逐级分解落实,组织开展了严厉打击食品非法添加和滥用食品添加剂、“地沟油”“瘦肉精”“小餐饮店专项整治工作”等专项整治行动,共监督检查食品经营户5205户,出动执法人员6702人次,监督抽检食品数643批次/354合格批次、查处食品违法案件数64件、行政罚款数及没收违法所得金额47.5万元、开展食品安全宣传活动17次。全年全区无食品安全重大事故发生。

【强化公共卫生监督执法】 2013年，东湖区全年组织开展学校卫生专项执法检查、禽流感防控工作专项督导检查、游泳场馆专项执法检查、住宿场所的专项执法检查、娱乐场所专项执法检查、病原微生物实验室生物安全专项检查、二次供水专项执法检查、公共场所专项执法检查、放射卫生重点监督检查、医疗美容专项整治、餐饮具集中消毒单位专项监督检查、抗(抑)菌制剂专项卫生执法检查共计13次，扎实推进公共场所卫生监督量化分级管理，及时消除了公共卫生安全隐患，有效防范了突发公共卫生安全事故的发生。

2013年6月27日，东湖区卫生监督员在辖区游泳馆快速检测游泳池水质情况

【打击非法行医】 2013年，东湖区按照《医疗机构管理条例》《母婴保健法》等法律法规要求，严格规范全区医疗单位、社区卫生服务机构、诊所、卫生所的执业行为，对在人员设施管理上不符合上述法律法规要求的单位，责令整改直至停业取缔。年内共组织开展打击非法行医专项行动和学校周边无证行医诊所集中整治共5次，取缔汤家村、长巷村新发无证行医黑诊所2个，移送公安机关处置案件1例。按照《江西省打击无证行医形势调查分析项目实施方案》要求，开展打击无证行医形势调查分析项目调查，完成无证行医人情况调查表和黑诊所周边居民认知情况调查30份、近三年无证行医个案查处情况及非法行医涉嫌犯罪刑事移送个案回顾调查17份、从事打击无证行医工作卫生监督员调查3份。

爱国卫生运动

【概况】 2013年，东湖区爱国卫生工作继续巩固区、街、社区(村)三级爱卫组织网络，确保了基层各级爱卫工作有组织、有人员。积极争取到61万元爱卫工作保障经费，爱卫组织机构建设取得实质性加强，组织管理能力得到进一步提升；落实层级责任。切实将爱国卫生工作纳入到社会经济发展规划和日常行政工作中，加强与各委员部门的沟通协调，并将爱国卫生工作具体责任细化到各相关单位，形成了一把手亲自抓、分管领导具体抓，横向到边、纵向到底的责任体系。

【完善管理机制】 2013年，东湖区实行爱国卫生工作报告和通报制度。坚持每月召开一次爱卫工作例会，听取各相关单位爱国卫生工作汇报，通报进展情况，仔细查摆存在的问题，研究部署当前工作任务，爱卫会成员单位定期根据爱国卫生年度工作任务和要求，就相关工作任务完成情况和履职情况做书面或口头述职报告，组织各街办分管领导、卫生专干、消杀人员及集贸市场负责人等各类人员参加爱国卫生工作培训班，提高健康教育队伍素质。

【创建文明城市、卫生城市】 2013年，东湖区认真贯彻落实《江西省爱国卫生条例》，不断健全完善爱国卫生组织管理，大力开展城乡环境卫生整治，积极推动卫生创建工作，组织开展了全区“清洁洪城、崇尚健康、喜迎新春”爱国卫生运动，协办了主题为“美丽中国，健康生活——摒弃乱吐乱扔陋习”全国第25个爱国卫生月活动，组织各街办、区教科体局等单位开展了以“天天洗手，健康永久”为主题的全球洗手日活动等，增强了居民创建认识,城乡环境卫生得到明显改善。

【加强病媒生物防制】 2013年,东湖区在全区范围内组织开展了春秋季灭鼠、夏季灭蚊、蝇、蟑螂工作,有效地控制“四害”密度,积极预防各类传染病的发生和传播。全区共免费发放春秋季灭鼠毒饵共70000包、空间投药35箱,发放二次夏季灭蚊、灭蟑螂药物共79500份,“高效氯氟氰菊酯”“顺式氯氰菊脂”“残杀威乳油”等消杀药品216箱。同时通过小喇叭、宣传栏、黑板报等多种形式进行宣传,提高了药品的发放率和覆盖率,有效地降低了“四害”密度,扎实开展“四害”固定监测点监测工作。

【加强健康教育工作】 2013年,东湖区根据季节流行病开展相应健康教育活动,如春季传染病的防治宣传咨询、手足口病防治宣传等,全年共开展各种健康教育宣传咨询活动12次,制作宣传条幅15条,展出健康教育宣传版面19块,发放结核病防治知识、控烟知识等各类健康教育资料30000余份。充分发挥东湖区健康教育讲师团作用,全年共开展各类讲座60余次,重点宣传了慢病、艾滋病、结核病等防病知识,受到了居民的广泛欢迎。督促各社区卫生服务机构每月集中开展1次健康教育活动,结合卫生饮用水宣传周、碘缺乏病防治宣传日、世界无烟日等开展卫生知识宣传活动9场次,受教育群众5000余人次。扎实落实医疗机构禁烟措施,在医疗机构全面实现禁烟目标,推进了控烟进程。

辖区医疗资源

【概况】 截至2013年末,东湖区共有各类医疗机构208家,其中一级医院10家,区属一级医院2家,社区卫生服务机构24家,门诊部79家,个体诊所56家,村卫生所5家,其他医疗机构34家。拥有执业医师1172人,注册护士793人,万人拥有医护人员42.35人。拥有病床330张,万人拥有病床7.11张。区直卫生事业单位有东湖区疾病预防控制中心、东湖区卫生监督所、东湖区妇幼保健所、南昌市第八人民医院、南昌市第二中西医结合医院、南昌牙病防治所共6个,编制数357人,在编在职260人,缺编97人,临聘161人,年内退休9人。年内通过面向社会公开招聘人员13人,其中卫技人员12人、其他专业1人。

表20 **2013年东湖区域主要医院一览**

名 称	卫生技术人员(个)	床位数(个)	电 话	详细地址	备 注
南昌大学第一附属医院	2628	2693	86310580	南昌市永外正街17号	省属
南昌大学第二附属医院	1633	1600	86297662	南昌市民德路1号	省属
江西省人民医院	1684	1522	86897579	南昌市爱国路152号	省属
江西省儿童医院	1354	1346	86826970	南昌市阳明路122号	省属
江西省妇幼保健院	1200	876	86224432	南昌市八一大道318号	省属
江西省口腔医院	194	牙椅100、病床18	86363685	南昌市中心福州路49号	省属
江西省中医学院附属医院	1032	1212	86362720	南昌市八一大道445号	省属
南昌市第一医院	1553	1100	88862299	南昌市象山北路128号	市属
南昌市洪都中医院	520	335	86781658	南昌市民德路264号	市属

(刘郑泰)

街道办事处(管理处)概况

八一桥街道办事处

【简况】 2013 年,八一桥街道办事处辖区面积 0.42 平方千米,共有住户 13309 户,人口 46857 人,设有 7 个社区居委会。街办以科学发展观为统领,围绕东湖区委、区政府"建设繁荣精品幸福文明东湖"的工作发展目标,抓好重点、打造亮点、突破难点,促进了街道各项事业和谐、稳定、快速发展。

全年,八一桥街办认真贯彻落实"三产富区、开放强区"的主战略和"大力发展现代服务业"的核心战略,积极探索新形势下的经济工作新机制、新思路,把打造街区经济、发展楼宇经济、创新文化经济、挖掘新增税源作为全街道经济工作的重点。共完成财政总收入 11774 万元,地方公共预算收入 3251 万元,同比增长 24.79%、25.13%;实现利用内资 6000 万元、利用外资 350 万美元、现汇 110 万美元、出口创汇 902 万美元,同比增长 20%、16.6%、10%、28.8%;完成固定资产投资 83100 万元,占年任务 105%;完成社会消费品零售总额 58840 万元,占年任务 103.4%;完成新增税收区级所得 293 万,同比增长 69.36%;新增个体私营企业 418 家,占年任务的 112.9%。并且成功引进了龙裕泰实业、大泽泰投资、汇宝路仓储、广商投资和锐奕仁实业等一批千万的企业项目。获得 2013 年南昌市工商联先进基层商会奖。

八一桥街道共有党员 617 人。街道党工委根据基层组织建设年活动的要求,开展调查摸底分类定级,整改提高晋位升级。按照"基层党组织自评、党员群众测评、街道党工委评定、组织公示"的程序,街道党工委在深入调查摸底,全面了解基层党组织建设现状的基础上,认真组织实施基层党支部的分类定级工作。扎实推进基层党组织"整改提高、晋位升级"工作,确保基层组织建设年活动取得实效。

截至 2013 年,街道共有低保户 474 户,享受人口 910 人,享受金额 282383 元;全年新增低保 32 户,停发低保 39 户,变动调整 17 户;大病救助 145 人次,救助金额 365683 元。发放义务兵优待金 31 人次,发放金额 233259.9 元;发放居家养老券 6 人次,发放金额 4608 元;发放高龄补贴 1016 人次,发放金额 884520 元。城镇新增就业人数 770 人,40、50 人员就业人数 269 人,家庭服务业安置 74 人,下岗创业技能培训 60 人,"三八"下岗妇女专场培训 4 人,公益性岗位人员上岗培训 21 人,家政服务类培训人数 66 人;报送小额贷款 40 笔,共 331 万元;完成城镇居民医保参保 9029 人,城乡居民社会养老保险参保 111 人;办理就业失业登记证 333 人,其中优惠证换新证 124 人;建立 3 个青年见习基地,共申报 22 名青年见习学员;办理区属退休人员生存认证 837 人;办理市属企业退休人员丧抚费 30 人,区属企业退休人员丧抚费 28 人;街道有四星级社区 2 个,三星级社区 4 个,二星级社区 1 个。2013 年 12 月,大士院北区社区被评为"全省综合减灾示范社区"。致力于推进社区特色建设,推行"一居一品"工作,重视各项活动的开展,全年各社区开展活动共计 200 余次。

【全面推进"拆违拆临,建绿透绿"工作】 2013 年,八一桥街道成立"拆违拆临,建绿透绿"专项工作领导小组、推进工作指挥部和维护社会稳定工作领导小组 3 个工作机构,制定详细的工作计划和实施方案。在经过反复的摸底排查后,初步确定了疑似违章、临时建筑31处。街办带头拆除了一栋违章房,面积约45平方米;南昌市医疗器械厂拆除两个违章店面,面积共计25平方米。

【做好“三个服务”工作】 2013年,八一桥街办坚持以创业带动就业,认真做好“三个服务”工作。“三个服务”是指创业指导服务,创业培训服务,创业者小额担保贷款全程跟踪服务。街道免费为创业者收集创业信息,提供创业指导,创业培训、跟踪扶持等“一站式”和“一条龙”服务;全年开展下岗创业技能培训60人,“三八”下岗妇女专场培训4人,搜集和发布用工信息72份,家政服务类培训人数65人,推荐家政类上岗74人;共发放小额担保贷款331万元,扶持40家中小企业创业,带动55名劳动力实现稳定就业,回收到期贷款300万元,回收率达到了100%。

【落实居民社保补贴政策】 2013年,八一桥街办认真贯彻落实居民社保补贴政策,解决就业困难人员参保愿望。按照国家有关政策,为符合条件的就业困难人员办理社保补贴,减轻经济负担,解决实际问题,使他们真正感受到国家扶持政策的实惠。通过认定、审核为符合享受社保补贴的80余名灵活就业人员,共落实社保补贴20余万元。

【做好青年见习工作】 2013年,八一桥街进一步落实做好青年见习工作。结合经济的扫楼、洗楼工作,开展有针对性的青年见习基地排查;对辖区的楼屿内所有公司进行排查,对其经济实力,用工需求作明确统计;分类出十多家经济实力优秀,愿意招录大学生就业的公司,并实行一对一上门对结,为其宣传青年见习政策。截至2013年,八一桥街办和南昌市圣道体育服务有限公司、江西省创谷文化传媒有限公司达成青年见习基地意向,同年他们接纳了22名大学生在其公司进行见习。为辖区大学生就业做好积极准备。

【开展“两抢一盗”专项整治】 2013年,八一桥街道结合“两抢一盗”专项活动,与八一桥派出所紧密积极配合,在辖区内建设了1个自行车、电动车停放点、1个物联技防点,成立了35人的治安巡逻信息员队伍以及每个社区成立一支20人的平安志愿者队伍。街办荣获2013年全区防范打击“两抢一盗”等侵财型犯罪专项行动打击整治工作先进单位。街道党工委副书记何承恩荣获全市防范打击“两抢一盗”等侵财型犯罪专项行动先进个人,专职综治办副主任聂华荣获全区防范打击“两抢一盗”等侵财型犯罪专项行动先进个人。

【启动网格化建设】 2013年,八一桥街办围绕“全城一张网、网中有格、格中有人、人有所事、事能办成、成事依法、群众满意”的社会管理新格局的目标,做好了科学划分网格、岗前培训等准备工作,全面启动网格化建设。八一桥街道豫章后街社区作为全区网格化工作的试点社区,配齐了4名网格员。豫章后街社区组织社区干部、片警、楼栋长带领网格员进行入户、信息收集和日常巡查工作,开展“我和您无距离网格员入户宣传”活动,与居民住户接触,逐步建立信任,上户率达到85%以上,上报矛盾诉求4起,全部处理完毕。得到了社区居民的认可和好评。

表21 **2013年八一桥街道社区居委员一览**

居委会名称	主任姓名	户数(户)	总人口(人)	居民小组(个)	办公地址	办公电话
大士院西区社区	刘晓兖	2636	9877	48	阳明路426号	86819984
大士院北区社区	刘秋仙	2308	7725	22	半步街81号	86819974
大士院南区社区	熊国华	2298	8078	20	大士院四区三栋旁	86819714
叠山路西社区	李玉莲	2663	9019	17	大士院三区15－2－101	86820440
芭茅巷社区	邓冬妹	1194	4746	12	裘家厂25－4－101	86819136
裘家厂社区	范有根	1335	4275	13	裘家厂18栋	86822291
豫章后街社区	熊　玲	816	2186	26	叠山路521号	86820394

(刘行曦)

豫章街道办事处

【简况】 2013 年,豫章街道辖区面积 3.5 平方公里,设有 12 个社区居(家)委会,23990 余户 76770 余人。街办按照东湖区委、区政府"创建服务型基层党组织"的要求,立足自身实际,开展了"四提升"活动,即:素质提升、服务提升、效率提升、满意提升。

全年,街道实际利用外资 350 万美元、现汇 110 万美元、实际利用内资 6000 万元、出口创汇 900 万美元。财政总收入 9806.06 万元、一般预算收入 2484.67 万元、新增项目税收 390.62 万元。固定资产投资完成 153863 亿元、社会消费品零售总额完成 265818 亿元。新增私营企业和个体工商户数 322 户。

截至 2013 年,街道共有低保户 417 户,享受人口 754 人,月发低保金 243731 元,其中常补 169 户,229 人,享受低保金 92623 元。全年申请医疗救助 184 人次(不含一站式),总金额 468678 元;新增四类人员 3 人。临时救助 18 人次,共计 26000 元,临时救助的补充救助 9 人,27000 元。完成城镇新增就业 968 人。其中安置就业困难人员 227 人;组织各类职业培训 149 人次;推荐 22 名大学毕业生参加见习,9 人实现稳定就业;完成再就业小额贷款 174 万元,帮助 39 位下岗失业人员实现创业,带动 92 人实现就业。有 10004 人参加居民医疗保险,328 人参加居民养老保险;为 5899 位退休人员完成养老金资格认定,养老金资格认定率达到 99%。2013 年,累计发放准生证 349 个,发放计生药具 2 万余盒,开展计生宣传活动 12 次,参加人员 2000 人次。

【探索计划生育人口网格化管理新模式】 2013 年,豫章街道党工委为适应计生工作新形势,积极探索、大胆试点,搭建了以全员人口信息系统为中心,以人口网格化管理服务信息系统平台的运用为基础,整合 3G 手机信息采集、三零平台、东湖区人口网格化信息系统等功能,打造了人口计生网格化"无缝"管理新模式。最终实现全动态、全过程、零距离的人口计生精细化、高效化服务机制,开创了街道人口和计划生育工作新局面。

【率先建立街道便民税务服务站】 7 月,豫章街道率先建立便民税务服务站,配备两台电脑、打印机、POS 机等硬件设备,指派专人负责相关工作。并制定了一套完善的工作制度和工作职责。其主要职责范围为是豫章街办辖区内的个体经营户;房屋出租经营户;50 万以下零星工程等,以及税务部门相关的其他工作。全年,豫章街道税务服务站已征收辖区内租赁房产税 30 余万元,区级所得税收为 15 万元。

【完成轨道交通公正公开阳光征收工作】 6 月 20 日,豫章街道在经过积极筹划,分工明确,大力宣传,耐心工作之后,完成了南昌轨道交通 2 号线在街道辖区内的征收任务,共计 256 户,24378 平方米。

【打造全国科普示范区】 2013 年,豫章街道洪城社区根据辖区内高学历人员多、中共党员多、国家干部多、老年人员多、未成年人多的情况,充分调动这一特色,以科普活动为载体,面向辖区未成年人和社区居民开展了"党旗映社区,科普进楼宇"品牌科普活动。科普普及涉及了公共卫生、防灾避险、传染病防治等内容,宣传对象除社区居民、青少年、社区居民外还扩展到工地、流动人口等特殊人群。这项工作得到了上级的肯定,豫章街道洪城社区还荣获了"全国科普示范区"的称号。

表 22 **2013 年豫章街道社区居委会一览**

居委会名称	主任姓名	户　数(户)	总人口(人)	居民小组(个)	办公地址	办公电话
滨江社区	谢雪珍	3318	11382	30	上沙窝 95 号	86805856
东濠街	姜文秀	2085	8100	10	爱国路 109 号	86820774

续表22

居委会名称	主任姓名	户　数 (户)	总人口 (人)	居民小组 (个)	办公地址	办公电话
上沙窝社区	郎小兰	2769	8307	12	五纬路216号	86820814
四经路社区	马　青	3216	11256	33	五纬路43号	86801440
下沙窝社区	胡琼宇	2129	7014	14	五纬路378号	86847447
下正街社区	胡桥莲	1504	4347	15	下正街42支路9号	86820974
新星社区	肖长凤	1399	3495	15	青山南路72号	88624549
江药社区	熊飞霞	850	2421	16	五纬路38号	86807372
洪城社区	秦海鹰	2610	9023	40	豫章路50号	86240055
经纬路社区	刘春英	1793	5680	15	二纬路6号	87288601
聆江社区	雷燕祎	1614	5165	15	沿江北大道1198号	86813157

(王炳振)

墩子塘街道办事处

【简况】　2013年,墩子塘街道办事处辖区总面积0.54平方千米,户籍人口4.98万人。驻辖区中央、省、市事企事业单位36个,主要单位有江西省审计厅、江西省胸科医院、江西省儿童医院、南昌供电局、南昌市公路运输管理处等。辖区金融业发达,驻有北京银行南昌分行、民生银行南昌分行、兴业银行南昌分行、捷信小额贷款公司等。辖区教育资源丰富,共有学校6所,分别为江西中医学院成教学院、南昌教育学院、南昌十九中、南昌二十八中、北湖小学、右营街小学。有10个社区居民委员会,其中单位社区3个。2013年,街办坚持以科学发展观为指导,围绕着年初东湖区委、区政府下达的目标任务,团结奋进,开拓进取,扎实工作,各项工作协调有序推进,超额完成了各项工作和任务。2013年,全街道获得江西省科普示范单位,南昌市文明单位、南昌市科技示范单位、南昌市健康教育工作先进单位等荣誉称号。

街道经济发展面对辖区面积狭小,医院,学校,居民楼多,楼宇少,税源少的特点。充分发掘利用各种资源,发挥街道全体干部做经济工作的自觉性和主动性,将各项经济任务指标量化分解,对主要领导、分管领导、经济办干部下达经济任务硬指标,进一步完善各项经济工作奖惩制度,通过努力,全年完成固定资产投资99555万元,社会消费品零售总额101536万元,全面完成指标任务。实现财税总收入2.1亿元,完成一般预算收入4209.2万元。完成新增项目区级所得419.94万元,超额完成全年130万元的指标任务。实际利用内资6000万元,实际利用外资350万美元,完成出口创汇800万美元,完成现汇115万美元。街道全年引进8家重点企业,完成新增私营企业和个体工商户数626家,超额完成全年指标任务。

截至2013年,街道共有党员813名。其中,直管党员774名,参管党员18名,协管党员21名。在干部队伍建设上,进一步建立和完善各项规章制度,明确责任,做到用制度管权,用制度管事,用制度管人;为改进机关和社区干部作风,先后组织街办全体干部和社区干部认真学习了中央和省、市关于改进工作作风的相关文件,一年来,领导干部带头执行中央八项规定,切实转变工作作风,做到了令行禁止,无违规违纪行为发生。在班子建设方面,街道党工委努力健全党工委议事制度,严格按照规则和程序办事,确保班子运作有章可循,有序高效;坚持定期召开党工委会、及中心组学习,民主生活会谈心活动,坚持周一机关政治学习和中心组学习制度,组织党员干部认真学习党的路线、方针和政策,学习国家的法律法规,学习区委、区府的重大决策、部署和相关文件精神。社区党建工作坚持党建“三覆盖”工作思路,重点抓了社区党建“三有一化”和规范化建设。开展了与辖区单位共驻共建、社区党组织网格化管理、志愿者服务、机关党员进社区“双报到”等活动;在“两新”组织党建工作方面,做好了非公经济组织发展新党员工作,新建非公经济党支部2个;“七一”组织开展庆祝建党92周年活动,对涌现出的先进典型进行表彰。

全年,街道法制宣传结合实际情况,共组织了2次大型的普法宣传活动,接待法律咨询120件,1000余人次,为群众解答各类法律问题100余个。加大矛盾纠纷、信访排查力度,把工作的落脚点放在收集反馈社情民意、化解矛盾、维护稳定上,坚持群众利益无小事原则,做到件件有着落,事事有回音。全年接待群众来信来访70次,办结率100%,在全国“两会”和党的十八届三中全会等敏感时刻,加大了对重点人员的稳控力度,确保了无影响较大的群体性事件发生。通过不断健全完善公共安全应急预案体系建设,开展重点专项检查活动,服务公共安全的能力显著提升。全年,特别是春节、两会、十八大等特殊时期共进行各项安全检查、整治活动50余次,共查出各类隐患32处,整改率100%,确保了全年无重大伤亡、火灾、盗窃事故,全面实现了安全生产年。

街道全年就业新增945人,再就业完成750人,“4050”再就业316人,发放小额贷款42笔,共计333万元,全部完成年初下达目标;办理城镇医保6391人,为72名期末签到享受失业保险待遇人员发放54000元失业保险金;办理了离退休职工生存认证6273人、提供服务100多次。在社会救助上全年为70余名贫困群众申请了医疗救助,总金额21.57万余元。优抚工作全年共为16户重点优抚对象解决了住房困难,为18名生活比较困难的参战人员安排了公益性岗位。

街道社区干部学习培训坚持群众评议制度,定期对社区居委会党支部成员和社区居委会主任副主任进行考核,同时利用电化教育和街道党校阵地对社区干部进行党的方针、政策、法律法规和公民道德教育,全年对全体社区干部开展了20余次培训,提升了社区干部队伍的思想素质和业务水平。社区管理进一步深化,建立了信息收集—协调处理—督查反馈机制,畅通民意诉求,创新推广重大决策听证会、重大事项通报会和民主协商会的“新三会”形式,实行居务公开、办事公开,增强了社区事务的透明度,定期组织居民群众与社区党组织成员对居委会成员的工作进行民主评议,让居民更好地行使自己的知情权、管理权、监督权,激发居民参与社区建设管理的积极性。社区环境卫生管理以“门前三包”活动为抓手,辖区内商店与各社区签订了环境治理工作目标责任书,对背街小巷、庭院落实全天候保洁,彻底清理背街小巷、庭院等卫生死角,对广告乱贴乱画“牛皮癣”顽症治理,坚持疏导结合的原则,社区、环卫所安排人员定期对牛皮癣、小广告进行清理。社区文化建设继续以提升市民素质为切入点,深入开展群众性的宣教活动,充分利用“我们的节日”,开展诸如清明文明祭祀,“5·12”防震减灾宣传,“迎国庆、树新风”等丰富多彩的文化活动,加强市民文明素质与行为养成教育,提高文明知识的普及率和知晓率,为提升市民素质夯实基础。

【基本完成轨道二号线房屋征收工作】 5月16日,墩子塘街道抽调40多名社区精干力量组成宣讲团,逐一上门宣传房屋征收政策,积极完成轨道2号线(东湖段)片区负责的576户住宅动迁工作,另外的39户店面除个别因特殊原因在协调,其他已全部签约拆除,提前完成了东湖区委、区政府下达的住宅征收指标任务。

【省市领导视察房屋征收拆迁情况】 7月14日上午,江西省委书记强卫,省委常委、南昌市委书记王文涛等到阳明路6号南昌市公交公司以及南昌教育学院宿舍大院,了解低洼危旧房改造情况,并同时看望、慰问了轨道2号线边缘户困难居民家庭,以及居民对拆迁想法,代表省委、省政府向奋战在一线的征收工作人员表示慰问,向支持项目建设的广大市民表示感谢。

【打造省级科普示范社区】 2013年,墩子塘街道在社区采取多种形式引导居民学习科普知识。利用黑板报、橱窗、展板、宣传单、演练等形式宣传防震减灾知识,将防震减灾知识引入市民学校教学,在社区网站创建防震减灾科普教育专页,在地震宣传日举行为期一周的以“防震减灾”为主题的自然灾害防御科普知识纪念宣传活动,利用展板,组织观看《唐山大地震》《汶川大地震》《地震揭秘》《直面地震》等防震减灾录像,购置一批与防震减灾相关的图书、光盘、挂画等资料放在社区图书室以供居民阅览,还设有防灾减灾应急物资储备库、消防自救点,临时集中安置场所等。通过努力,马家池社区获得全省科技(科普)示范社区称号。

【积极开展"光盘行动"】 2013年,张家厂社区面对日益严重的"舌尖上的浪费"现象,组织青少年志愿者在暑假期间深入饭店、居民小区以发放宣传单、张贴海报等形式,倡议市民厉行节约,反对浪费,在饭店就餐后打包剩饭,"光盘"离开。居民纷纷表示,拒绝浪费,从我做起,晒出自己吃光的盘子,一起向浪费说不,争做节约达人。

【北湖社区为辖区单身青年举办相亲会】 7月16日,在面对辖区里有不少大龄青年因为工作、学业耽误了婚姻大事的情况,北湖社区与百合网合作,举办相亲会,为单身青年提供一个交友交流平台。当日,几十对单身男女在北湖边的休闲广场会面,活动现场洋溢着热烈欢快的青春气息,青年们纷纷积极踊跃地参加活动,充分展示个人才艺,使得活动现场欢喜不断,在愉悦的氛围中,青年们逐渐放松心态,大胆说出心声,表达自己对对方的倾慕之情,现场就已有几对青年达成了交友意向,相亲会圆满结束。社区、街办自此还会继续与百合网合作开展类似的活动,为辖区单身青年提供交友机会。

表23 **2013年墩子塘街道社区居委会一览**

居委会名称	主任姓名	户　数（户）	总人口（人）	居民小组（个）	办公地址	办公电话
党家巷社区	付明霞	1675户	5357	52	永内谌家巷16号	86808577
张家厂社区	刘巧巧	1242户	5529	46	张家厂路55号	86808744
墩子塘社区	袁妙蓉	1056户	3546	26	沙坝巷16号	82196557
马家池社区	余玉兰	1398户	4854	48	马家池73号	86812169
右营街社区	盛　红	1129户	4138	39	右营街88号	86825345
北湖社区	胡贞洁	2249户	8712	50	北湖路1号	86775240
下水巷社区	袁国英	2122户	5689	53	汤家园68号	86775994

(周志辉)

百花洲街道办事处

【简况】 2013年,百花洲街道办事处辖区面积0.98平方千米,街道有居民16952户,人口60187人,设有11个社区居委会和1个家委会。全年百花洲街道办事处先后获得"江西省五好基层关工委先进集体""南昌市社会救助工作先进街道""全省档案工作规范化管理二级单位"等荣誉称号;南湖路社区被评为"南昌市科技示范社区";小金台社区先后被评为"南昌市居家护老文明号先进集体""南丁格尔志愿服务先进集体"等多项荣誉称号。

百花洲街道牢抓"街区繁荣"工程,到年底,街道财政总收入42765.47万元,一般预算收入6825.06万元,实际利用外资263万美元,实际利用内资4700万元,外贸出口总值820万美元,新增私营企业和个体工商户630户,固定资产投资完成95065万元,新增税收区级所得475.34万元。各项经济指标在全区位列前茅。同时,街道8月份正式成立百花洲街道税收服务站,通过开展"天网治税"工程,对辖区内的个体工商户、大型楼宇及沿街店面及小型建安工程进行广泛深入排查,深挖税源;上半年,街道经济办对百花洲路沿湖店面房产的基本情况进行了全面摸底,通过查档、网络等方式对百花洲路的历史由来和文化背景等资料做好归档整理工作,为打造百花洲路

“慢生活一条街”做好相关准备工作。

百花洲街道党工委下设有机关党支部1个,环卫所党支部1个,社区党总支2个,社区党支部14个,“两新”党组织6个。有党员926名,其中,直管党员817名,参管党员49名,协管党员60名。街道组织党员集中学习4次,组织讲座2次,观看主题教育影片3次,发放各类党建杂志500余册,为辖区党员提供强大精神动力;组织辖区党员干部赴小平小道、方志敏广场参观,增强党员干部历史使命感和责任感;今年上半年,街道组织党员干部走访辖区内20多户困难家庭和50余名困难学子,带去慰问物资2万余元;街道每月定期开展“民情家访”活动,目前已为辖区居民解决实际问题50余件,参与居民130多人次。配合党风廉政建设活动,向群众发放宣传物品、调查问卷等两万余份。2013年,街道在中央、省、市各类媒体上稿100余篇,累计得分474分,列全区各街办第二名。

全年百花洲街道围绕提升居民幸福指数,对辖区内11个社区实施网格化服务管理,以300户左右为一个服务管理网格,共划分64个网格,每个网格配备一名网格员,负责对网格范围内的居民进行基础信息采集,实行“双代服务”等工作。创新社会管理网格化服务实现从被动应对向主动服务转变,从传统方式向信息化手段转变,切实提高行政效能,最大限度服务人民群众,形成信息采集全面、及时反映民情、迅速解决问题、有效化解矛盾的社区网格化管理服务长效机制。

截至2013年,百花洲街道共有低保户484户,享受低保人数899人,今年新增申请低保户40户,发放低保金共计2533615元。同时,按照上级部门要求,街道对辖区内22户违规低保户追回违规低保金1.5万元。街道按照区计生委“科学发展,和谐计生”的新思路,以开展计生信息化建设为契机,大力推行“阳光计生”。街道利用春节、妇女节等节日开展户外计生宣传活动10余场,发放宣传资料4000多份,宣传品1100余份,发放计生用具5000余套;通过社区干部上门入户发放健康教育资料500份,发放问卷调查210份,多次组织开展国家免费孕前优生健康检查工作,并4次组织社区计生干部开展业务培训;通过一系列活动,向辖区居民传递新型生育观念,让街道“阳光计生”深入人心。

【率先启动“爱心驿站”活动】 7月16日,百花洲街办在全市率先启动“爱心驿站”活动,举行了挂牌仪式。活动上,街办向沿街商家、单位发放活动倡议书,在胜利路、民德路、叠山路、建德观、象山路等路段的76个沿街商户门口贴上“爱心驿站”招贴,由这些“爱心驿站”单位向户外作业的环卫工人免费提供喝水、休息的便利。挂牌仪式结束后,征集“爱心驿站”商家的活动仍在继续,百花洲街办和社区的干部多次上门入户,到商户、企事业单位做动员说服工作,希望能以这些参与的爱心单位为榜样,带动更多的沿街单位参与到“爱心驿站”活动中来,提高实际帮助的效果。“爱心驿站”活动,为城区的美容师提供便利清凉的同时,体现了浓浓的人文情怀。

【创建区“敬老文明号”】 2013年,百花洲街道积极做好“敬老爱老”工作。在各社区成立爱老志愿队伍,为辖区40多位独居老人免费安装“爱心门铃”,为特困独居老人提供免费洗衣,打扫卫生,送餐助浴等服务,每周组织楼院老人开展相关文娱活动,及时制定了志愿者对独居老人的结对管理、定期上门查看、电话关爱等制度。利用重阳节期间,组织辖区的人大代表们开展“人大代表送温暖献爱心,关爱老人构建和谐社区”活动,为辖区内80多名困难老人赠送物资共计2万余元。百花洲街道被评为东湖区“敬老爱老”先进单位。

【实施网格化服务】 2013年,根据《东湖区创新社区服务管理工作体制机制的实施方案》的要求,街道全力创新社会管理工作,对辖区内11个社区实施网格化服务管理,以300户左右为一个服务管理网格,共划分64个网格,每个网格配备一名网格员,负责对网格范围内的居民进行基础信息采集,实行“双代服务”等工作。创新社会管理网格化服务实现从被动应对向主动服务转变,从传统方式向信息化手段转变,切实提高行政效能,最大限度服务人民群众,形成信息采集全面、及时反映民情、迅速解决问题、有效化解矛盾的社区网格化管理服务长效机制。

【推广文明祭扫】 3月29日上午,为了破除殡葬陋习,倡导文明祭奠,百花洲街办在刘将军庙社区文化广场举行“文明祭扫、生态殡葬”签名启动仪式暨冥币换鲜花活动,倡导和鼓励居民开展骨灰撒江河、树葬等生态安葬和文明祭扫。活动现场通过宣传、签名、组织居民进行冥币换鲜花等形式在弘扬清明节“传递亲情、传承文化”内涵的同时,使大家认识到一些传统的祭奠方式如焚烧冥币、燃置香烛、燃放鞭炮、泼洒酒水、堆放食品等既污染环境,又可能引发火灾,安全隐患颇多,提倡大家要文明扫墓,“低碳”清明。活动同时还总结推广了“家庭追思、网上祭扫、社区公祭、集体公祭”等现代祭祀方式,引导群众选择用鲜花、诗赋、信函、音像、网络、植树等文明、环保、时尚的新方式,来悼念逝者,寄托哀思。

【举办庆七一“爱国歌曲大家唱”活动】 7月1日上午,百花洲街道办事处在八一公园百花大舞台举办“爱祖国、讲文明、促和谐”爱国歌曲大家唱群众歌咏比赛。来自白马庙、火神庙、刘将军庙等10个社区的唱歌爱好者参加了比赛。活动评出一等奖1名,二等奖2名,三等奖3名,优胜奖3名。百花洲街道办事处通过开展生动广泛的歌咏比赛活动,让辖区居民唱响爱党爱国主旋律,激发了大家的爱党爱国热情,促进了社区居民之间的凝聚力,着力营造了和谐共建的良好氛围。

【举办“快乐童年”少儿演讲比赛】 9月26日下午,百花洲街道在街道三楼活动室举行“快乐童年”主题演讲比赛,来自街道各个社区的10位小朋友参加了比赛。各社区还组织了近80位家长和居民到场观看。来自状元桥社区的马艺阁小朋友获得一等奖。街道提供了种类多样、内容丰富的书籍作为奖品,颁发给获奖者和参与的选手,通过此次演讲比赛,在辖区内营造了良好的读书氛围。

【举办第八届敬老节】 10月11日下午,火神庙社区在火井巷举办第八届敬老节活动。为了让老年人感受节日的氛围,社区的餐饮业主还为老人准备了五桌丰盛的午饭,为老人定制了大蛋糕,免费给辖区的高龄老人享用。15时,活动围绕着“情满夕阳,圆梦中国”主题开展,由孩子与老人的对话引出老人们的梦想,然后让三位老人上台剪窗花,边剪边说出自己的心愿,随后,老人们把悬挂在场的200只带有社区老人心愿的气球放飞,寓意放飞梦想。活动中,还有社区干部表演的吉祥颂、社区小学生表演的重阳敬老演讲、老年人自己表演的健身操、时装秀。通过这些活动来展示老年人的精神风貌,表达社会对老年人的关爱。此次活动还表彰了一批孝顺公婆的好儿媳和热心社区为老工作的志愿者。通过这样的形式让更多的人参与到为敬老、爱老的公益当中,创造更为浓厚的敬老、爱老、助老氛围。

【和谐社区建设取得新成就】 8月30日,百花洲街道刘将军庙社区在全省《和谐社区》工作评比中,其《和谐社区》系列资料被江西省民政厅作为样板向全省推广,以该社区《社区制度汇编》为蓝本的《东湖区社区制度汇编》已交付印刷。该社区始终本着“以人为本,服务居民”的宗旨,通过“环境再造、平安共建、社会救助、文明教育和文化塑造”五项工程,为居民营造了和谐社区氛围,并严格按和谐社区测评标准,记录并形成了《组织健全》《管理民主》《制度规范》和《参与广泛》等12套系列资料,为全省和谐社区建设工作作了有益探索,得到了江西省民政厅检查组的肯定,也使该社区成为全省社区建设工作的示范点。

表24 **2013年百花洲街道社区居委会一览**

居委会名称	主任姓名	户 数（户）	总人口（人）	居民小组（个）	办公地址	办公电话
火神庙社区	陈金香	1570	5423	13	火井巷9号	86782154
白马庙社区	刘 纯	2214	8032	16	繁荣巷24号	86795717
包家巷社区	简 红	1156	4322	11	杨家厂93号	86781244
桂旺巷社区	胡雪燕	1261	4315	11	桂旺巷14号	86781174
小金台社区	唐惠萍	1205	5008	12	小金台路70号	86781944

续表 24

居委会名称	主任姓名	户　数 (户)	总人口 (人)	居民小组 (个)	办公地址	办公电话
刘将军庙社区	鲁慧兰	1242	4190	21	东湖书院 7 号	86736533
杨家厂社区	黄莉春	1650	7849	13	杨家厂社区 26 号	86782794
邮政路社区	赵　红	1012	4012	13	邮政路 1 号	86774549
状元桥社区	黄小燕	1881	5086	91	毛家园 26 号	86783724
渊明北路社区	王玉兰	2275	6754	26	上水路 26 号	6735194
南湖路社区	张　泉	1486	5196	326	南湖路 6 号	86776423

(熊成锴)

公园街道办事处

【简况】 公园街道办事处辖区总面积 0.62 平方千米,辖区共有居民 10882 户,户籍人口 38137 人。下辖上营坊、环湖路、经堂巷、戴家巷和民德路等 5 个社区居委会和省妇保、省冶金设计院、江西宾馆等 3 个家属委员会。驻区内有省、市企事业单位 39 家。2013 年,公园街道始终坚持科学发展,抢抓南昌打造全省核心增长极重要机遇,聚焦重点,攻坚难点,经济、社会各项事业稳步有序推进。

公园街道全年完成出口创汇完成 900 万元,同比增长 19%;实际利用外资 350 万美元,同比增长 15%;现汇 110 万元;实际利用内资 6000 万元;财政收入 26082.09 万元,同比增长 30%;一般预算收入 6675.48 万元,同比增长 27%;新增税收 501.34 万元,同比增长 110.5%;固定资产投资 105198 万元;社会消费品零售额 212452 万元。

公园街道党工委下辖 20 个基层党组织,其中 1 个社区党委、4 个社区党总支、15 个党支部,其中"五星级社区党组织"1 个(上营坊社区党委),"四星级社区党组织"2 个(经堂巷社区党总支、环湖路社区党总支),"三星级社区党组织"2 个(戴家巷社区党总支、民德路社区党总支),共有直管党员 704 人。全年,街道加强党风廉政建设,制定《周三晨会学习制度》和《党工委中心组理论学习计划》,把学习宣传中共十八大精神列入重要日程,采取领导班子成员轮流讲课、相互点评等方式,引导广大干部群众在学习理解上深化,努力做到入耳入脑入心。积极响应中央八项规定,从转变观念和提升精神状态入手,进一步改进工作作风。严格执行中央八条规定,精减会议次数,压缩会议时间,减少发文数量,加强公车管理,缩减公务开支,规范财务制度,从严控制"三公"经费支出,街道"三公"经费支出比 2012 年同期大幅减少。

全年,公园街道各项民生工作稳步推进。完成城镇新增就业人数 602 人,"4050"人员就业数 159 人,家庭服务业就业人数 55 人,创业培训人数 60 人,家庭服务业人员培训 55 人,完成居民医保 5000 人,高校毕业生见习人数为 21 人,接收享受失业金人员 481 人,为辖区失业人员办理就业失业登记证 808 个,为大学毕业生未就业人员办理就业失业登记证 24 个,发放小额贷款 258 万元,为 60 岁以上老年人办理城镇居民养老保险 168 人。共为 210 户 375 人发放低保金 127 万余元,新增低保廉租房住户 59 户,享受大病医疗救助人员 31 人,发放救助金额 252743 元。全年,街道立足于提升群众的满意度和幸福感,深入推进"一居一品"。投入资金 10 万余元,重点打造了上营坊、环湖路精品社区。定期开展社区干部培训,不断提高社区干部队伍素质和工作水平。做好省级居家养老服务体系建设和全国和谐社区示范城区创建工作。

公园街道全年强化源头防范治理,扎实开展矛盾纠纷排查工作。建立健全重大事项社会稳定风险评估机制,制定《群体性事件应急处置预案》和《突发性安全生产事件应急预案》等,有效地从源头上预防不稳定因素。强化宣传教育,积极稳妥地推进社会管理各项工作。组织开展“综治宣传月”“安全生产月”“遵守法律、热爱生活、拒绝邪教”等主题宣传活动,与省九三学社、省外办联合开展以“综治宣传与服务进社区”为主题的宣传日活动。开展六五普法宣传培训活动4次,为辖区63人次提供法律咨询服务。采取多种形式对辖区内13名刑释解教人员、矫正人员等特殊人员群体进行教育帮扶。全面推进“网格化”社会管理模式,以上营坊社区列为市社区网格化示范点为契机,进一步创新群众工作机制,全面提升社会管理水平。上营坊社区网格化管理现已建立辖区居民住户共2958户,构建“管理网格化,事务条块化”管理模式。

【成立全市首个“人大代表工作室”】 4月,南昌市首个“人大代表工作室”在公园街道上营坊社区成立。成立“人大代表工作室”是响应南昌市人大提出“代表行”活动的新举措,是积极探索人大代表履职的新方式。上营坊社区“人大代表活动室”约10平方米,室内桌椅、电脑、代表工作牌及工作台账等用于选民群众和人大代表交流沟通的办公条件一应俱全。“工作室”成立后,区人大及街道人大工委不断完善人大工作室各项工作制度,定期组织人大代表与群众面对面座谈60余人次,听取居民群众关于加强老城区市容环境管理、开展居家养老等问题的反映,并积极与相关部门沟通协调“上营坊路改为单行道”等群众关心的热门问题。“人大代表工作室”使代表们的活动逐渐经常化、制度化、规范化,在服务代表、联系群众、宣传民主法制、参政议政、代表监督、促进经济社会和谐发展等方面起到重要作用,已逐渐成为代表听取民意汇聚民智的“主阵地”。

【深化密切联系群众工作】 2013年,公园街办深化“民情家访”和“干部下基层、指导在社区、服务到百姓”活动,充分发挥人大代表、政协委员密切联系群众、为民排忧解难作用,推行“问题工作法”(即带着问题开展效能督查、深入基层查找问题、整改问题贯穿始终)和“一线工作法”(即一线掌握情况、一线推动工作,一线解决问题)进一步在增强效能建设的针对性和务实性,使问题早发现、早认清、早整改,让矛盾“就地解决”,促进效能提升。区领导先后到街道社区深入群众,指导和帮助街道社区为居民群众解决实际问题,协调解决了涉及路灯不亮、化粪池堵塞、居民医保低保、房产纠份、庭院整治、道路修复、困难群众救助13件100余处,得到群众广泛认可。

【启动天网治税工程】 5月,公园街道成立了综合治税工作领导小组,制定《公园街道天网综合治税工作方案》,将个体经营户、私人房屋出租经营户、其他无证从事临时经营的纳税人(主要是承接50万元以下零星装饰工程)纳入管理范围。设立街道、社区二级综合治税网络,配齐专门的协税护税人员,在街道辖区初步建立全覆盖式综合治税工作平台,形成“税务指导、街道协作、部门联动”的综合治税新机制。打造公园街道税收服务站,全年共开税票50张,实现税收55万元。

【加强城市建管工作】 2013年,公园街办大力做好环卫改革前期准备工作,稳定队伍,保证环卫工作质量不降,确保平稳过渡下实施改革。继续推进临街门前管理责任制工作。重点实施了戴家巷路临街门前管理责任制的“严管”。社区、环卫所、城管中队建立数字城管四级平台,明确责任,及时反馈,及时处置,严防反弹。抓好“啄木鸟”行动、市民反映强烈的城市管理难题,全年处理完成12起。积极对接市区“共驻共建”单位,大力开展创建活动。继续做好社区环境整治工作。积极按照南昌市“拆违拆临、建绿透绿”的专项工作要求,全面排查街道辖区范围内的市、区、街道、社区及所属部门、单位的违章、临时建筑,做到核实详尽,一个不漏。

【实施“阳光居务”工程】 2013年,公园街办在全街大力实施“阳光居务”工程,全面规范计划生育居务公开。在主要交通路口等场所,制作了15块高标准、固定的居务公开栏和计划生育宣传栏,实现了居务公开阵地全覆盖。及时公开生育政策、计生利导机制等群众普遍关心的信息,扩大群众知情权。落实“居为主”,深化优质服务,搭建“阳光管理”平台。为群众提供温馨、优质、便捷的计划生育服务,以“阳光服务”造福于民。组织计划生育技术服务人员,为符合生育政策并计划怀孕的夫妇开展免费孕前优生健康检查服务;充分发挥社区计生协会民主监督的作用,搭建“阳光监督”平台。开通阳光计生服务热线,发放调查问卷,认真受理群众诉求,切实维护群众合法权益。开展了人口网格化管理试点工作,形成社区整体一张网,实现街办—社区—楼院—单元—居民的五级管理网络。

表25　**2013年公园街道社区居委会一览**

居委会名称	主任姓名	户　数(户)	总人口(人)	居民小组(个)	办公地址	办公电话
上营坊社区	胡建英	2840	10558	12	上营坊67号	86289426
环湖路社区	涂永红	1803	6302	7	环湖路57号	86392910
经堂巷社区	郭朝峰	2040	7596	9	苏圃路317号	86395091
民德路社区	陈卫民	1486	4570	9	戴家巷64号	86297442
戴家巷社区	胡丽霞	1428	4501	7	民德路149号	86289204

（尚　伟）

大院街道办事处

【简况】 2013年,大院街道办事处辖区总面积1.8平方千米,辖区共有居民1.2万余户,户籍人口7.2万人。全年大院街办围绕“基础工作抓规范、重点工作抓创新、整体工作抓推进”的工作思路,全街经济社会各项工作都取得较好成绩。

全年,大院街道实际利用外资357万美元,占年任务的102%;完成新增税收区级所得390万元,占年计划的324.59%;完成了新增私营企业和个体工商户581家,占年计划的125.49%;实际利用内资6260万元人民币,占全年任务的104.33%;完成了出口创汇完成1008万美元,占年任务的112%;完成财政总收入51362万元,占年任务的100.01%;一般预算收入13126万元,占年任务的100.06%。

大院街办注重提升基层党员素质,引导党员强化责任意识和服务意识,打造区域化非公党建品牌,率先成立了全市首个非公联合党委。组织非公党支部回馈社会,为四川雅安芦山地震灾区捐款捐物合计人民币4万余元及30部手机。

大院街办加强流动人口管理,继续深入推进商务楼宇及省人才市场流动人口的管理服务工作,在省人才市场开设“一站式”服务窗口的基础上,利用大型人才招聘会为育龄人员提供优生优育、生殖健康知识等“一条龙”宣传服务。

大院街道综治工作以“创新管理工作”为牵引,着力打造“平安社区示范点”建设,进一步完善治安防控体系建设,努力提高“公众安全感指数”为总体目标,坚持以五类矛盾纠纷排查调处和基层平安创建活动为抓手,不断增强社会治安防控能力和纠纷调处水平,确保辖区社会治安平安稳定。加大城市管理力度,引导经营业主模范遵守《南昌市城市管理条例》,发挥临街门前管理宣传劝导员、督查取证员、城管执法员的作用,采取劝导、整治相结合的“柔性执法”方式,强化日常管理。为加强省府院内及周边的环境整治,建立了和省政府机管局定期联系会议制度,通过增加清扫保洁人员、延长作业时间、新建绿化保洁班,增加机动作业等方式加大省府院内清扫保洁力度。

【首创街道级公益发展服务中心平台】 2013年,大院街道公益发展服务中心软件平台正式成立,该服务中心以社会需求导向培育社会组织、以社会力量整合各方资源、以社会组织发展助推民生工程建设。现核心团队崛美公益组织已入驻。大院公益发展服务中心作为全市首家街道级公益发展服务中心平台,得到了广泛的关注和群众的认可。

【启动“老还童”项目】 7月11日,大院街办携手崛美公益组织共同承接的江西省民政厅“老还童”关爱空巢老人项目正式启动。江西省民政厅副厅长刘立松、省民间组织管理局局长罗良意等领导参加了启动仪式。“老还童”关爱空巢老人创新项目是以“打开老人年轻时的美好记忆”为突破点,通过口述历史、编辑画刊、举办展览、编排话剧、老人露一手特长展示等方式,发掘、纪录、演绎、传播老人的荣耀记忆,深度化解空巢老人内心孤独感,激发老人青春活力,“返老还童”。“老还童”项目内容丰富,包括“老还童”记者团、“老还童”剧社、“老还童”影像展、“老还童”画刊、“老还童,露一手”才艺展示活动以及微电影拍摄等。街办同时联合南昌大学社会心理学系共同申报了省心理协会老年人心理慰藉公益创投项目,利用专业力量建立了老年人心理慰藉教学实验基地。崛美行动“老还童”关爱空巢老人项目在为老年人送去欢乐的同时助推了街道级社会公益组织孵化中心建设。

【推进综治进“两新”组织工作】 2013 年,大院街道非公企业数量较多且发展迅猛,共有“两新”组织 567 家,非公企业党组织 63 个、党员 132 人,成立工会组织 120 家,加入社区公会联合会 10 家,组建综治办 46 个。围绕党建抓“两新”综治,抓好综治促“两新”发展这一主线,大院街办积极探索加强和创新社会管理的新模式,通过建立非公联合党委;成立街道综治工作进“两新”组织领导小组;制定工作方案、建立企业治安法人责任制;与“两新”组织负责人签订各类责任状等方式把“两新”组织纳入综治管理范围,并纳入街道年终综治工作考评内容。同时,通过共享党建内外一体化循环资源,向两新组织选派综治指导员,在两新组织中确立联络员,并在与党员服务站专职副书记的联合服务指导下,做好上情下达、下情上传工作,实现综治组织全覆盖。以洪城拍卖(江西省光华文化艺术有限公司)、沃尔玛、万达广场党支部建设为龙头示范,引导督促“两新组织”规范内部管理、参与社会管理,积极履行社会责任,成为维护稳定,促进和谐中的生力军。

【搭建就业服务微信平台】 2013 年,大院街道劳动和社会保障事务所推出了三个一“就业帮手”,即搭建一个微信平台,制作一套微信名片,签订一份就业协议。通过“大院街道就业帮手”这个微信平台,失业人员可以足不出户得到街道社保所的就业推荐,企业也可以直接将用工信息反馈过来,在名片内放入微信的二维码,使用人员只需直接用手机“扫一扫”,就能联系到街道社保所,同时为确保企业用工信息的真实、准确,工作人员会在辖区内走访相关企业,和有用工需求的企业签订一份“就业帮手”的协议,只有协议内的单位提供的用工岗位,经过筛选后才会放入微信内,进行岗位推荐。此项工作得到了辖区失业人员和用工单位的一致好评。

【打造“党员志愿服务站”品牌社区】 2013 年,大院街道院一社区实现网格化党员信息分级动态管理的同时,以社区党组织网格化片区为单位,通过成立科技服务、医疗咨询、纠纷调解等各类党员服务兴趣活动小组,定期开展党员志愿者服务活动、主题日活动、党员结对服务活动等活动。激发社区党员干部的积极性、主动性和创造性,实实在在为社区居民提供服务,将服务落到实处,使群众感觉社区党组织的存在,感受社区党组织的温暖。

【成立全市首家街道非公联合党委】 4 月 28 日,“中共东湖区大院街道非公有制组织联合委员会”揭牌仪式在东湖区的财富广场举行,标志着东湖区非公领域党建工作迈出新的步伐。南昌市委基层办、东湖区委有关领导,大院街道党工委负责人、街道辖区相关非公有制组织党支部负责人出席活动。大院街道非公联合党委的建立,是对辖区非公有制党建工作的有益探索,有利于进一步加大辖区非公有制经济组织、社会组织党建工作力度,提升党建工作水平,充分发挥非公党组织在推动经济发展、促进社会和谐中的战斗堡垒作用。

【打造全市样板农贸市场】 12 月 4 日,新公园路集贸市场作为南昌市基础设施最好、档次最高的集贸市场之一正式开张。新公园路集贸市场是优先实施的省、市重点改造项目之一,创新的管理模式,多元化的资本结构管理集贸市场,引入专业化的公司进行经营管理建设,采取以奖代补的方式,加大集贸市场改造升级的政策支持,加大集贸市场考核奖励力度。该集贸市场建成后为市民提供了一个基础设施功能完备、购物环境卫生清洁、商品食品安全放心的购物场所,大大解决了周边居民买菜难的问题,同时发挥了样板市场的典型示范作用。

【积极完成双拆工作】 12月27日下午,经过前期现场查看、绘制线路等缜密部署,大院街办最后一个违建临建自拆点位—公园社区顺利拆除。在第一轮“拆违拆临、建绿透绿”工作中,大院街办主动拆除育新路一支路4号店和二七北路82号社区消防自救点各一处。

表26 **2013年大院街道社区居委会一览**

居委会名称	主任姓名	户 数(户)	总人口(人)	居民小组(个)	办公地址	办公电话
院一社区	熊琦莲	1230	5300	10	大院45栋1－102	86274814
院二社区	张秋莲	1256	5996	6	大院17栋西	86263304
二七北路社区	王月英	1618	5816	3	二七北路185号	86371715
广场北路社区	史雪琴	1079	4059	7	广场北路249号	86227554
公园社区	严俊华	1600	5500	5	育新路13号附1号	86268473
体苑社区	朱建兰	1098	4195	21	福州路28号7栋	86222680

(陆丽娜)

董家窑街道办事处

【简况】 2013年,董家窑街道办事处辖区总面积5.3平方千米,户籍人口8.6万人。驻区省、市企事业单位80余个,有21个社区居民委员会,其中单位社区4个。2013年,街办坚持以经济工作和城市管理工作为中心,通过狠抓“拆违拆临、建绿透绿”工作,取得了较好的成绩。

董家窑街道全年全额完成各项主要经济指标。实际利用外资350万美元,同比增长16.7%,现汇完成110万美元,占全年任务的100%,实际利用内资4500万元,出口创汇750万美元,个体工商户注册户436户,固定资产投资完成121926万元,社会消费品零售总额完成50360万元,同比增长33.6%,完成财政总收入3.1亿元,同比增长19.2%,财政一般预算收入完成5848万元,同比增长19.3%;完成新增税收196万元,同比增长25.6%。

截至2013年,董家窑街道共有基层党组织80个,其中党委5个,党总支8个,党支部67个,共有党员1614名,今年新发展党员17名,充分发挥了党组织在各项工作中的领导核心作用;倾力打造星级社区工作,锦苑春天社区、新华社区、青山南路社区顺利通过东湖区三星级党组织检查验收,目前16个社区达到三星级以上;大力加强志愿服务建设工作,街办投入6万余元建设了豆芽巷社区学雷锋志愿服务工作站,成为南昌市首批学雷锋志愿服务工作站,该工作站为市文明办重点打造的志愿服务站点。

全年,董家窑街办积极推进各项民生工程并取得实效。民政工作:街道现有低保户484户,其中常补181户,非常补303户,“两参”人员51人(其中11人已享受低保),烈属13户,在乡复员军人2人,牺牲病故军人家属2人,无军籍人员8人,民政退休代管人员44人,遗属9人,享受居家养老人员7人,高龄补贴80岁以上老年人1794人(其中100岁以上3人,90岁以上161人);2013年医疗救助172人次,金额376626元;各类残疾人救助26人次,为20人发放无障碍用品。劳动保障工作:2013年,办理居民医保8000人,再就业2000人,再就业优惠证年检3000人,完成小额贷款450万元;全年保持零就业家庭总数动态为零。计生工作:2013年,为0～6周岁的独生子女免费办理爱心保险1099人,每人每年30元,共32970元;征收社会抚养费49人,共1009500元;办理特别扶助20人,共78720元。

董家窑街办稳步推进旧城改造工作,抽调16名善于做群众工作的街办和社区干部参与并圆满完成青山南路棚户区改造房屋征收工作,共征收房屋207户,此项工作作为东湖区“三看”工作的亮点受到各级领导的认可,江西省委书记强卫亦于10月亲临拆迁现场进行工作指导。

董家窑街办夯实群众基础,深入联系居民群众,社区活动特色突出、亮点纷呈。如豆芽巷社区以志愿服务工作站为平台开展各项敬老爱幼、爱心助学等活动;朱家湖社区联合省委政法委开展法律咨询志愿活动;贤士一路社区与省体育总会联合举办以“全民齐健身,共圆中国梦”为主题的社区棋牌赛活动;贤士花园第一社区协同南京路小学、东湖交警大队联合开展“弘扬雷锋精神,宣传文明交通,践行绿色环保”的主题活动等。

【社区建设取得新成绩】 2013年,董家窑街道社区建设工作成绩显著,6月份,锦苑春天社区、新华社区、青山南路社区顺利通过东湖区三星级检查验收。目前,街办16个社区都达到三星级以上。

【建设社区学雷锋志愿服务站】 2013年,董家窑街办投入6万余元建设了豆芽巷社区学雷锋志愿服务工作站,该工作站为南昌市文明办重点打造的志愿服务站点,全站共有308人。全年,该服务站开展了以敬老爱幼为主要内容的志愿者活动,开展了春蕾女孩结对帮扶、爱心助学、困难党员帮扶、关爱老人等志愿者活动,累计走访慰问帮扶困难老人30人,帮扶困难学生22人。形成了“有时间做志愿者,有困难找志愿者”的良好风气,较好提高了社区精神文明建设水平。

【实施“拆违拆临、建绿透绿”第一拆】 10月12日上午,为响应南昌市“拆违拆临、建绿透绿”专项行动,董家窑街办对二七北路681～685号自行搭建的17间店面,约990平方米,实施自行拆除。此是南昌市召开“拆违拆临、建绿透绿”专项行动动员大会仅四天实施的第一拆,打响了南昌市“拆违拆临、建绿透绿”战役,拆除违法建筑、到期的临时建筑,还路于民、还绿于民,改善城市环境,完善城市功能,提升城市品位。

【强化文明交通绿色出行】 3月4日上午,董家窑街道贤士花园第一社区协同南昌市南京路小学、东湖交警大队,在阳明东路贤士二路口联合开展“弘扬雷锋精神,宣传文明交通,践行绿色环保”活动。社区志愿者、南京路小学5年级部分学生、东湖交警大队一中队民警共50余人参加活动,向居民发放“驾驶员文明行车守则”等交通安全宣传资料300余份。

【举办社区趣味运动会】 9月4日下午,董家窑街道南永和路社区举办了一场“全民齐健身,共圆中国梦”社区趣味运动会,社区居民踊跃参加了广场舞、羽毛球、跳绳和“钓鱼”等项目的表演和比赛。在欢声笑语中,大家不仅锻炼了身体,更增进了邻里间的感情,形成“和谐社区一家亲”的良好氛围。

【困难职工温暖过中秋活动】 9月18日,董家窑街道劳保所向辖区内蔡根兰等百余户困难职工家庭发放节日慰问品,为他们送去贴心的关怀,让他们过个温暖的佳节。困难职工家庭收到节日问候和礼物感到很开心,并对街办工作人员表示感谢。

【“空巢老人”游南昌活动】 11月3日,董家窑街道南京西路北社区组织社区内的“空巢老人”开展“逛新城——感受南昌十年巨变”游览观光活动。南京西路北社区联系专车分两批接送105名“空巢老人”参观了南昌西客站和红谷滩新区的市容市貌,让“空巢老人”在观光游览中感受南昌巨大变化,放松心情、快乐生活。

【开展“博爱送万家”志愿服务】 12月5日,在第28个国际志愿者日到来之际,东湖区董家窑街道豆芽巷社区联合东湖区红十字会、章金媛爱心奉献团、南昌市第一医院(北院)开展“关爱他人、关爱社会、关爱自然”博爱进万家志愿服务活动。并现场向辖区50位空巢老人、残疾人和农民工送去大米和食用油。

【整治丧葬陋俗】 12月5日,董家窑街道贤士二路社区开展《南昌市人民政府关于整治丧葬陋俗的通告》的宣传,并通过辖区黑板报、电子屏、小喇叭等形式,广泛宣传《通告》内容,提高市民的文明素质,从自身做起,破除丧葬陋俗,促进精神文明建设,达到优化城市环境的目的。

表 27　**2013 年董家窑街道社区居委会一览**

居委会名称	主任姓名	户　数（户）	总人口（人）	居民小组（个）	办公地址	办公电话
贤士一路社区	邓晓春	1670	5371	9	贤士一路 7 号	88624544
贤士二路社区	朱月娥	2218	7248	4	贤士二路 133 号	88612514
贤士花园第一社区	刘爱萍	1658	5538	16	贤士湖住宅区 133 栋旁	88675632
贤士花园第二社区	殷　红	2147	6870	4	贤士湖住宅区 41 栋	88611520
南京西路南社区	万碧霞	2096	7374	6	福州路 197 号	86292475
南京西路北社区	徐　平	2771	9769	15	永外正街 266 号	88624744
殷家巷社区	殷中民	1957	5636	7	二七北路 469 号	86372704
南永和路社区	陈　冬	1310	4581	5	南永和路 21 号	88634424
青阳社区	刘文勇	545	1907	3	南永和路 21 号	88621851
青桥社区	徐小丽	1591	5698	3	青山南路 249 号	88634455
青山南路社区	张晓茜	2449	5132	6	佘山路 98 号	88624914
金家山社区	李志红	2086	7350	6	青山南路 601 支路 40 号	88624944
朱家湖社区	何园珍	2262	7917	12	赣桥南路 138 号	88651758
豆芽巷社区	王小文	2013	7800	8	朱湖路 108 号	88625044
五纬路社区	余康凤	2209	7732	12	沿江北大道 1377 号	88624844
新华社区	江韶琴	410	1396	4	佘山路 59 号	88636125
锦苑春天社区	方丽娟	1276	3820	7	起凤路 317 号	86716457

（刘文勇）

彭家桥街道办事处

【简况】 2013 年,彭家桥街道办事处辖区总面积 6.8 平方千米,户籍人口 4.435 万人。驻区中央、省、市事企事业单位 28 个,有 12 个社区居民委员会,1 个师大家委会,街道所辖基层党组织 79 个,其中党委 10 个,总支部 3 个,支部 66 个,非公有经济党组织 2 个,街道直管党员共 931 名。全年,彭家桥街道在东湖区委、区政府的正确领导下,按照年初确定的奋斗目标,以加快发展为要务,以项目建设为抓手,推动全街道经济又好又快发展,各项工作取得了较好的成绩,分别荣获了全国群众体育先进单位、五好基层关工委先进集体、南昌市 2013—2014 年度廉政文化建设示范点、全市五四红旗团(总)支部、东湖区 2013 年人口和计划生育工作先进单位等荣誉称号。

彭家桥街道全年紧盯经济指标,细化工作措施,迎难而上,知难而进,全力做好经济工作。全面完成了区委、区政府下达的各项经济指标任务,其中:财税工作方面,财政总收入完成 26060.53 万元,公共地方财政收入完成 6692.08 万元,新增私营企业和个体工商户 485 个,新增企业税收完成 18.22 万元;开放型经济工作方面,实际利用外资 350 万美元,现汇 110 万美元,实际利用内资 6500 万,出口创汇 950 万美元,完成固定资产投资 158000 万元,社会消费品零售总额 562000 万元。

彭家桥街道稳步推进各项民生工程,新增低保对象 7 户 13 人,停发低保对象 27 户 54 人,对 176 户低保户的经济收入进行了半年审核,并在 6 月份按照新标准发放低保金,补发了 1～5 月的调标差额,补发金额为 82500 元。累计发放城市低保资金941822元,医疗救助25人次,发放医疗救助金70882元。街道高龄老人生活补贴总发放人数为718人,累计发放金额625360元。在"八一"建军节开展双拥工作,向已享受了生活补助的两参人员发放了绿豆、冰糖等慰问品,共计23份,向辖区的军属发放了慰问品,共计3970元。对辖区内所有的残疾人家庭基本情况和各类残疾类型、救助形式需求及就业康复进行摸底,并建立残疾人康复服务档案共314份。全面贯彻落实全民遗体免费火化工作,共为5人报销火化费,金额2000元。城市新增就业人数1312人,就业困难人员实现就业人数200人,创业培训60人,家政培训51人。办理新生儿上户口361人,办理一胎生育证228个,办理二胎生育证22个。元旦春节期间开展了科技药具三下乡、写对联送祝福等活动4场次。为0~6周岁独生子女办理爱心保险722份。依法征收社会抚养费9人,总征收金额为291050元。

全年,彭家桥街道党工委大力实施大综治工程。根据辖区范围大、单位密集的特点,与驻区单位密切协作配合,形成齐抓共管的合力。完善重点人员、重点人员的稳控手段,确保了元旦、春节、"两会"、中共十八大期间的社会面的稳定,全年共排查各类矛盾纠纷40件,调处解决36起,成功率90%。开展创建"无邪教社区"活动,对"法轮功"重点人员进行24小时监控,加大对"法轮功"非法宣传品清除力度。推进和谐平安街道建设。充分利用黑板报、悬挂横幅等各种载体,与公检法、司法等部门共同开展和谐平安建设集中宣传日活动。发放法律知识宣传单页3000余份,解答群众咨询、求助100多人次。

【精细化做好城市管理工作】 2013年,彭家桥街办认真做好日常市容环境保洁工作和节假日期间的环境保障工作,重点加强对主次干道和背街小巷的清扫保洁、垃圾清运、广告垃圾清理粉刷工作。共清理广告垃圾12000余条,宣传条幅105处,张贴物380处,清理建筑垃圾、余土496车,楼道堆积物150车,确保管辖范围的干净、整洁。做好冰雨雪恶劣天气应急处置工作,加强保洁员自身防护、安全作业,组织应急队员对道路两旁的人行道的积雪进行铲除、清理,同时发动社区、沿街单位、经营业主、居民群众共同参与,保证了道路的畅通、安全。按照市、区数字城管新操作手册的要求对管辖的严控区、控制区加大管理、巡查力度,减少问题发生数,把事后整改问题转变为事前处理,并及时有效的处理下派的各类问题,重点对市数字城管网所下派的7112条问题,"啄木鸟"下派的30条问题,社会监督下派的15条问题,共计7157条问题逐条进行了认真整改,经过全所上下努力,较好的完成了该项工作。

【小额贷款发放工作成绩显著】 2013年,彭家桥街办在年初对小额贷款进行了全面布置,通过宣传创业政策,优惠政策,加大贷款扶持力度,重点加大对困难失业人员,大学生创业扶持力度,鼓励和支持自主创业、提供政策咨询、项目开发、创业培训、创业孵化、小额贷款、开业指导、跟踪辅导等一条龙服务,建立了失业人员办理绿色通道,手续齐全,全程办理,解决创业者资金瓶颈。扩大小额担保贷款范围,降低贷款条件,拓宽担保范围,提高小额贷款金额,由原来5万元提高到10万元,对二次创业申请小额贷款的最高可到30万元。到9月底,小额贷款已发放了482万元,提前完成全年任务,扶持了52名失业人员成功创业,带动就业岗位200个,实现了创业带动就业的倍增效应。

【开展为雅安捐款活动】 4月25日,彭家桥街道党建工作理事会在光明社区开展了"大爱无疆,情系雅安"捐款活动。活动现场共设立了3个捐款点,得到街道党建工作理事会成员单位和广大辖区群众的支持,大家纷纷慷慨解囊为灾区受难的民众提供自己的一点微薄之力,献一份爱心祈祷他们坚强勇敢共度难关。当天共收到捐款5000余元寄往灾区,希望这份凝聚着彭家桥街道群众关爱之情的捐助款,能给雅安人民带去春天的暖意。

【开展重阳节联欢活动】 10月11日,彭家桥街道在光明社区休闲广场举办"共圆中国梦"为主题老年康乐协会贺重阳联欢会。社区老年康乐协会的文艺骨干们欢聚一堂,合唱了一首《歌唱祖国》,表演舞蹈《欢聚一堂》《情到深处》《梦里水乡》《今天是你的生日》,社区老年康乐协会的精彩节目,让现场的气氛达到了高潮。

表 28　**2013 年彭家桥街道社区居委会一览**

居委会名称	主任姓名	户　数(户)	总人口(人)	居民小组(个)	办公地址	办公电话
光明社区	刘云娟	1685	5814	9	青山支路 26 号	88607629
七里街社区	邓永华	1880	4892	6	中大南路 28 号	88682381
文教路社区	罗　雁	2209	7380	7	文教路 356 号	88504910
福州路北社区	熊淑清	1780	5800	16	洪都北大道 258 号	88502294
文教路北社区	刘小芳	1980	5900	3	隆兴小区内	88556507
建新社区	邱红莲	1531	4868	6	福州路 456 号	88567565
李家庄社区	施兰英	3719	9298	12	洪都北大道 1211 号	88622894
湖滨南路社区	赵华兰	1720	5500	3	洪都北大道 488 号	88556507
江中花园社区	谢清华	1412	3861	8	洪都北大道 919 号	88611662
北京西路社区	张天华	883	5360	5	北京西路 485 号	88503503
青山北路社区	袁世辉	512	1625	4	青山北路 100 号 南硅宿舍内	88626915
新祺周社区	涂永群	802	2406	4	南昌北郊新祺周	83068207
江西师大家委会	史元华	847	3320	1	北京西路 437 号	88506964

（邹　飞）

滕王阁街道办事处

【简况】　2013 年，滕王阁街道办事处辖区面积为 0.98 平方千米，辖区内分为 9 个社区居委会，居民小组 116 个，居民住户 12923 户，总人口为 44203 人，流动人口数 27581 人。驻区中央、省、市企事业单位 55 个。2013 年，按照东湖区委、区政府的统一部署和要求，街道党工委、办事处坚持以科学发展观为指导，按照建设繁荣精品幸福文明东湖定位，始终把跨越发展、科学发展作为街道工作的首要任务，动员全街上下，进一步解放思想、奋力跨越，实现了街道经济社会又好又快发展。

滕王阁街道党建工作坚持以党的十八大精神为指引，坚决贯彻“抓落实、全覆盖、求实效、受欢迎”的工作要求，不断加强街道、社区基层组织建设，为党建工作奠定了扎实基础。全年通过在街办机关，社区开展“群众满意干部”“群众满意社区工作者”及“五好”党员评比活动，全面促进了党员干部素质提高。通过建立矛调会议联动机制、问题集体会诊机制、重点问题回访机制、建立督察考核讲评等 6 项机制，进一步密切了党群关系。通过切实加强党风廉政建设，组织街道全体党员干部认真学习了习近平同志关于厉行节约的重要批示、中央八项规定和省、市、区关于改进工作作风的相关文件，提高了全体干部群众反腐倡廉意识。通过设立党员责任岗、先锋岗，组织党员参与社区管理，有效发挥了党员的作用。

全年，滕王阁街道根据区委、区政府发展战略，全力以赴抓新增。动员全街办通过各种渠道，完成新增税收 294.24 万元。把经济项目摆在全年工作重点，对照目标和任务，明确任务细化责任，及时跟踪掌握全街道项目引进和落实，全年先后引进了江西赣杰建筑工程有限公司等 5 家企业。根据街道特点，大力发展楼宇经济。以中亿大厦为重点，对全街 4 栋重点楼宇，采取了党工委成员“一人包一楼”的打造机制，建立了楼宇经济动态监测体系，积极与税务、工商部门对接，及时收集入驻企业信息,为入驻企业提供服务,让企业安心“落户”。大力打造特色经济,从引进商家和改变现有榕门路业态上下功夫,所有零星古玩店已归行入市,有约20%的古玩店转变为酒吧店,整个榕门路业态得到逐步转变。紧盯目标,确保任务完成。按照责任任务到人的要求,采取一周一调度,一月一分析,一季一考核的办法,确保完成全年任务。全年街道完成财政总收入28061.78万元,一般预算收入6638.75万元,实际利用外资263万美元,现汇83万美元,实际利用内资4560万元,出口创汇715万元,固定资产投资60333万元,社销总额146006万元,新增私营企业和个体工商户数458户。

滕王阁街道重抓严管,确保安全稳定。认真做好信访工作,切实化解社会矛盾。全年,通过开展信访积案“大约谈、大调度、大化解”活动,认真落实了“一个矛盾、一位包案领导、一个方案、一套人员”的“四个一”包案调处责任制,有效解决了一批疑难信访案件。全年受理群众来信来访155件次,办结率90%以上,排查矛盾纠纷50起,调处率为84%。扎实开展平安创建。按照“创特色、重实效、求发展”的创建思路,深入推进基层和谐平安创建,全年辖区内新增2个平安单位,1个平安社区,1个平安小区。新建了2个非机动车停放点,2个物联网技防非机动车停放点,有效解决了辖区居民停车需求。扎实推进治安突出问题整治。打击刑事犯罪事件35起,查处涉案38人;查处行政案件37起,查处涉案人员87人。密布天罗地网,新建电子监控探头57个,夯实了社会治安防控的基础。紧紧抓住治安突出问题,深入开展校园、企业周边抚河公园沿线等治安复杂地区的重点整治,建立健全常态化管理机制,促进上述重点地区治安环境进一步好转。扎实推进特殊人群和流动人口服务管理。抓好社区矫正和帮教安置工作,全力预防重新犯罪。今年,街道共安置帮教人员56人,社区矫正在矫人员14人,落实了20名肇事肇祸精神病人收治管控工作。

滕王阁街道坚持精细化管理,全面提升了城市管理水平。深化社区净化、美化、亮化、绿化整治。全年辖区内改造水泥路面3000平方米,粉刷外墙1600平方米,改造落水管80米,改造排水管约300米,新建改建化粪池8座,打造1个园林景点,新安装建身器材3套。实现城市卫生精细化管理和长效管理并举,加强对严控区及控制区排查、清理。全年覆盖垃圾广告3万余处,铲除地面不干胶张贴垃圾广告2.2万余处,清理市民投诉卫生死角55处。充分发挥数字城管网格化管理平台效能。2013年,随着环卫所和社区的四级网络共九个网络平台的建设全面铺开,街道重点在配合社区做好对接和日常管理工作下功夫,每个社区都实现了三网联动,辖区内庭院和楼道的卫生环境问题实现了及时发现、及时处置、及时解决。

滕王阁街道创新举措,促进社会各项事业全面进步。大力开展社会救助工作。实现低保管理工作程序规范、应保尽保、动态管理,全年共发放低保金254万余元。完善了医疗救助工作,申报审批低保户医疗救助160人次,发放医疗救助金56万余元。积极推进慈善工作,联系章金媛爱心奉献团,向辖区内的30名残疾人发放轮椅15个,助步器15个,为弱势群体送去了关爱和温暖。以街道扶贫帮困站为平台,积极开展志愿者服务,关爱“空巢”老人,开展爱心帮扶活动、利用传统节日,在各社区开展志愿慰问活动,进一步扩大了扶贫帮困站的影响。为提升社区老年人服务水平,申请了民政福彩资金,对民巷社区46号进行维修改造,打造了街道首个居家养老服务站,为辖区内老年人提供了一个免费的文化娱乐场所。以寓教于乐的形式,在辖区内开展形式多样的健康教育活动,全年共举办各类讲座、义诊、培训30余场次,惠及人群5600人次,发放宣传资料36000余份。全面落实计生工作。全年出生总数302人,政策内285人,全年政策符合率94.37%。已婚育龄妇女落实综合节育率92.25%。大力开展计生宣传服务活动,元旦、春节期间,针对流动人口大量返乡,在章江园婚育文化广场开展了宣传服务活动。三八妇女节,联合南昌市药具站、东湖区计生委开展庆三八药具发放宣传活动。全年组织辖区615位育龄群众参加环孕检检查,组织42对新婚夫妇参加国家免费孕前优生优育检查。扎实开展劳动和社会保障工作。在鼓励企业稳定就业岗位、充分吸纳就业、促进劳动者自主创业、加强职业技能培训和完善就业困难人员就业援助机制上下功夫,全年新增就业人数902人,完成率

101%,零就业家庭就业安置率100%,发放小额贷款金额284万元,城镇居民医保参保7262人,完成率145%。被南昌市人力资源和社会保障局评为“2013年度就业转失业人员社会化管理先进单位”。多渠道为用人单位和求职者搭建双向选择平台。今年创新性地开展了“百企送岗送温暖进社区”周期性招聘活动,并于2月份,在豪景花园大酒店门口举办了第一场春风行动现场小型招聘活动。5月份与省人力资源市场、东湖区人力资源和社会保障局在江西财经大学招开了全省首届专项大型招聘会,并在东方豪景花园大酒店有限公司、南昌衍文传媒有限公司、江西天泉康体实业有限公司建立了青年职业见习基地。

【创新党组建设工作模式】 2013年,滕王阁街道为进一步加强组织建设,提高党建活力和工作实效,切实搞好党员服务,探索建立了基层党建“环形组织生活+特色长效机制”工作模式,通过构建“立靶子—听意见—再完善—集体讨论—定方案—共执行”环形构造的组织生活流程,创新了社区党建网格化管理新模式,进一步优化了党员管理,提升了服务水平。

【加强发展楼宇经济】 2013年,滕王阁街道以中亿大厦为重点,对全街4栋重点楼宇,采取了党工委成员“一人包一楼”的打造机制,建立了楼宇经济动态监测体系,积极与税务、工商部门对接,及时收集入驻企业信息,为入驻企业提供服务,让企业安心“落户”。

【全面落实门前管理责任制工作】 2013年,滕王阁街道为全面推进临街门前管理责任制工作,进一步加强临街店面门前责任制日常管理工作,由街道城管办牵头,联合工商、税务、卫生、执法局、派出所等各职能部门,坚持每周二和周四开展综合治理整治活动,全年出动整治人员1320人次,发放执法单据288张,整治摊点480个,依法收缴各类整治成果105件,收效显著。

【加大群防群治队伍建设】 2013年,滕王阁街道为切实加大辖区内群防群治队伍建设,提供公众安全感,组建了1支30人的治安信息员队伍,9支平安志愿者队伍,每天定时在社区巡逻。加强了社区网格化管理,全街划分了77个网格,分派了11名网格员在网格里进行信息搜集、代办服务、民意收集、政策宣传、纠纷调解、上级指令的落实的工作。广泛开展宣传,发放《致居民的一封信》《安全感征求意见书》8000余份,并对居民反映的问题进行了汇总和分类梳理。动员驻地单位利用LED显示屏等多种形式滚动播放宣传标语,提升了辖区公众安全感。

【推进治安突出问题整治工作】 2013年,滕王阁街道紧紧抓住治安突出问题,深入开展校园、企业周边抚河公园沿线等治安复杂地区的重点整治,建立健全常态化管理机制,新建电子监控探头57个,夯实了社会治安防控的基础。全年打击刑事犯罪事件35起,查处涉案38人;查处行政案件37起,查处涉案人员87人。

【数字城管网格化管理平台全面建成】 2013年,滕王阁街道在环卫所和社区的四级网络共九个网络平台的全面建设铺开,重点在于配合社区做好对接和日常管理工作,使每个社区都实现了三网联动,辖区内庭院和楼道的卫生环境问题实现了及时发现、及时处置、及时解决。

【开展“微笑服务、和谐人保”活动】 2013年,按照省、市、区的统一部署,滕王阁街道社保所组织工作人员深入社区,深入辖区的各家企业,上门上户为创业的大学生和中小微型企业做相关创业政策宣传和扶持政策咨询服务,在滕王阁古玩城召开了小型企业家座谈会,收集企业需求,进一步改进服务模式和质量。对于年岁偏高、行动不便的特殊困难群体,成立入户工作小组,延伸“微笑服务”。

【多种方式关爱“空巢”老人】 2013年,滕王阁街道开展爱心帮扶活动,利用传统节日,在各社区开展志愿慰问活动。为提升社区老年人服务水平,申请了民政福彩资金,对民巷社区46号进行维修改造,打造了街道首个居家养老服务站,为辖区内老年人提供了一个免费的文化娱乐场所。

【开展多样社区健康教育活动】 2013年,滕王阁街道着力在拓展社区教育活动多样化上下功夫,1月开展了一次糖尿病防治讲座活动,2月在上凤凰坡社区开展了烹饪健康比赛活动,3月在民巷社区开展了三八妇女节保健知识讲座,4月在章江路社区开展了世界肿瘤日防治肿瘤讲座活动,并在民巷社区开展了一次H7N9甲型流感防治讲座,5月开展了第26届世界无烟日控烟讲座,并结合控烟活动评选了出了南昌市第二中西结合医院和南昌市博物馆两家“无吸烟单位”和45户“无吸烟家庭”、制作健康教育专栏30期,发放各类资料4000份,6月结合邻里节活动开展了一次家庭医生义诊活动,7月举办了一次急救培训活动,8月在上凤凰坡社区展了高血压慢性病防治讲座,9月举办了一次退化性骨关节炎防治讲座,10月在民巷社区开展了一次秋季肠胃炎防治讲座,11月在章江园广场开展世界艾滋病防艾义诊咨询活动,并通过“相约健康社区行”巡回讲座和义诊活动。全年开展各类健康促进活动120次。该系列对辖区居民开展的健康教育活动,较好地满足了居民健康需求,进一步提高了居民的健康素养知识。

【拓展流动人口“均等化”】 9月,按照流动人口计划生育基本公共服务“均等化”服务工作要求,滕王阁街道计生办工作人员来到南昌地铁子固路站工地,针对轨道建设工人开展计划生育宣传活动。活动期间,工作人员热情的为工人解答的生育、节育、计生政策和办证程序等方面的问题,重点宣传了计划生育利益导向政策,人口计生科普知识,医务人员为工人免费测量血压和医疗保健咨询服务,街办和地铁建设单位在工地现场签订《人口和计划生育工作责任书》,还发放了各类宣传资料420份、宣传品350份、避孕药具400份,参加人员200余人次,此次活动受到了工人们的好评。

【为企业和求职者搭建双向选择平台】 2013年,滕王阁街道创新性地开展了“百企送岗送温暖进社区”周期性招聘活动,2月在豪景花园大酒店门口举办了第一场春风行动现场小型招聘活动。5月与江西省人力资源市场、东湖区人力资源和社会保障局在江西财经大学招开了全省首届专项大型招聘会,并在东方豪景花园大酒店有限公司、南昌衍文传媒有限公司、江西天泉康体实业有限公司建立了青年职业见习基地。

【推进社区文化建设】 2013年,滕王阁街道为进一步推进社区全面建设,确保创建活动开展有声有色,9个社区根据自身品牌优势,充分利用辖区内资源,全年举办文艺活动40余场次,并开展了我们的节日、志愿者服务、助残扶困、关爱老人、健康教育、道德讲堂、技能培训、免费义诊等多种形式的特色活动,收益人群超过1万人次,极大地丰富了居民群众的文化生活,提升了居民文明素质,彰显了社区文化特色。

表29 **2013年滕王阁街道社区居委会一览**

居委会名称	主任姓名	户 数(户)	总人口(人)	居民小组(个)	办公地址	办公电话
子固路社区	李 洁	1334	4136	11	子固路177号	86700261
榕门路社区	兰 芬	1432	4510	10	棕帽巷2号	86700264
滕王阁社区	万丽萍	1176	3984	10	石厂街66号	86700704
铁街社区	涂冬妹	1174	3984	7	铁街36号	86632874
上凤凰坡社区	周梅兰	1174	3969	12	上凤凰坡1号附1号	86633454
民巷社区	章 华	2300	8130	20	民巷16号	86792314
章江路社区	汪纪文	1417	5124	16	下凤凰坡1号	87600694
射步亭社区	章银花	1523	5475	16	李家巷23号旁	86706174
李家巷社区	朱 红	1393	4891	14	观音巷22号	86706044

(唐文清)

贤士湖管理处

【简况】 2013年,贤士湖管理处在东湖区委、区政府的领导下,坚持抓经济、促发展,抓民生、保稳定,顺利实施农房征迁和拆违拆临两大重点、难点工作,较好地完成了区委、区政府布置的各项工作。

贤士湖管理处经济工作取得成效,位列东湖区经济发展考核街道组前列。其中,财政总收入完成3595万元,占年计划100.92%;一般预算收入完成1009万元,占年计划106.3%;新增项目税收完成632万元,占年计划526.35%;实际利用外资355万美元,占全年任务的101.43%;实际利用内资完成7500万元,占年计划125%;现汇完成112万美元,占全年任务的101.82%;出口创汇实现990万美元,占全年任务的110%。在两大经济指标方面,固定资产投资完成了74699万元,占全年计划的100.62%;社会消费品零售总额完成300092万元,占年计划的104.31%。

全年,贤士湖管理处以强化民生保障为支撑,夯实发展基础。坚持民生第一基石理念,把发展经济的终极目的充分体现到提高群众的生活质量和水平上来,全面提升村民的幸福指数和满意度。帮助6个村的4582名村民办理了失地农民养老保险,把他们纳入了城镇职工养老保险体系,解决了他们的后顾之忧。坚持以村为主、分类指导、全面推进的原则,采取建设整治与管理并举的措施,认真做好市容卫生的长效管理工作,针对有些自然村存在的基础差、底子薄、杂物多、下水道不畅、脏、乱、差等情况突出,环卫设施严重缺乏的问题,制定了周密的整治计划,并落实到位。市容环境面貌有较大改善,村民生活质量有较大提高。以广丰工作站为依托,以优生优育为目标,为本地和流动人口育龄妇女、儿童提供优质服务。切实做好农村低保、大病救助等弱势群众帮扶工作,帮助他们解决实际困难。

贤士湖管理处在全处树立了"发展是第一要务、稳定是第一责任"的意识,深入开展社会矛盾大排查、大调处活动,加强源头预防和治理。着眼于从苗头上发现问题、从源头上解决问题,深入开展大排查、大调处活动,最大限度地把矛盾化解在基层,解决在萌芽状态。特别是在中金项目和长巷村李家庄、谌家坊两大拆迁工作过程中,通过区、处、村的三级联动,通过工作人员耐心细致地面对面地交流与沟通,有力地缓解了因拆迁而造成的不稳定因素,并为拆迁工作稳步推进奠定了良好基石。2013年,贤士湖管理处实现在安全生产、消防等工作方面无事故、零伤亡的优异成绩,并被评为全区社会管理综合治理目标管理综合先进单位。

【顺利实施东湖区旧城改造1号工程】 2013年,贤士湖管理处启动了东湖区旧城改造1号工程的青山湖西岸片区李家庄、谌家坊的农房动迁工作。全处上下齐心合力,在近三个月的时间里,完成李家庄、谌家坊180余户、6.9万平方米的农房动迁工作,得到了省、市、区领导的好评。

【做好"拆违拆临、建绿透绿"工作】 10月,贤士湖管理处根据市、区"双拆"指挥部及其办公室的要求,在11月至12月31日,组织贤湖村、长巷村、永溪村分别对二七北路、中大西路、文教北路、洪都大道等道路沿街店面共计12866.96平方米进行了自行拆除。村集体经济损失每年高达400余万元。特别是在二七北路上汽配修一条街上,贤湖村、长巷村的沿街店面共有208间、8500余平方米(其中贤湖村172间、长巷村36间),每年产生的租金收入有230余万元。贤士湖管理处以全面提升二七北路的品位和档次、为把南昌打造成带动全省发展的核心增长极贡献力量为目的,组织处力量在短短的10天时间里拆除了这些沿街店面,拆除秩序良好,为东湖区的"双拆"工作做出了自己的贡献。

2013年11月18日,区领导戴晓明、毛永钢到贤士湖管理处指导"双拆"工作

【完成“中金国际交易中心”征迁工作】 2013年,青山南路棚户区(中金国际交易中心)改造项目被列入南昌市2013年重点重大项目,5月底项目正式获批通过,贤士湖管理处工作前置,积极主动开展动迁工作,于7月10日率先完成1.7万平方米的村集体产业用房征收与拆除工作,8月10日完成7户农房累计1766平方米的房屋征收与拆除工作。7月12日就项目国有土地上房屋征收补偿方案面向社会公开征求意见,8月15日东湖区正式下达房屋征收决定书,至9月15日完成全部房屋征收和拆除工作,成为净地。用4个月时间完成了项目用地的立项、规划条件审批,房屋征收及拆除工作,顺利完成项目4.9万平方米207户的房屋征收拆迁任务,为“中金国际交易中心”项目尽快开工建设奠定了坚实的基础。

【开展失地农民养老保险工作】 2013年,贤士湖管理处在各村范围内开展了失地农民养老保险工作。严格管理,规范操作,顺利完成从以户为单位填资格认定表到三榜公示后填《个人参保申请表》,包括缴费基数选择表,再到审核通过的全过程。6个村共有5795人通过资格认定,有4441人参保了城镇职工养老保险;有141人参加了居民保险,参保率达到了79%,做到了把失地农民纳入了社会保障体系,解决他们的后顾之忧。

【以项目助推经济发展】 2013年,贤士湖管理处牢固树立“抓项目、抓发展、惠民生”的思想,按照成熟一个,实施一个的原则,积极推进重点项目的实施。在重点实施“中金国际交易中心”项目的同时,对“起凤路”、熊邓自然村“城中村”改造项目进行摸底汇总,针对性地进行上户调研工作,目前已对长巷村新农村“起凤路”改造项目进行项目用地的规划设计条件进行审核。对两个项目的土地测绘、方案编制及房屋摸底并形成书面文件,力争在2014年全力启动。贤士湖管理处还根据各项目实施情况,树立长远发展目标,秉承重点推动一批、前期准备一批、战略储备一批的工作思路,有规划、有步骤地储备了殷家墩、下沙沟等“城中村”改造项目,确保工作有重点,有整体规划,将工作准备的更细致,保障项目实施成功。

【启动青山湖片区七里村农房征收测量工作】 12月,青山湖片区七里村农房征收工作启动前期的房屋测量工作,共涉及七里村8个自然村、人口4500余人、征收土地面积近466669平方米,征收总人口4500人,征收农房约28万平方米。测量工作完成后,为2014年七里村农房征收工作打下坚实的基础,也为青山湖片区开发改造创造良好的条件。

表30 **2013年贤士湖管理处村民委员会一览**

村委会名称	主任姓名	户数(户)	总人口(人)	村民小组(个)	办公地址	办公电话
长巷村	黄宝荣	708	1898	7	青山南路448号	88623771
公园村	殷国平	185	562	3	二七北路31号	86217365
七里村	陶柱全	939	2559	10	青山北路916号	88623255
贤湖村	魏黎明	161	531	0	二七北路636号	88635673
永和村	居建华	423	1270	0	永外正街352号	88636058
永溪村	陈国平	341	1328	4	文教北路684号	88502682

(熊　瑛)

人　物

先进个人

【概况】 2013年，东湖区以南昌市打造核心增长极为契机，紧紧围绕建设“繁荣精品幸福文明”东湖的目标，解放思想，创新思路，开拓进取，积极开展“创先争优”活动，以项目推进年为抓手，克服产业转型影响，突破发展空间瓶颈，化解社会管理压力，实现全区经济社会发展的新跨越，全区各条战线涌现出了许许多多先进典型，成为全区学习的榜样。

（区史志办公室）

【劳动模范】 2013年，东湖区广大干部职工在区委、区政府的正确领导下，高举邓小平理论伟大旗帜，以“三个代表”重要思想为指导，认真贯彻党的路线、方针、政策和区党代会精神，充分发扬中国工人阶级艰苦奋斗、开拓创新、顽强拼搏、求真务实、无私奉献的主人翁精神，为全区经济持续、快速、健康发展和社会全面进步做出突出贡献，涌现出一大批先进个人。全区有15人荣获省、市和区五一劳动奖章称号。

江西省“五一”劳动奖章获得者：东湖区国有土地上房屋征收与补偿办事处主任许本立。

南昌市“五一”劳动奖章获得者：南昌市第二中西医结合医院副主任中医师蔡剑虹、南昌市东湖区教育科技体育局局长陈光辉、江西省洪城拍卖有限公司工会主席熊伟群、江西赣能会计事务所工会副主席黄虹。

东湖区“五一”劳动奖章获得者：东湖区人口计生委主任彭玉兰，东湖区董家窑街道党工委副书记、纪工委书记刘文俊，东湖区财政局副局长、区协税护税办副主任焦旭晖，东湖区委区政府信访局副局长付青波，东湖区文化馆馆长舒筱玲，东湖区环保局监察大队大队长熊文强，东湖区城投公司工程部经理胡明海，东湖区城管局工会副主席熊皓，东湖区贤士湖管理处七里村村委会书记、主任陶柱全，东湖区墩子塘街道办事处马家池社区书记、主任余玉兰。

（罗小华）

【“三八”红旗手】 3月8日上午，东湖区在区委三楼多媒体会议室召开庆祝“三八”国际劳动妇女节暨表彰大会，会上有10名妇女荣获2012年度东湖区“三八红旗手”称号。分别是：八一桥街办刘琳，公园街办蒋小军，彭家桥街办施兰英，贤士湖管理处殷和英，东湖公安分局黄霞，市城市管理行政执法局东湖分局傅筱琴，区直机关工委张铁星，区城管局刘秋燕，区房屋维修养护公司徐六英，南昌市第二按摩医院周泽芬。

（刘　达）

表31　**2013年东湖区获省部级及以上单位表彰的先进个人**

姓　名	工作单位	奖项名称	颁奖部门	颁奖时间
陈贞珍	东湖区人社局	全国妇女小额担保财政贴息贷款工作先进个人	中华全国妇女联合会	2013－03

续表 31

姓　名	工作单位	奖项名称	颁奖部门	颁奖时间
王玉燕	南昌市豫章小学	纵横信息数字化教学实验优秀实验校长	中国教育学会中国教育技术协会纵横信息数字化总课题专家组	2013－05
邓水红	南昌市豫章小学	纵横信息数字化教学实验优秀实验教师	中国教育学会中国教育技术协会纵横信息数字化总课题专家组	2013－05
康乐华	南昌市豫章小学	纵横信息数字化教学实验优秀实验教师	中国教育学会中国教育技术协会纵横信息数字化总课题专家组	2013－05
汪海浪	南昌市豫章小学	纵横信息数字化教学实验优秀实验教师	中国教育学会中国教育技术协会纵横信息数字化总课题专家组	2013－05
涂华明	东湖区司法局	全国“模范人民调解员”荣誉称号	中华人民共和国司法部	2013－08
熊兵惠	南昌市邮政路小学	第十七届全国教育教学信息化大奖赛基础教育组课件一等奖	中央电化教育馆	2013－11
汪智星	南昌市邮政路小学	第十七届全国教育教学信息化大奖赛基础教育组整合课例二等奖	中央电化教育馆	2013－11
张　蕾	南昌市邮政路小学	第十七届全国教育教学信息化大奖赛基础教育组整合课例三等奖	中央电化教育馆	2013－11
熊　娟	南昌市邮政路小学	第十七届全国教育教学信息化大奖赛基础教育组整合课例二等奖	中央电化教育馆	2013－11
熊　婷	南昌市邮政路小学	第十七届全国教育教学信息化大奖赛基础教育组整合课例二等奖	中央电化教育馆	2013－11
杨　帆	南昌市邮政路小学	第十七届全国教育教学信息化大奖赛基础教育组课件三等奖	中央电化教育馆	2013－11
高　菁	东湖区人民法院	全国法院司法警察体能达标活动先进个人	最高人民法院	2013－12
邓保香	东湖区工商局	全国优秀工商行政管理人员	国家工商行政管理总局	2014－01

表 32　**2013 年东湖区获市厅级单位表彰的先进个人**

姓　名	工作单位	奖项名称	颁奖部门	颁奖时间
杜　娟	东湖区地税局	省地税系统先进工作者	江西省地方税务局	2013－01
戴晓红	东湖区人民法院	全市就业先进工作者	南昌市人民政府	2013－01

续表 32

姓　名	工作单位	奖项名称	颁奖部门	颁奖时间
胡美贵	东湖区教研中心	江西省第二批学科带头人称号	江西省教育厅	2013－01
章　明	东湖区教研中心	江西省第二批学科带头人称号	江西省教育厅	2013－01
王　露	东湖区教研中心	江西省第二批学科带头人称号	江西省教育厅	2013－01
钱继芳	南昌市育新学校	江西省第二批学科带头人称号	江西省教育厅	2013－01
熊丽乔	南昌市育新学校	江西省第二批学科带头人称号	江西省教育厅	2013－01
翁美慧	南昌市育新学校	江西省第二批学科带头人称号	江西省教育厅	2013－01
黄菁婧	南昌市育新学校	江西省第二批学科带头人称号	江西省教育厅	2013－01
胡　璐	南昌市东湖小学	江西省第二批学科带头人称号	江西省教育厅	2013－01
温　娟	南昌市豫章小学	江西省第二批学科带头人称号	江西省教育厅	2013－01
熊　玫	南昌市豫章小学	江西省第二批学科带头人称号	江西省教育厅	2013－01
张　蕾	南昌市邮政路小学	江西省第二批学科带头人称号	江西省教育厅	2013－01
左文玲	东湖幼儿园	江西省第二批学科带头人称号	江西省教育厅	2013－01
李　凡	东湖区地税局	江西省地税系统作风集中整治活动先进个人	江西省地方税务局	2013－02
熊　敏	东湖大院街办	全市轨道交通1号线房屋征迁工作先进个人	中共南昌市委、南昌市人民政府	2013－02
张　勇	东湖大院街办	全市轨道交通1号线房屋征迁工作先进个人	中共南昌市委、南昌市人民政府	2013－02
柯杞进	东湖区人民检察院	全市轨道交通1号线征迁工作先进个人	中共南昌市委、南昌市人民政府	2013－02
章金媛	—	南昌市道德模范	中共南昌市委、南昌市人民政府	2013－03
凌　苏	—	南昌市道德模范	中共南昌市委、南昌市人民政府	2013－03
舒筱玲	东湖区文化馆	群文之星	江西省文化厅	2013－03
肖　贤	东湖区教研中心	全省教研工作“领军教研员”称号	江西省教育厅	2013－04
黄　莺	东湖区教研中心	全省教研工作“优秀教研员”称号	江西省教育厅	2013－04
胡美贵	东湖区教研中心	全省教研工作“优秀教研员”称号	江西省教育厅	2013－04
章　明	东湖区教研中心	全省教研工作“优秀教研员”称号	江西省教育厅	2013－04
王雅乐	东湖区教研中心	全省教研工作“优秀教研员”称号	江西省教育厅	2013－04
陶晓静	东湖区教研中心	全省教研工作“先进工作者”	江西省教育厅	2013－04

续表 32

姓　名	工作单位	奖项名称	颁奖部门	颁奖时间
徐剑秋	东湖区教研中心	全省教研工作“先进工作者”	江西省教育厅	2013－04
许本立	东湖区国有土地上房屋征收与补偿办事处	江西省五一劳动奖章	江西省劳动竞赛委员会、江西省总工会	2013－04
刘　微	东湖区食品化妆品监督所	江西省食品药品监管系统政务信息工作先进个人	江西省食品药品监督管理局	2013－05
熊洁云	南昌市百花洲小学	江西省第二届小学语文教师素养一等奖	江西省教育学会小学语文教学专业委员会	2013－05
杨　进	南昌市百花洲小学	江西省中小学体育教师基本功二等奖	江西省教研室	2013－06
段芳芳	南昌市豫章小学	全省中小学体育教师基本功大赛二等奖	江西省教育厅	2013－06
钟　瑛	东湖区人民法院	人民法院工作三十年“荣誉天平奖章”	江西省高级人民法院	2013－06
郭　岚	东湖区人民法院	人民法院工作三十年“荣誉天平奖章”	江西省高级人民法院	2013－06
章寿平	东湖区人民法院	人民法院工作三十年“荣誉天平奖章”	江西省高级人民法院	2013－06
龚　聘	南昌市东湖小学	全省优秀网络课程资源优秀执教教师	江西省教育厅	2013－07
郑垚婷	南昌市培智学校	江西省首届身边“张丽莉”式优秀教师	江西省教育厅	2013－08
杜子彦	南昌市豫章小学	全省优秀少先队辅导员	江西省教育厅、江西省少工委、共青团江西省委	2013－08
蔡　豪	南昌市邮政路小学	全省中小学优秀班主任	江西省教育厅	2013－09
刘文丽	南昌市阳明学校	第十九届江西省中小学、幼儿园教师优秀教学资源评比一等奖	江西省教育厅	2013－09
杜颖妮	南昌市阳明学校	第十九届江西省中小学、幼儿园教师优秀教学资源评比二等奖	江西省教育厅	2013－09
张　皖	南昌市阳明学校	第十九届江西省中小学、幼儿园教师优秀教学资源评比二等奖	江西省教育厅	2013－09
舒　雅	南昌市邮政路小学	第十九届江西省中小学、幼儿园教师优秀教学资源评比活动三等奖	江西省教育厅	2013－09
喻　华	南昌市邮政路小学	第十九届江西省中小学、幼儿园教师优秀教学资源评比活动三等奖	江西省教育厅	2013－09

续表 32

姓　名	工作单位	奖项名称	颁奖部门	颁奖时间
熊兵惠	南昌市邮政路小学	第十九届江西省中小学、幼儿园教师优秀教学资源评比活动一等奖	江西省教育厅	2013－09
刘　芳	南昌市邮政路小学	第十九届江西省中小学、幼儿园教师优秀教学资源评比活动三等奖	江西省教育厅	2013－09
刘　媛	东湖区法院	2013 年度全省法院网上舆论引导工作通报表扬	江西省高级人民法院	2013－11
游　华	东湖区地税局	全省地税系统书画摄影竞赛摄影类优秀奖	江西省地方税务局	2013－12
胡美贵	东湖区教研中心	2012—2013 学年度中小学（幼儿园）教师全员远程培训先进工作者	江西省教育厅	2013－12
程　晔	东湖区出新幼儿园	江西省优秀教育期刊读刊用刊幼儿组一等奖	江西省教育厅	2013－12
余　珍	东湖区出新幼儿园	江西省优秀教育期刊读刊用刊幼儿组一等奖	江西省教育厅	2013－12
万　莉	东湖区出新幼儿园	江西省优秀教育期刊读刊用刊幼儿组一等奖	江西省教育厅	2013－12
章雯燕	东湖区出新幼儿园	江西省优秀教育期刊读刊用刊幼儿组一等奖	江西省教育厅	2013－12
李　剑	南昌市东湖小学	2012—2013 年度江西省中小学（幼儿园）教师全员远程培训工作优秀辅导教师	江西省教育厅	2013－12
吴轶敏	东湖区司法局	2011—2013 年度全省普法教育工作“先进工作者”	江西省普法教育工作领导小组	2013－12
邓小能	东湖区司法局	2013 年度“百万网名学法律”组织三等奖	江西省普法教育工作领导小组	2013－12
肖　钰	东湖区地税局	江西省地税系统全国纳税人满意度调查先进个人	江西省地方税务局	2013
廖永明	东湖公安分局	个人二等功	江西省公安厅	2013
汪　健	东湖公安分局	个人二等功	江西省公安厅	2013
胡剑伟	东湖公安分局	个人二等功	江西省公安厅	2013
万发军	东湖公安分局	个人二等功	江西省公安厅	2013
程　涛	豫章派出所	个人二等功	江西省公安厅	2013
陈耀武	东湖区史志办公室	2012－2013 年度全省党史系统先进个人	中共江西省委党史研究室	2014－03

续表 32

姓　名	工作单位	奖项名称	颁奖部门	颁奖时间
熊文强	东湖区环保局	江西省环境监察工作先进	江西省环保厅	2014－03
毛国建	东湖区安监局	南昌市安全生产工作先进个人	南昌市人民政府	2014－03
刘　正	东湖区安监局	南昌市安全生产工作先进个人	南昌市人民政府	2014－03
姚红珍	东湖区消协	2013 年度调解投诉能手	江西省消费者协会	2014－04

表 33　**2013 年东湖区委、区政府表彰的先进个人**

姓　名	工作单位	奖项名称	颁奖部门	颁奖时间
陈海明	东湖区公证处	优秀共青团干部	中共东湖区委	2013－04
闵思龙	东湖区文广局	优秀共青团干部	中共东湖区委	2013－04
李　恺	东湖区墩子塘街道	优秀共青团干部	中共东湖区委	2013－04
邓薇薇	南昌市青桥学校	优秀共青团干部	中共东湖区委	2013－04
卢　凯	东湖区职工学校	优秀共青团干部	中共东湖区委	2013－04
黄　丹	东湖区民政局	优秀共青团员	中共东湖区委	2013－04
万江钰子	东湖区财政局	优秀共青团员	中共东湖区委	2013－04
万莉莎	东湖区城市管理局	优秀共青团员	中共东湖区委	2013－04
殷静霆	东湖区贤士湖管理处	优秀共青团员	中共东湖区委	2013－04
熊洁云	南昌市百花洲小学	优秀共青团员	中共东湖区委	2013－04
周　芳	东湖幼儿园	优秀共青团员	中共东湖区委	2013－04
李　奇	东湖区城建局	优秀共青团员	中共东湖区委	2013－04
刘　芳	东湖区百花洲房管所	优秀共青团员	中共东湖区委	2013－04
杨刚龙	东湖区疾制中心	优秀共青团员	中共东湖区委	2013－04
魏　瑛	东湖区滕王阁街道榕门路社区	优秀共青团员	中共东湖区委	2013－04
陈明华	东湖区豫章街道	2013 年度党管武装先进个人	中共东湖区委、东湖区人民政府	2014－01
王　越	东湖区卫生局	2013 年度党管武装先进个人	中共东湖区委、东湖区人民政府	2014－01
陈光辉	东湖区教科体局	2013 年度党管武装先进个人	中共东湖区委、东湖区人民政府	2014－01
杨　骥	东湖区八一桥街道	2013 年度优秀专武干部	中共东湖区委、东湖区人民政府	2014－01
罗年明	东湖区百花洲街道	2013 年度优秀专武干部	中共东湖区委、东湖区人民政府	2014－01
周贵忠	江西师范大学武装部	2013 年度优秀专武干部	中共东湖区委、东湖区人民政府	2014－01
衷　心	江西中医学院武装部	2013 年度优秀专武干部	中共东湖区委、东湖区人民政府	2014－01
聂　华	东湖区八一桥街道	2013 年度社会管理综合治理目标管理先进工作者	中共东湖区委、东湖区人民政府	2014－03
刘晓究	东湖区八一桥街道大士院西区社区	2013 年度社会管理综合治理目标管理先进工作者	中共东湖区委、东湖区人民政府	2014－03

续表33

姓　名	工作单位	奖项名称	颁奖部门	颁奖时间
梁祖奎	东湖区豫章街道	2013年度社会管理综合治理目标管理先进工作者	中共东湖区委、东湖区人民政府	2014－03
杨震荣	东湖区豫章街道	2013年度社会管理综合治理目标管理先进工作者	中共东湖区委、东湖区人民政府	2014－03
徐慧丰	东湖区豫章街道经纬路社区	2013年度社会管理综合治理目标管理先进工作者	中共东湖区委、东湖区人民政府	2014－03
程新排	东湖区墩子塘街道	2013年度社会管理综合治理目标管理先进工作者	中共东湖区委、东湖区人民政府	2014－03
付明霞	东湖区墩子塘街道党家巷社区	2013年度社会管理综合治理目标管理先进工作者	中共东湖区委、东湖区人民政府	2014－03
邓　量	东湖区百花洲街道	2013年度社会管理综合治理目标管理先进工作者	中共东湖区委、东湖区人民政府	2014－03
胡华丽	东湖区百花洲街道刘将军庙社区	2013年度社会管理综合治理目标管理先进工作者	中共东湖区委、东湖区人民政府	2014－03
张义春	东湖区公园街道	2013年度社会管理综合治理目标管理先进工作者	中共东湖区委、东湖区人民政府	2014－03
樊银兰	东湖区公园街道戴家巷社区	2013年度社会管理综合治理目标管理先进工作者	中共东湖区委、东湖区人民政府	2014－03
熊明华	东湖区大院街道	2013年度社会管理综合治理目标管理先进工作者	中共东湖区委、东湖区人民政府	2014－03
王月英	东湖区大院街道二七北路社区	2013年度社会管理综合治理目标管理先进工作者	中共东湖区委、东湖区人民政府	2014－03
李　宏	江西省光华文化艺术有限公司	2013年度社会管理综合治理目标管理先进工作者	中共东湖区委、东湖区人民政府	2014－03
李荟友	东湖区董家窑街道	2013年度社会管理综合治理目标管理先进工作者	中共东湖区委、东湖区人民政府	2014－03
王小文	东湖区董家窑街道豆芽巷社区	2013年度社会管理综合治理目标管理先进工作者	中共东湖区委、东湖区人民政府	2014－03
李志红	东湖区董家窑街道金家山社区	2013年度社会管理综合治理目标管理先进工作者	中共东湖区委、东湖区人民政府	2014－03
周　丽	东湖区彭家桥街道	2013年度社会管理综合治理目标管理先进工作者	中共东湖区委、东湖区人民政府	2014－03
刘小芳	东湖区彭家桥街道文教路北社区	2013年度社会管理综合治理目标管理先进工作者	中共东湖区委、东湖区人民政府	2014－03

续表 33

姓　名	工作单位	奖项名称	颁奖部门	颁奖时间
胡　筠	东湖区彭家桥派出所	2013 年度社会管理综合治理目标管理先进工作者	中共东湖区委、东湖区人民政府	2014－03
雷友珍	东湖区滕王阁街道子固路社区	2013 年度社会管理综合治理目标管理先进工作者	中共东湖区委、东湖区人民政府	2014－03
吴　晶	东湖区滕王阁街道	2013 年度社会管理综合治理目标管理先进工作者	中共东湖区委、东湖区人民政府	2014－03
汤赛丁	东湖区贤士湖管理处	2013 年度社会管理综合治理目标管理先进工作者	中共东湖区委、东湖区人民政府	2014－03
何卫强	东湖区教科体局	2013 年度社会管理综合治理目标管理先进工作者	中共东湖区委、东湖区人民政府	2014－03
毛振德	东湖区民政局	2013 年度社会管理综合治理目标管理先进工作者	中共东湖区委、东湖区人民政府	2014－03
李　翔	东湖区人社局	2013 年度社会管理综合治理目标管理先进工作者	中共东湖区委、东湖区人民政府	2014－03
黎增敏	东湖区环保局	2013 年度社会管理综合治理目标管理先进工作者	中共东湖区委、东湖区人民政府	2014－03
喻志强	东湖区城建局	2013 年度社会管理综合治理目标管理先进工作者	中共东湖区委、东湖区人民政府	2014－03
胡新星	东湖区城管局	2013 年度社会管理综合治理目标管理先进工作者	中共东湖区委、东湖区人民政府	2014－03
李春亮	东湖区房管局	2013 年度社会管理综合治理目标管理先进工作者	中共东湖区委、东湖区人民政府	2014－03
邓学良	东湖区商务局	2013 年度社会管理综合治理目标管理先进工作者	中共东湖区委、东湖区人民政府	2014－03
刘斯韵	东湖区文广局	2013 年度社会管理综合治理目标管理先进工作者	中共东湖区委、东湖区人民政府	2014－03
姜　翎	东湖区卫生局	2013 年度社会管理综合治理目标管理先进工作者	中共东湖区委、东湖区人民政府	2014－03
范鹏云	东湖区企资中心	2013 年度社会管理综合治理目标管理先进工作者	中共东湖区委、东湖区人民政府	2014－03
饶建忠	东湖区人民法院	2013 年度社会管理综合治理目标管理先进工作者	中共东湖区委、东湖区人民政府	2014－03
王　磊	东湖区人民法院	2013 年度社会管理综合治理工作	中共东湖区委、东湖区人民政府	2014－03

续表 33

姓　名	工作单位	奖项名称	颁奖部门	颁奖时间
周秋元	东湖区人民法院	2013 年度社会管理综合治理目标管理先进工作者	中共东湖区委、东湖区人民政府	2014－03
吴巧莉	东湖区人民检察院	2013 年度社会管理综合治理目标管理先进工作者	中共东湖区委、东湖区人民政府	2014－03
李　军	东湖区人民检察院	2013 年度社会管理综合治理目标管理先进工作者	中共东湖区委、东湖区人民政府	2014－03
胡　青	东湖区大院派出所	2013 年度社会管理综合治理目标管理先进工作者	中共东湖区委、东湖区人民政府	2014－03
胡文斌	东湖区七里街派出所	2013 年度社会管理综合治理目标管理先进工作者	中共东湖区委、东湖区人民政府	2014－03
万进平	东湖区豫章派出所	2013 年度社会管理综合治理工作	中共东湖区委、东湖区人民政府	2014－03
唐世平	东湖公安分局	2013 年度社会管理综合治理工作	中共东湖区委、东湖区人民政府	2014－03
陶梅祥	东湖公安分局	2013 年度社会管理综合治理目标管理先进工作者	中共东湖区委、东湖区人民政府	2014－03
邹香兰	东湖区豫章司法所	2013 年度社会管理综合治理目标管理先进工作者	中共东湖区委、东湖区人民政府	2014－03
王长福	东湖执法分局	2013 年度社会管理综合治理目标管理先进工作者	中共东湖区委、东湖区人民政府	2014－03
姚根林	东湖执法分局	2013 年度社会管理综合治理目标管理先进工作者	中共东湖区委、东湖区人民政府	2014－03
张　诚	东湖交警大队	2013 年度社会管理综合治理目标管理先进工作者	中共东湖区委、东湖区人民政府	2014－03
曾　堃	东湖交警大队二中队	2013 年度社会管理综合治理工作	中共东湖区委、东湖区人民政府	2014－03
朱俊磊	东湖消防大队渊明路中队	2013 年度社会管理综合治理工作	中共东湖区委、东湖区人民政府	2014－03
熊　琳	东湖区人口计生委	2013 年度人口和计划生育工作先进个人	中共东湖区委、东湖区人民政府	2014－07
方曜国	东湖区人口计生委	2013 年度人口和计划生育工作先进个人	中共东湖区委、东湖区人民政府	2014－07
傅志慧	东湖区人口计生委	2013 年度人口和计划生育工作先进个人	中共东湖区委、东湖区人民政府	2014－07

续表 33

姓　名	工作单位	奖项名称	颁奖部门	颁奖时间
谢满琴	东湖区人口计生委	2013 年度人口和计划生育工作先进个人	中共东湖区委、东湖区人民政府	2014－07
陈华锋	东湖区计生服务中心	2013 年度人口和计划生育工作先进个人	中共东湖区委、东湖区人民政府	2014－07
喻伟文	东湖区人社局	2013 年度人口和计划生育工作先进个人	中共东湖区委、东湖区人民政府	2014－07
丁美花	东湖区城建局	2013 年度人口和计划生育工作先进个人	中共东湖区委、东湖区人民政府	2014－07
张　璇	东湖区商务局	2013 年度人口和计划生育工作先进个人	中共东湖区委、东湖区人民政府	2014－07
郭洪瑛	东湖公安分局	2013 年度人口和计划生育工作先进个人	中共东湖区委、东湖区人民政府	2014－07
熊若丹	东湖区滕王阁街道	2013 年度人口和计划生育工作先进个人	中共东湖区委、东湖区人民政府	2014－07
黄国荣	东湖区滕王阁街道上凤凰坡社区	2013 年度人口和计划生育工作先进个人	中共东湖区委、东湖区人民政府	2014－07
孟　娜	东湖区滕王阁街道榕门路社区	2013 年度人口和计划生育工作先进个人	中共东湖区委、东湖区人民政府	2014－07
应红俊	东湖区墩子塘街道	2013 年度人口和计划生育工作先进个人	中共东湖区委、东湖区人民政府	2014－07
余玉兰	东湖区墩子塘街道马家池社区	2013 年度人口和计划生育工作先进个人	中共东湖区委、东湖区人民政府	2014－07
袁妙蓉	东湖区墩子塘街道墩子塘社区	2013 年度人口和计划生育工作先进个人	中共东湖区委、东湖区人民政府	2014－07
朱春燕	东湖区豫章街道	2013 年度人口和计划生育工作先进个人	中共东湖区委、东湖区人民政府	2014－07
夏兰兰	东湖区豫章街道洪城社区	2013 年度人口和计划生育工作先进个人	中共东湖区委、东湖区人民政府	2014－07
黄　莺	东湖区豫章街道滨江社区	2013 年度人口和计划生育工作先进个人	中共东湖区委、东湖区人民政府	2014－07
胡艳萍	东湖区豫章街道下沙窝社区	2013 年度人口和计划生育工作先进个人	中共东湖区委、东湖区人民政府	2014－07
张雅晶	东湖区公园街道	2013 年度人口和计划生育工作先进个人	中共东湖区委、东湖区人民政府	2014－07

续表 33

姓　名	工作单位	奖项名称	颁奖部门	颁奖时间
鄢媛丽	东湖区公园街道经堂巷社区	2013 年度人口和计划生育工作先进个人	中共东湖区委、东湖区人民政府	2014－07
熊　艳	东湖区公园街道上营坊社区	2013 年度人口和计划生育工作先进个人	中共东湖区委、东湖区人民政府	2014－07
林　峰	东湖区董家窑街道	2013 年度人口和计划生育工作先进个人	中共东湖区委、东湖区人民政府	2014－07
张　静	东湖区董家窑街道殷家巷社区	2013 年度人口和计划生育工作先进个人	中共东湖区委、东湖区人民政府	2014－07
胡云萍	东湖区董家窑街道朱家湖社区	2013 年度人口和计划生育工作先进个人	中共东湖区委、东湖区人民政府	2014－07
蒋雪红	东湖区董家窑街道贤士花园第一社区	2013 年度人口和计划生育工作先进个人	中共东湖区委、东湖区人民政府	2014－07
吴林霞	东湖区董家窑街道贤士二路社区	2013 年度人口和计划生育工作先进个人	中共东湖区委、东湖区人民政府	2014－07
郑贞仙	东湖区董家窑街道豆芽巷社区	2013 年度人口和计划生育工作先进个人	中共东湖区委、东湖区人民政府	2014－07
万晓琴	东湖区董家窑街道贤士花园第二社区	2013 年度人口和计划生育工作先进个人	中共东湖区委、东湖区人民政府	2014－07
黄春兰	东湖区彭家桥街道	2013 年度人口和计划生育工作先进个人	中共东湖区委、东湖区人民政府	2014－07
胡勤芳	东湖区彭家桥街道青山北路社区	2013 年度人口和计划生育工作先进个人	中共东湖区委、东湖区人民政府	2014－07
陆红军	东湖区彭家桥街道文教路北社区	2013 年度人口和计划生育工作先进个人	中共东湖区委、东湖区人民政府	2014－07
张天华	东湖区彭家桥街道北京西路社区	2013 年度人口和计划生育工作先进个人	中共东湖区委、东湖区人民政府	2014－07
施兰英	东湖区彭家桥街道李家庄社区	2013 年度人口和计划生育工作先进个人	中共东湖区委、东湖区人民政府	2014－07
李　环	东湖区八一桥街道	2013 年度人口和计划生育工作先进个人	中共东湖区委、东湖区人民政府	2014－07
刘秋仙	东湖区八一桥街道大士院北区社区	2013 年度人口和计划生育工作先进个人	中共东湖区委、东湖区人民政府	2014－07
熊国华	东湖区八一桥街道大士院南区社区	2013 年度人口和计划生育工作先进个人	中共东湖区委、东湖区人民政府	2014－07

续表 33

姓　名	工作单位	奖项名称	颁奖部门	颁奖时间
万淑萍	东湖区八一桥街道叠山路西社区	2013 年度人口和计划生育工作先进个人	中共东湖区委、东湖区人民政府	2014－07
王　岚	东湖区贤士湖管理处	2013 年度人口和计划生育工作先进个人	中共东湖区委、东湖区人民政府	2014－07
任　艳	东湖区贤士湖管理处	2013 年度人口和计划生育工作先进个人	中共东湖区委、东湖区人民政府	2014－07
王　红	东湖区贤士湖管理处永和村委会	2013 年度人口和计划生育工作先进个人	中共东湖区委、东湖区人民政府	2014－07
付振海	东湖区百花洲街道	2013 年度人口和计划生育工作先进个人	中共东湖区委、东湖区人民政府	2014－07
罗玉兰	东湖区百花洲街道小金台社区	2013 年度人口和计划生育工作先进个人	中共东湖区委、东湖区人民政府	2014－07
朱南茜	东湖区百花洲街道状元桥社区	2013 年度人口和计划生育工作先进个人	中共东湖区委、东湖区人民政府	2014－07
张世春	东湖区百花洲街道桂旺巷社区	2013 年度人口和计划生育工作先进个人	中共东湖区委、东湖区人民政府	2014－07
王八梅	东湖区百花洲街道杨家厂社区	2013 年度人口和计划生育工作先进个人	中共东湖区委、东湖区人民政府	2014－07
袁露霞	东湖区百花洲街道白马庙社区	2013 年度人口和计划生育工作先进个人	中共东湖区委、东湖区人民政府	2014－07
蔡　舸	东湖区大院街办	2013 年度人口和计划生育工作先进个人	中共东湖区委、东湖区人民政府	2014－07
涂小芳	东湖区大院街道公园社区	2013 年度人口和计划生育工作先进个人	中共东湖区委、东湖区人民政府	2014－07
汤海芳	东湖区大院街道二七北路社区	2013 年度人口和计划生育工作先进个人	中共东湖区委、东湖区人民政府	2014－07
涂塞兰	东湖区大院街道院一社区	2013 年度人口和计划生育工作先进个人	中共东湖区委、东湖区人民政府	2014－07
高白芸	东湖区大院街道院二社区	2013 年度人口和计划生育工作先进个人	中共东湖区委、东湖区人民政府	2014－07

(区史志办公室)

专业技术人员

【概况】 2013年，东湖区稳步推进专业技术人才队伍建设，始终坚持以德才兼备为原则，以各专业技术职务系列的专业特点为区分，以业绩为主要依据，以品德、知识、能力等为重要条件的专业技术人才职称评定工作。全年共有10名专业技术人员晋升为高级职称，5名专业技术人员晋升为副高级职称。

表34 **2013年东湖区晋升为高级职称人员**

姓　名	学　历	毕业学校	工作单位	晋升职称	评定时间
邹赣华	本科	江西大学	东湖区房屋建筑综合工程公司	高级工程师	2013
万红红	本科	南昌大学	城北学校	中学高级	2013
刘文琴	本科	南昌大学	阳明学校	中学高级	2013
董　涛	本科	江西科技师范学院	育新学校	中学高级	2013
徐　娟	本科	江西科技师范学院	育新学校	中学高级	2013
王　敏	本科	江西师范大学	育新学校	中学高级	2013
刘　梅	本科	江西科技师范学院	育新学校	中学高级	2013
刘建斌	本科	江西师范大学	育新学校	中学高级	2013
余孔绪	大专	江西财经大学	百花州小学	小学特高级	2013
熊　丽	本科	江西科技师范学院	光明学校	小学特高级	2013

表35 **2013年东湖区晋升为副高级职称人员**

姓　名	学　历	毕业学校	工作单位	晋升职称	评定时间
王　露	本科	中央党校江西分校	东湖区教研中心	小学特高级	2013
舒春秀	本科	江西师范大学	南京路小学	小学特高级	2013
叶　静	本科	江西师范大学	育新学校	小学特高级	2013
范　岚	大专	江西师范大学	育新学校	小学特高级	2013
范华仙	研究生	江西师范大学	豫章路小学	小学特高级	2013

（喻伟文）

重 要 文 献

南昌市东湖区人大常委会工作报告

（2014 年 1 月 16 日在东湖区第十五届人民代表大会第四次会议上）

东湖区人大常委会主任　闵建波

各位代表：

我受区人大常委会委托，向大会报告工作，请予审议。

过去一年的主要工作

2013 年是我区奋力推进改革开放，加快自身发展转型，不断开创“繁荣精品幸福文明东湖”新面貌的一年。在中共东湖区委的领导下，区人大常委会深入学习贯彻党的十八大、十八届三中全会和习近平总书记系列重要讲话精神，坚持以邓小平理论、三个代表重要思想、科学发展观为指导，较好履行了宪法和法律赋予的职权，为推动东湖经济社会及各项事业发展发挥了积极作用。

一、依法开展监督工作

常委会紧紧围绕全区中心工作和群众普遍关注的热点、难点问题，综合运用多种监督方法，形成长效机制，共听取审议“一府两院”专项工作报告 18 个，对 16 部法律法规的执行情况进行了检查和调研，召开专题询问会 2 次，任免国家机关工作人员 25 人次，监督工作的针对性和实效性有了新的提高。

听取和审议专项工作报告。常委会关注经济运行质量，听取并审议“十二五”规划纲要实施情况中期评估、计划和预算执行、审计工作及上半年经济运行情况报告等，着力提高财政资金的使用效益，加强预算的科学编制，推动预决算及“三公”经费公开。审查批准区本级财政决算及区人民政府 2013 年经济和社会发展计划部分预期目标调整方案（地区生产总值、固定资产投资、区级财政收入和社会消费品零售总额等四项指标由年初计划增速的 11%、22%、15.5%、12.8%，调整为 9%、19%、5% 和 10%）。听取并审议重大重点项目建设、金融服务业聚集区等工作情况报告，组织部分市、区人大代表对“青山湖西岸”“中金大夏”“壹 9 二七”等项目开展视察、调研，共同为发展出谋划策，支持和推动区人民政府及相关部门准确把握发展主线，为加快产业结构优化升级营造良好的环境。人民对美好生活的向往，是我们的奋斗目标。常委会积极回应民生关切问题，听取并审议区人民政府为民办实事、社会抚养费征收、青少年体质健康、非物质文化遗产保护、消防、安全生产等工作情况汇报，督促区人民政府进一步扩大民生工作覆盖面，提高行政服务水平，弘扬优秀传统文化，增强应对突发事件能力，维护保障了群众的根本利益。

组织开展执法检查和调研。常委会继续开展以“关注校园餐桌”为主题的“食品药品安全行”活动，组织联合执法组对辖区学校及托幼机构进行拉网式排查，确保广大师生的饮食安全。配合省、市人大开展“畅通省城”意见建议巡查活动，对挤占挪用停车位及单行线道路设置等问题开展专题调研，同时，结合“六五”普法精心策划系列宣传活动，营造人人践行文明交通的浓厚氛围。协助市人大开展城市水环境专题调研，推进“鄱湖明珠 中国水都”建设，共护“一城清水”。开展“秀美江西南昌行活动”，大力推动我区文化旅游产业发展，使我区文化旅游氛围更加浓厚。做好规范性文件备案审查工作。协助完成江西省突发事件应对条例（草案）、江西省法律援助条例（草案）、南昌市流动人口计划生育工作条例（草案）等法律法规征求意见工作。对民生档案、《中华人民共和国教师法》《城市绿化管理规定》《中华人民共和国环保法》等贯彻实施情况进行执法检查，促进了相关法律法规在我区的贯彻实施。

加强和改进司法监督工作。常委会紧扣司法为民主题，认真听取并审议区人民法院少年审判工作情况汇报，提出加强跟踪帮教、社会监管和社会服务，建立有效保护青少年权益的各项工作机制等意见建议．听取并审议区人民检察院控告申诉工作情况汇报，督导案件受理大厅和控申工作室建设，强调要切实提高干警的政治素质和业务能力，努力从源头上化解矛盾，引导群众合法理性表达诉求。区“法、检”两院认真落实常委会审议意见，深入推进社会矛盾化解工作。区人民法院坚持审教结合、寓教于审，不断完善审判运行机制，突显司法能动作用，做好少年案件审判延伸工作；区人民检察院建立“七位一体”办案机制，扩大“仲大姐服务民生热线”品牌辐射力，进一步提高处理涉检信访问题的社会效果，为我区经济社会和谐稳定提供了有力的司法保障。

开展专题询问。专题询问是近年来常委会加强和改进监督工作的积极探索，在认真总结实践经验的基础上，通过开展“教育”“基本公共卫生服务”专题询问，更进一步地促进了常委会、政府和群众之间的有序互动。为做好“教育”专题询问，常委会开展了学前教育“三年回头看”工作专题调研，跟踪督查滕王阁幼儿园建设及办园情况，听取区科教体局专项工作汇报。与会人员围绕教育均衡发展、教育经费使用、外来务工人员子女就读等问题进行询问。为进一步提升“学在东湖”品牌，区人民政府的高度重视，投资800多万元新建了滕王阁保育院。在“公共卫生服务”询问中，常委会采取听汇报、察问题、议对策的方式，组织代表对市第八医院、区疾控中心及部分社区卫生站工作情况进行专题调研，直观感受社区就医现状；就基本公共卫生服务资金使用、健全城镇居民医疗保障制度、提高社区医疗水平等问题开展询问，要求区政府有关部门不断提高公共卫生服务水平，加强社区卫生服务中心和专业技术人才队伍建设，保障居民享有最基本、最有效的基本公共卫生服务。两次专题询问都以群众最关注的民生内容为主题，不仅问出了群众心声，答出了政府解决问题的诚意，也为常委会进一步探索监督工作有效途径积累了有益的经验。

二、不断改进代表工作

代表工作是人大及其常委会的一项基础性工作，也是常委会密切联系群众的重要渠道。一年来，常委会共邀请200多人次代表参加常委会各项活动，45位代表列席常委会会议，代表工作呈现出新的亮点和特色。

加强代表履职保障。召开“一府两院”半年工作通报会。拓宽代表对常委会工作的参与渠道，组织代表开展执法检查、视察、调研等活动，扩大人大工作的民意基础。活动中代表们认真准备，积极发言，充分反映人民群众呼声，为提高常委会工作质量发挥了重要作用。建立代表履职档案。推进代表向选民述职制度，举办代表向选民述职会，述职率达22%，进一步激发了代表联系群众、为民办实事的主动性和自觉性。重视代表培训工作，举办“代表议案和建议及人大代表履职工作”专题培训班，定期为代表寄送《时代主人》《南昌人大》等资料，使代表更好地了解政治、经济、社会发展情况，进而提升了人大及其常委会的整体工作水平。

提高意见建议办理实效。常委会听取并审议区人民政府关于代表意见、建议、批评办理情况工作报告。建立代表建议办理工作“回头看”制度，意见、建议办理质量不断提高。区人大十五届三次会议期间，代表共提出意见、建议51件，均在法定时间内办理完毕。对代表提出的关于为村民建立完善养老体系的建议，区人民政府出台《东湖区被征地农民参加养老保险实施方案》；对代表提出关于社区实行统一综合网格化的建议，区人民政府组织有关部门对公共设施、商业网点、居民

住户等情况进行了详细摸底,形成了层层履责、全面覆盖的管理体系。代表见面率和对办理结果的满意率均达100%。

丰富闭会期间代表活动。在区委的重视和支持下,常委会制定下发实施意见,推动全区9个街道人大工委、红谷滩新区人大、贤士湖管理处人大代表小组,建立了人大代表联络站,21个社区(村)建立了人大代表联络室,更加有效地拓宽了代表履行监督职能的渠道。大力开展"助推繁荣精品幸福文明东湖代表行"活动,以"关注民生促进和谐"为主题,组织动员全区人大代表深入基层、服务群众。代表们积极响应常委会决定,热情投身主题活动,各代表小组共撰写调研文章12篇,开展定向视察、专题活动45次,走访困难选民265人,帮助解决困难87件,其中,大院街道人大工委开展的"关爱空巢老人"公益行动、董家窑街道人大工委开展的社区居民义诊活动、百花洲街道人大工委开展的"关爱老人送温暖"活动、公园街道人大工委帮助居民建立健身场所等,得到了群众的广泛好评,代表作用得到了有效发挥。

三、努力加强自身建设

常委会以提高履职能力为重点,切实加强思想、作风、组织和制度建设,坚持依法依程序履行职责,为各项工作的顺利开展提供了保障。

增强履职能力。坚持把思想政治建设放在首位,把学习作为一种工作责任。认真学习贯彻党的十八大、十八届三中全会,省、市、区重要会议精神,重视用中国特色社会主义理论体系的最新成果武装思想、指导实践、推动工作。召开"助力建设'繁荣精品幸福文明东湖'代表行"活动动员大会,举办系列法制专题讲座,不断夯实做好人大工作的理论和业务基础,力求人大工作更好地体现时代性、把握规律性、富于创造性。树立群众观念,不断改进工作作风,积极参加"民情家访"活动,向龚全珍同志、章金媛爱心奉献团等先进人物事迹学习。自觉做到清正廉洁。

坚持求真务实。常委会组成人员带头执行代表联系社区和群众制度,广泛听取群众呼声,深入了解群众诉求,把维护好广大群众的根本利益作为人大工作的出发点和落脚点。修改完善常委会议事规则、常委会联系区人大代表办法等制度、程序。扎实开展调研,力戒形式主义。坚持实施"一府两院"专项报告满意度测评制度,所听取的18个专项工作汇报,满意和基本满意率达100%,其中15个汇报单位的满意率达100%。坚持会前调研,掌握第一手资料,做到审议发言讲真话、讲实话,努力使各项履职工作更加顺应民心、贴近民生。认真贯彻民主集中制,凝结集体智慧,议事效率和决策水平有了新的提高。

重视工作创新。重视人大制度研究和新闻报道工作,利用报刊杂志、网站、微博等媒体广泛宣传人民代表大会制度及我区人大工作实践,40余篇理论文章和通讯报道被省、市主要媒体采纳,取得了较好的社会效果。成功承办全国二十城区人大工作研讨会第三十二次会议。先后接待兄弟城区人大代表团20余批次,巩固和发展了友好关系,促进了经验交流。认真做好群众来信来访工作,全年共接待群众来信来访10批22人次(其中上级交办转办8件),较去年下降22%,办结率达100%。积极参与房屋征收、志愿者服务和文明创建工作,倡导严谨、奉献、尽责精神,不断加强机关干部队伍的素质建设。

同志们,一年以来,在中共东湖区委的正确领导下,在"一府两院"、驻区单位的密切配合、协同合作下,全体代表满怀对群众的深厚感情积极履职,以扎实的工作生动诠释了人大代表的内涵,监督和推动了常委会各项工作。在此,我再次代表区人大常委会,向大家表示衷心的感谢!

在肯定成绩的同时,我们也清醒认识到,常委会工作还存在不足,主要是:监督思路有待于进一步创新,跟踪监督力度仍需进一步加大,代表工作还要进一步探索。对于这些问题,我们将高度重视,认真研究解决。

2014年的主要任务

2014年是贯彻落实党的十八届三中全会精神的开局之年,也是实施"十二五"规划的攻坚之年。2014年区人大常委会工作的总体要求是:深入学习贯彻落实党的十八大和十八届三中全会精神,紧紧围绕"繁荣精品幸福文明东湖"目标定位,依法履职,以全面深化改革为动力,加强、改进监督和代表工作,努力开创人大工作新局面。

一、坚持不懈务求监督实效。紧紧围绕"推动人民代表大会制度与时俱进"导向,综合运作多种监督方式，支持和促进“一府两院”履行好各项职责。强化经济工作监督。听取并审议计划、财政预决算、审计工作报告，加强对政府全口径预、决算的审查监督。听取并审议科技工作三项经费使用情况、文化产业创新工作情况汇报。推动青山湖西岸发展，组织人大代表视察、调研区重大招商引资项目、旧城改造等，支持、督促区人民政府不断增强经济发展的动力和竞争力。积极回应社会关切。致力于提升群众民生幸福指数，加强对教育、就业、医疗卫生、棚户区改造等工作的监督。听取并审议社会保障工作情况汇报。扎实开展“鄱湖明珠·中国水都”活动，对环境保护法实施情况进行检查。强化质量安全监管，听取区质量技术监督分局工作情况汇报，为群众守好质量安全底线。关注市政道路环卫作业市场化运作，为群众居住生活营造更加整洁的环境。深入开展“食品药品安全行”“秀美江西(南昌)行”及“道路交通安全南昌行”活动，结合活动主题和我区实际，找准切入口，增强活动实效，实施“回头看”活动，选取群众提出、反映较为集中的建议意见办理落实情况进行跟踪问效，真正让省、市人大常委会创设的“品牌”监督活动惠民利民。推动依法治区建设。听取并审议区人民法院立案工作、区人民检察院青少年刑事检察工作情况汇报，组织代表旁听法院庭审、参加“检察开放日”活动，推动“两院”以解决群众反映强烈的突出执法、司法问题为重点，让权力在阳光下运行。听取并审议区司法局“六五”普法工作情况汇报，视察公证处工作。加大对涉法涉诉信访问题的督办力度，推动群众合理诉求的解决。积极配合上级人大开展法律法规执法检查。同时，跟踪督查常委会各项审议意见的落实。

二、各尽所长发挥代表作用。不断释放人大代表正能量。通过健全代表联络群众工作站(室)、网络平台等形式，推动人大工作向基层延伸。按照成熟一个发展一个的原则，在各街道、红谷滩新区管委会、贤士湖管理处分别再完成1～2个工作室的创建任务，为代表履职构建载体、搭建平台。落实好常委会组成人员联系代表、代表联系群众的双联系制度。继续扩大代表对常委会和专委会工作的参与，改进代表集中视察和专题调研方式。坚持代表履职登记制度。探索代表接受选民监督的新形式，力争代表向选民述职率达到70%。深化“代表行”活动，以“我为选民做实事”为主题，整合代表优势资源，开展各类走访活动，反映民意，服务基层，努力使活动有作为、有影响、出成效。进一步提高代表意见建议办理质量。探索和完善代表履职评价机制。多角度、深层次对代表中的先进人物与典型事迹宣传报道，展示人大代表风采。

三、持之以恒抓好自身建设。深入学习贯彻党的十八届三中全会精神，是人大及其常委会当前和今后一个时期的重大政治任务。区人大常委会将准确把握精神实质，切实增强进取意识、机遇意识、责任意识，以改革创新精神推动人大工作与时俱进，为改革护航。坚持群众路线，把改进工作作风，联系群众放在更加重要的位置。严格执行中央、省、市、区委一系列规定，扎实开展为民务实清廉为内容的群众路线教育实践活动，从严要求，自我净化，在一切关乎群众的实际生活问题上，用真心，用实力，使常委会各项工作更好地反映群众意愿。树立法治观念，强化大局意识，不断增强履职能力。

各位代表，面对全区人民的期望和重托，面对新形势新要求，区人大常委会任务艰巨，使命光荣。让我们在中共东湖区委的正确领导下，牢记使命，勇挑重担，服务人民，开拓创新，为新一轮“繁荣精品幸福文明东湖”建设，发挥更大作用，做出更大贡献！

(区人大常委会办公室)

中国人民政治协商会议
南昌市东湖区第八届委员会常务委员会工作报告

（2014 年 1 月 14 日在政协东湖区第八届委员会第四次会议上）

东湖区政协副主席　敖晓焕

各位委员、各位同志：

我受政协东湖区第八届委员会常务委员会的委托，向大会报告工作，请予审议。

2013 年工作回顾

一年来，区政协常委会在中共东湖区委的领导和市政协的指导下，坚持以邓小平理论、“三个代表”重要思想和科学发展观为指导，深入学习贯彻中共十八大精神，牢牢把握团结民主两大主题，围绕中心，服务大局，切实履行政治协商、民主监督、参政议政职能，为构建繁荣精品幸福文明东湖做出了应有的贡献。

一、凝聚共识，深入学习贯彻中共十八大精神

学习贯彻好中共十八大精神是当前和今后一个时期人民政协的首要政治任务，是区政协常委会的首要工作。常委会组织区政协各参加单位和全体委员，采取集中学习、个人自学、专题辅导、座谈交流等多种形式深入学习、全面理解中共十八大精神实质。在学习中着力统一思想认识，凝聚共识，自觉把思想和行动统一到十八大精神上来，把智慧和力量凝聚到十八大确定的各项任务上来，不断巩固发展团结合作的共同思想政治基础。2013 年《东湖政协信息》第一期就是中共十八大的学习专刊，第一次的政协委员活动就是专题学习中共十八大精神。通过学习，区政协各参加单位和委员一致认为，必须始终坚持中国共产党领导的多党合作和政治协商制度，进一步巩固参加政协的各党派团体、各族各界人士的共同思想政治基础，促进“思想上同心同德、目标上同心同向、行动上同心同行”；必须充分发挥人民政协的协商民主重要渠道作用，把积极开展政治协商，促进科学决策，贯穿于政协工作的全过程，不断加强参政议政能力建设，履职尽责，为建设繁荣精品幸福文明东湖凝聚强大合力，汇聚正能量。

二、紧扣发展，协商议政有新成效

民主协商推动发展。作为政治协商的主要形式，常委会认真组织好政协委员全体会议和主席会议、常委会会议、专门委员会会议及其他座谈协商会议，协商议政进一步制度化、规范化和程序化，提高了协商议政的质量和实效。在区政协八届三次全体会议上，区委、区政府主要领导深入政协会议小组与委员一起座谈，听取委员意见和建议。委员们对“一府两院”工作报告及其他报告认真进行讨论协商，在座谈讨论中提出了许多与区经济社会发展密切相关的意见和建议。会议期间委员还参观了全区 2012 年工作成果展，生动直观地感受了解我区的发展成绩，有助于凝聚力量，增强工作信心。区政协召开了 5 次常委会和 5 次主席会议，分别围绕青山湖西岸开发等重点项目建设、法治东湖建设、被征地农民养老保险、城市管理、作风效能建设、环境保护和财税工作等内容，与区政府和区各相关职能部门专题协商，听取情况通报，有针对性地提出意见和建议，促进工作。

调研视察促进发展。常委会围绕助推打造服务业高地、品质生活高地和发展环境高地等“三个高地”，破解征地征收、城市改造和城市管理难题等“三道难题”这一主线，精心选定社区环境卫生、居家养老服务等课题，组成专题调研组，深入开展调查研究，形成了一批有质量的调研成果，为促进我区经济社会发展发挥了积极作用。区委主要领导对《东湖区社区环境卫生工作的调研报告》批示，调研报告反映的问题客观实在，分析的原因真实准确，提出的建议切实可行，要求相关部门积极采纳、吸收报告提出的意见和建议，实现调研成果的转化。区政府主要领导对《东湖区城中村改造调研报告》批示，此调研报告较深入，提出的建议有较强的针对性，可鉴之。此外，区政协主

席会议、各专门委员会先后就我区优化投资服务环境、楼宇经济发展、文化创意产业发展、旧城改造等议题,组织视察活动。政协委员在视察中发挥专业优势建言献策,使协商意见更有针对性,建议更有可行性。

议政出力协调发展。按照区委统一部署,区政协常委会牢固树立大局意识,组织协调政协各参加单位和全体委员参与全区中心工作和重大重点项目建设。区政协领导带领机关全体干部深入挂点社区蹲点,到包干道路开展文明引导活动,全员积极参与文明城市创建工作。充分运用街道委员联络小组等平台,组织和引导政协委员深入街道、社区积极投身创建活动,较好发挥了政协组织和政协委员议政出力作用。一年来,区政协先后参与了全区重大重点项目建设、轨道二号线(东湖段)房屋征收和青山湖西岸开发等重点工作,服从服务全区中心工作,得到了区委、区政府的充分肯定。

三、创新方法,民主监督有新进展

提案监督推出新举措。增强提案办理协调性,采取区政协和区政府领导共同督办重点提案、召开提案交办会等方式,着重抓好提案的督办、落实环节,促进委员意见建议得到较好的采纳和落实。创新提案办理方法,通过举行提案办理协商会等方式,从对单个重点提案的跟踪办理延伸到对同类提案的督办协商,使原来单一的一个提案承办单位对一位提案人的"点对点"办理,创新为一个承办单位对多位政协委员的"点对面"协商办理,切实提高提案办理工作的质量。八届三次会议以来,共收到提案101件,提案答复率和委员满意率均为100%,一些群众广泛关注、社会反映强烈的问题得到重视或解决,提案在民主监督工作中的作用得到进一步增强。为切实提高提案办理质量,区委办公室和区政府办公室联合转发了《政协东湖区委员会提案办理工作评议办法(试行)》,区政协八届十二次常委会首次开展了民主评议提案办理工作,东湖交警大队、区教科体局和区商务局等3个单位就区政协八届三次会议以来的提案办理工作情况向常委会汇报,并接受区政协常委会无记名打分评议。

视察监督展示新气象。区政协各专门委员会选准民主监督的切入点,组织委员就社区卫生服务、重大重点项目建设、创新社会管理等群众关心、社会关注、贴近实际的多项课题,深入基层开展视察活动,专题视察后形成了《关于加强社会管理建设平安东湖的调研报告》等具有较高参考价值的调研报告,较好发挥了专门委员会在政协履行民主监督职能中的基础性作用,得到区委、区政府及有关部门的积极评价。

委员监督赋予新内容。区委、区政府向委员通报了近年来全区的党风廉政建设工作。政府执法部门、纪检监察部门主动邀请委员担任特邀监督员、行风评议员,对全区各方面的工作开展经常性的监督。常委会组织委员参加了区法院在全省法院系统首次召开的疑难刑事案件专家论证会,参与了检察院的"检察开放日"活动,积极发挥委员的监督作用。此外,我们出台了《东湖区政协反映社情民意工作规定(试行)》,充分发挥社情民意"直通车"作用,推动委员监督与社会监督相结合,服从和服务好全区经济社会发展大局。

四、关注民生,促进社会和谐有新亮点

建言献策关注民生。常委会采取集中听取汇报、实地查看情况、召开座谈会、发放调查问卷等多种形式深入调研,形成了《关于进一步提高社区卫生服务能力建设的调研报告》《东湖区社区居家养老服务的现状与思考》等调研报告。报告关注群众生活,抓实民生问题,提出了"完善培训机制,稳定人才队伍"和"整合资源,完善居家养老服务体系"等针对性建议,调研成果得到区委、区政府和相关单位的重视和采纳。

联系群众走进社区。深化"委员进社区"活动,区政协在全区9个街道15个社区建立了政协委员社区联络站,制定下发了《政协委员服务社区联络站工作制度》等工作制度,印制了活动手册,深入开展"群众在心中——委员进社区"活动。委员们纷纷走进社区,开展"反映社情民意、做好群众工作、开展便民活动、实施民主监督"等四个方面的活动,为社区群众排忧解难,做好事,办实事。委员们用自己的"话语权",反映民生诉求,共协调解决群众困难需求20余件,捐款约5万元帮助困难群众。活动得到了市政协的充分肯定,全市"委员进社区"活动流动现场会视察了百花洲街道火神庙社区委员联络站,区政协在全市政协"委员进社区"活动座谈会上做专题发言。

加强团结扩大交往。努力营造融洽和谐的民主气氛,使各党派团体和各界委员在政协会议和活动中畅所欲言,加强团结,同心同向同行。主动邀请各民主党派、工商联、无党派人士参与区政协组织开展的学习培训、调研视察、民主评议等活动,把党派、团体提案作为重点提案进行督办,为党派、团体参政议政创造宽松条件。协助省政协做好了相关调研视察工作,承办了南昌市第二十二次市、县(区)政协主席联席会议。加强了与外地政协的联系与交流,先后与内蒙古、辽宁、江苏、新疆和山东等地政协组织交流工作,宣传东湖。

五、求真务实,推进自身建设有新进步

加强政协机关建设。区政协党组和常委会重视自身思想和作风建设,切实增强服务大局、服务群众的自觉性,严以律已,做好表率。区政协党组召开了专题民主生活会和专题调研座谈会解决“四风”问题。常委会厉行节约节俭办会,务求高效。区政协八届三次会议自始至终洋溢着简朴务实新风,很好地体现了中央关于改进工作作风、密切联系群众的“八项规定”精神。协商通过了《政协东湖区委员会常务委员会工作规则(修订)》等10项制度,不断健全完善政协工作制度,提升工作科学化水平。在机关开展作风效能建设,全面加强区政协机关的思想、组织和作风建设,不断提高区政协机关的综合能力和服务水平。

加强委员服务管理。以创建学习型政协组织为抓手,为每位委员订阅了省政协机关报《光华时报》,每月向委员寄送《东湖政协信息》,编印了3期学习专刊,加强委员的政治理论、政协业务知识等学习。加强界别活动组织,积极发挥界别作用。召开了界别活动座谈会,经济和工商联界别委员活动小组、文化艺术和新闻出版界别委员活动小组、工青妇界别委员活动小组及各民主党派界别委员活动小组等界别活动小组纷纷开展了楼宇经济调研、防震救灾宣传咨询、参观新区建设、科普知识宣传、文化产业发展视察等形式多样、内容丰富的界别活动。增补了13名政协委员,为政协组织增添新生力量。区政协领导通过实地走访看望、召开座谈会等方式开展了走访委员活动。认真做好委员考核工作,进一步强化委员履职的约束激励机制,首次评选并表彰19名优秀政协委员。

在肯定一年来成绩的同时,我们也清醒地认识到,面对新形势新要求,常委会工作还存在一些不足之处,如界别和专委会调研视察工作的针对性和实效性有待于加强,基础作用还有待进一步发挥等。对这些问题我们将认真研究,切实加以改进。

2014年主要工作

2014年,区政协常委会工作的总体要求是:以邓小平理论、“三个代表”重要思想、科学发展观为指导,认真学习贯彻和落实中共十八大、十八届三中全会精神,在中共东湖区委的坚强领导下,紧紧围绕区委十一届八次全体会议确定的奋斗目标和工作任务,牢牢把握团结和民主两大主题,围绕中心,服务大局,积极开展政治协商,完善民主监督机制,提高参政议政实效,为建设繁荣精品幸福文明东湖履职尽责。

一、以中共十八大、十八届三中全会精神为统领,努力夯实履职基础

组织委员认真研读《中共中央关于全面深化改革若干重大问题的决定》,全面深入学习中共十八届三中全会精神,深刻领会十八届三中全会对政协工作的新要求,在新的起点上扎实谋划政协工作的新思路、新举措。通过学习,准确把握政协围绕中心、服务大局的着力点,找准工作切入点,在凝聚共识上多尽责,在推动改革上作贡献,确保政协工作与党政工作方向一致、目标一致。要把学习成果转化为履行好政协职能的强大支撑,转化为谋划发展的正确思路,推动发展的具体措施,引领发展的实际能力,不断增强政协工作的主动性和创造性,做出政协工作新亮点和新成效。

二、以改革发展为重点,认真履行政协职能

紧紧围绕区委十一届八次全体会议提出的我区改革发展奋斗目标,扎实履行政治协商、民主监督、参政议政三大职能。

一是围绕协商民主凝心聚力。要切实增强协商实效,把政治协商纳入决策程序,进一步规范协商内容,增强协商主体的代表性、包容性,提高协商能力,强化协商成果的运用和反馈,更好地展现社会主义协商民主的优势和价值。要深入拓展协商民主的形式,完善专题协商、对口协商、界别协商、提案办理协商,创新政协经常性工作方式,拓

宽公民有序政治参与渠道，努力构建多层次、全方位协商格局，凝聚各方力量，为东湖发展建言出力。

二是围绕改革发展议政出力。要紧扣改革发展的主题，紧紧围绕区委提出的年度工作重点，结合区委、区政府中心工作及人民群众普遍关心关注的热点、难点、重点问题，选择旧城改造、城市管理、重大重点项目建设和教育卫生等民生工作为课题，走进基层、深入群众，广泛开展调研视察，努力做到调研课题紧扣改革发展的进程，调研工作深入细致，调研成果客观翔实，意见建议精辟独到，具有前瞻性、科学性和可操作性，为东湖发展献策出力。

三是围绕提案办理监督助力。切实抓好重点提案办理和反馈工作，进一步提高提案的质量。采取重点提案督办等方式，规范督办程序，突出督办重点，进一步提高办理实效。认真开展优秀提案推选评比活动，进一步调动委员提出高质量提案的积极性。继续开展提案民主评议活动，引导承办单位提高提案办理质量。加大与区委、区政府各部门的沟通联系，积极构建多层次、多方位的委员活动平台，扩大委员知情问政渠道，形成协调有效的工作合力，提高民主监督工作制度化、规范化、科学化水平，使民主监督更加有序有效。

三、以团结和民主为主题，努力构建和谐社会

要把坚持团结和民主两大主题与充分发挥人民政协在建设社会主义和谐社会中的作用结合起来，充分发挥人民政协联系面广、包容性强以及协调关系、化解矛盾的优势，积极探索人民政协为构建社会主义和谐社会服务的途径和方法，为我区经济和社会各项事业发展营造良好环境，努力推进繁荣精品幸福文明东湖建设。

要开展多种形式的团结联谊活动，加强与各民主党派、工商联、各团体和各界人士的联系，开展形式多样的界别活动，促进全区各界人士的大团结。要坚持以人为本，深化“委员进社区”活动，广泛了解和及时反映人民群众在就业创业、社会保障、就医入学等方面的意见和建议，协助区委、区政府切实解决好民生问题，使人民群众共享改革发展成果。要加强反映社情民意工作，畅通社情民意信息的渠道，促进各界群众的相互理解和沟通，努力形成处处创和谐、各界促和谐的局面。

四、以开展群众路线教育实践活动为契机，大力加强自身建设

紧紧围绕“照镜子、正衣冠、洗洗澡、治治病”的总要求，以“为民务实清廉”为主要内容，以贯彻落实“八项规定”为切入点，扎实开展党的群众路线教育实践活动。以教育实践活动为契机，进一步提高常委会和区政协机关的服务意识，内强素质，外塑形象，全面加强区政协机关思想、组织和作风建设，切实提升政协机关为委员服务、为政协履行职能服务的能力和水平，建设“学习型、团结型、创新型、服务型”政协机关。

继续探索发挥专委会和界别的作用。加强专委会建设，健全完善工作机制，创新工作思路。加强界别活动的组织性，丰富界别活动的内容，突出活动的界别特色。充分发挥委员的主体作用，继续开展走访委员活动，关心委员生活，为委员搭建履职平台。

各位委员、同志们，中共十八届三中全会吹响了全面深化改革的号角，人民政协在改革发展中的责任重大、使命光荣。让我们更加紧密地团结在以习近平同志为总书记的中共中央周围，在中共东湖区委的坚强领导下，同心同德，聚焦发展，勇于创新，奋力前行，推动我区政协工作再上新台阶，为建设繁荣精品幸福文明东湖做出新贡献。

（区政协办公室）

南昌市东湖区人民法院工作报告

(2014年1月 日在东湖区第十五届人民代表大会第四次会议上)

东湖区人民法院院长 钟 瑛

各位代表:

现在,我代表东湖区人民法院向大会报告工作,请予审议,并请列席会议的同志提出意见。

2013年工作回顾

2013年,在区委的正确领导,区人大及其常委会的有力监督,区政府、区政协和社会各界的大力支持下,东湖区法院认真学习党的十八大和十八届三中全会精神,深入贯彻落实科学发展观,紧紧围绕"为大局服务,为人民司法"工作主题,以建设繁荣精品幸福文明东湖为目标,忠实履行宪法和法律赋予的职责,各项工作取得新进展。全年共受理各类案件5023件,审结4649件。

一、牢记使命,认真履职,全力服务发展大局

主动融入全区经济社会发展大局,狠抓执法办案第一要务,促进平安东湖、法治东湖建设,为全区经济社会发展提供有力司法保障。

依法惩罚犯罪,着力维护平安稳定。全年审结刑事案件564件,判决罪犯702人。审判中始终坚持宽严相济刑事政策,从严打击犯罪,维护稳定,审结周某等32人非法采矿案、吴某等9人故意泄露国家秘密、非法获取国家秘密案,审判工作被中央电视台、新华社等国家权威媒体报道;从宽挽救罪犯,对信用卡诈骗等轻刑案件从宽处罚,努力减少社会对立面;发挥附加刑作用,对经济、侵财等罪犯,着重从财产上进行处罚,剥夺再犯能力。

坚持调判结合,着力疏导化解纠纷。全年审结民商事案件2913件。审判中更加注重化解矛盾纠纷,加大调解工作力度,调解率达63.5%;更加注重司法保障功能,妥善审理涉及房地产、金融等领域案件,最大限度帮助企业解决生产经营过程中产生的纠纷和问题;更加注重司法指引功能,依法及时作出裁判,制裁违法失信者,保障诚实守信方的合法权益,引导公民、社会组织合法行使权利。

妥处行政争议,着力优化法治环境。全年审结行政案件65件。审判中坚持促进依法行政,灵活运用协调方式化解行政争议,做到保护行政相对人合法权益与维护执法公信并重,促进提高社会管理法治化水平。审结全省首起集会示威不予许可行政案件,全年撤诉25件。

化解执行难题,着力维护胜诉权益。全年执结民商事案件1107件,执结标的额3.02亿元。重视发挥强制措施的执行威慑力,依法对32名被执行人采取拘留强制措施;重视提高执行科技化水平,借助手机短信平台告知逾期不履行裁判的法律后果,顺利执结案件100余件;重视创新执行方式,成功拍卖"绿典"商标,将拍卖款用于执行,成为江西省首例通过拍卖商标进行执行的案件。

延伸审判职能,着力社会综合治理。积极参与社区矫正工作,建立联动预防机制,最大限度预防减少再犯罪;综合运用网络、电话、信件等形式做好未成年犯回访帮教工作;组织法官进社区、庭审进校园活动40余人次、开展法律宣传咨询服务共160余人次,促进形成知法守法氛围;向行政机关提出司法建议11条,规范行政执法,助升执法公信力。

二、践行宗旨,服务群众,努力满足司法需求

认真践行司法为民宗旨,创新和落实便民利民措施,努力满足人民群众司法需求,不断提升人民群众在司法领域的幸福指数。

切实维护民生权益。严惩民生领域犯罪,张某因私宰生猪价值近2千万元被判处5年以上有期徒刑;妥善审理医疗纠纷、民间借贷等与群众利益息息相关的案件,采取"提前介入、阳光鉴定、诉调结合"的方式化解大量医患纠纷;全力保护弱势群体合法权益,通过追赃、责令退赃退赔、赔偿损失,为被害人挽回经济损失500余万元;加大司法救助力度,发放救助金120万元。

不断完善便民措施。实行"半小时"立案、上门立案等制度,便利群众参与诉讼;推行"预立

案”制度，发挥诉前调解作用，及时化解纠纷；重视发挥人民法庭作用，加大物质保障力度，提高红谷滩法庭服务水平，设立红角洲法庭，方便新区群众诉讼。

努力消除诉讼障碍。依法保护弱势群体诉权，为24件案件经济确有困难的当事人减、免、缓交诉讼费近14万元；加强法律援助工作，为符合法定条件的被告人指定辩护35人次，为聋哑及少数民族当事人指定翻译人21人次；强化诉讼指导，在立、审、执全程指导当事人参与诉讼，提升当事人的诉讼能力。

三、完善机制，公正司法，着力提升司法公信

完善机制，以改革创新为引领，以公开促公信、以民主促公信，不断提升司法公信力。

创新审判机制。对接新刑诉法、民诉法实施，先行先试，审结全省首个刑事和解案件；出台《关于加强案件审限管理的规定（试行）》，全面运行紫光软件，审判管理科学化、规范化程度提高；规范再审立案标准和审判监督程序，做到有错必纠，维护司法公正；实施量刑规范，参考案例指导审判，规范自由裁量权；创新采取“集中开庭、群众旁听、以点带面”的方式审理物业、劳动争议等群体性纠纷，审结案件230余件，撤诉209件。

深化司法公开。推行审判流程、执行信息公开，便利群众了解诉讼进展；实行庭审信息网上公开、裁判文书逐步上网、庭审过程同步录音录像，方便群众监督司法；优化法院网站、开通官方微博，利用现代信息技术实现与群众即时互动，扩大司法影响力；组织法院开放日活动，邀请人大代表、政协委员、人民群众600余人次旁听庭审、参观法院，增进群众司法认同感。

扩大司法民主。提高参审率，普通程序案件人民陪审员参审率达100%，全年共有人民陪审员2506人次参审案件1308件；确保民意广泛性，通过摇号随机抽取方式，使不同行业的人民陪审员有机会参与到审判中来；保障行使职权，人民陪审员从单纯参与庭审扩展到参与调解等司法活动中来；拓展参与渠道，邀请专家学者、律师代表、人大代表、政协委员一同分析论证疑难案件，将民意引入判决，促进公正司法。

畅通民意沟通。健全联系点制度，科级领导干部全部与社区群众建立长期联系；指定专人处理群众来信，及时转办、督办；开展民情家访、民情夜访等法官进社区活动，为群众答疑解惑；落实各项信访制度，畅通涉诉信访渠道，建立信访评估预警机制，覆盖立、审、执诉讼全程，通过告知诉讼风险、加强法律释明等方式有效控制了涉诉信访案件。

四、严管队伍，素质强警，大力加强队伍建设

坚持以德育警、以学养警、以廉察警，努力打造一支政治强、业务精、作风硬、纪律严的法院队伍。

扎实转变司法作风。严格落实中央“八项规定”和最高院“六项措施”，改进会风文风、严控三公消费、加强警车管理；深入开展转变司法作风主题教育活动，着力解决司法工作中的“四风”问题，司法服务水平有了新提升，信访投诉举报同比大幅下降；加大作风督察力度，设立审务监督办公室，通过不定期明查暗访，及时发现和整治司法作风问题，营造风清气正好环境。

全面提升司法能力。通过加强思想政治教育、开办道德讲堂、发挥典型示范作用等方法，丰富载体提升干警政治和职业道德素养；通过派员参加培训、请进教师授课、组织视频在线学习等方式，创造条件增加干警受训机会；通过开展庭审观摩、裁判文书评查、司法技能竞赛，举办疑难案例研讨会等途径，多种形式提高干警司法技能。

大力促进司法廉洁。强化责任意识，落实党风廉政建设责任制，狠抓“一岗双责”，形成一级抓一级的廉政建设氛围；强化廉政教育，组织参观反腐倡廉教育馆、观看反腐倡廉警示录像，发送每周廉洁教育短信、加强廉政谈话，提高干警的廉洁意识；强化廉政监督，加大对重点岗位、关键环节的监管力度，充分发挥廉政监督员的作用，促使法官廉洁司法。

五、拓宽渠道，加强联络，自觉主动接受监督

坚持党对法院工作的绝对领导，牢固树立监督意识，强化监督工作，广泛听取意见和建议，不断提高法院工作水平。

依法接受人大监督。认真做好年度工作报告和专项报告，坚决贯彻落实人大决议、决定和审议意见，及时报告审判工作、重大事项、重大案件等情况；积极协助人大开展专项调研和执法检查，认真办理人大代表建议和关注案件，并及时反馈情况;报送《东法之窗》联络专刊,邀请人大代表视察工作、旁听庭审和参与重要审执活动。

自觉接受各界监督。自觉接受政协民主监督,及时通报法院工作情况,认真办理政协委员提案及其他事项;依法接受检察机关诉讼监督,落实检察长列席审委会规定,提高审判工作水平,确保公正裁判案件;广泛接受社会监督,增强审判工作透明度,认真听取民意,回应社会关切。

各位代表,法院工作取得的成绩和进步,关键是有区委的正确领导、区人大的有效监督和区政府、区政协的大力支持,关键是有区直各部门、全体人大代表、政协委员和社会各界的理解、关心与帮助。在此,我谨代表东湖区法院向各位表示衷心的感谢,并恳请大家在今后的工作中给予更多支持和帮助。

同时,我们也清醒地认识到,法院工作还存在一些困难和问题,主要表现在:案件数量持续增长、新类型案件增多,审判工作难度增大;执行难、涉诉信访化解难等问题还未从根本上解决,司法公信还需不断提高;人才难留,案多人少矛盾依然突出,法院工作科学发展面临新挑战;法官综合素质和司法能力与人民群众的期待仍有差距。对此,我们将高度重视,努力应对解决。

2014 年工作安排

2014 年是全面贯彻落实党的十八届三中全会精神的开局之年。在新的一年里,我院工作的总体思路是:认真贯彻落实党的十八大和十八届三中全会精神,坚持以科学发展观为指导,紧紧围绕“努力让人民群众在每一个司法案件中都感受到公平正义”这一目标,牢牢把握司法为民公正司法这一主线,立足审判,能动司法,努力实现法院工作新发展,为全面建成小康社会、推动全区各项事业又好又快发展提供更加有力的司法保障。围绕这一工作思路,我们将重点做好以下四个方面的工作:

一是突出服务大局,在审判职能发挥上有新作为。努力营造良好发展环境,严惩人民群众反映强烈的严重刑事犯罪以及多发性刑事犯罪,增强人民群众的安全感。全力化解各类矛盾纠纷,倡导守法守信行为,维护执法权威;加强执行联动,丰富执行方式,努力破解执行难题。助力解决社会热点问题,妥善化解重大项目建设、旧城改造拆迁等矛盾纠纷,为全区中心工作顺利开展提供有力司法保障。积极参与法治建设,大力开展法制宣传,通过公开审判、法院开放日、司法建议等举措促进全社会形成依法办事氛围。

二是突出司法为民,在落实便民措施上有新突破。加快推进诉讼服务中心建设,为诉讼当事人提供一站式服务,提高当事人的办事效率;努力提高便民利民措施实效,创造条件推行网上立案、电子送达等便民利民措施,加大巡回审判力度,加快建设红角洲法庭,便利群众参与诉讼;充分发挥调解速裁、交通速裁、医疗纠纷巡回法庭的作用,利用好简易程序、小额诉讼程序简便快速的功能,尽快为当事人化解矛盾;不断扩大司法救助受惠范围,确保救助资金落实到位,解决当事人的实际困难。

三是突出公开和民主,在提升司法公信上有新进展。加快推进审判流程公开、执行信息公开、裁判文书公开“三大平台”建设,逐步提高裁判文书上网比例,及时公开审判活动信息;丰富和完善司法公开载体,力争开通 12368 电话查询热线,完善手机短信平台功能,发挥法院官方微博作用,回应群众关切,提高法院工作影响力;继续扩大司法民主,逐步实施人民陪审员“倍增计划”,加强对人民陪审员的培训,拓展司法民主渠道,促进公平正义;主动接受人大及社会各界监督、检察监督,推动法院工作再上新台阶。

四是突出队伍建设,在提高干警素质上有新成效。继续深化对干警的教育,加强党建工作、思想政治建设和理想信念教育,提高队伍的思想道德水平;继续选调青年法官,优化人才队伍结构,合理调配审判资源,克服忙闲不均现象;继续创造条件增加法官受训机会,着重深挖内部潜力,通过法官沙龙扩大法官交流机会,提升法官司法能力;继续扎实落实党风廉政建设责任制,丰富教育载体,强化廉政监督,确保廉洁司法;继续改进司法作风,深入开展主题实践教育活动,加大作风督察力度,切实纠正“四风”,增强干警为民意识。

各位代表,新的时期,新的使命,面对新形势、新任务,东湖区法院将在党的十八大和十八届三中全会精神的引领和区委的正确领导下,认真落实本次大会决议,扎实工作,锐意进取,为推进我区经济社会转型发展、科学发展、跨越发展做出新的更大的贡献！

（区人民法院）

南昌市东湖区人民检察院工作报告

（2014年1月16日在东湖区第十五届人民代表大会第四次会议上）

东湖区人民检察院代检察长　杜迎春

各位代表：

现在，我代表东湖区人民检察院向大会作工作报告，请予审议，并请各位政协委员和其他列席人员提出意见。

2013年工作回顾

2013年，在东湖区委和市检察院的正确领导下，在区人大监督和区政府、区政协的支持下，我院紧密围绕服务大局，助推经济社会发展，坚持以执法办案为中心，切实履行法律监督职能，不断强化自身建设，夯实队伍基础，各项检察工作取得平稳健康发展。

一、围绕中心、服务大局，全力保障经济发展

立足检察职能，采取有力措施，为南昌打造核心增长极战略、建设繁荣精品幸福文明东湖提供强有力的法治保障。

依法严厉打击经济犯罪。加大对非法经营、金融诈骗、合同诈骗、抽逃出资等破坏社会主义市场经济秩序犯罪的打击力度，共批捕此类犯罪嫌疑人67人，起诉123人。积极参与打假专项行动，联合有关职能部门出台工作机制，形成打击合力。严厉打击“坑商”“诈商”“蒙商”及破坏企业生产经营管理秩序等犯罪活动，优化投资发展环境，维护良好经济秩序。

细化服务经济发展工作措施。综合运用“打击、预防、监督、保护”等多种手段，从维护社会稳定、创新社会管理、营造公平发展环境等多方位全面贯彻落实我院《服务经济社会发展工作措施》。根据形势发展需要，进一步制定了《优化投资环境支持企业发展实施意见》，从提升主动服务观念、改进“涉企”案件执法办案方式、提高公正廉洁执法水平等十个方面对优化投资环境作出详细规定，为在实际检察工作中支持企业发展提供了依据与标准。

二、以人为本、执法为民，全面做好群众工作

密切联系群众，切实维护群众合法权益，健全群众工作机制，搭建服务群众平台，构建良好检民关系，充分体现检察机关的人民属性。

健全服务群众机制。制定了《关于加强群众工作的措施》，同时，将群众工作水平纳入本院目标管理考评规则，提高全院做好群众工作的自觉性和责任感。

搭建服务群众的有效平台。一是积极发挥“仲大姐民生服务热线”的品牌效应。组建了一支由11名青年干警组成的服务团队，形成了接听、解答、处理问题的一体化工作网络。接听群众来电70余次，切实为群众解决了许多实际困难。二是开通“朝阳青少年维权热线”。在全市率先开通该热线以来，接听来电40余次，解答青少年法律咨询30余件，解决青少年维权问题3件。三是完善检察工作室建设。对我院在街办（管理处）成立的检察工作室着手规范化建设，力争使检察工作室的硬件、软件得到不断加强和完善，努力将其打造为人民群众“家门口的检察院”。

加强对困难群众和弱势群体的司法关怀。积极开展刑事被害人救助工作，对4起刑事案件被害人进行了救助，与此同时，更加关注刑事被害人心理健康和成长环境。如，涂某贩卖亲生儿子一案的刑事被害人，年仅4岁，因父亲入狱、母亲改嫁、爷爷去世而被寄养到堂叔家，我院对其进行了两次经济救助，并安排专业人员为其提供心理辅导，同时联系辖区相关部门跟进后续服务，努力为

孩子提供健康的成长环境。认真落实法律援助制度,对43名未委托辩护人的未成年及聋哑犯罪嫌疑人,通知法律援助机构指定法律援助律师。

通过上述护民为民举措,密切了检察机关与人民群众的联系,赢得了群众的认可与赞誉。2013年10月,由最高人民检察院办公厅组织的特约检察员群众工作调研组,对我院实地考察并听取情况介绍后,对我院群众工作建设及取得的成绩给予了充分肯定;我院加强群众工作的模式和做法还被《检察日报》《新法制报》专题报道。

三、打击犯罪、化解矛盾,切实维护社会和谐稳定

依法履行批捕、起诉职能,有力打击刑事犯罪,积极推进社会矛盾化解和社会管理创新,着力维护社会和谐稳定。

依法打击各类刑事犯罪。对各类严重刑事犯罪保持严厉打击的高压态势,全年共批捕刑事犯罪案件466件595人,起诉626件801人。其中,批捕故意杀人、抢劫、绑架、爆炸等严重暴力犯罪69人,起诉80人;批捕敲诈、抢夺、盗窃、诈骗等多发性犯罪221人,起诉256人。通过认真履行批捕、起诉职责,有效维护了人民群众的生命财产安全和社会稳定。在严厉打击刑事犯罪的同时,全面贯彻宽严相济的刑事司法政策,依据法律规定和案件具体事实情况,对140名符合法定条件的轻微刑事犯罪嫌疑人作出不予逮捕决定,对55人作出不起诉决定。

妥善预防和化解社会矛盾。一是完善接访工作机制。提出"困难告诉我,满意带回家"的信访工作理念,进一步健全和完善了检察长接待日、带案下访和领导包案等工作机制。共接待群众来访53人次,以耐心、细致、平和、务实的作风,及时化解了各类社会矛盾。二是推行法律文书说理机制。对不批捕、不起诉、不抗诉等案件加强释法说理,以群众看得懂的文字、听得懂的语言,释法律、讲道理、摆事实,促成案结事了。三是探索执法办案风险评估预警机制。增强风险防范意识,把准预警重点,综合评估风险等级,有效防范执法办案风险。

积极参与加强和创新社会管理。加强对未成年犯罪嫌疑人的教育挽救,全面推行分案起诉、合适成年人到场、犯罪记录封存等制度,对涉嫌犯罪的未成年人依法决定不批准逮捕18人、不起诉17人,同比均有50%以上的增长,有效保护了未成年人合法权益。与江西师大政法学院江西洪宇社会工作服务社就《社工介入涉罪未成年人社区帮教试点项目》达成合作协议,在全省率先利用检校合作的方式加强对涉罪未成年人的帮教。结合办案,分析毒品、传销等案件的规律,向有关部门提出解决问题的对策建议并督促执行。

四、反腐倡廉、惩防并举,深入查办和预防职务犯罪

坚持标本兼治、综合治理、惩防并举、注重预防的方针,加大查处职务犯罪案件力度,更加重视预防,努力遏制和减少职务犯罪。

严肃查办贪污贿赂犯罪。一是力查大案要案。大力查办发生在招投标、工程监管、城镇建设等重点环节领域的贪污贿赂犯罪,共立案16件17人,均为大案,要案3人。如,查办了省建设工程造价管理局原局长罗某(正处级)等人私分国有资产947万元案;查办了省检察院交办的赣州市有色冶金研究所原所长刘某(正处级)涉嫌受贿540余万元、副所长张某(副处级)涉嫌受贿140余万元案,均引起了相关领域的极大震动,通过办案为国家挽回直接经济损失660余万元,有效地避免了6000余万元国有资产的流失,取得了良好的法律效果和社会效果。二是深挖窝串案。注重深挖细查,推动案件向纵深发展,努力扩大战果。去年深入查办了省交通系统发生在工程建设领域的窝串案8件8人。

大力惩处渎职侵权犯罪。严厉查处社会关注度高、群众反映强烈的国家机关工作人员玩忽职守、滥用职权、徇私舞弊等渎职侵权犯罪,立案侦查渎职侵权犯罪案件2件7人。如,查办了省艺术联考故意泄露国家秘密窝案1件6人,并督促相关部门完善了安保及保密措施以杜绝类似现象。

积极开展职务犯罪预防。一是充分发挥检察建议的个案预防作用。针对发案单位在管理中存在的问题和漏洞,提出切实可行的整改意见,帮助查漏补缺、建章立制。共发出检察建议35件,均取得了实质性的效果。二是组织预防服务单位进行警示教育活动。如,组织南大第一附属医院、农业银行江西省分行营业部等单位工作人员参观洪

城监狱等场所，使他们受到了强烈的震撼和深刻的警示。三是深入做好其他预防服务工作。与33家重点预防服务单位共同进行系统预防，开展工程专项预防1个，行贿犯罪档案查询1141次。

五、依法监督、忠实履职，积极推进司法公正

强化诉讼监督，促进司法公正，努力让人民群众在每一个司法案件中都感受到公平正义。

加强刑事诉讼监督。一是强化立案监督和侦查监督。监督侦查机关立案6件8人，监督撤案15件。纠正漏捕11件14人，纠正漏诉44人。二是加强刑事审判监督。依法对所有简易程序案件出庭支持公诉，加强了对简易程序案件的审判监督。坚持把量刑建议作为强化审判监督的有效途径，提高了量刑建议的准确性和科学性。严格审查裁判文书，提出刑事抗诉案件3件，均已获得市检察院的支持。

加强民事行政诉讼监督。受理各类民事行政监督案件16件，立案8件，经法院再审改判4件。开展民事行政诉讼违法行为监督，提出检察建议2件，开展督促履行职责监督，提出检察建议3件，全部被采纳。

加强监外执行（社区矫正）监督。依法向社区矫正机构及其他有关司法机关提出监督意见116件次，已全部得到纠正。开展羁押必要性审查13件13人，均已变更强制措施。积极应对新法律、新形势的要求，全面开展指定居所监视居住执行监督和强制医疗执行监督工作，发出纠正违法通知书3份。

六、规范执法、接受监督，确保正确行使检察权

积极接受外部监督，不断加强内部监督，以监督强管理，以监督促公正，全力确保检察权正确行使。

自觉接受外部监督。主动向人大及其常委会报告重要工作及单项工作情况；坚持定期编发代表、委员联络专刊，全年共编发4期1600余份；主动邀请人大代表视察，对人大代表进行走访并广泛征求意见；真诚接受政协的民主监督，认真听取民主党派、工商联和无党派人士呼声；认真落实人民监督员和特约检察员制度；成功举办了第四次检察开放日活动，邀请了人大代表、政协委员、社区群众、南昌大学法学院师生共计130人参加，进一步增进了群众对我院的了解、监督和支持。

规范执法行为。以建章立制为抓手，陆续制定了《未成年人刑事检察工作规定》《案件管理暂行规定》等20余项办案、学习、管理制度；组织全体干警认真学习了新版《检察机关执法工作基本规范》；建立并完善了案件质量评查、错案责任追究、职务犯罪办案医疗检查等机制。

加强案件管理。成立了案件管理中心并投入运行，建立执法办案集中管理机制。开通了互联网接待律师QQ，深入开展了涉案款物检查和案件质量评查，积极做好全国检察机关统一业务应用系统运行准备工作。深入探索对案件办理工作的动态监督、案后评查、综合考评的管理机制，不断提高案管工作规范化、全程化、精细化水平。

七、锻造队伍、狠抓管理，着力强化自身建设

大力加强队伍建设和基层基础建设，强化内部管理，夯实自身根基。

推进自身反腐败建设和纪律作风建设。一是坚持教育促廉。召开了全院反腐倡廉建设工作会和“红包”问题专项治理活动工作部署会；对初任检察官和新任中层干部进行任前谈话；向干警发送印有“执法办案‘八不准’”和“八小时外行为禁令”的卡片，时时处处提醒干警加强公正执法和廉洁自律。二是加强内部检务督查。成立了检务督查小组，以不打招呼、随机抽查的方式对执法办案、检风检纪进行跟踪督查。三是严格落实中央“八项规定”。切实把公正执法、廉政为民、艰苦奋斗、勤俭节约体现在细节，落实到行动。

大力加强队伍专业化建设。一是积极组织业务培训和学习。针对十八大报告、新“两法”等内容组织各类培训37期；认真参与了全市检察机关司法警察岗位练兵验收考核活动。二是以赛带练，提升岗位技能。组织了新“两法”知识竞赛、计算机技能应用竞赛等活动。组队参加了区十八大知识竞赛、全市检察机关新“两法”知识竞赛等活动，均取得了较好成绩。三是加强检察调研能力建设。加强检察理论研究，全院干警在《检察日报》等各类公开出版刊物发表检察论文10余篇，获得市级以上调研奖项3次。

扎实推进基层基础建设。深入推进基层院“四化”建设。统筹推进科技装备建设和信息化建设。加强院大楼内外部环境维护与整治。全面

落实检察经费保障。统筹使用经费,高质量完成了案件管理中心、控告申诉受理大厅的建设改造项目。2013年6月,在全省检察机关第七次计划财务装备工作会议上,我院被表彰为全省检察机关计划财务装备工作先进集体,并作为全省基层院的唯一代表作了经验发言。

各位代表,2013年东湖检察工作取得的这些进步和成绩,是区委和市检察院正确领导、区人大及其常委会依法监督、区政府大力支持、区政协及有关部门和社会各界关心帮助的结果。在此,我谨代表东湖区人民检察院,向区委、区人大、区政府、区政协,向各位人大代表、政协委员,向所有关心支持检察工作的领导和同志们表示衷心的感谢!

在取得成绩的同时,我们也清醒地认识到我院工作离上级院的要求及人民群众的期待还有一定的差距,主要表现为:一是诉讼监督工作还较为薄弱,监督能力还需大力提升;二是服务大局的举措有待进一步细化、实化;三是队伍的专业化水平和群众工作能力还要进一步增强。针对以上不足,我院高度重视并将加以解决。

2014年工作安排

2014年,我院将紧紧围绕大局,全面履行法律监督职能,以科学发展为主题,以争创一流业绩为目标,解放思想,改革创新,大力推动东湖检察事业不断进位赶超,为东湖经济社会发展提供强有力的法治保障。

第一,以务实的举措服务大局。扎实做好检察环节推进平安东湖、法治东湖建设的各项工作。切实发挥检察职能,努力营造安定有序、清廉公正的社会环境,不断优化投资发展环境。立足检察工作,积极服务于我市轨道交通建设和青山湖西岸改造等重大项目的“大投入、大建设、大发展”。

第二,以为民的情怀做好群众工作。按照党中央决策部署,深入开展党的群众路线教育实践活动,认真查摆问题,积极整改落实,建立长效机制。高度重视检察机关的人民性,密切联系群众,自觉执法为民,积极顺应群众期盼,回应人民群众新要求、新期待,继续完善服务群众的新平台、新形式。

第三,以忠实的履职强化法律监督。依法严惩严重刑事犯罪,进一步增强人民群众安全感,不断促进社会和谐稳定。突出查办重点领域、关键环节以及人民群众反映强烈的职务犯罪,严把办案程序关和案件质量关,进一步探索预防职务犯罪的有效方法。全面履行诉讼监督职责,做到敢于监督、善于监督、依法监督、规范监督,提升监督质效。

第四,以科学的探索推动检察机制改革。自觉融入改革发展大局,主动分析排查影响检察工作科学发展的深层次问题,以“攻坚克难、锐意进取”的精神,对阻碍检察工作发展进步的工作机制、内部管理、执法保障等各个方面进行改革创新,深入探索我院检察工作科学、健康发展的道路。

第五,以严格的要求打造过硬队伍。努力锻造一支政治合格、作风优良、业务精通、昂扬向上的检察官队伍,不断提高新形势下执法办案能力和群众工作能力。加强岗位培训,着重培养专家型及复合型检察人才。不断完善制度建设,强化内部监督管理,提升队伍的凝聚力和战斗力。

第六,以畅通的渠道接受人民监督。更加自觉接受人大监督、民主监督和社会监督。主动向人大专题报告工作,认真落实人大决议和要求,及时向人大代表、政协委员通报检察工作情况。进一步深化检务公开,加强与社会各界的联系沟通,畅通民意,真诚接受人民群众监督。

各位代表,在新的一年里,我们将在区委和上级检察院的坚强领导下,在区人大及其常委会的有力监督下,在区政府、区政协和社会各界的关心支持下,坚定信念,锐意进取,勤奋作为,为建设“繁荣精品幸福文明”东湖作出新的贡献!

法律术语解释:

1. 刑事被害人救助:是指国家、社会或者公民个人对一定范围内因遭受犯罪行为侵害且又无法通过犯罪分子获得损害赔偿的特困被害人及其赡养人、抚养人和扶养人,通过法律程序给予一定的物质或者非物质弥补的方式。

2. 法律援助:是指由政府设立的法律援助机构组织法律援助律师,为经济困难或特殊案件的人给予无偿法律服务的一项法律保障制度。

3. 执法办案风险评估预警机制:是指检察机关业务部门和案件承办人员在执法办案过程中,

对检察执法行为是否存在引发不稳定因素、激化社会矛盾等执法办案风险，进行分析研判、论证评估并积极采取应对措施的制度。

4. 分案起诉：是指检察机关在审查起诉阶段，将未成年人与成年人共同犯罪案件分离，以独立案件提起公诉、法院分案受理的保护未成年人权益的诉讼制度。

5. 合适成年人到场：对于未成年人刑事案件，在讯问和审判时，未成年犯罪嫌疑人、被告人的法定代理人不能到场的，可以通知其他成年亲属，所在学校、单位、居住地基层组织或者未成年人保护组织的代表到场，以有效保护未成年人权益。

6. 犯罪记录封存：犯罪时不满十八周岁，被判处五年有期徒刑以下刑罚的，对犯罪记录予以封存，以保护未成年人权益。

7. 行贿犯罪档案：是指检察机关运用计算机技术对行贿犯罪信息进行分类录入、存储和管理而形成的档案。

8. 社区矫正：是一种不使罪犯与社会隔离并利用社区资源教育改造罪犯的方法。

9. 羁押必要性审查：犯罪嫌疑人、被告人被逮捕后，检察机关仍应当对羁押的必要性进行审查。对不需要继续羁押的，应当建议予以释放或者变更强制措施。

10. 指定居所监视居住：对适用监视居住强制措施的犯罪嫌疑人、被告人，由于其无固定住处，或者涉嫌危害国家安全犯罪、恐怖活动犯罪、特别重大贿赂犯罪，在住处执行可能有碍侦查，经法定程序批准后，在指定的居所执行监视居住。

11. 强制医疗：对实施暴力行为，危害公共安全或者严重危害公民人身安全，经法定程序鉴定依法不负刑事责任的精神病人，有继续危害社会可能的，予以强制性治疗。

12. 案件管理中心：检察机关设立的对办理的案件实行统一受理、流程监控、案后评查、统计分析、信息查询、综合考评等以及对办案期限、办案程序、办案质量等进行管理、监督、预警的专门机构。

13. 全国检察机关统一业务应用系统：该系统用数字技术把修改后的新"两法"和刑事诉讼规则、执法规范等固化下来，对检察机关每个办案环节设置明确的流程指引和预警功能，对办案流程进行统一的规范化设计，对重要环节实行节点控制，使得案件从受理到办结全程网上运行，程序公开透明，便于强化监督制约。

14. 新"两法"：是指新刑事诉讼法、民事诉讼法。

15. 基层院"四化"建设：是指推进基层检察院执法规范化、队伍专业化、管理科学化、保障现代化建设。

（区人民检察院）

关于东湖区二〇一三年公共财政预算执行情况和二〇一四年公共财政预算（草案）的报告

（2014年1月15日在东湖区第十五届人民代表大会第四次会议上）

东湖区财政局局长　万　勇

各位代表：

我受东湖区人民政府委托，向大会报告2013年我区公共财政预算执行情况和2014年公共财政预算（草案），请予审议，并请各位政协委员和列席会议的同志提出意见。

一、2013年公共财政预算执行情况

2013年，我区财政工作在区委、区政府的正确领导下，在区人大、区政协的监督指导下，紧紧围绕建设"繁荣精品幸福文明"东湖的目标任务，积极培植财源，狠抓收入征管，保障重点支出，着力改善民生，深化财政改革，攻坚克难，开拓进取，

有力地促进了全区经济社会各项事业持续健康发展,公共财政预算执行情况总体良好。

(一)公共财政预算收入执行情况

2013 年,我区实现财政总收入市口径 464261 万元,同比增长 6.17%;省口径 390214 万元,同比增长 11.47%;实现地方公共财政预算收入 101004 万元,同比增长 17.02%,其中:由国税部门组织的收入 18992 万元,同比增长 14.13%,由地税部门组织的收入 72883 万元,同比增长 19.19%,由财政部门组织的收入 9129 万元,同比增长 7.02%。

各主要收入项目完成情况是:

税收收入 89401 万元,同比增长 17.99%;

非税收入 11603 万元,同比增长 10.05%。

(二)公共财政预算支出执行情况

2013 年,我区累计地方公共财政预算支出 140918 万元,占年初区人大确定支出预算 86600 万元的 162.72%,同比增长 22.24%,其中:属年初预算安排支出 86600 万元,上级专项追加拨款支出 32618 万元,上年结转支出 4901 万元,区本级专项及追加支出 16799 万元。

各主要支出项目情况是:

一般公共服务支出 20602 万元,同比增长 11.2%,其中计生经费 1402 万元,同比增长 16.68%,符合上级人均计生经费投入 18 元的要求;

公共安全支出 18171 万元,同比增长 35.52%,主要是补发了公安巡防员的工资社保等;

教育支出 25039 万元,同比增长 1.44%;

文化体育与传媒支出 1002 万元,同比增长 45.85%,主要是新增了“和谐社区一家亲”等系列文化活动专项资金;

社会保障和就业支出 28434 万元,同比增长 48.49%,主要是上级转移支付资金增加;

医疗卫生支出 10740 万元,同比增长 15.57%;

环境保护支出 1240 万元,同比增长 131.52%,主要是增加了环保专项经费和补发人员工资补贴等;

城乡社区事务支出 22501 万元,同比增长 23.02%;

国防支出 274 万元,同比增长 53.25%,主要是增加了指挥通信平台建设经费等;

科学技术支出 1707 万元,同比增长 16.41%,达到了法定支出的要求;

农林水事务支出 105 万元,同比增长 262.65%,主要是上级转移支付资金增加;

资源勘探电力信息等事务支出 2364 万元,同比增长 122.58%,主要是上级转移支付资金增加;

商业服务等事务支出 2573 万元,同比下降 30.52%,主要是上级转移支付资金减少;

国土资源气象等事务支出 64 万元,同比下降 5.88%;

住房改革支出 960 万元,同比增长 7.83%;

其他支出 4521 万元,同比增长 70.17%,主要是拨付了区级配套资金和廉租房代建资金等;

基金支出 621 万元,同比下降 4.2%,主要是上级转移支付资金减少。

(三)公共财政预算收支平衡情况

根据年终报表预测,2013 年当年我区实现了财政收支平衡,略有结余。具体平衡情况待市财政局审核批复我区 2013 年公共财政收支结算后,再向区人大常委会进行专题报告。

二、2013 年公共财政预算执行的主要工作

回顾 2013 年我区公共财政预算执行情况,主要呈现以下四个特点:

(一)凝心聚力,实干争先,财政收入迈上新台阶

通过全区的共同努力,2013 年我区财政总收入、地方公共财政预算收入双双再创历史新高,尤其是地方公共财政预算收入,提前两年实现了“十二五”规划末期迈上 10 亿元台阶的发展目标,平均每平方公里产生财政总收入达到 2.53 亿元,单位面积产出率继续高居全省之首。一是坚定目标不动摇。健全完善收入考核机制,及时分解落实目标任务,对照市政府年初下达的考核任务,加强调度分析,把握收入动态,真正做到了抓月保季,抓季保年,按照序时进度均衡入库。二是抢抓机遇不懈怠。在全市打造“核心增长极”的大背景下,积极发挥财税政策的导向和扶持作用,主动作为,招大引强,倾力打造有质量、可持续的财源增长体系,为财税增收打下了坚实的基础。

三是完善征管不惧难。超前做好实施“营改增”后对财政收入的分析研判工作，积极开展对建筑安装、中介服务、房屋租赁等行业的税收专项清理，细化对重点行业、企业和楼宇的税收辅导，努力做到财税收入应收尽收，颗粒归仓。四是奋发有为不停步。以信息治税为支撑，开发并上线使用了“协税通”征管平台，为涉税信息的采集提供有力支持，同时稳步推进了“天网”综合治税工程，在各街办（管理处）开设了税务服务站，在全省率先实行了对个体工商户和零散税收委托代征的管理新模式，为提高辖区财税征收质效奠定了基础。五是强化管理不放松。严格执行预算外收入纳入预算管理，扎实开展非税收缴项目的管控，强化日常监督检查，积极推进了国有资产的有效整合与配置。2013 年，全区预算外资金财政专户收入 11433 万元，其中：全区上缴专户的房屋租金收入 4554 万元，预算外收入 6879 万元；累计拨款 10927 万元，其中：集中政府调剂资金 1221 万元，纳入预算内管理资金 5627 万元，预算外拨款 4079 万元。

（二）科学调控，紧贴民心，惠民事业达到新高度

在抓好财税增收工作的同时，积极优化调整支出结构，紧紧围绕就业、养老、教育、医疗、卫生、城居环境等老百姓关注度高的民生实事出发，不断加大财政资金投入力度，确保了惠民利民工作落到了实处，广大群众的满意度和幸福指数得到进一步提升。2013 年，全区民生工程资金投入 8.97 亿元，约占地方公共财政预算支出比例的 63.65%。一是全力推动社会保障体系建设。加大对社会弱势群体的扶助力度，在全市率先实现了失地农民养老保险全参保，基本实现城乡居民社会养老保险全覆盖，通过落实就业和再就业的各项优惠政策，健全社会救助体系，形成了经济发展和社会保障相互促进的良好局面。2013 年，财政累计投入社会保障和就业支出 2.84 亿元。二是全力促进教育事业蓬勃发展。继续加大教育经费的投入，支持教育事业优先发展，不断提高中小学校经费保障水平，支持学前教育和中小学校改扩建工程。2013 年，财政对教育事业经费投入 2.5 亿元，达到“八连增”。三是全力优化城区发展和人居环境。坚定不移的支持旧城改造，切实加大对廉租房建设资金的扶持力度，实施社区环境综合整治和街景美化亮化工程，提升城区品位，完善社区功能。2013 年，财政对城乡社区事务支出达到 2.25 亿元。四是全力构建公共卫生服务体系。加大公共卫生投入，不断完善公共卫生体系、医疗救助体系和卫生执法监督体系的建设。2013 年，共投入医疗卫生支出 1.07 亿元。

（三）深化改革，强化管理，公共财政体系呈现新变化

区财政部门牢固树立现代财政管理理念，按照基本公共服务均等化的要求，加快完善公共财政体系建设步伐，进一步创新财政管理机制，财政科学化精细化管理水平得到了不断的提高。一是积极顺应部门预算改革的大环境。作为全省率先公开 2013 年“三公”经费预算的省会中心城区，我们通过精心组织，充分酝酿，多方沟通，稳妥的推进了全区 57 个预算单位（二级机构“三公经费”公开数含在其主管单位公开数内）按时间节点进行公开，全区公开“三公”经费预算数为 3723 万元，社会对此反响良好。二是有序推进国库集中支付的全覆盖。全区账户运行管理系统于 2013 年 7 月成功上线运行，公务卡结算实现全区 151 个预算单位全覆盖，确保了财政部门对各预算单位账户与资金运转全程监管。2013 年，我区公务卡支付金额 1255 万元，较上年同期增长 204.61%。三是着力提高政府集中采购的市场化。积极推进政府集中采购机构职能市场化，不断强化电子化政府采购平台建设，前期准备和模拟试点工作已经完成，今年将逐步在全区推广。2013 年，全区政府采购金额 4534.68 万元，节约资金 621.23 万元，节约率为 12.05%。

（四）建章立制，履职尽责，财政监管开创新局面

在履行财政各项职能的过程中，我们严格按照中央“八项规定”和省市有关加强财政资金监管的要求，加大事前审核、事中监督、事后检查的监管力度，努力构建覆盖财政资金运行全过程的动态监控体系。一是不断健全专项资金监督检查长效机制。强化财政监督职能，定期对教育、医疗卫生、社会保障等关乎人民群众切身利益的重点项目开展专项检查，并对项目实施情况进行跟踪问效。二是努力完善政府投资项目监督管理体

系。制定工程决算核减考核制度,将事前审核关口延伸至项目单位,通过“核减率”指标倒逼项目单位加强建设资金的管理,有效提升了财政资金的使用效益。2013 年,全区共完成工程预算评审业务 30 件,评审定案金额 2.7 亿元,核减率为 10.17%。三是积极探索财务制度管理新型模式。创新建立了全区“1 个中心、19 个分中心”独立核算、集中监督的会计核算新模式,为各单位合理安排和科学使用财政资金提供了制度上的保证,同时也为下一步做好预算管理、“三公”经费公开、财政资金监管等工作奠定了坚实的基础。

三、2014 年公共财政预算草案

根据国家和省市财政部门对财政工作的新要求,结合我区财政工作实际,2014 年全区财政工作总体思路是:深入贯彻十八届三中全会精神,围绕区委、区政府确定的工作重点和财政改革目标,继续实施积极的财政政策和落实结构性减税政策,加快推进经济发展方式转变,强化征管措施,提高收入质量,确保财政收入平稳合理增长;进一步优化支出结构,加大对教育、医疗卫生、社会保障和就业、旧城改造等惠民事业的支持力度,突出品质城区建设;牢固树立勤俭节约、“过紧日子”的思想,从严控制一般性支出,加强“三公”经费管理,深化国库集中支付和政府采购改革,提高财政资金使用绩效,为全区经济社会发展提供坚实的财力保障。

遵循以上指导思想,2014 年我区财政预算拟作如下安排:

全区财政总收入预算为 510700 万元,同比增长 10%。其中:上划中央、省、市级财政收入预算为 397570 万元;地方公共财政收入预算为 113130 万元,同比增长 12%,其中由税务部门组织的收入 102900 万元,由财政部门组织的收入 10230 万元。

根据现行财政体制计算,2014 年地方公共财政收入为 113130 万元,加上上级各项补助、转移支付补助(不含上级一次性专项追加补助)14233 万元,剔除上解上级支出 20430 万元,2014 年区级地方可用财力为 106933 万元。本着“量入为出,收支平衡,略有节余”的原则,2014 年地方公共财政支出预算为 103600 万元(不含上级新增转移支付和补贴资金)。

各主要支出项目安排是:

一般公共服务支出 13858 万元(其中:文化产业发展专项资金 300 万元);

国防支出 205 万元;

公共安全支出 12058 万元;

教育支出 22500 万元,符合教育经费高于经常性财政收入增长 1.5% 以上的要求;

人口与计划生育支出 1057 万元,其中人口与计划生育事业支出 1023 万元,按东湖区人口计算,人均达到 18.8 元;

科学技术支出 1728 万元,其中科技三项经费 1660 万元,达到法定增长的要求;

文化体育与传媒支出 610 万元;

社会保障和就业支出 11699 万元;

医疗卫生支出 5367 万元;

节能环保支出 424 万元;

城乡社区事务支出 20755 万元;

资源勘探电力信息等事务支出 204 万元;

国土资源气象等事务支出 3 万元;

住房改革支出 1032 万元;

其他支出 12100 万元(其中:预留调资款 2800 万元,总预备费 3100 万元)。

四、坚定信心,奋力拼搏,确保完成 2014 年财政工作任务

2014 年是贯彻落实十八届三中全会精神、全面深化改革的开局之年,为确保完成全年财政工作任务,我们将突出把握“稳中求进”的工作总基调,顺势而为,抢占先机,切实提升我区财政工作的效率和质量。

(一)坚持以服务发展为中心,努力促进可用财力持续增长

一是主动投身经济建设。紧紧围绕区委、区政府“坚持改造提升传统服务业和集聚发展现代服务业双轮驱动”的战略部署,着力支持重点工程、重大项目建设,加速都市型工业化进程,确保全区各项重大经济发展战略决策的顺利实施。二是切实加强征收管理。强化收入调度机制,及时分析收入形势,依托“四位一体”的区综合治税平台,不断加大对辖区税源的管控力度,紧密依靠区涉税案件查处联动小组,进一步加大对各种涉税违法行为的打击强度,切实维护地方税收征管秩序。三是着力激发民间投资活力。高度关注民营

企业发展，积极落实结构性减税和清费减负政策，大力扶持中小微企业的发展壮大，为我区财力的可持续增长提供有力支撑。

（二）坚持以优化支出为己任，努力保障民生事业和谐发展

一是不断加大预算公开力度。按照省市政府和上级财政部门的要求，在2014年向社会公开全区部门预算及“三公经费”预算，同时公开全区2013年“三公经费”决算，努力向“透明预算”目标迈进。二是合理控制预算支出项目。坚决贯彻执行中央出台的《党政机关厉行节约反对浪费条例》和《党政机关国内公务接待管理规定》，严格压缩基本公共支出，在保证2014年“三公经费”零增长的同时，强化各部门责权与事权的统一，严格财经纪律，确保年度支出总量控制目标“不突破、有缩减”。三是全力支持民生事业发展。在保证“政权运转、社会稳定、基础建设、重点工程实施”等必要支出的基础上，全面推进优质教育、医疗、就业、养老、公共文化、计生服务、体育健身等民生圈的建设，保住基本，补上短板，兜好底线，让辖区群众共享我区改革发展的胜利成果。

（三）坚持以深化改革为动力，努力提高财政资金使用效益

一是稳步推进财政资金监管。不断提高财政直接支付和公务卡支付占国库集中支付的比例，在确保财政资金绝对安全的前提下，做好财政资金的保值增值工作。二是加快政府采购平台信息化建设。推进电子化政府采购，通过完善制度，简化程序，努力构建市场化的政府采购代理机构体系，巩固“管采分离”体制，杜绝政府采购领域腐败现象的发生。三是加大行政事业单位国有资产管理力度。定期组织开展“小金库”专项治理“回头看”，规范行政事业单位国有资产有偿使用及处置行为，建立和完善全区国有企业、集体企业年度汇总会计信息数据库。四是健全政府投资项目评审机制。加强对中介机构审结项目的复核力度，制定项目结算核减率考评细则，不断提升评审效率。五是积极探索开展预算绩效管理工作。加强绩效管理结果的应用，提高财政资金使用绩效，强化债务监控，切实防范财政金融债务风险。

（四）坚持以作风建设为抓手，努力营造风清气正良好环境

一是牢固树立廉洁务实的财政形象。认真贯彻落实中央“八项规定”、党风廉政建设和反腐败工作的相关文件精神，坚决反对和纠正“四风”问题，不断加强思想政治建设和法律法规教育，进一步增强财政干部廉洁从政的自觉性和拒腐防变能力。二是全力打造专业精干的财政队伍。围绕财政工作目标，不断加强理论学习和业务实践水平，严格落实首问责任制、一次性告知制和责任追究制等制度，通过创新工作思路、简化办事程序、完善考评机制，进一步提升财政干部的业务能力和政策执行力。三是积极构建高效阳光的政务平台。践行党的群众路线教育实践活动，牢固树立“服务发展、服务基层、服务群众”的宗旨理念，主动接受人大、政协对财政工作的监督，发挥公共财政的职能作用，想群众之所想、急群众之所急，真心实意为群众服务，为全区经济社会发展服务。

各位代表，当前的经济形势仍然复杂多变，我区财政工作依然面临着诸多的困难和挑战，我们将在区委、区政府的正确领导下，在区人大及其常委会的监督指导下，团结奋进，开拓创新，扎实工作，全面实现财政各项工作目标，为建设“繁荣精品幸福文明”东湖做出应有的贡献！

（区财政局）

2013年东湖区国民经济和社会发展统计公报

2013年，在区委区政府的正确领导下，全区上下紧紧围绕建设繁荣精品幸福文明东湖目标，克服产业转型影响，突破发展空间瓶颈，化解社会管理压力，迎难而上，开拓进取，全面完成了各项目标任务，全区经济社会发展呈现出稳中有进的良好态势。

一、综合

经济总量：据初步核算，全区地区生产总值达

404.13亿元,按可比价计算,同比增长9.6%。其中:第二产业实现增加值24.44亿元,同比增长13.8%,第三产业实现增加值379.68亿元,同比增长9.4%。三次产业比重为0.00:6.05:93.95。人均生产总值87904元,增长10.29%。

非公经济:在全区生产总值中,非公有制经济实现增加值201.53亿元,增长9.6%,占全区生产总值的比重达49.9%。

财政收入:全年实现财政总收入46.43亿元,同比增长6.2%,其中:地方财政一般预算收入10.1亿元,同比增长17%。从预算收入执行情况看,完成营业税3.96亿元,增长32.7%;企业所得税1.53亿元,增长16.4%。

全年地方财政一般预算支出14.09亿元,同比增长22.2%。其中,教育类支出2.5亿元,增长1.4%;社会保障和就业支出2.84亿元,同比增长48.5%;医疗卫生支出1.07亿元,增长15.6%。

物价水平:全年居民消费价格总指数(CPI)比上年上涨2.3%。其中:食品上涨4.6%,烟酒上涨0.3%,衣着上涨3.9%,家庭设备用品及维修服务上涨0.6%,医疗保健及个人用品上涨0.3%,交通和通讯下降0.2%,娱乐教育文化用品及服务上涨1.7%,居住上涨1.0%。商品零售价格总指数上涨1.3%。

二、固定资产投资

投资总量:2013年,全年实现固定资产投资114.27亿元,同比增长20.2%。其中:城镇固定资产投资102.25亿元,同比增长20.7%;房地产投资12.02亿元,同比增长16.1%。全年城镇投资施工项目269个。其中,新开工项目257个;计划投资3000万元以上新开工项目5个,比上年同期少1个;亿元以上项目6个,与上年同期持平。

投资结构:2013年,城镇以上固定资产投资中第二产业完成5.84亿元,第三产业完成108.42亿元。三次产业投资比例为0.01:5.1:94.88。

三、国内贸易

消费品市场:全年社会消费品零售总额266.22亿元,同比增长10.46%。按行业分:批发业零售额23.07亿元,同比增长12.36%;零售业零售额205.68亿元,同比增长9.62%;住宿业零售额3.62亿元,同比增长9.92%;餐饮业零售额33.84亿元,同比增长14.58%。按数据结构分:限额以上企业实现零售额134.49亿元,增长11.7%;限额以下企业实现零售额131.73亿元,同比增长9.14%。

商品交易市场:2013年末,全区共有亿元市场5个,实现成交额114.82亿元,较上年同期增长31.61%。

四、建筑业

建筑业:2013年全区资质以上建筑业企业66家,其中有工作量企业60家。实现建筑业总产值109.96亿元,比上年增长34.02%;实现建筑业增加值22.86亿元,同比增长15.34%。全区建筑业从业人员15463人,建筑业企业签订合同额173.47亿元,房屋建筑施工面积为277.78万平方米。

五、对外经济

对外贸易:据海关统计,2013年内资企业(含中央、省市属公司)实现进出口总额46176万美元,同比增长19.41%。

招商引资:2013年,全区合同外资2769万美元,实际利用外资13937万美元,现汇比例24.68%,新批外商投资项目4个。全年实际利用内资25.62亿元,同比增长24.17%。

六、教育和卫生

教育:2013年:全区登记注册幼儿园48所,幼儿数11622人,专任教师830名。小学9所,九年一贯制学校6所,其中小学招生3818人,在校小学生21748人,毕业生3686人,专任教师1122名;初中招生1235人,在校中学生3540人,毕业生1282人,专任教师262名。特殊教育学校1所,在校学生155人,专任教师21人。

卫生:截止2013年末,全区共有各类医疗机构208家,其中一级医院10家,区属一级医院2家,社区卫生服务机构24家,门诊部79家,个体诊所56家,村卫生所5家,其他医疗机构34家。拥有执业医师1172人,注册护士793人,万人拥有医护人员42.35人。拥有病床330张,万人拥有病床7.11张。年内未发生重大公共卫生事件和疾病流行,传染病发病率为168.14/十万,计划免疫单苗接种率和儿童“五苗”接种率均达95%以上。

七、人口和人民生活

人口:2013年末,全区总户数135088户,总人口458192人,其中:男性229787人;女性228405。非农业人口450402人,农业人口7790人。出生人口4133人,出生率为7.72‰,自增率为3.94‰,计划生育率为91.51%,出生婴儿性别比为103.7,综合节育率为92.33%,晚婚率88.7%。

人民生活:城镇居民人均可支配收入26151元,同比增长10.8%;人均可支配支出17944元,同比增长9.1%。其中,食品支出6178元,增长10.1%;衣着1951元,增长10.8%;居住1859元,增长7.4%;家庭设备用品及服务1651元,增长9.7%;医疗保健904元,增长5.7%;交通和通信2585元,增长5.7%;教育文化娱乐服务2014元,增长12%。区属在岗职工年平均工资为38978元,同比增长23.88%。

八、城市建设和环境保护

城市建设:全年共清掏窨井7452座(次),维修窨井910座,更换井构件805套(件),新建窨井715座,维修各类路面138813平方米,维修补栽路沿石3606米,机械疏通下水道29882米,清运余土淤泥8345立方米。辖区小街巷安装路灯4998套。

园林绿化:全年栽植乔木0.18万株,灌木4.5万株;安排全民义务植树15.3万株。年末拥有园林绿地面积468.84公顷,绿化覆盖面积468.97公顷,公共绿地面积278.57公顷,城区绿化覆盖率29.74%,人均公园绿地面积7.11平方米。

环境保护:全年环境空气质量优良天数222天,优良率60.83%,空气综合质量指数3.86,工业废水达标率100%,集中式饮用水源水质达标率100%,区域环境噪声监测面积13.1平方公里,全年等效声级53.81分贝。实施道路交通噪声监测的交通干线为16条,测点为49个。交通噪声均值69.9分贝,工业固废综合利用率达到100%。

说　明:

1. 本公报所列各项产值绝对数按当年价格计算,增长速度按可比价格计算。

2. 人民生活与物价水平为全市统一抽样调查数。

3. 人口数据情况中,除出生人口、出生率、自增率等计生数据由区计生委提供外,其他数据由东湖公安分局提供。

4. 公报中数据为初步统计数,正式统计数据以《南昌市东湖区经济社会统计年鉴(2013)》为准。

(区统计局)

2013年中共东湖区委颁发的文件目录

表36　2013年中共东湖区委颁发的文件目录

文件标题	文件号
关于成立东湖区第十五届人民代表大会第三次会议临时党委和各代表团成立临时党支部决定	东字〔2013〕1号
关于提名东湖区出席南昌市第十四届人民代表大会代表候选人的建议	东字〔2013〕2号
关于整合教育资源将东湖区职工学校校舍提供给区委党校使用的批复	东字〔2013〕3号
中共东湖区委关于竞争性选拔副科级领导干部的通知	东发〔2013〕1号
中共东湖区委、东湖区人民政府关于表彰2012年度全区综合目标管理考核先进单位的决定	东发〔2013〕2号
关于表彰东湖区三八红旗手、三八红旗集体和平安家庭示范户的决定	东发〔2013〕3号
中共东湖区委常委会2013年工作要点	东发〔2013〕4号
关于表彰全区轨道交通一号线征迁工作先进集体和先进个人的决定	东发〔2013〕5号

续表 36

文　件　标　题	文　件　号
关于表彰2012年度全区社会管理综合治理目标管理先进单位、先进集体及先进工作者的决定	东发〔2013〕6号
关于嘉奖2012年度全区社会管理综合治理目标管理先进单位综治责任人的决定	东发〔2013〕7号
关于表彰2011~2012年度《东湖年鉴》编纂工作先进集体和先进个人的决定	东发〔2013〕8号
关于表彰东湖区五一劳动奖状、五一劳动奖章和工人先锋号的决定	东发〔2013〕9号
关于表彰东湖区五四红旗团委(团支部)、优秀共青团干部和优秀共青团员的决定	东发〔2013〕10号
中共东湖区委、东湖区人民政府关于表彰2012年度人口和计划生育工作先进单位和先进个人的决定	东发〔2013〕11号
关于印发《中共东湖区委议事规则(修订)》的通知	东发〔2013〕12号
中共东湖区委、东湖区人民政府印发《东湖区贯彻落实〈关于实行党风廉政建设责任制的规定〉的实施细则》的通知	东发〔2013〕13号

(熊志红)

2013年东湖区人民政府颁发的文件目录

表 37　**2013年东湖区人民政府颁发的文件目录**

文　件　标　题	文　件　号
关于印发清理整顿市场中介组织服务和收费行为中突出问题的实施方案的通知	东府发〔2013〕1号
关于印发东湖区儿童发展规划(2011~2020年)的通知	东府发〔2013〕2号
关于印发东湖区妇女发展规划(2011~2020年)的通知	东府发〔2013〕3号
关于印发《东湖区行政审批否定报告备案制度》的通知	东府发〔2013〕4号
关于印发《东湖区进一步深化行政审批制度改革工作实施方案》的通知	东府发〔2013〕5号
关于印发深入开展消防安全大排查大整治活动工作方案的通知	东府发〔2013〕6号
关于印发《东湖区环卫作业市场化(一期)实施方案》的通知	东府发〔2013〕7号
关于对《关于对东湖区综合服务中心及文化活动中心项目有关问题进行处理的建议》的复函	东府字〔2013〕1号
关于同意2011年冬季退役士兵安置意见的批复	东府字〔2013〕2号
关于调整区政府部分领导同志分工的通知	东府字〔2013〕3号
关于刘娟等同志职务任免的通知	东府字〔2013〕4号
关于调整区政府部分领导同志分工的通知	东府字〔2013〕5号
关于组织专武干部比武竞赛活动的通知	东府字〔2013〕6号
关于朱莉群等同志职务任免的通知	东府字〔2013〕7号
关于明确钟益民同志分管区行政学院工作的通知	东府字〔2013〕8号
关于曹冬羊同志职务任命的通知	东府字〔2013〕10号
关于钟益民等同志职务任免的通知	东府字〔2013〕11号
关于同意2012年冬季退役士兵安置意见的批复	东府字〔2013〕12号
关于同意撤销豫章街道阳明社区(家属委员会)等六个单位社区的批复	东府字〔2013〕14号

(黄芝义)